Relations internationales

En France, la collection « Paradigme » accompagne l'étudiant en droit du début de ses études jusqu'à l'accès à sa profession.

Paradigme – Manuels

Rédigés dans un langage accessible, les « Manuels Paradigme » couvrent les différents concepts juridiques enseignés de la Licence 1 au Master 1 en France. Ils sont systématiquement mis à jour chaque année.

Conformes aux programmes de licence et de master, ils fournissent également une excellente préparation aux concours administratifs (catégories A et B) et aux examens professionnels (ENM, CRFPA, ENSP, EOGN, PJJ, SPIP...).

Sous la direction de François Fourment, *professeur de droit privé à l'Université de Tours* et Gilles Dumont, *professeur de droit public à l'Université de Nantes, directeur de l'Université numérique juridique francophone.*

Déjà parus :

Christophe Albiges, *Introduction au droit*, 9e éd., 2023

Samuel Benisty, *Droit interne de la concurrence*, 2e éd., 2022

Anne-Sophie Brun-Wauthier, *Régimes matrimoniaux et régimes patrimoniaux des couples non mariés*, 11e éd., 2023

Marjorie Brusorio Aillaud, *Droit des obligations*, 14e éd., 2023

Marjorie Brusorio Aillaud, *Droit des personnes et de la famille*, 12e éd., 2022

Olivier Cachard et Paul Klötgen, *Droit international privé*, 9e éd., 2021

Christophe de la Mardière, *Droit fiscal de l'entreprise*, 2e éd., 2023

Cécile Dubernet et Sophie Enos-Attali, *Relations internationales*, 28e éd., 2023

François Duquesne, *Droit des sociétés commerciales*, 10e éd., 2023

Hervé Faupin, *Droit constitutionnel et institutions politiques. Les régimes politiques français et étrangers*, 2023

Philippe Foillard, *Finances publiques*, 15e éd., 2017

Philippe Foillard, *Droit administratif*, 4e éd., 2015

Thierry Fossier, *Droit pénal spécial. Affaires, entreprises et institutions publiques*, 6e éd., 2021

François Fourment et Éric Camous, *Procédure pénale*, 16e éd., 2023

Thierry Garé, *Droit pénal spécial. Personnes et biens*, 9e éd., 2023

Franck Héas, *Droit du travail*, 11e éd., 2023

Philippe Hoonakker, *Procédures civiles d'exécution. Voies d'exécution, procédures de distribution*, 12e éd., 2023

Dimitri Houtcieff, *Droit des contrats*, 8e éd., 2023

Victoire Lasbordes-de Virville, *Droit des contrats spéciaux*, 3e éd., 2023

Olivier Le Bot, *Contentieux administratif*, 10e éd., 2023

Christophe Lescot, *Organisations européennes. Union européenne, Conseil de l'Europe et autres organisations*, 24e éd., 2023

Gaëtan Marain et François Pasqualini, *Droit des biens*, 2023

Harold Renout, *Droit pénal général*, 18e éd., 2013

Agnès Robin, Sylvain Chatry, *Introduction à la propriété intellectuelle. Unité et diversité*, 2022

Florent Roemer, *Contentieux fiscal*, 6e éd., 2021

Marie-Christine Rouault, *Droit administratif et institutions administratives*, 6e éd., 2020

Christophe Roux et Éric Savaresse, *Science politique*, 3e éd., 2019

Yves Strickler et Alexey Varnek, *Procédure civile*, 13e éd., 2023

Patrick Tafforeau et Cédric Hélaine, *Droit des sûretés*, 2e éd., 2023

Béatrice Thomas-Tual, *Droit de la fonction publique*, 5e éd., 2023

Relations internationales

Cécile Dubernet
Sophie Enos-Attali

28e édition

BRUYLANT

Collection
Paradigme

Pour toute information sur nos fonds et nos nouveautés dans votre domaine de spécialisation, consultez nos sites web via www.larcier-intersentia.com.

28e édition

Éditions Bruylant
Rue Haute, 139/6 - 1000 Bruxelles

Imprimé en Belgique

Dépôt légal :
Bibliothèque nationale, Paris : août 2023
Bbliothèque royale de Belgique, Bruxelles : 2023/0031/087

ISSN 2294-8694
ISBN : 978-2-39013-410-7

Collection

Paradigme

Découvrez tous les ouvrages de la collection Paradigme

Paradigme • VOCABULAIRE
Dictionnaire de la médiation et d'autres modes amiables
Dictionnaire juridique
Dictionnaire pratique de droit des affaires
Petit lexique juridique

Paradigme • MÉTHODE
Choisir et réussir sa première année de droit
Réussir ses TD Droit administratif
Réussir ses TD Droit constitutionnel
Réussir ses TD Droit des obligations
Réussir ses TD Droit des personnes et de la famille
Réussir ses TD Droit fiscal de l'entreprise
Réussir ses TD Droit international privé
Recherche documentaire juridique
Rédiger un mémoire ou une thèse. Parcours intellectuel et méthode

Paradigme • MANUELS
Contentieux administratif
Contentieux fiscal
Droit administratif et institutions administratives
Droit constitutionnel et institutions politiques
Droit de la famille
Droit de la fonction publique
Droit des biens
Droit des contrats
Droit des contrats spéciaux
Droit des obligations
Droit des personnes et de la famille
Droit des sociétés commerciales
Droit des sûretés
Droit du travail
Droit fiscal de l'entreprise
Droit interne de la concurrence
Droit international privé
Droit pénal général
Droit pénal spécial
Droit rural
Finances publiques
Introduction au droit
Introduction au droit de la propriété intellectuelle
Organisations européennes
Procédure civile
Procédures civiles d'exécution
Procédure pénale
Régimes matrimoniaux et régimes patrimoniaux des couples non mariés
Relations internationales
Science politique

Paradigme • MASTERS
Contentieux administratif
Droit criminel Volume I - Éléments préliminaires
Droit criminel Volume II - L'infraction et la responsabilité
Droit du crédit bancaire
Droit de la sécurité internationale
Droit de l'environnement de l'Union européenne
Droit des instruments de crédit et de paiement
Droit du commerce électronique
Droit du commerce international
Droit du travail
Droit et politique de l'Union européenne
Droit hospitalier
Droit international privé des obligations contractuelles
Manuel de droit de guerre

Paradigme • MÉTIERS
Culture judiciaire
Droit d'asile et pratique du juge de l'asile
Droit commercial et droit des affaires
Droit de la famille et des régimes matrimoniaux
Droit de l'exécution des peines
Droit des obligations
Droit des sûretés
Droit du travail
Droit institutionnel, matériel et contentieux de l'Union européenne
Droit international privé
Droit international public général
Droit pénal général et procédure pénale
Les régimes matrimoniaux
Régime général des obligations
Successions et libéralités

Paradigme • CARRIÈRES
Droit des successions et des libéralités
Droit notarial

Paradigme • HORS-SÉRIE
Droit des débits de boissons, de la restauration et de l'hôtellerie
Droit des discriminations dans l'emploi et le travail
Droit du transport de passagers
Introduction aux conventions de double imposition
La mutation des frontières dans l'espace européen de l'énergie
La responsabilité sociale de l'entreprise, vecteur d'un droit de la mondialisation ?
Le dialogue social
Transferts d'entreprise

HOMMAGE À MICHEL DRAIN

En juin 2021, pendant les corrections de la 26e édition de ce manuel, Michel Drain est décédé des suites d'une longue maladie. Jusqu'au bout il avait tenu à contribuer à ce projet qu'il a porté pendant des années. Constamment il enrichissait ce texte pour transmettre aux jeunes générations une base de connaissances solides, ancrées, et à jour. Il souhaitait leur donner des clés de lecture sur la transformation du monde.

Son expertise hors-norme des institutions européennes, ses passions pour l'Europe centrale et orientale et pour les questions de désarmement, notamment nucléaire, ainsi que sa culture historique en faisaient un analyste remarquable de l'actualité.

Exigeant et attentif au détail, mais aussi patient dans les échanges, Michel manque beaucoup à celles et à ceux qui l'ont connu, notamment alors que la guerre en Ukraine déchire notre continent. Son exemple et ses combats nous engagent, plus que jamais, à poursuivre la réflexion et la transmission.

Cécile Dubernet et Sophie Enos-Attali

INTRODUCTION GÉNÉRALE

1 L'étude des relations internationales se situe au carrefour de plusieurs disciplines, notamment le droit international public et l'histoire diplomatique, et, depuis le milieu du XXe siècle, s'est enrichie d'approches théoriques toujours à la recherche d'un objet rigoureusement défini et d'une méthode incontestable.

Le présent manuel offre un aperçu des analyses théoriques et juridiques des relations internationales. Il décrit ensuite, sous l'angle du droit positif, de la pratique et de la sociologie, les acteurs de la scène internationale, de nature étatique ou non étatique. Enfin, il retrace l'histoire des relations internationales depuis la fin de la Seconde Guerre mondiale, permettant ainsi de mieux connaître l'origine des principales questions qui dominent actuellement la scène politique internationale.

SOMMAIRE

PARTIE I

Approches théoriques et juridiques des relations internationales

2 C'est au philosophe utilitariste britannique Jeremy Bentham (1748-1832) que l'on doit le terme « international », qu'il a pour la première fois utilisé en 1781 dans son ouvrage *Introduction to the Principles of Morals and Legislation*. Jeremy Bentham a forgé cet adjectif pour caractériser le droit applicable aux relations entre des personnes ne relevant pas de la même juridiction. L'expression *international law* (droit international) s'est ainsi substituée à l'ancienne dénomination anglaise, *law of nations*, dont les équivalents sont, en français, « droit des gens » et, en latin, *jus gentium*.

Le choix du terme « international » reflétait alors l'affirmation progressive des souverainetés des États et le développement de leurs interactions. Il est également révélateur d'une conception des relations internationales comme strictement interétatiques.

Aujourd'hui, les relations internationales sont envisagées comme l'ensemble des relations transcendant les frontières des États, quelles qu'en soient la nature ou l'origine. Les débats théoriques portés par les politistes s'articulent autour de la description de la scène internationale et de l'analyse de son fonctionnement, tandis que les juristes abordent les relations internationales dans une perspective normative, à partir du droit international public. Les approches politiques et juridiques se complètent donc : le droit établit ce qui doit être, tandis que les théories des relations internationales tentent d'expliquer ce qui est.

CHAPITRE 1

Théories des relations internationales : une synthèse

3 Depuis leur émergence comme discipline, à la suite de la Première Guerre mondiale, les relations internationales, comprises comme l'ensemble des relations humaines par-delà les frontières nationales, ont fait l'objet de nombreux travaux. Il en découle plusieurs grilles de lecture qu'il est possible de regrouper en quatre courants principaux :

- les **approches réalistes** et leurs variantes envisagent les relations internationales sous l'angle du rapport de puissance entre des États souverains déployant des stratégies autonomes de défense et de promotion de leurs intérêts ;
- les **approches libérales** mettent l'accent sur la coopération et sur l'intégration progressive des États au sein d'un système international régulé par le droit. Le courant libéral inclut les approches rationalistes héritées des Lumières, l'École anglaise et les théories coopératives, ainsi que les théories fonctionnalistes et fédéralistes, selon lesquelles les États, tout en étant soucieux de défendre leurs intérêts particuliers, sont capables de collaborer et de construire une société internationale pacifique. Autre courant de la pensée libérale, **le transnationalisme**, à travers le concept d'« interdépendance complexe », analyse l'impact, sur les relations internationales, des interactions entre acteurs étatiques et non étatiques à l'échelle mondiale ;
- les **approches marxistes** et leurs variantes visent à expliquer les faits internationaux par les évolutions socio-économiques des différents États et, plus largement, par les inégalités de richesse et de pouvoir qui caractérisent les relations humaines ;
- les **approches critiques**, considérant que les idées et les faits sociaux ne sont pas objectivables, remettent en cause les fondements du réalisme et du libéralisme. Elles comprennent notamment **les approches constructivistes**, qui abordent les relations internationales comme le fruit d'une construction sociale, ainsi que **d'autres courants**, tels que l'approche féministe, qui contestent le positivisme sous-jacent aux approches traditionnelles des relations internationales.

Les différents schémas d'interprétation proposés par les théoriciens rendent rarement compte à eux seuls de tous les tenants et aboutissants des faits internationaux, mais ils sont souvent complémentaires. Ainsi, l'analyse réaliste est particulièrement pertinente pour comprendre le déroulement de négociations entre États, tandis que l'approche fonctionnaliste permet de prendre en compte le poids des institutions dans les décisions adoptées dans le cadre d'organisations intergouvernementales et que les approches marxistes sont utiles pour saisir les relations de dépendance entre États.

Une connaissance et une combinaison des différentes approches théoriques des relations internationales sont donc nécessaires pour appréhender les acteurs et les dynamiques des relations internationales dans toute leur complexité.

SECTION I
Les approches réalistes

4 Souvent qualifiées de pessimistes, les approches réalistes envisagent les relations internationales sous l'angle des rapports de force et, donc, d'un risque permanent de conflit armé.

§ 1. Aux sources du réalisme, une réflexion sur la guerre

5 Si elle a été formellement développée au XXe siècle, l'approche réaliste des relations internationales puise ses sources dans des travaux bien antérieurs, relevant, d'une part, de l'histoire et, d'autre part, de la philosophie politique.

L'un des grands inspirateurs de l'approche réaliste est l'historien grec Thucydide (env. 460-400 av. J.-C.). Dans son ***Histoire de la guerre du Péloponnèse***, il analyse de manière raisonnée le conflit ayant mis aux prises, de 431 à 404 av. J.-C., Athènes, alors à la tête d'un empire qu'elle avait constitué grâce à sa richesse et à sa puissance navale, et Sparte, qui avait réuni autour d'elle une confédération péloponnésienne pour combattre la volonté d'hégémonie athénienne. Il montre notamment que l'empire, s'il témoigne de la puissance d'Athènes, est également une source de fragilité, dans la mesure où il condamne la cité-État à l'hostilité des cités rivales et à la méfiance des cités alliées. Ce faisant, il aborde les relations internationales sous l'angle d'un affrontement des souverainetés, une approche reprise par les réalistes.

Pour le philosophe anglais Thomas Hobbes (1588-1679), dont *Léviathan* (1651) a également inspiré le courant réaliste, l'homme est, par nature, en proie à des passions, en particulier la rivalité (*competition*), la méfiance (*diffidence*) et la fierté (*glory*), qui le poussent à entrer constamment en conflit avec d'autres hommes. À l'état de nature (*state of nature*), c'est-à-dire en l'absence d'organisation sociale, les hommes sont donc voués à être **perpétuellement en guerre**. Pour échapper à cette guerre de tous contre tous et ainsi sauvegarder leur vie et leurs biens, **les hommes n'ont d'autre issue que de s'en remettre à un souverain tout-puissant, indivisible et irrésistible, l'État**.

Les différents États sous la protection desquels se placent les individus ne se trouvent en revanche liés par aucune loi. Lorsqu'ils entrent en relation les uns avec les autres, ils sont eux-mêmes à l'état de nature. Hobbes écrit ainsi au chapitre XIII du *Léviathan* : « À tous moments, les rois et les personnes qui détiennent l'autorité souveraine sont, à cause de leur indépendance, dans une continuelle suspicion et dans la situation et la posture des gladiateurs, pointant leurs armes, et fixant les yeux l'un sur l'autre – ils maintiennent ainsi leurs forts, garnisons et canons aux frontières de leurs royaumes et font continuellement espionner leurs voisins, toutes choses qui constituent une posture de guerre ».

§ 2. Le réalisme classique

6 Si **la pensée réaliste contemporaine** émerge avec les travaux du théologien protestant Reinhold Niebuhr (*Moral Man and Immoral Society: A Study in Ethics and Politics*, 1932) et de l'historien britannique Edward H. Carr (*The Twenty Years' Crisis*, 1939) écrits en réaction à la perspective idéaliste développée au lendemain de la Première Guerre mondiale, c'est **Hans J. Morgenthau** (1904-1980) qui est considéré comme le père fondateur de cette approche des relations internationales.

Dans *Politics among Nations: the Struggle for Power and Peace* (1948), Morgenthau soutient que « la politique, comme la société en général, est gouvernée par des lois objectives qui ont leurs racines dans la nature humaine ». L'homme est, selon lui, guidé dans son comportement à l'égard d'autrui par un désir de domination (*animus dominandi*). Cet instinct constitue à ses yeux un ressort fondamental de la politique : « la politique internationale, comme toute politique, est une lutte pour la puissance ». L'État ne connaît qu'« un seul impératif catégorique, un seul critère de raisonnement, un seul principe d'action », **l'intérêt national défini en termes de puissance**. Toutefois, comme la puissance des uns oppose une résistance à celle des autres, les relations internationales tendent à un équilibre (*balance of power*). Ce dernier reste cependant instable et ne saurait constituer une garantie de paix durable. Pour Morgenthau, tout l'art de la diplomatie est d'agir avec prudence et sagesse afin de préserver ces équilibres fragiles garants de la sécurité internationale.

En France, le philosophe français **Raymond Aron** (1905-1983) considère également que, dans la mesure où la scène internationale, « caractérisée par l'absence d'une instance qui détienne le monopole de la violence physique légitime », n'obéit à aucune hiérarchie établie, les États y vivent en permanence **« à l'ombre de la guerre »**. En revanche, à la différence d'Hans Morgenthau, il pense qu'on ne peut réduire la politique étrangère d'un pays à la quête de puissance : « [S]i le sociologue était capable de dire ce qu'est, en raison, l'intérêt national, il serait en mesure de dicter aux hommes leur conduite au nom de la science », écrit ainsi Aron, pour lequel un État cherche à la fois « la puissance vers l'extérieur et [le] bien commun vers l'intérieur ». Dans une perspective qu'on peut rapprocher du libéralisme, l'auteur de *Paix et guerre entre les nations* (1962) explique ainsi que les décideurs, influencés par les « idées et sentiments », ne peuvent faire abstraction « du régime intérieur, des aspirations propres aux différentes classes, de l'idéal politique de la cité ». De sorte que, selon lui, la scène internationale est modelée non uniquement par les rapports de puissance entre les différents États, mais aussi par **la nature du régime politique des États**. Aron considère en effet que les relations entre États partageant les mêmes valeurs ne sont pas de même nature que celles qu'entretiennent les États qui se réclament de valeurs contradictoires. Dans le premier cas, le système de relations internationales est « homogène », dans le second cas « hétérogène ». Les relations entre les deux blocs du temps de la Guerre froide lui paraissaient caractéristiques des relations au sein d'un système international hétérogène. Il jugeait, dans ce contexte spécifique, la « guerre improbable », du fait de l'équilibre nucléaire, et la « paix impossible », en raison du caractère inconciliable des principes invoqués par chacun des deux camps.

§ 3. Le néoréalisme

7 À l'origine centrée sur les États et leur diplomatie, l'analyse réaliste s'est ultérieurement déplacée vers l'étude du système international en tant que tel. Dans cette conception, souvent qualifiée de néoréaliste, les États sont liés entre eux par un réseau de relations qui constitue le système international et ce système leur impose en retour ses contraintes.

Dans son ouvrage intitulé *Theory of International Politics* (1979), **Kenneth Waltz** (1924-2013) affirme que « les États sont les unités dont les interactions forment la structure des systèmes internationaux », lesquels sont par nature « décentralisés et anarchiques ». Compte tenu de cette anarchie, les États cherchent en premier lieu non pas à augmenter leur puissance, mais à assurer leur sécurité : « [C]e n'est qu'à condition que leur survie soit assurée que les États cherchent à satisfaire d'autres buts tels que la tranquillité, le profit ou la puissance ». Pour atteindre cette sécurité, l'État ne peut compter que sur lui-même (*self help*). La distribution des capacités d'action, tout particulièrement militaires, étant inégale, les États sont conduits à s'agréger en ensembles de puissances (sphères d'influence ou blocs). Ainsi se constituent des équilibres de puissances qui stabilisent le système international. Moins un système international compte de puissances, plus il est probable qu'il soit stable. Waltz a ainsi considéré que, dans le système bipolaire de la fin de la Guerre froide, chacun des deux blocs, en recherchant sa sécurité, a contribué à maintenir la stabilité du système international, cela ayant été favorisé par le fait que les États-Unis et l'URSS, grâce à leur prédominance militaire au sein de leurs alliances respectives, étaient en mesure de veiller seuls à l'équilibre de leur relation stratégique et qu'ils n'avaient à faire face qu'à une seule menace, celle de leur compétiteur. Par son approche, K. Waltz s'inscrit dans ce qu'on appelle le **réalisme défensif** une approche selon laquelle, pour atteindre la sécurité, les États peuvent coopérer et tendre à une situation d'équilibre des puissances.

À l'inverse, les tenants du **réalisme offensif** considèrent que les États, pour assurer leur survie, doivent rechercher l'hégémonie, en raison du caractère anarchique du système international et du **dilemme de sécurité** qui le caractérise. Ce concept, forgé par **John H. Herz** (1908-2005), pose que si l'État A cherche à augmenter sa force militaire, cela engendre, chez l'État B, un sentiment de vulnérabilité qui peut le conduire à chercher à son tour à augmenter ses capacités militaires, avec le risque, toutefois, qu'en réaction l'État A n'augmente de nouveau les siennes. **John Mearsheimer** (né en 1947) considère que l'incertitude générée par le dilemme de sécurité doit conduire les

États à chercher à « maximiser leur puissance relative, étant donné que c'est le moyen optimal pour maximiser leur sécurité ». L'auteur de *The Tragedy of Great Power Politics* (2001) explique ainsi que les puissances « se comportent de façon agressive [...] parce qu'elles doivent chercher plus de puissance si elles veulent maximiser leur chance de survie ». Pour Mearsheimer, la quête de puissance n'est donc pas en tant que telle la finalité de l'action internationale des États ; elle est un moyen pour atteindre la sécurité, laquelle est assurée par la domination des autres États. Toutefois, d'après l'auteur, un État ne peut devenir un ***hégémon*** qu'à l'échelle régionale. Dans cette perspective, il n'est pas surprenant que Mearsheimer se soit inquiété du manque de prudence de la guerre lancée par les États-Unis en Irak en 2003 (voy. n° 548).

Dans le contexte de la décomposition de l'Union soviétique et de la Yougoslavie, **Barry Posen** (né en 1952) a appliqué le concept de dilemme sécurité aux relations entre groupes nationaux ou ethniques. Dans « The Security Dilemma and Ethnic Conflict », paru dans *Survival* (1993), il souligne l'importance de la peur mutuelle et de la compétition entre les groupes et met en exergue les risques d'escalade induits par la présence de bandes armées, par un rapport disputé à l'histoire ou encore par la perception d'une prime à l'offensive. Il propose ainsi d'aborder les relations internationales à partir des acteurs intraétatiques.

Plus largement, la mondialisation, couplée à la fin de la Guerre froide, a conduit les réalistes à prendre en compte les relations qui se déroulent en dehors du strict cadre interétatique. **Thierry de Montbrial** (né en 1943) reconnaît ainsi, dans *L'action et le système du monde* (2002), que « l'accroissement de l'interdépendance à travers la multiplication des relations, ou plus généralement des influences directes et indirectes » entre des organisations ou des individus « appartenant à des États différents » crée un nouveau contexte. Toutefois, il affirme que « ce phénomène en soi ne bouleverse pas la nature des relations internationales. Mais il oblige les États à s'adapter, aussi bien pour ce qui est du contenu de la souveraineté sur leur territoire que pour l'apprentissage de nouvelles formes de coopération avec les autres États ». Au cœur du courant réaliste demeurent ainsi des constantes : l'anarchie internationale comme donnée du système et la lutte pour la survie et/ou la puissance comme dynamique indépassable des interactions humaines. En cela, les analyses réalistes diffèrent fondamentalement des approches libérales.

§ 4. Penser la coopération au prisme du réalisme : l'intergouvernementalisme

8 Dans une approche stato-centrée inspirée du réalisme, **Stanley Hoffmann** (1928-2015) cherche à identifier, au milieu des années 1960, les facteurs permettant de rendre compte de la construction européenne. Pour lui, la Communauté économique européenne (CEE) est le fruit de la volonté d'États rationnels cherchant à résoudre de manière efficace des problèmes communs. Si ses membres ont consenti à la « mise en commun de la souveraineté » (*pooled sovereignty*), c'est parce que cela leur est apparu comme une façon optimale de répondre aux défis posés par l'environnement international. Dans le cadre

de la CEE, explique l'auteur de *The European Sisyphus. Essays on Europe, 1964-1994* (1995), les décisions sont prises à l'issue d'un marchandage entre États (***interstate bargaining***), dont émerge un dénominateur commun.

C'est ainsi qu'émerge l'intergouvernementalisme. Selon cette perspective inspirée du réalisme, la coopération est possible. Les États peuvent, de manière rationnelle, considérer qu'il est dans leur intérêt de s'associer, voire de renoncer à une part de souveraineté. Leurs choix résultent de négociations, dans lesquelles les personnalités des parties prenantes, en particulier des chefs d'État et de gouvernement, jouent un rôle central.

SECTION II
Les approches libérales

9 La vision réaliste d'un système international dominé par l'affrontement des souverainetés étatiques et l'instabilité de l'équilibre des puissances est loin d'être la seule grille de lecture des relations internationales. Dès le XVIIIe siècle, des philosophes ont souligné que l'aspiration des peuples à la coopération pacifique devait être aussi considérée comme une donnée fondamentale des relations internationales. Depuis, de nombreux auteurs ont développé l'idée optimiste selon laquelle des intérêts convergents et des valeurs partagées peuvent, dans le cadre de mécanismes de coopération, l'emporter sur la méfiance et l'intérêt national immédiat.

§ 1. Aux sources du libéralisme, une réflexion sur la paix

10 Si le libéralisme naît formellement avec le développement, dans l'entre-deux-guerres, d'une approche idéaliste des relations internationales, il puise ses sources dans des travaux bien antérieurs.

Déjà au XVIe siècle, l'humaniste **Érasme** (1469-1536) critique, au nom de la morale chrétienne, la propension des hommes à se faire la guerre et se fait le chantre de la paix entre États : « Que les plus grands honneurs soient accordés aux princes qui, grâce à leur talent et à leurs sages décisions, auront su écarter la guerre et rétablir la paix ; qu'ils le soient aussi à ceux qui s'efforcent de toutes les manières, non pas à mettre sur pied le plus grand nombre de soldats et de machines de guerre, mais les moyens de s'en passer », écrit-il ainsi dans *Complainte de la paix* (1517). Un siècle plus tard, **Hugo Grotius** (1583-1645) indique, dans *Le Droit de la guerre et de la paix* (1625), comment établir la paix par la morale chrétienne et par le droit. C'est également le droit que le Français Charles-Irénée Castel de Saint-Pierre, dit **Abbé de Saint-Pierre** (1658-1743), place au cœur de son *Projet pour rendre la paix perpétuelle en Europe* (1713) : l'alliance permanente entre souverains européens qu'il imagine repose sur un règlement pacifique des différends, par la voie de l'arbitrage, et non sur l'équilibre des puissances. Une idée que l'on retrouve chez le juriste anglais Jeremy Bentham (1748-1832), qui, dans son « Plan pour une paix universelle et perpétuelle » (1789) publié dans son recueil *Principes de droit international* (1831), plaide pour « l'établissement d'une Cour de justice universelle en vue de trancher les différends qui opposent plusieurs nations, bien qu'une telle juridiction ne puisse disposer de pouvoirs de coercition ». Bentham considère en outre que le développement du commerce international favorise la sécurité.

En cela, il fait écho à la pensée du Français **Montesquieu** (1689-1755), lequel insiste sur **le rôle que peut jouer le commerce dans la pacification des relations internationales**. Dans *De l'esprit des lois* (1748), il affirme ainsi que le commerce « polit et adoucit les mœurs barbares » et précise qu'en raison des liens d'interdépendance qu'il génère, « l'effet naturel du commerce est de porter à la paix ». Cette idée se trouve par la suite développée par le philosophe et économiste anglais **John Stuart Mill** (1806-1873), lequel écrit, dans son ouvrage *Principles of Political Economy* (1848), que « la grande ampleur et la croissance rapide du commerce international sont la principale garantie de la paix dans le monde ».

Dans l'esprit des contractualistes, comme **John Locke** (1632-1704) et **Jean-Jacques Rousseau** (1712-1778), le philosophe allemand **Emmanuel Kant** (1724-1804) définit, dans un court essai intitulé *Essai philosophique sur la paix perpétuelle* (1795), les conditions d'une paix durable entre États. Il développe l'idée d'une **paix perpétuelle**, fruit du respect des principes de l'**État de droit** et de l'adoption d'une « constitution républicaine » : comme la guerre est impopulaire, il est probable, selon Kant, que, dans un régime représentatif de l'ensemble des citoyens et fondé sur la primauté du droit, les gouvernants fassent tout pour éviter d'engager leur pays dans un conflit. De plus, d'après l'auteur, « par le truchement des guerres, de leur préparation excessive et incessante [...], la nature pousse les États à [...] sortir de l'absence de loi propre aux sauvages pour entrer dans une Société des nations dans laquelle chaque État, même le plus petit, pourrait attendre sa sécurité et ses droits, non de sa propre force ou de sa propre appréciation du droit, mais uniquement de cette grande Société des nations (*Foedus Amphictyonum*), c'est-à-dire d'une force unie et de la décision légale de la volonté unifiée ». Pour Kant, cette association entre États devrait prendre la forme d'un pacte rendant impossible le recours à la guerre parce qu'il prohiberait toute action préjudiciable à la paix, comme la constitution d'armées permanentes, l'ingérence d'un État dans les affaires intérieures d'un autre ou encore l'acquisition d'un État par un autre. Le philosophe pose donc la paix comme un principe de la raison morale qu'il appartient aux responsables politiques d'un « État républicain » de mettre en œuvre en association avec les autres « États républicains », dans le cadre d'un lien contractuel destiné à éliminer les conditions concrètes des guerres. Ces conceptions kantiennes sont à l'origine de la création des organisations internationales chargées du maintien de la paix, comme la Société des Nations et l'Organisation des Nations Unies. Elles ont aussi inspiré l'idée selon laquelle les démocraties ont tendance à établir entre elles des relations pacifiées.

11 En énonçant, le 8 janvier 1918, son programme de paix en quatorze points, **Woodrow Wilson** (1856-1924), alors président des États-Unis, faisait écho aux réflexions de Kant, notamment lorsque ce dernier demandait une diplomatie transparente, l'ouverture des frontières au commerce, un désarmement généralisé et une association des nations sur la base du respect du droit international. L'historien Georges-Henri Soutou souligne à ce propos, dans *La Grande*

Illusion. Quand la France perdait la paix. 1914-1920 (2015), que « Wilson voulait créer un nouveau système international se substituant à un Concert européen qui, à ses yeux, n'avait été que l'instrument de l'égoïsme des grandes puissances européennes et un facteur essentiel dans le processus conduisant à 1914 ». En France, l'idée d'une paix par le droit a été défendue avant même la Première Guerre mondiale par **Léon Bourgeois** (1851-1925). Cet homme politique du parti de la gauche radicale a étendu au domaine des relations internationales sa doctrine du solidarisme, selon laquelle les membres d'une même société sont unis entre eux par un quasi-contrat qui leur impose un devoir de solidarité les uns envers les autres. Il a ainsi soutenu, notamment lors des conférences internationales de la paix tenues à La Haye (Pays-Bas) en 1899 et 1907, la thèse selon laquelle il existe, entre les nations, une solidarité naturelle qui doit les conduire à développer entre elles, sur une base volontaire, des liens de tous ordres – en particulier juridiques. Il préconisait alors la constitution d'une « Société des Nations » réglant les différends entre ses membres par la voie de l'arbitrage obligatoire. Après l'armistice de 1918, au sein de la conférence réunie à Versailles pour rédiger le traité de paix entre l'Allemagne et les puissances alliées, il a demandé sans succès que la future Société des Nations puisse exercer un contrôle sur le niveau des armements et disposer d'une force armée pour s'opposer à un État agresseur. L'idée de doter l'organisation mondiale en charge de la sécurité internationale de pouvoirs contraignants et d'une capacité de recours à la force pour faire appliquer ses décisions a été reprise en 1945 dans la Charte des Nations Unies, selon laquelle les décisions prises par le Conseil de sécurité sont des textes juridiquement contraignants s'imposant aux États et qui prévoit que l'ONU peut déployer des troupes de maintien de la paix (les Casques bleus, voy. n°s 274 et s.).

§ 2. L'École anglaise

12 Les approches coopératives ont souvent été jugées irréalistes, voire utopiques. Les échecs de la Société des Nations face aux agressions et violations des traités du Japon militariste (conquête de la Mandchourie en 1931), de l'Italie fasciste (guerre d'Éthiopie en 1935) et de l'Allemagne nazie (réarmement en 1935) ont largement contribué à entretenir le scepticisme à leur égard. Il en va de même avec les difficultés actuellement rencontrées par les Nations Unies dans le règlement des conflits et la garantie de la sécurité internationale.

Des théoriciens, historiens et praticiens des relations internationales, regroupés au sein du British Committee on the Theory of International Politics fondé par **Herbert Butterfield** (1900-1979) et **Martin Wight** (1913-1972), se sont toutefois attachés à montrer que l'ambition d'instituer un ordre international pacifique fondé sur le droit n'était pas dénuée de fondement empirique et pouvait, à certaines conditions, conduire à des réalisations pratiques solides. A ainsi émergé ce qu'il est convenu d'appeler l'« École anglaise », dont l'un des principaux auteurs a été le Britannique d'origine australienne **Hedley Bull** (1932-1985).

Bull prend comme point de départ de ses réflexions non pas, comme les réalistes, la philosophie politique de Thomas Hobbes, mais celle de John Locke, philosophe anglais qui, à la différence de Hobbes, distingue l'« état de nature » de l'« état de guerre » : « [L]orsque les hommes vivent conformément à la raison, sans aucun supérieur sur la tête, qui ait l'autorité de juger leurs différends, ils sont précisément dans l'état de nature », lequel ne correspond pas nécessairement à « un état d'inimitié, de malice, de violence et de mutuelle destruction », écrit ainsi Locke dans ses ***Deux Traités du gouvernement civil*** (1690). Pour lui, les individus, en raison de leur instinct social, ne sont pas nécessairement voués à se détruire mutuellement, mais peuvent faire société. Par transposition, les États sont également unis par un lien social et peuvent même se lier par des traités : « [L]es accords, les traités, les alliances [...] sont des liens indissolubles pour [...] les princes du monde », en particulier pour assurer leur propre défense et l'impunité des États agresseurs.

Dans la lignée de cette tradition de pensée, Hedley Bull considère que les États sont les acteurs centraux d'une scène internationale par essence anarchique, mais dans laquelle ils peuvent faire société. D'où son concept de « société anarchique », qu'il développe dans son ouvrage éponyme *The Anarchical Society* (1977). Bull définit la « société internationale » comme un groupe d'États qui, « conscients de certains intérêts et valeurs communs », « se conçoivent comme étant liés par un ensemble de règles communes dans leurs relations réciproques et participent au bon fonctionnement d'institutions communes ». Selon Bull, le lien social qui unit les États est le produit de trois types d'interactions interétatiques : l'équilibre des puissances d'abord, la mise en œuvre du droit international ensuite, même s'il ne s'applique pleinement que dans des domaines restreints et sur des territoires particuliers, la pratique diplomatique enfin, qui permet la communication et la négociation entre les États. Pour Bull, les États ne sont donc pas seulement « des gladiateurs dans l'arène », selon l'image de Hobbes, mais aussi des acteurs coopératifs capables de se plier aux règles du droit international auxquelles ils ont librement souscrit et de créer conjointement des institutions pour promouvoir leurs intérêts communs. Bull note à ce propos que les États cherchent spontanément à se lier mutuellement par des conventions productrices de droit, notamment pour assurer la limitation de l'usage de la force dans les relations internationales, à garantir le respect de la parole donnée et à permettre une meilleure protection de leur territoire. Ils forment ainsi une société autorégulée.

§ 3. L'approche fonctionnaliste

13 Un autre courant des relations internationales a réfuté l'idée selon laquelle la scène internationale serait en permanence vouée au risque de guerre. Il s'agit de l'approche fonctionnaliste, développée par le Britannique d'origine roumaine **David Mitrany** (1888-1975) dans son ouvrage *A Working Peace System* (1943). Le fonctionnalisme considère que, le jeu politique ne permettant pas de satisfaire l'ensemble des besoins présents dans une société, seule la création d'organisations internationales remplissant des fonctions spécifiques, en particulier de nature économique, est en mesure de favoriser le développement des individus. Rapprochant les sociétés nationales par la fusion de leurs intérêts matériels, ces nouvelles entités présentent la spécificité de bénéficier de la loyauté des citoyens en lieu et place des institutions nationales et de contribuer à réduire le risque d'éclatement d'un conflit armé. Pour Mitrany,

l'étude des relations internationales ne doit donc pas se focaliser sur l'État en tant que tel, mais plutôt envisager l'« interdépendance matérielle » entre les États et le rôle de la technocratie au niveau supranational.

C'est dans une perspective empruntée au fonctionnalisme que **Jean Monnet** (1888-1979) et **Robert Schuman** (1886-1963) ont pensé la construction européenne. La Communauté européenne du charbon et de l'acier (CECA) a ainsi été conçue comme la réponse à la nécessité de créer des liens concrets de solidarité entre la France et l'Allemagne, en vue de rendre impossible la survenue d'un nouveau conflit opposant les deux pays. Dans une logique fonctionnaliste, selon laquelle la fonction détermine la forme, la CECA s'est vue dotée d'une institution supranationale, la Haute Autorité du charbon et de l'action, censée pouvoir, du fait de sa nature technocratique, transcender les intérêts particuliers des États membres. Puis, conformément au projet présenté par Robert Schuman, dans sa déclaration du 9 mai 1950, de voir se succéder des « réalisations concrètes », la construction européenne s'est développée avec l'émergence, en 1957, de la Communauté économique européenne et de la Communauté européenne de l'énergie atomique, puis avec la naissance, en 1992, de l'Union européenne.

Cette évolution, conforme à la « méthode des petits pas » élaborée par Jean Monnet, illustre bien l'idée, développée par le **néofonctionnalisme**, selon laquelle la satisfaction d'un besoin fait naître un autre besoin, qui appelle à son tour une réponse. Dans son ouvrage *The Uniting of Europe* (1958), l'auteur américain d'origine allemande **Ernst Haas** (1924-2003) montre, en s'appuyant sur l'expérience de la CECA, comment une institution supranationale en charge d'intérêts communs à plusieurs États crée des attentes et des besoins qui poussent à l'accroissement constant de ses compétences : c'est ce que les néofonctionnalismes nomment le *spillover*. L'un des ressorts essentiels de cette dynamique d'intégration réside, selon Haas, dans le développement, au sein des pays participant au processus, d'un réseau d'élites sociales internationales favorables au renforcement des nouvelles institutions supranationales et à l'extension de leurs prérogatives. Ces ingénieurs, hauts fonctionnaires, industriels et syndicalistes se rendent progressivement compte, à mesure que leurs échanges et contacts s'intensifient, que leurs intérêts sont mieux satisfaits dans le nouveau cadre international façonné par les institutions supranationales que dans les limites de leur État national. Ils usent donc de leur influence auprès de leur gouvernement et des milieux économiques et sociaux auxquels ils appartiennent pour demander le renforcement des pouvoirs des institutions supranationales et leur extension à de nouveaux domaines. À terme ce processus peut conduire, si un cadre institutionnel suffisamment fort existe pour le soutenir, à l'émergence d'une communauté politique nouvelle.

Cette approche néofonctionnaliste, que Haas a aussi appliquée au fonctionnement d'autres organisations internationales, a permis d'éclairer certaines logiques de la construction européenne. Cependant elle n'a pu expliquer les résistances à ces dynamiques ni les difficultés des efforts d'intégration régionale dans d'autres parties du monde, notamment dans les pays en développement (comme l'OUA, finalement remplacée par l'Union africaine en 2002).

§ 4. Le transnationalisme

14 Par leur mise en évidence d'une interdépendance et leur réflexion sur le rôle des coalitions d'intérêts entre individus de différentes nationalités, le fonctionnalisme et le néofonctionnalisme ouvrent la voie au **transnationalisme**, un courant qui s'épanouit à partir des années 1970, en particulier dans le contexte de la guerre du Viêtnam, qui a montré que la victoire politique ne découlait pas automatiquement de la force militaire.

Dans l'ouvrage *Transnational Relations and World Politics* (1972) dirigé par les chercheurs américains **Robert Keohane** (né en 1941) et **Joseph Nye** (né en 1937), les tenants du transnationalisme affirment que la primauté des États dans les relations internationales est un phénomène historiquement daté, remontant aux traités dits « de Westphalie », signés en 1648 à Münster et Osnabrück pour mettre fin à la guerre de Trente Ans, dont l'un des principaux enjeux avait été la souveraineté territoriale des principautés protestantes face à la dynastie catholique des Habsbourg. Les transnationalistes soulignent que la vision d'un monde westphalien, caractérisé par l'égalité souveraine des États, se heurte, dans la seconde moitié du XXe siècle, à une réalité beaucoup plus complexe, où les États doivent composer avec d'autres acteurs, tels que les organisations internationales, les entreprises multinationales, les organisations non gouvernementales, les réseaux d'influence et d'opinion transnationaux, les mouvements religieux, syndicaux ou politiques internationaux ou encore les structures illégales ou clandestines, à caractère criminel ou terroriste. C'est ainsi, selon Keohane et Nye, que se développent des **« relations transnationales »**, définies comme des « contacts, coalitions et interactions à travers les frontières étatiques, qui ne sont pas contrôlées par les organismes de politique étrangère centraux des gouvernements ». Le développement de ces interactions aboutit, d'après les deux auteurs, à ce qu'ils nomment, dans leur ouvrage *Power and Interdependence. World Politics in Transition* (1977), une **« interdépendance complexe »**, situation dans laquelle les actions d'un acteur ont un impact sur celles des autres acteurs. Dans cette configuration, les États, les sociétés et les individus sont de plus en plus dépendants les uns des autres, ce qui minimise le recours à la force. D'où l'émergence, comme l'explique Joseph Nye dans *Bound To Lead. The Changing Nature of American Power* (1990), d'une puissance douce ou ***soft power***, qui permet aux États d'atteindre leurs objectifs de politique internationale « par l'attirance plutôt que par la contrainte », grâce à l'influence qu'exercent leur culture, leurs réussites technologiques ou encore leur régime politique.

À l'instar de Keohane et Nye, le diplomate et chercheur australien **John Burton** (1915-2010) affirme, dans son ouvrage éponyme *World Society* (1972), l'avènement d'une **« société-monde »**, fruit de la multitude d'interactions (commerce, transactions financières, migrations, flux touristiques, échanges culturels…) qui se déroulent par-delà les frontières. À l'image qu'Arnold Wolfers (1892-1968) avait développée dans *Discord and Collaboration. Essays on International Politics* (1962), comparant les relations internationales à l'entrechoquement entre des boules de billard de différente taille incarnant chacune un État d'une certaine puissance, Burton oppose un ***cobweb model***, dans lequel les relations internationales sont tel « un ensemble de toiles d'araignées superposées les unes aux autres ».

L'Américain **James Rosenau** (1924-2011) considère que l'avènement d'un monde postwestphalien, dans lequel des acteurs privés échappant au contrôle des États établissent des liens d'allégeance multiples à l'égard d'autres sources de pouvoir que l'État dont ils sont les ressortissants, se traduit par une **érosion de l'autorité de l'État**. Dans *Linkage Politics. Essays on the Convergence of National and International Systems* (1969), puis dans *Turbulence in World Politics* (1990), il décrit l'avènement d'un monde « multicentré », dans lequel interagit une multitude d'acteurs, certains souverains (*sovereignty-bound*), d'autres non (*sovereingty-free*). Cela se traduit par l'émergence d'affaires « intermestiques » qui, relevant à la fois de la politique intérieure et de la politique internationale, ne peuvent pas être traitées au seul niveau national. Dans ce contexte, les États même les plus puissants ne sont plus en mesure de répondre de manière adéquate aux attentes de la société, ce qui engendre une **« turbulence »** de ce qu'il appelle **« la politique mondiale »**, terme qu'il privilégie pour marquer la rupture avec l'approche stato-centrée des relations internationales.

À la suite de James Rosenau, les Français **Marie-Claude Smouts** (née en 1941) et **Bertrand Badie** (né en 1950) soulignent, dans *Le Retournement du monde. Sociologie de la scène internationale* (1992), la dualité d'un monde où coexistent, d'une part, un nombre fini d'États, dont le comportement est codifié et plus ou moins prévisible, et de l'autre un nombre presque infini de participants, qui peuvent être aussi bien des organisations, telles des entreprises multinationales, des ONG, des Églises ou encore des groupes terroristes, que des individus, dont les conduites agrégées sont à l'origine de flux transnationaux. Alors que le système étatique tente de conforter et de légitimer son existence, **le monde multicentré vise à élargir son autonomie par rapport aux États**, en banalisant la remise en cause des frontières et des souverainetés étatiques. Dans cette configuration, favorisée par la conjonction de la fin de la Guerre froide et de la mondialisation, définie comme l'explosion des flux transfrontaliers, l'État apparaît moins efficace pour résoudre les problèmes présents dans la société. Les politiques keynésiennes, qui fondaient pour une grande part la légitimité de l'État, n'ont plus la même pertinence dans des économies ouvertes insérées dans les flux de la mondialisation. La politique de sécurité des États est elle-même entravée par des phénomènes de diffusion de la violence (violences urbaines, criminalité transnationale ou terrorisme). Parallèlement, selon ces auteurs, on assiste à une tendance à l'autonomisation des individus par rapport à l'État, qui conduit à un renforcement des unités de pouvoir décentralisées et au **développement d'allégeances extérieures à l'État** : mouvements communautaires ethniques ou religieux, mobilisation autour d'organisations non gouvernementales (ONG)...

Depuis près de trente ans, de nombreux travaux relevant du transnationalisme éclairent certains phénomènes contemporains dont l'impact sur la vie internationale est indéniable, comme le terrorisme international, les migrations ou encore l'influence des ONG sur diverses négociations multilatérales relatives, par exemple, au désarmement, à l'environnement, au développement ou à la place des femmes dans les processus sociaux. Les recherches relevant de l'économie politique internationale, une approche située au croisement de la science économique et de la science politique et incarnée notamment par la Britannique **Susan Strange** (1923-1998), mettent de leur côté en évidence la faiblesse de l'État face aux lois du marché. L'ensemble de ces travaux tend à montrer que la notion de souveraineté a perdu de sa pertinence et que, par la suite, l'État est devenu un acteur parmi d'autres. Ils permettent de mieux comprendre le phénomène contemporain des « États faillis » tels que la Somalie ou la Libye, incapables d'assurer un minimum d'ordre social sur l'ensemble de leur territoire (voy. n°s 480 et 584).

Toutefois, comme le souligne le Français **Thierry de Montbrial** (né en 1943) dans *L'action et le système du monde* (2002), l'approche transnationaliste comporte « le risque d'étirer à l'extrême le champ des relations internationales au point de lui retirer toute spécificité parmi les sciences sociales et de banaliser les États, ravalés au rang d'acteurs parmi d'autres ». Or, si nombre d'événements survenus ces vingt dernières années, à l'instar des attentats terroristes du 11 septembre, de la crise financière de 2008 ou encore de la pandémie de Covid-19, peuvent être considérés comme une illustration des phénomènes décrits par les transnationalistes, dans le même temps, force est de constater qu'à chaque fois les États ont tenté d'y apporter une réponse, montrant ainsi qu'ils n'avaient pas perdu toute leur raison d'être. C'est pourquoi la plupart des analystes des questions internationales jugent plus opératoires les approches qui accordent encore aux relations entre les États un rôle non pas unique, mais déterminant dans la structuration du système international.

§ 5. Le néolibéralisme

15 Dans les années 1980, en même temps que se développe le néoréalisme, le libéralisme se renouvelle, opérant ainsi un rapprochement avec la vision réaliste. Conformément au libéralisme, le néolibéralisme croit en la capacité des États à coopérer, mais il insiste sur **le rôle que jouent les institutions et les régimes dans la coopération interétatique**. Développée dès le début des années 1980 par l'Américain **Stephen Krasner** (né en 1942), qui a dirigé l'ouvrage collectif *International Regimes* (1983), la théorie des régimes définit le régime comme « un ensemble de principes, de normes, de règles et de procédures de décision autour desquels les attentes des acteurs convergent dans un domaine donné ». Dans l'esprit des tenants de cette théorie, tout régime international est le fruit des rapports de force entre États et, de ce fait, reflète la distribution de la puissance au moment de sa mise en place. D'après la théorie de la stabilité hégémonique développée par **Charles Kindleberger** (1910-2003) dans *The World in Depression, 1929-1939* (1973), un régime donné reprend les normes et valeurs défendues par la puissance hégémonique au moment de son élaboration. Dans cette perspective, tant que l'État qui a pu influencer le contenu d'un régime demeure hégémonique, le régime est appelé à se maintenir. En revanche, en l'absence de puissance hégémonique, il serait voué à disparaître.

Or, au début des années 1980, la coopération perdure par-delà le déclin des États-Unis. Cherchant à expliquer cela, **Robert Keohane** montre, dans *After Hegemony. Cooperation and Discord in the World Political Economy* (1984), qu'un régime n'est pas une solution imposée par une puissance dominante à un moment donné aux autres États y prenant part, mais est plutôt le fruit d'**un ajustement mutuel des intérêts en présence**. La coopération interétatique révèle que les États, bien qu'ils soient égoïstes, sont également rationnels, de sorte qu'ils comprennent qu'il peut être dans leur intérêt de dépasser leurs différends pour se mettre d'accord sur des normes communes et créer des institutions multilatérales. Elle peut donc être comprise comme un instrument au service des intérêts nationaux.

S'inscrivant dans cette même logique, l'Américain **Andrew Moravcsik** (né en 1957) développe l'idée selon laquelle la coopération interétatique est d'abord un moyen, pour les États, de répondre aux besoins exprimés par leurs populations. Selon lui, les décisions prises au sein des organisations intergouvernementales sont le fruit d'un marchandage interétatique à travers lequel chaque État cherche à défendre les intérêts présents dans la société nationale. Cette approche, connue sous le nom d'**intergouvernementalisme libéral**, est au croisement, par sa vision d'une coopération négociée par les États, de l'intergouvernementalisme d'inspiration réaliste et, par la conception de l'intérêt sur laquelle elle repose, du libéralisme.

SECTION III

Les approches marxistes

16 Les théories marxistes, en particulier celles produites pendant la Guerre froide, ont fréquemment revêtu un caractère dogmatique et propagandiste. Néanmoins les intuitions du philosophe allemand Karl Marx (1818-1883) et de son disciple et compatriote Friedrich Engels (1820-1895) ont orienté l'étude des relations internationales vers deux problématiques intéressantes souvent ignorées par les autres courants : celle des liens entre l'organisation sociale interne des États et leur politique extérieure et celle des relations d'interdépendance asymétrique entre les États.

§ 1. Au fondement des approches marxistes, une réflexion sur la lutte des classes

17 Pour **Karl Marx** et **Friedrich Engels**, c'est dans l'affrontement des classes sociales antagonistes qu'il convient de rechercher la cause profonde des phénomènes politiques, qu'ils soient internes aux États ou internationaux. « L'histoire de toute société jusqu'à nos jours est l'histoire des luttes de classes », écrivent-ils dans le *Manifeste du parti communiste* (1848).

Les classes sociales sont définies comme le produit des rapports de production. Dans les rapports de production capitalistes, qui dominent les structures économiques modernes, la bourgeoisie possède les moyens de production, tout particulièrement industriels, qui lui permettent d'exploiter le prolétariat, contraint de lui vendre sa force de travail.

En s'appuyant sur le développement de l'économie capitaliste au sein des différentes sociétés nationales, la bourgeoisie a pu, selon les termes du *Manifeste du parti communiste*, « s'emparer de la souveraineté politique exclusive dans l'État représentatif moderne ». Ainsi, **la politique des différents États-nations d'Europe ou d'Amérique du Nord obéit aux intérêts concordants ou, plus fréquemment, antagonistes des bourgeoisies qui contrôlent**

chacun de ces États et sont toujours tentées de résoudre par la guerre leurs conflits d'intérêts. Toutefois, l'économie capitaliste rapproche aussi les sociétés dans la mesure où elle crée un marché mondial en développant à grande échelle les voies de communication et en donnant un « caractère cosmopolite à la production et à la consommation de tous les pays ».

Pour Marx, si le développement capitaliste aggrave les conflits entre bourgeoisie et prolétariat, la lutte que se livrent ces deux classes conduira à la victoire du prolétariat. **Avec la disparition des classes par la socialisation des moyens de production disparaîtront les motifs profonds des affrontements belliqueux** : comme l'écrivent Marx et Engels, « du jour où tombe l'antagonisme des classes à l'intérieur de la nation, tombe également l'hostilité des nations entre elles ». Dans la conception marxiste, le capitalisme est ainsi par nature fauteur de guerre, tandis que le socialisme est, par essence, pacifique.

§ 2. Les théories de l'impérialisme

18 Si Marx a conceptualisé le capitalisme de façon majeure, ses écrits sur les relations internationales sont cependant disparates. Au début du XXe siècle, plusieurs théoriciens et dirigeants politiques du socialisme marxiste ont proposé le concept d'« impérialisme » pour rendre compte notamment de la rivalité des pays industrialisés dans la conquête de territoires coloniaux.

Dans son livre *Imperialism. A Study* (1902), le Britannique **John A. Hobson** (1868-1940) voit dans la propension des États à annexer d'autres territoires une réponse à la pression des détenteurs de capitaux soucieux d'avoir des opportunités d'investissement à l'étranger afin d'augmenter leurs bénéfices. Pour lui, l'impérialisme ne profiterait en réalité pas à la nation dans son ensemble, mais simplement à certains capitalistes. Selon **Rosa Luxemburg** (1871-1919), si les économies capitalistes nationales ont une politique impérialiste, c'est en vue de trouver des débouchés pour des productions qui ne peuvent pas s'écouler sur le marché intérieur en raison du faible niveau des salaires. La militante et théoricienne allemande d'origine polonaise explique ainsi, dans *L'Accumulation du capital* (1913), que pour échapper aux crises de surproduction qui menacent leur stabilité, les pays cherchent à s'étendre sur des territoires où prédominent des rapports de production précapitalistes. Elle considère que, dans la logique de cette expansion, **les États capitalistes les plus dynamiques sont conduits à s'approprier des territoires coloniaux de plus en plus vastes**. Dans leurs incessantes entreprises coloniales, ils s'affrontent avec une âpreté grandissante et se dirigent vers une guerre généralisée.

C'est cependant **Lénine** (Vladimir Ilitch Oulianov, 1870-1924), fondateur du parti bolchevique et premier dirigeant de la Russie soviétique, qui a posé les bases de la doctrine marxiste classique de l'impérialisme. Dans *L'Impérialisme, stade suprême du capitalisme (1917)*, il définit l'impérialisme comme « le capitalisme arrivé à un stade de développement où s'est affirmée la domination des monopoles et du capital financier, où l'exportation des capitaux a acquis une importance de premier plan, où le partage du monde a commencé entre les trusts internationaux et où s'est achevé le partage du monde entre les plus grands pays capitalistes ».

Selon Lénine, l'exportation des capitaux vers les pays peu industrialisés présente un intérêt tout particulier pour les entreprises capitalistes en raison des perspectives de profit qu'elle offre. Ces pays réunissent en effet des conditions très favorables aux investisseurs car les capitaux y sont peu nombreux, le prix de la terre et les salaires y sont relativement bas et les matières premières bon marché. Pour favoriser l'exportation de leurs capitaux, mais aussi pour obtenir des matières premières au coût le plus réduit possible, les États capitalistes cherchent à accroître les territoires coloniaux qu'ils contrôlent. Une fois le partage du monde achevé, ils n'ont d'autre solution que de s'affronter s'ils veulent s'emparer de nouveaux territoires, ce qui explique la lutte « particulièrement acharnée pour le partage et le repartage du globe ». Cela est, pour Lénine, la cause essentielle de la Première Guerre mondiale et, plus généralement, de la tendance des pays capitalistes à considérer la guerre comme un moyen de trancher leurs différends économiques.

§ 3. Les théories de la domination d'inspiration marxiste

19 Il est rare aujourd'hui d'appréhender les relations internationales sous l'angle exclusif, ou même principal, des conflits d'intérêts économiques. Les phénomènes internationaux ne sont en effet généralement pas réductibles aux seules causalités économiques, comme l'illustre, entre autres, l'examen des causes des deux guerres mondiales. Quant à la colonisation, il n'est pas établi qu'elle ait apporté des bénéfices considérables aux pays qui l'ont pratiquée, hormis une amélioration de leur approvisionnement en matières premières : si certains secteurs économiques et milieux sociaux en ont profité, les États colonisateurs ont cependant engagé de lourdes dépenses pour défendre leurs colonies, les administrer et les équiper. En se centrant sur les rivalités et convoitises économiques, l'analyse marxiste ignore, à tort, l'autonomie des stratégies politiques, culturelles ou idéologiques.

Dans les années 1960 et 1970, des chercheurs intéressés par les difficultés des États nouvellement indépendants ont tenté de renouveler l'approche marxiste. Des auteurs tels **André Gunder Frank** (1929-2005) ou **Immanuel Wallerstein** (1930-2019) ont ainsi tenté de démontrer que le développement du capitalisme occidental n'avait été possible que par l'exploitation de colonies, puis à travers des relations commerciales inégales avec de jeunes États (notamment d'Amérique Latine). Ont ainsi émergé les concepts de dépendance (Gunder Frank) et d'économie-monde (Wallerstein), un système caractérisé par une distribution très inégale des pouvoirs économiques et politiques entre centre et périphéries. Ces approches, pessimistes quant aux possibilités de développement des pays du Sud, ne permettent cependant pas de comprendre des phénomènes tels que celui des pays dits « émergents ».

Dans la même mouvance, d'autres travaux ont tenté de cerner la nature des phénomènes de domination de certains États sur d'autres. Dans un article intitulé « Structural Theory of Imperialism » (*Journal of Peace Research*, 1971), théorie structurelle de l'impérialisme, le Norvégien **Johan Galtung** (né en 1930) définit ainsi l'impérialisme comme un type particulier de domination d'une collectivité humaine sur d'autres collectivités. Si, comme Wallerstein, il considère que le monde est « composé de nations du centre et de nations de la périphérie », il insiste surtout sur l'existence de cette opposition au sein même des nations. La caractéristique fondamentale de l'impérialisme réside, pour Galtung, dans l'établissement d'une solidarité d'intérêts entre les classes sociales dominantes de la nation dominante et celles de la nation dominée. Il exprime cette relation de la manière suivante : « Le centre d'une nation du centre érige dans une nation de la périphérie un centre en vue de la satisfaction de leurs intérêts communs ». Les structures de l'impérialisme interdisent en revanche toute relation de solidarité entre les périphéries. Johan Galtung s'éloigne donc d'une vision strictement socio-économique des relations de domination en distinguant cinq types d'impérialisme : les impérialismes économique, politique, militaire, communicationnel et culturel. Les notions d'impérialismes communicationnel et culturel enrichissent de façon particulièrement originale le concept d'impérialisme. Dans la relation de domination culturelle, le centre dispense un enseignement et une manière de voir le monde, tandis que la périphérie se voit assigner le rôle d'élève ou d'apprenti perpétuel. Dans l'impérialisme communicationnel (« *communication imperialism* »), défini comme une relation de domination par laquelle les mouvements de personnes et de biens, ainsi que les flux d'information sont orientés en fonction des intérêts du centre, le centre fournit à la périphérie des médias et des moyens de transport, la périphérie lui apportant des personnes et des biens à transporter, ainsi que des événements à commenter. Par l'élargissement de la notion d'impérialisme qu'il propose, Galtung souligne que le maintien de la domination ne nécessite pas le recours à la force armée, mais qu'il est plutôt le résultat d'une « violence structurelle », qui empêche le libre épanouissement des dominés sans pour autant prendre la forme ouverte de la contrainte armée.

L'influence dominante des pays développés sur l'économie mondiale a naturellement suscité de nombreuses autres analyses critiques dans les pays en développement. On peut citer à ce propos celles du Brésilien **Celso Furtado** (1920-2004), qui attribue le sous-développement à un phénomène de domination, de nature politique, des relations économiques capitalistes sur des formes précapitalistes de production. Au sein des pays sous-développés, cette domination provoque un « dualisme » des structures économiques et sociales, qui fait coexister un secteur moderne et un secteur archaïque. Les stratégies de développement ont pour finalité de surmonter ce dualisme.

Les études d'inspiration marxiste enrichissent l'analyse des relations internationales par l'introduction, dans ce champ, des notions de capital, de domination, d'exploitation et de marginalisation et la réflexion sur le temps long qu'elles proposent.

SECTION IV
Les approches critiques

20 Si les approches critiques trouvent leur origine dans des travaux antérieurs, c'est véritablement à partir des années 1990 qu'elles se développent, alors que le néoréalisme et le néolibéralisme paraissent de plus en plus proches l'un de l'autre et dans un contexte où ni le réalisme ni le libéralisme n'ont été capables d'anticiper puis d'expliquer la manière dont la Guerre froide a pris fin. En

effet, la sortie de la bipolarité n'a été le fruit ni d'une victoire d'un camp sur un autre, comme pouvait le laisser envisager la lecture réaliste des relations internationales, ni de l'avènement d'une coopération de l'Est et de l'Ouest autour d'objectifs communs, comme suggéré par l'approche libérale. Face à ce constat émergent des théories critiques d'inspiration postpositiviste, cherchant à dépasser les lectures réalistes et libérales des relations internationales : d'une part, le constructivisme et, d'autre part, un ensemble de théories qui se retrouvent autour de la remise en cause des fondements des théories classiques.

§ 1. La lecture postpositiviste des relations internationales

21 Par-delà leurs différentes orientations, les approches critiques remettent en cause le positivisme, qui, depuis les travaux du Français Auguste Comte (1798-1857), prétend pouvoir expliquer les faits sociaux de manière scientifique, par l'observation et l'expérience. Ainsi que l'exprime le Canadien **Robert Cox** (1926-2018) dans « Social Forces, States and World Orders: Beyond International Relations Theory » (*Millennium. Journal of International Studies*, 1981), elles reprochent aux théories classiques de « traiter les variables étudiées comme des objets [...] et d'accepter l'ordre dominant comme [leur] propre cadre ». Elles considèrent en outre que les approches traditionnelles, malgré leur prétention à l'objectivité, sont, par définition, engagées, dans la mesure où elles analysent les faits, qu'elles opposent aux valeurs, comme des données neutres. Pour eux, toute théorie adopte une perspective particulière, qui dépend du contexte et de la position de celui ou celle qui la développe : comme l'explique Cox, « une théorie est toujours *pour* quelqu'un et *pour* quelque chose ».

Sur la base de ces constats, les auteurs critiques, battant en brèche l'idée selon laquelle la réalité serait une donnée objective et objectivable, appellent à **appréhender la réalité comme une construction sociale** qui, par essence, peut donner lieu à diverses interprétations selon le point de vue adopté. Cela suppose, comme l'indique Cox, de « ne pas prendre les institutions et les relations sociales et de pouvoir pour acquises », mais de les déconstruire en « s'intéressant à leurs origines » et en « se demandant si et comment elles pourraient entrer en changement ». Quant au processus de production théorique, il ne doit pas viser, comme les théories classiques, à résoudre des problèmes, mais plutôt à **questionner l'origine de l'ordre social**, à chercher à savoir d'où il vient. De la sorte, les postpositivistes entendent éviter l'écueil des théories classiques qui, alors qu'elles prétendent décrire la réalité, contribuent en fait, sans que leurs auteurs en aient même conscience, à la façonner telle qu'elle est.

Cette démarche postpositiviste a donné lieu à l'émergence de plusieurs approches critiques : d'une part, le constructivisme, qui aborde les relations internationales comme fait social, et, de l'autre, diverses théories qui ont pour point commun de remettre en question les structures de pouvoir.

§ 2. L'approche constructiviste : les relations internationales comme fait social

22 Trouvant son origine dans la sociologie de la connaissance, développée notamment par **Peter Berger** (1929-2017) et **Thomas Luckmann** (1927-2016) dans *The Social Construction of Reality* (1966), le constructivisme a été introduit dans l'étude des relations internationales par deux chercheurs américains, **Alexander Wendt** (né en 1958), qui, en 1987, publie l'article fondateur « The Agent-Structure Problem in International Relations Theory » (*International Organization*, 1987), et **Nicholas Onuf** (né en 1941), auteur de *World of our Making* (1989).

Adoptant une approche stato-centrée, mais prenant le contrepied des courants théoriques traditionnels, lesquels ont pensé l'anarchie comme un cadre déterminant la façon dont les États interagissent, le constructivisme se présente comme une méthode d'analyse des relations internationales qui invite à mieux prendre en compte **l'autonomie des acteurs par rapport aux structures internationales**. Dans « Anarchy is What States Make of It: the Social Construction of Power Politics » (*International Organization*, 1992), Wendt défend l'idée selon laquelle la structure n'est pas seulement une contrainte indépassable par rapport à laquelle les agents façonnent leur comportement : certes, la structure agit sur les acteurs, mais elle dépend aussi de ce que ces derniers font d'elle, de la manière dont ils agissent sur elle. Cette conception suppose donc de **considérer au même titre l'agence et la structure**, en les abordant comme coconstitutives l'une de l'autre.

Si, à l'instar des tenants du réalisme et du libéralisme, les constructivistes admettent que les États sont animés par leurs intérêts, ces derniers sont, selon eux, fonction de l'identité des États. Comme l'explique Wendt dans *Social Theory of International Politics* (1999), « les intérêts présupposent les identités car un acteur ne peut savoir ce qu'il veut avant de savoir qui il est ». En d'autres termes, pour les constructivistes, **la façon dont les États définissent leurs intérêts et, donc, déterminent leur comportement dépend de leur identité**. Or les constructivistes voient l'identité comme étant par essence évolutive et relationnelle : elle se forge dans la représentation que les États se font d'eux-mêmes, des autres et du système international, dans l'image qu'ils ont de leur place dans ce système et dans les relations qu'ils entretiennent avec les autres États ; elle est également façonnée par les valeurs, normes et idées partagées par les autres États, ce que les constructivistes nomment l'intersubjectivité. Donc, **l'identité et, par suite, les intérêts sont socialement construits et évolutifs.**

Concrètement, l'approche constructiviste pose donc que l'anarchie, loin de se réduire à une structure qui détermine l'attitude des États, est aussi « ce que les États en font ». Elle peut donner lieu aussi bien à un conflit qu'à la coopération, en fonction des intérêts des États, lesquels émergent, comme l'explique **Jutta Weldes** dans *Constructing National Interests. The United States and the Cuban Missile Crisis* (1999), « des représentations par l'intermédiaire desquelles les autorités étatiques donnent un sens au monde qui les entoure ». Wendt identifie ainsi **trois types de « cultures internationales »**, qu'il qualifie respectivement de hobbesienne, lockienne ou kantienne, selon que les États considèrent les autres États comme des ennemis, des rivaux ou des amis.

En suggérant que c'est dans le cadre de leur identité évolutive que les États déterminent le mode de leur relation aux autres États, l'approche constructiviste a renouvelé en profondeur les analyses des relations internationales, en particulier dans le domaine de la sécurité, comme l'illustrent notamment les travaux sur les communautés de sécurité ou encore la lecture nouvelle du dilemme de sécurité auquel elle a donné lieu.

§ 3. Les approches questionnant les structures dominantes de pouvoir

23 Au-delà du constructivisme, qui lui a surtout emprunté la conception de la réalité comme fait social, le postpositivisme a inspiré une diversité de travaux qui, par-delà leurs différences, a pour socle commun la remise en cause des structures traditionnelles de pouvoir telle qu'initiée par l'École de Francfort fondée au début des années 1920 par Max Horkheimer et Theodor Adorno.

S'appuyant sur les travaux des Français **Jean-François Lyotard** (1924-1998), **Michel Foucault** (1926-1984) ou encore **Jacques Derrida** (1930-2004), **le poststructuralisme ou postmodernisme** considère que tout discours, toute manière de nommer un objet, est une construction sociale, mais aussi un acte de pouvoir : « [L]e pouvoir est partie intégrante de toutes les pratiques discursives, de nos façons de penser et d'agir, de la façon dont nous sommes définis comme penseurs et acteurs », écrit ainsi **Jim George** (né en 1943) dans *Discourses of Global Politics. A Critical (Re)Introduction to International Relations* (1994). D'où la nécessité, selon cette approche, de « déconstruire » les concepts et la terminologie utilisés par la discipline. C'est par exemple ce que proposent de faire les chercheurs de l'École de Copenhague, qui se focalisent sur la construction discursive de la notion de sécurité. Dans le chapitre « Securitization and Desecuritization », qu'il a publié dans *On Security* (1995), ouvrage dirigé par R. D. Lipschutz, **Ole Wæver** appelle ainsi à considérer « la "sécurité" comme un acte de langage ». Selon lui, « la sécurité n'a pas d'intérêt en tant que signe qui renvoie à quelque chose de plus réel ; l'énoncé *lui-même* est l'acte » : concrètement, cela signifie que le seul fait de qualifier une problématique de « sécuritaire » ou, au contraire, de lui retirer ce qualificatif a un impact sur la manière de l'aborder et sur les perceptions et attentes de la population. Dans cette perspective, c'est donc l'acte de langage qui fonde l'action.

C'est également à une déconstruction qu'appellent **les approches féministes des relations internationales** : il s'agit, en introduisant le genre dans l'étude des relations internationales, de sortir de la perspective masculiniste qui, selon des auteures féministes telles l'Anglo-Américaine **Judith Ann Tickner** ou encore l'Australienne **Jan Jindy Pettman**, biaise les analyses et contribue à reproduire les hiérarchies sexuées existantes dans la mesure où elle repose sur le présupposé d'une domination des hommes sur les femmes. Dans cette perspective, les féministes suggèrent de mieux prendre en considération le rôle des femmes dans les relations internationales, mais aussi les conséquences qu'ont, dans la guerre, dans les migrations ou encore en diplomatie, les conceptions anthropologiques patriarcales dominantes. Au-delà de la question des droits des femmes, il s'agit de repenser les fondamentaux de la sécurité internationale.

L'idée que les théories peuvent contribuer à changer le monde est également partagée par **le postcolonialisme**, qui invite, comme l'explique **Sanjay Seth** dans son introduction à l'ouvrage qu'il a dirigé, *Postcolonial Theory and International Relations. A Critical Introduction* (2012), à questionner « l'universalité des catégories de la pensée scientifique sociale moderne et des disciplines qui la composent ». Plus précisément, il s'agit, comme le suggère Arlene Tickner dans « Seeing IR Differently: Notes from the Third World » (*Millennium. Journal of International Studies*, 2003), de déplacer son regard pour prendre en compte le point de vue des États anciennement colonisés et ainsi « revisiter les concepts de base des relations internationales ».

Les approches présentées ci-dessus, si elles font parfois l'objet de critiques en raison de leur caractère jugé « radical », ont le mérite d'ouvrir la discipline à des points de vue et des problématiques jusqu'ici négligés, permettant ainsi d'enrichir le regard des internationalistes sur le monde.

CHAPITRE 2
Le droit international public : notions générales

24 Le précédent chapitre a présenté les théories qui visent à décrire et expliquer les faits internationaux. Les développements qui suivent présentent les principales règles de droit auxquelles sont soumis les acteurs du système international (essentiellement les acteurs publics que sont les États et les organisations interétatiques). Il s'agit donc d'une démarche qui n'est plus analytique mais normative.

Comme indiqué en introduction, l'expression « droit international » ou ***international law*** a été utilisée pour la première fois en 1781 par Jeremy Bentham. Auparavant, ce droit était désigné par les termes de droit des gens ou ***jus gentium*** (droit des peuples ou des États).

La qualification de « public », ajoutée un peu plus tard, renvoie à l'objet de ce droit ainsi qu'à la nature des rapports qu'il réglemente. Le droit international public a en effet pour but premier de réguler la coexistence des États ainsi que leur coopération au sein des organisations internationales qu'ils ont librement instituées en vue de la gestion de leurs intérêts communs. L'évolution des relations internationales, surtout depuis la seconde moitié du XXe siècle, a conduit à étendre son champ d'application à des organisations privées (organisations non gouvernementales (ONG), par exemple) à des fins de consultation au sein des organisations internationales notamment. Il peut même parfois être applicable aux individus dans le cadre de la protection internationale des droits de l'homme et de la justice pénale internationale. À cet égard il convient de mentionner le droit européen, qui s'applique directement aux entreprises et aux personnes physiques des États membres de l'Union européenne.

Le droit international public se distingue du droit international privé, lequel régit les relations entre les personnes privées relevant de plusieurs ordres juridiques nationaux.

SECTION I
La notion d'ordre juridique international

25 Un ordre juridique se définit par un ensemble de normes constituant le droit positif, possédant une force obligatoire, dont la méconnaissance ou la violation entraîne des sanctions organisées spécifiques. Il contient également les dispositifs destinés à produire ces normes. L'ordre juridique international,

construit au fil des siècles, présente ces caractéristiques mais, contrairement à l'ordre juridique interne des États, il n'est établi par aucune instance supérieure capable d'adopter des règles générales s'imposant à tous de manière contraignante.

L'exécution du droit international dépend donc des États et aucune juridiction ne peut régler les différends d'ordre juridique entre États sans le consentement de ces derniers. Le droit international repose ainsi sur la coordination des souverainetés, qui n'est jamais automatique. Comme l'a souligné la Cour permanente de justice internationale (CPJI), créée dans le cadre de la Société des Nations, dans son arrêt du 7 septembre 1927 sur l'Affaire du Lotus : « Le droit international régit les rapports entre des États indépendants. Les règles de droit liant les États procèdent donc de la volonté de ceux-ci, volonté manifestée dans des conventions ou dans des usages acceptés généralement comme consacrant des principes de droit et établis en vue de régler la coexistence de ces communautés indépendantes ou en vue de la poursuite de buts communs. Les limitations de l'indépendance des États ne se présument donc pas ».

§ 1. L'évolution historique des doctrines

26 C'est entre le XVIe et le XVIIIe siècle qu'apparaissent les fondateurs du droit international public. La première école, appelée école du droit naturel, a pour principal représentant le Hollandais Grotius. Le XVIIIe siècle est celui de la diplomatie réaliste et du positivisme d'Emer de Vattel. Au XIXe et au XXe siècle, apparaissent les doctrines du volontarisme juridique de Heinrich Triepel et Georg Jellinek, puis de la théorie pure du droit de Hans Kelsen. D'autres auteurs dits « néo-naturalistes » ou « objectivistes », parmi lesquels Léon Duguit et Georges Scelle, développent une théorie sociologique du droit, basée sur l'interdépendance sociale, qu'ils étendent au droit international.

A) L'école du droit naturel

27 L'idée de la dualité du droit naturel et du droit positif a été esquissée dès l'Antiquité, comme en témoignent notamment le mythe d'Antigone (conflit entre la conscience morale et la loi de l'État) et la pensée politique d'Aristote (justice naturelle et justice légale). Au Moyen Âge, **Thomas d'Aquin** (1224 ou 1225-1274) a repris cette distinction en s'inspirant d'Aristote. Selon lui, « tout homme possède par nature la lumière de la raison, qui le dirige dans ses actes vers sa fin » ; de plus « l'homme est par nature un animal social et politique » (*De rege et regno*). Le droit positif peut donc être critiqué par référence à un droit naturel, dégagé par la recherche rationnelle des moyens d'assurer le bien commun des sociétés humaines. Cette valorisation de la raison s'inscrit néanmoins dans le cadre d'une métaphysique chrétienne. Pour Thomas d'Aquin en effet, la raison conduit à la foi.

C'est en Espagne et au Portugal, au XVIe siècle, que **Francisco de Vitoria** (1486-1546) et **Francisco Suárez** (1548-1617) ont construit une première doctrine du droit international public en appliquant la notion de droit naturel à cette nouvelle entité qu'était alors l'État souverain.

Le premier, dominicain, professeur à l'université de Salamanque, a exposé sa doctrine dans des cours publiés après sa mort sous le titre ***Relectiones theologicae***. S'il reconnaît la souveraineté de l'État, il affirme l'existence d'une communauté juridique internationale. Il existe selon lui un « bien commun » du monde que les dirigeants des États (les princes) ont pour mission de sauvegarder. Le droit international qui régit cette communauté mondiale n'est pas un ***jus gentium*** comme chez les Romains, mais un ***jus inter gentes***, c'est-à-dire un droit entre États qui se confond avec le droit naturel et qui impose aux princes des obligations, par exemple en matière de coutume internationale, d'occupation de territoires et de respect des droits de leurs habitants (amérindiens notamment), de commerce, de liberté de navigation... La vision du monde de Vitoria est, comme celle de Thomas d'Aquin, religieuse : l'aspiration des hommes au bien commun reflète le dessein de Dieu.

Francisco Suárez, jésuite et professeur à l'université de Coimbra, a fait paraître en 1612 son traité ***De legibus ac Deo legislatore*** dans lequel il précise la théorie de Vitoria. Selon lui, le droit des gens a pour objet de rassembler les différentes communautés politiques en une société internationale exprimant « l'unité politique et morale » du genre humain. Il distingue par ailleurs le ***jus gentium*** et le droit naturel. Le premier, issu de la coutume, est contingent et évolutif alors que le second, inspiré par le dessein divin, est immuable. En conséquence, le droit des gens doit se soumettre au droit naturel.

Grotius (1583-1645), de son nom néerlandais Hugo De Groot, peut être considéré comme le véritable fondateur de la doctrine juridique du droit naturel. Ayant dû fuir les Provinces-Unies pour des raisons politiques (il y fut condamné à la prison perpétuelle en 1619), il se réfugie notamment à Paris où il sera ambassadeur du gouvernement suédois. Tour à tour poète, philosophe, diplomate et juriste, il écrit de nombreux ouvrages, parmi lesquels ***De jure praedae commentarius*** sur le droit de prise rédigé de 1604 à 1606.

S'il reconnaît la souveraineté des États, il considère que ceux-ci doivent accepter, à défaut d'une autorité supérieure, de se soumettre aux principes du droit naturel. Ce dernier n'a plus de fondement religieux. Il « consiste dans certains principes de la droite raison qui nous font connaître qu'une action est moralement honnête ou déshonnête selon la convenance ou la disconvenance nécessaire qu'elle a avec une nature raisonnable et sociable ». Le droit naturel est donc laïcisé et rationalisé par Grotius. Selon une expression célèbre de Grotius, il garderait sa validité même si nous supposions que Dieu n'existe pas.

Grotius opère en outre une distinction entre le droit naturel (les principes) et le droit volontaire (les règles constructives), ce dernier résultant des accords passés entre les États. À la suite de Francisco Suárez, Grotius considère que les règles impératives ou prohibitives du droit naturel prévalent sur le droit volontaire. Il est également un des premiers à théoriser le droit de la mer, en défendant, contre les Anglais et au bénéfice des Néerlandais, les idées de liberté de circulation sur des eaux internationales.

Enfin, dans ***De jure belli ac pacis***, « Le droit de la guerre et le droit de la paix » (1625), Grotius poursuit le travail de Thomas d'Aquin, Vitoria et Suárez sur la distinction canonique entre guerre juste[1] et guerre injuste. Il reconnaît

1. Selon Thomas d'Aquin, la « guerre juste » doit être entreprise par une autorité légitime, avoir une juste cause (répondre à une injustice, par exemple une agression) et obéir à une « intention droite » (n'avoir d'autre objet que de remédier à l'injustice commise).

la guerre comme une compétence légitime des États puisqu'aucune autorité supérieure ne peut régler leurs différends. Mais la guerre n'est juste qu'à des conditions déterminées, dont la principale est la réponse à une injustice ; par exemple, lorsqu'il y a atteinte à certains droits fondamentaux de l'État, comme l'indépendance ou l'intégrité du territoire.

Disciple de Grotius, **Samuel Pufendorf** (1632-1694) publie en 1672 un ouvrage intitulé *Le droit de la nature et des gens*, dans lequel il considère le droit comme l'expression de l'« amitié générale » établie par la nature entre les hommes. Cette sociabilité naturelle doit cependant être conciliée avec les divergences d'intérêts. Attribuant aux États des qualités identiques à celles des personnes, Pufendorf estime que le même droit naturel leur est applicable.

Christian Wolff (1679-1754) s'efforce de construire rationnellement une société internationale fondée sur le droit naturel. De même que les particuliers s'unissent volontairement au sein des États, la raison doit également conduire les États à s'associer en une même communauté internationale, la *civitas gentium maxima*. Au sein de cette société internationale, les rapports entre États seront régis par l'application du droit naturel et par un droit positif (traités et coutume) qui en sera dérivé par l'application « de la juste raison ».

Les tenants du droit naturel se sont toutefois rapidement heurtés à la réalité d'un monde dans lequel les États souverains refusaient d'être liés par des normes qu'ils n'auraient pas préalablement acceptées.

B) L'apparition du positivisme au XVIIIe siècle

28 **Emer de Vattel** (1714-1767), né en Suisse, diplomate au service du roi de Saxe, a été considéré par le juriste français Georges Scelle (1878-1961) comme « le prince du positivisme ». Son principal ouvrage intitulé ***Le droit des gens ou principes de la loi naturelle appliqués à la conduite et aux affaires des nations et des souverains***, publié en français en 1758, constitue encore une référence pour la doctrine.

Sans rejeter la notion de droit naturel, Vattel ouvre la voie à l'école positiviste. Il considère la société internationale comme une « grande société de nations » dont tous les membres sont des États souverains. Cependant, cette société interétatique ne présente pas les mêmes caractéristiques qu'une société nationale. Au sein d'un même État, l'individu aliène sa liberté et son indépendance pour participer au contrat social alors que, dans la société internationale, l'État souverain est, en principe, en mesure de pourvoir seul à ses besoins. Vattel distingue dès lors un droit naturel (ou droit des gens nécessaire) et un droit des gens volontaire. Le premier, immuable, est un code de conduite que les nations se doivent de suivre mais ne peuvent imposer à celles qui le refusent. Il n'oblige les États et leurs dirigeants qu'en conscience. Le droit des gens volontaire, en revanche, est fait de règles, conventions, accords, dont chaque État peut exiger des autres États qu'ils les respectent dès lors qu'ils y ont préalablement et librement consenti. Avec Vattel, un droit volontaire issu de l'accord des États se forme ainsi à côté du droit naturel pour former le droit positif ; le droit volontaire peut prévaloir sur le droit naturel, auquel il n'est pas subordonné comme chez Grotius.

Appliquant cette théorie à la guerre, Vattel considère que les États sont libres d'y recourir. Il souligne certes qu'au regard du droit naturel, « celui-là seul a droit de faire la guerre à qui on a fait, ou on se prépare à faire injure ». Mais il estime que, comme tous les autres principes du droit naturel, ce principe n'oblige les dirigeants des États qu'en conscience. Il considère en outre « qu'il est également possible que l'une ou l'autre des parties ait le bon droit de son côté, et que personne ne peut en décider vu l'indépendance des nations ». Le déclenchement d'une guerre injuste ne peut donc avoir d'autre sanction que « l'indignation publique et le concert des peuples civilisés ».

À partir de la seconde moitié du XVIIIe siècle les tendances positivistes s'affirment. **Johann Jacob Moser** (1701-1785), juriste allemand, soutient que le droit international naît de la pratique des États souverains, des traités, de la coutume, et non de principes philosophiques, religieux ou politiques. Des conceptions analogues sont développées par un autre juriste allemand, **Georg Friedrich von Martens** (1756-1821), en particulier dans son ouvrage intitulé *Précis du droit des gens moderne de l'Europe fondé sur les traités et l'usage* (1789).

Pour les positivistes, le droit international se fonde ainsi exclusivement sur la volonté et le consentement d'États agissant en toute indépendance.

C) Le volontarisme juridique ou le positivisme classique

29 Ce courant de pensée, notamment représenté par les juristes allemands **Georg Jellinek** (1851-1911) et **Heinrich Triepel** (1868-1946), considère que seule la volonté humaine produit la règle de droit. Dans la perspective du volontarisme juridique, le droit s'impose à tous les membres d'une société donnée parce qu'il émane d'une autorité suprême, celle de l'État.

Pour Jellinek, l'État n'est subordonné à aucune autre autorité supérieure lorsqu'il produit une norme juridique. Toutefois, les normes de droit public (y compris de droit public international) impliquent une autolimitation (*Selbstbeschränkung*) de l'État qui les produit ou, dans le cas du droit international, qui y souscrit (dans ce cas Jellinek parle d'une *Selbstverpflichtung* ou obligation que l'État s'impose à lui-même). Cette autolimitation est garantie, dans le cas du droit interne, par l'organisation politique et constitutionnelle de l'État et, dans le cas du droit international, par la convergence des intérêts entre les États.

De son côté, Triepel affirme que « si la volonté d'aucun État particulier ne peut créer un droit international, on ne peut imaginer qu'une seule chose : c'est qu'une volonté commune née de l'union de ces volontés particulières se trouve capable de remplir cette tâche ». Il défend donc la théorie de la volonté commune (*Vereinbarung*), supérieure aux volontés particulières, en vue de la poursuite d'intérêts identiques ou convergents, comme fondement des obligations internationales. Il ne s'agit pas d'une relation contractuelle entre des États mais d'une rencontre de leurs volontés pour une production commune de normes obligatoires qui leur seront opposables.

D) Les nuances du positivisme : approches formalistes et sociologiques

30 Dominante jusqu'au premier quart du XXe siècle, la doctrine du positivisme juridique est ensuite nuancée par des approches formalistes comme celle de l'Autrichien Kelsen ou sociologiques comme celle des Français Duguit ou Scelle.

1. La théorie pure du droit

31 Dans la première moitié du XXe siècle, le juriste austro-hongrois, puis autrichien **Hans Kelsen** (1881-1973) fonde l'école de Vienne, qui se réclame du positivisme en cultivant l'abstraction et le formalisme juridique. Pour Kelsen, il n'y a pas de dualité entre l'État et le droit, comme chez Jellinek. Le droit se définit par le simple fait qu'il est efficace (c'est-à-dire qu'il prévoit des sanctions en cas de violations de ses règles) sur un territoire. Il se confond donc avec l'État, dont la personnalisation relève, selon Kelsen, d'une simple fiction.

La théorie du droit de Kelsen repose sur une loi dite « de normativité » : chaque norme juridique tire sa force obligatoire d'une norme qui lui est supérieure. Cette hiérarchie de normes tire elle-même sa validité d'un principe normatif fondamental (*Grundnorm*) qui postule la validité de sa norme suprême.

Dans l'ordre juridique national, la loi fondamentale est la Constitution, au-dessous de laquelle se trouvent les lois, les règlements, etc. Mais, selon Kelsen, la Constitution tire elle-même sa validité d'une norme fondamentale qui consiste simplement à donner au Constituant le pouvoir de produire un droit efficace.

Tout en reconnaissant les imperfections de l'ordre juridique international, Kelsen le conçoit également comme un ensemble de normes au-dessus desquelles se trouve une norme fondamentale constituée par le principe *pacta sunt servanda* (respect des accords librement conclus). Kelsen est conscient des difficultés de l'application du droit international. Il juge cependant possible d'assurer son efficacité. En ce qui concerne la répression des violations les plus graves du droit international, comme la guerre d'agression, il a ainsi recours à la doctrine traditionnelle de la guerre juste pour déterminer les conditions du recours à la force contre l'État contrevenant.

Kelsen défend par ailleurs une conception moniste du droit : le droit international et les différents droits nationaux font partie d'un même ordre juridique, les seconds étant subordonnés au premier. La théorie kelsénienne affirme ainsi la primauté du droit international sur le droit interne.

2. L'objectivisme sociologique

32 Cette école prend le contre-pied du volontarisme juridique qui fonde le droit sur la volonté et l'autorité des États. Pour le juriste français **Léon Duguit** (1859-1928), le droit est fondé sur des normes sociales destinées à assurer la préservation de la société humaine. La violation de ces normes entraînant un désordre social, elle doit être immédiatement sanctionnée par le droit. Ce droit objectif, qui s'adresse aux individus, est indépendant du volontarisme étatique ; il constitue une nécessité sociale, imposée par un sentiment de justice. Léon Duguit considère également que la solidarité qui unit les membres

d'une même société nationale s'étend au-delà des frontières des États et devient « intersociale ». Les normes internationales, tout comme les normes de droit interne, sont dès lors également fondées sur des nécessités sociales.

Georges Scelle (1878-1961) reprendra cette théorie en définissant le droit comme « un impératif social traduisant une nécessité née de la solidarité naturelle ». Les sociétés étant constituées d'individus, ceux-ci sont considérés comme étant les seuls sujets de droit. La société internationale est également une société d'individus, résultant de « l'interpénétration des peuples par le commerce international ». Quant à l'ordre juridique international lui-même, il constitue un droit interétatique global, à la construction duquel participent les gouvernants et leurs agents dans le cadre d'un « dédoublement fonctionnel » : ils sont agents et gouvernants nationaux lorsqu'ils fonctionnent dans l'ordre juridique étatique ; ils sont agents et gouvernants internationaux lorsqu'ils agissent dans l'ordre juridique international. Georges Scelle considère dès lors que le droit international et le droit interne relèvent d'un même système juridique. Il a donc, comme Hans Kelsen mais sur la base d'une approche théorique différente, une conception moniste du droit. Le droit international en construction a vocation à prévaloir sur le droit interne.

§ 2. La spécificité de l'ordre juridique international

33 Dans la société internationale, la souveraineté de chaque État se heurte à celle des autres États. Le droit international doit alors être le régulateur de ces heurts entre souverainetés. C'est ce qu'illustre le premier arrêt de la Cour permanente de justice internationale (CPJI) en 1923 : « La faculté de contracter des engagements internationaux est précisément un des attributs de la souveraineté de l'État » (Affaire du vapeur Wimbledon). Si la souveraineté ne doit pas être un moyen pour les États de s'affranchir du droit international, il faut aussi noter, comme l'a déclaré la CPJI dans l'Affaire du Lotus en 1928 (arrêts n°s 9 et 10) « que les règles de droit liant les États procèdent de la volonté de ceux-ci », ce qui signifie que les normes internationales peuvent être altérées par les prétentions des États.

L'ordre juridique international ne peut donc être comparé à l'ordre juridique interne dont il ne possède ni les caractéristiques, ni la structure. L'élaboration et l'application de ses règles sont différentes de celles qui conduisent à la réalisation du droit interne. Il n'y a pas d'autorité centrale qui soit garante du respect des règles juridiques, ni de hiérarchie dans la production des normes internationales. L'ordre juridique international se caractérise dès lors par une intégration horizontale de ses normes, dans le cadre d'une coordination entre les États. Le principe de souveraineté de l'État est à la base de l'ordre juridique international.

A) Absence de Constitution

34 La société internationale ne possède pas de document qui pourrait avoir valeur de Constitution, c'est-à-dire de texte fondamental ou de loi fondamentale qui déterminerait juridiquement l'ensemble de son édifice institutionnel. La Charte des Nations Unies (en annexe de cet ouvrage) apparaît comme un « contrat

social international » (par lequel les États membres renoncent à recourir à la force et garantissent collectivement le maintien de la paix). En ce sens, elle se rapproche d'un texte constitutionnel, comme le suggère son article 103 aux termes duquel les obligations qu'elle prévoit prévalent sur tout autre accord international. Dans les faits néanmoins, elle ne constitue qu'un traité multilatéral qui, « sorti de tractations prolongées et laborieuses, a scrupuleusement établi des organes, leurs compétences et leurs moyens d'action » comme le déclarait le juge Winiarski (CIJ, 1962, Certaines dépenses des Nations Unies).

Cependant, certaines règles juridiques ayant un caractère fondamental sont constitutives de l'ordre juridique international, tel le principe *pacta sunt servanda*, c'est-à-dire le respect des engagements librement acceptés, ou encore le principe de bonne foi. Progressivement, une partie de la doctrine a affirmé l'existence de normes supérieures ou de droit commun international. L'article 53 de la Convention de Vienne sur le droit des traités (1969) a consacré ces normes en les qualifiant de *jus cogens* ou normes impératives, par opposition au *jus dispositivum* constitué de normes non impératives : « Est nul tout traité qui, au moment de sa conclusion, est en conflit avec une norme impérative de droit international général. Aux fins de la présente convention, une norme impérative du droit international général est une norme acceptée et reconnue par la communauté internationale des États dans son ensemble ».

Si cette notion de *jus cogens* qui établit une hiérarchie des normes peut apparaître comme constitutive d'un ordre juridique international, son application, comme celle des conventions internationales, reste néanmoins subordonnée à la volonté des États.

B) Absence de pouvoir législatif

35 Dans l'ordre juridique international, il n'existe pas d'organe spécialisé capable d'adopter des règles générales qui s'imposeraient de manière obligatoire à l'ensemble des acteurs internationaux. Ce sont les États qui interviennent dans le processus d'élaboration des normes internationales, dont ils sont donc à la fois les créateurs et les destinataires. On assiste ainsi, selon l'expression de Georges Scelle (voy. n° 32), à un dédoublement fonctionnel de l'État, dont les représentants agissent à la fois dans l'ordre juridique interne et dans l'ordre juridique international.

C) Absence de pouvoir exécutif

36 Les États appliquent unilatéralement dans leur ordre interne les engagements internationaux qu'ils ont pris, ce qui peut remettre en cause l'uniformité des règles de droit international.

La société internationale ne possède pas d'institution qui garantisse de manière générale la bonne application et le respect des engagements internationaux.

Toutefois, dans le cadre du système de sécurité collective de la Charte des Nations Unies, un organe, le Conseil de sécurité, a la responsabilité principale du maintien de la paix et de la sécurité internationales et peut prendre des mesures coercitives, y compris militaires, que les États membres sont tenus d'appliquer. Cependant le Conseil de sécurité peut être paralysé par le veto d'un des cinq membres permanents et il arrive que ses décisions ne soient pas mises en œuvre par les parties, c'est-à-dire les États membres (voy. n° 249).

D) Absence de juridiction obligatoire

37 Le recours au juge constitue encore aujourd'hui une exception dans l'ordre juridique international dans la mesure où il n'existe pas de juridiction obligatoire. Si dans l'ordre interne une partie peut saisir un tribunal par une requête unilatérale qui obligera son adversaire à comparaître, dans l'ordre international les juridictions juridictionnelles ou arbitrales sont soumises à la volonté des États.

Le consentement des États est en effet indispensable, tant pour définir la compétence de l'organe juridictionnel qui sera saisi ou constitué que pour appliquer ses décisions. En ce qui concerne la Cour internationale de justice (CIJ), un des organes principaux de l'Organisation des Nations Unies, les États peuvent préalablement accepter sa compétence dans le cadre de la « clause facultative de juridiction obligatoire » résultant de l'article 36.2 de son statut. Il est aussi possible de prévoir cette compétence dans la clause d'un traité (clause compromissoire), auquel cas la compétence sera obligatoire pour les parties au traité ; ou de saisir la Cour par voie de compromis après la naissance du litige, les États s'accordant alors pour soumettre le litige à la Cour. Dans ces trois cas, la volonté des États reste déterminante pour la saisine de la Cour (voy. n° 53).

En pratique, les États acceptent difficilement de restreindre leur souveraineté au profit d'une juridiction indépendante, hormis le cas des dispositifs européens du Conseil de l'Europe (Cour européenne des droits de l'homme) et de l'Union européenne (Cour de justice de l'Union européenne).

§ 3. Droit international et droit interne

38 Le développement du droit international, plus particulièrement de l'activité normative (c'est-à-dire créatrice de normes juridiques) des organisations internationales, pose le problème des rapports entre l'ordre juridique international et l'ordre juridique interne (hiérarchie, applicabilité directe, primauté). En effet, le droit international peut contraindre les États à adopter, dans le cadre d'engagements préalables, des mesures législatives, réglementaires ou administratives. De même, certaines normes internationales qui concernent les individus (en matière de droits de l'homme, par exemple) sont destinées à être appliquées dans l'ordre interne.

A) Le monisme

39 Pour une partie de la doctrine (Hans Kelsen, Georges Scelle), le droit international et le droit interne sont considérés comme faisant partie du même ordre juridique. Cette théorie, dite moniste (voy. n°s 30 et s.), a pour conséquence que le droit international, en s'appliquant directement dans l'ordre interne, peut régir les rapports entre les individus. Peu importe que la norme adoptée dans l'ordre

juridique international soit soumise à des procédures d'admission ou de « réception » en droit interne. Elle se trouve dotée par elle-même d'un effet direct ou *self-executing* faisant naître des droits et des obligations à l'égard des personnes morales ou physiques. Cependant, pour que la norme puisse être appliquée en droit interne, elle doit être claire, précise et résulter de la volonté des parties (CPJI, avis consultatif du 3 mars 1928, Compétence des tribunaux de Dantzig).

La théorie moniste, qui se caractérise par une interpénétration entre les deux ordres juridiques interne et international, n'implique pas seulement l'applicabilité directe du droit international en droit interne, elle va également de pair avec la reconnaissance de la supériorité du droit international sur le droit interne.

Dans les pays de l'Union européenne, l'applicabilité directe des normes internationales se trouve aujourd'hui renforcée par la primauté du droit communautaire (application dans l'ordre interne des normes communautaires qui sont invocables devant le juge national par un particulier)[2]. Une juridiction supranationale, la Cour de justice de l'Union européenne (voy. n° 230), a pour mission d'interpréter le droit européen de manière à garantir une application uniforme de ce droit dans tous les pays de l'Union européenne. À cet effet, les juges nationaux peuvent, et parfois doivent, se tourner vers la Cour de justice pour demander de préciser un point d'interprétation du droit de l'Union (renvoi préjudiciel). Les personnes privées (entreprises et particuliers des États membres) ont également, à certaines conditions, la possibilité de saisir la Cour de justice de l'Union européenne des décisions européennes les concernant individuellement et directement.

Certaines autres normes internationales prévues notamment par les traités de protection des droits de l'homme peuvent être également d'applicabilité directe (Convention contre la torture du 10 décembre 1984 par exemple).

Les textes constitutionnels régissant les rapports entre droit interne et droit international acceptent souvent la supériorité de ce dernier, notamment en Europe. Par exemple, la Constitution française (par le biais de l'alinéa 14 du préambule de la Constitution de 1946) proclame que « La République française, fidèle à ses traditions, se conforme aux règles du droit public international » et son article 55 dispose que « Les traités ou accords régulièrement ratifiés ou approuvés ont, dès leur publication, une autorité supérieure à celle des lois, sous réserve, pour chaque accord ou traité, de son application par l'autre partie ».

En France, tant la Cour de cassation (arrêt Jacques Vabre du 24 janvier 1975) que, plus tardivement, le Conseil d'État (arrêt Nicolo du 20 octobre 1989) font prévaloir la norme internationale régulièrement reçue dans l'ordre interne (et la norme européenne d'applicabilité directe dérivée des traités) sur la loi, même postérieure. Le « contrôle de conventionnalité » s'exerce alors par voie d'exception à l'initiative d'un justiciable qui conteste devant un juge judiciaire ou administratif l'application qui lui est faite d'une loi au motif que celle-ci est incompatible avec une convention internationale. Il appartient alors au juge de statuer directement sur ce moyen.

---

2. L'effet direct du droit européen a été consacré par la Cour de justice de l'Union européenne dans l'arrêt *Van Gend en Loos* du 5 février 1963 et sa primauté sur le droit interne par l'arrêt *Costa c. Enel* du 15 juillet 1964.

Le Conseil constitutionnel refuse pour sa part de contrôler la conformité d'une loi à un traité international mais, ce faisant, il confie implicitement au juge ordinaire la tâche de faire prévaloir le traité sur la loi. Depuis 2009 néanmoins, le Conseil d'État ou la Cour de cassation peuvent saisir le Conseil constitutionnel à l'occasion d'une instance en cours (art. 61.1 de la Constitution).

Cependant, ni le Conseil d'État, ni la Cour de cassation ne reconnaissent la primauté des traités sur les dispositions constitutionnelles. La Constitution reste donc en France la référence suprême. Dans l'hypothèse où un traité ou accord international risquerait d'être contraire à des dispositions constitutionnelles, l'article 54 de la Constitution donne au président de la République, au Premier ministre, aux présidents de l'Assemblée nationale ou du Sénat ainsi qu'à soixante députés ou soixante sénateurs, la possibilité de saisir le Conseil constitutionnel avant l'examen de la loi autorisant sa ratification ou approbation. Si le Conseil constitutionnel déclare « qu'un engagement international comporte une clause contraire à la Constitution, l'autorisation de le ratifier ou de l'approuver ne peut intervenir qu'après la révision de la Constitution ». Ainsi, en principe, en présence d'un engagement international contraire à la Constitution française, soit cet engagement ne peut être ratifié ou approuvé et lier la France, soit la Constitution doit être modifiée pour permettre sa ratification ou son approbation.

B) Le dualisme

40 Selon l'école dualiste (Jellinek, Triepel), les normes internationales n'ont pas le même objet et ne s'adressent pas aux mêmes acteurs que les normes internes. L'ordre juridique international et l'ordre interne sont distincts et constituent des blocs autonomes. Les sujets de l'ordre interne (individus et personnes morales) ne prennent aucune part à la réalisation des normes internationales, n'en étant pas les destinataires. Cette théorie est défendue par des auteurs partisans d'une souveraineté absolue de l'État.

Actuellement l'approche moniste semble dominer, les États étant tenus de reconnaître la force juridique des traités ratifiés dans leur ordre juridique interne. L'article 26 de la Convention de Vienne sur le droit des traités stipule, conformément au principe *pacta sunt servanda*, que « Tout traité en vigueur lie les parties et doit être exécuté par elles de bonne foi ».

Peut-on pour autant affirmer que le droit international devient automatiquement partie au droit interne national après la ratification d'un traité ou l'approbation d'un accord international et leur publication ? On ne peut en ce domaine parler d'automaticité. En effet, pour produire des effets dans l'ordre juridique interne d'un État, les traités ou accords internationaux doivent en général lui être préalablement incorporés par l'adoption de mesures législatives ou réglementaires, sous réserve de certaines dispositions reconnues comme d'applicabilité directe, comme en matière de droits de l'homme ou dans divers domaines de compétence de l'Union européenne. Lorsque l'incorporation en droit interne a lieu, c'est le texte interne qui a valeur de référence.

SECTION II
Les sources du droit international public

41 Le droit international public possède des techniques de formation spécifiques de ses normes. Ces « sources formelles » sont consacrées pour une bonne partie dans l'article 38, alinéa 1 du statut de la Cour internationale de justice (CIJ) qui précise les bases juridiques sur lesquelles la Cour peut fonder ses décisions :

« La Cour, dont la mission est de régler conformément au droit international les différends qui lui sont soumis applique :

a. les conventions internationales, soit générales, soit spéciales, établissant des règles expressément reconnues par les États en litige ;

b. la coutume internationale comme preuve d'une pratique générale, acceptée comme étant le droit ;

c. les principes généraux de droit reconnus par les nations civilisées ;

d. sous réserve de la disposition de l'article 59[3], les décisions judiciaires et la doctrine des publicistes les plus qualifiés des différentes nations, comme moyen auxiliaire de détermination des règles de droit ».

Cette disposition ne cite toutefois pas les actes unilatéraux des États. Elle ne mentionne pas non plus les actes des organisations internationales et les instruments concertés non conventionnels qui, en raison de l'institutionnalisation de la société internationale, prennent désormais une place croissante dans la formation du droit international public. On constate par ailleurs qu'un nombre croissant des actes des organisations internationales présentent un caractère de normativité atténuée et sont, pour cette raison, placés dans la catégorie de la « *soft law* » ou droit juridiquement non contraignant.

§ 1. Les traités

42 Les traités constituent le mode de création privilégié du droit international. Leurs règles ont été codifiées par la Convention de Vienne de 1969 sur le droit des traités. Ils sont conclus par écrit sur la base de l'engagement volontaire et de l'égalité entre les États parties. Ils n'ont d'effet juridique qu'entre les États qui les ont ratifiés.

A) Définition

43 Le traité peut être comparé à un contrat dans le sens où il résulte d'un accord de volonté entre deux ou plusieurs personnes sur un sujet donné. Il formalise un accord entre les parties qui se sont engagées librement, sur un pied d'égalité. L'autonomie de la volonté et la sécurité des relations juridiques sont les deux principes majeurs attachés au droit des traités. Une fois conclu entre les parties, le traité est destiné à produire des effets juridiques, c'est-à-dire des droits et des obligations entre celles-ci conformément au principe *pacta sunt servanda*.

3. La décision de la Cour n'est alors obligatoire que pour les parties en litige et dans le cas qui a été décidé.

B) Types de traités

44 En droit international, « accord » s'entend de tout engagement international. Dans la pratique internationale, les termes « accord », « charte », « pacte », « protocole », « convention » et « traité » ont une signification équivalente.

Les traités bilatéraux en forme solennelle sont les premiers à être apparus dans la pratique des accords entre États. Au cours du XXe siècle, les conventions internationales multilatérales se sont multipliées, souvent sous l'égide des organisations internationales. Ces conventions ont pour objet la création de règles juridiques dont la ratification est ouverte à la communauté des États. Elles ont permis de mettre en œuvre des réglementations internationales dans des domaines très variés (droits de l'homme, droits économiques et sociaux, environnement, désarmement...). L'entrée en vigueur de ces conventions est généralement subordonnée à un quota de ratifications.

La France distingue les traités (ou accords en forme solennelle ratifiés par le président de la République) et les accords internationaux (signés par le ministre des Affaires étrangères). Cette distinction n'a toutefois aucune incidence sur les modalités d'entrée en vigueur de ces engagements internationaux. C'est en effet uniquement leur contenu qui détermine si le Parlement doit en être saisi. Les dispositions de l'article 53 de la Constitution de 1958, prévoient que, dès lors qu'ils portent sur une matière que le Constituant a jugée politiquement importante ou plus généralement qui relève de la compétence du Parlement, les traités et accords conclus par la France doivent être eux-mêmes approuvés par le Parlement avant leur entrée en vigueur. La Constitution prévoit par ailleurs en son article 11 que le président de la République peut soumettre au référendum « tout projet de loi... tendant à autoriser la ratification d'un traité qui, sans être contraire à la Constitution, aurait des incidences sur le fonctionnement des institutions ».

Les États-Unis distinguent pour leur part les *Executive Agreements* (accords de l'exécutif) conclus par le seul président, les *Legislative-executive agreements* (accords de l'exécutif et du législatif) conclus par le président avec l'accord des deux chambres exprimé à la majorité simple et les *Treaties* (traités) qui ne peuvent entrer en vigueur sans l'approbation du Sénat à la majorité des deux tiers.

Néanmoins, ces distinctions ne concernent que les droits internes des États, la portée juridique des traités ou accords étant identique au regard du droit international.

C) Élaboration et conclusion

45 Les traités sont d'abord négociés par des plénipotentiaires habilités à représenter l'État. Le texte est adopté par le consentement des plénipotentiaires. En cas d'élaboration d'un traité multilatéral, l'adoption a généralement lieu par consensus, des abstentions étant admises. Certaines organisations internationales prévoient une adoption à la majorité (au besoin qualifiée) mais dans ce cas le texte adopté ne pourra lier que les parties l'ayant accepté. L'Assemblée générale des Nations Unies a pu ainsi adopter de nombreux textes de conventions à la majorité.

Une fois le texte du traité adopté, il est soumis à la signature des représentants des États. La signature donne au texte son caractère définitif mais elle ne crée pas de lien juridique entre les parties, sauf dans le cas d'accords en forme simplifiée qui ne nécessitent pas de ratification (accords techniques, par exemple dans le domaine militaire).

C'est la ratification du traité par l'autorité constitutionnellement compétente de l'État (en France le président de la République) qui engage cet État. Dans les pays de démocratie représentative, la ratification de la plupart des traités doit être autorisée par le Parlement.

La ratification peut s'accompagner de réserves, c'est-à-dire de déclarations unilatérales d'un État visant à modifier pour lui-même les effets juridiques de certaines dispositions du traité.

Par ailleurs, Il est possible à un État d'exprimer son consentement à une convention multilatérale dont il n'a pas été signataire à l'origine. On parle dans ce cas d'adhésion ou d'accession de cet État à la convention. La signature et la ratification sont alors confondues en une seule formalité.

§ 2. La coutume internationale

46 La coutume internationale a joué un rôle essentiel en droit international en matière de délimitation des frontières, de liberté des mers ou d'immunité des locaux diplomatiques ; elle est définie à l'article 38 du statut de la Cour internationale de justice comme « preuve d'une pratique générale, acceptée comme étant le droit ». L'ambiguïté de cette définition a favorisé des controverses sur les fondements et l'application de la coutume.

A) Les éléments constitutifs de la coutume

47 Il résulte de la définition donnée par le statut de la Cour internationale de justice que la coutume est composée de deux éléments : un élément matériel et objectif, la « pratique générale et constante », et un élément intellectuel ou subjectif, l'acceptation comme étant le droit, c'est-à-dire l'*opinio juris*.

L'élément matériel peut être identifié à partir de la répétition d'une déclaration ou d'un comportement des États. Cette pratique doit alors se caractériser par une constance dans le temps, doublée d'une continuité dans l'espace. L'élément subjectif suppose que les États ne considèrent pas la pratique en cause comme un simple usage mais comme une obligation juridique. Les États doivent se sentir juridiquement liés.

B) Les relations entre la coutume et les traités

48 La coutume, comme les traités, bien que selon des modalités différentes, résulte de la volonté des États qui s'y conforment. En conséquence, un traité peut modifier une règle coutumière, du moins entre les États qui y sont parties.

Inversement, par suite d'un processus de codification, la règle coutumière peut être reprise dans un traité. Elle représente alors pour les États qui ont ratifié ce traité une obligation conventionnelle et une obligation coutumière. Mais elle n'est obligatoire qu'en tant que coutume pour les États qui n'ont pas ratifié le traité correspondant.

La Commission du droit international des Nations Unies, créée le 21 novembre 1947 par la résolution 174 (II) de l'Assemblée générale et composée de 34 juristes élus par l'Assemblée générale pour un mandat de cinq ans, a pour mission de convertir les règles coutumières en règles écrites. La Commission, conformément à l'article 15 de son statut, doit préparer « des projets de conventions sur des sujets qui ne sont pas encore réglementés par le droit international ou pour lesquels le droit n'est pas encore suffisamment développé dans la pratique étatique ». C'est ainsi que plusieurs conférences des Nations Unies ont abouti à des codifications (tableau ci-dessous). Plus récemment, la Commission a aidé à codifier la justice pénale internationale et travaille, entre autres, sur des questions de protection environnementale, notamment en temps de conflits armés.

Tableau 1 **Principales conventions de codification des Nations Unies**

Objet	Lieu	Signature	Entrée en vigueur
Mer territoriale et zone contiguë	Genève	29 avril 1958	10 avril 1964
Haute mer	Genève	29 avril 1958	30 sept. 1962
Pêche et conservation des ressources biologiques de haute mer	Genève	29 avril 1958	20 mars 1966
Plateau continental	Genève	29 avril 1958	10 juin 1964
Relations diplomatiques	Vienne	18 avril 1961	24 avril 1964
Relations consulaires	Vienne	24 avril 1963	19 mars 1967
Droit des traités	Vienne	23 mai 1969	27 janv. 1980
Missions spéciales	New York	16 déc. 1969	21 juin 1985
Représentation des États dans leurs relations avec les organisations internationales de caractère universel	Vienne	14 mars 1975	*
Succession d'États en matière de traités	Vienne	23 août 1978	6 nov. 1996
Droit de la mer	Montego Bay	10 déc. 1982	16 nov. 1994
Succession d'États en matière de biens, archives et dettes d'États	Vienne	8 avril 1983	*
Droit des traités entre États ou entre organisations internationales	Vienne	21 mars 1986	*
Droit relatif aux utilisations des cours d'eau internationaux à des fins autres que la navigation	New York	21 mai 1997	17 août 2014
Immunités juridictionnelles des États et de leurs biens	New York	2 déc. 2004	*

* n'est pas encore entrée en vigueur

§ 3. Les principes généraux de droit

49 L'article 38 du statut de la Cour internationale de justice prévoit, dans une formule quelque peu datée, qu'en l'absence de conventions ou de règles coutumières applicables la Cour peut se référer aux « principes généraux de droit reconnus par les nations civilisées ».

Ces normes posées par la jurisprudence sont issues de principes communs aux différents systèmes juridiques internes. Afin de pouvoir être transposées en droit international, elles doivent être compatibles avec les caractères fondamentaux de l'ordre international. Elles peuvent être utilisées par le juge international pour se prononcer en l'absence de règle conventionnelle ou coutumière explicitement acceptée par les parties.

De nombreuses règles relatives à la fonction judiciaire et à la bonne application de la justice ont été ainsi reprises en droit international : égalité des parties à un différend, personne ne peut être juge en sa propre cause... De même, des principes rattachés à la conception générale du droit international (obligation de réparer un préjudice, principe de la sécurité juridique, principe de bonne foi) en font également partie.

§ 4. La jurisprudence, le rôle de la Cour internationale de justice

50 La jurisprudence est constituée de l'ensemble des décisions juridictionnelles de caractère national ou international. En droit international, elle est constituée des décisions des juridictions internationales, en particulier de la Cour internationale de justice (voir ci-après). Son influence est limitée par la rareté des décisions des juridictions internationales, par l'absence de hiérarchie entre ces juridictions et par la règle du consentement préalable des parties en litige. La jurisprudence internationale permet cependant de dégager l'existence, le sens et la portée d'une règle coutumière ou d'un principe général de droit.

Les développements ci-après décrivent la composition, le fonctionnement et les compétences de la Cour internationale de justice (CIJ), qui constitue la principale juridiction internationale.

A) Composition et fonctionnement de la CIJ

51 Dans le cadre de la Société des Nations, a été créée en 1920 une Cour permanente de justice internationale (CPJI), première juridiction permanente à caractère universel et à compétence générale. De 1922 à 1940, la CPJI a connu 29 affaires entre États et donné 27 avis consultatifs.

Avec la création de l'ONU, la Cour internationale de justice (CIJ) a succédé à la CPJI. C'est aujourd'hui un organe principal de l'ONU. Si d'autres juridictions permanentes ont été instituées pour connaître de litiges dans des domaines spécialisés comme le Tribunal du droit de la mer établi par la Convention des Nations Unies sur le droit de la mer en 1982 ou dans un cadre régional comme la Cour européenne des droits de l'homme ou la Cour de justice de l'Union européenne, la CIJ reste la seule juridiction universelle possédant une compétence générale.

La CIJ se compose de 15 juges de nationalités différentes, élus pour neuf ans (et renouvelables par tiers tous les trois ans) par l'Assemblée générale et le Conseil de sécurité des Nations Unies. Afin de garantir leur indépendance, des immunités identiques à celles des agents diplomatiques leur sont accordées. Les membres de la CIJ doivent posséder « une compétence notoire en droit international ».

La procédure se déroule en deux temps. Dans un premier temps, la procédure est écrite et les États font parvenir au juge toutes les pièces nécessaires ainsi qu'un mémoire (c'est-à-dire la thèse et les arguments d'une partie au litige) et un contre-mémoire (thèse et arguments de la partie adverse). Dans un second temps, la procédure est orale et la Cour procède à l'audition des avocats, des experts, etc. L'audience est publique.

L'arrêt ou l'avis de la Cour est adopté à la majorité des juges. En cas d'égalité des voix, celle du président est prépondérante.

B) Compétence et jurisprudence de la Cour

52 La Cour exerce deux grandes compétences. Une compétence contentieuse destinée à régler les différends entre États et une compétence consultative ouverte à l'Assemblée générale et au Conseil de sécurité ainsi qu'à d'autres organes ou institutions spécialisées de l'ONU avec l'accord de l'Assemblée générale. Par ailleurs, la Cour peut examiner des questions relatives à sa compétence dans le cadre de « l'exception préliminaire » et fixer des mesures conservatoires.

1. La compétence contentieuse

53 Cette compétence est ouverte aux États qui sont parties au statut de la Cour, c'est-à-dire aux États membres des Nations Unies. L'article 35.2 du statut de la Cour prévoit cependant une dérogation pour les autres États, dans les conditions fixées par le Conseil de sécurité. En matière contentieuse, seuls les États ont qualité pour se présenter devant la Cour. Les organisations internationales, les collectivités et les personnes privées ne sont pas habilitées à introduire une instance contentieuse devant la Cour.

La Cour ne peut se saisir d'un différend que si les États en cause ont accepté sa compétence de l'une des trois manières suivantes : par voie de compromis (accord conclu entre les deux parties), en application des stipulations d'un traité prévoyant la saisine de la Cour en cas de différend ou sur la base du système de la clause facultative de juridiction obligatoire, résultant de l'article 32.6 de son statut. Quand elle est acceptée par un État, cette clause l'engage à soumettre à la Cour tous les litiges qui pourraient l'opposer à un autre État. L'acceptation par un État de la clause peut être accompagnée de réserves qui limitent son champ d'application. 73 États avaient, en 2022, fait une déclaration reconnaissant la juridiction obligatoire de la Cour. La France (1974) et les États-Unis (1985) se sont retirés de cette clause pour éviter des procédures défavorables. Par ailleurs, plus de 300 traités ou conventions lui donnent compétence pour trancher différents litiges pouvant opposer les parties.

La Cour doit régler, conformément au droit international (article 38 de son statut), les différends qui lui sont soumis. Si les parties sont d'accord, la Cour peut également statuer en équité (*ex aequo et bono*), c'est-à-dire sans se limiter à l'application des règles de droit international existantes.

La Cour rend sa décision sur le fond sous forme d'arrêt. L'arrêt présente un caractère définitif et obligatoire pour les parties au litige qui peuvent, si elles le souhaitent, introduire un recours en révision ou en interprétation (toujours auprès de la CIJ). L'article 94.2 de la Charte des Nations Unies prévoit que si l'une des parties ne se conforme pas à l'arrêt, l'autre partie peut saisir le Conseil de sécurité, lequel peut alors décider des mesures à prendre pour faire exécuter cet arrêt.

La première affaire inscrite au rôle général de la Cour (Détroit de Corfou – Royaume-Uni c. Albanie) a été introduite le 22 mai 1947. La Cour a rendu plus de 120 arrêts depuis cette date sur des questions concernant entre autres les frontières terrestres, les délimitations maritimes, la souveraineté territoriale, le non-recours à la force, les violations du droit humanitaire international, la non-ingérence dans les affaires intérieures des États, les relations diplomatiques, la prise d'otages, le droit d'asile,la nationalité, le droit de passage et les droits économiques.

Parmi les arrêts récents, il est possible de citer ceux relatifs aux frontières : arrêt du 19 novembre 2012 dans lequel la Cour, saisie par le Nicaragua, trace une frontière maritime entre ce pays et la Colombie, donnant pour l'essentiel raison à la Colombie ; arrêt du 16 avril 2013 dans lequel la CIJ, saisie par voie de compromis par le Burkina Faso et le Niger, a déterminé le tracé de la frontière entre les deux pays. Plus récemment, dans un arrêt rendu le 27 janvier 2014, la Cour a déterminé le tracé de la frontière maritime entre le Pérou et le Chili et, dans deux arrêts du 2 février 2018, elle a délimité la frontière terrestre entre le Costa Rica et le Nicaragua ainsi que la frontière maritime entre ces deux pays tant dans la mer des Caraïbes que dans l'océan Pacifique.

Par ailleurs, dans un autre arrêt également du 2 février 2018, la CIJ a fixé le montant des indemnités dues par le Nicaragua au Costa Rica en raison d'activités sur le territoire costaricien reconnues illicites par la Cour dans un arrêt du 16 décembre 2015. Le Nicaragua s'est acquitté de ce montant (378 891 dollars des États-Unis) en mars 2018. Il est intéressant de noter que la Cour a pris en compte dans son estimation les dommages causés à l'environnement.

Le 31 mars 2014, sur une requête de l'Australie, la Cour a ordonné au Japon de mettre fin à des activités de chasse à la baleine menées sous couvert d'un programme de recherche, car elle a jugé ces activités contraires à la Convention internationale pour la réglementation de la chasse à la baleine.

Le 3 février 2015, la Cour a rejeté les demandes de la Croatie et de la Serbie qui s'accusaient mutuellement d'être responsables de crimes de génocide au cours des conflits provoqués par l'éclatement de la Yougoslavie entre 1991 et 1995.

Tableau 2 **Jurisprudence issue de la Cour permanente de justice internationale (CPJI)**

Affaire	Date	Citation
Vapeur Wimbledon	17 août 1923	« La faculté de contracter des engagements internationaux est précisément un attribut de la souveraineté des États. »
Concessions Mavrommatis en Palestine	4 sept. 1924	« C'est un principe élémentaire du droit international qui autorise l'État à protéger ses nationaux lésés par des actes contraires au droit international commis par un autre État dont ils n'ont pu obtenir satisfaction par des voies ordinaires. »
Lotus	7 sept. 1927	« Les limitations à l'indépendance des États ne se présument pas. » « Le droit international régit les rapports entre les États indépendants. » « Les règles liant les États procèdent donc de la volonté de ceux-ci. »

Tableau 3 **Quelques arrêts significatifs de la Cour internationale de justice (CIJ)**

Affaire	Date	Citation
Détroit de Corfou	9 avril 1949	« Entre États indépendants, le respect de la souveraineté territoriale est une des bases essentielles des rapports internationaux. »
Personnel diplomatique et consulaire des États-Unis à Téhéran	15 déc. 1979*	« Dans la conduite des relations entre États, il n'est pas d'exigence plus fondamentale que celle de l'inviolabilité des diplomates et des ambassades… »
Activités militaires et paramilitaires au Nicaragua et contre celui-ci	27 juin 1986	« Le droit de tout État souverain de conduire ses affaires sans ingérence extérieure… fait partie du droit international coutumier. »
Licéité de l'emploi de la force contre la république de Serbie-Monténégro	15 déc. 2004	Arrêt d'exception préliminaire. La cour s'estime incompétente pour juger l'affaire au motif que la République de Serbie-Monténégro n'était pas membre de l'ONU au moment du recours.

* ordonnance, arrêt le 24 mai 1980

Tableau 4 **Affaires pendantes devant la Cour internationale de justice (CIJ) au 12 juillet 2023 (par ordre chronologique d'enregistrement)**

Projet Gabcíkovo-Nagymaros (*Hongrie/Slovaquie*)
Application de la Convention internationale pour la répression du financement du terrorisme et de la Convention internationale sur l'élimination de toutes les formes de discrimination raciale (*Ukraine c. Fédération de Russie*). Instance introduite par l'Ukraine le 16 janvier 2017
Violations alléguées du traité d'amitié, de commerce et de droits consulaires de 1955 (République islamique d'Iran c. États-Unis d'Amérique). L'Iran dénonce la saisie d'actifs banquiers en violation du traité. Instance introduite par l'Iran le 15 juin 2016
Revendication territoriale, insulaire et maritime du Guatemala (*Guatemala/Belize*)
Application de la Convention pour la prévention et la répression du crime de génocide (*Gambie c. Myanmar*)
Application de la Convention internationale sur l'élimination de toutes les formes de discrimination raciale (*Arménie c. Azerbaïdjan*) et (*Azerbaïdjan c. Arménie*). La Cour a indiqué des mesures conservatoires aux deux pays
Allégations de génocide au titre de la Convention pour la prévention et la répression du crime de génocide (*Ukraine c. Fédération de Russie*). Introduite par l'Ukraine en février 2022 pour contrer les allégations russes de génocide dans le Donbass et demander des mesures conservatoires (voy. n° 56)
Questions relatives aux immunités juridictionnelles de l'État et aux mesures de contrainte contre des biens appartenant à l'État (*Allemagne c. Italie*)
Demande concernant la restitution de biens confisqués dans le cadre de procédures pénales (*Guinée équatoriale c. France*)
Souveraineté sur les cayes de Sapodilla (*Belize c. Honduras*)
Conséquences juridiques découlant des politiques et pratiques d'Israël dans le Territoire palestinien occupé, y compris Jérusalem-Est
Obligations des États membres en matière climatique
Application de la Convention contre la torture et autres peines ou traitements cruels, inhumains ou dégradants (*Canada et Pays-Bas c. République arabe syrienne*)
Instance introduite par la République islamique d'Iran contre le Canada
Instance introduite par le Canada, le Royaume de Suède, l'Ukraine et le Royaume-Uni de Grande-Bretagne et d'Irlande du Nord contre la République islamique d'Iran le 4 juillet 2023

Source : site Internet de la Cour internationale de justice, www.icj-cij.org

2. La compétence consultative

54 La procédure consultative devant la CIJ est ouverte à certaines organisations internationales publiques et à elles seules. Conformément à l'article 96 de la Charte des Nations Unies, l'Assemblée générale ou le Conseil de sécurité peuvent, dans le cadre de cette procédure, demander à la Cour un avis consultatif sur toute question juridique. Il en va de même des autres organes et des institutions spécialisées de l'ONU sur autorisation de l'Assemblée générale.

L'avis exprimé par la Cour au titre de sa compétence consultative ne possède pas de caractère obligatoire ; ce n'est pas un acte juridictionnel comme l'arrêt dans le cadre de la procédure contentieuse. C'est une opinion de la Cour qui permet d'éclairer l'organe qui l'a saisie.

Depuis 1946, la Cour a donné 27 avis consultatifs. Ces avis, même non suivis d'effets, peuvent avoir une portée politique significative. On peut citer à cet égard les avis suivants : sur la licéité de la menace ou de l'emploi d'armes nucléaires du 8 juillet 1996 (la menace ou l'emploi d'armes nucléaires serait généralement contraire aux règles du droit international applicable dans les conflits armés, et spécialement aux principes et règles du droit humanitaire mais, au vu de l'état actuel du droit international, ainsi que des éléments de fait dont elle dispose, la Cour ne peut conclure de façon définitive que la menace ou l'emploi d'armes nucléaires serait licite ou illicite dans une circonstance extrême de légitime défense dans laquelle la survie même d'un État serait en cause ; par ailleurs le Traité sur la non-prolifération fait obligation aux États détenteurs de l'arme nucléaire de négocier de bonne foi des mesures de désarmement nucléaire) ; sur les conséquences juridiques de l'édification d'un mur dans le territoire palestinien occupé du 9 juillet 2004 (Israël est tenu de démanteler immédiatement l'ouvrage qu'il est en train de construire dans ce territoire) ; sur la conformité au droit international de la déclaration unilatérale d'indépendance relative au Kosovo du 22 juillet 2010 (la déclaration d'indépendance proclamée unilatéralement par le Kosovo le 17 février 2008 n'a pas violé le droit international).

3. Les exceptions préliminaires

55 Certains États peuvent remettre en cause, par voie procédurale, la compétence de la Cour, qui doit alors examiner sa propre compétence avant de juger une affaire au fond. Cette « exception préliminaire » peut se présenter sous les formes suivantes :

- *Ratione temporis*, par exemple, en raison de l'expiration de la durée d'une convention ou d'un engagement unilatéral présenté devant la Cour ;
- *Ratione materiae* quand la nature du différend ne relève pas de la compétence de la Cour (notamment s'il n'a pas de caractère international) ;
- *Ratione personae* quand un État n'a pas qualité pour agir devant la Cour (par exemple, dans le cadre d'un compromis juridictionnel, l'accord des parties pour saisir la Cour doit être mentionné, sinon celle-ci se déclare incompétente).

4. Les mesures conservatoires

56 L'article 41 du statut de la Cour lui donne le pouvoir d'indiquer, si elle estime que les circonstances l'exigent, quelles mesures conservatoires du droit de chacune des parties doivent être prises à titre provisoire, en attendant le jugement

sur le fond. Ces mesures conservatoires peuvent en particulier être prises pendant tout le déroulement de l'instance dès lors que sont constatés un risque d'aggravation du différend ou l'imminence d'un préjudice irréparable.

L'instance introduite en janvier 2017 par l'Ukraine contre la Russie concernant des violations alléguées de deux conventions auxquelles ces deux États sont parties (répression du financement du terrorisme et élimination de toutes les formes de discrimination raciale) a été l'occasion pour la CIJ de prescrire à la Russie des mesures conservatoires. Dans une ordonnance du 19 avril 2017, la Cour a en effet indiqué à la Russie qu'elle devait, au titre de mesures conservatoires relatives à la protection des droits garantis par la Convention sur l'élimination de toutes les formes de discrimination raciale, permettre aux Tatars de Crimée de conserver leurs instances représentatives et rendre disponible en Crimée un enseignement en ukrainien. À la suite de l'invasion de son territoire en février 2022, l'Ukraine a introduit une autre instance et demandé à la Cour de prescrire de nouvelles mesures conservatoires pour la protection de la population ukrainienne. Le 16 mars 2022, la Cour a prescrit à la Russie la suspension immédiate de ses opérations militaires en Ukraine.

§ 5. Actes unilatéraux des États, actes des organisations internationales et actes concertés non conventionnels

57 Des États isolés peuvent accomplir des actes unilatéraux qui produisent des effets juridiques. Il en va de même des organisations internationales qui les regroupent. En outre les États peuvent s'accorder, au cours de conférences diplomatiques *ad hoc*, mais plus souvent dans le cadre d'organisations internationales, sur des déclarations constituant des engagements politiques affirmés mais à l'autorité juridique incertaine. Comme l'a souligné Emmanuel Decaux, « le droit déclaratoire marque un consensus politique qui engage moralement tous les États, à défaut de les lier juridiquement »[4]. Ces déclarations communes peuvent émaner d'organisations internationales mais elles peuvent aussi constituer en elles-mêmes des « actes concertés non conventionnels » pour former un corpus relevant de ce qu'il est convenu d'appeler *soft law* (droit « souple » à valeur incitative).

A) Les actes unilatéraux des États

58 L'acte unilatéral étatique est l'expression de la volonté d'un seul État dont découlent des effets juridiques. Cet acte peut émaner de l'autorité législative ou exécutive et prendre une forme plus ou moins solennelle. Par exemple, la CIJ a considéré comme un acte unilatéral étatique une déclaration du président de la République française annonçant dans une conférence de presse que la France s'engageait à ne plus pratiquer d'essais nucléaires dans l'atmosphère (CIJ, Affaire des essais nucléaires, 20 décembre 1974). L'État peut être confronté à une situation juridique face à laquelle il devra réagir, soit par la

4. Emmanuel Decaux – *Cahiers du Conseil constitutionnel*, n° 21 (Dossier « La normativité ») – janvier 2007

protestation (l'État refuse qu'une règle juridique ou un fait lui soit opposable), soit par la reconnaissance (il constate l'existence d'un fait et admet qu'il lui soit opposable), soit par la renonciation (il renonce à un de ses droits). Il peut également s'engager par une promesse vis-à-vis de tiers à adopter un comportement déterminé (dans l'exemple précité, la France s'était ainsi engagée à ne plus effectuer d'expérimentations nucléaires dans l'atmosphère). Il peut enfin notifier à d'autres États un fait déterminé auquel s'attachent des conséquences juridiques.

Les actes étatiques unilatéraux doivent émaner d'autorités habilitées à agir au nom de l'État. Ils ne sont opposables aux tiers qu'après le consentement de ces derniers, à moins que l'acte unilatéral ne résulte de compétences déjà prévues par des règles conventionnelles ou coutumières.

Sa valeur juridique découle du principe de bonne foi. L'État qui reviendrait sur ses engagements pour de pures et simples considérations d'opportunité méconnaîtrait ce principe fondamental en droit international.

B) Les actes des organisations internationales

59 L'institutionnalisation de la société internationale a entraîné une multiplication des actes adoptés dans le cadre des organisations internationales. Ces actes peuvent produire du droit ; ils peuvent aussi consister en déclarations à valeur essentiellement politique. Fondamentalement, pour déterminer si un acte unilatéral d'une organisation internationale est producteur d'obligations et de droits pour les sujets de droit international, il convient de se reporter au traité qui a constitué cette organisation. Si les États parties au traité constitutif d'une organisation internationale ont entendu donner aux organes de cette dernière des pouvoirs juridiquement contraignants, les actes pris en application de ce mandat produisent des effets de droit (on parle à ce propos de droit dérivé, par exemple dans le cas des mesures prises par l'Union européenne). L'organisation internationale peut prendre alors des décisions contraignantes dans les conditions et selon les modalités prévues par son traité constitutif. C'est le cas en particulier du Conseil de sécurité des Nations Unies lorsqu'il agit, par exemple, dans le cadre du chapitre VII de la Charte en cas de menace contre la paix, de rupture de la paix et d'agression.

Souvent cependant, le traité constitutif de l'organisation ne donne aux organes de cette dernière qu'un pouvoir de recommandation. Contrairement aux décisions, ces recommandations consistent en déclarations à finalité politique. Elles engagent politiquement l'organisation sans lier juridiquement ses États membres. C'est le cas par exemple d'un grand nombre de résolutions adoptées par l'Assemblée générale des Nations Unies. De tels actes visent à influencer la vie internationale et tout particulièrement la conduite des États par l'expression d'une opinion recueillant un large soutien auprès des membres de l'organisation internationale considérée.

L'autorité politique de ces résolutions est d'autant plus forte que la majorité qui se dégage en leur faveur est large. Elle peut être particulièrement grande lorsque la résolution a été adoptée à l'unanimité en présence des plus hauts responsables des États. On peut dans ce cas estimer que les États sont liés par la « chose déclarée », selon l'expression d'Emmanuel Decaux et Olivier de

Frouville[5]. Il convient alors de distinguer entre les déclarations d'intention de portée générale (pouvant le cas échéant contenir des objectifs concrets) et les mesures opérationnelles produisant des effets pratiques, comme la création d'organes tels que le Conseil des droits de l'homme (voy. n° 292). Il convient de citer à cet égard les textes adoptés par l'Assemblée générale des Nations Unies lors des sommets de 2000 (Sommet du Millénaire) et 2005. Ces déclarations contiennent en effet des engagements concrets de portée politique comme la définition d'objectifs quantitatifs de développement ou la décision de protéger les populations contre le génocide, le nettoyage ethnique, les crimes contre l'humanité et les crimes de guerre (engagement dit de « responsabilité de protéger », voy. n° 183).

Les actes des organisations internationales peuvent également avoir pour objet de proposer des conventions aux États membres.

Les Nations Unies sont actuellement le principal forum institutionnel au sein duquel des négociations multilatérales permettent régulièrement d'élaborer de nouvelles normes juridiques, qui prennent d'abord la forme d'une résolution de l'Assemblée générale, puis d'une convention soumise à la ratification des États membres.

C'est sous l'égide des Nations Unies que sont ainsi convoquées les grandes conférences mondiales traitant de sujets d'intérêt universel comme l'environnement, la lutte contre les discriminations ou le désarmement. Le « Sommet de la Terre » réuni à Rio en 1992 a par exemple permis l'adoption des premiers engagements internationaux en faveur du développement durable : deux conventions y ont été adoptées et ouvertes à la signature, l'une sur la lutte contre le réchauffement climatique et l'autre sur la sauvegarde de la biodiversité. On peut également citer, dans cet ordre d'idées, la Convention sur l'élimination de toutes les formes de discrimination à l'égard des femmes, adoptée le 18 décembre 1979 à New York, sur la base des conclusions de la conférence de Mexico de 1975. De même, c'est dans le cadre d'une résolution de l'Assemblée générale des Nations Unies qu'a été élaboré un traité sur le commerce des armes (résolution 61/89 du 6 décembre 2006, « Vers un traité sur le commerce des armes : établissement de normes internationales communes pour l'importation, l'exportation et le transfert d'armes classiques »). Le texte définitif de ce traité a été adopté par l'Assemblée générale le 2 avril 2013. Il est à présent ouvert à la signature. C'est aussi dans ce cadre et compte tenu du blocage du Conseil de sécurité que la guerre menée par la Russie en Ukraine depuis février 2022 a été condamnée. Deux résolutions datant du 2 mars 2022 et du 23 février 2023 ont été, chacune, soutenues par 141 membres de l'Assemblée, pour 5 (7 en 2023) voix contre et 35 (32 en 2023) abstentions dont la Chine et l'Inde. L'impact politique de ces résolutions reste encore très incertain.

On trouvera à titre d'illustration, dans le tableau 5, une liste des résolutions de l'Assemblée générale des Nations Unies dont les effets politiques et la contribution à l'élaboration de nouvelles normes juridiques ont été les plus notables.

5. *Droit international public*, Paris, Dalloz, 2014, p. 63.

Tableau 5 **Exemples de résolutions de l'Assemblée générale des Nations Unies ayant eu des effets politiques significatifs**

Résolution n°	Objet
377 (V) 3 nov. 1950	Union pour le maintien de la paix, dite « résolution Acheson »
1514 (XV) 14 déc. 1960	Déclaration sur l'octroi de l'indépendance aux pays et aux peuples coloniaux
1803 (XVII) 14 déc. 1962	Déclaration sur la souveraineté permanente sur les ressources naturelles
2131 (XX) 21 déc. 1965	Déclaration sur l'inadmissibilité de l'intervention dans les affaires intérieures des États, la protection de leur indépendance et de leur souveraineté
2625 (XXV) 24 oct. 1970	Déclaration relative aux principes du droit international touchant les relations amicales et la coopération entre les États
3281 (XXIX) 12 déc. 1974	Charte des droits et devoirs économiques des États
3314 (XXIX) 14 déc. 1974	Définition de l'agression
37/10 15 nov. 1982	Déclaration de Manille sur le règlement pacifique des différends internationaux
41/128 4 déc. 1986	Déclaration sur le droit au développement
43/131 8 déc. 1988	Assistance humanitaire aux victimes de catastrophes naturelles et situations d'urgence du même ordre
47/135 18 déc. 1992	Déclaration des droits des personnes appartenant à des minorités nationales ou ethniques, religieuses et linguistiques
48/94 20 déc. 1993	Importance pour la garantie et l'observation effectives des droits de l'homme, de la réalisation universelle du droit des peuples à l'auto-détermination et de l'octroi rapide de l'indépendance aux pays et aux peuples coloniaux
55/2 13 sept. 2000	Déclaration du Millénaire
56/85 12 déc. 2001	Mise en place de la Cour pénale internationale
59/280 8 mars 2005	Déclaration des Nations Unies sur le clonage des êtres humains
60/1 15 sept. 2005	Document final du Sommet mondial de 2005 (reconnaissant notamment le principe de « responsabilité de protéger »)
60/180 20 déc. 2005	Création d'une Commission de consolidation de la paix
60/251 8 mai 2006	Création du Conseil des droits de l'homme
61/295 13 sept. 2007	Déclaration des Nations Unis sur les droits des peuples autochtones
64/293 30 juillet 2010	Lancement d'un plan d'action mondial des Nations Unies contre la traite des personnes
70/1 15 sept. 2015	Déclaration sur les Objectifs de développement durable (dans la prolongation des Objectifs du Millénaire)

C) Les actes concertés non conventionnels

60 Les traités ne sont pas les seuls instruments qui permettent aux États de développer leurs relations mutuelles. D'autres actes, issus d'une concertation interétatique en dehors de tout cadre conventionnel, peuvent également régler ces rapports.

Leur portée est essentiellement politique. Ils manifestent la volonté de chacun des États participants et doivent constituer un élément de leur comportement en application du principe de bonne foi mentionné plus haut.

Parmi les actes concertés non conventionnels, l'Acte final de la conférence d'Helsinki sur la sécurité et la coopération en Europe du 1er août 1975 est un de ceux dont les conséquences politiques et pratiques ont été les plus importantes. Il est issu des travaux d'une conférence diplomatique, la Conférence sur la sécurité et la coopération en Europe (CSCE) qui deviendra plus tard une nouvelle organisation internationale, l'OSCE ou Organisation pour la sécurité et la coopération en Europe (voy. n° 395). Pourtant, ni l'Acte final de la conférence d'Helsinki, ni les textes adoptés par la suite dans le cadre de la CSCE puis de l'OSCE ne constituent des traités, leurs signataires ayant toujours insisté sur leur caractère d'engagement politique juridiquement non contraignant.

On peut également ranger dans cette catégorie les actes pris dans le cadre du G20 pour les besoins de la gouvernance économique mondiale (voy. n° 618).

Ces déclarations que leurs signataires considèrent comme des engagements politiques et dont l'entrée en vigueur échappe à tout formalisme (notamment à l'approbation parlementaire) font partie de la *soft law*, corpus de déclarations dont la normativité est incertaine. Ils établissent des règles de comportement établies selon la volonté des parties. Étant donné que ces règles ne sont pas formellement reconnues comme source d'obligations juridiques, elles constituent plutôt un facteur qu'une source de droit.

SECTION III

Les relations diplomatiques

61 Les États souverains ont progressivement établi entre eux des liens et des contacts pacifiques par l'intermédiaire de relations diplomatiques permanentes. Ils entretiennent également des relations consulaires qui ont un caractère purement administratif, les missions consulaires étant dénuées de la qualité de représentation de l'État dont elles émanent.

§ 1. Émergence de la diplomatie moderne

62 Le droit des relations diplomatiques est un des domaines les plus anciens du droit international. C'est en effet à partir du XVe siècle que la pratique des ambassadeurs permanents s'est développée. Les États italiens qui se surveillaient mutuellement éprouvaient alors le besoin d'envoyer des ambassadeurs en poste fixe chez leurs voisins ; cet usage se répand en Espagne, en Angleterre puis dans tout l'Occident au XVIe siècle.

Après les Traités de Westphalie en 1648, la pratique diplomatique s'est formalisée et l'institution consulaire s'est développée. En 1815, au congrès de Vienne, les monarchies européennes substituent un droit écrit aux pratiques coutumières : le Règlement de Vienne codifie certaines règles applicables aux pratiques diplomatiques, notamment en matière de préséance des chefs de mission. En novembre 1818, ce règlement est complété par le Protocole d'Aix-la-Chapelle.

Il faudra cependant attendre la Convention de Vienne sur les relations diplomatiques du 18 avril 1961 pour que soit établie une codification globale et universelle des relations diplomatiques. Cette convention est entrée en vigueur le 24 avril 1964.

Dans son arrêt du 24 mai 1980 relatif au personnel diplomatique et consulaire des États-Unis à Téhéran, la Cour internationale de justice a mis l'accent (en vain dans le cas d'espèce) sur l'importance des règles de la Convention de Vienne, jugeant que leur « sauvegarde est essentielle pour la sécurité et le bien-être d'une communauté internationale aussi complexe que celle d'aujourd'hui ».

§ 2. Le droit de légation

63 Les relations diplomatiques reposent sur le « droit de légation » de l'État, qui peut être actif ou passif. Il est actif lorsqu'il se traduit par l'envoi de représentants diplomatiques permanents dans un État étranger. Ceux-ci doivent être accrédités auprès de l'État d'accueil ; l'État qui les envoie est alors désigné comme l'État accréditant. Le droit de légation est passif lorsqu'il consiste à recevoir des représentants diplomatiques permanents ; l'État qui reçoit a, dans ce cas, le titre d'État accréditeur. De même, les États peuvent entretenir une représentation permanente auprès des organisations internationales et celles-ci auprès des États.

L'agrément, c'est-à-dire l'accréditation par l'État d'accueil, peut être retiré de manière unilatérale et discrétionnaire à la suite, par exemple, d'un abus des fonctions diplomatiques sous forme d'espionnage ou d'immixtion dans les affaires intérieures ou d'une tension temporaire entre les deux États concernés. Ce retrait peut prendre la forme d'un rappel après une déclaration de ***persona non grata*** faite par l'État accréditeur (à distinguer du rappel pour consultation, qui est une procédure provisoire en cas de tensions passagères), d'un renvoi de l'agent diplomatique ou d'une expulsion. Par exemple, en décembre 2016, pour donner suite aux suspicions d'ingérences russes dans la campagne présidentielle américaine, le président Barack Obama a expulsé des diplomates russes des États-Unis. De même, en mars 2018, on a assisté à des expulsions concertées d'ambassadeurs russes par des pays occidentaux à la suite d'une tentative, attribuée à la Russie, d'assassinat par intoxication chimique d'un ancien agent double russe et de sa fille, réfugiés au Royaume-Uni. Enfin récemment, de nombreux pays occidentaux ont réagi à l'invasion de l'Ukraine de février 2022 par le renvoi concerté de centaines de diplomates russes. Le gouvernement russe a également répondu par des expulsions. Comme l'agrément, la rupture des relations diplomatiques est un acte discrétionnaire qui se traduit par la fermeture de la mission diplomatique (ambassade) en cas de désaccord grave (sanction internationale, voire guerre…) entre l'État accréditant et l'État accréditeur.

§ 3. Le statut des missions diplomatiques

64 Dans le cadre de leur mission et afin de faciliter son accomplissement, les agents diplomatiques bénéficient de garanties particulières sous la forme de privilèges et immunités. Alors qu'en général les privilèges sont de simples mesures de courtoisie accordées par l'État accréditeur, les immunités sont fondées sur le droit international.

A) Privilèges et immunités des agents diplomatiques

65 Au titre de ses immunités, l'agent diplomatique bénéficie tout d'abord d'une inviolabilité personnelle. Il ne peut donc être soumis à aucune forme d'arrestation ou de détention. L'État accréditeur doit prendre toutes les mesures nécessaires afin que l'agent diplomatique soit traité avec respect et qu'il ne soit pas porté atteinte à sa personne, sa liberté, sa dignité (art. 29 de la Convention de Vienne). Sur le territoire de l'État accréditeur, la liberté de circulation et de déplacement de l'agent diplomatique ne peut être limitée que pour des raisons de sécurité nationale (art. 26).

L'agent diplomatique bénéficie aussi d'une immunité juridictionnelle, c'est-à-dire qu'il ne peut pas être déféré devant les juridictions de l'État où il réside. Cette immunité de juridiction est absolue en matière pénale pour les délits et les crimes, même en cas de flagrant délit, à l'exception du flagrant délit de trafic de stupéfiants et de contrebande ou pour crimes de guerre. En matière civile et administrative, l'immunité de juridiction est presque totale, sauf lorsqu'il s'agit d'une affaire concernant un immeuble privé situé sur le territoire de l'État accréditeur, d'une succession ou d'un litige né de l'exercice d'une profession libérale, industrielle, commerciale exercée par l'agent diplomatique en dehors de ses fonctions officielles. En matière pénale, l'État accréditant peut renoncer au bénéfice de son immunité.

L'agent diplomatique bénéficie enfin d'une immunité fiscale.

Les privilèges dont bénéficient les membres de la mission diplomatique sont en principe soumis à la discrétion de l'État accréditeur qui doit accorder « toutes facilités pour l'accomplissement des fonctions de la mission » (art. 25). En pratique, le comportement de l'État accréditeur est souvent guidé par le principe de réciprocité (échange de bons procédés).

B) Immunités des locaux et des communications diplomatiques

66 Les immunités s'appliquent aux locaux diplomatiques, plus particulièrement à l'ambassade. Ces locaux sont soustraits à toute forme de contrainte (perquisition, saisie ou autre mesure d'exécution). Cette inviolabilité des locaux diplomatiques s'étend à la demeure privée des diplomates et du personnel administratif et technique de l'ambassade, qui ne peut faire l'objet d'aucune investigation de la part d'une administration (police, douanes, autorités judiciaires...), sauf autorisation expresse du chef de mission diplomatique (ambassadeur).

L'État accréditeur a l'obligation de permettre et de « protéger la libre communication de la mission pour toutes fins officielles » (art. 27 de la Convention de Vienne). L'ambassade peut utiliser tous les moyens de communication appropriés à cet effet, en particulier les envois constituant « la valise diplomatique » qui bénéficie également de l'inviolabilité.

§ 4. Les fonctions des diplomates

67 « L'éclectisme, dans ce métier, est professionnel », avait remarqué l'ambassadeur Albert Chambon (1909-2002). En effet, les fonctions diplomatiques sont très variées. L'article 3 de la Convention de Vienne de 1961 énonce, de manière non limitative, les fonctions des agents diplomatiques au sein de l'État accréditeur :

- représenter l'État accréditant auprès de l'État accréditeur ;
- protéger dans l'État accréditeur les intérêts de l'État accréditant et de ses ressortissants ;
- négocier avec le représentant de l'État accréditeur ;
- s'informer par tous les moyens licites des évolutions notamment politiques dans l'État accréditeur et faire rapport à ce sujet au gouvernement de l'État accréditant ;
- promouvoir des relations amicales et développer les relations économiques, culturelles et scientifiques entre l'État accréditant et l'État accréditeur.

Les diplomates sont donc essentiels dans la préparation et l'organisation des visites diplomatiques. Par ailleurs, en cas de crise politique ou humanitaire dans le pays hôte, l'ambassade offre un point d'information et de ralliement pour les expatriés et ses équipes jouent un rôle crucial pour les évacuations de nationaux, souvent en coordination les unes avec les autres. Ce fut le cas au Rwanda en 1994 ou en Afghanistan en 2021, même si ces deux cas ont révélé bien des dysfonctionnements. Pendant les crises, les ambassades peuvent être temporairement fermées ou déplacées. C'est le cas depuis le printemps 2022 en Ukraine, où de nombreuses ambassades occidentales ont été déplacées sur Lviv, dans l'ouest du pays.

L'information, la négociation, la gestion de crise constituent donc les fonctions majeures du travail diplomatique. Ces fonctions, autrefois essentiellement politiques, se sont aujourd'hui étendues à des domaines spécialisés : par exemple, la coopération économique, culturelle, scientifique ou en matière d'éducation. Dans tous ces domaines, les diplomates représentent leur pays, engagent des actions de coopération et exercent une fonction de veille.

Cependant, les relations diplomatiques entre États ont aujourd'hui tendance à changer de forme et le rôle des ambassades a désormais cessé d'être exclusif. En effet, parallèlement à l'activité des missions diplomatiques permanentes, les communications internationales se sont multipliées à travers d'autres canaux :

- les missions spéciales temporaires à objet déterminé ;
- les négociations ou discussions bilatérales directes ou indirectes par l'envoi d'émissaires spéciaux ou de représentants personnels des ministres, voire du chef de l'État ;
- la diplomatie multilatérale au sein des organisations internationales.

De plus, les ministres ou chefs de l'exécutif entretiennent des contacts directs fréquents, notamment au sein de l'Union européenne, ce qui paraît réduire l'importance du rôle d'intermédiaire des ambassades. La pandémie de Covid-19, en conduisant au recours massif aux visioconférences, a encouragé le contact direct virtuel entre acteurs étatiques. Enfin, dans certaines négociations internationales très techniques, par exemple en matière d'environnement, de coopération économique, de questions cyber et militaires, la contribution des ambassades est forcément moindre que celle des missions d'experts.

Il convient néanmoins de nuancer ces constats. Paradoxalement, si la pandémie a multiplié les contacts virtuels, elle a aussi mis en exergue l'importance symbolique et politique de la rencontre physique. Les déplacements de chefs d'État restent des événements majeurs. Or, lorsqu'un ministre ou le président de la République rencontrent leurs homologues à l'étranger, le programme de leur visite doit être préparé et négocié. Le rôle des diplomates est alors essentiel, notamment dans le choix des questions traitées qui doivent permettre d'entretenir la relation bilatérale. En règle générale, la visite n'a pas pour objet de surmonter des désaccords ou de trancher des questions en suspens, tâche qui revient aux diplomates ou aux experts techniques en amont ou en aval, mais d'exprimer une volonté politique de coopération ou de sceller une entente. Elle a également pour but de créer ou de renforcer des liens personnels entre les dirigeants et de favoriser la confiance entre leurs pays respectifs. Pour l'essentiel, les contacts directs entre dirigeants sont signifiants politiquement et facilitent le bon déroulement des relations internationales.

Même lorsque les négociations portent sur des sujets très techniques, l'action des diplomates est nécessaire : leurs expériences des pays et des règles internationales, leurs connaissances historiques et linguistiques, leur expertise interculturelle complètent l'apport technique des experts. Ils veillent à ce que les positions prises en négociations bilatérales ou dans les enceintes internationales spécialisées restent cohérentes avec les grandes orientations de la politique extérieure du pays.

BIBLIOGRAPHIE

Théories des relations internationales

Aron Raymond (1962), *Paix et guerre entre les nations*, Calmann-Lévy, nouvelle éd. 2004

Badie Bertrand (2001), « Les grands débats théoriques de la décennie », *Revue internationale et stratégique*, 2001/1 (41), accessible sur www.cairn.info

Badie Bertrand et Smouts Marie-Claude (1999), *Le retournement du monde. Sociologie de la scène internationale*, 3e éd., Paris, Presses de Sciences Po et Dalloz

Battistella Dario, Cornut Jérémie et Baranets Élie (2019), *Théories des relations internationales*, 6e éd., Paris, Presses de Sciences Po

Bayart Jean-François (1989), *L'État en Afrique. La politique du ventre*, Paris, Fayard

Baylis John, Smith Steve and Owens Patricia (dir.) (2016), *The Globalization of World Politics*, 7e éd., Oxford, Oxford University Press

Bull Hedley (1977), *The Anarchical Society*, New York, Columbia University Press

David Charles Philippe et Schmitt Olivier (2020), *La guerre et la paix*, 4e éd., Paris, Presses de Sciences Po

Dunne Tim, Kurki Milja et Smith Steve (2013), *International Relations Theories: Discipline and Diversity*, 3e éd., Oxford, Oxford University Press

Galtung Johan (1971), « Structural Theory of Imperialism », *Journal of Peace Research*, vol. 8, n° 2, pp. 81-117

Haas Ernst (1958), *The Uniting of Europe*, Stanford, Stanford University Press

Hobbes Thomas (1651), *Léviathan, traité de la matière, de la forme et du pouvoir ecclésiastique et civil*, accessible sur « les classiques des sciences sociales » www.classiques.uqac.ca

Jackson Robert (1993), *Quasi States: Sovereignty, International Relations and the Third World*, Cambridge, Cambridge University Press

Jeangène Vilmer Jean-Baptiste (2020), *Théories des relations internationales*, Paris, PUF

Kant Emmanuel (1795), *Projet de paix perpétuelle, essai philosophique*, accessible sur www.gallica.bnf

Keohane Robert et Nye Joseph (1977), *Power and Interdependence*, Little, Brown

Kissinger Henry (2014), *World Order*, New York, Penguin Press

Lénine Vladimir (1916), *L'impérialisme, stade suprême du capitalisme*, accessible sur www.marxists.org

Little Richard et Smith Michael (1991), *Perspectives on World Politics*, 2e éd., Oxford, Routledge

Locke John (1689), *Second Treaty of Government*, accessible sur www.earlymoderntexts.com

Macleod Alex et O'Méara Dan (2007), *Théories des relations internationales, contestations et résistances*, Outremont (Québec) CEPES Athéna Éditions

Marx Karl et Engels Friedrich (1847), *Manifeste du Parti communiste*, accessible sur www.marxist.org

Mearsheimer John (2001), *The Tragedy of Great Power Politics*, New York, W.W. Norton & Company

Montbrial Thierry de (2003), *L'action et le système du monde*, Paris, PUF

Morgenthau Hans (1948), *Politics Among Nations*, McGraw-Hill, nouvelle éd. 2005

Posen Barry (1993), « The Security Dilemma and Ethnic Conflict », *Survival*, vol. 35, n° 1, pp. 27-47

Ramel Frédéric (2022), *Philosophie des relations internationales. Anthologie*, 3e éd., Paris, Presses de Sciences Po

Roche Jean-Jacques (2006), *Théorie des relations internationales*, 6e éd., Paris, Montchrestien

Roseneau James (1990), *Turbulence in World Politics: A Theory of Change and Continuity*, Princeton, Princeton University press

Smouts Marie-Claude (dir.) (1998), *Les nouvelles relations internationales. Pratiques et théorie*, Paris, Presses de Sciences Po

Sotou Georges Henri (2015), *La grande illusion. Quand la France perdait la paix 1914-1920*, Paris, Tallandier.

Thucydide, *Histoire de la Guerre du Péloponnèse*, accessible sur www.remacle.org

Waltz Kenneth (1979), *Theory of International Politics*, New York, McGraw-Hill

Wendt Alexander (1999), *Social theory of international politics*, Cambridge, Cambridge University Press

Wendt Alexander (1992), « Anarchy is what the States make of it : the Social Construction of Power Politics », *International Organizations*, vol. 46, Issue 02, Spring 1992, pp. 391-425

Droit international public

Alland Denis (2017), *Manuel de droit international public*, 4e éd., Paris, PUF

Canal-Forgues Eric et Rambaud Patrick (2016), *Droit international public*, 3e éd., coll. Champs université, Paris, Flammarion

Chambon Albert (1983), *Mais que font donc ces diplomates entre deux cocktails ?*, Paris, Pedone

Combacau Jean et Sur Serge (2016), *Droit international public*, 12e éd., Paris, Montchrestien

Decaux Emmanuel et de Frouvile Olivier (2016), *Droit international public*, 10e éd., Paris, Dalloz

Decaux Emmanuel (2010), « Le régime du droit international en droit interne », *Revue française de droit comparé*, vol. 62, n° 2, pp. 467-505, accessible sur www.cairn.org

Decaux Emmanuel (dir.) (2007), Dossier « La normativité », *Cahiers du Conseil constitutionnel*, n° 21

Kerbrat Yann et Dupuy Pierre-Marie (2016), *Droit international public*, 13e éd., Paris, Dalloz

Pellet Alain, Dailler Patrick et Forteau Mathias (2009), *Droit international public*, 8e éd., Paris, LGDJ

Reuter Paul (1983), *Droit international public*, Paris, PUF

Rivier Raphaële (2013), *Droit international public*, 2e éd., Paris, PUF

Bases de données et autres ressources en ligne : consulter le guide des ressources en ligne à la fin de l'ouvrage.

PARTIE II

L'État

68 Si le mot État vient du latin ***status***, forme de gouvernement, c'est principalement à Machiavel (homme politique et écrivain italien, 1469-1527) que l'on doit la notion moderne d'État entendu comme pouvoir souverain. Le sociologue allemand Max Weber (1864-1920) a donné une définition largement acceptée de l'État moderne en le décrivant comme « une communauté humaine qui, dans les limites d'un territoire déterminé – la notion de territoire étant une de ses caractéristiques – revendique avec succès pour son propre compte le monopole de la violence physique légitime »[6]. L'État est ainsi défini comme une organisation politique qui dispose d'un pouvoir exclusif de contrainte légitime sur une population se trouvant sur un territoire déterminé. Le caractère exclusif de son pouvoir est la conséquence de sa souveraineté. L'État, parce qu'il est le seul à posséder la souveraineté, c'est-à-dire l'autorité suprême sur un territoire, demeure toujours l'acteur principal des relations internationales, malgré l'influence croissante d'autres acteurs (organisations internationales interétatiques, entreprises transnationales et organisations non-gouvernementales notamment).

6. *Le Savant et le politique*, trad. Julien Freund, Paris, 10/18, 2002.

CHAPITRE 1

Les éléments constitutifs de l'État

69 Les États sont différents par leur taille, leur puissance, leurs capacités militaires, leur développement économique, l'importance de leur population ou la forme de leur gouvernement. Ils sont cependant tous caractérisés par trois éléments objectifs identiques qui permettent de leur attribuer la qualification d'État : un territoire, une population et un gouvernement effectif doté de la souveraineté. Dans son avis n° 1, la Commission d'arbitrage constituée en 1991 par la Conférence européenne pour la paix en Yougoslavie[7] a, par exemple, rappelé que « l'État est communément défini comme une collectivité qui se compose d'un territoire et d'une population soumis à un pouvoir politique organisé, qui se caractérise par la souveraineté ».

SECTION I

Le territoire

70 L'essentiel des territoires du globe est aujourd'hui sous souveraineté étatique. Les territoires vacants *(terra nullius)* ont disparu du fait de leur appropriation par les puissances coloniales, puis les territoires coloniaux ont eux-mêmes accédé à l'indépendance. Le cas des territoires internationalisés (Antarctique) relève de situations juridiques particulières.

Le territoire de l'État est d'abord terrestre. Le territoire terrestre comprend les terres émergées, continentales ou insulaires, y compris leur sous-sol ainsi que les eaux intérieures (rivières, lacs, mers intérieures). Il comprend également les voies d'eau internationales qui le mettent en communication avec le territoire d'autres États ou des espaces internationaux. L'espace terrestre est surplombé d'un espace aérien et souvent prolongé d'un espace maritime, dotés chacun d'un statut juridique particulier.

7. Cette commission était à l'origine composée de cinq présidents de cours constitutionnelles d'États membres de la Communauté européenne et présidée par Robert Badinter (voy. n° 464).

§ 1. L'espace terrestre au cœur des relations internationales

71 Le territoire joue un rôle essentiel dans les relations internationales : sa configuration et ses caractéristiques physiques conditionnent largement les capacités d'action de l'État. La délimitation de ses limites ou frontières est un enjeu politique fondamental.

A) Les caractéristiques physiques du territoire

72 Il existe un rapport étroit entre les relations internationales et les données géographiques du territoire. La dimension, la configuration et la situation d'un État sont des éléments déterminants de sa place dans le système international. Les caractéristiques physiques d'un territoire, telles que le climat, le relief, l'hydrographie ou la dimension, peuvent être facteurs de puissance comme de vulnérabilité.

Le relief peut aussi bien être un avantage qu'un handicap pour un État. Un relief montagneux est peu propice au développement économique mais permet une meilleure défense en cas d'invasion. C'est aussi un atout pour des mouvements insurrectionnels qui peuvent y trouver refuge (comme l'ont démontré, par exemple, les guerres d'Afghanistan, voy. n°s 399, 539 et s.). De même, un relief non-accidenté facilite en temps de paix les communications terrestres mais peut aussi favoriser les invasions en temps de guerre (invasion de l'URSS par l'Allemagne en 1941 ou de l'Irak par la coalition américano-britannique en mars 2003).

Le régime des cours d'eaux (fleuves, lacs, rivières) occupe une place importante dans l'histoire des États. En effet, le fleuve est un instrument de communication qui, très souvent, traverse un ou plusieurs États (Rhin, Danube, Nil, fleuve Sénégal...). Il peut aussi, sur une partie de son cours, marquer la frontière entre des États riverains (Rhin, Oder). Les possibilités qu'il offre en termes notamment d'irrigation ou de production d'énergie hydroélectrique sont souvent un enjeu des relations internationales. La répartition des ressources en eau (plus particulièrement du Jourdain) entre Israéliens, Palestiniens, Jordaniens et Syriens est l'un des éléments du conflit israélo-arabe au Proche-Orient. De même, les eaux de l'Euphrate et du Tigre sont objet de tensions entre la Turquie, la Syrie, l'Iran et l'Irak.

Une relation – relative – entre l'étendue du territoire et sa puissance peut être mentionnée. En principe, le fait pour un État de disposer d'un vaste territoire est un facteur de richesse en raison des plus grandes possibilités d'extraction minière ou énergétique qu'il offre. Les États grands par la taille sont souvent des puissances régionales ou mondiales. Cependant, cette relation n'est pas automatique : les grandes puissances européennes du XIXe siècle étaient de taille moyenne (à part la Russie) et l'on connaît aujourd'hui des États qui, malgré leur superficie limitée, ont un poids considérable sur la scène internationale (Japon, Allemagne). Par ailleurs, les États postcoloniaux de grande taille (République démocratique du Congo, Nigeria, Indonésie) sont très hétérogènes du point de vue ethnique ou géographique,ce qui favorise les tensions centrifuges et peut rendre difficile le contrôle du territoire par les autorités centrales. Inversement, la faible superficie d'un territoire n'est pas forcément un obstacle à la constitution d'un État. Il existe des micro-États dont la taille est très réduite : La Barbade (430 km2), Tuvalu (26 km2), Monaco (2 km2).

L'État peut être tributaire de sa géographie. Un État enclavé (sans façade maritime, d'accès difficile...) est dépendant des États voisins. *A contrario*, des États ayant une large façade maritime (France, États-Unis, Chine, Inde) ou insulaires (Royaume-Uni, Japon) se trouvent dans une situation privilégiée.

Les conditions géographiques de la sécurité de l'État peuvent être modifiées par l'évolution des techniques militaires. L'apparition des bombardiers a rendu vulnérables les populations éloignées des zones de combat. Lorsqu'il est apparu en 1957 que l'URSS disposait de missiles balistiques à portée intercontinentale, les États-Unis ont pris conscience que leur territoire n'était plus à l'abri du feu nucléaire.

B) La notion de frontière

73 Le territoire d'un État est limité par ses frontières. La frontière est une ligne séparatrice de compétences étatiques. La Cour internationale de justice a considéré dans l'affaire du plateau continental de la mer Égée (arrêt du 19 décembre 1978) qu'« établir les limites entre États voisins », c'est « tracer la ligne exacte ou les lignes exactes de rencontre des espaces où s'exercent respectivement les pouvoirs et droits souverains » de ceux-ci. Dans l'Affaire du différend territorial entre la Libye et le Tchad, la Cour a souligné dans son arrêt du 3 février 1994 que « définir un territoire est définir ses frontières » (CIJ, 1994).

En application du principe d'« inviolabilité du territoire », un État ne peut envoyer ses agents au-delà de ses frontières sur le territoire d'un autre État pour y accomplir des actes d'autorité ou de contrainte et *a fortiori* y conduire des opérations armées.

L'inviolabilité du territoire ne doit cependant pas être confondue avec l'immutabilité des frontières : la modification pacifique des frontières en vertu d'un traité ou d'une décision juridictionnelle ou arbitrale est possible en droit.

1. La délimitation des frontières

74 Dans son arrêt du 15 juin 1962 (Affaire du temple de Preah Vihear), la Cour internationale de justice a relevé que « d'une manière générale, lorsque deux pays définissent entre eux une frontière, un de leurs principaux objectifs est d'arrêter une solution stable et définitive » (CIJ, 1962). La stabilité et le caractère définitif de la frontière sont nécessaires pour assurer la sécurité juridique des relations internationales. L'article 62 de la Convention de Vienne sur le droit des traités énonce que le changement de circonstances ne peut être invoqué pour mettre fin à un traité de frontières. De même, l'article 11 de la convention de 1978 sur la succession d'États en matière de traités dispose que les traités de frontières subsistent en cas de succession d'États.

La délimitation peut être opérée par voie unilatérale, par voie conventionnelle ou par voie juridictionnelle ou arbitrale :

- la délimitation unilatérale concerne uniquement la séparation du territoire national d'un État avec un espace international. Elle s'applique aux espaces maritimes relevant de la juridiction de l'État côtier (voy. n°s 78 et s.) ;

– la délimitation conventionnelle consiste en une délimitation de la frontière par voie d'accord entre les parties dont les représentants respectifs se rencontrent pour conclure un traité portant sur la séparation de leurs territoires terrestres et/ou maritimes. Il peut alors s'agir d'un traité portant spécialement sur la délimitation d'une frontière (traité de paix et d'amitié conclu entre l'Argentine et le Chili le 29 novembre 1984) ou d'un traité plus général, à l'intérieur duquel se trouvent des dispositions relatives à la délimitation d'une ou de plusieurs frontières (traité de paix entre l'Égypte et Israël du 26 mars 1979) ;
– la délimitation juridictionnelle ou arbitrale résulte, la plupart du temps, de l'échec de négociations en vue de déterminer les frontières entre deux ou plusieurs États qui décident alors de soumettre leur différend à un juge ou à un arbitre international. Le 16 avril 2023, la Cour internationale de justice (CIJ) a procédé, par un arrêt, à la délimitation de la frontière entre le Burkina Faso et le Niger (Affaire du différend frontalier entre le Burkina Faso et le Niger). Ces deux pays avaient conclu un compromis, entré en vigueur le 20 novembre 2009, par lequel ils étaient convenus de soumettre à la Cour le différend frontalier qui les opposait sur un secteur de leur frontière commune. De même, dans un arrêt du 24 janvier 2014, la CIJ a déterminé à la demande du Pérou le tracé de la frontière maritime entre ce pays et le Chili. Le Chili avait accepté la compétence de la Cour en juin 2009.

2. Les éléments permettant la détermination des frontières

75 Dans le cadre de la délimitation conventionnelle de leurs frontières, les États sont libres de prendre en compte tous les éléments qui leur semblent nécessaires pour parvenir à une solution juste et définitive. Ils peuvent en particulier se référer à des éléments géographiques ou historiques.

a) Les frontières géographiques ou naturelles

76 Pour tracer leurs frontières, les États ont souvent utilisé des points de repère naturels qui offrent une plus grande sécurité juridique. S'il s'agit d'un massif montagneux, la ligne de crête ou la ligne de partage des eaux a été prise comme référence. Si c'est un fleuve ou une rivière, la frontière peut être fixée le long de la rive d'un État ou au milieu du cours d'eau. Si le fleuve ou la rivière sont navigables, la frontière peut suivre le talweg, c'est-à-dire la ligne unissant les points les plus profonds du principal chenal de navigation : tel est le cas pour le fleuve Amour qui détermine la frontière entre la Chine et la Russie, ou le fleuve Sénégal entre le Sénégal et la Mauritanie. En l'absence d'éléments naturels suffisants, la délimitation de la frontière peut être assurée par une ligne reliant deux points géographiques ou par référence à un méridien ou un parallèle. Cette méthode a notamment été utilisée en Afrique dans les régions désertiques.

b) Le principe de l'*uti possidetis*

77 Lors de la décolonisation en Amérique latine au XIXe siècle, puis en Afrique et en Asie au XXe siècle, le principe de l'*uti possidetis ita possideatis*, littéralement « continuez de posséder comme vous possédez jusqu'ici », a été utilisé

comme principe de délimitation territoriale. Ce principe consiste à cristalliser une situation donnée créée par les délimitations administratives antérieures à l'indépendance afin d'assurer la sécurité des relations juridiques, en consacrant le *statu quo* territorial.

Dans l'Affaire du différend frontalier entre le Burkina Faso et le Mali, la Cour internationale de justice a affirmé dans son arrêt du 22 décembre 1986 (CIJ, 1986) que l'*uti possidetis* « constitue un principe général, logiquement lié au phénomène de l'accession à l'indépendance où qu'il se manifeste. Son but évident est d'éviter que l'indépendance et la stabilité des nouveaux États ne soient mises en danger ».

Il convient cependant de relever que les délimitations coloniales ayant été souvent effectuées, tout particulièrement en Afrique, sans tenir compte des réalités géographiques, linguistiques et culturelles, sont aujourd'hui encore sources de tensions. Dans son arrêt précité du 16 avril 2013 relatif à la délimitation de la frontière entre le Burkina Faso et le Niger, la CIJ a appliqué, conformément au compromis par lequel les deux États l'avaient saisie, le principe d'intangibilité des frontières héritées de la colonisation, mais elle a exprimé le souhait que chacun des deux États, « en exerçant son autorité sur le territoire qui relève de sa souveraineté, tienne dûment compte des besoins des populations concernées, en particulier des populations nomades ou semi-nomades, et de la nécessité de surmonter les difficultés qui pourraient surgir pour ces populations du fait de la frontière » (§ 112 de l'arrêt).

Bien que l'Organisation de l'Unité africaine (OUA), devenue depuis Union africaine, ait déclaré, dans sa résolution du Caire du 21 juillet 1964, que ses États membres respecteraient les frontières fixées par les empires coloniaux, des modifications ne semblent à présent plus exclues sur la base d'accords entre les États concernés. C'est ainsi qu'après un long conflit armé, le Soudan a accepté dans le cadre de l'accord dit « Accord de paix global » du 9 janvier 2005 la sécession du Soudan du Sud, juridiquement intervenue le 9 juillet 2011 conformément au résultat d'un référendum (voy. n° 597).

Lors de l'éclatement de la Yougoslavie, le principe de l'*uti possidetis* a également été mentionné, dans l'avis n° 3 du 11 janvier 1992 de la Commission d'arbitrage en Yougoslavie, comme « présentant un caractère général ». Il est cependant entré en conflit avec celui du droit à l'autodétermination des peuples dans l'affaire du Kosovo (voy. n° 469).

Ce principe a également été invoqué lors de la dissolution de l'URSS. Après les déclarations d'indépendance des États baltes au cours des années 1990 et 1991, les présidents de onze des douze autres Républiques soviétiques qui s'étaient proclamées indépendantes au cours de l'année 1991 (le président géorgien avait réservé son accord) ont décidé, lors de leurs réunions de Minsk (8 décembre 1991) et d'Alma-Ata (21 décembre 1991), la dissolution de l'Union soviétique et la création de la Communauté des États indépendants (voy. n° 450). Ils sont alors convenus que les délimitations administratives entre les différentes Républiques deviendraient les frontières internationales entre leurs nouveaux États. Dans certaines régions (Transnistrie, Haut-Karabakh, Abkhazie et Ossétie du Sud notamment), cette décision n'a pas pu être appliquée. La Russie a également remis en cause son application à l'Ukraine en annexant la Crimée en mars 2014, puis en reconnaissant l'indépendance des républiques autoproclamées de Donetsk et de Louhansk et en lançant une guerre d'invasion en février 2022. Comme l'avaient fait les Occidentaux à propos du Kosovo quelques années plus tôt, elle a fait valoir que le droit à l'autodétermination devait prévaloir sur l'*uti possidetis* (voy. n°s 602 et s.).

§ 2. Le statut des espaces maritimes

78 Le régime juridique qui caractérise le territoire terrestre de l'État s'est progressivement projeté sur les espaces maritimes.

A) Sources du régime juridique des espaces maritimes

79 Le droit de la mer est l'une des plus anciennes matières du droit international public. D'abord essentiellement coutumière, c'est-à-dire issue de l'acceptation générale de la pratique des puissances maritimes, cette branche du droit a fait l'objet d'une codification après 1945. Le 29 avril 1958, une première Conférence des Nations Unies sur le droit de la mer, tenue à Genève, a adopté quatre conventions portant respectivement sur la mer territoriale, la haute mer, le plateau continental, la pêche et la conservation des ressources biologiques de la haute mer. Après une deuxième conférence, également ouverte à Genève en 1960, c'est une troisième conférence réunie à New York et à Genève qui a élaboré une codification générale du droit de la mer du 3 décembre 1973 au 10 décembre 1982. Cette conférence a abouti à la Convention de Montego Bay (Jamaïque), ouverte à la signature le 10 décembre 1982 et entrée en vigueur le 16 novembre 1994. Au 3 avril 2018, 166 États ainsi que l'Union européenne, assimilée à un État partie, et l'Autorité palestinienne étaient parties à cette convention. Il est à noter que les États-Unis ne l'ont pas, à ce jour, ratifiée en raison de l'opposition du Sénat américain. Néanmoins ils respectent celles de ces dispositions, relatives notamment au régime de la navigation, qui codifient la coutume internationale préexistante.

B) Règles applicables aux différents espaces maritimes

80 Avant d'atteindre la haute mer, cet espace maritime qui n'appartient à personne (*res nullius*), l'État riverain exerce de manière dégradée ses droits souverains sur des espaces allant de la côte vers le large ; ce sont respectivement les eaux intérieures, la mer territoriale, la zone contiguë, la zone économique exclusive et le plateau continental.

1. Les eaux intérieures

81 Les eaux intérieures sont des espaces maritimes inclus dans le territoire terrestre comme les baies, les ports, les rades ou les mers fermées. L'État y exerce, comme sur son territoire terrestre, la plénitude et l'exclusivité de ses compétences.

2. La mer territoriale

82 Cet espace maritime constitue un prolongement maritime du territoire terrestre. Au XVIIe siècle, sa largeur correspondait à une portée de canon, ce qui se traduisait par la formule : « Le pouvoir de l'État finit là où finit la force de ses armes ». Progressivement, la règle des 12 milles marins (1 mille marin correspond à 1 852 mètres) s'est imposée. Elle a été codifiée par la Convention de Montego Bay (art. 3) : « Tout État a le droit de fixer la largeur de sa mer territoriale ; cette largeur ne dépasse pas 12 milles marins mesurés à partir des lignes de base établies conformément à la Convention ». La ligne de base normale est la laisse de basse mer. Dans certains cas (côtes très découpées) des lignes de base droites peuvent être reconnues dans un but de simplification.

L'État côtier exerce sur cet espace maritime ses compétences souveraines, tant d'un point de vue économique (exploitation des ressources minérales, pêche...) qu'en matière de sécurité (police, douanes, législation sanitaire, protection de l'environnement...). Il est toutefois tenu de respecter le « droit de passage inoffensif » des navires étrangers dans sa mer territoriale (art. 17). Le passage de ces navires doit être « continu et rapide » (art. 18). Il est « inoffensif aussi longtemps qu'il ne porte pas atteinte à la paix, au bon ordre ou à la sécurité de l'État côtier » (art. 19).

La souveraineté de l'État côtier peut subir des limitations plus strictes lorsqu'un détroit donnant accès à la haute mer est intégralement situé dans sa mer territoriale. La Convention de Montego Bay reconnaît en ce cas aux navires étrangers le « droit au passage en transit » continu et rapide, notion plus libérale que le passage inoffensif (art. 38). Certains détroits (Bosphore et Dardanelles par exemple) sont cependant placés sous des régimes conventionnels spéciaux.

3. La zone contiguë

83 La « zone contiguë » (art. 33) se situe au-delà de la mer territoriale et a la même largeur que cette dernière, soit 12 milles marins. L'État côtier n'y exerce pas de droits souverains mais dispose d'une compétence de contrôle en vue de prévenir et de réprimer les infractions commises sur son territoire ou dans sa mer territoriale en matière douanière, fiscale, sanitaire ou d'immigration.

4. La zone économique exclusive (ZEE)

84 La zone économique exclusive a été consacrée par la cinquième partie de la Convention de Montego Bay, après avoir été l'objet d'une longue bataille diplomatique consécutive à la revendication par certains pays latino-américains d'une zone de pêche exclusive s'étendant jusqu'à 200 milles marins de leurs côtes. La zone économique exclusive (ZEE) peut s'étendre jusqu'à 200 milles des lignes de base (188 milles à partir de la mer territoriale). L'État côtier doit respecter sur cet espace maritime certaines libertés des autres États, telles les libertés de navigation, de survol ou celle de poser des câbles ou pipelines sous-marins. Il y exerce toutefois des droits souverains (exclusifs mais en vue de fins déterminées) pour l'exploration, l'exploitation, la conservation et la gestion des ressources naturelles, biologiques et non biologiques (art. 56).

5. Le plateau continental

85 Cette catégorie d'espace juridique, apparue après la Seconde Guerre mondiale, est liée à une déclaration du président américain Harry Truman (28 septembre 1945) qui réclamait pour les États-Unis le droit de s'approprier les ressources naturelles du sous-sol et des fonds marins du plateau continental. La Convention de Montego Bay le définit comme suit : « Le plateau continental d'un État côtier comprend les fonds marins et leur sous-sol au-delà de sa mer territoriale, sur toute l'étendue du prolongement naturel du territoire terrestre de cet État jusqu'au rebord externe de la marge continentale, ou jusqu'à 200 milles marins des lignes de base à partir desquelles est mesurée la largeur de la mer territoriale, lorsque le rebord externe de la marge continentale se trouve à une distance inférieure. » (art. 76) (voir schéma). La marge continentale constitue le prolongement immergé de la masse terrestre (plateau, talus, glacis ainsi que leur sous-sol).

Ainsi, si un État côtier ne dispose pas de plateau continental ou ne possède qu'un plateau continental dont le rebord extérieur est en deçà de la distance des 200 milles, il pourra bénéficier des droits liés au régime du plateau continental dans cette zone forfaitaire des 200 milles. Si le plateau continental naturel s'étend sur les grands fonds marins au-delà de la distance forfaitaire des 200 milles à la côte, la limite extérieure du plateau continental au sens de la convention ne pourra pas dépasser une distance à la côte de 350 milles marins. À cette condition s'ajoute un critère de profondeur : la délimitation extérieure du plateau continental (au-delà de 200 milles) ne peut dépasser une distance de 100 milles marins au-delà de la ligne reliant les points de 2 500 mètres de profondeur (art. 76).

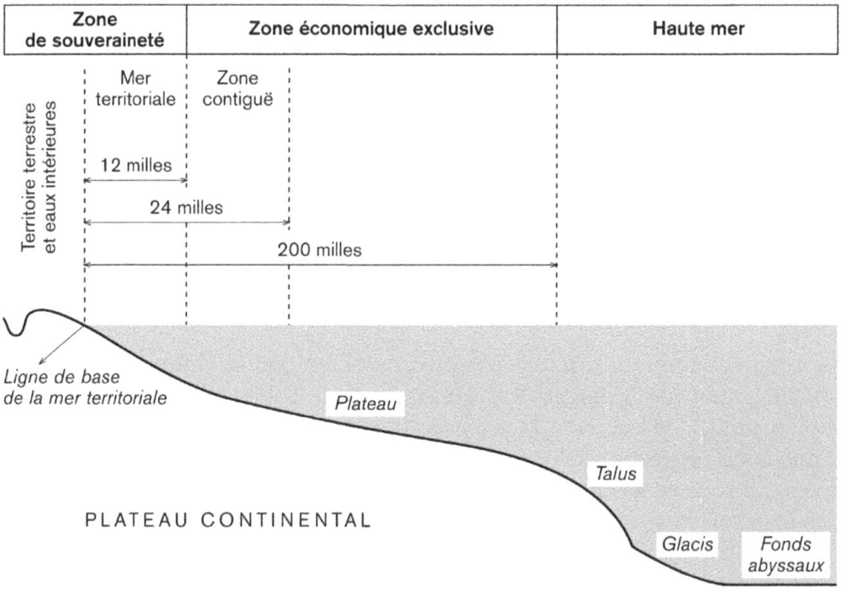

L'espace maritime

L'État riverain exerce sur son plateau continental, tel que défini ci-contre, des droits souverains exclusifs en vue de l'exploration et l'exploitation des ressources naturelles (minérales et biologiques s'il s'agit d'espèces sédentaires). Ces droits ne doivent cependant pas porter atteinte aux régimes juridiques des eaux surjacentes ni à celui de l'espace aérien.

6. La haute mer

86 Le régime juridique de la haute mer se caractérise par l'absence de souveraineté territoriale. « Aucun État ne peut légitimement prétendre soumettre une partie quelconque de la haute mer à sa souveraineté » (art. 89 de la Convention de Montego Bay). Il existe une présomption de liberté sur cet espace maritime ; l'article 87 de la convention énumère ces libertés : libertés de navigation, de survol, de pêche, de poser des câbles et des pipelines sous-marins, de construire des îles artificielles, de recherche scientifique.

Tous les États exercent une compétence de police sur les navires battant leur pavillon. Cette compétence est plénière et exclusive sous réserve de quatre exceptions : un État peut exercer un droit de visite sur un navire ne battant pas son pavillon lorsqu'il existe une présomption de piraterie, de fraude au pavillon, d'émission de radio ou de télévision non autorisée ou de transport d'esclaves. De même, tout État possède un droit de poursuite en haute mer quand une infraction a été préalablement commise dans une zone placée sous sa juridiction.

La Convention de Montego Bay a dissocié le régime juridique de la haute mer en distinguant les eaux surjacentes d'une part, les fonds marins et leur sous-sol d'autre part. Si les premières sont un espace internationalisé, caractérisé par la non-appropriation et la liberté d'utilisation, « la zone des fonds marins » située au-delà du plateau continental est reconnue comme patrimoine commun de l'humanité. Ce régime juridique impose une non-appropriation par les États, une utilisation pacifique et, le cas échéant, une exploitation dans l'intérêt de l'humanité. Dans le cadre de la Convention de Montego Bay, cette zone est placée sous la gestion de l'Autorité internationale des fonds marins, organisation internationale dotée d'une compétence territoriale (voy. E 1 ci-après). La fonction principale de l'Autorité est de réglementer l'exploration et l'exploitation des ressources minières des fonds marins. Le 18 février 2008, l'Autorité internationale des fonds marins a mis en place plusieurs fonds de dotation afin d'encourager les projets de collaboration dans le domaine de la recherche scientifique marine dans la zone internationale des fonds marins. Ces financements restent cependant modestes (le budget de fonctionnement de l'Autorité était d'environ 10 millions de dollars des États-Unis en 2020 et les contributions volontaires aux fonds représentaient 5 à 6 millions supplémentaires).

7. Différends relatifs aux délimitations maritimes

87 Pour régler les différends relatifs à l'interprétation et à l'application de la Convention de Montego Bay, celle-ci ouvre aux parties trois voies qu'elles peuvent choisir librement (art. 287 de la convention) :

- le tribunal international du droit de la mer,
- la Cour internationale de justice,
- l'arbitrage.

Dans le différend qui l'oppose à la Chine sur les droits de ce pays en mer de Chine méridionale, les Philippines ont saisi un tribunal d'arbitrage constitué conformément aux dispositions de la convention, avec l'appui administratif de la Cour permanente d'arbitrage. Malgré l'opposition de la Chine[8], ce tribunal s'est déclaré compétent et a jugé, le 12 juillet 2016, que la Chine ne pouvait se prévaloir de droits historiques à l'intérieur de la « ligne à neuf traits » qu'elle a unilatéralement tracée. En outre la Chine ne peut, selon le tribunal, se prévaloir des « éléments » (récifs ou bancs de sable poldérisés) qu'elle revendique pour délimiter une zone économique exclusive empiétant sur les droits des Philippines.

Un autre différent sur la détermination des eaux territoriales oppose Chypre à la Turquie, qui contrôle la partie nord de l'île depuis 1974, n'est pas partie à la Convention de Montego Bay et ne reconnaît pas les accords passés entre Chypre et ses autres voisins. Cette dispute s'accentue à chaque nouvelle découverte de ressources en hydrocarbures dans ces fonds marins et les tensions autour de zones d'exploration ont été très vives en 2019.

E1 **L'Autorité internationale des fonds marins**

- Elle est composée par tous les États parties à la Convention de Montego Bay.
- Elle comprend une Assemblée plénière, un Conseil de 36 membres, un Secrétariat et un organe appelé l'Entreprise.
- Le Conseil est un organe exécutif (pouvoirs de décision et de contrôle).
- L'Entreprise est un organe opérationnel qui mène pour le compte de l'Autorité des activités d'exploitation.
- Les États doivent s'efforcer de prendre les décisions par consensus (accord de New York du 29 juillet 1994).

(www.isa.org.jm/fr)

---

§ 3. L'importance croissante de l'espace aérien

88 Les régimes juridiques de l'espace aérien et de l'espace extra-atmosphérique, tous deux définis par voie de conventions, reposent sur des principes fondamentalement différents : alors que les États exercent des droits souverains sur l'espace aérien situé au-dessus de leur territoire, l'espace extra-atmosphérique est placé sous un régime de non-appropriation nationale.

Sur le plan vertical, il n'existe qu'une délimitation relative et fonctionnelle entre les deux espaces, dans la mesure où l'espace aérien de chaque État s'étend jusqu'où peuvent aller les aéronefs.

Plus généralement, toutes les activités qui s'exercent dans l'air sont soumises au régime de l'espace aérien, alors que celles qui se développent sans utiliser l'oxygène de l'air sont soumises à celui de l'espace extra-atmosphérique.

8. Selon l'Annexe VII de la Convention de Montego Bay, « l'absence d'une partie [...] ne fait pas obstacle au déroulement de la procédure ».

A) L'espace aérien

89 Alors que le régime juridique de l'espace maritime a été, au fil des siècles, progressivement défini par la coutume avant l'entrée en vigueur de la Convention de Montego Bay, celui de l'espace aérien a été établi par voie conventionnelle dès le début du XXe siècle (Convention de Paris de 1919).

Les espaces aériens des États coïncident avec leurs frontières terrestres et maritimes. L'article 1er de la Convention de Paris de 1919 stipule que « les hautes parties contractantes reconnaissent que chaque puissance a la souveraineté complète et exclusive sur l'espace atmosphérique au-dessus de son territoire ». Cette convention a ainsi « territorialisé » l'espace aérien.

La Convention de Chicago relative à l'aviation civile internationale, signée le 7 décembre 1944 et entrée en vigueur le 4 avril 1947, précise que le territoire au-dessus duquel s'étend l'espace aérien de l'État comprend « les eaux territoriales adjacentes ». En deçà de cette limite, l'État est libre de réglementer et même d'interdire le survol de son territoire à tout aéronef étranger : tout survol non autorisé constitue une violation de la souveraineté territoriale de l'État sous-jacent (CIJ, arrêt du 27 juin 1986, Activités militaires et paramilitaires au Nicaragua). L'État survolé peut alors intercepter et exiger l'atterrissage de l'aéronef étranger.

Au-delà de l'espace aérien de chaque État s'étend l'espace aérien international. Cet espace internationalisé est dominé par le principe de liberté.

Toutefois, en application de la Convention de Chicago, une organisation spécialisée des Nations Unies, l'Organisation de l'aviation civile internationale (OACI), est chargée de définir et de mettre en œuvre une réglementation étendue en matière de navigation civile internationale. Elle établit en particulier, à la majorité des deux tiers des membres de son conseil[9], les normes et règles nécessaires à la sécurité, à la sûreté, à l'efficacité et à la régularité de l'aviation civile internationale. Si, dans les soixante jours de leur adoption, les États membres n'ont pas formulé d'opposition, ces normes et règles deviennent obligatoires pour eux dans les trois mois suivant la décision du conseil.

Ces pouvoirs étendus ont permis à l'OACI de préciser les limites de la compétence des États dans leur espace aérien national. Dans cet espace, comme dans l'espace aérien international, l'OACI prohibe toute mise en cause de la sécurité de la navigation civile. En cas de violation de son espace aérien par un avion civil, il est donc interdit à un État de détruire cet avion. En mai 2021, le détournement, par le gouvernement biélorusse, d'un avion de ligne survolant son espace aérien pour arrêter un opposant politique a été qualifié d'acte de piraterie par l'Union européenne, qui a renforcé ses sanctions contre le régime, imposé une clôture de l'espace aérien européen aux compagnies biélorusses et demandé aux compagnies européennes de ne plus desservir ce pays.

9. Le Conseil de l'OACI est composé de 36 États membres élus pour trois ans par l'Assemblée des États membres.

B) L'espace extra-atmosphérique

90 Contrairement à l'espace aérien, l'espace extra-atmosphérique se caractérise par un régime d'internationalisation, c'est-à-dire de non-appropriation et de liberté d'utilisation. Les règles générales qui lui sont applicables ont d'abord été définies par la Déclaration des principes juridiques régissant les activités des États en matière d'exploration et d'utilisation de l'espace extra-atmosphérique, adoptée à l'unanimité par l'Assemblée générale des Nations Unies le 13 décembre 1963 sous la forme de la résolution 1962 (XVIII). Par la suite, les bases du droit de l'espace extra-atmosphérique ont été posées par le Traité sur les principes régissant l'activité des États en matière d'exploration et d'utilisation de l'espace extra-atmosphérique, y compris la Lune et les autres corps célestes (« Traité sur l'espace »), conclu le 27 janvier 1967 et entré en vigueur le 10 octobre 1967. Ce traité prévoit notamment que :

- L'exploration et l'utilisation de l'espace extra-atmosphérique, y compris la lune et les autres corps célestes, doivent se faire pour le bien et dans l'intérêt de tous les pays ; elles sont l'apanage de l'humanité tout entière (art. 1.1) ;
- L'espace extra-atmosphérique, y compris la lune et les autres corps célestes, peut être exploré et utilisé librement par tous les États dans des conditions d'égalité (art. 1.2) ;
- L'espace extra-atmosphérique, y compris la lune et les autres corps célestes, ne peut faire l'objet d'appropriation nationale (art. 2) ;
- Les États parties s'engagent à ne mettre sur orbite autour de la terre aucun objet porteur d'armes nucléaires ou de tout autre type d'armes de destruction massive, à ne pas installer de telles armes sur des corps célestes et à ne pas placer de telles armes, de toute autre manière, dans l'espace extra-atmosphérique (art. 4) ;
- Les États parties considèrent les astronautes comme des envoyés de l'humanité dans l'espace extra-atmosphérique et doivent leur prêter toute l'assistance possible en cas d'accident, de détresse ou d'atterrissage forcé (art. 5) ;
- Tout État partie qui procède ou fait procéder au lancement d'un objet dans l'espace extra-atmosphérique, y compris la lune et les autres corps célestes, ou tout État partie dont le territoire ou les installations servent au lancement d'un objet est responsable du point de vue international des dommages causés (art. 7) ;
- L'État partie sur le registre duquel est inscrit un objet lancé dans l'espace extra-atmosphérique doit le conserver sous sa juridiction et son contrôle lorsqu'il se trouve dans l'espace extra-atmosphérique ou sur un corps céleste (art. 8).

On constate que l'espace extra-atmosphérique est un domaine librement accessible à l'ensemble des États sous réserve de l'obligation de respecter l'intérêt de tous les États, spatiaux ou non et du principe de non-appropriation nationale. Les États ont par ailleurs une obligation de contrôle des activités spatiales et d'indemnisation des dommages éventuellement causés par ces activités.

Quatre autres conventions précisent les dispositions du traité sur l'espace : l'accord sur le sauvetage des astronautes, le retour des astronautes et le retour des objets lancés dans l'espace extra-atmosphérique, signé et entré en vigueur en 1968 ; la Convention sur la responsabilité internationale pour les dommages causés par les objets spatiaux, signée et entrée en vigueur en 1972 ; la Convention sur l'immatriculation des objets lancés dans l'espace extra-atmosphérique, signée en 1975 et entrée en vigueur en 1976 ; l'accord régissant les activités des États sur la Lune et les autres corps célestes signés en 1979 et entré en vigueur en 1984.

SECTION II
La population

91 L'État est aussi défini par une collectivité humaine : la population qui le constitue. Cette collectivité ne se confond pas en droit avec l'ensemble des habitants du territoire de l'État. Elle ne comprend en effet que les personnes qui sont rattachées à l'État par un lien de nationalité. Toutefois, dans la pratique des relations internationales, les nationaux ne sont généralement pas les seuls habitants du territoire de l'État. D'autres catégories d'habitants coexistent avec les nationaux : les résidents étrangers, permanents ou temporaires, au sens strict, les apatrides et les réfugiés. Cette coexistence doit être organisée par l'État. La présence d'étrangers soulève des problèmes d'intégration sociale,mais elle peut être également facteur de puissance et de dynamisme économique de l'État d'accueil.

§ 1. Le lien de nationalité

92 La population n'est pas qu'une donnée géographique et démographique, c'est aussi une notion juridique dans la mesure où elle regroupe les nationaux de l'État. Elle possède en outre des caractéristiques culturelles, sociologiques et historiques, qui déterminent la cohésion de l'État et fondent son identité.

A) Une notion juridique

93 La population d'un État est d'abord constituée par un ensemble d'individus rattachés à cet État par un lien juridique, la nationalité. Le pouvoir d'agir à l'égard de ses nationaux fait partie des attributs de la souveraineté de l'État (voy. n°s 148 et s.). La Cour internationale de justice a jugé, dans l'Affaire *Nottebohm* (CIJ, 1955), que « la nationalité est un lien juridique ayant à sa base un fait social de rattachement, une solidarité effective d'existence, d'intérêts, de sentiments, jointe à une solidarité de droits et de devoirs ». De ce lien juridique découlent des obligations (service national par exemple) mais aussi des droits (droits civils et politiques comme le droit de vote). Le terme de ressortissants ou de nationaux est utilisé pour désigner les individus rattachés à l'État par la nationalité.

De nombreux pays, dont la France, considèrent que la possession d'une ou de plusieurs autres nationalités n'a pas, en principe, d'incidence sur la possession de leur nationalité. Il n'en va pas de même dans d'autres pays, qui cherchent à limiter autant que possible la double nationalité. Ainsi les Pays-Bas considèrent qu'un de leurs ressortissants qui acquiert une nationalité étrangère à la suite d'une démarche volontaire perd sa nationalité néerlandaise. De la même manière, un individu qui souhaite devenir citoyen néerlandais par naturalisation doit en principe abandonner son autre nationalité.

B) Une notion identitaire : le « fait social de rattachement »

94 Le lien juridique de nationalité résulte de réalités historiques, sociologiques et culturelles. L'histoire des relations internationales a souvent été marquée par des conflits identitaires nés de ces différences sociologiques et de leur instrumentalisation politique. Dans les années 1990, le théoricien américain **Samuel Huntington** (1927-2008) a évoqué un « choc des civilisations » par lequel les causes des conflits deviendraient fondamentalement culturelles[10]. Cette vision néanmoins simplifie trop l'histoire humaine et la notion de civilisation. De plus, Huntington essentialise le concept d'identité qui se construit très différemment selon les pays.

1. La nation

95 Deux conceptions s'opposent quant au contenu de l'idée de nation. La conception objectiviste a été développée en Allemagne, notamment par le philosophe **Johann Gottfried Herder** (1744-1803) au tournant des XVIIIe et XIXe siècles. Herder concevait la nation comme fondée sur la langue et la culture, dans une perspective qui s'affirmait cependant comme humaniste et universaliste. Cette conception a ensuite été soutenue par le théologien allemand **David Friedrich Strauss** (1808-1874) dans une célèbre controverse publique avec Ernest Renan sur la légitimité de l'annexion de l'Alsace-Lorraine par le Reich allemand. Selon cette conception, la nation repose sur des facteurs objectifs, tels la langue, la religion, la culture, l'enracinement historique.

La conception subjectiviste ou française a notamment été défendue par **Ernest Renan** (1823-1892), historien, philosophe et écrivain français dans une conférence donnée à la Sorbonne en 1882 et intitulée « Qu'est-ce qu'une nation ? ». Dans ce texte Renan qualifie la nation de « plébiscite de tous les jours ». Il considère que l'existence d'une nation repose sur l'appartenance volontaire à une collectivité nationale, sur la volonté de vivre ensemble. La nation française s'est constituée de cette manière par le rassemblement de régions de langue et de culture parfois diverses et l'apport de populations extérieures qui ont forgé au cours d'une histoire commune une identité nationale forte. De même les États-Unis se sont conçus comme un « creuset » ou « ***melting-pot*** » de populations différentes au sein d'une même entité politique où leurs membres sont appelés à jouir de droits égaux.

Dans les relations internationales contemporaines, ces deux conceptions coexistent. La constitution des nouveaux États dans le cadre des traités ayant mis fin à la Première Guerre mondiale (Traité de Versailles de 1919 notamment) s'est ainsi largement faite sur la base de données objectives linguistiques et culturelles mais aussi géographiques, historiques et stratégiques qui ont conduit à englober, par exemple dans la nouvelle Tchécoslovaquie, des populations de langue allemande ou hongroise hostiles à cette incorporation. En revanche la

10. « The Clash of Civilisations? », *Foreign Affairs*, vol. 72, n° 3, été 1993.

décolonisation des pays africains a conduit à la constitution d'États sur une base essentiellement politique : celle des frontières tracées par l'ancien colonisateur auxquelles ont consenti les citoyens de ces nouveaux États.

Lorsque l'État ou son gouvernement sont perçus par une fraction significative de sa population comme trop éloigné d'elle pour des raisons notamment linguistiques, culturelles ou religieuses, des tensions, voire des conflits, peuvent apparaître. Certains affrontements contemporains violents ont ainsi émergé de l'inégalité de la distribution du pouvoir et de l'instrumentalisation politique de différences ethniques, culturelles ou religieuses (Biafra, Chypre, ex-Yougoslavie, Rwanda, Burundi, Ukraine, Yougoslavie, Soudan, Liban, Irak, Syrie...).

2. Les minorités

96 Deux éléments permettent de définir cette notion : un sentiment d'appartenance à un groupe uni par un lien culturel (langue ou religion, par exemple) et/ou l'attachement à un territoire déterminé. Le propre d'une minorité est de se trouver intégrée à une population plus nombreuse et ne possédant pas les mêmes références culturelles. Il convient de souligner que les revendications des minorités ne sont pas toutes identiques. Certaines souhaitent le respect de leurs droits (religieux, civiques, politiques, linguistiques...), d'autres aspirent à une plus grande autonomie, voire à l'indépendance et à une reconnaissance internationale.

Ne pouvant constituer une nation, donc avoir le droit de se constituer en État indépendant, les minorités ne sont pas pour autant oubliées par le droit international.

C'est la Société des Nations (SDN) qui, pour la première fois, a tenté de fixer des règles internationales de protection des minorités. En effet dans l'Europe issue des traités ayant mis fin à la Première Guerre mondiale, les minorités de l'Europe centrale comptaient de l'ordre de 30 millions de personnes (notamment en Tchécoslovaquie, Pologne, Roumanie et Yougoslavie). La SDN a alors fait obligation aux pays créés ou élargis à la suite de la guerre de souscrire à des engagements de protection des minorités. Ce système n'a cependant pas permis de préserver la stabilité des pays concernés. Il a en outre été discrédité par l'usage propagandiste qu'en a fait l'Allemagne nazie. Après la Seconde Guerre mondiale, les massacres perpétrés pendant le conflit et les transferts de population opérés par les vainqueurs ont rendu les États d'Europe centrale beaucoup plus homogènes d'un point de vue ethnique. En outre, après la Shoah et les multiples crimes contre l'humanité commis par l'Allemagne et ses alliés, le souci de la protection universelle des droits de l'homme a relégué au second plan la question de la défense des droits des minorités.

Une évolution du droit a cependant pu être constatée dès les années 1960. Ainsi l'article 27 du Pacte international sur les droits civils et politiques de 1966, entré en vigueur en 1976, stipule : « Dans les États où il existe des minorités ethniques, religieuses ou linguistiques, les personnes appartenant à ces minorités ne peuvent être privées du droit d'avoir, en commun avec les autres membres de leur groupe, leur propre vie culturelle, de professer et de pratiquer leur propre religion, ou d'employer leur propre langue ».

On constate que dans ce texte, il n'est pas question de « minorité » comme d'une entité distincte mais de « personnes appartenant à une minorité ». Néanmoins, dans une réserve faite lors de la ratification du Pacte, la France a déclaré que l'article 27 ne lui était pas applicable.

L'éclatement de la Yougoslavie a fait à nouveau de la protection des minorités une question politique majeure en Europe. Le 16 décembre 1991, les ministres des Affaires étrangères des douze pays membres de la Communauté économique européenne ont adopté une déclaration relative à la reconnaissance des nouveaux États issus de l'ancienne fédération yougoslave, leur demandant de garantir les droits des groupes ethniques et nationaux ainsi que des minorités. De même, dans son avis n° 1, la Commission d'arbitrage pour la Yougoslavie a subordonné la succession d'États « au respect des droits fondamentaux de la personne humaine et des droits des peuples et des minorités ».

Il est à noter par ailleurs que le Comité des Ministres du Conseil de l'Europe a adopté en 1992 une convention dénommée Charte européenne des langues régionales ou minoritaires. Cette convention vise à protéger et à promouvoir les langues régionales ou minoritaires et à favoriser leur emploi dans la vie privée et publique. Elle a été à ce jour ratifiée par 25 États membres du Conseil de l'Europe. En France, le Conseil constitutionnel a jugé, dans sa décision du 15 juin 1999 (décision n° 99-412), qu'elle comportait des clauses contraires à la Constitution.

Deux principes constitutionnels ne permettent pas en effet en France de reconnaître des droits collectifs spécifiques à un groupe donné au sein de la population : l'égalité de droit des citoyens sans distinction d'origine, de race ou de religion d'une part, l'unité et l'indivisibilité de la nation d'autre part.

Le gouvernement français a cependant déposé devant le Sénat, le 31 juillet 2015, un projet de loi constitutionnelle autorisant la ratification de la Charte européenne des langues régionales ou minoritaires sous réserve d'une déclaration interprétative selon laquelle l'application de la Charte en France ne doit pas conférer de droits collectifs aux locuteurs des langues régionales ou minoritaires ni porter atteinte à l'obligation d'employer le français dans le cadre du service public. Ce texte a été rejeté au Sénat par l'adoption d'une question préalable le 27 octobre 2015.

§ 2. Les habitants non nationaux

97 Différentes catégories juridiques d'individus composent la population d'un État. Si les nationaux en constituent la grande majorité, des personnes d'autres États s'y agrègent souvent. Elles ont été conduites par divers facteurs, économiques, sociaux, culturels, politiques ou historiques à quitter leur territoire d'origine pour trouver ailleurs des conditions de vie plus sûres ou de meilleures possibilités d'emploi. Qualifiées d'étrangers, d'apatrides ou de réfugiés, ces personnes restent tributaires de la législation interne du pays d'accueil.

A) Les étrangers

98 L'étranger est celui qui possède la nationalité d'un autre État. Son accès sur le territoire national relève de la souveraineté de chaque État. En France, une décision du Conseil constitutionnel (décision n° 92-307 du 25 février 1992) précise que « l'État est en droit de définir les conditions d'admission des étrangers sur son territoire sous réserve du respect des engagements internationaux qu'il a souscrits ».

Chaque État dispose d'un pouvoir discrétionnaire quant à l'accès des étrangers sur son territoire, une prérogative largement utilisée depuis les débuts de la pandémie de Covid-19. Cependant ce pouvoir peut être partagé dans une logique de mise en commun de souverainetés. L' accord de Schengen conclu entre cinq États en juin 1985 (Belgique, Luxembourg, Pays-Bas, Allemagne, France) a ainsi institué un régime de suppression des contrôles aux frontières dites intérieures de ces pays (c'est-à-dire séparant deux États de l'Union européenne). Ce régime a été consolidé par la Convention de Schengen, signée le 19 juin 1990, à laquelle ont adhéré treize États (Portugal, Espagne, Belgique, France, Luxembourg, Pays-Bas, Allemagne, Italie, Grèce, Autriche, Danemark, Finlande, Suède). Un espace de libre circulation des personnes a dès lors été mis en place entre ces pays, auxquels se sont jointes le 25 mars 2001 l'Islande et la Norvège. Inclus dans le Traité d'Amsterdam en 1999 (voy. n° 509), les accords de Schengen font désormais partie intégrante du droit communautaire. L'Irlande et le Royaume-Uni avaient cependant fait le choix de maintenir leurs contrôles à leurs frontières intérieures. Neuf États devenus membres de l'Union européenne en 2004 (Estonie, Hongrie, Lettonie, Lituanie, Pologne, Slovénie, Slovaquie, République tchèque et Malte) sont entrés dans l'espace Schengen en décembre 2007. La Suisse y a également adhéré par un accord du 26 octobre 2004 mis en application à compter du 12 décembre 2008. L'adoption par référendum d'une initiative « contre l'immigration de masse », le 9 février 2014, a entraîné une modification de la législation suisse relative à l'immigration mais ne semble pas avoir remis en cause l'appartenance de la Suisse à l'espace Schengen. La Bulgarie, Chypre et la Roumanie restent en dehors de la zone Schengen, tout comme l'Irlande. Par ailleurs, les États qui constituent l'espace Schengen sont en droit de rétablir des contrôles temporaires à leurs frontières dans des contextes d'urgence ou lorsqu'ils organisent des événements sensibles (championnat de football, sommet international, etc.). Ce fut le cas en 2011 lorsque la Norvège a fermé ses frontières brièvement au moment de l'attentat d'Utøya. Ces dernières années, plusieurs pays, dont la France, ont également utilisé cette option en réaction aux afflux de réfugiés, aux attaques terroristes et pour la gestion de la pandémie de Covid-19.

Si le droit international n'impose pas aux États une égalité de traitement entre nationaux et étrangers, celle-ci peut être prévue sur la base de la réciprocité dans le cadre de conventions d'établissement.

B) Les apatrides

99 L'apatride est une personne qui soit n'a jamais eu de nationalité, soit à la suite de circonstances politiques (modification des frontières d'un État, disparition d'un État) a perdu sa nationalité sans en retrouver une nouvelle. L'apatride n'a donc plus de rattachement juridique à un État et se trouve soumis à la seule compétence de l'État qui accepte sa résidence (voy. n° 151).

Cette situation est contraire à l'article 15 de la Déclaration universelle des droits de l'homme de 1948 qui proclame que « tout individu a droit à une nationalité ». Le droit international positif n'a cependant pas rendu ce principe juridiquement contraignant. Il permet seulement, dans le cadre de la Convention relative au statut des apatrides du 28 septembre 1954, entrée en vigueur le 6 juin 1960, d'accorder certains droits aux apatrides. Cette convention prévoit pour l'apatride soit un traitement aussi favorable que celui des autres étrangers (activités professionnelles, droit d'association), soit même un traitement égal aux nationaux dans les domaines de l'enseignement élémentaire, de la protection sociale ou du droit du travail. Il existe par ailleurs une Convention sur la réduction des cas d'apatridie du 30 août 1961, entrée en vigueur le 13 décembre 1975, par laquelle les États signataires s'engagent à ne pas priver un individu de sa nationalité si cette mesure peut le rendre apatride. La France a signé mais n'a pas ratifié cette convention.

Dans un rapport du 5 mars 2008, le Conseil des droits de l'homme des Nations Unies a demandé à la Lettonie de faciliter l'octroi de la nationalité aux « non-citoyens » de langue russe ayant émigré en Lettonie ou dont les ascendants ont émigré en Lettonie pendant la période soviétique. En juillet 2015, ils étaient encore au nombre de 257 000 (12 % de la population). Les autorités lettones conditionnent leur naturalisation à leur connaissance de la langue nationale. Les personnes se trouvant dans un cas similaire en Estonie sont au nombre de 100 000 (environ 8 % de la population totale). Ces deux pays baltes se caractérisent ainsi à la fois par le lien étroit qu'ils établissent entre la possession de la nationalité et la connaissance de la langue nationale et par le maintien sur leur territoire d'un nombre élevé de personnes restées dans la situation d'apatrides.

Sur le plan international, le Haut-Commissariat aux réfugiés des Nations Unies (UNHCR) est chargé du suivi et de la protection des personnes apatrides, dont il évaluait le nombre à environ 10 millions en 2020.

C) Les réfugiés et autres personnes bénéficiant d'une protection internationale

100 Le droit international distingue les notions de migrants et de réfugiés. Les migrants, en particulier les migrants économiques, font le choix du déplacement pour de meilleures perspectives d'emploi et d'existence. Les réfugiés sont dans l'obligation de se déplacer pour sauver leur vie ou préserver leur liberté ; l'État dont ils sont ressortissants ne leur accorde aucune protection, voire porte directement atteinte à leur sécurité. En réalité, comme le montrent de nombreuses crises, la distinction est artificielle et très difficile à établir dans le cas de minorités ostracisées économiquement ou d'États faillis.

Les réfugiés sont des personnes qui, du fait de persécutions dont elles sont victimes dans leur pays, sont accueillies dans un autre État qui leur accorde sa protection. Depuis les deux guerres mondiales le nombre des personnes placées dans cette situation ne semble jamais s'être significativement réduit.

Les réfugiés bénéficient d'un régime juridique international essentiellement constitué par la Convention de Genève du 28 juillet 1951 relative au statut des réfugiés, entrée en vigueur le 22 avril 1954. Cette convention définit, dans son article 1er le réfugié comme « toute personne qui [...] craignant avec raison d'être persécutée du fait de sa race, de sa religion, de sa nationalité, de son appartenance à un certain groupe social ou de ses opinions politiques, se trouve hors du pays dont elle a la nationalité et qui ne peut ou, du fait de cette crainte, ne veut se réclamer de la protection de ce pays ». La Convention de 1951 accorde aux réfugiés, sous réserve de leur obligation de respecter la législation de leur pays d'accueil, des droits au moins aussi favorables que celui des autres étrangers, en matière de propriété, de liberté d'association, de logement, d'éducation, de protection sociale et de droit du travail.

Pour jouir de ces droits, les réfugiés doivent toutefois être reconnus comme tels par un pays d'accueil. Cette reconnaissance prend la forme de l'octroi du droit d'asile. Il convient dès lors de distinguer réfugiés et demandeurs d'asile, ces derniers étant des personnes invoquant le droit d'asile mais dont la demande est encore en cours d'examen par le pays d'accueil. Le droit d'asile est proclamé par l'article 14 de la Déclaration universelle des droits de l'homme de 1948 : « Devant la persécution, toute personne a le droit de chercher asile et de bénéficier de l'asile en d'autres pays ». Ce droit n'est en général accordé que si aucune protection contre les persécutions n'est possible pour la personne dans son pays.

La France et ses partenaires européens ont signé et ratifié la Convention sur les réfugiés de 1951. De plus la demande d'asile pour des raisons politiques est reconnue par la Constitution française : le préambule de la Constitution de 1946 repris dans la Constitution de 1958 prévoit que « Tout homme persécuté en raison de son action en faveur de la liberté a droit d'asile sur les territoires de la République ». Un établissement public, l'Office français de protection des réfugiés et apatrides, est chargé de se prononcer sur les demandes d'asile au titre notamment du statut de réfugié. Cet établissement, doté de l'autonomie administrative et financière, est placé sous la tutelle du ministère de l'Intérieur. En cas de refus, le demandeur peut former un recours devant une juridiction administrative spécialisée, la Cour nationale du droit d'asile.

En France comme dans les autres États membres de l'Union européenne, les personnes menacées dans leur pays d'origine mais dont la situation ne répond pas à la définition du statut de réfugié peuvent également bénéficier de l'asile au titre d'un régime dit de protection subsidiaire. Ce régime est ouvert à toute personne pour laquelle il existe des motifs sérieux et avérés de croire qu'elle courrait dans son pays un risque réel de subir l'une des atteintes graves suivantes :

- la peine de mort ou une exécution ;
- la torture ou des peines ou traitements inhumains ou dégradants ;
- pour des civils, une menace grave et individuelle contre sa vie ou sa personne en raison d'une violence aveugle résultant d'une situation de conflit armé interne ou international.

Un régime d'asile européen commun, intégrant la protection subsidiaire, a été adopté en 2013 au sein de l'Union européenne. Il a, pour l'essentiel, été transposé dans le droit interne des États membres. Ce régime prévoit des procédures uniques d'octroi du statut de réfugié dans un seul pays membre (pays d'entrée ou d'octroi de visa) et des régimes communs de protection. Depuis 2015, devant l'afflux de personnes demandant une protection internationale, les États membres ont cependant appliqué les règles communes de manière très différente. Les pays d'arrivée des réfugiés, principalement en charge de l'examen des demandes d'asile en application des règlements dits « de Dublin » (Grèce et Italie, par exemple), ont supporté une charge particulièrement lourde ; cette situation, qui perdure, a perturbé le fonctionnement du régime Schengen de libre circulation (voy. n° 633).

101 Les réfugiés (au sens large, incluant les personnes éligibles à la protection subsidiaire) bénéficient de l'assistance d'une agence de l'ONU, le Haut-Commissariat des Nations Unies pour les réfugiés (HCR), créé le 14 décembre 1950 par l'Assemblée générale des Nations Unies. Le HCR a pour mandat de diriger et de coordonner l'action internationale visant à protéger les réfugiés (mais aussi les personnes apatrides et, depuis la fin des années 1990, les personnes déplacées à l'intérieur de leur État d'origine) et à leur prêter assistance. Presque 19 000 personnes travaillent pour le HCR dans 137 pays fin 2021, pour un budget de près de 9,15 milliards de dollars américains.

Les réfugiés sont par ailleurs protégés par les instruments internationaux des droits de l'homme et – s'ils se trouvent dans un État impliqué dans un conflit armé – par le droit international humanitaire.

Bien souvent, les personnes déplacées à l'intérieur du territoire d'un État en raison de conflits internes et de guerres civiles se trouvent dans une situation matériellement comparable à celle des réfugiés. L'importance des conflits intra-étatiques et des catastrophes environnementales en augmente sans cesse le nombre. Même s'ils ont fui pour des raisons similaires à celles des réfugiés (conflit armé, violence généralisée, violations des droits humains), les déplacés internes ne bénéficient d'aucune garantie internationale spécifique et demeurent légalement sous la juridiction de leur propre gouvernement, même lorsque ce gouvernement est responsable de leur exode.

Fin 2022, le HCR évaluait à plus de 108 millions le nombre de personnes déplacées de force, dont 62,5 millions de déplacés internes et plus de 35 millions de réfugiés. Les réfugiés sont une population jeune comprenant une majorité de personnes de moins de 18 ans. Les quatre principaux pays d'origine des réfugiés dans le monde sont la Syrie (6,5 millions), l'Ukraine (5,7 millions), l'Afghanistan (5,6 millions) et le Vénézuela (5,4 millions).

102 D'importants mouvements de réfugiés ont, au cours des dernières années, touché l'Europe occidentale dans des proportions inédites depuis la fin de la Seconde Guerre mondiale.

Depuis 2011, la guerre en Syrie a provoqué des mouvements de réfugiés et déplacés de grande ampleur. L'effondrement de l'État libyen, à la chute du régime de Mouammar Kadhafi (voy. n° 584), a encouragé le développement de réseaux de passeurs pour mettre des embarcations de fortune à la disposition de réfugiés provenant de pays en crise comme la Syrie ou l'Érythrée ou de migrants principalement issus d'Afrique subsaharienne, qui espèrent rejoindre les côtes italiennes et l'Europe occidentale. Leurs embarcations coulent fréquemment, ce qui provoque des catastrophes humanitaires qui, parfois, ont ému l'opinion publique européenne.

À plusieurs reprises les autorités nationales et de l'Union européenne ont adopté diverses mesures visant à renforcer la présence en mer des pays européens, à lutter contre les trafiquants d'êtres humains et à prévenir les flux migratoires illégaux (par exemple l'opération Mare Nostrum de la marine italienne en 2013, remplacée en partie par l'opération européenne Triton en 2014). L'agence européenne de garde-côtes et garde-frontières Frontex organise de nombreuses patrouilles et missions de surveillance des espaces maritimes en lien avec les personnels douaniers et parfois militaires des États membres. L'opération Triton a été complétée en octobre 2015 par l'opération militaire navale « Sophia » pour lutter contre les passeurs. Ces missions assurent des sauvetages en mer bien qu'il ne s'agisse pas de leur objectif principal. L'Europe reste en conséquence fortement critiquée pour son approche militarisée et policière des frontières extérieures qui conduit les réfugiés du Moyen-Orient et de l'Afrique à prendre des chemins de plus en plus longs et des risques de plus en plus grands. Ces politiques sont en contraste avec la réponse à la guerre en Ukraine. En effet, les pays européens ont suspendu, au printemps 2022, les règles de Dublin, ce qui a permis à plusieurs millions d'Ukrainiens d'être mieux accueillis.

§ 3. Les États et leur démographie

A) L'inégalité des populations et des rythmes de croissance démographique

103 Si en droit la population d'un État est en premier lieu constituée de ses nationaux, la pratique des relations internationales attache plus d'importance à sa population globale, incluant notamment les immigrants.

Certains pays, comme les États-Unis et le Canada ou encore l'Australie et la Nouvelle Zélande, se sont constitués grâce à l'immigration, les populations autochtones ayant été submergées par les vagues successives de nouveaux arrivants. Pour d'autres, le taux d'excédent naturel des naissances sur les décès a été le facteur quasi exclusif d'augmentation de la population. Tel a été le cas, par exemple de la France qui, jusqu'au XIXe siècle, n'a pas connu de phénomènes migratoires significatifs rapportés à sa population globale, qu'il s'agisse d'émigration ou d'immigration.

La population peut d'abord être considérée comme un facteur de puissance : le poids de pays dits « émergents » comme la Chine ou l'Inde est en partie lié à leur population. En 2021, la population de la Chine atteignait les 1 410 millions d'habitants, de même que l'Inde. À partir d'un certain niveau de production par tête, un pays doté d'une population très nombreuse devient une grande puissance économique et, par voie de conséquence, politique, voire militaire. C'est ainsi qu'en 2022 la Chine a enregistré un PIB total de 17,96 milliards de dollars (en monnaie courante), ce qui en faisait la deuxième économie du monde derrière les États-Unis. Avant la pandémie, le PIB chinois avait déjà atteint les 2/3 du PIB américain. Aujourd'hui, la démographie semble devoir modifier l'équilibre des puissances. Le dynamisme économique de nombreux pays en développement ou émergents, associé à une population importante, qui souvent continue de croître, tend à réduire le poids relatif des pays développés.

Inversement, une population jugée trop peu nombreuse a pu être considérée comme un facteur de faiblesse politique. C'est pourquoi un pays comme la France a eu recours à des politiques natalistes pour redresser une situation de déclin démographique relatif. En effet, alors que lors du premier recensement de la population française en 1801, la France représentait, avec 28 millions d'habitants sur son territoire actuel, 15 % de la population du continent européen, sa part dans cette population était tombée à moins de 8 % à la veille du second conflit mondial, avec un nombre total d'habitants qui s'établissait alors à 41,9 millions. Cette évolution était due à une « transition démographique », c'est-à-dire à un recul de la natalité lié au développement économique, plus précoce que dans la plupart des autres pays européens. Pour redresser cette situation, des politiques d'encouragement à la natalité ont été mises en œuvre (attribution d'allocations familiales notamment). Elles expliquent pour une part la situation favorable de la France en Europe, pour ce qui est de la natalité : avec un taux de natalité de 10,9 pour mille habitants, la France se situait en 2020 devant l'Allemagne ou l'Italie dont les taux de natalité étaient respectivement de 9,3 et de 6,8 pour mille habitants.

La population a aussi pu être considérée comme un facteur de fragilité économique. L'économiste britannique **Thomas Robert Malthus** (1766-1834) a soutenu dans son *Essai sur le principe de population* que le pouvoir multiplicateur naturel de la population excédait largement la capacité de la terre à la nourrir. Selon lui, si elle n'est pas freinée, la population s'accroît en progression géométrique alors que les subsistances ne peuvent augmenter qu'en progression arithmétique. Il convient donc de limiter, voire d'interrompre la croissance de la population par la limitation des naissances pour garantir à chacun un accès suffisant aux subsistances. Toutefois, contrairement à ce que pensait Malthus, les progrès de la productivité agricole et industrielle ont permis de concilier croissance démographique et croissance des revenus par tête. Il est même apparu, en particulier en Europe et aux États-Unis, que la croissance de la population pouvait être un facteur de développement économique en raison de l'élargissement de la consommation qu'elle entraînait.

Néanmoins, de nombreux pays en développement ont jugé, tout particulièrement à partir des années 1960, que la croissance excessive de leur population constituait un handicap pour leur développement en les empêchant de consacrer un volume de ressources suffisant à leurs investissements. Ils ont en outre constaté qu'une croissance rapide de la population conduisait à la saturation des équipements existants, notamment de santé et d'éducation, et s'accompagnait souvent d'un épuisement des ressources naturelles. En conséquence, certains pays ont adopté des politiques volontaristes de limitation de leur population sans attendre que la transition démographique conduise naturellement à sa stabilisation. La Chine s'est ainsi engagée en 1979 dans une politique de « l'enfant unique » interdisant aux couples d'avoir plus d'un enfant, sauf exceptions concernant essentiellement les minorités nationales. Devant les conséquences de cette politique sur le vieillissement de la population, elle a été abandonnée. Entre 2013 et 2016, tous les couples chinois ont acquis le droit d'avoir deux enfants. La mesure ayant peu d'effets, la possibilité d'en avoir trois s'est ouverte au printemps 2021. En 2022, pour la première fois depuis les années 1960, la population de la Chine a décru.

104 Au plan international, les États s'efforcent de gérer collectivement les conséquences de la croissance de la population mondiale, pour l'essentiel constatée dans les pays en développement et plus particulièrement en Afrique. La population mondiale était estimée à 8 milliards de personnes en 2022. Les projections démographiques établies par l'ONU en 2022 annoncent une population mondiale d'environ 9,7 milliards de personnes en 2050. Selon ces projections, seule la population des pays aux taux de fécondité élevés (essentiellement les pays de l'Afrique subsaharienne à l'exception de l'Afrique du Sud) continuerait à croître tout au long du XXIe siècle. Le reste de la population mondiale connaîtrait en revanche, au cours du siècle, une stabilisation, puis un recul. En tout état de cause, les pays les plus pauvres (pays les moins avancés) nourriront dans les prochaines décennies une part importante de la croissance démographique mondiale. Dans le même temps, la population des pays développés n'augmentera que faiblement, souvent en raison d'un taux de fécondité n'assurant pas le remplacement des générations. Ces pays devront donc faire face aux conséquences du vieillissement de leur population. Il en sera de même, mais à un moindre degré, des pays émergents, dont un grand nombre pourrait cependant bénéficier pour une période déterminée du « dividende démographique » (augmentation de la part des adultes en âge de travailler dans la population en raison de la baisse de la natalité).

Des organisations spécialisées des Nations Unies, telles que l'Organisation pour l'alimentation et l'agriculture (Food and Agriculture Organization ou FAO), l'Organisation mondiale de la santé (OMS) ou l'UNESCO se sont engagées en faveur de programmes de limitation des naissances dans les pays en développement. De son côté, le Conseil économique et social (ECOSOC) des Nations Unies s'est doté dès 1946 d'une Commission de la population et du développement. Plusieurs conférences mondiales sur la population ont également été organisées dans le cadre des Nations Unies. La Conférence internationale sur la population et le développement (CIPD) du Caire en 1994 a posé les bases d'une stratégie internationale intégrant les questions de population dans la problématique du développement. Cette stratégie comporte quatre priorités : l'accès de tous, garçons et filles, à l'éducation ; la réduction des taux de mortalité maternelle et infantile ; l'accès universel aux soins de santé reproductive, y compris la planification familiale ; la prévention du VIH/SIDA et des maladies sexuellement transmissibles. Ces priorités ont été reprises dans les objectifs de développement des Nations Unies adoptés en 2000 et 2015 (voy. n°s 294 et s.).

B) La difficile gestion des migrations internationales

105 Les États sont aujourd'hui insérés dans un système international caractérisé par le développement des relations d'interdépendance économique (phénomène de mondialisation ou globalisation). L'accroissement des flux de biens et

services va de pair avec l'amélioration des facilités de transport et de transferts de fonds, l'intensification des communications et la plus grande perméabilité des frontières aux mouvements de personnes.

Ce contexte général favorise les migrations internationales. Mais, alors qu'avant la seconde moitié du XXe siècle c'étaient les pays européens qui laissaient partir leur surplus de population vers d'autres territoires (moins peuplés ou colonisés), ce sont aujourd'hui principalement les pays du Sud, au dynamisme démographique soutenu qui se dirigent vers le Nord industrialisé. Les progrès de l'éducation dans les pays du Sud conduisent même à un exode des cerveaux, les personnes qualifiées allant chercher au Nord des conditions de travail et de rémunération que leur pays d'origine ne peut pas leur offrir. Ce mouvement n'est cependant pas unique : on observe également des flux de population des anciens pays communistes vers les régions plus riches notamment d'Europe occidentale ou d'Amérique du Nord ou encore entre pays du Sud, notamment vers l'Afrique du Sud ou la péninsule arabique.

L'Organisation internationale pour les migrations estime à 281 millions le nombre global de migrants en 2020, soit 3,6 % de la population mondiale. On note cependant une certaine concentration des populations de migrants internationaux dans des régions déterminées du globe. En 2015 par exemple, l'Europe (Russie comprise) en comptait 76,1 millions et l'Amérique du Nord 54,5 millions. Cette régionalisation des migrations s'explique par la rencontre sur le marché du travail d'une offre et d'une demande. L'offre émane de pays disposant d'un surplus de main-d'œuvre jeune sous-employée. La demande émane à présent souvent de pays connaissant un déficit de main-d'œuvre en raison du vieillissement de leur population.

Les pays d'immigration doivent gérer une contradiction entre des réactions hostiles de leurs ressortissants, qui craignent notamment un affaiblissement de leur cohésion nationale ou une concurrence sur les salaires et des nécessités économiques et démographiques. Quant aux pays d'émigration, ils sont confrontés à une perte de ressource humaine, surtout lorsque les quittent les personnes qualifiées recherchées par les pays de destination. Ils considèrent cependant de plus en plus les migrations comme un atout pour leur développement, en particulier en raison des transferts de fonds qu'ils reçoivent des émigrés (589 milliards de dollars des États-Unis en 2021). Ils développent souvent, dans cette optique, une « diplomatie des migrations », en particulier dans le cadre des accords de réadmission par lesquels ils s'engagent à accepter le retour sur leur territoire des personnes qui en sont parties pour entrer irrégulièrement sur le territoire du pays d'accueil.

Plus fondamentalement, le phénomène des migrations fait apparaître une contradiction entre un système international où les États jouent un rôle prépondérant et la nécessité de reconnaître des droits aux personnes indépendamment de leur appartenance à un État, conformément à la Déclaration universelle des droits de l'homme de 1948. La Convention internationale sur la protection des droits de tous les travailleurs migrants et des membres de leur famille, adoptée en 1990 dans le cadre des Nations Unies, vise dans cette perspective à établir des normes minimales de protection pour tous les travailleurs migrants quel que soit leur statut légal. Elle n'a cependant été, à ce jour, ratifiée par aucun pays développé.

Comme le note Catherine Wihtol de Wenden[11], le migrant « introduit un désordre au sein de la société des États, car sa dissidence questionne le bien-fondé d'une organisation (étatique) où chacun gère sa population à l'intérieur d'un territoire dont il maîtrise les frontières, la langue et la culture ».

SECTION III
L'organisation politique

106 L'organisation politique est, après le territoire et la population, le troisième élément constitutif de l'État. En tant que personne juridique, l'État se dote d'organes qui le représentent. La répartition fonctionnelle des pouvoirs entre ces organes est nécessaire à son existence.

§ 1. La question de l'effectivité du gouvernement

107 L'effectivité d'un gouvernement signifie que celui-ci exerce réellement l'ensemble de ses fonctions étatiques à l'égard de sa population sur l'ensemble de son territoire et assure, en particulier, l'exécution de ses engagements internationaux.

Cette condition est nécessaire pour qu'un État devienne membre des Nations Unies. En effet, conformément à l'article 4 de la Charte, « peuvent devenir membres des Nations Unies tous autres États pacifiques qui acceptent les obligations de la présente Charte et, au jugement de l'Organisation, sont capables de les remplir et disposés à le faire ». Toutefois, l'appréciation de l'effectivité d'un gouvernement est souvent tributaire de considérations politiques. Par exemple, après l'invasion du Cambodge par le Vietnam en 1979, deux gouvernements rivaux s'opposèrent : l'un, au pouvoir, reconnu par l'URSS et ses alliés ; l'autre, comprenant les Khmers rouges et contrôlant une partie du pays, soutenu par les États-Unis et la Chine. Ce dernier occupa pendant dix ans le siège du Cambodge à l'ONU, jusqu'aux accords de Paris en 1991 (voy. n°s 131 et 446). Cette question est liée à celle de la reconnaissance de gouvernement (voy. n° 132).

§ 2. La forme du gouvernement

A) L'indifférence traditionnelle du droit international

108 Dès lors qu'un gouvernement peut engager l'État dans les relations internationales, le droit international reste indifférent à la forme d'organisation politique que celui-ci aura choisie. Dans l'Affaire du Sahara occidental, la Cour internationale de justice a ainsi déclaré : « Aucune règle de droit international n'exige que l'État ait une structure déterminée, comme le prouve la diversité des structures étatiques qui existent actuellement dans le monde » (CIJ, avis consultatif

11. « Les migrations dans les relations internationales », in P. Hassner (dir.), *Les relations internationales*, Paris, La Documentation française, 2012 (2e éd.).

du 16 octobre 1975). Préalablement, l'Assemblée générale des Nations Unies reconnaissait aux États, dans sa résolution 2625 (XXV) du 24 octobre 1970, « le droit inaliénable de choisir son système politique, économique, social et culturel sans aucune forme d'ingérence de la part d'un autre État ».

B) Un nouvel enjeu politique

109 Cependant une tendance s'est dessinée pour exiger des autorités exerçant le pouvoir dans un État une légitimité démocratique. Reprenant les dispositions de l'article 21 de la Déclaration universelle des droits de l'homme de 1948, qui proclame notamment que « la volonté du peuple est le fondement de l'autorité des pouvoirs publics », le Pacte international relatif aux droits civils et politiques du 16 décembre 1966, ratifié par 171 États et entré en vigueur le 23 mars 1976, consacre, dans son article 25, le droit de tout citoyen de « prendre part à la direction des affaires publiques, soit directement, soit par l'intermédiaire de représentants librement choisis ; de voter et d'être élu, au cours d'élections périodiques, honnêtes, au suffrage universel et égal et au scrutin secret, assurant l'expression libre de la volonté des électeurs et d'accéder, dans des conditions générales d'égalité, aux fonctions publiques de son pays ». Dans la Déclaration du Millénaire, adoptée le 8 septembre 2000, les États membres des Nations Unies se sont engagés à promouvoir la démocratie et renforcer l'État de droit.

Néanmoins, cette émergence en droit international du droit à des institutions démocratiques n'a pas abouti à la formation d'une coutume universelle consacrant la démocratie comme unique forme de gouvernement. Il n'existe pas en effet de moyens juridiques permettant de garantir l'effectivité du principe de légitimité démocratique. Les différents organes créés dans le cadre de l'ONU pour contrôler le respect des engagements internationaux relatifs aux droits de l'homme, tels que le Comité des droits de l'homme institué par le Pacte international relatif aux droits civils et politiques ou le Conseil des droits de l'homme (voy. n° 290), n'imposent pour l'essentiel aux États que des obligations de rapport périodique et ne disposent pas de pouvoirs de sanction.

Dans le cadre régional, des régimes spécifiques de garantie des principes démocratiques ont également été établis. Par l'article 3 du protocole additionnel de 1952 à la Convention de sauvegarde des droits de l'homme et des libertés fondamentales du Conseil de l'Europe (Convention européenne des droits de l'homme), les États parties, soit la quasi-totalité des États membres du Conseil de l'Europe, à l'exception de Monaco et de la Suisse, « s'engagent à organiser, à des intervalles raisonnables, des élections libres au scrutin secret, dans les conditions qui assurent la libre expression de l'opinion du peuple sur le choix du corps législatif ». Contrairement à la plupart des autres instruments de protection des droits de l'homme, la Convention européenne des droits de l'homme prévoit un mécanisme de contrôle qui permet à tout individu de déposer, après avoir épuisé les voies de recours nationales, une requête devant la Cour européenne des droits de l'homme pour violation de la Convention.

Par ailleurs, selon la Charte de Paris du 21 novembre 1990, les États membres de l'Organisation sur la sécurité et la coopération en Europe (OSCE) (voy. n° 518) doivent s'engager à « édifier, consolider et raffermir la démocratie comme seul système de gouvernement de leurs nations ».

Par contraste, une Charte africaine de la démocratie, des élections et de la gouvernance entrée en vigueur le 15 février 2012 a été ratifiée par 38 des 55 pays du continent.

Les pays occidentaux considèrent la défense des principes démocratiques comme une priorité de leur politique étrangère. Ils estiment, en accord avec les textes internationaux comme la Déclaration du Millénaire, que la gouvernance démocratique est facteur de développement. Dans ce cadre, la France s'efforce d'intégrer les principes de gouvernance dans ses politiques sectorielles de coopération afin d'assurer une participation effective des populations à la définition et à la mise en œuvre des projets de développement.

Plusieurs pays, notamment les États-Unis, apportent une aide aux organisations privées de défense des droits de l'homme dans les pays où ceux-ci sont jugés menacés *via* différents programmes et agences (Human Rights and Democracy Fund et USAID aux États-Unis). Pour sa part, l'Union européenne a créé un Instrument européen pour la démocratie et les droits de l'homme[12] qui peut apporter, au besoin sans le consentement des gouvernements des pays destinataires de l'aide, un soutien aux groupes et personnes de la société civile agissant en faveur de la démocratie. Ce fonds a été doté de 1,3 milliard d'euros pour la période 2014-2020. En réponse, depuis plusieurs années, certains États qui se perçoivent ciblés, telle la Russie, ont légiféré pour criminaliser le financement externe de leurs ONG nationales de défense des droits humains ou de l'environnement.

12. Règlement (UE) n° 235/2014 du Parlement européen et du Conseil du 11 mars 2014 instituant un instrument européen pour la démocratie et les droits de l'homme dans le monde (IEDDH).

CHAPITRE 2
L'État, sujet de droit international

SECTION I
Les conditions d'émergence de nouveaux États

110 Dans un monde fermé où la conquête des territoires vierges s'est achevée à la fin du XIXe siècle, l'ensemble de l'espace terrestre a été régi, jusqu'à l'achèvement du processus de décolonisation, par deux statuts juridiques : les États souverains et les territoires coloniaux.

L'apparition de nouveaux États a alors résulté soit de l'accession à l'indépendance des territoires coloniaux, soit de l'éclatement ou de la recomposition d'un État souverain préexistant. Aujourd'hui, le processus de décolonisation est pratiquement achevé. Seuls quelques territoires, de superficie réduite et à faible population sont encore considérés par les Nations Unies comme « non autonomes » au sens du chapitre XI de la Charte. En revanche des dynamiques sécessionnistes sont toujours à l'œuvre dans divers États.

§ 1. La décolonisation et le droit des peuples à disposer d'eux-mêmes

111 Dans le grand mouvement de décolonisation postérieur à 1945, les Nations Unies, de plus en plus largement constituées d'États anciennement colonisés, ont constamment affirmé le droit à l'émancipation des territoires sous tutelle coloniale, identifié au droit des peuples à disposer d'eux-mêmes, mentionné aux articles 1, § 2, et 55 de leur Charte. Plusieurs résolutions ont été adoptées à cet effet par l'Assemblée générale où, contrairement au Conseil de sécurité, la France et le Royaume-Uni puissances coloniales ne disposaient d'aucun droit de veto.

Dès le 14 décembre 1960, fut adoptée la résolution 1514 (XV) intitulée Déclaration sur l'octroi de l'indépendance aux pays et aux peuples coloniaux qui présentait le droit de libre détermination comme un principe absolu. La résolution du 27 novembre 1961 crée un Comité spécial de décolonisation chargé de mettre en œuvre la résolution 1514. Le 13 décembre 1966, la résolution 2189 (XXI) « déclare que la persistance du régime colonial met en danger la paix et la sécurité internationales ». Le 12 octobre 1970, la résolution 2621 (XXV) établit un programme d'action pour l'application intégrale de la déclaration de 1960 sur l'octroi de l'indépendance aux pays et aux peuples coloniaux et, le 24 octobre de la même année, dans une Déclaration relative aux principes du droit international touchant les relations amicales et la coopération entre les États (résolution 2625 [xxv]), l'Assemblée générale de l'ONU déclare que « le territoire d'une colonie ou d'un autre territoire non autonome possède, en vertu de la Charte, un statut séparé et distinct de celui de l'État qui l'administre ».

L'ensemble de ces résolutions déclaratoires invite les puissances administrantes à mettre fin au colonialisme en application du droit des peuples à disposer d'eux-mêmes.

La notion de peuple comme sujet de droit international n'est alors acceptée que dans le cadre de la décolonisation. Elle n'est pas admise s'agissant des minorités nationales. Il y a là une nette différence avec l'ancien « principe des nationalités » du XIXe siècle qui a permis notamment la création des États italien et allemand et qui, sous une autre forme, allait être repris le 8 janvier 1918 par le président américain Woodrow Wilson dans ses « quatorze points » destinés à servir de base à la réorganisation de l'Europe après la Première Guerre mondiale. Alors que le principe des nationalités impliquait la constitution en États des groupes humains qui en avaient la volonté, notamment pour mieux défendre leur langue et leur culture, l'émancipation des peuples colonisés s'est faite dans les cadres administratifs fixés par le colonisateur, en général sans tenir compte des réalités linguistiques et culturelles préexistantes (principe de l'*uti possidetis*, voy. n° 77).

Le Comité spécial de décolonisation créé par la résolution 1654 (XVI) de l'Assemblée générale des Nations Unies n'était plus chargé, jusqu'au 20 mai 2013, que d'examiner la situation de 16 territoires : Anguilla, les Bermudes, Gibraltar, Guam, les Îles Caïmans, les Îles Falkland (Malvinas ou Malouines), les Îles Turques-et-Caïques, les Îles Vierges américaines, les Îles Vierges britanniques, Montserrat, la Nouvelle-Calédonie, Pitcairn, Sainte-Hélène, le Sahara occidental, les Samoa américaines et les Tokelau. Un 17e territoire, la Polynésie française, a été ajouté à cette liste le 20 mai 2013 (voir ci-après).

La question du Sahara occidental a ceci de particulier qu'elle n'oppose pas une puissance colonisatrice mais un pays du Maghreb, en l'occurrence le Maroc, à l'Assemblée générale des Nations Unies. Ce territoire, ancienne colonie espagnole, est revendiqué à la fois par un mouvement de libération, le Front Polisario (Front populaire pour la libération de la Saguia el-Hamra et du Rio de Oro) et par le Maroc qui en occupe la plus grande partie. Lorsque l'Espagne a annoncé son retrait, l'Assemblée générale a saisi la Cour internationale de justice d'une demande d'avis consultatif sur les liens juridiques du Sahara occidental avec le Maroc et l'ensemble mauritanien. La Cour a alors reconnu dans un avis consultatif du 16 octobre 1975, l'existence de « liens juridiques d'allégeance de certaines tribus avec le Sultan du Maroc », mais ne les a pas estimés suffisants pour établir un droit territorial. Le 14 novembre 1975, les accords de Madrid étaient conclus entre l'Espagne, le Maroc et la Mauritanie pour partager le territoire entre Rabat et Nouakchott (avec une administration tripartite de transition). Une lutte armée mettait alors aux prises d'une part le Front Polisario, qui a proclamé une République arabe sahraouie démocratique en février 1976 et d'autre part le Maroc et la Mauritanie. Ce dernier pays est sorti du conflit en 1979 alors que, de son côté, l'Algérie continuait à soutenir le Front Polisario. À la suite des efforts de médiation du secrétaire général de l'ONU, Javier Perez de Cuellar, un plan de paix a été adopté par le Conseil de sécurité le 29 avril 1991 (résolution 690). Il prévoit un référendum sur la question de l'indépendance du territoire ou de son intégration au Maroc. Le 6 septembre 1991 entrait en vigueur un cessez-le-feu. Il était suivi du déploiement de la MINURSO (Mission des Nations Unies pour l'organisation d'un référendum au Sahara occidental) chargée de veiller à son respect. Depuis la situation n'a pas évolué, le mandat de la MINURSO étant cependant régulièrement reconduit par le Conseil de sécurité.

Le 20 mai 2013, l'Assemblée générale des Nations Unies a adopté une résolution 67/265 affirmant « le droit inaliénable de la population de la Polynésie française à l'autodétermination et à l'indépendance », ce qui a inscrit ce territoire à l'ordre du jour du Comité spécial de décolonisation. La résolution, parrainée par les Îles Salomon, Nauru et Tuvalu, invite le gouvernement français, en sa qualité de puissance administrante, à « faciliter la mise en place d'un processus équitable et effectif d'autodétermination ». La France a immédiatement protesté contre ce vote, considérant qu'il constituait une « ingérence flagrante » et « une absence complète de respect pour les choix démocratiques des Polynésiens » dans la mesure où les élections à l'assemblée territoriale polynésienne venaient de donner une nette majorité aux partisans du statut d'autonomie au sein de la France.

§ 2. La sécession

112 La sécession se définit comme la séparation d'une partie d'une population et d'un territoire d'un État préexistant qui subsiste, pour former un autre État indépendant. Dans le cadre de la résolution 2625 (XXV) du 24 octobre 1970 précitée portant Déclaration relative aux principes du droit international touchant les relations amicales et la coopération amicale entre les États, l'Assemblée générale des Nations Unies a souligné que le principe de l'égalité du droit des peuples et le droit d'autodétermination ne sauraient s'interpréter « comme autorisant ou encourageant une action, quelle qu'elle soit, qui démembrerait ou menacerait, totalement ou partiellement, l'intégrité territoriale ou l'unité politique de tout État souverain et indépendant ».

Alors que le droit à la décolonisation concerne deux territoires distincts, la sécession porte en effet atteinte à l'intégrité d'un territoire. C'est la raison pour laquelle le droit international ne reconnaît pas de droit à la sécession. Entre 1960 et 1970, les tentatives de sécession du Katanga après l'indépendance du Congo belge et celle du Biafra avec le Nigeria ont été récusées par les Nations Unies : « L'ONU n'a jamais accepté et n'acceptera jamais, je pense, le principe de sécession d'une partie d'un État » affirmait en 1970 Sithu U Thant, alors secrétaire général des Nations Unies. En revanche, le Bangladesh a pu faire sécession du Pakistan en 1971, l'Érythrée se séparer de l'Éthiopie en 1991 et le Soudan du Sud du Soudan en 2011, le consentement de l'État préexistant ayant été arraché chaque fois par la guerre.

E2 Deux tentatives de sécession : Katanga et Biafra

Le Katanga (République démocratique du Congo)

Le Katanga est une région située dans le sud-est de la République démocratique du Congo qui recèle de considérables richesses minières (étain, uranium, manganèse). Peu après l'accession à l'indépendance du Congo belge le 30 juin 1960, le Katanga fit sécession (le 11 juillet 1960) sous la conduite de Moïse Tshombé (voy. n°s 280 et 378). Dès 1961, les troupes de l'ONU s'interposèrent puis menèrent, conformément à leur mandat, des opérations militaires en décembre 1962 pour rétablir l'intégrité territoriale du Congo. La sécession prit fin en 1963.

Le Biafra (Nigeria)

Après l'indépendance en 1960 et la proclamation de la République en 1963, le Nigeria fut confronté entre 1967 et 1970 à la sécession du Biafra (région située au sud-est du pays, riche en pétrole et peuplée en majorité par les Ibos christianisés en conflit violent avec le Nord musulman). La guerre menée pour mettre fin à cette sécession a duré vingt-neuf mois (de juillet 1967 à janvier 1970) et provoqué près de deux millions de morts, victimes de la famine et de la malnutrition pour la plupart. Elle a profondément ému l'opinion publique internationale et suscité des actions d'assistance humanitaire sans l'autorisation du gouvernement central. Si la majorité des pays de l'Organisation de l'Unité africaine, aujourd'hui Union africaine, a soutenu le gouvernement nigérian, d'autres pays, comme la France ou la Chine se sont prononcés en faveur de la sécession au nom du droit des peuples à disposer d'eux-mêmes. Après la reddition du Biafra, le général Yakubu Gowon qui dirigeait le Nigeria s'est efforcé de mener une politique de réconciliation nationale.

S'agissant du Kosovo (voy. n°s 124 et 469), qui a déclaré unilatéralement son indépendance de la Serbie le 17 février 2008, il a été, selon les autorités kosovares, reconnu au 15 juin 2018 par 116 États, dont 23 des 28 États membres de l'Union européenne (l'Espagne, la Grèce, Chypre, la Roumanie et la Slovaquie n'ont pas reconnu son indépendance). La Serbie s'est pour sa part constamment refusée à reconnaître l'indépendance de ce territoire. Néanmoins, la Serbie et le Kosovo ont conclu le 19 avril 2013 un accord destiné à normaliser leurs relations. Le Kosovo s'est doté le 15 juin 2008 d'une Constitution établissant un régime parlementaire. Il est membre du FMI et de la Banque mondiale depuis juin 2009.

La Cour internationale de justice a été saisie en octobre 2008 par une résolution de l'Assemblée générale des Nations Unies, à l'initiative de la Serbie, d'une demande d'avis consultatif sur la légalité de la déclaration d'indépendance du Kosovo. Dans son avis, rendu le 22 juillet 2010, la Cour a conclu que « l'adoption de la déclaration d'indépendance… n'a violé aucune règle du droit international ». Le blocage persiste donc alors que le Kosovo connaît toujours des tensions entre sa large majorité de langue albanaise et sa minorité de langue serbe.

La sécession reste toujours une question d'actualité et se cristallise particulièrement autour de l'organisation de référendums d'autodétermination, parfois sans accord de l'État concerné. Les Québécois se sont prononcés par deux fois, en 1980 et 1995 contre l'indépendance, la deuxième fois à une très courte majorité. Les Écossais ont également voté et choisi de rester dans le Royaume-Uni en 2014. Dans ces deux cas, le référendum était légal, reconnu par le gouvernement. En revanche, le référendum d'autodétermination des Kurdes irakiens à l'automne 2017, à la suite de la reprise de Mossoul, a conduit à de très fortes tensions entre les Kurdes et le gouvernement irakien qui a remis en question l'autonomie dont la province bénéficiait depuis 1991. En octobre 2017 également, en Catalogne, l'organisation d'un référendum non-validé par Madrid a provoqué une très grave crise politique espagnole. Après des mois marqués par la fuite du leader Catalan en Belgique, l'imposition d'un contrôle administratif à la région puis l'organisation d'une élection de nouveau gagnée par les indépendantistes, la situation reste bloquée et l'avenir de la Catalogne incertain. De même, le référendum validant l'annexion de la Crimée occupée, organisé par la Russie en 2014, et les déclarations d'indépendance des républiques séparatistes de Donetsk et Louhansk en 2014 ne sont reconnus que par la Russie.

§ 3. La dissolution

113 La dissolution, qui peut être considérée comme un cas particulier de la sécession, se définit comme l'éclatement d'un État en plusieurs États nouveaux. Ce fut le cas pour l'URSS (voy. n° 450) dont les Républiques fédérées ont proclamé leur indépendance en 1991, ou pour la Tchécoslovaquie dont la procédure de séparation, adoptée le 20 juin 1992, a donné naissance à deux nouveaux États, la République tchèque et la Slovaquie. Aucun des nouveaux États ne peut alors en principe prétendre être l'unique successeur de l'ancien État. Toutefois, les anciennes Républiques soviétiques ont accepté que la Russie succède à l'URSS aux Nations Unies conformément aux accords d'Alma-Ata du 21 décembre 1991.

En Yougoslavie, la Commission d'arbitrage de la Conférence pour la paix en Yougoslavie, a constaté, dans son premier avis rendu le 9 novembre 1991, que la République fédérative socialiste de Yougoslavie (RFSY) était « engagée dans un processus de dissolution » avant d'annoncer dans son avis n° 8 que la RFSY n'existait plus. Le Conseil de sécurité a également constaté cette situation dans sa résolution 777 du 19 septembre 1992.

Par la suite, après que deux anciennes Républiques de la République fédérative socialiste de Yougoslavie, la Serbie et le Monténégro, eurent constitué un État commun, proclamé le 4 février 2003, un référendum a été organisé le 21 mai 2006 au Monténégro pour décider de son maintien dans l'État commun. 55,5 % des électeurs se sont alors déclarés favorables à la séparation du Monténégro d'avec la Serbie. L'indépendance du Monténégro a en conséquence été proclamée le 3 juin 2006.

§ 4. L'unification

114 Des États peuvent décider de se regrouper de manière pacifique pour former un État fédéral ou un seul État (État unitaire). Tel fut le cas de la République arabe unie qui, de 1958 à 1961, fut constituée par la fusion de l'Égypte et de la Syrie. De même, en 1990, la République arabe du Yémen (Yémen du Nord) et la République démocratique et populaire du Yémen (Yémen du Sud) ont fusionné en un seul État.

Il est possible de rappeler à ce propos que la confédération des États-Unis (association d'États) s'est transformée en État fédéral en 1787 ; les États de la confédération ont alors accepté de perdre un grand nombre de leurs compétences au profit de l'État fédéral ainsi constitué.

Quant à l'unification allemande, réalisée par le traité du 31 août 1990 entré en vigueur le 3 octobre 1990, elle ne résulte pas de la fusion de la République fédérale d'Allemagne (RFA) et de la République démocratique allemande (RDA) ni de la création d'un nouvel État allemand, mais de l'adhésion de la RDA à la RFA. Les Länder de la RDA, préalablement reconstitués, sont devenus des Länder de la RFA, les districts de Berlin-Est fusionnant avec le Land de Berlin-Ouest.

§ 5. L'acquisition d'un territoire

115 Les litiges territoriaux sont parmi les plus difficiles à résoudre dans la mesure où ils résultent par définition de prétentions inconciliables. La définition de modes de solution de ces litiges est donc essentielle pour la sécurité internationale. Force est de constater qu'aujourd'hui encore, des litiges territoriaux non résolus compliquent considérablement les relations de nombreux pays avec leur environnement international : Inde et Pakistan à propos du Cachemire, Israël et pays arabes à propos des territoires palestiniens, Turquie et Chypre à propos de l'occupation du nord de l'île par les forces turques, Maroc et Algérie à propos du Sahara occidental, Géorgie et Russie à propos de la sécession des provinces géorgiennes d'Abkhazie et d'Ossétie du Sud, Ukraine et Russie à propos de l'annexion de la Crimée par cette dernière, et l'occupation des territoires dans le Dombass.

A) Acquisition d'un territoire non étatique

116 Le 7 juin 1494, l'Espagne et le Portugal se conforment, par le Traité de Tordesillas, à l'arbitrage du Pape Alexandre VI qui délimite leurs domaines coloniaux respectifs en considérant les territoires conquis ou à conquérir comme une *terra nullius* ou terre sans maître. Les autres puissances (France, Angleterre) refusent de reconnaître ce partage et se lancent elles-mêmes à la conquête d'autres territoires réputés n'appartenir à aucun souverain.

À la fin du XIXe siècle, grande période de colonisation européenne, des règles de droit positif, qualifiées de règles « originaires », sont adoptées par la conférence de Berlin du 26 février 1885 pour le partage des territoires d'outre-mer et tout particulièrement d'Afrique. Les principes de l'occupation effective et de la contiguïté géographique apparaissent, complétés par une condition de forme, la notification ou la publicité, destinée à informer les autres États de l'acquisition d'un territoire donné. Ces notions ont perdu toute pertinence avec la décolonisation.

En ce qui concerne l'Antarctique, continent inhabité recouvert par les glaces, le Traité de Washington du 1er décembre 1959 a relégué au second plan les droits territoriaux de divers pays (Royaume-Uni, Australie, Nouvelle-Zélande, France, Norvège, Argentine, Chili, États-Unis, etc.) en prévoyant qu'ils ne pourraient plus évoluer. Il a parallèlement instauré un régime d'internationalisation fonctionnelle de ce territoire en vue d'une utilisation exclusivement pacifique. La Convention de Wellington du 2 juin 1988 sur la réglementation des activités relatives aux ressources minérales de l'Antarctique, mais surtout le protocole de Madrid du 4 octobre 1991 relatif à la protection de l'environnement en Antarctique ont entendu faire de ce continent « une réserve naturelle consacrée à la paix et la science ».

B) Acquérir ou conquérir un territoire étatique

117 Aujourd'hui aucune acquisition de territoire ne devrait se réaliser en dehors d'un cadre conventionnel, par accord entre les parties. Cependant, l'histoire, même récente, des relations internationales montre que des transferts de territoires peuvent être réalisés de manière unilatérale, par le recours à la force armée.

Un traité international peut prévoir une cession de territoire. Cette opération permet à un État de céder à un autre État des droits et des titres sur un territoire donné. Des ventes de territoire ont eu lieu au XIXe siècle : aux termes du traité du 3 mai 1803, la France a cédé la Louisiane aux États-Unis ; de même, la Russie a vendu l'Alaska aux États-Unis par le traité du 30 mars 1867. Des cessions territoriales ont aussi pu être réalisées dans le cadre d'un traité de paix après un conflit : lors du Traité de Francfort du 10 mai 1871, la France a cédé l'Alsace-Lorraine à l'Allemagne ; le Traité de Versailles du 28 juin 1919 permettra ensuite à la France de récupérer ce territoire. Ce traité, comme les autres traités de paix mettant fin à la Première Guerre mondiale[13] ont prévu diverses cessions de territoire. Le Traité de Versailles a ainsi détaché de l'Allemagne, outre l'Alsace-Lorraine, Eupen et Malmédy donnés à la Belgique, les territoires polonais de Posnanie et de Prusse-Occidentale transférés à la Pologne, le « petit pays de Hultschin » (au sud de la Silésie) cédé à la Tchécoslovaquie, Danzig et Memel érigées en villes libres.

D'autres cessions ont été subordonnées aux résultats d'un plébiscite : le Schleswig du Nord a ainsi été rendu au Danemark et les communes polonaises de Haute-Silésie attribuées à la Pologne. Enfin un plébiscite était prévu pour 1935 dans le territoire de la Sarre pour décider ou non de son retour à la souveraineté allemande. On a donc eu l'exemple, dans ce cas, d'une cession conventionnelle de territoire sous réserve de ratification par ses habitants. Le principe de cession conventionnelle était combiné avec celui du droit des peuples à disposer d'eux-mêmes.

On peut également mentionner le traité de paix du 10 février 1947 par lequel l'Italie cédait à la Grèce les îles du Dodécanèse, à la Yougoslavie l'Istrie et à la France un territoire situé dans le Haut pays niçois (zones de Tende et La Brigue en particulier).

118 Cependant, en marge du droit international, la conquête a souvent permis à un État vainqueur d'étendre sa souveraineté sur la partie conquise du territoire vaincu. Dans l'affaire du Groenland oriental, la Cour permanente de justice internationale avait précisé que « la conquête n'agit comme une cause provoquant la perte de souveraineté que lorsqu'il y a guerre entre deux États et que, à la suite de la défaite de l'un d'eux, la souveraineté sur le territoire passe de l'État vaincu à l'État victorieux » (CPJI, 5 avril 1933).

13. Traité de Saint-Germain-en-Laye du 10 septembre 1919 avec l'Autriche, Traité de Trianon du 4 juin 1920 avec la Hongrie, Traité de Sèvres du 10 août 1920 avec la Turquie ottomane, traité qui sera refusé par Mustafa Kemal, futur Atatürk.

La notion latine de *debellatio* est utilisée lorsque la conquête conduit à la disparition de l'État vaincu et à l'établissement de la souveraineté de l'État vainqueur sur l'ensemble de son territoire.

Aujourd'hui, la conquête comme mode d'acquisition territoriale est réprouvée par l'ensemble de la communauté internationale. Prohibée par la Charte des Nations Unies (art. 2, § 4), elle est condamnée par la résolution 2625 (XXV) de l'Assemblée générale du 24 octobre 1970 portant Déclaration relative aux principes du droit international touchant les relations amicales et la coopération entre les États conformément à la Charte des Nations Unies. Selon cette déclaration, « nulle acquisition territoriale obtenue par la menace ou l'emploi de la force ne sera reconnue comme légale ».

Le 22 novembre 1967, le Conseil de sécurité des Nations Unies souligne, dans le cadre de sa résolution 242, « l'inadmissibilité de l'acquisition de territoire par la guerre ». Il déclarera par la suite, le 9 août 1990, après l'invasion du Koweït par l'Irak (voy. n°s 471 et s.), que « l'annexion du Koweït par l'Irak, quels qu'en soient la forme et le prétexte, n'a aucun fondement juridique et est nulle et non avenue » (résolution 662). De même, dans sa résolution 68/262 du 27 mars 2014, l'Assemblée générale a demandé « à tous les États, organisations internationales et institutions spécialisées de ne reconnaître aucune modification du statut » de la Crimée après l'annexion de ce territoire par la Russie. Enfin, en réponse à l'invasion russe de février 2022, l'Assemblée générale, dans une résolution adoptée le 2 mars 2022, a rappelé la résolution 2625 et exigé le retrait immédiat des forces russes du territoire ukrainien (voy. n° 604).

SECTION II

Les conditions d'existence d'un État

119 Si la formation de l'État est liée à la réunion de trois éléments (territoire, population, gouvernement effectif souverain), sa pérennité dans l'ordre juridique international dépend, en l'absence d'autorité supérieure, de la volonté des autres États. La formation d'un État ayant des conséquences sur la scène internationale, elle doit être acceptée par les autres États : tel est l'objet de la reconnaissance internationale.

§ 1. La reconnaissance d'État

120 En droit international public, la reconnaissance est l'acte par lequel l'État admet que lui soit opposable un fait ou une situation juridique auxquels il n'a pas participé mais dont il accepte les conséquences. Ainsi, les États peuvent reconnaître une annexion, un protectorat, les clauses d'un traité, une frontière… mais, le plus souvent, il s'agira d'une reconnaissance d'État ou de gouvernement.

A) Conceptions « constitutive » et « déclarative » de la reconnaissance

121 Suivant l'approche constitutive de la reconnaissance, la formation d'un État n'est pas complète malgré l'existence d'une population, d'un territoire et d'un gouvernement effectif doté de la souveraineté, sans l'existence d'un quatrième élément constitutif : la reconnaissance de cet État par les tiers. En conséquence, cette thèse remet en cause le principe de l'égalité des États puisqu'elle implique l'acceptation d'États préexistants qui bénéficient ainsi de leur position d'antériorité. Par contraste, la conception déclarative affirme que la formation d'un nouvel État repose exclusivement sur les éléments constitutifs exposés précédemment, à savoir un territoire, une population et un gouvernement effectif ; son existence ne dépend pas de l'appréciation des autres États. À partir du moment où il existe de fait, le nouvel État existe aussi en droit. La reconnaissance se borne ici à constater simplement l'existence d'un État ; elle est donc qualifiée de déclarative. Conformément à cette conception, la Commission d'arbitrage de la Conférence européenne pour la paix en Yougoslavie a affirmé dans son avis du 9 novembre 1991 que « l'existence ou la disparition de l'État est une question de fait ; la reconnaissance par les autres États a des effets purement déclaratifs ».

Dans la pratique, les deux conceptions coexistent : ainsi, un État comme le Kosovo peut fonctionner en tant que tel sans avoir été reconnu par l'ensemble des États. Néanmoins le fait que sa reconnaissance ne soit pas universelle lui retire diverses possibilités de participer à la vie internationale. Il ne peut pas, par exemple, être admis à l'ONU comme État membre en raison de l'opposition de deux membres permanents du Conseil de sécurité, la Chine et la Russie, qui ne l'ont pas reconnu.

B) Les caractères de la reconnaissance

122 La reconnaissance est un acte unilatéral et discrétionnaire d'un État mais une organisation internationale ou un groupe d'États peuvent la subordonner à des engagements de l'État nouveau.

1. Un acte discrétionnaire

123 Malgré la réunion des trois composantes matérielles de l'État (population, territoire, gouvernement effectif), les autres États ne sont pas obligés de le reconnaître. « La reconnaissance est un acte discrétionnaire que les autres États peuvent effectuer au moment de leur choix, sous la forme qu'ils décident et librement », affirme l'avis n° 10 de la Commission d'arbitrage de la Conférence pour la paix en Yougoslavie du 4 juillet 1992.

Si l'effectivité de l'État détermine sa création, elle n'entraîne pas automatiquement sa reconnaissance. Certaines reconnaissances sont tardives alors que d'autres sont prématurées. Ainsi alors que l'URSS a reconnu l'État d'Israël dès sa création, le 15 mai 1948 (proclamation le 14 mai), les États-Unis lui accordant alors une reconnaissance de facto, le Royaume-Uni n'a procédé à cette reconnaissance (de facto et de jure) que le 29 janvier 1949. Ce n'est que le 11 mai 1949 qu'Israël était reconnu par un assez grand nombre de pays pour être admis à l'ONU.

À l'inverse, après la proclamation le 15 novembre 1988 par le Conseil palestinien de l'établissement d'un État palestinien, ce dernier obtint le statut d'État à la Ligue arabe et fut reconnu comme tel par 94 pays du tiers-monde et d'Europe de l'Est alors qu'il ne remplissait pas l'ensemble des trois conditions objectives de l'existence d'un État (en particulier le contrôle effectif du gouvernement sur le territoire). Fin 2012, 132 États reconnaissaient l'État palestinien, ce qui a permis à l'Assemblée générale des Nations Unies de lui accorder le 29 novembre 2012 le statut d'État non membre observateur des Nations Unies par 138 voix pour, 41 abstentions et 9 voix contre dont celles des États-Unis et d'Israël. En revanche, en raison d'une absence de majorité au Conseil de sécurité, l'Autorité palestinienne n'a pu obtenir le statut d'État membre des Nations Unies. En 2021, 139 États (y compris le Saint-Siège) avaient reconnu l'État palestinien.

2. Les conditions mises à la reconnaissance

124 Des États peuvent refuser de reconnaître un État nouveau qui serait né dans des circonstances contraires au droit international ou aurait commis des actes contraires au droit international. Ainsi en 1931, après l'occupation par le Japon de la province chinoise de Mandchourie, le secrétaire d'État américain Henry Stimson (qui donna son nom à la « doctrine Stimson ») déclara que son gouvernement « n'avait pas l'intention de reconnaître une situation, un traité ou un accord qui aurait été obtenu par des moyens contraires aux engagements et obligations du Pacte Briand-Kellogg de 1928 » (c'est-à-dire par la force).

La jurisprudence internationale paraît faire de ce refus de reconnaissance une obligation. Ainsi, en 1971, dans le cadre d'un avis sur les conséquences juridiques de la présence continue de l'Afrique du Sud en Namibie, la Cour internationale de justice a affirmé l'obligation pour les États de ne pas reconnaître une entité étatique qui se serait formée en violation des résolutions des Nations Unies.

Plus récemment, les ministres des Affaires étrangères des douze États alors membres de la Communauté économique européenne ont adopté à Bruxelles, le 16 décembre 1991, « les lignes directrices sur la reconnaissance de nouveaux États en Europe de l'Est et en Union Soviétique » aux termes desquelles ils subordonnent la reconnaissance de ces pays à plusieurs conditions :

- le respect de textes et principes généraux, comme la Charte des Nations Unies, l'Acte final de la conférence d'Helsinki de 1975, la charte de Paris de 1990, la démocratie et les droits de l'homme ;
- la garantie des droits des groupes ethniques et nationaux ainsi que des minorités ;
- l'inviolabilité des frontières, ces dernières ne pouvant être modifiées que d'un commun accord ;
- la reprise par ces nouveaux États des engagements antérieurs en ce qui concerne le désarmement, la non-prolifération nucléaire ainsi que la sécurité et la stabilité régionales.

Dans une série d'avis (n°s 4 à 7) du 11 janvier 1992, la Commission d'arbitrage de la Conférence pour la paix en Yougoslavie a conditionné la reconnaissance internationale par la Communauté européenne de la Bosnie-Herzégovine, de la Croatie, de la Slovénie et de la Macédoine, au respect des obligations citées ci-dessus. Le 4 juillet 1992, cette même Commission a précisé, dans son avis n° 10 précité, que la reconnaissance était un acte discrétionnaire « sous la seule réserve du respect dû aux normes impératives du droit international général, notamment à celles qui interdisent le recours à la force dans les relations avec d'autres États ou qui garantissent les droits des minorités ethniques, religieuses ou linguistiques ». De même, l'Union européenne, dans le cadre de la reconnaissance de la République fédérale de Yougoslavie le 10 avril 1996, a rappelé qu'elle « attache une importance particulière aux droits de l'homme et aux droits des groupes nationaux ethniques ».

Cette conditionnalité de la reconnaissance liée au respect du droit international peut cependant être source de controverses selon l'interprétation que l'on fait de la situation juridique.

Ainsi de nombreux États, dont la Russie et la Chine, refusent toujours de reconnaître le Kosovo parce qu'ils jugent son indépendance contraire au droit international. La Chine considère en effet qu'un élément constitutif d'un État souverain ne peut prétendre faire sécession unilatéralement. Quant à la Russie, elle insiste sur les prérogatives du Conseil de sécurité, seul compétent à ses yeux pour décider du statut définitif du Kosovo. La Cour internationale de justice, saisie par l'Assemblée générale des Nations Unies a jugé, dans son avis du 22 juillet 2010, que la déclaration unilatérale d'indépendance du Kosovo du 17 février 2008 n'avait « violé ni le droit international général ni la résolution 1244 du Conseil de sécurité » adoptée en juin 1999 pour fixer les modalités du règlement de la question kosovare à l'issue de l'opération aérienne de l'OTAN. Elle en a conclu que cette déclaration d'indépendance n'avait « violé aucune règle applicable du droit international » (CIJ, avis consultatif, Conformité au droit international de la déclaration unilatérale d'indépendance relative au Kosovo, 2010). Mais les pays qui refusent de reconnaître le Kosovo tirent argument du fait que, dans son avis, la Cour a précisé qu'elle s'était seulement prononcée sur la conformité au droit international de la déclaration d'indépendance du Kosovo et non sur les conséquences juridiques de cette déclaration, en particulier concernant l'accession du Kosovo à la qualité d'État.

Inversement, l'indépendance de l'Ossétie du Sud et de l'Abkhazie, deux provinces de la Géorgie qui ont fait sécession après la guerre russo-géorgienne de 2008, n'a été reconnue que par la Russie et quelques autres pays.

C) Les formes de la reconnaissance

125 La reconnaissance n'est pas un acte soumis à des conditions particulières. La pratique en offre de nombreuses modalités.

1. La reconnaissance individuelle ou collective

126 Très souvent, la reconnaissance est accomplie par un seul État à titre individuel. Cependant, un ensemble d'États peut collectivement y procéder. Tous ces États sont alors liés par cet acte qu'ils ne peuvent plus subordonner ensuite à une reconnaissance individuelle. Dans le cadre de la coopération politique, les douze États alors membres de la Communauté européenne ont reconnu collectivement les États issus du démembrement de l'URSS. Après que l'Allemagne

eut unilatéralement reconnu l'indépendance de la Slovénie et de la Croatie en décembre 1991, ces mêmes États ont retrouvé une démarche collective sur la base des recommandations de la Commission d'arbitrage de la Conférence européenne pour la paix en Yougoslavie dont les travaux se sont déroulés du 11 septembre 1991 au 11 janvier 1992. Les onze États autres que l'Allemagne décidèrent en effet le 15 janvier 1992 de reconnaître la Croatie et la Slovénie. Tous les États de la Communauté européenne reconnaîtront par la suite en avril 1992 la Bosnie-Herzégovine après un référendum recommandé par la Commission d'arbitrage.

Dans le contexte d'une adhésion à une organisation internationale, si une majorité d'États membres d'une organisation a reconnu à une entité la qualité d'État en l'acceptant au sein de l'organisation, la minorité qui a voté contre cette adhésion est liée par la décision collective mais uniquement dans ses rapports avec le nouvel État au sein de l'organisation. En dehors du contexte de l'organisation, les États, a fortiori ceux qui ont voté contre l'admission du nouvel État, peuvent individuellement ne pas le reconnaître. L'adhésion du Kosovo au FMI et à la Banque mondiale fournit un exemple de cette situation. Il en va de même de l'admission de la Palestine à l'UNESCO, à la suite du vote favorable de sa Conférence générale, le 31 octobre 2011.

2. La reconnaissance expresse ou tacite

127 La reconnaissance est expresse lorsqu'elle se manifeste par un acte solennel. Il peut s'agir d'un acte concerté non conventionnel (communiqué, acte final d'une conférence ou déclaration, comme celle de l'Union européenne sur la reconnaissance de la République fédérale de Yougoslavie le 10 avril 1996 à Bruxelles, de la conclusion d'un traité ou d'un acte unilatéral d'un État).

La reconnaissance est tacite ou implicite lorsque l'organe d'un État agit vis-à-vis de l'entité reconnue de la même manière qu'avec un autre État. Cela peut se traduire par l'établissement de relations diplomatiques ou l'envoi de missions commerciales. Mais il est dans ce cas parfois difficile de vérifier que la volonté de reconnaître est certaine ; un État qui en reconnaît un autre implicitement peut se dédire par une déclaration contraire.

3. La reconnaissance « de jure » et « de facto »

128 La reconnaissance *de jure* ou de droit est définitive, pleine et entière, ce qui signifie qu'elle produit l'ensemble des effets juridiques de la reconnaissance.

A contrario, la reconnaissance *de facto* est provisoire et révocable ; elle ne produit que des effets limités. Cette forme de reconnaissance, souvent transitoire, permet à un État de préserver ses propres intérêts ou de soutenir une entité en train de se constituer en État. Lors de la création de l'État d'Israël le 15 mai 1948, les États-Unis le reconnurent de facto. Cette forme de reconnaissance permettait au président Harry Truman de gérer des intérêts contradictoires avant de savoir si ce nouvel État allait se consolider : d'une part le poids de l'électorat juif, d'autre part l'hostilité des pays producteurs de pétrole du Golfe à l'égard du nouvel État.

§ 2. La reconnaissance de gouvernement

129 La reconnaissance de gouvernement a de nombreuses similitudes avec la reconnaissance d'État, notamment en ce qui concerne ses modalités d'expression. La différence majeure réside dans le fait qu'à partir du moment où un État est effectif et reconnu, sa reconnaissance est définitive, alors que celle d'un gouvernement peut être révoquée. Ainsi, alors que la France reconnaissait toujours, après la révolution bolchevique, la Russie, puis l'URSS en tant qu'État, elle a, jusqu'en 1924, refusé de reconnaître son gouvernement. Il n'y a que dans le cadre d'une succession d'États que les deux actes (reconnaissance d'État et reconnaissance de gouvernement) se confondent puisque la reconnaissance du nouvel État entraîne celle de ses premières autorités politiques. Dans le cas de la reconnaissance des mouvements de libération nationale, la reconnaissance d'un gouvernement a pu précéder celle de l'État.

Le principe de non-ingérence dans les affaires intérieures d'un État (voy. n° 176) interdit normalement à un État de prendre des mesures de contrainte à l'égard des choix politiques d'un autre État. Or le refus de reconnaissance d'un gouvernement peut faire partie d'un faisceau d'autres mesures, comme l'interruption des échanges économiques ou autres, destinées à exercer une pression extérieure sur les choix politiques d'un État.

A) La nature et les formes de la reconnaissance de gouvernement

130 La reconnaissance de gouvernement est un acte juridique déclaratif. Elle ne fait en principe que constater son effectivité. Parce que « les États survivent à leur gouvernement », selon le principe énoncé en 1831 par la conférence de Londres sur le statut de la Belgique, un nouveau gouvernement est, sur le plan international, normalement tenu par les engagements antérieurs du gouvernement précédent. L'État restant inchangé, ses droits et obligations le restent aussi. La reconnaissance de gouvernement constate alors simplement qu'il dispose de l'autorité effective pour exercer ses droits et s'acquitter de ses obligations. Même lorsqu'un nouveau gouvernement récuse les engagements contractés par le gouvernement précédent (cas du gouvernement de la Russie après la révolution bolchevique), la reconnaissance de ce gouvernement, en constatant son effectivité est le point de départ de la normalisation des relations de l'État qu'il représente avec les autres États.

Les modalités de la reconnaissance de gouvernement sont identiques à celles de la reconnaissance d'État. On retrouve les distinctions entre reconnaissance expresse et tacite, de jure et de facto. La reconnaissance expresse peut se réaliser par un acte unilatéral sous diverses formes (note, lettre…) ou par un acte conventionnel (traité ou accord). La reconnaissance tacite se manifeste, par exemple, par l'établissement de relations diplomatiques. Il peut y avoir reconnaissance de facto lorsque le gouvernement reconnu n'est pas constitutionnel ou exerce le pouvoir à titre provisoire, dans l'attente de l'adoption d'une Constitution (par exemple, s'il a pris le pouvoir à la suite d'une perte de légitimité des autorités préexistantes ou après la chute d'une dictature). Il y a reconnaissance de jure lorsque le gouvernement reconnu est constitutionnel ou dispose, même s'il est provisoire, d'une légitimité incontestable. Ainsi, le

Gouvernement provisoire de la République française, constitué le 3 juin 1944 a d'abord été reconnu de facto en juillet avant d'être reconnu de jure par les États-Unis, le Royaume-Uni et l'URSS le 23 octobre 1944.

B) Les conséquences juridiques de la reconnaissance de gouvernement

131 Sur le plan international, la reconnaissance de gouvernement détermine le véritable titulaire de la représentation étatique au sein des organisations internationales ou des conférences internationales. Ainsi, après l'invasion du Cambodge par le Vietnam en 1978, la question s'est posée de savoir si l'État cambodgien devait être représenté à l'ONU par le gouvernement dominé par les Khmers rouges ou par celui mis en place par le Vietnam. La commission de vérification des pouvoirs de l'Assemblée générale des Nations Unies décida alors que le premier gouvernement (Khmers rouges) représenterait le Cambodge. Le gouvernement khmer rouge était à l'époque soutenu par les États-Unis qui s'opposaient à l'influence soviétique.

La reconnaissance de gouvernement rend concrètement possible le déroulement des relations d'État à État. Elle désigne l'autorité compétente pour négocier les traités. Elle permet également de déterminer la responsabilité d'un gouvernement en cas de fait illicite, de savoir à qui reviennent la possession des ambassades et le bénéfice des immunités de juridiction et d'exécution (voy. n°s 64 et s.). Lorsque la France a reconnu le gouvernement de Pékin comme représentant la Chine en janvier 1964, le gouvernement nationaliste de Taïwan a refusé d'évacuer les locaux diplomatiques avant de céder sous la pression française et internationale.

C) Les dimensions politiques de la reconnaissance de gouvernement

132 La reconnaissance, compétence appartenant à chaque État, s'exerce de manière discrétionnaire, en se fondant en principe sur l'effectivité du nouveau gouvernement.

La reconnaissance d'un gouvernement exprime généralement la volonté d'un État de nouer des relations avec l'État que dirige ce gouvernement, indépendamment de tout jugement sur son régime politique. La décision prise par le général de Gaulle en janvier 1964 de nouer des relations diplomatiques avec le gouvernement de Pékin ne visait pas à reconnaître un régime politique mais à développer des relations avec la Chine.

Les dimensions politiques de la reconnaissance de gouvernement ont conduit de nombreux États, dont la France, à accepter de nouer des relations avec tout gouvernement dès lors qu'il exerçait une autorité effective sur un État reconnu, sans avoir besoin de le reconnaître formellement.

C'était en application de ce critère d'effectivité du gouvernement que le Royaume-Uni a reconnu, dès 1950, le gouvernement de Mao Tsé-toung : « Le gouvernement de sa Majesté ayant terminé l'examen de la situation résultant de la formation du gouvernement central de la République populaire de Chine et observant qu'il a maintenant [...] le contrôle effectif de la plus grande partie du territoire de la Chine a, à ce jour, reconnu ledit gouvernement comme le gouvernement de jure de la Chine ». Toutefois, le Royaume-Uni avait gardé son consulat à Taïpei, ce qui a rendu l'échange d'ambassadeurs impossible avant 1972, en raison du refus chinois de toute situation pouvant accréditer une « théorie des deux Chines ».

Les États peuvent cependant essayer de peser sur les orientations politiques d'un autre État en usant de l'arme de la reconnaissance de gouvernement. Ainsi, pendant la période de la Guerre froide et conformément à la doctrine Hallstein, la RFA refusait systématiquement de reconnaître les gouvernements des États qui reconnaissaient la RDA (à l'exception du gouvernement soviétique).

Plusieurs doctrines encadrent la question complexe de la reconnaissance (voy. E 3). Selon un raisonnement connu sous le nom de « doctrine Estrada » de nombreux pays ont soutenu que la reconnaissance de gouvernement était un acte qui portait atteinte à la souveraineté des États dans la mesure où elle peut impliquer un jugement sur la légalité ou la légitimité de leur gouvernement. La France a traditionnellement affirmé qu'elle ne « reconnaît pas les gouvernements mais les États ». Ainsi, après le coup d'État du général Pinochet au Chili, intervenu le 11 septembre 1973, le gouvernement français a indiqué, en réponse à de nombreuses questions parlementaires, qu'il avait accusé réception d'une note que lui avait adressée le Conseil militaire de gouvernement chilien pour lui annoncer sa constitution et lui faire part de son intention de respecter les engagements internationaux du Chili. Le gouvernement français a également souligné dans ces réponses que, la junte assurant le contrôle effectif du territoire du Chili, la France devait maintenir des relations avec elle, notamment pour lui faire connaître ses vues. Mais il n'a pas mentionné de reconnaissance du nouveau gouvernement chilien. Le 27 septembre 1973, quelques jours après le coup d'État, le président Georges Pompidou avait en effet déclaré : « nous ne reconnaissons pas le gouvernement chilien, nous avons des relations avec le Chili ». Selon d'autres doctrines, parmi lesquelles les doctrines Tobar ou Wilson la reconnaissance de gouvernement permet de reconnaître une légitimité démocratique.

La décision de reconnaître un gouvernement (ou de nouer des relations diplomatiques avec lui en l'absence de reconnaissance formelle) est donc souvent subjective et dépendante de considérations d'opportunité politique.

Ainsi, contrairement à sa pratique habituelle, la France n'a reconnu le gouvernement soviétique qu'en octobre 1924, lors de l'arrivée au pouvoir d'Édouard Herriot à la tête du Cartel des Gauches. L'objectif poursuivi par cette reconnaissance était de faire contrepoids à la puissance allemande. Auparavant, le refus de reconnaître le nouveau pouvoir bolchevique était inspiré par deux motivations : le souci de maintenir un « cordon sanitaire » entre la Russie soviétique, devenue après 1922 l'URSS, et l'Europe occidentale d'une part, la volonté d'amener la Russie à reconnaître les dettes du régime tsariste et à dédommager les propriétaires de biens nationalisés d'autre part.

En 1971, après avoir refusé pendant plus de vingt ans que le gouvernement de Pékin occupe le siège de la Chine à l'ONU, les États-Unis ont décidé de le reconnaître en vue notamment de faciliter la recherche d'une solution négociée au conflit indochinois mais aussi de l'encourager dans son opposition à Moscou. Les États-Unis ont également reconnu le gouvernement du général Pinochet dès 1973 en contradiction avec leur refus proclamé des régimes non démocratiques.

Lors de la décolonisation, la reconnaissance de gouvernement s'est étendue à celle des mouvements de libération nationale. Le Gouvernement provisoire de la République algérienne, dont la création avait été proclamée en 1958, était ainsi reconnu en 1961 par une vingtaine d'États appartenant notamment au Mouvement des Non-Alignés, ce qui a exercé une pression politique indéniable sur la France. Dans de telles hypothèses, la reconnaissance du gouvernement n'est plus qu'un acte à portée strictement politique, totalement détaché de la constatation d'une quelconque effectivité du gouvernement reconnu. On peut considérer que la reconnaissance de gouvernement anticipe alors la reconnaissance d'État.

Lors du Printemps arabe, plusieurs États occidentaux ont reconnu des mouvements insurrectionnels comme représentants légitimes des peuples concernés en vue de favoriser un changement de régime et l'instauration de la démocratie. La France a ainsi reconnu en mars 2011 le Conseil national de transition libyen comme seul représentant légitime du peuple libyen et en novembre 2012 la Coalition nationale syrienne comme seule représentante légitime du peuple syrien et donc comme le futur gouvernement de la Syrie démocratique. Cette évolution sensible de la position traditionnelle française sur la reconnaissance de gouvernement n'a empêché ni le chaos libyen, ni la guerre meurtrière de Syrie.

E3 **Les doctrines de reconnaissance internationale**

Doctrine Estrada – Formulée en 1930 par Genaro Estrada, ministre mexicain des Affaires étrangères, cette doctrine considère que la reconnaissance de gouvernement porte atteinte à la souveraineté des autres États dans la mesure où elle conduit à porter un jugement sur la légalité de leur régime. En conséquence, Genaro Estrada annonce que le Mexique se bornera à maintenir ou à interrompre ses relations diplomatiques avec les États tiers quand il le jugera opportun, sans exprimer de jugement sur leur gouvernement.

Doctrine Hallstein – Selon cette doctrine, énoncée en 1955 par Walter Hallstein, secrétaire d'État aux Affaires étrangères de la RFA, le gouvernement de la République fédérale, seul autorisé à prendre la parole au nom du peuple allemand, ne noue aucune relation diplomatique avec les gouvernements qui reconnaissent la RDA (à part le gouvernement soviétique).

Doctrine Stimson – Cette doctrine, formulée au début de 1932 par Henry Stimson, secrétaire d'État américain, ne porte pas spécifiquement sur la reconnaissance de gouvernement mais sur les situations créées par l'emploi de la force et en violation des traités. Dans une note adressée au Japon et à la Chine le 7 janvier 1932 Henry Stimson annonçait que les États-Unis ne reconnaîtraient aucune situation ni aucun traité ou accord imposés par la force en violation des engagements souscrits au titre du Pacte Briand-Kellogg en 1928. En conséquence les États-Unis ont refusé de reconnaître la légalité de l'occupation japonaise de la Mandchourie en 1931. Ils ont également refusé de reconnaître le Mandchoukouo, État sous tutelle japonaise détaché de la Chine en 1932.

Doctrine Tobar – Cette doctrine a été formulée en 1907 par Carlos Tobar, ministre des Affaires étrangères de l'Équateur ; elle s'appliquait au continent sud-américain et conduisait à ne pas reconnaître un gouvernement établi par la force en violation de la Constitution du pays concerné.

Doctrine Betancourt – président du Venezuela de 1945 à 1948 et de 1959 à 1964, Rómulo Betancourt exposa sa doctrine le 20 mars 1963 devant le Conseil de l'Organisation des États américains (OEA). Sa doctrine, comme la doctrine Tobar, demande la non-reconnaissance des gouvernements arrivant ou se maintenant au pouvoir par la force. Elle va cependant plus loin dans la mesure où elle demande l'exclusion de l'OEA de tout gouvernement qui ne respecterait ni l'obligation d'organiser des élections libres à échéances régulières ni les droits de l'homme ainsi que l'application à son encontre de mesures coercitives.

Doctrine Wilson – Le président américain Woodrow Wilson (1913-1924) a énoncé cette doctrine dès le début de son premier mandat, lorsqu'il a refusé en 1913 de reconnaître le gouvernement du général Victoriano Huerta qui venait de renverser au Mexique – le président constitutionnel Francisco Maduro. Woodrow Wilson a alors décidé de soutenir les partisans du rétablissement de la Constitution en leur livrant des armes et en envoyant même les forces américaines occuper Vera Cruz pour empêcher l'arrivée du matériel de guerre acheté en Europe par Huerta. En effet, comme il l'avait déclaré le 12 mars 1913, les États-Unis n'éprouvaient « aucune sympathie pour ceux qui cherchent à s'emparer du pouvoir en vue de servir leurs intérêts personnels ». Cette doctrine s'inscrit dans une conception des relations internationales qui a notamment trouvé son expression dans la justification que Wilson a donnée, le 2 avril 1917, de l'entrée en guerre des États-Unis contre l'Allemagne : il s'agissait de « faire du monde un lieu sûr pour la démocratie » (« *make the world safe for democracy* »).

SECTION III

La succession d'États

133 En droit international public, la succession d'États résulte d'une mutation territoriale, c'est-à-dire du remplacement d'un État par un autre État, chacun possédant sa propre personnalité juridique. Ce changement a des conséquences sur les personnes physiques et morales de droit privé, sur le domaine public mais aussi sur les relations juridiques entre les sujets de droit international.

§ 1. Les règles applicables en matière de succession d'États

134 Après les transformations territoriales consécutives à la réunion de plusieurs États, à des démembrements d'États, à des annexions, etc. la question se pose de savoir s'il existe des droits et des obligations juridiques qui persistent entre l'État prédécesseur et l'État successeur.

À partir de 1967, la Commission du droit international (CDI), organe de codification du droit international des Nations Unies (voy. n° 48), a entrepris de codifier les règles applicables en matière de succession d'États. Ses travaux ont donné naissance à deux conventions : d'une part la Convention de Vienne de 1978 sur la succession en matière de traités, d'autre part la Convention de Vienne de 1983 sur la succession d'États en matière de biens, archives et dettes d'État. Seul le premier de ces traités est entré en vigueur. Il donne, comme le second, une définition de la succession : « L'expression "succession d'États" s'entend de la substitution d'un État à un autre dans la responsabilité des relations internationales d'un territoire » (art. 2, § 1, al. b, commun aux deux Conventions de Vienne précitées). L'acte de succession présente donc une rupture définitive entre deux États. Cependant, si le nouvel État n'est pas le continuateur de l'ancien État puisqu'il exerce ses propres compétences sur son territoire en tant qu'État souverain, il n'en demeure pas moins qu'il se trouve parfois lié par certaines règles juridiques acceptées par l'ancien État.

§ 2. Succession d'États et domaine public

135 Le droit coutumier reconnaît que l'ensemble des biens meubles et immeubles de l'État prédécesseur passent à l'État successeur ; la jurisprudence de la Cour permanente de justice internationale a affirmé ce principe dans l'affaire de l'Université Peter Pazmany (arrêt du 15 décembre 1933). La Convention de Vienne du 8 avril 1983 sur la succession d'États en matière de biens, archives et dettes d'États (qui n'est pas encore entrée en vigueur) établit la même règle, dans ses articles 10 et 11. En ce qui concerne les archives, l'article 23 de la Convention de Vienne consacre également leur transfert à l'État successeur, sans aucune compensation.

La succession aux dettes publiques des États ou à « toute obligation financière d'un État prédécesseur à l'égard d'un autre État… née conformément au droit international », suivant l'article 33 de la Convention de Vienne de 1983, soulève des difficultés. Si la règle générale est celle du transfert de la dette publique à l'État successeur « dans une proportion équitable compte tenu notamment des biens, droits et intérêts qui passent à l'État successeur en relation avec cette dette d'État » (Convention de Vienne de 1983), différentes exceptions sont admises. En effet, l'article 38 de cette même convention affirme que ce transfert ne s'applique pas à « l'État nouvellement indépendant », à moins qu'un accord ne soit passé entre les parties. Dans ce cas, l'article 38, § 2, précise que le transfert « ne doit pas porter atteinte au principe de la souveraineté permanente de chaque peuple sur ses richesses et ses ressources naturelles… ».

§ 3. Succession d'États et ordre juridique international

136 L'État ayant des relations juridiques avec les autres sujets de droit international, l'État sécessionniste ou issu de la décolonisation reste-t-il lié par les obligations conventionnelles de son prédécesseur ?

La Convention de Vienne du 23 mai 1969 sur le droit des traités affirme le principe d'intransmissibilité des traités, suivant en cela la règle de l'effet relatif des traités. En ce sens, l'article 34 de cette convention affirme : « Un traité ne crée ni obligations, ni droits pour un État tiers sans son consentement ». La même règle s'impose dans le cas d'une succession d'États puisque l'État successeur est un nouvel État, c'est-à-dire un tiers par rapport à celui auquel il succède.

Cependant, il existe différentes exceptions au principe de l'intransmissibilité des traités. Certains traités sont maintenus en vigueur ; ce sont d'une part ceux qui créent des situations objectives (les traités territoriaux), établissent des frontières, des zones de démilitarisation, d'autre part les conventions qui contiennent des règles de *jus cogens* (règles coutumières à portée universelle, acceptées et reconnues par la communauté internationale) ou des mesures devenues des règles coutumières générales, comme le règlement pacifique des différends.

La Convention de Vienne du 23 août 1978 sur la succession en matière de traités, entrée en vigueur le 6 novembre 1996, codifie une grande partie des règles coutumières existantes. Dans ses articles 11 et 12, elle déclare que les traités réels (ceux qui portent sur les régimes de frontières et territoriaux) sont transmis au nouvel État. Les articles 8 et 9 admettent que les traités bilatéraux restent en vigueur à condition que les parties en conviennent expressément ou implicitement. Quant aux traités multilatéraux, ils sont transmissibles au nouvel État mais uniquement si celui-ci a établi une notification de succession. Les règles énoncées dans cette convention sont donc favorables au principe de la « table rase », en accordant au nouvel État une très grande marge de manœuvre par rapport à l'État prédécesseur.

L'admission de l'État successeur au sein des organisations internationales dont était membre l'ancien État n'est pas automatique. Tout nouvel État doit se soumettre aux procédures d'admission propres à chaque organisation. Cependant, quelques exceptions peuvent être mentionnées :

- la RFA agrandie du territoire de la RDA s'est substituée par une simple notification (acte unilatéral autonome d'un État) à l'ancienne RFA dans toutes les organisations internationales dont cette dernière était membre ;
- conformément à l'accord d'Alma-Ata du 21 décembre 1991 (voy. n° 450), les anciennes Républiques soviétiques membres de la Communauté des États indépendants (CEI) ont décidé que la Russie succéderait à l'URSS dans toutes les organisations internationales.

Quant à la responsabilité internationale de l'État, il a été admis que l'État successeur n'était pas responsable des faits illicites commis par l'État prédécesseur. Il n'y a pas de transfert de responsabilité ; seul l'État qui a commis les actes illicites est responsable.

CHAPITRE 3

L'État, acteur des relations internationales

137 Pour accéder à la qualité d'État reconnu sur la scène internationale, capable d'entrer dans des relations d'égalité avec d'autres États et de conclure avec eux des traités, une entité politique, même dotée en propre d'un territoire, d'une population et d'un gouvernement, doit pouvoir agir librement, sans la contrainte de normes ou d'obligations supérieures qu'elle n'aurait pas acceptées. Cette autonomie d'action repose sur la souveraineté, un principe institué par les Traités de Westphalie, signés à Münster et Osnabrück en octobre 1648, pour mettre fin à la guerre de Trente Ans qui a embrasé une partie de l'Europe entre 1618 et 1648. Si l'article 2, alinéa 1, de la Charte des Nations Unies reconnaît l'« égalité souveraine » des États, dans les faits, la souveraineté étatique connaît des limitations, qui découlent des engagements internationaux des États, mais aussi de l'inégale distribution de la puissance.

SECTION I

La souveraineté, attribut de l'État

138 Si l'État occupe une place essentielle dans la société internationale, c'est parce qu'il est la seule entité juridique à posséder une plénitude de compétences.

§ 1. Les conséquences de la souveraineté en relations internationales

139 La souveraineté peut s'appréhender de deux manières :

- dans un sens positif et sur le plan interne, elle est l'attribut de l'autorité la plus élevée sur le territoire où elle s'exerce ;
- dans un sens négatif et sur le plan externe, elle caractérise une autorité qui n'est soumise à aucune autre autorité extérieure ou internationale.

A) L'indépendance, corollaire de la souveraineté

140 Avec la conclusion des Traités de Westphalie en 1648 se dessine une nouvelle carte de l'Europe, sur laquelle se juxtaposent les territoires d'États souverains. En tant que tels, ces nouveaux États ne sont soumis à aucune autorité dans la conduite de leurs relations internationales. Près de trois siècles plus tard, en 1928, dans l'affaire de l'île de Palmas qui opposait les États-Unis aux Pays-Bas, l'arbitre unique de la Cour permanente d'arbitrage[14] s'exprimait ainsi : « La souveraineté, dans les relations entre États, signifie l'indépendance. L'indépendance relativement à une partie du globe est le droit d'y exercer, à l'exclusion de tout autre État, les fonctions étatiques » (*RSA*, 1928, vol. II). L'indépendance est ainsi une conséquence directe de la souveraineté de l'État. Elle se manifeste par l'autonomie constitutionnelle des États, chaque peuple étant libre de choisir son régime politique, économique ou social, et par l'absence de toute subordination organique à l'égard d'autres entités. La souveraineté interdit donc toute ingérence dans les affaires intérieures d'un État.

B) Le principe de l'égalité souveraine des États

141 Les États étant chacun souverain, aucun ne peut prétendre en subordonner un autre. Leur coexistence est fondée sur leur égalité juridique. Ce principe, inscrit dans l'article 2, paragraphe 1, de la Charte des Nations Unies, qui indique que « l'Organisation est fondée sur le principe de l'égalité souveraine de tous ses membres », est rappelé dans l'Acte final de la conférence d'Helsinki en 1975 (voy. n° 395), qui rappelle que « dans le cadre du droit international, tous les États participants ont des droits et des devoirs égaux. Ils respectent le droit de chacun d'entre eux de définir et de conduire à son gré ses relations avec les autres États conformément au droit international… ».

§ 2. Les compétences de l'État souverain

142 En tant qu'il est souverain, l'État exerce une autorité sur les biens mais aussi sur les personnes et les activités à l'intérieur de ses frontières et, dans certains cas, dans d'autres espaces géographiques. Ses compétences territoriales s'exercent dans les limites fixées par le droit international : « [T]out ce que l'on peut demander à un État, c'est de ne pas dépasser les limites que le droit international trace à ses compétences » (CPJI, affaire du Lotus, 1927).

A) Compétences territoriales

143 Le territoire étant un élément constitutif de l'État (voy. n°s 70 et s.), les compétences que l'État exerce sur son territoire sont traditionnellement qualifiées de « majeures », dans le sens où elles sont les plus vastes : « La souveraineté

14. La Cour permanente d'arbitrage (CPA) est une organisation intergouvernementale composée de 122 États membres. Créée en 1899 pour faciliter l'arbitrage et d'autres formes de règlement des différends entre États, elle assure aujourd'hui l'administration d'arbitrages, de conciliations et de commissions d'enquête dans des différends pouvant opposer non seulement des États, mais aussi des parties privées ou des organisations intergouvernementales.

territoriale joue à la manière d'une présomption. Elle doit fléchir devant toutes les obligations internationales, quelle qu'en soit la source, mais elle ne fléchit que devant elles » (sentence du 16 novembre 1957, affaire du Lac Lanoux).

1. Plénitude

144 L'État est libre d'exercer sur son territoire l'ensemble de ses compétences dans les domaines législatif, administratif ou judiciaire. Ses fonctions sont potentiellement illimitées dans son espace territorial.

Cependant, l'interdépendance des États et leur participation à des organisations internationales ont tendance à limiter en pratique leur souveraineté territoriale.

Par ailleurs, lorsqu'elle est discrétionnaire, la compétence de l'État ne doit pas être abusive et arbitraire. Les États sont ainsi tenus de respecter les instruments internationaux relatifs à la protection des droits de l'homme (Déclaration universelle des droits de l'homme du 10 décembre 1948 et, pour les États qui les ont ratifiés, Pactes internationaux du 16 décembre 1966 relatifs respectivement aux droits civils et politiques et aux droits économiques, sociaux et culturels). Ils sont également tenus de protéger leur environnement (engagements pris à la Conférence des Nations Unies sur l'environnement et le développement à Rio de Janeiro, en juin 1992) et de lutter contre la pollution marine dans les espaces maritimes placés sous leur juridiction (Convention de Montego Bay du 10 décembre 1982).

2. Exclusivité

145 « La souveraineté dans les relations entre États signifie l'indépendance. L'indépendance relativement à un territoire est le droit d'y exercer, à l'exclusion de tout autre État, les fonctions étatiques. Le développement de l'organisation nationale des États durant les derniers siècles et, comme corollaire, le développement du droit international ont établi le principe de la compétence exclusive de l'État en ce qui concerne son propre territoire, de sorte que l'État est le point de départ du règlement de la plupart des questions qui touchent aux rapports internationaux » (affaire de l'île de Palmas, 1928).

Du fait de l'exclusivité de ses compétences, un État peut s'opposer à toute activité d'autres États sur son territoire. Cela rejoint les principes d'intégrité territoriale et de non-ingérence dans les affaires intérieures d'un État. Tout acte de contrainte qui pourrait être exercé par un État en territoire étranger est interdit.

Certaines exceptions au principe de l'exclusivité de la souveraineté territoriale peuvent cependant être mentionnées. On peut citer notamment (voy. n°s 176 et s.) : l'intervention sollicitée d'États tiers, l'intervention d'humanité pour la protection de ressortissants, l'intervention humanitaire dans le cadre, notamment, de la responsabilité de protéger validée par le Conseil de sécurité des Nations Unies.

De même, certaines organisations internationales, afin de mener à bien leur mission, peuvent, dans leur action et au vu de leurs compétences, porter atteinte au principe de l'exclusivité territoriale de l'État, conformément à leur statut et avec le consentement de leurs États membres. Par exemple, le Conseil de sécurité des Nations Unies peut autoriser des mesures coercitives en cas de menace contre la paix, de rupture de la paix ou d'agression (chapitre VII de la Charte) : l'article 43 de la Charte des Nations Unies prévoit ainsi que les États membres doivent accorder un droit de passage sur leur territoire aux forces multinationales constituées sous l'autorité du Conseil de sécurité.

3. La souveraineté économique

146 La « souveraineté permanente sur les ressources naturelles et les activités économiques » des États a été affirmée par les pays en développement dans les années 1960 car, malgré leur indépendance, ces pays ne parvenaient pas toujours à affirmer leur souveraineté sur leurs ressources naturelles ainsi que sur l'ensemble de leurs activités économiques. Les principes d'égalité souveraine, de non-ingérence dans les affaires intérieures, de souveraineté sur les ressources naturelles sont au cœur de la « souveraineté économique ». Ils figurent dans de nombreux textes adoptés par l'Assemblée générale des Nations Unies, notamment à l'article 2, paragraphe 2, de la Charte des droits et des devoirs économiques des États (résolution 3281 [XXIX] de l'Assemblée générale) selon laquelle « chaque État a le droit :

- de réglementer les investissements étrangers dans les limites de sa juridiction nationale ;
- de réglementer et de surveiller les activités des sociétés multinationales ;
- de nationaliser, d'exproprier ou de transférer la propriété des biens étrangers, auquel cas il devra verser une indemnité adéquate... ».

Aujourd'hui, ce souci de souveraineté économique s'est étendu aux transferts de technologie, aux ressources minérales, agricoles et halieutiques, ainsi qu'aux activités d'exploration, d'exploitation et de commercialisation de ces richesses nationales. Il est cependant contrebalancé par le souhait d'accueillir un volume d'investissements directs étrangers suffisant pour développer les ressources naturelles nationales, notamment pour les pays en développement dans lesquels l'épargne intérieure reste modeste (voy. n°s 305 et s.). Dans son rapport sur l'investissement dans le monde de 2012, la CNUCED fait ainsi état de « politiques d'investissement de nouvelle génération » qui « placent la croissance équitable et le développement durable au cœur des efforts visant à attirer les investissements et à en tirer parti ».

4. La souveraineté « informationnelle »

147 Le développement des nouvelles technologies de l'information et de la communication représente un nouveau défi pour la souveraineté étatique car les États n'apparaissent plus en mesure maîtriser totalement les flux d'information qui se déploient à travers leur territoire et leur espace, même lorsqu'ils ont recours à des techniques de surveillance et de censure très sophistiquées, comme le fait la Chine par exemple.

Le développement d'Internet et l'avènement, au début des années 2000, d'un « Web social participatif », dans lequel tous les utilisateurs peuvent créer des contenus et interagir les uns avec les autres, bouleversent les modes de fonctionnement traditionnels des moyens de communication et d'information publics et privés et placent les États devant des défis nouveaux, d'ordres déontologique, culturel, économique, juridique et sécuritaire.

Le caractère transnational du réseau, la fugacité des contenus et l'évolution très rapide des techniques suscitent des difficultés spécifiques d'application du droit pénal ou commercial en ce qui concerne notamment la détermination de la loi applicable, du régime de responsabilité et de la preuve.

Deux grandes questions se posent en particulier. Il s'agit, d'une part, de la protection des données personnelles : les réseaux sociaux tirent leur modèle économique de l'utilisation commerciale des données personnelles de leurs usagers. Il s'agit, d'autre part, de la sauvegarde de l'ordre public : les réseaux sociaux constituent de puissants moyens de diffusion d'idées, permettant d'interférer dans les processus politiques internes (favoriser des changements démocratiques dans des pays pratiquant la censure des moyens d'information traditionnels, propager des messages de haine raciale ou ethnique, etc.).

La loi applicable aux principaux réseaux sociaux est cependant la loi américaine, ce qui empêche les autorités nationales, entre autres européennes de s'assurer qu'ils respectent la législation du pays où ils sont utilisés. Néanmoins, l'Union européenne a adopté en avril 2016 une législation protectrice des droits des citoyens européens applicable à compter de mai 2018 à toutes les entreprises ou organisations utilisant des données personnelles. En particulier, le règlement général sur la protection des données (RGPD) prévoit que ces entreprises ou organisations devront pouvoir justifier à tout moment d'un usage licite, loyal et transparent des données pour des finalités déterminées, explicites et légitimes, chez elles et chez leurs sous-traitants. Elles devront en assurer la protection, notamment contre un traitement non consenti par la personne concernée. Les sociétés contrevenantes s'exposeront à une amende égale à 4 % de leur chiffre d'affaires mondial. La présidence française de l'Union européenne du 1er janvier au 30 juin 2022 a promu l'objectif d'une « souveraineté numérique européenne ».

La gouvernance d'Internet est essentiellement assurée par les États-Unis, qui contrôlent certaines infrastructures essentielles, comme le gestionnaire mondial des noms de domaine, l'ICANN (*Internet Corporation for Assigned Names and Numbers* ou Société Internet d'attribution des noms et de numérotation). L'Union internationale des télécommunications (UIT), agence de l'ONU en charge des technologies de l'information et de la communication, a organisé à Dubaï en décembre 2012 une réunion en vue de l'adoption d'un traité révisant le Règlement des télécommunications internationales dans la perspective d'une internationalisation de la gouvernance d'Internet. Ce texte a été adopté par 89 pays. Les pays européens et les États-Unis s'y sont opposés, refusant un contrôle de l'ONU au motif que des États non démocratiques pourraient exercer une influence sur la réglementation de l'Internet.

B) Compétences personnelles

148 La compétence personnelle de l'État est le pouvoir juridique qui lui est reconnu d'agir à l'égard de ses ressortissants se trouvant à l'étranger. Ce pouvoir concerne les personnes physiques et les personnes morales, ainsi que certains biens (navires, aéronefs et engins spatiaux). C'est en vertu du lien juridique par lequel un individu lui est lié, la nationalité, qu'un État peut agir sur ses nationaux se trouvant à l'intérieur comme à l'extérieur de son territoire (voy. nos 92 et s.).

C) Compétence de l'État sur les personnes physiques

149 La compétence de l'État sur les personnes physiques lui permet d'étendre sa compétence personnelle sur un ensemble d'individus qui forment une collectivité politique, mais aussi de les protéger face à toute atteinte à leurs droits fondamentaux.

1. La détermination de la nationalité

150 Chaque État a la compétence exclusive pour attribuer une nationalité : « Le droit international laisse à chaque État le soin de déterminer l'attribution de sa propre nationalité », affirme la Cour internationale de justice dans l'affaire *Nottebohm* (CIJ, 6 avril 1955). *A contrario*, tout État reste libre de retirer une nationalité. Ce retrait est considéré comme une compétence discrétionnaire de l'État.

De même, chaque État est libre de déterminer les critères qui permettent l'octroi d'une nationalité (qu'il s'agisse d'une nationalité originaire qui s'impose à chaque citoyen ou d'une nationalité acquise par naturalisation). En général, les États utilisent, séparément ou conjointement, le *jus sanguinis*, c'est-à-dire le droit du sang (est national d'un État celui qui est né de parents possédant la nationalité de cet État), et le *jus soli*, c'est-à-dire le droit du sol (est national d'un État celui qui est né sur le territoire de cet État), comme critères permettant d'attribuer une nationalité. Quant à la naturalisation, elle résulte soit du séjour prolongé d'un étranger sur le territoire d'un État, soit d'un mariage avec un national.

2. Les conflits de nationalités

151 Il peut arriver qu'un individu dispose de deux ou de plusieurs nationalités (par exemple à la suite d'un mariage) ou, au contraire, se voie dénier toute nationalité. On parle alors de « conflit de nationalités ». Suivant le cas, un tel conflit sera qualifié de « positif » ou de « négatif ».

Un conflit positif de nationalité apparaît lorsqu'il y a concurrence entre deux législations en matière de nationalité. Par exemple, une législation affirme que, lors d'un mariage, une épouse obtient la nationalité de son mari alors qu'une autre législation l'oblige à conserver sa propre nationalité ou ne lui permet pas d'en acquérir une seconde.

Un conflit négatif de nationalité surgit lorsqu'un individu n'entre dans le champ d'application d'aucune législation nationale : il est alors considéré comme apatride. Une telle situation d'apatridie peut se constituer lorsqu'un individu a perdu sa nationalité sans acquérir celle d'un autre pays : dès lors, il ne se trouve plus rattaché à aucun ordre juridique national (voy. n° 99). C'est aussi le cas pour les enfants nés de père inconnu, disparu ou décédé, dans les 25 pays qui, encore actuellement, ne permettent pas aux femmes de transmettre leur nationalité.

D) Compétence de l'État sur les personnes morales

152 Les personnes morales (sociétés, associations...) sont rattachées à chaque État par un lien de nationalité. Comme pour les personnes physiques, cette compétence discrétionnaire est subordonnée à certains critères qui déterminent le lien juridique existant entre les personnes morales et l'État.

Trois systèmes de rattachement sont pratiqués par les États dans le cadre de leurs compétences sur les personnes morales :

- le premier système, essentiellement appliqué par les pays de tradition britannique ou les États-Unis, retient le critère de l'enregistrement ou « incorporation ». La nationalité d'une société sera ainsi celle du pays où elle a été enregistrée. Ce système ne prend pas en compte la nationalité des actionnaires, des fondateurs ou du siège social ;
- le deuxième système (retenu par la France) prend en compte le critère du rattachement, c'est-à-dire du siège social pour déterminer la nationalité d'une société ;
- le troisième système de rattachement, qui a été notamment utilisé pendant la Première Guerre mondiale afin de savoir si des personnes ennemies contrôlaient certaines sociétés nationales, a pour critère la nationalité des dirigeants de la société ou de ses actionnaires (c'est ce qu'on appelle « le lien effectif »). Il semble que le contrôle des personnes à la tête d'une société ne soit effectué qu'à titre exceptionnel ; le droit international ne retient que très rarement le critère du contrôle effectif.

E) Compétence de l'État sur les biens

153 Si les biens ont en général la nationalité de leur propriétaire, certains d'entre eux, en raison de leurs spécificités, comme les navires, les aéronefs et les engins spatiaux, échappent à cette règle. La nationalité de ces biens est alors le plus souvent définie par voie conventionnelle.

1. Les navires

154 Les conventions internationales limitent le pouvoir détenu par l'État dans l'immatriculation des navires, en affirmant notamment que ces derniers doivent posséder une seule nationalité et que tout changement doit être accompagné de garanties. L'article 92 de la Convention de Montego Bay du 10 décembre 1982 dispose ainsi que « l'État doit notamment exercer effectivement sa juridiction et son contrôle dans les domaines techniques, administratif et social sur les navires battant son pavillon ». Mais ces dispositions ont peu d'effet sur la pratique des « pavillons de complaisance » proposés par des États peu soucieux de leur lien avec l'armateur et qui n'entendent pas exercer sur ce dernier de contrôle effectif, notamment en matière de protection sociale ou de sécurité de la navigation.

2. Les aéronefs

155 La Convention de Chicago du 7 décembre 1944 sur la navigation aérienne précise que les aéronefs n'ont qu'une nationalité, celle de l'État où ils ont été immatriculés. Cependant, dans le cadre d'entreprises internationales d'exploitation, l'immatriculation des aéronefs peut être commune à l'ensemble des États qui en sont membres.

3. Les engins spatiaux

156 Le traité sur l'espace du 27 janvier 1967 (voy. n° 90) prévoit que l'engin spatial reste sous la juridiction de son État d'immatriculation, qu'il se trouve dans l'espace ou sur un corps céleste. Si l'engin atterrit sur le territoire d'un autre État ou s'abîme en haute mer, il doit être restitué à l'État de lancement. La Convention sur l'immatriculation des objets lancés dans l'espace extra-atmosphérique a précisé ces dispositions. Le lien de rattachement (entre l'État et l'engin), réalisé par l'immatriculation, entraîne la responsabilité de l'État de lancement en cas de dommage (provoqué par exemple par la désintégration d'un satellite). Ces règles s'appliquent aux organisations internationales qui exercent des activités spatiales (l'Agence spatiale européenne par exemple).

F) Compétences internationales

157 Dans certaines circonstances, aujourd'hui exceptionnelles, l'État peut être amené à exercer des compétences territoriales sur un autre territoire que le sien où, sans être titulaire d'une pleine souveraineté, il détient certains droits. Les différentes situations qui permettent à un État d'étendre une partie de sa souveraineté au-delà de ses frontières peuvent résulter soit d'une volonté de la communauté internationale ou d'un État, soit d'une opération militaire.

1. La cession de territoire

158 La cession de territoire, qualifiée aussi de cession à bail, permet à un État, tout en restant titulaire de la souveraineté territoriale, de céder un territoire à un autre État, le plus souvent de manière temporaire (entre 25 et 99 ans).

À la fin du XIXe siècle, les grandes puissances ont beaucoup utilisé cette technique de cession de territoire, en particulier aux dépens de la Chine. L'occupation par les États-Unis de Guantánamo à Cuba relève également de ce cas de figure (traités de 1903 et 1934). Plus récemment, à partir de 1947, la cession de territoires a permis aux États-Unis d'installer des bases militaires dans plusieurs territoires étrangers (Europe, Pacifique, Océan indien) et au Royaume-Uni d'établir des bases à Chypre pour une durée indéterminée (traité du 6 juillet 1960).

Ces situations particulières sont aujourd'hui devenues rares, en particulier depuis la rétrocession à la Chine de Hong Kong (occupé par le Royaume-Uni) en 1997 et de Macao (occupé par le Portugal) en 1999, sous la réserve du maintien pour ces territoires d'un statut spécial pendant cinquante ans à compter de leur rétrocession, un engagement que la Chine ne respecte toutefois désormais plus (voy. n° 641).

2. Le protectorat

159 Le protectorat, régime établi dans le cadre des dominations coloniales et aujourd'hui disparu, se caractérisait par un partage des compétences entre un État protecteur et un État protégé qui gardait sa personnalité internationale (Tunisie et Maroc avec la France, avant 1956, par exemple). L'État protecteur était habilité à représenter l'État protégé dans les relations diplomatiques internationales mais pouvait aussi intervenir dans la conduite des affaires intérieures

de son protégé. Dans le cadre de ce régime international, l'État protecteur établissait sur le territoire de l'État protégé sa propre administration financière, judiciaire, policière...

3. Le mandat

160 Le régime juridique du mandat a été créé après la Première Guerre mondiale, dans le cadre du démembrement de l'empire colonial allemand et de l'Empire ottoman. Les colonies de l'Allemagne et les territoires détachés de l'Empire ottoman ont ainsi été placés sous un régime juridique transitoire, le mandat, qui devait leur permettre d'accéder à terme à l'indépendance. Les mandats étaient de trois types selon le degré de développement du territoire : A (accession rapide à l'indépendance), B (nécessité d'un contrôle mandataire plus étroit), C (administration directe par la puissance mandataire).

Tableau 6 **Le régime du mandat et son évolution**

Type	États mandataires	Territoires sous mandat	Fin du mandat
A	France	Syrie Liban	1946 (indépendance) 1946 (indépendance)
	Royaume-Uni	Irak	1932 (indépendance)
		Palestine	1948 (partition entre Israël, devenu indépendant et la Jordanie)
		Transjordanie	1946 (indépendance, devient la Jordanie en 1948)
B	France, Royaume-Uni (pour une partie du Cameroun)	Togo	1946 (tutelle puis indépendance en 1960)
		Cameroun	1947 (tutelle puis indépendance en 1960-1961)
	Royaume-Uni	Tanganyika	1946 (tutelle puis indépendance en 1961)
	Belgique	Rwanda-Burundi	1946 (tutelle puis indépendance du Rwanda et du Burundi en 1962)
C	Union sud-africaine	Sud-Ouest africain	1949 (incorporation de fait à l'Afrique du Sud dont le mandat sur ce pays fut retiré par l'ONU en 1966, indépendance en 1990 sous le nom de Namibie)
	Royaume-Uni	Nauru	1947 (tutelle puis indépendance en 1968)
	Australie	Nouvelle-Guinée	1947 (tutelle puis indépendance en 1975)
	Nouvelle-Zélande	Samoa occidentales	1947 (tutelle puis indépendance en 1962)
	Japon	Îles Mariannes	1947 (tutelle des États-Unis puis en 1986 séparation de Guam et des Mariannes du Nord comme territoires autonomes associés aux États-Unis)
		Îles Caroline	1947 (tutelle des États-Unis puis indépendance en 1986 [Micronésie] et 1994 [Palaos])
		Îles Marshall	1947 (tutelle des États-Unis puis indépendance en 1986)

Les mandataires n'étaient dotés que de compétences de nature administrative, sous le contrôle de la Société des Nations, le mandat n'étant ni une cession de territoire, ni un transfert de souveraineté.

4. La tutelle

161 Le régime de tutelle ou ***trusteeship*** a été établi par le chapitre XII de la Charte des Nations Unies (art. 75 à 85) afin de renforcer le contrôle institutionnel des territoires relevant du mandat avant 1945. L'ONU était ainsi compétente pour accepter les accords de tutelle, pour effectuer elle-même l'administration de ces territoires par l'intermédiaire du Conseil de tutelle, ainsi que pour désigner les États administrants, comme cela a été par exemple le cas avec les mandats japonais dans le Pacifique (îles Mariannes, Caroline et Marshall), qui ont été confiés à la tutelle des États-Unis.

Ce nouveau statut a permis d'établir de nombreuses garanties pour les peuples sous mandat, parmi lesquelles l'accession à l'indépendance et le respect des droits de l'homme. Il est aujourd'hui tombé en désuétude avec l'accession à l'indépendance de tous les pays qui y étaient soumis.

E4 **La question du Sud-Ouest africain**

Le Sud-Ouest africain, devenu colonie allemande en 1884, a été conquis en 1915 par l'Union sud-africaine, qui se voit attribuer un mandat de la SDN en 1920. En 1949, l'Afrique du Sud annexe le pays *de facto* et y déploie une politique d'apartheid, système imposant une séparation physique et territoriale, ainsi qu'une hiérarchisation des « groupes raciaux » constitutifs de la société sud-africaine.

Le 27 octobre 1966, l'Assemblée générale des Nations Unies adopte la résolution 2145 (XXI) mettant fin au mandat de l'Union sud-africaine. Le Conseil pour la Namibie (nouveau nom du Sud-Ouest africain) est alors déclaré compétent pour administrer ce territoire. Puis, par sa résolution 264 du 20 mars 1969, le Conseil de sécurité demande à l'Union sud-africaine de se retirer de ce pays, avant de déclarer sa présence illégale (résolutions 276 et 284 du 30 janvier et du 29 juillet 1970), une décision dont la légalité est confirmée par un avis consultatif de la Cour internationale de justice du 21 juin 1971.

Malgré cela, l'indépendance de la Namibie n'est pas effective. L'opposition entre le mouvement de libération nationale (SWAPO - *South West African People's Organisation*) et les forces de l'Afrique du Sud reste vive. Des négociations entre les États parties au conflit (Afrique du Sud, Angola et Cuba avec une médiation américaine) conduisent finalement aux accords de Governors Islands du 13 juillet 1988, qui débouchent, avec les accords de New York du 22 décembre 1988, sur le retrait parallèle des forces sud-africaines de Namibie (fixé à juillet 1989) et des troupes cubaines d'Angola (à l'échéance de juillet 1991). Le 16 février 1989, le Conseil de sécurité crée, dans le cadre de sa résolution 632, le Groupe d'assistance des Nations Unies pour la période de transition (GANUPT) avant que la Namibie n'accède à l'indépendance le 21 mars 1990.

---

5. Le condominium

162 Le régime historique du condominium a permis à deux ou plusieurs États d'exercer leurs compétences étatiques sur un même territoire. Avant la proclamation de son indépendance en 1956, le Soudan était un condominium anglo-égyptien depuis la convention du 19 janvier 1899. De même, les Nouvelles-Hébrides étaient devenues un condominium franco-britannique en 1906, avant d'accéder à l'indépendance sous le nom de Vanuatu en 1980.

6. La servitude internationale

163 La servitude internationale est le fait pour un État de confier à un autre État, par voie de traité, certaines des compétences administratives, législatives ou judiciaires qui lui sont propres en tant qu'État souverain. Dans une sentence du 7 septembre 1910 (Affaire anglo-américaine des pêcheries de l'Atlantique), la Cour permanente d'arbitrage a affirmé que la servitude est « peu conforme au principe de souveraineté ». Néanmoins, ce régime reste en usage dans certains cas pour des raisons pratiques. L'État monégasque a ainsi confié ses fonctions douanières à l'État français par la Convention d'union douanière du 18 mai 1963.

7. L'occupation militaire

164 Cette situation est la conséquence d'un conflit et d'une victoire de la puissance occupante. Elle suppose la présence de forces militaires d'un État sur le territoire d'un autre État, permettant aux autorités d'occupation d'exercer à titre exclusif sur ce territoire des compétences sur les biens et les personnes. L'occupation militaire ne conduit pas à un transfert de souveraineté de l'État occupé ou d'une partie de son territoire vers l'État occupant. Les forces d'occupation sont en outre tenues de respecter le droit international humanitaire.

L'occupation militaire peut être entérinée par un accord international. C'est ainsi que l'occupation syrienne du Liban a pu être autorisée par les accords de Taëf (Arabie saoudite) passés entre le Liban et la Syrie le 22 octobre 1989. Les forces syriennes n'ont évacué le Liban qu'en avril 2005, après le vote par le Conseil de sécurité de la résolution 1559 du 2 septembre 2004.

L'occupation militaire peut être le fait d'un seul État, comme l'occupation par Israël de la bande de Gaza et de la Cisjordanie à partir de 1967 (les Israéliens se sont retirés unilatéralement de la bande de Gaza en août 2005, gardant toutefois le contrôle des frontières terrestres, aériennes et maritimes de ce territoire).

Lorsque plusieurs puissances sont victorieuses, elles peuvent se répartir des zones d'occupation sur le territoire du pays vaincu, comme ce fut le cas de l'Allemagne ou de l'Autriche après 1945. Sous une forme différente, la présence sur le sol irakien des troupes de la coalition internationale conduite par les États-Unis a également constitué une occupation militaire partagée entre plusieurs puissances (voy. n°s 548 et s.).

SECTION II
Les limitations de la souveraineté

165 Nous pourrions être tentés de croire que la souveraineté de l'État est absolue, comme dans l'état de nature décrit par Hobbes (voy. n° 5), dans lequel les individus agissent en toute liberté, sans interdits et sans contraintes extérieures. Toutefois, pour pouvoir vivre les uns avec les autres, les États ont depuis longtemps délaissé leur totale liberté au bénéfice d'un ordre juridique international, sans lequel il ne saurait en effet y avoir de coexistence et de coopération durables entre eux : se reconnaissant tous mutuellement comme

des entités souveraines et égales en droit, les États ont ainsi limité leur autonomie en se liant par des engagements internationaux, qui entraînent pour eux des devoirs. Toutefois, en l'absence d'autorité supérieure de sanction des faits illicites, ils restent néanmoins libres d'apprécier en toute indépendance, dans chaque cas d'espèce, quelles sont les exigences du droit international. Leur marge de manœuvre varie en outre selon leur puissance, qui est une autre variable ayant une influence sur leur capacité à exercer leur pleine souveraineté.

§ 1. Les obligations découlant du droit international

166 Chaque État possède sa propre souveraineté, qui se heurte à celle des autres États. Le droit international apparaît comme un instrument permettant aux États de coexister de manière pacifique au sein de la société internationale. Leur souveraineté et l'ensemble des compétences qui en découle sont limités par ce droit dont, en dernière analyse, elles dépendent. Les États ont donc d'abord l'obligation de respecter l'ordre juridique international. Par exemple, ils n'ont plus, dans le monde contemporain, la compétence du recours à la force, sauf en cas de légitime défense, et ont une obligation de règlement pacifique de leurs différends ; ils ne peuvent pas non plus s'ingérer dans les affaires intérieures d'un autre État.

A) Le respect de l'ordre juridique international

167 La faculté de contracter des engagements internationaux est un attribut de la souveraineté d'un État, comme l'a souligné la CPJI dans l'affaire du vapeur *Wimbledon* (arrêt n° 1 du 17 août 1923). L'article 6 de la Convention de Vienne sur le droit des traités précise que : « Tout État a la capacité de conclure des traités ». Dans l'exercice de leur souveraineté, les États acquièrent ainsi des droits ou contractent des obligations au titre de leurs engagements conventionnels. La validité de ces droits et obligations est elle-même garantie par l'existence d'un ordre juridique international.

B) La prohibition du recours à la force et l'obligation du règlement pacifique des différends

1. La prohibition du recours à la force

168 En 1919, après la Première Guerre mondiale, face à l'ampleur des pertes humaines et des destructions, les pays vainqueurs ont décidé, à travers le Pacte de la Société des Nations, d'établir un système de sécurité collective en réglementant le recours à la force armée (art. 12, 13 et 15). Aux termes de l'article 12 du Pacte, tous les États membres s'engageaient, en cas de « différend susceptible d'entraîner une rupture », à le soumettre « soit à la procédure de l'arbitrage, soit à l'examen du Conseil » de la SDN. Ils ne devaient « en aucun cas » « recourir à la guerre avant l'expiration d'un délai de trois mois après la sentence des arbitres ou le rapport du Conseil ». L'article 16 prévoyait que tout État membre ayant recours à la guerre en violation des procédures de règlement prévues par le Pacte serait « ipso facto considéré comme ayant

commis un acte de guerre contre tous les autres membres » de la SDN. En application du principe de sécurité collective, toute guerre contre un État membre entreprise en violation des dispositions du Pacte devenait donc une guerre contre l'ensemble des autres États membres.

Le 27 août 1928 a été signé le Pacte Briand-Kellogg (du nom du ministre des Affaires étrangères français et du secrétaire d'État américain) auquel a par la suite adhéré une soixantaine de pays, dont l'Allemagne, l'Italie et le Japon. Aux termes de cet accord, les États parties déclaraient solennellement qu'ils condamnaient le recours à la guerre pour le règlement des différends internationaux et y renonçaient en tant qu'instrument de politique nationale dans leurs relations mutuelles. Ils s'engageaient à rechercher le règlement de « tous les différends ou conflits, de quelque nature ou de quelque origine qu'ils puissent être », qui pourraient surgir entre eux, exclusivement par « des moyens pacifiques ». La France y avait souscrit sous deux réserves : le droit de légitime défense et le respect des obligations contractées dans le cadre de la SDN et des accords de Locarno d'octobre 1925, qui garantissaient les nouvelles frontières occidentales de l'Allemagne et la démilitarisation de la Rhénanie. Conclu pour impliquer les États-Unis (qui ne participaient pas à la SDN) dans le maintien de la sécurité internationale, le Pacte ne prévoyait cependant aucune sanction en cas de violation de ses dispositions. L'effondrement du système de sécurité collective de la SDN au cours des années 1930 a fait perdre au Pacte l'essentiel de sa pertinence pratique.

Après la Seconde Guerre mondiale, l'établissement de l'Organisation des Nations Unies, tel qu'énoncé dans le préambule et l'article 1 de sa Charte constitutive adoptée en 1945, a eu pour principal objectif, d'une part, de « préserver les générations futures du fléau de la guerre » et, d'autre part, de « maintenir la paix et la sécurité internationales ». Ce dessein est précisé dans l'article 2, paragraphe 4, de la Charte, qui prévoit que « les Membres de l'Organisation s'abstiennent, dans leurs relations internationales, de recourir à la menace ou à l'emploi de la force, soit contre l'intégrité territoriale ou l'indépendance politique de tout État, soit de toute autre manière incompatible avec les buts des Nations Unies ». Ainsi, toute intervention armée d'un État sur le territoire d'un autre État est interdite, à moins qu'elle ne soit réalisée conformément à l'article 42 de la Charte des Nations Unies relatif à une action collective armée déterminée par le Conseil de sécurité en cas de menace contre la paix, de rupture de la paix ou d'agression (chapitre VII) ou en application du droit de légitime défense individuelle et collective consacré à l'article 51.

La prohibition du recours à la force pour le règlement des différends entre États ne résulte cependant pas seulement de la Charte des Nations Unies. Cette prohibition est aujourd'hui devenue, comme l'a souligné la Cour internationale de justice, un principe de droit coutumier indépendant des dispositions de la Charte. La Cour a ainsi précisé en 1986, dans l'affaire des activités militaires et paramilitaires au Nicaragua, que « le principe du non-emploi de la force peut être considéré comme un principe de droit international coutumier, non conditionné par les dispositions relatives à la sécurité collective ».

2. L'obligation du règlement pacifique des différends

169 Parallèlement à l'interdiction du recours à la force, la Charte des Nations Unies affirme, dans son article 2, paragraphe 3, et dans son article 33, l'obligation pour les États de résoudre par des moyens pacifiques tout différend dont la prolongation est susceptible de menacer le maintien de la paix et de la sécurité internationales. L'article 33 cite, à titre d'exemples, parmi les moyens de règlement pacifique des différends, la négociation, l'enquête, la médiation, la conciliation, l'arbitrage, le règlement judiciaire ou le recours aux organismes ou accords régionaux.

Les États ont donc une obligation de négocier de bonne foi en vue d'aboutir à un résultat mais ils ne sont pas tenus de conclure un accord. Le 20 février 1969, la Cour internationale de justice a souligné, dans l'affaire du Plateau continental de la mer du Nord, que « [l]es parties ont l'obligation de se comporter de telle manière que la négociation ait un sens, ce qui n'est pas le cas lorsque l'une d'entre elles insiste sur sa propre position sans envisager aucune modification ».

La négociation est un préalable : elle permet de préciser l'objet du litige et de définir, en cas d'échec des conversations bilatérales, les conditions d'un recours à d'autres modes de règlement, tels que l'appel à des tiers pour des missions de bons offices ou de médiation ou encore la saisine d'une juridiction ayant le pouvoir de prendre une décision obligatoire (organe arbitral ou Cour internationale de justice).

3. La question de l'agression et de la légitime défense

170 Jusqu'en 1919, l'agression n'était pas une notion centrale du droit international. Il était tout au plus question, dans les clauses – éventuellement secrètes – des divers traités d'alliance, d'attaques non provoquées. Puis, le système de sécurité collective établi par la SDN a fait de l'agression un sujet essentiel. Dans l'article 10 du Pacte de la SDN, les États membres s'étaient ainsi engagés à « respecter et maintenir contre toute agression extérieure l'intégrité territoriale et l'indépendance politique » de tous les autres États membres. Les conséquences d'une violation de cette obligation étaient cependant mal définies. Il appartenait seulement au Conseil, « en cas d'agression, de menace ou de danger d'agression », d'aviser aux moyens d'en assurer l'exécution.

La Charte des Nations Unies est plus explicite : son chapitre VII donne au Conseil de sécurité de l'Organisation de larges pouvoirs d'action coercitive, y compris le recours à la force, pour faire cesser un acte d'agression. L'article 51 reconnaît le « droit naturel » à la légitime défense individuelle et collective « dans le cas où un membre des Nations Unies est l'objet d'une agression armée ».

Selon la Cour internationale de justice (arrêt précité dans l'affaire des activités militaires et paramilitaires au Nicaragua), la légitime défense est aussi, comme la prohibition du recours à la force pour le règlement de différends, un principe de droit coutumier. La définition des conditions et des limites de la légitime défense relève donc, dans le silence de la Charte, du droit coutumier, en particulier la règle selon laquelle la légitime défense ne justifie que des « mesures proportionnées à l'agression armée subie et nécessaires pour y riposter ».

De plus, comme le relève également la Cour dans l'arrêt précité, la définition de l'agression armée n'est pas énoncée par la Charte et ne fait pas partie du droit conventionnel. La Cour estime cependant que « l'accord paraît aujourd'hui général sur la nature des actes pouvant être considérés comme constitutifs d'une agression armée ». Des éléments de définition d'ordre coutumier peuvent être trouvés dans des documents qui semblent refléter un consensus international, à l'instar de la résolution 3314 (XXIX) de l'Assemblée générale des Nations Unies du 14 décembre 1974, mais leur application aux situations concrètes est très souvent controversée. On notera à ce propos que, dans la résolution précitée, l'agression n'est pas seulement définie par la violation des frontières d'un État, mais aussi par l'envoi, sur le territoire d'un État, de « bandes ou groupes armés » se livrant à des actes de force armée d'une gravité équivalente.

C) Le *jus in bello* et la formation du droit international humanitaire

171 Le droit international classique tolérait, avant la Première Guerre mondiale, le recours à la force armée, considéré comme un moyen licite par lequel les États pouvaient non seulement se défendre mais aussi défendre leurs droits. La guerre était alors considérée comme une compétence discrétionnaire de l'État, ce dernier restant seul juge de sa nécessité. L'État avait un droit à faire la guerre (*jus ad bellum*), droit fondamental et subjectif, inhérent à sa souveraineté.

Au tournant des XIXe et XXe siècles, on a commencé à réglementer la conduite de la guerre. Il s'agissait alors de définir un droit dans la guerre ou *jus in bello*, distingué du droit à faire la guerre ou *jus ad bellum*. Les premières formes de réglementation de l'usage de la force ont fait l'objet en particulier de trois conventions : la Convention de Genève de 1864, à l'origine de la Croix-Rouge, concernant la protection des militaires blessés ou malades et les deux Conventions de La Haye de 1899 et 1907. Loin de remettre en cause la compétence discrétionnaire des États à recourir à la force, la convention de 1907 se contentait de réglementer les formes de l'ouverture des hostilités (déclaration de guerre). En revanche, les deux Conventions de La Haye renforçaient sensiblement le *jus in bello* en prévoyant notamment des limitations dans le choix des moyens de nuire à l'ennemi et en stipulant que les civils et les combattants mis hors de combat devaient être épargnés.

172 Ces conventions sont à l'origine de l'actuel droit international humanitaire (DIH). Ce dernier repose essentiellement sur les quatre Conventions de Genève de 1949, entrées en vigueur en 1950, et sur leurs trois protocoles additionnels de 1977, entrés en vigueur en 1978 (protocoles I et II), et de 2005, entré en vigueur en 2007 (protocole III). La première Convention de Genève protège les soldats blessés ou malades sur terre. La deuxième les militaires blessés, malades ou naufragés en mer. La troisième s'applique aux prisonniers de guerre et la quatrième assure la protection des civils, notamment en territoire occupé. D'autres conventions prohibent certaines armes (chimiques, biologiques, mines antipersonnel, armes à sous-munitions…) en raison de leurs effets contraires au DIH (voy. n°s 499 et s.).

Au cœur du DIH se trouvent les principes de distinction et de proportionnalité. En vertu du premier principe, les belligérants doivent en tout temps réserver l'emploi des armes aux objectifs militaires légitimes et épargner la population civile et ses biens. Le fait de prendre délibérément des civils pour cible constitue un crime de guerre. Le second principe prévoit que les actions armées soient proportionnelles à l'avantage militaire recherché.

Il convient de souligner que le droit international humanitaire ne s'applique qu'en cas de conflit armé, interétatique ou civil. Il ne comporte aucune disposition exonérant un État des obligations qu'il impose : il doit être respecté en toutes circonstances, dans toute situation de conflit armé, international ou interne, par les parties à ce conflit, État ou groupe armé non étatique.

Les cas de non-respect du droit international humanitaire sont cependant fréquents. Les seules sanctions possibles en ce cas sont celles des juridictions nationales, parfois celles des vainqueurs – avec alors un risque de partialité –, et, plus récemment, celles des tribunaux pénaux internationaux et de la Cour pénale internationale (voy. n°s 232 et s.).

D) Le recours unilatéral à des contre-mesures

173 Les États peuvent prendre unilatéralement des contre-mesures, même intrinsèquement illicites, lorsqu'il s'agit de répondre à un acte illicite antérieur commis par l'État contre lequel elles sont dirigées, l'illégalité initiale constituant une circonstance qui couvre l'illégalité de la réponse. Ces actes unilatéraux ont pour but de faire pression sur un État afin qu'il mette fin à la violation des droits de l'État qui en est l'auteur ou même à une violation alléguée du droit international.

Suivant les circonstances et leurs caractères, les contre-mesures constituent des actes de rétorsion ou de représailles. En principe, les actes de rétorsion sont intrinsèquement licites, alors que les représailles ne le sont pas. Cette distinction est cependant difficile en pratique dans la mesure où il y a rarement consensus sur la licéité intrinsèque des actes concernés.

Les mesures de rétorsion peuvent se traduire par le rappel de l'ambassadeur, la rupture des relations diplomatiques, le non-renouvellement d'accords commerciaux, l'interruption de négociations, la suspension de l'aide publique au développement…

Les représailles sont, malgré leur caractère intrinsèquement illicite, acceptées par le droit international à certaines conditions dès lors qu'elles répondent à un acte illicite : ce principe a été posé par la jurisprudence dans les affaires *Naulilaa* du 31 juillet 1928 et *Lysne* du 30 juin 1930 (RSA, II), ces sentences arbitrales reconnaissant comme licites les représailles si :

- elles sont proportionnées à l'acte illicite qui a été commis ;
- elles sont dirigées contre l'auteur des actes illicites ;
- elles représentent le seul moyen d'obtenir satisfaction ;
- elles sont réalisées après une mise en demeure restée infructueuse.

En outre, selon les travaux de la Commission de droit international sur la responsabilité des États, les représailles ne doivent pas entraîner de graves bouleversements politiques et économiques ou porter atteinte aux droits fondamentaux de la personne humaine.

Les représailles prennent souvent la forme d'une interruption des relations économiques et financières normales, en violation soit d'accords bilatéraux en vigueur, soit des règles générales régissant ces relations. À titre d'exemples, on peut citer les mesures prises par les États-Unis à l'encontre de l'Iran après la prise en otage, en novembre 1979, des personnes se trouvant à l'ambassade américaine à Téhéran (blocus commercial, gel des avoirs iraniens). On peut également mentionner l'embargo que le Congrès américain a décrété contre Cuba le 3 février 1962, complété par la loi « Helms-Burton » du 12 mars 1996, qui menace de sanctions les sociétés étrangères qui investiraient dans ce pays ou commerceraient avec lui. Depuis 1992, l'Assemblée générale des Nations Unies condamne régulièrement cet embargo, qu'elle qualifie de blocus économique et financier (résolution 47/19 du 24 novembre 1992). En janvier 2015, dans le cadre de la politique de rapprochement avec Cuba décidée par le président Obama, les États-Unis ont commencé à alléger les restrictions portant sur leurs relations économiques avec l'île. Après le durcissement de ces relations sous la présidence Trump, le président Joe Biden a levé en mai 2022 plusieurs restrictions visant Cuba.

174 La pratique consistant à adopter des contre-mesures ou « sanctions » en réponse à une atteinte portée aux droits subjectifs de l'État qui les adopte ou encore à une violation alléguée du droit international est ancienne. On peut citer à cet égard l'embargo partiel américain à l'encontre de l'URSS à la suite de l'intervention de ce pays en Afghanistan en 1979. En 1982, pendant la guerre des Malouines (Falkland) qui a opposé l'Argentine au Royaume-Uni, les États membres de la Communauté économique européenne (future Union européenne) avaient interdit toute importation en provenance d'Argentine.

Les Occidentaux, en particulier les États-Unis et l'Union européenne, semblent recourir de plus en plus fréquemment à ce type de mesures. Les pays occidentaux ont ainsi pris de manière unilatérale, indépendamment des décisions du Conseil de sécurité, des sanctions commerciales et bancaires de grande ampleur contre l'Iran, en particulier à partir de 2012, en raison du programme nucléaire de ce pays, considéré comme ayant une finalité militaire (voy. n°s 561 et s.). Après l'annexion de la Crimée par la Russie (voy. n°s 604 et s.), l'Union européenne a décidé en mars 2014 d'interdire l'entrée sur le territoire de ses États membres à des personnalités russes et ukrainiennes jugées responsables d'avoir agi contre la souveraineté, l'intégrité territoriale et l'indépendance de l'Ukraine ; elle a également gelé leurs avoirs. En juillet 2014, en réponse aux actions jugées déstabilisatrices de la Russie dans l'est de l'Ukraine, l'Union européenne est passée à une nouvelle phase en adoptant des contre-mesures économiques interdisant notamment le financement de grandes banques russes à capitaux publics, ainsi que les exportations de biens et technologies militaires ou à double usage, civil et militaire ; la vente à la Russie d'équipements et technologies liés à l'énergie a également été prohibée. Il est en outre devenu interdit à la Banque européenne d'investissement (BEI) de financer de nouveaux projets en Russie. Quant aux relations économiques et financières avec la Crimée, elles ont été considérablement réduites en décembre 2014 (interdiction des importations, de tout investissement, des activités touristiques et d'une large gamme d'exportations). Les États-Unis ont adopté des mesures analogues à l'égard de la Russie, et, plus largement, ont durci ces contre-mesures en raison notamment de violations des droits de l'homme, d'ingérence dans la campagne pour les élections présidentielles de 2016 et, plus récemment, d'attaques informatiques.

L'invasion de grande ampleur de l'Ukraine par la Russie, en février 2022, a conduit les Occidentaux à prendre les mesures les plus drastiques jamais décidées envers Moscou. Outre les sanctions à l'encontre d'oligarques et de dirigeants de grandes sociétés, de nombreuses banques russes ont été exclues du système de paiement international SWIFT et le projet de livraison de gaz Nord Stream 2 entre la Russie et l'Allemagne a été gelé. Le gouvernement russe a répondu par des contre-mesures commerciales et diplomatiques et par l'arrêt de livraison de gaz à plusieurs pays.

Faute de consensus international sur les règles gouvernant la responsabilité internationale, cette pratique de contre-mesures unilatérales dépend entièrement de l'appréciation portée par les États qui les prennent sur la licéité du comportement de l'État tiers visé.

175 Les représailles armées sont des actes de contrainte militaire exercés unilatéralement par un État en réaction à un fait commis par un autre État qu'il juge illicite. Ces actes sont généralement reconnus comme contraires au droit international lorsqu'ils ne constituent pas une riposte directe à des actes de même nature. Ils sont cependant rarement condamnés par le Conseil de sécurité des Nations Unies. On peut ainsi mentionner l'opération israélienne Raisins de la colère lancée au printemps 1996 à l'encontre des milices du Hezbollah au Sud-Liban, le raid américain d'avril 1986 contre la Libye ou encore les tirs de missiles déclenchés en avril 2017 par les États-Unis contre une base aérienne syrienne en réponse à un emploi de gaz toxiques contre des civils attribué au pouvoir syrien. Un nouvel usage de gaz toxiques imputé au régime syrien en avril 2018 a donné lieu à d'autres attaques aériennes de la part des États-Unis, de la France et du Royaume-Uni contre des installations chimiques syriennes.

E) La non-ingérence dans les affaires intérieures d'un État et ses limites

1. Le principe

176 Le principe de non-ingérence dans les affaires intérieures des États garantit à la fois l'intégrité territoriale et l'exclusivité des compétences des États sur leur territoire. En effet, l'intervention armée ou non armée, individuelle ou collective (par laquelle un État empiète sur la plénitude et l'exclusivité des compétences d'un autre État en portant atteinte à l'égalité souveraine des États) est généralement condamnée par le droit international, sauf cas prévus par la Charte des Nations Unies (décision du Conseil de sécurité en cas de menace contre la paix, rupture de la paix et agression ou légitime défense). « L'intervention interdite doit donc porter sur des matières à propos desquelles le principe de souveraineté des États permet à chacun d'entre eux de se décider librement. Il en est ainsi du choix du système politique, économique, social et culturel et de la formation des relations extérieures. L'intervention est illicite lorsqu'à propos de ces choix, qui doivent demeurer libres, elle utilise des moyens de

contraintes », souligne la Cour internationale de justice dans son arrêt du 27 juin 1986 (affaire des activités militaires et paramilitaires au Nicaragua et contre celui-ci, 1986).

Le principe de non-intervention vise à la fois les actions impliquant l'emploi de la force ou les mesures destinées à déstabiliser un gouvernement ou un pays. Il a été affirmé à diverses reprises par l'Assemblée générale des Nations Unies, notamment dans la résolution 2131 (XX) du 21 décembre 1965 intitulée « Déclaration sur l'inadmissibilité de l'intervention dans les affaires intérieures des États et la protection de leur indépendance et de leur souveraineté », mais aussi dans la résolution 2625 (XXV) du 24 octobre 1970 dénommée « Déclaration relative aux principes du droit international » touchant les relations amicales et la coopération entre les États conformément à la Charte.

Il est néanmoins des cas où la question de la licéité de l'intervention peut se poser : lorsque l'intervention unilatérale d'un État est « sollicitée » par un autre État, lorsque c'est une « intervention d'humanité » ou lorsque est mis en œuvre le droit d'assistance humanitaire, parfois évoqué sous l'appellation « droit d'ingérence ». En 2005, les Nations Unies ont consacré le principe de « responsabilité de protéger », selon lequel la souveraineté ne donne pas seulement à l'État le droit d'exercer librement son autorité sur son territoire mais l'oblige également à protéger sa population contre les violations massives des droits de l'homme dans les quatre cas les plus graves que sont le génocide, le « nettoyage ethnique », les crimes contre l'humanité et les crimes de guerre.

2. L'intervention sollicitée

177 Il peut arriver que le gouvernement d'un État, confronté à de nombreuses difficultés, fasse appel à un État tiers pour lui porter assistance. Pour être licite, cette demande doit résulter de la compétence souveraine du gouvernement en place, être la conséquence d'un accord de défense mutuelle ou résulter d'un traité entre les deux États.

Les exemples d'intervention sollicitée sont nombreux. En 1983, à la demande du président tchadien Hissène Habré, les autorités françaises ont engagé des moyens militaires au Tchad pour repousser une rébellion soutenue par les forces libyennes. Plus récemment, le 11 janvier 2013, la France a lancé une opération militaire au Mali à la demande du président Dioncounda Traoré dans le but de contrer l'offensive de groupes terroristes vers le sud et de préparer le déploiement d'une force africaine d'intervention.

Ces interventions peuvent être sujettes à controverse. L'intervention américaine au Liban de juillet 1958 a suscité les critiques de l'URSS bien qu'elle ait été sollicitée par le président Camille Chamoun. Quant aux interventions de l'URSS en Hongrie (1956), en Afghanistan (1979) ou encore en Syrie (2015), en soutien au régime de Bachar el-Assad, elles ont été condamnées par un grand nombre d'États.

La notion d'intervention sollicitée a également pu être évoquée dans le cadre de la résolution 1546 adoptée le 8 juin 2004 par le Conseil de sécurité, un peu plus d'un an après l'invasion américaine de l'Irak déclenchée en mars 2003. Dans cette résolution, le Conseil de sécurité approuvait la formation du gouvernement intérimaire dirigé par Iyad Allaoui et habilitait également la force multinationale d'occupation « à prendre toutes les mesures nécessaires pour contribuer au maintien de la sécurité et de la stabilité en Irak », conformément à la demande du gouvernement irakien. Un gouvernement reconnu comme souverain par l'ONU demandait ainsi à un autre gouvernement de maintenir la présence de ses troupes d'occupation et l'ONU considérait cette demande comme légitime.

3. L'intervention d'humanité pour la protection de ressortissants

178 L'intervention d'humanité pour la protection de ressortissants, mise en œuvre à partir du XIXe siècle, consiste pour un État à engager des forces armées sur le territoire d'un État étranger afin de protéger ses nationaux et leurs biens contre un péril imminent. Ces interventions peuvent poursuivre des buts humanitaires plus vastes (protection des ressortissants de pays alliés ou proches et, éventuellement, des populations civiles). Toutefois, le motif humanitaire peut dissimuler des finalités politiques, comme on peut supposer que cela a été le cas dans l'intervention des États-Unis en République dominicaine en 1965.

La jurisprudence n'est en principe pas favorable à cette forme d'intervention. Dans son arrêt de 1949 (affaire du détroit de Corfou, 1949), la Cour internationale de justice affirme ainsi que « le droit d'intervention [...] ne saurait [...] trouver aucune place dans le droit international ».

Trois cas paraissent cependant devoir être distingués :

- l'intervention a strictement pour but de protéger des nationaux ou des ressortissants de pays alliés ou proches. C'était par exemple le cas de l'intervention de commandos israéliens sur l'aéroport d'Entebbe en Ouganda en vue de libérer des otages en juillet 1976 ou de l'opération conduite par la France et la Belgique au Rwanda au début du génocide, immédiatement après l'attentat qui avait coûté la vie au président Habyarimana (8 au 14 avril 1994). Les interventions de ce type donnent souvent lieu à des protestations mais semblent, dans la pratique, tolérées. Leur légitimité repose sur le droit de tout État de protéger ses ressortissants et de leur porter secours lorsqu'ils sont en danger sur le territoire d'un État étranger. Elles pourront d'autant moins être contestées qu'elles seront limitées dans le temps, strictement circonscrites à l'objectif d'évacuation de bénéficiaires volontaires, autorisées préalablement par l'État hôte lorsque ses institutions fonctionnent ou par le Conseil de sécurité des Nations Unies et, enfin, impartiales vis-à-vis d'éventuelles factions belligérantes ;
- l'intervention n'a pas pour seul but de protéger des nationaux ou des ressortissants de pays alliés mais elle vise également à exercer des effets politiques sur le terrain. La première intervention française au Rwanda, en octobre 1990, lors de l'intrusion des rebelles armés tutsis en provenance d'Ouganda, entre dans cette catégorie. Dans ce cas, ce n'est pas le motif de protection qui importe mais l'existence d'autres bases juridiques, comme l'accord du gouvernement du pays concerné (comme dans l'exemple de l'intervention française de 1990 au Rwanda) ou l'autorisation du Conseil de sécurité des Nations Unies ;
- le but humanitaire de l'opération dépasse la protection des nationaux ou des ressortissants de pays alliés et s'étend à la protection de populations civiles. Ce cas est examiné dans le paragraphe ci-après.

4. La question de l'intervention humanitaire : droit d'ingérence, responsabilité de protéger

179 Des États sur le territoire desquels se déroulent des catastrophes humanitaires peuvent avoir besoin d'une intervention étrangère. Cette intervention peut être strictement civile mais doit aussi parfois être appuyée par la force.

a) L'aide humanitaire

180 En cas de conflits, d'épidémies soudaines, de catastrophes naturelles ou technologiques, les États dont les populations sont touchées par ces calamités peuvent ne pas être en mesure de prendre les mesures de protection et de secours nécessaires. La communauté des États intervient alors pour suppléer l'État défaillant. Les organismes des Nations Unies – notamment la FAO, le Programme alimentaire mondial (PAM), le Haut-Commissariat des Nations Unies pour les réfugiés (HCR), et le Programme des Nations Unies pour le développement (PNUD) – fournissent aux victimes les vivres, les abris et les soins qui leur sont nécessaires. Au sein du secrétariat des Nations Unies, le Bureau de coordination des affaires humanitaires (BCAH – plus connu sous son acronyme anglais OCHA pour *Office for the Coordination of Humanitarian Affairs*), créé en 1992, a pour mission de coordonner l'assistance apportée par les organismes de l'ONU et de veiller à la cohérence de l'ensemble de l'action humanitaire en cas de crise, y compris celle menée par les ONG. L'Union européenne, premier bailleur d'aide humanitaire au monde, participe activement à cet effort concerté.

Ces actions ne mettent pas en jeu la force armée et respectent strictement la souveraineté des États, dont l'agrément est d'ailleurs requis pour qu'elles puissent être déployées.

Dans l'affaire des activités militaires et paramilitaires au Nicaragua (1986), la Cour internationale de justice a précisé dans les termes suivants les conditions dans lesquelles l'assistance humanitaire doit être apportée pour ne pas avoir le caractère d'une intervention illicite dans les affaires intérieures d'un autre État : « L'assistance humanitaire doit se limiter aux fins consacrées par la pratique de la Croix-Rouge, à savoir "prévenir et alléger les souffrances de l'homme", "protéger la vie et la santé [et] faire respecter la personne humaine", elle doit aussi, et surtout, être prodiguée sans discrimination à toute personne ».

b) La question de l'accès aux secours des populations menacées

181 Il peut arriver, tout particulièrement lors d'un conflit intérieur à un État, que les parties à ce conflit interdisent de fait l'acheminement de l'aide humanitaire.

Le 8 décembre 1988, la résolution 43/131 de l'Assemblée générale des Nations Unies « invite » tous les États ayant besoin d'une assistance humanitaire à « faciliter la mise en œuvre » de cette dernière, une idée reprise dans la résolution 45/100 du 14 décembre 1990, qui évoque la possible « mise en place de couloirs d'urgence ». Il est établi que ce droit de passage des services de secours doit être limité dans le temps (durée nécessaire aux secours), l'espace (sur un trajet) et l'objet (assistance humanitaire).

La mise en place de couloirs d'urgence constitue-t-elle un cas d'ingérence ? Alors que le juriste Mario Bettati (1937-2017) évoque à ce sujet un « droit d'ingérence »[15], il est généralement admis de considérer simplement la mise en place de couloirs d'urgence humanitaire comme une mesure prise par le Conseil de sécurité dans le cadre des pouvoirs qui lui sont reconnus par le chapitre VII de la Charte des Nations Unies (possibilité de recourir à des actions coercitives en cas de menace contre la paix ou de rupture de la paix). Cette interprétation suppose donc de considérer qu'une urgence humanitaire constitue une menace contre la paix ou de rupture de la paix.

Des couloirs d'urgence humanitaire ont ainsi été mis en place en Irak pour venir en aide aux populations kurdes (résolution 688 du 5 avril 1991), en Yougoslavie (résolution 724 du 15 décembre 1991) et en Somalie (résolution 733 du 22 janvier 1992). En Syrie et au Yémen, de nombreuses agences de l'ONU (HCR, OCHA, Haut-Commissariat aux droits de l'homme) ont demandé en vain l'instauration de tels couloirs humanitaires pendant des années. Le Conseil de sécurité, lui, les mentionne régulièrement dans ses résolutions, mais aucune décision n'a été prise en vue de les imposer.

c) Les interventions unilatérales pour des motifs humanitaires

182 La notion de « droit d'intervention humanitaire » est une question de politique internationale très controversée. Lorsqu'une intervention est unilatéralement déclenchée pour des motifs humanitaires proclamés, de nombreux États tiers sont tentés de considérer qu'elle répond en réalité à la recherche, par les puissances intervenantes, de gains politiques et stratégiques. Ce reproche a été formulé contre des pays très divers. Des interventions telles que celle de l'Inde au Pakistan oriental, devenu Bangladesh en 1971, ou encore du Vietnam au Cambodge en 1978 ont ainsi été critiquées par la Chine et les États-Unis. Et ce n'est qu'après le retrait des forces des puissances intervenantes et des négociations internationales qu'il y a eu une normalisation diplomatique : ainsi, c'est après le retrait des forces indiennes en mars 1972 et sa reconnaissance par le Pakistan en février 1974 que le Bangladesh a pu être admis à l'ONU en septembre 1974. S'agissant du gouvernement du Cambodge, il n'a été reconnu par toutes les puissances qu'après le retrait des troupes vietnamiennes en septembre 1989 et des élections générales supervisées par l'ONU au printemps 1993.

Ce processus de normalisation politique n'est pas achevé dans le cas du Kosovo (voy. n° 469) : après l'intervention aérienne de l'OTAN en mars 1999, puis le retrait, en juin, des forces serbes coupables d'exactions contre les populations civiles, le Conseil de sécurité de l'ONU a prévu, par la résolution 1244, un régime politique intérimaire sous la garantie d'une force de l'OTAN, la Force de stabilisation du Kosovo connue sous son acronyme anglais KFOR ou *Kosovo Force* ; bien que le Kosovo ait proclamé son indépendance unilatéralement le 17 février 2008, il n'est toujours pas reconnu par l'ensemble des États, en particulier par la Russie et la Chine, membres permanents du Conseil de sécurité et ne peut donc pas devenir membre des Nations Unies, alors que la KFOR continue de stationner sur son territoire.

---

15. *Le droit d'ingérence – Mutations de l'ordre international*, Paris, Odile Jacob, 1996.

d) La notion de « responsabilité de protéger »

183 En 2000, Kofi Annan, alors secrétaire général des Nations Unies, exprime le souhait que l'ONU tire les leçons de son intervention tardive et hésitante en ex-Yougoslavie et de son inaction lors du génocide perpétré au Rwanda. Dans son rapport du 27 mars 2000 à l'Assemblée générale du Millénaire, il constate ainsi : « Rares sont ceux qui ne pensent pas qu'il faille défendre à la fois le principe de l'humanité et celui de la souveraineté. Hélas, cela ne nous dit pas quel principe devrait prévaloir lorsqu'ils sont en conflit ».

Pour tenter d'apporter une réponse à cette question, une commission internationale indépendante constituée en 2001 par le gouvernement canadien à l'appel de Kofi Annan, la Commission internationale de l'intervention et de la souveraineté des États, plaide pour une nouvelle conception de la souveraineté des États. Son rapport, publié en décembre 2001 et intitulé ***Responsabilité de protéger***, précise que les États souverains ont la responsabilité de protéger leurs propres citoyens contre les violations massives des droits de l'homme. S'ils ne sont pas disposés à le faire ou n'en sont pas capables, cette responsabilité doit être assumée par l'ensemble de la communauté des États.

Le document final de la réunion de 2005 de l'Assemblée générale des Nations Unies au niveau des chefs d'État et de Gouvernement (Sommet mondial des 14 au 16 septembre 2005), s'inspirant de ce rapport, déclare que lorsqu'une population souffre de quatre types de violations massives des droits de l'homme (le génocide, le nettoyage ethnique, les crimes contre l'humanité et les crimes de guerre) et lorsque l'État sur le territoire duquel sont commis ces crimes n'est pas disposé ou apte à y mettre un terme ou à les éviter, la responsabilité internationale de protéger prend le pas sur le principe de non-intervention. Il appartient alors à l'ONU d'agir dans le cadre d'un « dispositif d'alerte rapide », conformément à l'article 24 de la Charte de l'ONU, qui confère au Conseil de sécurité la responsabilité du maintien de la paix et de la sécurité internationales.

Les États membres des Nations Unies n'ont admis la possibilité, en dernier recours, d'un emploi de la force au titre de la « responsabilité de protéger » que sous la réserve d'une autorisation, au cas par cas, du Conseil de sécurité des Nations Unies.

Depuis 2005, le Conseil de sécurité s'est explicitement référé à la responsabilité de protéger dans six résolutions :

- les résolutions 1674 (2006) et 1894 (2009) qui établissent le cadre normatif de l'action du Conseil de sécurité en matière de protection des civils dans les conflits armés ;
- la résolution 1706 (2006) sur la situation au Darfour ;
- les résolutions 1970 (2011) et 1973 (2011) sur la situation en Libye ;
- la résolution 1975 (2011) sur la situation en Côte d'Ivoire.

La résolution 1973 du Conseil de sécurité a établi une zone d'exclusion aérienne en Libye, dans un but de protection de la population civile libyenne contre les bombardements conduits par les forces du régime du colonel Kadhafi. Elle a autorisé les États membres, en l'espèce une coalition animée par la France, le Royaume-Uni et les États-Unis, mais qui comprenait également des pays arabes, à prendre toutes mesures nécessaires, y compris militaires, pour faire respecter cette interdiction de vol et pour protéger les populations et les zones civiles de Libye menacées d'attaque. L'action militaire n'était donc autorisée que pour la protection des populations civiles. C'est la raison pour laquelle la résolution excluait « le déploiement d'une force d'occupation étrangère sous quelque forme que ce soit et sur n'importe quelle partie du territoire libyen ». Cette restriction n'a toutefois pas empêché les États de la coalition d'interpréter largement le mandat du Conseil de sécurité en mettant en œuvre leurs moyens militaires non seulement pour faire cesser les attaques contre les populations civiles, mais aussi pour soutenir l'opposition armée libyenne (Conseil national de transition).

Cet élargissement de fait de la mission militaire a suscité des critiques, notamment de la part de certains pays africains ainsi que de la Russie et de la Chine, membres permanents du Conseil de sécurité. Ces deux derniers pays y ont trouvé des arguments pour critiquer un usage, à leurs yeux, indu, de la notion de responsabilité de protéger. C'est une des raisons de leur opposition à tout usage par le Conseil de sécurité de la notion de responsabilité de protéger pour mettre un terme à la crise humanitaire que connaît la Syrie à partir de mars 2011. La Russie et la Chine ont en particulier opposé leur veto aux nombreux projets de résolution condamnant les autorités syriennes et, plus récemment, les autorités du Myanmar pour la répression brutale de leurs populations civiles.

§ 2. Les obligations découlant de l'appartenance à une organisation internationale

184 Si la conclusion d'un traité est un attribut de la souveraineté des États, il crée aussi des obligations qui limitent la compétence des États signataires. Un traité instituant une organisation internationale définit les droits et les obligations des États membres : en donnant à l'organisation les compétences qui lui permettront de s'acquitter de ses fonctions, les États se lient aux obligations prévues par son traité constitutif.

A) L'application des obligations contenues dans le traité constitutif

185 Une organisation intergouvernementale est créée par un traité constitutif qui détermine à la fois les droits et les devoirs des États souverains parties au traité, mais aussi la structure et les compétences respectives des organes propres à cette organisation. Les États membres d'une organisation internationale sont liés par l'ensemble des dispositions normatives du traité constitutif, en application du principe du respect de la parole donnée, *pacta sunt servanda* (voy. n°s 42 et s.).

La Charte des Nations Unies précise ainsi dans son article 2, paragraphe 2, que les États membres « doivent remplir de bonne foi les obligations qu'ils ont assumées aux termes de la présente Charte ». De même, dans le cadre de l'Union européenne, l'article 4 du Traité sur l'Union européenne modifié par le Traité de Lisbonne prévoit que « les États membres prennent toute mesure générale ou particulière propre à assurer l'exécution des obligations découlant des traités ou résultant des actes des institutions de l'Union. [...] [ils] s'abstiennent de toute mesure susceptible de mettre en péril la réalisation des objectifs de l'Union ».

B) L'application des décisions des organisations internationales

186 Les organes des organisations intergouvernementales peuvent agir au nom de ces dernières en adoptant des « résolutions », des « recommandations », des « décisions », des « avis consultatifs », des « arrêts » ou des « jugements » (voy. n° 59).

Dans le cadre des Nations Unies, l'article 24 de la Charte reconnaît au Conseil de sécurité (organe principal) « la responsabilité principale du maintien de la paix et de la sécurité internationales… ». Lorsque le Conseil exerce ce pouvoir, l'article 25 précise : « Les Membres de l'Organisation conviennent d'accepter et d'appliquer les décisions du Conseil de sécurité conformément à la présente Charte ». Les États souverains membres des Nations Unies doivent donc se soumettre à un organe politique.

De même, conformément à l'article 94, paragraphe 1er, de la Charte, « [c] haque Membre des Nations Unies s'engage à se conformer à la décision de la Cour internationale de justice dans tout litige auquel il est partie ». Si ce n'est pas le cas, une partie peut saisir le Conseil de sécurité qui décidera alors des mesures à prendre pour faire exécuter l'arrêt (art. 94, § 2). Cet article n'a été invoqué qu'une seule fois, lorsque les États-Unis, dans l'affaire des activités militaires et paramilitaires au Nicaragua, ont refusé d'appliquer l'arrêt de la Cour du 27 juin 1986. La procédure n'a pas eu de suite en raison du droit de veto américain. Il convient cependant de souligner que les jugements de la Cour internationale de justice sont généralement respectés par les États.

Dans le cadre de l'Union européenne, organisation d'intégration au sein de laquelle les États membres mettent en commun leur souveraineté dans certains domaines, les actes des institutions européennes (les règlements, et, dans certains cas, des directives et des décisions) régulièrement adoptés et publiés ont un effet direct (ou sont d'applicabilité directe) : les particuliers peuvent s'en prévaloir directement devant les juridictions nationales et européennes. Ces textes ont également une autorité supérieure aux règles législatives et administratives des États membres (primauté du droit communautaire).

§ 3. La distribution inégale de la puissance

187 La puissance est inégalement répartie entre les États : certains États sont plus puissants que d'autres. Cette inégale distribution de la puissance a un effet sur leur capacité à exercer leur souveraineté : plus un État est puissant, plus il lui est facile de faire ce qu'il veut et d'obtenir ce qu'il souhaite ; à l'inverse, un pays peu puissant se trouve soumis à la volonté des autres. Mais qu'est-ce que la puissance ?

188 Dans son ouvrage posthume *Économie et société* (1921), le sociologue allemand Max Weber définit la puissance comme « toute chance de faire triompher au sein d'une relation sociale sa propre volonté, même contre des résistances ». Considérant que « la politique internationale est une lutte pour le pouvoir », l'auteur de *Politics Among Nations: The Struggle for Power and Peace* (1948), le réaliste Hans Morgenthau (1904-1980), voit dans la puissance « l'emprise d'un homme sur les esprits et les actions des autres ». Une idée qu'on retrouve également dans *Man, the State and Wat* (1959) du néoréaliste Kenneth Waltz, selon lequel « un agent est d'autant plus puissant qu'il affecte les autres plus

que ceux-ci ne l'affectent ». Donc, comme l'indique Raymond Aron, qui, dans *Paix et guerre entre les nations* (1962), la définit comme « la capacité d'une unité politique d'imposer sa volonté aux autres unités », la puissance « n'est pas un absolu mais une relation humaine ». Elle se situe dans une interaction, dans une dynamique entre deux ou plusieurs agents : **c'est par rapport à une autre qu'une entité apparaît comme puissante ou non**.

Au-delà de cette définition conceptuelle, la réflexion porte sur les composantes de la puissance. Dans cette perspective, **la puissance est envisagée comme l'addition de plusieurs éléments, matériels et humains**, à l'instar de ce que propose Hans Morgenthau, qui énumère neuf facteurs de puissance : la géographie ; les ressources naturelles ; la capacité industrielle ; le degré de préparation militaire ; la population ; le caractère national ; le moral national ; la qualité de la diplomatie ; la qualité du gouvernement. Raymond Aron suggère qu'on peut évaluer la force d'un pays en prenant en compte trois critères que sont : le milieu, les ressources et la capacité à l'action collective. De tous ces éléments constitutifs de la puissance, les capacités militaires ont souvent été considérées comme prééminentes : « [L]e fait que la puissance nationale dépende de la force militaire est si évident qu'il ne nécessite guère de démonstration », écrit ainsi Hans Morgenthau, tandis que, dans un ouvrage qu'il a dirigé avec Robert Art en 1983, Kenneth Waltz affirme qu'« en l'absence [de puissance militaire], la diplomatie d'un pays manque généralement d'efficacité ».

Toutefois, le retrait des États-Unis de la guerre du Vietnam (1955-1975) en 1973, malgré leur supériorité militaire, montre que **la puissance d'un État ne peut se réduire à des moyens essentiellement militaires**. Dans *Power and Interdependence* (1977), Robert Keohane et Joseph Nye montrent que, dans un contexte d'interdépendance complexe, où de multiples secteurs (matières premières, énergies, innovation, finances...) ont acquis de l'importance, un État peut être puissant dans un domaine, mais vulnérable dans l'autre. En particulier, n'est plus nécessairement le plus puissant celui qui a la plus forte capacité militaire, d'autant que l'usage de la force est onéreux et dangereux et peut nuire à l'image de celui qui l'exerce. En 1987, l'historien britannique **Paul Kennedy** (né en 1945) affirme, dans *The Rise and Fall of the Great Powers*, que le déclin des États-Unis est inéluctable en raison du fardeau que représente l'entretien de leurs forces et de leurs engagements militaires.

En réponse à cette thèse, Joseph Nye, ancien doyen de la Kennedy School of Government de l'université de Harvard (États-Unis) adjoint au sous-secrétaire d'État au sein de l'administration Carter (1977-1981) et secrétaire adjoint à la Défense sous Bill Clinton (1994-1995), publie en 1990 *Bound to Lead: the Changing Nature of American Power*. Selon lui, dans le contexte de la fin de la Guerre froide et de la mondialisation, la puissance ne consiste pas exclusivement à imposer unilatéralement sa volonté aux autres, mais réside également dans **la capacité à influencer les autres**, à « structurer une situation de sorte que les autres pays fassent des choix ou définissent des intérêts qui s'accordent avec les siens ». Ce ***soft power*** ou puissance de séduction, par opposition au ***hard power***, puissance coercitive de commandement, repose sur « des ressources intangibles tells que le culture, l'idéologie, les institutions ». Dans *Soft Power: the Means to Success in World Politics* (2004), Joseph Nye souligne la complémentarité des deux formes de puissance : un État qui n'aurait qu'un *hard power* serait en capacité de gagner des victoires militaires mais non de capitaliser dessus et, à l'inverse, un État ne disposant que de *soft power* ne serait pas en mesure d'assurer sa sécurité. Dans cette perspective, un État n'est donc véritablement puissant que s'il combine *hard* et *soft power*.

Quelle que soit la définition qu'on lui donne, la puissance apparaît comme une variable déterminant la capacité des États à exercer leur souveraineté. En effet, même si la scène internationale est anarchique, c'est-à-dire dépourvue d'autorité supérieure à celle des États, et bien que la souveraineté fonde un ordre international d'États égaux en droits, dans les faits, il existe une hiérarchie entre les États : aussi bien dans leurs rapports bilatéraux qu'au sein des enceintes multilatérales, les États jouent de leur puissance, tant militaire que financière, culturelle, etc., pour tenter, si ce n'est d'imposer leur volonté, du moins de façonner les approches des autres États afin qu'elles soient conformes à leurs propres intérêts. De sorte que certains États, les moins puissants, sont moins en mesure que d'autres, plus puissants qu'eux, d'agir comme bon leur semble. Dans le contexte d'interdépendance qui caractérise la scène internationale aujourd'hui, aucun État ne détient une puissance absolue.

PARTIE III

Les acteurs transnationaux

189 Bien que l'État soit la pierre angulaire du système international, de nombreux autres acteurs ont émergé au cours du XXe siècle, soit du fait des États, soit du fait d'agents privés.

Les organisations intergouvernementales sont des acteurs importants de la scène internationale. Instituées par les États pour offrir un cadre institutionnel de coopération dans les domaines les plus divers (sécurité, paix, commerce, développement, environnement, culture...), ces organisations n'ont ni territoire ni population et ne sont pas souveraines. Elles ne détiennent que les compétences fonctionnelles que leurs États membres veulent bien leur attribuer et demeurent, à bien des égards, étroitement dépendantes de leurs créateurs. Dans le même temps, étant dotées d'une personnalité juridique internationale, les organisations interétatiques sont des sujets de droit international et, à ce titre, ont des droits et des obligations. Munies d'organes permanents et investies de responsabilités parfois considérables, **elles disposent d'une autonomie relative à l'égard des États qui les ont créées et peuvent exercer une influence sur leur comportement**. Certaines disposent d'organes administratifs ou juridictionnels indépendants des États. À l'image de la Cour européenne des droits de l'homme, ces organes juridictionnels peuvent imposer leurs décisions à leurs États membres et/ou aux ressortissants de ces États, personnes physiques ou morales.

Comme les organisations intergouvernementales, les acteurs internationaux privés (entreprises multinationales, organisations non gouvernementales, groupes criminels...), dont l'expansion a commencé dans les années 1970, ont transformé les relations internationales. Bien que de droit privé, ces entités interagissent avec les acteurs internationaux publics. Du fait de leur activité, de leur poids financier, de leur influence sur une opinion devenue elle-même plus internationale, mais aussi de leur fonctionnement en réseau, elles occupent une place de plus en plus importante sur la scène internationale.

Les développements qui suivent décrivent les principales caractéristiques des organisations interétatiques, puis présentent l'Organisation des Nations Unies (ONU), avant de se pencher sur les acteurs internationaux privés que sont les entreprises multinationales, les organisations non gouvernementales (ONG) et les groupes criminels transnationaux.

CHAPITRE 1

Les organisations interétatiques

190 Le XXe siècle a été celui de l'universalisation de la société internationale, mais aussi de son institutionnalisation. Des structures permanentes de coopération internationale sont apparues sur le continent européen dès le XIXe siècle, avec la création de diverses organisations techniques (Commission centrale pour la navigation du Rhin en 1815 ; Union télégraphique internationale en 1865, devenue Union internationale des télécommunications ; Union postale universelle en 1874...). Puis, au XXe siècle, dans un contexte de bouleversements politiques, économiques et sociaux majeurs (guerres mondiales, décolonisation, problèmes de développement, défis environnementaux...) s'est affirmée la nécessité de liens permanents de solidarité et de coopération entre les États. On a alors assisté à une multiplication des organisations interétatiques (souvent également désignées sous la dénomination « organisations intergouvernementales »).

Première organisation à vocation universelle, la Société des Nations (SDN) a été instituée après la Première Guerre mondiale, par un pacte annexé au traité de paix signé à Versailles en 1919. Toutefois, malgré la finalité qui lui avait été assignée – favoriser le maintien de la paix et de la sécurité internationales –, elle n'a pu empêcher les agressions et les conquêtes territoriales qui ont précédé la Seconde Guerre mondiale. Devant ce désastre et afin de « prévenir les générations futures du fléau de la guerre » a été créée l'Organisation des Nations Unies (ONU), en juin 1945. Si son objectif reste le même que celui de la SDN, ses fondateurs ont entendu la rendre plus efficace en renforçant ses compétences, ses structures et ses modes de décision. Parallèlement, de nombreuses organisations spécialisées indépendantes mais regroupées dans le système des Nations Unies développent leur action dans des domaines variés (économie, société, culture, développement, environnement...). À cela s'ajoutent des instances subsidiaires, instituées par les organes principaux de l'ONU (Assemblée générale, Conseil de sécurité, Conseil économique et social), comme le Conseil des droits de l'homme ou la Conférence des Nations Unies pour le commerce et le développement (CNUCED).

De plus, des organisations régionales de nature politique, économique ou encore militaire ont vu le jour dans la seconde moitié du XXe siècle, d'abord dans le cadre de l'affrontement Est-Ouest, puis sous l'effet de la disparité économique entre le Nord et le Sud et, enfin, à partir des années 1990, dans le contexte de la nouvelle donne internationale consécutive à l'effondrement du bloc communiste. Si certaines ont disparu avec la fin de la Guerre froide, de nombreuses organisations régionales subsistent, connaissant alors une extension de leurs missions et/ou de leur couverture géographique, à l'instar, par exemple, de l'Organisation de l'Unité africaine (OUA), créée en 1963 et devenue en 2002 l'Union africaine (UA), qui englobe l'ensemble des États du continent africain, à l'exception du Maroc de 1984 à 2017 en raison de la question du Sahara occidental.

Alors que les organisations intergouvernementales fonctionnent, traditionnellement, suivant un principe de coopération, six pays européens (la France, l'Allemagne, la Belgique, l'Italie, le Luxembourg et les Pays-Bas) ont mis en place, à partir du début des années 1950, dans le cadre de ce qu'on appelle « la construction européenne », des organisations reposant sur un projet d'intégration : il s'agit d'abord de la Communauté européenne du charbon et de l'acier (CECA), instituée par le Traité de Paris de 1951, puis de la Communauté européenne de l'énergie atomique (CEEA ou Euratom) et de la Communauté économique européenne (CEE), créées par les Traités de Rome de 1957 (voy. n°s 358 et s.). Ces organisations présentent la spécificité de superposer des institutions de coopération intergouvernementale et des institutions supranationales. Dans une dynamique d'approfondissement de la construction européenne, le Traité de Maastricht ratifié en 1992, donne naissance à l'Union européenne (UE), dont le champ d'action dépasse le secteur commercial initialement couvert par la construction européenne, comme l'illustrent la création, dans son cadre, d'une monnaie unique, l'institution d'une citoyenneté européenne ou encore la mise en place d'une politique étrangère et de sécurité commune (voy. n°s 503 et s.).

Au-delà de ces organisations régionales ont été créées des organisations à vocation culturelle ou religieuse. Ainsi, des pays du monde arabe et musulman ont mis en place, en 1945, la Ligue des États arabes ou Ligue arabe et, en 1969, l'Organisation de la conférence islamique, devenue Organisation de la coopération islamique (OCI).

Il existe par ailleurs des organisations internationales à vocation linguistique, telles l'Organisation internationale de la francophonie (OIF) ou encore la Communauté des pays de langue portugaise (CPLP), créées respectivement en 1970 et en 1996.

SECTION I
Création et composition

191 Par-delà leur diversité, les organisations internationales nées de la coopération entre États présentent des caractères communs. Leur structure comporte en particulier des éléments qui garantissent leur autonomie par rapport aux États fondateurs ainsi que la représentation en leur sein de ces mêmes États.

§ 1. Création et évolution des organisations internationales interétatiques

192 Instituées par les États, les organisations internationales interétatiques ne sont pas des sujets originaires de droit international ; elles n'existent que par un traité multilatéral qui est leur acte fondateur. Ce traité peut faire l'objet de modifications pour permettre le développement de l'organisation.

Il arrive très exceptionnellement que des organisations internationales soient créées et se développent sur la base de simples déclarations politiques juridiquement non contraignantes, comme c'est le cas de l'Organisation pour la sécurité et la coopération en Europe (OSCE), créée en 1994 dans le contexte de la Conférence sur la coopération et la sécurité en Europe (CSCE) (voy. n°s 518 et s.). Cette situation affaiblit les organisations ainsi créées dans la mesure où ces dernières ne peuvent alors disposer de la personnalité juridique et où toutes leurs décisions doivent être prises par consensus.

A) Le traité constitutif

193 De manière générale, une organisation intergouvernementale n'existe que par un traité multilatéral, acte constitutif mis en œuvre par la volonté des États. Ce traité peut être dénommé Pacte (SDN), Charte (ONU), Statut (Conseil de l'Europe), Acte constitutif (UNESCO et FAO), Constitution (OIT)... Il est à la fois un accord de volontés, instrument conventionnel multilatéral établi par les États, et un acte institutionnel. C'est en tant qu'acte institutionnel que le traité constitutif fixe l'objet et les buts de l'organisation, garantit une hiérarchie normative interne en son sein, constitue des organes, établit leurs règles de fonctionnement, détermine les compétences et les pouvoirs.

1. Nature institutionnelle

194 La nature institutionnelle du traité créant une organisation internationale a pour conséquence d'établir une hiérarchie entre les conventions signées par ses États membres. Si les traités antérieurs à la ratification d'une charte constitutive ne soulèvent pas de difficultés, des dispositions peuvent en revanche établir la supériorité de cette charte constitutive sur les conventions ultérieures qui pourraient porter atteinte aux buts et à l'objet de l'organisation. Une règle de ce type est posée par l'article 103 de la Charte des Nations Unies, selon lequel : « En cas de conflit entre les obligations des Membres des Nations Unies en vertu de la présente Charte et leurs obligations en vertu de tout autre accord international, les premières prévaudront ». Cet article vise en particulier à empêcher la conclusion d'un traité entre certains États membres en vue de réviser indirectement la Charte.

2. Révision

195 Dans le cadre des traités multilatéraux, la procédure de révision institutionnelle la plus utilisée est l'amendement au traité fondateur. Les grandes organisations internationales (ONU, organisations spécialisées...) disposent aujourd'hui de procédures de révision. Ces procédures subordonnent généralement **l'adoption**

d'un amendement au traité constitutif de l'organisation à une majorité qualifiée (des deux tiers des États membres très souvent). Selon l'article 108 de la Charte des Nations Unies, « Les amendements [...] entreront en vigueur pour tous les Membres des Nations Unies quand ils auront été adoptés à la majorité des deux tiers des membres de l'Assemblée générale et ratifiés, conformément à leurs règles constitutionnelles respectives, par les deux tiers des Membres de l'organisation, y compris tous les membres permanents du Conseil de sécurité ». En privilégiant le caractère institutionnel de l'organisation, cette pratique s'affranchit du principe de consensualisme, sauf pour les membres permanents du Conseil de sécurité. Au sein de l'Union européenne, c'est la règle de l'unanimité qui prévaut en ce qui concerne la modification des traités.

Il arrive **également** que **des modifications** soient instituées **par voie coutumière**. C'est de cette manière par exemple que s'est imposée la règle de l'abstention volontaire d'un membre permanent du Conseil de sécurité : une résolution du Conseil de sécurité adoptée malgré l'abstention d'un membre permanent a ainsi été avalisée par la Cour internationale de justice dans son avis relatif à la Namibie en 1971 (***Recueil des arrêts***, 1971) affirmant que « la pratique de l'abstention volontaire d'un membre permanent lors d'un vote du Conseil de sécurité de l'ONU a toujours et uniformément été interprétée [...] comme ne faisant pas obstacle à l'adoption des résolutions ».

B) L'évolution institutionnelle

196 Toutes les organisations intergouvernementales n'ont pas le même modèle de développement institutionnel. La Charte de l'ONU comprend tous les éléments normatifs nécessaires lui permettant de perdurer sans modifications institutionnelles majeures, tandis que d'autres organisations internationales se sont profondément transformées au cours de leur histoire – la construction européenne s'est ainsi faite par étapes successives.

Il arrive que des accords créant des coopérations provisoires donnent lieu à une institutionnalisation, aboutissant ainsi à la naissance d'organisations à part entière. Il en est ainsi du GATT (*General Agreement on Tariffs and Trade*), entré en vigueur le 1er janvier 1948 et dont l'application devait être provisoire, en attendant que soit ratifiée la charte de La Havane de 1948 établissant l'Organisation internationale du commerce (OIC). La charte de La Havane n'étant jamais entrée en vigueur, le GATT s'est progressivement institutionnalisé, notamment à l'issue de négociations multilatérales dénommées ***rounds***. C'est lors de la conclusion du dernier cycle de négociations (***Uruguay Round***) que les 124 États signataires ont conclu les accords de Marrakech (1994) qui ont conduit à la création de l'Organisation mondiale du commerce (OMC) (voy. nos 333 et 533). De la même manière, l'Acte final de la conférence d'Helsinki du 1er août 1975 établissant la Conférence sur la sécurité et la coopération en Europe (CSCE), une instance multilatérale de dialogue et de négociations entre l'Est et l'Ouest, a connu plusieurs développements (voy. nos 518 et s.) : d'abord avec la charte de Paris pour une nouvelle Europe, signée en 1990, puis avec la transformation de la CSCE en Organisation pour la sécurité et la coopération en Europe (OSCE) lors du sommet de Budapest (5-6 décembre 1994). L'OSCE n'ayant cependant pas été créée par un traité dûment ratifié par ses États membres, ses décisions n'ont qu'une portée politique et non juridique.

§ 2. Participation à une organisation internationale interétatique

197 Conformément à la Convention de Vienne sur le droit des traités, les organisations internationales au sens strict, en tant qu'elles sont instituées par un traité, sont qualifiées d'intergouvernementales : seuls des États en sont membres et leur traité constitutif ne crée de droits ou d'obligations pour les États tiers qu'avec le consentement de ces derniers. Ces dispositions n'empêchent pas des États non-membres d'être associés aux travaux d'une organisation internationale sous d'autres formes que la participation de plein droit. En outre, rien n'interdit à des entités juridiques non étatiques (organisations non gouvernementales, mouvements de libération nationale…) de participer aux travaux d'organisations intergouvernementales. La participation à une organisation internationale peut dès lors revêtir plusieurs formes : État membre, État associé ou observateur.

A) La qualité de membre

198 La qualité de membre ne peut être acquise que par les États parties à la charte constitutive de l'organisation.

1. Acquisition

199 En règle générale, une différence existe entre les États membres originaires ou fondateurs et les membres admis. Ayant négocié le contenu du traité constitutif, les membres fondateurs d'une organisation ne sont soumis à aucune procédure d'admission, alors que les États souhaitant adhérer à une organisation existante peuvent se voir imposer des conditions de procédure et de fond.

Certaines organisations sont ouvertes à tous les États, sans contrôle, alors que d'autres conditionnent l'entrée d'un nouveau membre à certains critères établis par le traité constitutif. Des considérations d'opportunité politique et le respect des finalités de l'organisation sont les deux principaux critères d'admission. Par exemple, le Conseil de l'Europe (voy. n°s 347 et 517) n'accepte l'adhésion d'un État que s'il « reconnaît le principe de la prééminence du Droit et le principe en vertu duquel toute personne placée sous sa juridiction doit jouir des droits de l'homme et des libertés fondamentales » (Statut du Conseil de l'Europe, art. 3). Le nouvel État doit nécessairement être européen (au sens large, puisque la Turquie, l'Arménie, l'Azerbaïdjan et la Géorgie en sont membres). L'admission est décidée à la majorité des deux tiers des membres par le Comité des ministres, où siègent les représentants des États membres, après consultation de l'Assemblée parlementaire constituée de délégués des parlements nationaux. Pour ce qui est de l'Union européenne, un État ne peut prétendre en devenir membre que s'il remplit certains critères : être européen, respecter les valeurs de l'UE, disposer d'institutions stables garantissant la démocratie et l'État de droit, avoir une économie de marché viable, avoir intégré l'acquis communautaire dans son droit national. À l'issue de négociations, l'adhésion d'un État est soumise au consentement unanime des membres.

En ce qui concerne l'ONU, dont la composition repose sur le principe d'universalité, tous les États peuvent aujourd'hui en devenir membres à condition néanmoins de remplir les conditions de fond énumérées à l'article 4, § 1, de la Charte : « Peuvent devenir Membres [...] tous autres États pacifiques qui acceptent les obligations de la présente Charte et [...] sont capables de les remplir et disposés à le faire ». L'article 4, § 2, précise que l'admission est réalisée « par décision de l'Assemblée générale sur recommandation du Conseil de sécurité ». Cette procédure peut empêcher l'accès d'un État, en particulier si un membre permanent du Conseil de sécurité s'y oppose. Jusqu'en 1955, dans le contexte de la Guerre froide, les admissions ont été peu nombreuses, de sorte que, bien qu'ayant une vocation universelle, l'ONU est apparue comme une institution fermée. Après la mort de Staline et l'atténuation de la confrontation Est-Ouest, la situation s'est brusquement inversée. Le 8 décembre 1955, dans le cadre de la résolution 918 (X) de l'Assemblée générale, seize nouveaux États ont intégré l'organisation (Albanie, Bulgarie, Roumanie, Hongrie, Finlande, Italie, Autriche, Irlande, Portugal, Espagne, Laos, Cambodge, Libye, Ceylan, Népal, Jordanie). Depuis, tous les nouveaux États, dont ceux issus de la décolonisation, de même que les micro-États (Liechtenstein, Fidji, Sainte-Lucie...), ont été admis de façon quasi automatique. Avec l'intégration, en 2011, du Soudan du Sud, l'ONU compte 193 États membres. À l'heure actuelle, le cas du Kosovo reste difficile, en raison du refus de nombreux États membres, dont la Russie et la Chine, membres permanents du Conseil de sécurité, de le reconnaître comme un État (voy. n° 124). Par ailleurs, l'Autorité palestinienne a demandé l'adhésion de la Palestine à l'ONU comme État membre le 23 septembre 2011, alors que les critères objectifs de l'existence d'un État palestinien ne paraissaient pas remplis (en particulier le contrôle du territoire de l'État par un gouvernement souverain dans le cadre de frontières internationalement reconnues). Cette demande n'a pu aboutir en raison de l'absence, au sein du Conseil de sécurité, de la majorité requise de 9 voix.

2. Retrait, suspension de l'appartenance ou exclusion

200 Plusieurs circonstances peuvent entraîner la perte de la qualité de membre d'une organisation internationale.

Il en est ainsi lors de **la disparition de l'organisation**, comme ce fut le cas pour la Société des Nations (SDN). Si certains traités créant des organisations internationales sont conclus pour une durée illimitée, d'autres ont fixé la durée de leur existence.

Le **retrait volontaire** peut être **prévu par le traité constitutif de l'organisation**. L'article 54 de la Convention de Vienne sur le droit des traités précise à cet égard que le retrait de l'une des parties à un traité peut avoir lieu « conformément aux dispositions du traité » (par exemple les traités constitutifs de l'UNESCO, de l'OIT, de la FAO, du Conseil de l'Europe ou, depuis le Traité de Lisbonne, de l'Union européenne contiennent une clause de retrait). En cas de silence du traité, le retrait est possible aux termes de l'article 54 de la Convention de Vienne précité, « à tout moment », mais « par consentement de toutes les parties, après consultation des autres États contractants ». En l'absence de ce consentement, la Convention de Vienne pose, dans son article 56, un principe d'interdiction du retrait unilatéral, sauf si ce retrait est fondé sur une autorisation implicite du traité ou sur sa nature, ce qui est généralement le cas pour les traités constitutifs d'organisations internationales. Il semble donc qu'un État membre puisse toujours quitter, même par une décision unilatérale, une organisation internationale dans le silence de son traité constitutif. Néanmoins, la Convention de Vienne sur le droit des traités dispose, dans son article 56, qu'une partie doit notifier au moins douze mois à l'avance son intention de retrait afin que des négociations puissent s'ouvrir entre les États intéressés.

Très souvent, le retrait volontaire constitue un moyen de pression sur une institution ou de sanction à son encontre, comme ce fut le cas pour les États-Unis, qui ont dénoncé la politisation de l'OIT et de l'UNESCO lors de leur retrait temporaire de ces organisations, respectivement en 1977 et en 1983.

Des États peuvent également décider de **suspendre leur participation à une organisation internationale** ou à un de ses organes sans remettre en cause leur statut d'État membre. Ainsi, la France et la Grèce se sont retirées du commandement intégré de l'OTAN respectivement en 1966 et en 1974. En 1950, l'URSS n'a pas siégé au Conseil de sécurité des Nations Unies sans que cela ait un impact sur sa qualité de membre permanent.

Un État membre peut également **être exclu ou expulsé** d'une organisation internationale en cas de violation de la charte constitutive. Le plus souvent, les États préfèrent quitter d'eux-mêmes l'organisation avant d'en être exclus. C'est ainsi que la Grèce du régime des colonels a quitté le Conseil de l'Europe en 1969. La sanction la plus grave, l'exclusion, reste exceptionnelle. En janvier 1962, l'Organisation des États américains (OEA) a expulsé Cuba en raison de l'incompatibilité de son régime avec les principes et objectifs de l'organisation, cela alors même que sa charte constitutive contient des dispositions relatives à la suspension mais non à l'exclusion d'un État membre ; cette décision a été annulée en juin 2009, mais la réintégration de Cuba a alors été subordonnée à un « processus de dialogue entamé à la demande du gouvernement » cubain. Dans le contexte de la guerre en Ukraine, la Fédération de Russie a cessé d'être un membre du Conseil de l'Europe à la suite d'une décision prise par le Conseil des ministres de l'organisation le 16 mars 2022.

D'**autres sanctions**, moins radicales que l'expulsion, peuvent être mises en œuvre. La participation d'un État peut ainsi être suspendue. À la suite des accords de Camp David en 1979 (voy. n° 418), l'Égypte a ainsi été suspendue de la Ligue des États arabes (ou Ligue arabe) ; en novembre 2011, c'est la Syrie qui a été suspendue de cette organisation en raison de la répression menée contre l'insurrection par le régime du président Bachar el-Assad (voy. n°s 587 et s.).

Certains États peuvent aussi subir des restrictions graves de leurs droits : lorsqu'elle pratiquait un régime d'apartheid, l'Afrique du Sud n'a pu prendre part aux débats de l'Assemblée générale des Nations Unies et sa participation à de nombreuses organisations spécialisées de l'ONU a été suspendue (elle est redevenue membre à part entière des Nations Unies le 23 juin 1994). De la même manière, l'assemblée parlementaire du Conseil de l'Europe a suspendu par deux fois les droits de vote de la délégation russe : d'avril 2000 à janvier 2001, après l'intervention de l'armée russe en Tchétchénie, puis depuis l'annexion de la Crimée en 2014 ; en juin 2017, la Russie a en conséquence décidé de suspendre sa contribution au budget du Conseil, avant d'être finalement exclue de l'organisation en mars 2022.

Le Traité sur l'Union européenne contient, depuis la signature du Traité d'Amsterdam, une clause de suspension (art. 7) qui, en cas de violation grave et persistante, par un État membre, des valeurs européennes (liberté, démocratie, respect des droits de l'homme et des libertés fondamentales, État de droit), peut conduire à la suspension de certains droits dont ce pays dispose du fait de son appartenance à l'UE, sans que cela ne remette en cause les obligations incombant à ce dernier. Le Traité de Nice a complété cette procédure par un mécanisme de prévention, dans le cadre duquel le Conseil de l'Union européenne peut, en cas de « risque clair de violation grave des droits fondamentaux » par un État membre, adresser à ce dernier des recommandations appropriées. En décembre 2017, la Commission européenne a engagé cette procédure préventive contre la Pologne en demandant au gouvernement polonais de répondre à ses préoccupations relatives au contrôle politique de la Cour suprême, des juridictions de droit commun et de la justice du pays en général. En avril 2018, la Pologne a proposé des modifications législatives qui n'ont pas satisfait la Commission. Cependant, la procédure n'a, jusqu'à présent, pas conduit à une suspension des droits de la Pologne, en raison de l'opposition de plusieurs États membres, qui empêche tout accord à l'unanimité au sein du Conseil européen réunissant l'ensemble des chefs d'État et de gouvernement. De la même manière, si les députés européens ont à deux reprises voté en faveur du déclenchement d'une procédure de sanction à l'encontre de la Hongrie, cela n'a pu aboutir en raison de l'absence d'unanimité au Conseil européen.

Il convient de souligner que, le plus souvent, pour des raisons politiques et diplomatiques, les organisations internationales hésitent à mettre en œuvre des sanctions portant atteinte sévèrement aux droits d'un État membre.

B) La qualité d'associé

201 **La catégorie d'associé ne concerne que les États**. Elle peut être **interne ou externe**. Dans le premier cas, elle permet à un État de participer à des travaux et des discussions au sein d'un organe d'une organisation internationale, sans qu'il détienne un droit de vote dans son organe décisionnel. La République fédérale d'Allemagne (RFA) a été admise (avec la Sarre) en 1950 au Conseil de l'Europe comme membre associé « interne ». Une telle association peut être le préalable à une admission, comme le montre cet exemple. Lorsqu'elle est externe, l'association permet d'établir des relations fonctionnelles entre certains États et l'organisation : c'est ce type d'association qui est mis en place par les accords de stabilisation et d'association entre l'Union européenne et certains pays des Balkans occidentaux (Macédoine, Croatie, Albanie, Monténégro et Bosnie-Herzégovine).

C) La qualité d'observateur

202 Les observateurs, dont les droits sont plus limités que ceux des associés, peuvent être **aussi bien des États, des organisations intergouvernementales, des mouvements de libération nationale ou encore des organisations non gouvernementales** (ONG).

À l'ONU, le statut d'observateur relève de l'usage, car aucune disposition de la Charte des Nations Unies ne le mentionne. Il a été octroyé de manière transitoire à certains États (Autriche, Japon, RFA...) avant qu'ils ne deviennent membres de l'organisation de plein droit. Le statut d'observateur peut aussi permettre à des États qui ont quitté une organisation internationale de maintenir des liens avec elle : les États-Unis ont ainsi bénéficié de ce statut à l'UNESCO en 1985, lorsqu'ils avaient suspendu leur participation à l'organisation. Au Conseil de l'Europe, le statut d'observateur donne la possibilité, à des pays non européens, mais partageant les valeurs de l'organisation, de suivre ses travaux : il en est ainsi pour les États-Unis, le Canada, Israël, le Japon et le Mexique.

Des organisations intergouvernementales peuvent bénéficier du statut d'observateur auprès d'autres organisations : l'Union européenne, l'Union africaine, la Ligue des États arabes, l'Organisation internationale de la francophonie... sont ainsi invitées de manière permanente à participer, en qualité d'observateurs, aux sessions et aux travaux de l'Assemblée générale des Nations Unies.

Des mouvements de libération nationale comme l'Organisation du peuple du Sud-Ouest africain (SWAPO pour South West African People's Organisation), le Congrès national africain (ANC pour *African National Congress*) ou bien encore l'Organisation de libération de la Palestine (OLP) ont été admis comme observateurs au sein de nombreuses conférences internationales, mais aussi de l'ONU. L'Autorité palestinienne a obtenu, sous le nom de Palestine, le statut d'État non-membre observateur à l'ONU, par un vote de l'Assemblée générale du 29 novembre 2012 (résolution 67/19). Pour ces mouvements de libération nationale, l'acquisition d'un tel statut représente une forme de reconnaissance internationale.

Enfin, de nombreuses organisations non gouvernementales peuvent obtenir le statut d'observateur auprès de certaines organisations : c'est par exemple le cas du Comité international de la Croix-Rouge (CICR), observateur auprès de l'ONU depuis 1990.

SECTION II
Statut juridique

203 Bien qu'étant une structure sans territoire, sans population et sans autorité souveraine, une organisation interétatique internationale représente néanmoins une réalité politique, administrative, juridique et humaine. Elle possède normalement dès sa naissance une personnalité juridique et des compétences spécifiques.

§ 1. Personnalité juridique

204 L'organisation intergouvernementale possède une personnalité juridique distincte de celle des États membres, qui trouve généralement son fondement dans l'acte constitutif de l'organisation. Cette personnalité juridique est variable et relative, dans la mesure où elle dépend des buts et de l'objet du traité constitutif de chaque organisation. Elle ne peut être exercée que dans les limites et en fonction des buts assignés à l'organisation : elle est donc définie par un principe de spécialité.

A) Capacité juridique interne

205 N'ayant pas de territoire propre, les organisations internationales doivent exercer leurs activités sur le territoire de leurs États membres. Cette reconnaissance de la capacité juridique interne des organisations internationales est très souvent explicitement mentionnée dans le traité constitutif. L'article 104 de la Charte des Nations Unies prévoit ainsi que « l'Organisation jouit, sur le territoire de chacun de ses Membres, de la capacité juridique qui lui est nécessaire pour exercer ses fonctions et atteindre ses buts ». Afin d'exercer ses fonctions, l'organisation internationale peut être amenée à acquérir ou vendre des biens meubles ou immeubles, à passer des contrats de fourniture, à embaucher du personnel..., c'est-à-dire à exercer une capacité juridique de droit interne.

Une organisation sans personnalité juridique comme l'OSCE dépend, pour la réalisation de ses opérations sur le territoire de chaque État membre, de mesures spéciales prises par cet État. En l'occurrence, une loi autrichienne lui octroie ainsi la personnalité juridique pour les activités qu'elle conduit en Autriche, où se trouve son siège.

B) Personnalité juridique internationale

206 Certains auteurs estiment qu'une fois réunis les éléments constitutifs d'une organisation internationale, celle-ci a d'emblée la personnalité juridique internationale. D'autres, plus nombreux, considèrent qu'il existe une **présomption de personnalité internationale** au bénéfice des organisations intergouvernementales mais que cette présomption n'est pas irréfragable et doit être confirmée par l'examen des termes du traité constitutif de chacune d'entre elles. En cas d'absence de traité constitutif, la personnalité juridique internationale ne peut être reconnue à l'organisation (cas de l'OSCE).

La Cour internationale de justice a eu l'occasion de se prononcer sur la personnalité juridique internationale de l'ONU, quand, dans le contexte de l'assassinat, en 1948, d'un des représentants des Nations Unies en Palestine (le comte Bernadotte), l'Assemblée générale lui a demandé un avis afin de savoir si l'ONU avait qualité pour obtenir réparation à l'encontre du gouvernement responsable de la mort de son agent. Dans son avis consultatif rendu le 11 avril 1949, la Cour a affirmé que l'ONU était une organisation internationale dotée de la personnalité juridique internationale. Ses conclusions étaient les suivantes : « La Charte ne s'est pas bornée à faire simplement de l'Organisation créée par elle un centre où s'harmonisent les efforts des Nations Unies vers les fins communes définies par elle [...]. Elle lui a donné des organes ; elle lui a assigné une mission propre. Elle a défini la position des membres par rapport à l'Organisation en leur prescrivant de lui donner pleine assistance dans toute action entreprise par elle, d'accepter et d'appliquer les décisions du Conseil de sécurité, en autorisant l'Assemblée générale à leur adresser des recommandations, en octroyant à l'Organisation une capacité juridique, en faisant prévision d'accords à conclure entre l'Organisation et ses membres » (Rec., 1949, pp. 178-179). C'est donc en s'appuyant sur le critère de la capacité d'action que la Cour a montré que l'ONU possédait la personnalité juridique internationale.

§ 2. Contenu de la personnalité juridique internationale

207 Parce qu'elle a une personnalité juridique internationale, l'organisation est dotée de capacités juridiques qui lui permettent d'exercer certains droits et obligations : elle peut bénéficier d'une autonomie budgétaire, conclure des traités, entretenir des relations avec les États membres, bénéficier de privilèges et d'immunités, mais aussi voir sa responsabilité internationale engagée du fait d'un comportement illicite qui lui serait imputable.

A) Autonomie financière

208 L'autonomie financière des organisations internationales est **une garantie de leur indépendance** par rapport aux États. Cependant, en général, les recettes des organisations sont constituées par les contributions de leurs membres, ce qui limite cette indépendance. Elles disposent toutefois souvent aussi de ressources propres dégagées par leurs activités. Dans le cadre de l'Union européenne, le budget est alimenté, depuis la décision du 21 avril 1970 appliquée à partir de 1975, par des ressources propres (droits de douane, prélèvements agricoles, produit des amendes, fraction de la TVA et du revenu national brut ou RNB...) et le produit des emprunts.

B) Droit de conclure des traités

209 Toutes les organisations (sauf disposition contraire dans l'acte constitutif) peuvent conclure des traités internationaux avec des États ou d'autres organisations internationales. Une convention de codification des Nations Unies sur le droit des traités des organisations internationales a été signée le 21 mars 1986 (Convention de Vienne sur le droit des traités entre États et organisations internationales ou entre organisations internationales), mais n'est pas encore entrée en vigueur. Son article 6, qui paraît refléter l'état du droit coutumier, précise que « la capacité d'une organisation internationale de conclure des traités est régie par les règles pertinentes de cette organisation » : cela signifie que **la capacité contractuelle de l'organisation est liée à l'objet et aux buts de son traité constitutif**.

Certains traités, comme les accords de siège (par exemple, l'ONU avec les États-Unis) ou ceux signés pour la mise en œuvre des opérations de maintien de la paix des Nations Unies peuvent être conclus avec les États concernés.

D'autres traités lient des organisations internationales entre elles, par exemple l'ONU et ses institutions spécialisées (article 63 de la Charte des Nations Unies).

En raison de l'étendue de ses compétences, notamment en matière de commerce international, l'Union européenne est partie à de nombreux traités. Elle a ainsi conclu des accords commerciaux ou comprenant un volet commercial avec un grand nombre de pays, comme les accords d'association avec les pays du bassin méditerranéen, les accords de libre-échange avec la Corée du Sud, le Mexique, le Chili, l'Afrique du Sud, plusieurs pays d'Amérique centrale et du Sud, l'accord de partenariat économique (APE) avec les pays de la zone Afrique-Caraïbes-Pacifique (ACP), les accords sectoriels avec les États-Unis et le Japon, etc. En septembre 2017, un large accord de libre-échange avec le Canada (CETA) est provisoirement entré en vigueur (en ce qui concerne les compétences exclusives de l'Union européenne) dans certains pays de l'Union européenne, dans l'attente de la ratification par l'ensemble des États membres de l'UE.

C) Droit de légation

210 Les organisations internationales possèdent **un droit de légation passive et active** qui leur permet, dans le premier cas, d'accueillir des missions permanentes de leurs États membres et, dans le second, d'envoyer des missions permanentes auprès de ces mêmes États.

L'ONU, dont le siège est à New York et qui est également représentée à Vienne (Autriche) et à Genève (Suisse) dans les locaux auparavant occupés par la Société des Nations, dispose aussi de missions d'assistance ou d'information dans de nombreux pays du monde. Plusieurs institutions spécialisées de l'ONU, comme l'Organisation mondiale de la santé (OMS), l'Organisation internationale du travail (OIT) ou l'Organisation des Nations Unies pour l'éducation, la science et la culture (UNESCO), ont également ouvert des bureaux dans plusieurs régions du monde afin de pouvoir mettre en œuvre leurs activités.

Certaines organisations peuvent avoir des représentations permanentes auprès d'États non-membres. Il existe ainsi depuis 1971 une mission permanente de l'Union européenne auprès des États-Unis.

Les organisations internationales peuvent également être représentées auprès d'autres organisations internationales. Des organisations régionales comme l'Union européenne, l'Union africaine ou encore la Ligue arabe sont ainsi représentées auprès des Nations Unies.

D) Privilèges et immunités des organisations internationales

211 Les organisations internationales bénéficient, tout comme les États, des privilèges et immunités diplomatiques qui leur permettent d'**exercer l'ensemble de leurs fonctions en toute indépendance**.

Les privilèges et immunités diplomatiques dont bénéficient les organisations internationales sont très semblables à ceux reconnus aux missions diplomatiques étrangères établies sur le territoire d'un État :

- inviolabilité des locaux de la mission permanente de l'organisation ;
- immunité de juridiction pour l'organisation, ses biens, ses actes ;

- privilèges financiers et fiscaux (liberté de transferts de devises étrangères, exemption de tout impôt direct…) ;
- facilités de communication (octroi rapide de visas d'entrée…).

E) Responsabilité internationale des organisations internationales

212 Comme les États, les organisations internationales ont des droits, mais aussi des obligations, que leur imposent les règles générales du droit international, leur traité constitutif ou les accords internationaux auxquels elles sont parties. **La mise en œuvre de la responsabilité de l'organisation peut être le fait d'un de ses organes ou de ses agents dans le cadre de leurs fonctions**. Très souvent, l'organisation passe des accords formels avec les pays hôtes prévoyant le recours à l'arbitrage pour certains faits illicites relevant de sa responsabilité qui auraient pu être commis.

En 1965, l'ONU a dû indemniser la Belgique en raison de dommages « non justifiés par des nécessités militaires » causés à des ressortissants belges dans l'ex-Congo belge par des Casques bleus. De même, l'article 340 du Traité sur le fonctionnement de l'Union européenne précise qu'« en matière de responsabilité non contractuelle, l'Union doit réparer, conformément aux principes généraux communs aux droits des États membres, les dommages causés par ses institutions ou par ses agents dans l'exercice de leurs fonctions ».

§ 3. Compétences

213 Les compétences dont dispose une organisation intergouvernementale sont déduites de l'objet et des finalités inscrites dans son traité constitutif. En théorie, une organisation internationale doit exercer strictement les compétences que lui ont reconnues ses fondateurs. Cependant, on constate souvent une tendance à l'élargissement des attributions des organisations internationales, à la demande des États membres, mais aussi sous l'effet de la dynamique propre à toute institution.

A) La théorie des compétences implicites

214 En application du principe de spécialité, les organisations internationales ne peuvent exercer que les compétences nécessaires à la réalisation des buts énoncés dans leur traité constitutif. Cependant, ces buts étant souvent formulés en termes très généraux, la jurisprudence a élaboré une théorie des compétences implicites.

La Cour internationale de justice a ainsi considéré, dans son avis consultatif du 11 avril 1949 sur la réparation des dommages subis au service des Nations Unies, que « selon le droit international, l'Organisation (ONU) doit être considérée comme possédant les pouvoirs qui, s'ils ne sont pas expressément énoncés dans la Charte, sont, par une conséquence nécessaire, conférés à l'Organisation en tant qu'essentiels à l'exercice des fonctions de celle-ci » (*Recueil des arrêts*, 1949). Très rapidement, la Cour de justice des Communautés européennes (CJCE), devenue Cour de justice de l'Union européenne, a reconnu que la théorie des pouvoirs implicites pouvait s'appliquer dans l'ordre communautaire. En 1971, dans l'arrêt *AETR* (31 mars 1971, *Commission/Conseil*, affaire 22/70), la CJCE, appelée à se prononcer pour savoir si la Communauté avait une compétence exclusive pour conclure un accord international relatif à une politique commune (concernant en l'espèce les transports routiers), a déclaré : « une telle compétence résulte non seulement d'une attribution explicite faite par le traité, mais peut découler également d'autres dispositions du traité et d'actes pris dans le cadre de ces dispositions par les institutions de la Communauté. » Cette jurisprudence a permis à la Communauté européenne de se voir reconnaître des compétences externes à chaque fois qu'elle a pris des dispositions instaurant des règles communes pour la mise en œuvre d'une politique commune.

Cette théorie, que l'on peut qualifier d'« interprétative » des traités constitutifs, a permis aux organisations internationales qui s'en prévalent d'**acquérir une plus grande autonomie par rapport aux États**. Cependant, l'interprétation d'un traité constitutif doit se réaliser dans des limites raisonnables, en se référant toujours aux buts et à l'objet de ce traité.

B) Compétences normatives

215 **Les organisations intergouvernementales participent à l'élaboration du droit international contemporain** par l'intermédiaire de leurs actes unilatéraux (voy. n° 59).

Ces actes unilatéraux peuvent être liés soit au fonctionnement de l'organisation (création d'organes subsidiaires, mesures financières, actes réglementaires internes...), soit à l'exercice des compétences qui lui sont attribuées par le traité qui l'a instituée. De nature très variable, ils peuvent consister en recommandations non contraignantes, en résolutions ou décisions obligatoires pour les États membres ou en propositions de traité à conclure par les États membres. Cette dernière technique est notamment utilisée par le Conseil de l'Europe, dont le Comité des ministres adopte à la majorité des deux tiers des traités qui sont ensuite proposés à la ratification des États membres.

Des organisations techniques comme l'Organisation mondiale de la santé (OMS), l'Organisation météorologique mondiale (OMM), l'Organisation de l'aviation civile internationale (OACI) disposent d'un pouvoir réglementaire à l'égard de leurs États membres. Les mesures réglementaires adoptées par ces organisations s'imposent à leurs membres dès lors qu'ils n'y ont pas fait opposition dans un délai déterminé.

De même, dans le cadre des organisations d'intégration comme l'Union européenne, certains organes, en particulier le Conseil des ministres et le Parlement, peuvent adopter des actes unilatéraux (irectives, règlements, décisions) qui s'imposent aux États membres (art. 288 du Traité sur le fonctionnement de l'Union européenne). En effet, dès lors qu'ils sont régulièrement adoptés et publiés, les règlements et, sous certaines conditions, les directives et décisions communautaires sont d'applicabilité directe dans chaque État membre.

C) Compétences opérationnelles

216 Ces compétences sont très diversifiées car propres à chaque organisation internationale. Elles regroupent l'ensemble des modalités d'intervention des institutions internationales, telles que l'assistance financière ou humanitaire aux États, la coopération, l'aide au développement, voire des opérations militaires pour le maintien de la paix.

D) Compétences de contrôle et de sanction

217 Quand un État a adhéré à une organisation internationale, il se trouve lié par les obligations qu'il a acceptées en qualité de membre. En conséquence, **l'organisation intergouvernementale peut contrôler et sanctionner un État qui n'aurait pas respecté certaines obligations** mentionnées dans sa charte constitutive ou dans des traités conclus dans ce cadre, cela dans des domaines aussi différents que le respect des droits de l'homme, l'utilisation pacifique de l'énergie nucléaire, le respect de l'environnement…

Deux types de contrôle peuvent être mis en œuvre : le contrôle contentieux, lorsqu'un manquement grave à une obligation a été constaté, et le contrôle non contentieux, notamment « par les pairs ».

Le contrôle contentieux est très développé dans les organisations européennes. Au Conseil de l'Europe, la Cour européenne des droits de l'homme statue sur les requêtes d'individus ou d'États alléguant une violation des droits civils et politiques énoncés par la Convention de sauvegarde des droits de l'homme et des libertés fondamentales. Dans l'Union européenne, la Cour de justice de l'Union européenne a pour mission d'assurer le respect du droit dans l'interprétation et l'application des traités de l'Union.

Le 16 décembre 2020, le Conseil de l'Union européenne et le Parlement européen ont adopté un règlement conditionnant le bénéfice de financements européens au respect de l'État de droit et des valeurs fondamentales de l'UE. Sur cette base, une procédure de « conditionnalité » a été lancée en avril 2022 contre la Hongrie, en raison d'irrégularités récurrentes dans la manière dont s'y déroule la passation de marchés publics et du fait de ses défaillances en matière de lutte contre la corruption et de poursuites judiciaires ; en conséquence, le Conseil de l'Union européenne, suivant les recommandations de la Commission, a suspendu le versement de 6,3 milliards d'euros destinés à la Hongrie au titre des fonds européens de cohésion.

Dans le cadre de l'ONU, diverses procédures de contrôle non contentieux ont été ouvertes au sujet des droits de l'homme. Les enquêtes sont menées par des experts indépendants ou par des représentants des États dans les pays mis en cause par une des institutions compétentes en ce domaine. Des autorités gouvernementales peuvent être tenues de soumettre des rapports périodiques sur l'application des engagements pris à une institution de l'ONU ou à un comité établi par une convention de l'ONU. Dans le cadre du Pacte international relatif aux droits civils et politiques, adopté en 1966 en complément de la Déclaration universelle des droits de l'homme de 1948, des rapports sont présentés au Comité des droits de l'homme institué par ce pacte. Dans le cadre du Conseil des droits de l'homme, le bilan de l'action de chacun des États membres dans le domaine des droits de l'homme est examiné tous les quatre ans par les 47 États qui composent le Conseil (procédure dite « de l'examen périodique universel »). L'ONU a également établi un mécanisme de suivi des objectifs de développement : les progrès accomplis dans la réalisation de ces objectifs font l'objet d'un examen ministériel annuel au sein du Conseil économique et social (ECOSOC).

Si ces procédures non contentieuses permettent très souvent d'attirer l'attention des opinions publiques, elles n'ont cependant pas d'effet contraignant.

Parallèlement, des contrôles politiques peuvent s'exercer sous la forme d'une condamnation solennelle exprimée par la résolution d'une institution internationale (Assemblée générale, Conseil des droits de l'homme des Nations Unies, par exemple). Toujours en matière de respect des droits de l'homme, le contrôle peut être exercé **par l'intermédiaire d'organisations non gouvernementales** (ONG), susceptibles de fournir des informations à des organisations internationales ou à leurs organes (ECOSOC, Conseil des droits de l'homme des Nations Unies). En matière de paix et de sécurité internationale, le Conseil de sécurité des Nations Unies peut enfin être appelé à prendre toutes mesures, coercitives ou non, en cas de violation par un État membre de ses engagements.

De nombreuses sanctions peuvent aussi être prises à l'encontre des États, comme les sanctions privatives de droits (suspension du droit de vote, de services fournis par l'organisation...) ou de privilèges inhérents à la qualité de membre. Selon l'article 19 de la Charte des Nation Unies, un État membre dont les arriérés de paiement à l'organisation dépassent deux ans de contributions ne peut participer au vote de l'Assemblée générale. Il convient ici de souligner que le pouvoir de sanction des institutions internationales dépend très souvent de la conjoncture politique du moment et du degré d'isolement de l'État ayant contrevenu à leurs normes.

SECTION III
La structure

218 Une organisation intergouvernementale dispose d'une structure institutionnelle composée d'organes qui exercent des fonctions fixées soit par le traité constitutif, soit par une décision de l'organisation (lorsque le nombre d'États s'accroît ou que l'organisation veut élargir son champ d'activité). À la différence des conférences diplomatiques qui sont occasionnelles et limitées dans le temps, les organes des organisations intergouvernementales sont permanents.

Deux mouvements antagonistes sont à l'œuvre dans la détermination des modes de gouvernance des organisations internationales : d'une part, la volonté des États de protéger leur souveraineté et de défendre leurs intérêts au sein de l'organisation en créant des organes interétatiques ; d'autre part, le dépassement de ces considérations strictement nationales au moyen d'organes indépendants des États membres chargés de promouvoir les buts d'intérêt commun pour lesquels l'organisation a été instituée.

§ 1. Les organes interétatiques

219 Les organes interétatiques jouent un rôle majeur au sein de l'organisation internationale (par exemple, l'Assemblée générale ou le Conseil de sécurité des Nations Unies ou encore le Comité des ministres du Conseil de l'Europe). Ce sont des organes collégiaux, composés de représentants diplomatiques des États, mais où les chefs d'État ou de gouvernement ou les ministres des Affaires étrangères peuvent également siéger, par exemple lors de l'ouverture de la session annuelle de l'Assemblée générale des Nations Unies ou d'une réunion au sommet des membres du Conseil de sécurité. Au sein des organisations rassemblant un grand nombre d'États, une distinction peut être faite entre les organes pléniers et les organes restreints.

A) Les organes pléniers

220 Lorsqu'une organisation internationale est composée d'un grand nombre d'États, le principe de l'égalité souveraine est généralement sacrifié au profit de l'efficacité de l'organisation. Le principe d'égalité est mis en œuvre par un seul organe (organe plénier), chargé souvent de définir les grandes orientations de l'organisation. À l'ONU, il s'agit de l'Assemblée générale qui, contrairement au Conseil de sécurité, n'a, pour l'essentiel, qu'un pouvoir consultatif. Lorsque l'organe plénier a un caractère permanent, il se réunit selon une périodicité variable. Par exemple, l'Assemblée générale des Nations Unies se réunit annuellement en session ordinaire, tout en ayant la possibilité de se réunir en session extraordinaire. À l'Organisation des Nations Unies pour l'éducation, la science et la culture (UNESCO), à l'Organisation des Nations Unies pour l'alimentation et l'agriculture (FAO) ou bien encore à l'Organisation mondiale du commerce (OMC), les sessions des organes pléniers sont biennales ; elles sont triennales au sein de l'Organisation de l'aviation civile internationale (OACI).

B) Les organes restreints

221 Les organes restreints sont composés **des représentants d'un petit nombre d'États**, élus généralement par l'organe plénier sur la base d'une représentation géographique et politique équitable. Ils sont dotés par le traité constitutif de **pouvoirs spécifiques et fonctionnels** par rapport à l'organe plénier. Certaines organisations possèdent plusieurs organes restreints : tel est le cas des Nations Unies avec le Conseil de sécurité et le Conseil économique et social (ECOSOC).

Il peut arriver que l'organe restreint soit un organe subsidiaire, c'est-à-dire subordonné à l'organe qui l'a créé, le plus souvent l'organe plénier ou un autre organe statutaire doté de compétences spécifiques. Il en est ainsi, par exemple, du Comité contre le terrorisme créé par le Conseil de sécurité ou du Conseil des droits de l'homme créé par l'Assemblée générale.

Des raisons techniques et politiques justifient la création d'organes restreints : d'une part, ces organes facilitent et simplifient les délibérations (facilité de réunion, d'échanges de vues...) ; d'autre part, en permettant à certains membres d'obtenir une double représentation dans l'organe plénier et l'organe restreint, ils renforcent l'influence politique de ces derniers au sein de l'organisation, proportionnellement à leur puissance réelle.

Dans les organisations universelles, l'accroissement du nombre d'États membres se traduit généralement par une certaine augmentation des États représentés au sein du ou des organes restreints. Le Conseil de sécurité est ainsi passé de 11 membres pour 51 États en 1945 à 15 membres depuis sa seule réforme, en 1965, alors que l'ONU compte actuellement 193 membres ; de même, le Conseil économique et social (ECOSOC) est passé de 18 membres en 1946 à 27 en 1965, puis 54 en 1973.

C) Les modalités de prise de décision

222 Les prises de décision au sein des organisations internationales sont fondées soit sur la règle de l'unanimité conforme à l'égalité souveraine des États, soit sur des systèmes de majorité. En pratique, le consensus est souvent recherché pour une plus grande légitimité des décisions.

1. Unanimité et consensus

223 L'unanimité **suppose que tous les membres d'un organe votent dans le même sens**. Ce mécanisme, qui repose sur l'égalité des États, avait été institué à l'Assemblée et au Conseil de la SDN ; toutefois, trop rigide, il fut considéré comme l'une des causes de l'échec de cette organisation.

L'exigence de l'unanimité reste malgré tout très fréquente pour les décisions de fond, mais elle est généralement atténuée par la règle du consensus, laquelle permet l'adoption d'un texte sans vote dès lors qu'aucune opposition ne s'est exprimée. Il en va ainsi à l'OSCE, dont toutes les décisions de fond sont prises par consensus, celui-ci ayant fait l'objet d'une définition formelle lors de la détermination, en 1973, des règles régissant les travaux de la CSCE : d'après les Recommandations finales des Consultations d'Helsinki, « les décisions de la Conférence sont prises par voie de consensus. Le consensus se définit par l'absence de toute objection exprimée par un représentant et présentée par lui comme constituant un obstacle à l'adoption de la décision en question ». Le consensus est également la règle pour toutes les décisions de l'OTAN, où une « procédure de silence » permet d'alléger les processus de décision, c'est-à-dire que le consensus est réputé acquis si aucune objection n'a été formulée dans un délai préétabli.

Dans le cadre des Communautés européennes, l'unanimité était la règle pour toutes les décisions. Lorsqu'en 1965, il a été envisagé d'introduire un mécanisme de décision à la majorité, le président français, Charles de Gaulle, a manifesté son opposition à ce projet en suspendant la participation de la France au Conseil des Communautés européennes (voy. n° 410). Cette crise dite de la « chaise vide », qui a empêché le fonctionnement de la CEE pendant plusieurs mois, a abouti le 30 janvier 1966 au compromis de Luxembourg, qui prévoyait que la règle de l'unanimité continuerait à s'appliquer dès qu'une question porterait atteinte aux intérêts très importants d'un État membre. Aujourd'hui, le compromis de Luxembourg subsiste même si, dans la pratique, son invocation par un État membre en vue d'obtenir le maximum de concessions n'entraîne plus qu'un ralentissement et non un blocage du processus décisionnel majoritaire. Au sein de l'Union européenne, le nombre de domaines pour lesquels l'unanimité est requise s'est de fait réduit au fil du temps : la règle de l'unanimité prévaut encore pour l'admission de nouveaux membres, pour la révision des traités, ainsi que pour toutes les décisions affectant la souveraineté des États membres dans de nombreux domaines, comme la fiscalité ou la politique étrangère et de sécurité commune (PESC). Et certaines dispositions permettent de réduire la portée de cette règle, à l'instar, dans le domaine de la PESC, du principe d'« abstention constructive », qui permet à un État de ne pas voter une décision, sans que cela n'empêche l'adoption de la décision par les autres États membres.

2. Majorité et consensus

224 Lorsque le système majoritaire a été retenu, de nombreux correctifs lui ont été apportés. La pondération des voix permet souvent à une grande puissance d'obtenir des voix supplémentaires. **Dans les institutions financières et monétaires** (Fonds monétaire international, Banque mondiale), les États membres se voient attribuer **un nombre de voix proportionnel à leur contribution financière**.

Au sein des Nations Unies, les décisions du Conseil de sécurité sont prises par un vote affirmatif de neuf membres sur quinze, mais les cinq membres permanents du Conseil de sécurité disposent d'un droit de veto pour les questions autres que de procédure.

Une majorité qualifiée peut être requise pour ménager une possibilité de blocage aux opinions minoritaires. À l'Assemblée générale des Nations Unies, toutes les questions importantes doivent ainsi être adoptées à la majorité qualifiée des deux tiers. De même, l'adoption de décision par le Conseil de l'Union européenne, qui réunit des ministres des États membres, se fait à la majorité qualifiée, définie par le Traité de Lisbonne comme la superposition d'une majorité des États et d'une majorité de la population : depuis l'entrée en vigueur de ce système, le 1er novembre 2014, une décision est réputée adoptée dès lors qu'elle a obtenu le vote favorable d'au moins 55 % des États membres représentant au moins 65 % de la population de l'Union européenne.

Il convient de souligner que même lorsque des règles de majorité sont applicables, le consensus est souvent recherché. En effet, un compromis adopté par consensus renforce la légitimité des actes unilatéraux adoptés par les organisations internationales. De plus, les recommandations adoptées par consensus ont davantage d'efficacité et sont plus facilement appliquées que celles qui résultent d'un vote à la majorité, même qualifiée.

D) Représentation des partenaires sociaux et des Parlements

225 Normalement, les représentants des États au sein des organes pléniers sont désignés par les gouvernements.

L'Organisation internationale du Travail (OIT) représente, après la Première Guerre mondiale, une exception notable à cette pratique : les délégations nationales comprennent en effet, à côté des représentants des gouvernements, des représentants des organisations de salariés et d'employeurs. En particulier, chacun des États membres est représenté, au sein de l'organe plénier (Conférence générale), par deux délégués de son gouvernement, ainsi que par un représentant des employeurs et un représentant des travailleurs de sa population (art. 3 de la Constitution de l'OIT).

Après la Seconde Guerre mondiale s'est diffusé le besoin de créer, à côté des organes intergouvernementaux constitués de représentants des gouvernements, des organes émanant des Parlements et constitués de délégations de chacun des parlements des États membres.

Le Conseil de l'Europe a été la première organisation internationale à se doter d'un organe parlementaire : son Statut, adopté par le Traité de Londres du 5 mai 1949, a ainsi institué une « Assemblée consultative », aujourd'hui dénommée assemblée parlementaire, composée de représentants des États membres désignés par les parlements nationaux (630 actuellement). D'autres organisations intergouvernementales disposent d'organes parlementaires. Ainsi, l'Union africaine est dotée d'un Parlement panafricain qui, composé de 250 membres désignés, comme le prévoit l'article 17 de l'Acte constitutif de l'organisation, par les législatures de 50 des 54 États membres, à raison de 5 délégués (dont au moins une femme) par État membre, a tenu sa session inaugurale le 18 mars 2004, à Midran, en Afrique du Sud, où se trouve son siège.

Dès le début, la construction européenne a réservé une place aux représentants des parlements des États membres, en dotant la CECA d'une assemblée commune, devenue, dans le cadre de la CEE, Assemblée parlementaire européenne (1958), puis Parlement européen (1962). Alors qu'à l'origine, il réunissait des représentants des parlements nationaux des États membres des Communautés européennes, il se compose depuis 1979, en vertu d'une décision adoptée lors du sommet de Paris de 1974, de députés élus au suffrage universel direct pour cinq ans. Initialement doté d'un simple pouvoir consultatif, il dispose, depuis le Traité de Maastricht, de pouvoirs législatif et budgétaire, qu'il partage avec le Conseil de l'Union européenne, ainsi que d'un pouvoir de contrôle politique. Ces évolutions ont profondément transformé la nature du Parlement européen. Doté d'une légitimité populaire à l'échelle de l'ensemble de l'Union, cet organe n'est plus seulement un forum où s'expriment et se concilient les intérêts des États par la voix de leurs délégations parlementaires nationales, mais aussi un lieu où, par la délibération et le vote majoritaire, peuvent se dégager des orientations politiques transcendant ces intérêts nationaux. En réunion, les membres du Parlement européen ne se regroupent d'ailleurs pas par délégation nationale, mais par groupe politique européen, où ils siègent par ordre alphabétique, ce qui nourrit leur socialisation. Le Parlement européen est un exemple unique d'organe parlementaire d'une organisation intergouvernementale dont les membres sont élus au suffrage universel direct et qui dispose de pouvoirs supranationaux. Cela illustre le caractère spécifique de l'Union européenne, qui reste par de nombreux aspects une organisation internationale interétatique, tout en possédant des traits fortement intégrateurs que l'on trouve dans une fédération.

L'Union européenne dispose en outre d'autres organes représentatifs : le Comité européen des régions (CdR), qui permet une représentation des collectivités locales et régionales, et le Comité économique et social européen (CESE), qui représente les groupes sociaux de l'Union européenne (employeurs, salariés, et autres) et fait office de relais vers les conseils économiques et sociaux des États membres, des régions et des pays tiers. Ces deux organes n'ont qu'une fonction consultative.

L'existence d'organes parlementaires au sein d'organisations intergouvernementales témoigne du souci des États membres de ces organisations d'associer les peuples aux travaux de l'organisation concernée. Hormis le Parlement européen, ces organes ont le plus souvent un rôle strictement consultatif : ils votent des textes, résolutions ou recommandations, qu'ils transmettent aux organes intergouvernementaux, seuls détenteurs du pouvoir de décision, ainsi qu'aux Parlements et gouvernements des États membres.

Il convient en outre de relever que des organisations interparlementaires existent indépendamment de toute organisation intergouvernementale. Certaines sont très anciennes, comme l'Union interparlementaire créée en 1889 sur une initiative franco-britannique, d'autres plus récentes, comme le Parlement latino-américain ou l'Union parlementaire africaine, respectivement établis en 1964 et 1999. Ces organisations interparlementaires s'efforcent d'exercer une influence sur l'action internationale des gouvernements de leurs États membres ou sur les organisations intergouvernementales.

§ 2. Organes indépendants des États membres

226 Certains organes permanents, dont la mission est de promouvoir les intérêts généraux de l'organisation internationale, complètent les organes intergouvernementaux. Ces organes indépendants des États membres sont composés d'agents internationaux qui, exerçant une activité autonome au sein de l'organisation, sont protégés par des privilèges et immunités diplomatiques. Dans son avis consultatif du 11 avril 1949, la Cour internationale de justice a précisé que l'agent international peut être défini comme « quiconque, fonctionnaire rémunéré ou non, employé à titre permanent ou non [qui] a été chargé par un organe de l'organisation d'exercer ou d'aider à exercer l'une des fonctions de celle-ci. Bref, toute personne par qui l'organisation agit ».

Deux grandes catégories d'organes peuvent être mentionnées à cet égard : les organes administratifs, qui assurent le fonctionnement régulier de l'organisation intergouvernementale, et les organes juridictionnels, chargés d'assurer le respect du droit dans la mise en œuvre du traité constitutif de l'organisation. On évoquera à ce propos les organes juridictionnels créés pour statuer sur des requêtes alléguant des violations des droits de l'homme ou pour juger les auteurs des crimes les plus graves touchant l'ensemble de la communauté internationale.

A) Organes administratifs

227 Chaque organisation internationale possède un organe administratif permanent (un secrétariat pour l'ONU, un Bureau international pour l'OIT ou une Commission pour l'Union européenne ou pour l'Union africaine...), qui assure la permanence et le fonctionnement régulier de l'organisation. À la tête de cet organe administratif se trouve un secrétaire général, un directeur ou un président, qui est le plus haut fonctionnaire de l'organisation.

Dans le cadre des Nations Unies, le secrétaire général, élu par l'Assemblée générale sur recommandation du Conseil de sécurité, est à la tête du secrétariat de l'ONU, l'administration de l'organisation. Il dispose d'un large pouvoir d'initiative et d'action dans tous les domaines d'intervention de l'ONU, notamment en matière de maintien de la paix (art. 99 de la Charte). Il est aussi souvent chargé par le Conseil de sécurité et l'Assemblée générale de l'exécution de leurs décisions (art. 98 de la Charte). Son autonomie politique peut conduire à des conflits avec les membres permanents du Conseil de sécurité, comme l'illustre le cas de Boutros Boutros-Ghali, dont la réélection a été bloquée en 1996 par l'administration américaine du président Clinton à laquelle il s'était opposé sur plusieurs dossiers.

Dans le cadre de l'Union européenne, la Commission européenne, institution collégiale indépendante des États membres, a pour mission de promouvoir l'intérêt général de l'Union européenne. À ce titre, elle dispose du monopole de l'initiative des actes normatifs concernant les politiques communes, à l'exception de la politique étrangère et de sécurité commune (PESC) et de certaines matières relevant des affaires intérieures et de la justice. La Commission a par ailleurs des pouvoirs d'exécution, de gestion et de contrôle. Elle assure la programmation et la mise en œuvre des politiques communes, elle exécute le budget et gère les programmes communautaires. En tant que « gardienne des traités », elle veille à la bonne application des traités et des actes normatifs de l'Union, sous le contrôle de la Cour de justice de l'UE.

B) Organes juridictionnels

228 Les organes juridictionnels sont en règle générale établis par le traité constitutif de l'organisation (Cour internationale de justice, Cour de justice de l'Union européenne), mais ils peuvent aussi être créés par un traité conclu dans le cadre de l'organisation (Cour européenne des droits de l'homme) ou par un organe principal de l'organisation (Système de justice interne des Nations Unies créé par l'Assemblée générale, tribunaux pénaux internationaux pour l'ex-Yougoslavie ou pour le Rwanda créés par le Conseil de sécurité). Si la Cour pénale internationale (CPI) est, sur le plan formel, une institution indépendante de l'ONU, elle est cependant étroitement liée à cette dernière : le Statut de Rome du 17 juillet 1998 qui l'a créée évoque explicitement la possibilité, pour le Conseil de sécurité, de déférer une situation à la Cour ou d'imposer un sursis à ses enquêtes ou poursuites ; de plus, l'Assemblée générale et le Conseil de sécurité se saisissent régulièrement de questions relatives au mandat et aux activités de la Cour.

Les juridictions des organisations intergouvernementales sont chargées de dire le droit dans le cadre de la mission juridictionnelle qui leur est assignée par le traité constitutif de l'organisation, par la décision de l'organe qui les a créées ou, dans le cas de la CPI, par le traité qui l'a instituée. Elles ne disposent donc que d'attributions spécifiques.

Indépendantes des États membres (comme l'exigent leurs fonctions), elles sont composées de juges élus, en règle générale, par les organes interétatiques pléniers.

Les missions des juridictions internationales sont principalement de quatre types :

- permettre le règlement des différends entre les États membres ou émettre un avis juridique à l'intention de l'organisation ou des États membres, à l'instar de la Cour internationale de justice de l'ONU ;

- assurer le respect du droit dans l'interprétation et l'application des traités constitutifs, à l'égard des États membres comme à l'égard des personnes physiques ou morales ressortissantes de ces États, comme c'est en particulier la mission de la Cour de justice de l'Union européenne ;
- statuer, comme la Cour européenne des droits de l'homme, sur des requêtes émanant de personnes ou d'États alléguant une violation de droits reconnus par un traité conclu dans le cadre de l'organisation (Convention de sauvegarde des droits de l'homme et des libertés fondamentales) ;
- enfin, réprimer les crimes d'une gravité telle qu'ils intéressent la communauté internationale tout entière, fonction assignée aux tribunaux pénaux pour l'ex-Yougoslavie et le Rwanda – organes subsidiaires du Conseil de sécurité de l'ONU – ou à la Cour pénale internationale – première juridiction pénale internationale permanente.

1. Des juridictions chargées de favoriser le règlement des différends interétatiques

229 La Cour internationale de justice « constitue l'organe judiciaire principal des Nations Unies », conformément à l'article 92 de la Charte. Dans le cadre de sa compétence contentieuse, elle a pour mission de régler, conformément au droit international, les différends juridiques qui lui sont librement soumis par les États. Dans le cadre de sa compétence consultative, elle donne des avis consultatifs sur les questions d'ordre juridique que lui posent l'Assemblée générale, le Conseil de sécurité et les autres organes et institutions spécialisées habilités par l'Assemblée générale (voy. n°s 50 et s.).

Bien que ses compétences soient beaucoup plus spécialisées, le Tribunal du droit de la mer, organe judiciaire indépendant, a également pour mission de statuer sur les différends qui lui sont librement soumis par les États. Établi par la Convention des Nations Unies de 1982 sur le droit de la mer (Convention de Montego Bay), il se compose de 21 juges, chacun de nationalité différente, élus par les États parties à la convention pour un mandat de neuf ans renouvelable. Sa compétence s'étend aux contentieux liés à l'interprétation et à l'application de la convention, mais également à tout différend relatif à l'interprétation ou à l'application d'un accord international se rapportant à ses buts (art. 228). Des personnes privées peuvent être parties à un litige porté devant cette juridiction à condition d'y être autorisées par l'État du pavillon. La juridiction du Tribunal du droit de la mer n'est pas obligatoire, sauf dans des cas très spécifiques (mesures conservatoires ou prompte mainlevée de l'immobilisation d'un navire).

2. Une juridiction bénéficiant d'une compétence obligatoire en vue d'assurer l'effectivité de l'application du traité constitutif

230 La Cour de justice de l'Union européenne veille à la bonne application du droit de l'Union européenne. Elle se prononce en particulier sur les recours formés par les États membres, les institutions communautaires ou les personnes physiques et morales directement concernées, en vue de l'annulation d'actes des institutions communautaires. Elle peut également être saisie de recours en indemnité formés par les États membres ou les personnes physiques et morales

mettant en cause la responsabilité de l'Union européenne pour des dommages causés par celle-ci ou ses agents. Elle statue par ailleurs sur les questions préjudicielles relatives à l'interprétation du droit de l'Union européenne que lui soumettent les juridictions nationales. **Contrairement aux autres juridictions internationales, la Cour de justice de l'Union européenne exerce une juridiction obligatoire pour tous les États membres** et ses arrêts ont de surcroît force exécutoire sur le territoire des États membres (art. 280 du Traité sur le fonctionnement de l'Union européenne).

Si la Cour de justice de l'Union européenne peut se réunir en formation plénière, pour trancher les litiges importants ou très complexes, le plus souvent elle siège en grande chambre (13 juges) ou en chambre de 3 à 5 juges. Pour décharger la Cour, qui compte un juge par État membre, une partie du contentieux du droit de l'Union européenne a été attribuée au Tribunal de l'Union européenne, tribunal de première instance dont les décisions peuvent faire l'objet d'un pourvoi limité aux questions de droit devant la Cour de justice.

3. Une juridiction chargée d'assurer le respect de droits reconnus par un traité

231 La Convention européenne de sauvegarde des droits de l'homme et des libertés fondamentales, adoptée par le Conseil de l'Europe le 4 novembre 1950, est entrée en vigueur le 3 septembre 1953.

Ratifiée par les 47 États membres du Conseil de l'Europe (l'ensemble des pays européens, y compris la Russie, la Turquie et les pays du Caucase, à l'exception de la Biélorussie), elle énonce des droits et libertés fondamentaux (principalement civils et politiques) que les États membres s'engagent à reconnaître à toute personne relevant de leur juridiction, c'est-à-dire à toute personne présente sur leur territoire, quelle que soit sa nationalité. Surtout, elle établit un mécanisme de contrôle juridictionnel de ces engagements et confie ce contrôle à une juridiction qu'elle a créée à cet effet, la Cour européenne des droits de l'homme, qui siège à Strasbourg (France). Ce mécanisme présente l'originalité de permettre aux personnes relevant de la juridiction des États membres de saisir directement cette dernière.

La Cour européenne des droits de l'homme est composée d'un nombre de juges égal à celui des États parties à la Convention. Ces juges sont élus, pour un mandat de neuf ans non renouvelable, par l'Assemblée parlementaire du Conseil de l'Europe, à partir de listes de 3 noms proposées par chaque État. Ils sont répartis en formations de juges uniques, de chambres de 7 juges et de comités de 3 juges. Une grande chambre, composée de 17 juges, constitue la formation solennelle de jugement et l'organe de révision des arrêts rendus par les chambres.

Tout État membre, toute personne physique, organisation non gouvernementale ou groupe de particuliers alléguant une violation des droits reconnus par la Convention peut déposer devant cette juridiction une requête contre le gouvernement d'un ou plusieurs États membres. S'agissant des requêtes individuelles, elles ne peuvent être adressées à la Cour qu'après épuisement des voies de recours internes à l'État membre concerné.

Depuis sa création en 1959, la Cour européenne des droits de l'homme indique avoir examiné plus de 900 000 requêtes et rendu plus de 24 000 arrêts, dont plus d'un tiers concernaient la Turquie, la Russie et l'Italie. Si plus de

40 000 nouvelles requêtes sont introduites chaque année auprès de la Cour, nombre d'entre elles sont néanmoins déclarées irrecevables et renvoyées devant des juridictions nationales. La violation la plus souvent constatée concerne le droit à un procès équitable (article 6 de la Convention). Ces dernières années cependant, d'autres violations sont plus fréquemment constatées, en particulier des violations des articles 3 et 5 de la Convention concernant l'interdiction de la torture et des traitements inhumains ou dégradants et le droit à la liberté et à la sûreté. Dans la pratique, il apparaît que les États se conforment généralement aux arrêts de la Cour, juridiquement obligatoires. S'ils ne le font pas, ils encourent une nouvelle condamnation de celle-ci, ce qui crée habituellement une pression suffisamment forte pour résoudre la difficulté.

4. Les juridictions pénales internationales

232 C'est à l'issue de la Seconde Guerre mondiale qu'a pu être effectivement mise en cause, dans le cadre des procès de Nuremberg et Tokyo, la responsabilité pénale internationale d'individus auteurs de crimes internationaux (crimes de guerre, crimes contre l'humanité), même lorsqu'ils avaient agi en tant qu'autorités de fait ou de droit d'un État. Les dispositions pénales du Traité de Versailles visant l'ancien empereur Guillaume II et les auteurs allemands de crimes de guerre (art. 227 à 230) n'avaient pratiquement pas été appliquées : les crimes en cause n'étaient pas de la même gravité que ceux de la Seconde Guerre mondiale et les autorités néerlandaises s'étaient refusées à extrader Guillaume II.

Après les procès de Nuremberg et Tokyo, il a cependant fallu attendre le début des années 1990 pour que soient mises en place des juridictions pénales internationales, dont la compétence a d'abord été circonscrite aux crimes commis sur un territoire et dans une période de temps déterminés. En 1998, le statut de Rome a institué une juridiction pénale internationale à compétence générale et permanente.

a) Les précédents des tribunaux de Nuremberg et Tokyo

233 Les atrocités commises par les autorités de l'Allemagne nazie et du régime militariste japonais au cours de la Seconde Guerre mondiale ont motivé la création de deux premières juridictions pénales internationales : le Tribunal militaire international de Nuremberg, prévu par l'accord de Londres du 8 août 1945, et le Tribunal international pour l'Extrême-Orient (Tribunal de Tokyo) institué par une déclaration du général Douglas MacArthur, commandant suprême des forces d'occupation, le 19 janvier 1946. Vingt-deux dirigeants nazis ont été déférés au Tribunal de Nuremberg, composé de quatre juges titulaires et de quatre juges suppléants désignés respectivement par les États-Unis, la France, le Royaume-Uni et l'Union soviétique. Douze accusés ont été condamnés à mort, trois à la prison à vie, deux à vingt ans de prison, un à quinze ans, un à dix ans et deux ont été acquittés. Toutes les peines ont été exécutées. Le Tribunal de Tokyo, constitué de onze juges représentant les onze puissances alliées dans la guerre du Pacifique (États-Unis, Union soviétique, Chine, Royaume-Uni, Pays-Bas, Australie, Canada, France, Philippines, Inde et Nouvelle-Zélande), a condamné à mort huit des vingt-cinq responsables japonais qui lui ont été déférés, les autres étant pour la plupart condamnés à la détention à perpétuité.

Les chefs d'accusation invoqués devant le Tribunal de Nuremberg anticipent pour partie ceux qui ont été retenus lors de la mise en place ultérieure des juridictions pénales internationales : crimes contre la paix (notamment préparation et déclenchement d'une guerre d'agression), crimes de guerre et une nouvelle catégorie de crimes, celle des crimes contre l'humanité, qui englobe ce qui sera désigné comme génocide par la Convention pour la prévention et la répression du crime de génocide du 9 décembre 1948.

b) La constitution de juridictions pénales internationales pour l'ex-Yougoslavie et le Rwanda

234 Ce n'est qu'après la fin de la Guerre froide qu'un consensus international a pu se former pour juger les auteurs de crimes internationaux. Cette prise de conscience a d'abord concerné les crimes commis dans le cadre des conflits en ex-Yougoslavie et au Rwanda. Le Conseil de sécurité des Nations Unies a créé deux juridictions spécialisées pour en connaître :

- le 22 février 1993, la résolution 808 du Conseil de sécurité a créé le Tribunal pénal international pour l'ex-Yougoslavie (TPIY) en vue de « juger les personnes présumées responsables de violations graves du droit international humanitaire commis sur le territoire de l'ex-Yougoslavie depuis 1991 » ;
- la résolution 955 votée le 8 novembre 1994 par le Conseil de sécurité a institué le Tribunal pénal international pour le Rwanda (TPIR) afin de « juger les personnes présumées responsables d'actes de génocide ou d'autres violations graves du droit international humanitaire commis sur le territoire du Rwanda et les citoyens rwandais présumés responsables de tels actes ou violations commis sur le territoire d'États voisins entre le 1er janvier et le 31 décembre 1994 ».

E 5 Crimes de guerre, crimes de génocide, crimes contre l'humanité

CRIMES DE GUERRE : crimes de comportements prohibés par les règles du droit international humanitaire applicables aux conflits armés (Conventions de Genève du 12 août 1949) et par les principes applicables aux conflits armés (violations des lois et des coutumes de la guerre).
CRIMES DE GÉNOCIDE : actes « commis dans l'intention de détruire, en tout ou en partie, un groupe national, ethnique, racial ou religieux ». Ils peuvent se matérialiser de la façon suivante : « meurtre de membres du groupe ; atteinte grave à l'intégrité physique ou mentale des membres du groupe ; soumission intentionnelle des membres du groupe à des conditions d'existence devant entraîner sa destruction physique totale ou partielle ; mesures visant à entraver les naissances au sein d'un groupe ; transfert forcé d'enfants du groupe à un autre groupe » (art. 6 du Statut de Rome reprenant l'art. 2 de la Convention pour la prévention et la répression du crime de génocide du 9 décembre 1948).
CRIMES CONTRE L'HUMANITÉ : ces actes sont perpétrés « dans le cadre d'une attaque généralisée ou systématique lancée contre toute population civile et en connaissance de cette attaque ». Ils consistent notamment en meurtre, extermination, réduction en esclavage, transfert forcé de population (article 7 du Statut de Rome).
Les notions de crimes de génocide et de crimes contre l'humanité sont apparues au lendemain de la Seconde Guerre mondiale pour définir, en droit, les horreurs du nazisme.

---

235 Par sa résolution 1503 du 28 août 2003, le Conseil de sécurité a fixé au TPIY et au TPIR une stratégie d'achèvement de leurs travaux qui prévoyait la fin des procès en première instance fin 2008 et en appel fin 2010. Il est

apparu cependant que ces échéances ne seraient pas respectées, en raison des contraintes de la procédure, des aléas judiciaires et de l'arrestation tardive de fugitifs. Les travaux du TPIY se sont conclus fin 2017. S'agissant des procès menés devant le TPIR, les procédures de première instance ont été achevées fin 2013 et, bien que plusieurs accusés soient toujours en fuite, le TPIR a été fermé le 31 décembre 2015. Une instance dénommée **Mécanisme international chargé d'exercer les fonctions résiduelles des Tribunaux pénaux** a été missionnée par le Conseil de sécurité (résolution 1966 du 22 décembre 2010) pour traiter les dernières affaires du TPIY, ainsi que celles du TPIR (en particulier le jugement des accusés en fuite).

161 individus ont été mis en accusation devant le TPIY, parmi lesquels de nombreux dirigeants politiques ou militaires (chefs d'État, premiers ministres, ministres de l'intérieur, chefs d'état-major, chefs de l'armée et de la police) ayant occupé de hautes fonctions ou des fonctions de rang intermédiaire au sein des parties au conflit yougoslave. Ces personnes étaient accusées de crimes commis entre 1991 et 2001 à l'encontre de membres des différentes communautés ethniques en Croatie, en Bosnie-Herzégovine, en Serbie, au Kosovo et en Macédoine. Plus de soixante individus ont été condamnés. Le 24 mars 2016, Radovan Karadzic, ancien président de la Republika Srpska (République auto proclamée des Serbes de Bosnie-Herzégovine) et commandant suprême de ses forces armées, a été reconnu en première instance coupable de génocide, de crimes contre l'humanité et de violations des lois ou coutumes de la guerre, pour les crimes commis par les forces serbes de 1992 à 1995. Il a été condamné à une peine de quarante ans d'emprisonnement en 2016, puis, le 20 mars 2019, a été condamné en appel à la prison à vie par le Mécanisme international chargé d'exercer les fonctions résiduelles des Tribunaux pénaux.

Le TPIR a eu à connaître 93 inculpations et a prononcé 61 condamnations. Certaines procédures devront se poursuivre en appel devant le Mécanisme international chargé d'exercer les fonctions résiduelles des Tribunaux pénaux. Parmi les individus condamnés figurent de nombreuses personnes de haut rang ayant joué un rôle dans la perpétration du génocide au Rwanda.

Malgré un bilan non négligeable, ces deux juridictions ont été quelquefois critiquées pour leurs difficultés à juger l'ensemble des auteurs de crimes internationaux commis au cours des événements entrant dans leur compétence.

c) La pratique des juridictions pénales hybrides

236 Dans quelques cas où les crimes commis ont revêtu une portée internationale, le choix a été fait d'en confier le jugement à des juridictions nationales renforcées par des magistrats internationaux. Ces organes judiciaires ***sui generis*** ont donc un double caractère, national et international. Ils émanent à la fois de l'État concerné, dont ils appliquent le droit, et d'une organisation internationale (ONU ou Union africaine). Ces tribunaux sont actuellement au nombre de quatre : les Chambres extraordinaires au sein des Tribunaux cambodgiens créées en application d'un accord conclu le 6 juin 2003 entre le gouvernement du Cambodge et le secrétaire général des Nations Unies pour juger les derniers dirigeants khmers rouges ; le Tribunal spécial pour le Liban, mis en place par la résolution 1757 du 30 mai 2007 du Conseil de sécurité des Nations Unies pour poursuivre les responsables de l'attentat du 14 février 2005 dans lequel Rafic Hariri, ancien Premier ministre du Liban, a trouvé la mort (voy. n° 579) ;

le Tribunal spécial pour la Sierra Leone, institué par la résolution 1315 du 14 août 2000 du Conseil de sécurité des Nations Unies et effectivement installé en 2003 pour poursuivre les auteurs des crimes contre l'humanité et des crimes de guerre commis lors de la guerre civile ayant frappé ce pays entre 1991 à 2002 ; les Chambres extraordinaires africaines, mises en place par le Sénégal dans le cadre d'un accord avec l'Union africaine, pour juger l'ancien président tchadien Hissène Habré pour crimes contre l'humanité, crimes de guerre et actes de torture.

d) La Cour pénale internationale (CPI)

237 Après l'expérience des tribunaux pénaux pour l'ex-Yougoslavie et le Rwanda, un grand nombre d'États ont décidé de donner une dimension générale à la lutte contre l'impunité des crimes internationaux. Ils ont créé à cet effet une juridiction pénale internationale permanente chargée de juger les crimes internationaux concernant l'ensemble des pays relevant de sa compétence. Le Statut de la Cour pénale internationale (CPI) adopté à Rome le 17 juillet 1998 est entré en vigueur le 1er juillet 2002. Contrairement au TPIY et au TPIR, la CPI est une organisation internationale indépendante qui n'appartient pas au système des Nations Unies.

Le statut de la CPI est le fruit d'un laborieux compromis. La compétence de la Cour s'étend aux crimes de génocide, crimes contre l'humanité, crimes de guerre ainsi qu'aux crimes d'agression, mais elle n'est pas universelle : pour que la CPI puisse être saisie, il faut que le pays où se déroule le crime ou dont est ressortissant celui qui le commet soit signataire du Statut de Rome, sous réserve de la possibilité, pour le Conseil de sécurité, de déférer à la Cour la situation concernée. L'adhésion de l'Autorité palestinienne (assimilée à un État sous le nom de Palestine), le 2 janvier 2015, pourrait désormais permettre des poursuites pour des crimes commis dans les territoires palestiniens. En mars 2021, la procureure de la CPI a indiqué l'ouverture d'une enquête « sur les crimes relevant de la compétence de la cour qui auraient été commis » en Palestine.

La compétence de la Cour est régie par le principe de subsidiarité. Elle ne décharge pas les États de leur responsabilité première et n'intervient que lorsque les États n'ont pas été en mesure ou n'ont pas eu la volonté de juger les crimes relevant de leur compétence.

La Cour peut être saisie de la manière suivante : tout État partie ou le Conseil de sécurité peuvent déférer au procureur de la Cour une situation dans laquelle des crimes de sa compétence semblent avoir été commis ; le procureur peut également se saisir de sa propre initiative et ouvrir une enquête sur autorisation de la Chambre préliminaire.

Enfin, le Conseil de sécurité peut imposer à la Cour un sursis à enquêter ou à poursuivre pour une durée de douze mois indéfiniment renouvelable. Il doit pour ce faire adopter une résolution à cet effet en application du chapitre VII de la Charte.

Il convient de souligner qu'aucune immunité pénale, notamment liée à des fonctions au sein d'un État, n'est reconnue par la CPI. C'est une des raisons pour lesquelles la France a dû, avant de ratifier le Statut de Rome, modifier sa Constitution de manière, notamment, à rendre juridiquement possibles des poursuites du président de la République devant la CPI.

En avril 2023, les États parties au statut de Rome sont au nombre de 123. Parmi les États qui n'ont pas ratifié le Statut figurent en particulier la Chine, les États-Unis, la Russie et Israël. Le Burundi s'est de son côté retiré de la CPI en octobre 2017.

Au 15 avril 2023, la Cour a été saisie de 31 affaires, dont certaines incluant plusieurs suspects, et a délivré 40 mandats d'arrêt, dont 21 ont été exécutés, tandis que 16 personnes sont toujours en liberté et que les charges ont été abandonnées contre 5 personnes à la suite de leur décès. Les juges de la CPI ont délivré 9 citations à comparaître, toutes respectées, et ont rendu 10 condamnations et 4 acquittements.

238 Comme le montre le nombre restreint des procédures engagées et des verdicts, **la CPI rencontre de sérieuses difficultés dans l'accomplissement de sa mission**.

Lorsque des chefs d'État en exercice sont poursuivis devant la CPI, les procès sont en pratique très difficiles à conduire. Un mandat d'arrêt a ainsi été délivré à l'encontre du président du Soudan, Omar el-Béchir, en 2009, mais ce dernier, dont le pays ne reconnaît pas la compétence de la Cour, refusait de comparaître devant elle. Il était jusqu'à sa chute en 2019 soutenu par la Russie et la Chine, ainsi que par la Ligue arabe et l'Union africaine. Les poursuites contre l'actuel président du Kenya, Uhuru Kenyatta, ont été abandonnées. Le 17 mars 2023, le procureur de la CPI, Karim Kahn, a émis un mandat d'arrêt contre le président russe, Vladimir Poutine, suspecté de crimes de guerre en raison de sa responsabilité dans la déportation d'enfants ukrainiens en Russie. Il est cependant difficile d'évaluer l'impact d'une telle décision.

La CPI éprouve également des difficultés à se prononcer dans des situations politiques complexes où les exigences de stabilité politique semblent l'emporter sur celles de la justice. Le gouvernement de l'Ouganda, qui avait pourtant déféré le cas du leader rebelle Joseph Kony à la Cour en 2003, a proposé à ce dernier des négociations de paix après qu'un mandat d'arrêt a été lancé contre lui en 2005 pour crimes de guerre. Jean-Pierre Bemba, ancien vice-président de la République démocratique du Congo (RDC), a été acquitté en appel, le 8 juin 2018, au motif que sa responsabilité personnelle ne pouvait être prouvée dans les crimes commis en République centrafricaine par des troupes placées sous son commandement.

Le procès de Laurent Gbagbo s'est ouvert devant la CPI en janvier 2016 pour des actes qu'il aurait commis lors de la crise postélectorale de 2010-2011 ; l'ancien président ivoirien a été acquitté définitivement par la Cour (après rejet de l'appel du procureur) en mars 2021.

Certains pays africains ont par ailleurs exprimé leur mécontentement à l'égard de ce qu'ils perçoivent comme un biais de la Cour au détriment de l'Afrique (malgré l'élection par l'Assemblée des États parties d'une Gambienne, Fatou Bensouda, au poste de procureur). En 2016, l'Afrique du Sud a ainsi engagé une procédure pour se retirer de la CPI, mais cette procédure a été abandonnée en 2017 après avoir été déclarée inconstitutionnelle par la Haute Cour du pays au motif que le Parlement sud-africain n'avait pas été saisi de la question. À ce jour, seul le Burundi s'est retiré de la CPI.

CHAPITRE 2

Un acteur à vocation universelle : l'Organisation des Nations Unies

239 Plus de 70 ans après sa création, l'Organisation des Nations Unies (ONU) est reconnue comme une structure de coopération universelle indispensable pour le maintien de la paix et le rassemblement de l'humanité autour d'objectifs tels que le développement et la protection de l'environnement, comme le soulignait le secrétaire général de l'organisation de l'époque, Kofi Annan, dans son discours au Sommet mondial, le 14 septembre 2005 : « Qu'il s'agisse de rétablissement de la paix, d'édification des nations, de démocratisation ou d'interventions en cas de catastrophe naturelle ou autre, nous avons tous pu constater que même les plus forts d'entre nous ne peuvent réussir seuls [...] C'est pourquoi il est vital que l'Organisation des Nations Unies soit vigoureuse et efficace. Utilisée à bon escient, elle peut, comme nulle autre institution, aider à conjuguer pouvoir et principes dans l'intérêt de tous les peuples du monde ».

Pourtant, l'efficacité et parfois même la pertinence de l'organisation sont souvent contestées. Universelle, elle peine à réagir à un monde en mouvement et ne peut travailler qu'avec la pleine coopération des États qui la composent et en partenariat avec les autres acteurs internationaux. Le secrétaire général des Nations Unies Antonio Guterres le reconnaissait lors de sa prestation de serment le 12 décembre 2016 : « Le monde dans lequel nous vivons est complexe. Pour réussir, l'ONU ne peut pas faire cavalier seul. Il nous faut continuer à mettre le partenariat au cœur de notre stratégie. Nous devrions avoir la modestie de reconnaître que d'autres acteurs jouent un rôle essentiel, tout en restant pleinement conscient de la capacité inégalée de rassemblement de notre Organisation ».

SECTION I

Les principes fondateurs de l'ONU

240 L'Organisation des Nations Unies est née d'un projet développé pendant la Seconde Guerre mondiale par le président américain Franklin Roosevelt et le Premier Ministre britannique Winston Churchill en vue d'instituer un nouvel ordre mondial dans lequel la paix serait garantie par une organisation universelle plus efficace que la Société des Nations de l'entre-deux-guerres.

Leur accord s'est d'abord exprimé dans la Charte de l'Atlantique du 14 août 1941 (voy. n° 326), document énonçant des principes communs à faire prévaloir une fois la paix revenue, comme le non-recours à la force pour le règlement des litiges internationaux. Après l'entrée en guerre de l'Union soviétique et des États-Unis, vingt-six pays en lutte contre les puissances de l'Axe (Allemagne, Japon, Italie et leurs alliés) ont signé, le 1er janvier 1942, la Déclaration des Nations Unies : ils se sont ainsi engagés à ne pas conclure de paix séparée et ont affirmé leur adhésion aux principes de la Charte de l'Atlantique.

En octobre 1943, les États-Unis, le Royaume-Uni, l'URSS et la Chine ont signé la Déclaration de Moscou, dans laquelle ils reconnaissent la « nécessité d'établir dès que possible une organisation internationale générale, fondée sur le principe de l'égalité souveraine des États pacifiques ». Un an plus tard, entre le 21 août et le 7 octobre 1944, à la conférence de Dumbarton Oaks, à Washington, les bases de la nouvelle organisation sont posées par les représentants des quatre puissances signataires de la Déclaration de Moscou, qui s'accordent alors sur ses buts généraux, sa structure et son rôle. Après que les États-Unis, le Royaume-Uni et l'URSS se sont entendus sur le rôle du Conseil de sécurité lors de la conférence de Yalta en février 1945, la Charte des Nations Unies est finalement adoptée par les représentants de 50 pays, dont la France, lors de la conférence de San Francisco (25 avril-26 juin 1945).

§ 1. La paix, un objectif fondateur

241 La nouvelle organisation fondée à San Francisco a été voulue pour garantir la paix et la sécurité internationales. La Charte des Nations Unies affirme ainsi dans son préambule que les peuples des Nations Unies sont résolus à **« préserver les générations futures du fléau de la guerre qui, deux fois en l'espace d'une vie humaine, a infligé à l'humanité d'indicibles souffrances »**.

Pour atteindre cet objectif, les rédacteurs de la Charte entendent tirer les leçons de l'échec de la SDN (voy. nos 170 et 328) et remédier à ses faiblesses (absence des États-Unis, principe de l'unanimité, notamment pour toutes les décisions relatives à la sécurité internationale, faiblesse du mécanisme de recours à la force pour répondre à une agression contre un État membre[16]). Dans cette perspective est prévu qu'aux côtés d'une Assemblée générale représentant tous les États membres, un Conseil de sécurité, prenant ses décisions à la majorité mais comprenant cinq grandes puissances dotées chacune d'un droit de veto (Chine, États-Unis, France, Royaume-Uni, URSS), assure le maintien de la paix, avec l'aide, si nécessaire, de forces armées mises à sa disposition par les États membres.

16. L'article 16 du Pacte de la SDN faisait seulement obligation au Conseil « de recommander aux divers gouvernements intéressés les effectifs militaires, navals ou aériens par lesquels les membres de la Société contribueront respectivement aux forces armées destinées à faire respecter les engagements de la Société », la recommandation du Conseil requérant l'unanimité.

§ 2. L'égalité souveraine des États

242 Fondement de la coopération entre les peuples, le principe de l'égalité des États, qui découle de la souveraineté de ces derniers, est énoncé à l'article 2, paragraphe 1, de la Charte des Nations Unies dans les termes suivants : **« L'Organisation est fondée sur le principe de l'égalité souveraine de tous ses Membres »**. Ce principe est aussi inscrit dans tous les accords constitutifs d'organisations régionales ayant pour mission d'assurer le maintien de la paix, comme l'Organisation des États américains (OEA), l'Organisation pour la sécurité et la coopération en Europe (OSCE) ou encore l'Union africaine (UA).

Du fait de leur égalité souveraine, les États ont en théorie les mêmes droits et obligations. Cependant, le système de sécurité collective de la Charte ne respecte pas ce principe d'égalité dans la mesure où les cinq membres permanents du Conseil de sécurité et eux seuls disposent d'un droit de veto au Conseil de sécurité (voy. n° 248).

§ 3. La non-ingérence dans les affaires intérieures des États

243 En vertu de l'article 2, paragraphe 7, de la Charte des Nations Unies, **« aucune disposition de la présente Charte n'autorise les Nations Unies à intervenir dans les affaires qui relèvent essentiellement de la compétence nationale d'un État »**. Toutefois, il est souligné que « ce principe ne porte en rien atteinte à l'application des mesures de coercition prévues au chapitre VII ». En effet, **la seule exception au principe de non-ingérence dans les affaires intérieures des États est la mise en œuvre du chapitre VII, lorsque les Nations Unies entreprennent une action pour le maintien ou le rétablissement de la paix**. En ce cas, les souverainetés des États s'inclinent devant les exigences de la paix (voy. n°s 263 et s.).

Depuis plusieurs années, l'intervention répétée des forces de l'ONU dans de nombreux pays à des fins de maintien de la paix a entraîné une érosion du domaine réservé des États (par exemple à Haïti, en Somalie, au Cambodge, en Afghanistan…). Il convient toutefois de noter que **les interventions de l'ONU à l'intérieur d'un État souverain ont en principe pour but de rétablir les structures de l'État détruites par des guerres civiles**. Le principe de « responsabilité de protéger » (voy. n° 183) reconnu par le Sommet mondial de 2005 part de l'idée que la souveraineté implique la protection des populations. Si un État n'a pas la capacité ou la volonté d'assurer cette protection, l'ONU peut intervenir pour se substituer à lui, au besoin par une action coercitive décidée par le Conseil de sécurité. Dans ce cas, la finalité de l'intervention est de rétablir la capacité de protéger de l'État et, donc, l'exercice de la fonction de protection inhérente à toute souveraineté étatique.

§ 4. L'interdiction de recourir à la menace ou à l'emploi de la force

244 Reprenant les engagements du Pacte Briand-Kellogg de 1928 qui visait à rendre la guerre illégale (voy. n° 170), l'article 2, paragraphe 4, de la Charte des Nations Unies prohibe tout recours à la force dans la conduite des relations internationales : « **Les Membres de l'Organisation s'abstiennent, dans leurs relations internationales, de recourir à la menace ou à l'emploi de la force, soit contre l'intégrité territoriale ou l'indépendance politique de tout État, soit de toute autre manière incompatible avec les buts des Nations Unies** ». La Charte de l'ONU n'autorise le recours à l'usage de la force que dans le cadre d'une action coercitive militaire, sur décision du Conseil de sécurité (art. 42), s'il y a lieu, par l'utilisation, sous son autorité, d'accords ou d'organismes régionaux (art. 53) et en cas de légitime défense individuelle ou collective (art. 51).

§ 5. Le règlement pacifique des différends

245 L'article 2, paragraphe 3 de la Charte des Nations Unies énonce que « **les Membres de l'Organisation règlent leurs différends internationaux par des moyens pacifiques, de telle manière que la paix et la sécurité internationales ainsi que la justice ne soient pas mises en danger** ».

Ce principe, rappelé notamment par l'Assemblée générale des Nations Unies dans sa Déclaration sur les relations amicales et la coopération entre les États (résolution 2625 (XXV) du 24 octobre 1970), a été repris dans de nombreuses conventions ou déclarations multilatérales, dans des instances diverses comme la Conférence sur la sécurité et la coopération en Europe (CSCE, Acte final de la conférence d'Helsinki de 1975), le Conseil de l'Europe (Convention européenne pour le règlement pacifique des différends du 29 avril 1957), l'OEA (pacte de Bogota du 30 avril 1948) ou l'OUA, qui deviendra par la suite l'UA (Protocole de médiation, de conciliation et d'arbitrage du 21 juillet 1964).

La Déclaration de Manille du 15 novembre 1982 sur le règlement pacifique des différends (résolution 37/10 de l'Assemblée générale) souligne que l'obligation de rechercher une solution par des moyens pacifiques s'applique à tous les différends internationaux, tout en rappelant que les États sont libres de choisir le mode de règlement pacifique qui leur convient le mieux.

Quant aux modalités de règlement pacifique des différends, l'article 33 de la Charte des Nations Unies en donne, de manière non exhaustive, divers exemples : négociation, enquête, médiation, conciliation, arbitrage, règlement judiciaire, recours aux organisations régionales.

E6 La Charte des Nations Unies : une révision possible mais difficile

La Charte des Nations Unies peut être révisée sans qu'il soit besoin de l'accord unanime des membres de l'organisation. Son article 108 prévoit la possibilité d'y apporter des amendements. Cependant, **les conditions mises à l'adoption de ces amendements sont très contraignantes** : ils doivent être adoptés par la majorité des deux tiers des membres de l'Assemblée générale, y compris tous les membres permanents du Conseil de sécurité, et ratifiés par ces États.

Au début des années 2000, de nombreux pays ainsi que le secrétaire général de l'ONU,

Kofi Annan, ont estimé qu'une réforme de la Charte devenait nécessaire pour répondre aux nouveaux défis de la sécurité collective. Plusieurs événements graves avaient en effet mis en cause la capacité de l'ONU à accomplir sa mission de maintien de la paix et de la sécurité internationales, en particulier les attentats du 11 septembre 2001, la guerre d'Irak déclenchée par les États-Unis sans l'autorisation du Conseil de sécurité en mars 2003 et la persistance de difficultés majeures dans le maintien de la paix après le constat de l'impuissance des Nations Unies en Bosnie-Herzégovine (1992-1995) et au Rwanda (1994). Pour définir les modalités d'une réforme du système de sécurité collective garanti par l'ONU, Kofi Annan a demandé à un Groupe de personnalités de haut niveau de faire rapport à l'Assemblée générale sur « les menaces, les défis et le changement ». Le rapport de ce groupe, intitulé *Un monde plus sûr, notre affaire à tous* (document ONU A/59/565), remis le 2 décembre 2004, recommandait une réforme de la Charte sur plusieurs points, en particulier l'élargissement du Conseil de sécurité de quinze à vingt-quatre membres. Cependant, cette proposition n'a pas eu de suite (voy. n° 248).

À ce jour, seuls trois amendements à la Charte ont été adoptés, principalement pour porter de six à dix le nombre des membres non permanents du Conseil de sécurité et de dix-huit à vingt-sept, puis de vingt-sept à cinquante-quatre le nombre des membres du Conseil économique et social. On constate ainsi une indiscutable difficulté des Nations Unies à se réformer autrement que par le biais d'adaptations coutumières.

SECTION II

Les institutions de l'ONU

246 Les institutions (ou organes) des Nations Unies se répartissent en trois catégories : les organes principaux, les institutions spécialisées et les organes subsidiaires.

§ 1. Les organes principaux

247 Les organes principaux des Nations Unies sont au nombre de six : le Conseil de sécurité, l'Assemblée générale, le Secrétariat, la Cour internationale de justice, le Conseil économique et social et le Conseil de tutelle.

A) Le Conseil de sécurité

248 Le Conseil de sécurité est composé de **cinq membres permanents** correspondant aux cinq principaux États victorieux de la Seconde Guerre mondiale : Chine (siège d'abord occupé par la république de Chine ou Taïwan et, depuis 1971, par la République populaire de Chine), États-Unis, France, Royaume-Uni et Russie (qui a succédé à l'URSS après sa disparition en 1991). À ces membres permanents s'ajoutent dix membres non permanents élus pour deux ans par l'Assemblée générale, suivant « une répartition géographique équitable » (art. 23 de la Charte) et conformément à un principe selon lequel des membres non permanents sortants ne sont pas immédiatement rééligibles.

Le nombre des membres non permanents, initialement fixé à six, a été accru pour tenir compte de l'augmentation du nombre des États membres consécutive à la décolonisation : la résolution 1991 (XVIII) de l'Assemblée générale en date du 17 décembre 1963 a ainsi modifié la Charte pour créer quatre nouveaux sièges, de sorte que le Conseil de sécurité compte, depuis,

dix membres non permanents, répartis selon un quota géographique : trois sièges sont réservés à l'Afrique, deux à l'Amérique latine et aux Caraïbes, deux à l'Asie, deux à l'Europe occidentale et autres pays (Canada, Turquie et Israël) et un à l'Europe orientale.

Le Conseil de sécurité est présidé, chaque mois, par un État membre différent (permanent ou non permanent), les États se succédant à la présidence suivant l'ordre alphabétique anglais.

La question de la composition du Conseil de sécurité fait l'objet de nombreuses discussions. Tel qu'il fonctionne, le Conseil de sécurité écarte de nombreux pays influents (Allemagne, Japon, Inde, Brésil, Afrique du Sud…) de grandes décisions relatives à la sécurité internationale. Certains d'entre eux, comme l'Allemagne, le Brésil, l'Inde ou le Japon, ont certes été fréquemment élus membres non permanents mais l'influence d'un membre non permanent reste limitée, les décisions étant préparées par les cinq membres permanents. Par ailleurs, l'Afrique, qui fait l'objet d'une grande majorité des décisions du Conseil de sécurité, apparaît sous-représentée au sein de cette instance.

Dans le contexte du Sommet mondial de septembre 2005, plusieurs projets de réforme ont été présentés, sans qu'aucun ne puisse recueillir l'accord nécessaire des deux tiers des États membres, ni celui de tous les membres permanents du Conseil de sécurité. Le Groupe de personnalités de haut niveau constitué par Kofi Annan a proposé deux modèles de réforme, un premier prévoyant six nouveaux sièges permanents sans droit de veto et trois nouveaux sièges non permanents avec un mandat de deux ans, le second huit nouveaux sièges non permanents avec un mandat renouvelable de quatre ans et un nouveau siège non permanent avec un mandat de deux ans non renouvelable immédiatement. Le G4 (Allemagne, Brésil, Inde et Japon) a proposé de créer six nouveaux sièges permanents (les membres du G4 et deux États africains à définir), sans droit de veto, ainsi que quatre nouveaux sièges non permanents distribués respectivement entre l'Asie, l'Europe orientale, l'Amérique latine-Caraïbes et l' Afrique. Le groupe d'États « Unis pour le consensus », comprenant notamment l'Italie, le Pakistan, le Mexique, le Canada, la Corée du Sud ou l'Argentine, a proposé la création de dix nouveaux sièges non permanents. Les pays africains ont demandé pour eux-mêmes la création de deux sièges permanents avec droit de veto et de deux sièges non permanents supplémentaires. En 2008, la France et le Royaume-Uni ont proposé une solution intérimaire permettant la création, à titre transitoire, de sièges non permanents pourvus de mandats d'une durée supérieure à deux ans et immédiatement renouvelables. **La situation reste cependant bloquée, notamment à cause de rivalités nationales** : l'Italie redoute d'être relativement « déclassée » si l'Allemagne devient membre permanent ; l'Argentine et le Mexique éprouvent le même sentiment à l'égard de la candidature brésilienne ; la Chine et le Pakistan refusent de laisser l'Inde accéder au statut de membre permanent ; les pays arabes et, plus largement, musulmans, tout comme les Africains ne s'entendent pas sur ceux d'entre eux qui pourraient être leurs représentants permanents ; la France et le Royaume-Uni redoutent quant à eux une remise en cause de leur statut actuel.

249 **Chaque membre du Conseil de sécurité dispose d'une voix**. Le Conseil de sécurité prend ses décisions sur les questions de fond par un vote affirmatif de neuf de ses membres, dans lequel sont comprises les voix de tous les membres permanents (art. 27). L'obligation de recueillir le vote affirmatif des membres

permanents a cependant été assouplie par la pratique : pour exercer son droit de veto un membre permanent doit voter expressément contre une disposition mise au vote ; son abstention n'empêche pas l'adoption d'une résolution. La CIJ a souligné à ce propos que « l'abstention volontaire d'un membre permanent a toujours été interprétée comme ne faisant pas obstacle à l'adoption d'une résolution du Conseil de sécurité » (CIJ, avis consultatif, Conséquences juridiques pour les États de la présence continue de l'Afrique du Sud en Namibie [Sud-Ouest africain] nonobstant la résolution 276 [1970] du Conseil de sécurité, 1971).

250 Conformément à l'article 24, paragraphe 1, de la Charte, les membres de l'ONU « confèrent au Conseil de sécurité la responsabilité principale du maintien de la paix et de la sécurité internationales ». Le chapitre VI de la Charte donne au Conseil mission de **favoriser le règlement pacifique des différends**. Le chapitre VII l'habilite en outre à **prendre des mesures coercitives, impliquant, le cas échéant, l'emploi de la force armée en cas de menace contre la paix, rupture de la paix ou agression.**

La Charte prévoit par ailleurs que le Conseil recommande à l'Assemblée générale l'admission de nouveaux membres (art. 4) et la nomination du secrétaire général (art. 97).

B) L'Assemblée générale

251 Conformément à l'article 9 de la Charte des Nations Unies, l'Assemblée générale (organe plénier des Nations Unies) se compose de **tous les membres de l'organisation**. Elle se réunit tous les ans à New York en session régulière, de la fin du mois de septembre jusqu'à fin décembre. Elle peut aussi se réunir en session extraordinaire ou en session spéciale. Comme les assemblées parlementaires, elle constitue en son sein des commissions permanentes respectivement chargées de préparer ses décisions dans les domaines suivants : questions de désarmement et de sécurité internationale (I), questions économiques et financières (II), questions sociales, humanitaires et culturelles (III), questions politiques spéciales et décolonisation (espace, opérations de maintien de la paix, situation des réfugiés palestiniens, etc.) (IV), questions administratives et budgétaires (V), questions juridiques (VI).

Si chaque État dispose d'une voix, l'article 18 de la Charte prévoit que seuls sont pris en compte les membres présents et votants. Il fait toutefois une distinction entre les questions importantes (paix et sécurité internationales, élection des membres non permanents du Conseil de sécurité...), décidées à la majorité qualifiée des deux tiers, et les autres, décidées à la majorité simple. La pratique du consensus permet aussi à une résolution d'être adoptée dès lors qu'aucun État n'élève d'objections formelles.

En ce qui concerne la compétence de l'Assemblée, l'article 10 de la Charte précise que **« l'Assemblée générale peut discuter toutes questions ou affaires rentrant dans le cadre de la présente Charte ou se rapportant aux pouvoirs et fonctions de l'un quelconque des organes prévus dans la présente Charte »**. Elle peut aussi **attirer l'attention du Conseil de sécurité sur les situations dangereuses pour la paix** (art. 11, § 3), développer la coopération dans les domaines politiques et économiques (art. 13) et **recommander les « mesures propres à assurer l'ajustement pacifique de toute situation »** (art. 14). Enfin, **elle vote le budget biennal** de l'Organisation (art. 17).

Comme le souligne le rapport de décembre 2004 du Groupe de personnalités de haut niveau constitué par Kofi Annan, « l'Assemblée générale est avant tout un organe universel, où sont représentés presque tous les États de la planète ». Il est donc nécessaire, selon ce rapport, de « mettre à profit la légitimité sans équivalent dont elle jouit pour se rapprocher d'un consensus mondial sur les grands problèmes les plus brûlants du moment ».

L'Assemblée générale inscrit régulièrement à son ordre du jour la question de sa « revitalisation ». Elle réclame en particulier d'être mieux associée aux travaux du Conseil de sécurité et à la sélection du secrétaire général. Un pas a été fait en ce sens avec la possibilité désormais offerte à l'Assemblée générale d'auditionner les candidats au poste de secrétaire général.

C) Le Secrétariat

252 Aux termes de l'article 97 de la Charte, « le Secrétariat comprend un secrétaire général et le personnel que peut exiger l'Organisation ».

Le secrétaire général est le plus haut fonctionnaire de l'Organisation. La durée de son mandat a été fixée à cinq ans par l'Assemblée générale en 1946. Bien qu'il n'y ait pas de limite explicite au nombre de mandats d'un secrétaire général, aucun n'a jusqu'à présent accompli plus de deux mandats.

Le secrétaire général est nommé par l'Assemblée générale sur recommandation du Conseil de sécurité (art. 97). La procédure se déroule en deux étapes : une recommandation du Conseil de sécurité (portant en pratique sur un seul nom), suivie par une décision de l'Assemblée générale. Les débats du Conseil sur la désignation du secrétaire général ont lieu à huis clos. L'Assemblée se prononce à la majorité simple, en pratique facile à obtenir.

La désignation du secrétaire général ne peut se faire sans l'accord de tous les membres permanents du Conseil de sécurité. Début 1951, Moscou s'est opposé à un second mandat du Norvégien Trygve Lie en raison de son soutien à la Corée du Sud lors de son invasion par la Corée du Nord ; bien que le mandat de Trygve Lie ait été prolongé pour trois ans par l'Assemblée générale, l'hostilité de l'URSS l'a contraint à démissionner en novembre 1952. En 1996, les Américains ont utilisé leur droit de veto au Conseil de sécurité pour bloquer la réélection à un second mandat de Boutros Boutros-Ghali.

Tableau 7 **Secrétaires généraux de l'ONU**

Date	Nom	Nationalité
1er février 1946 – 7 avril 1953	Trygve Lie	Norvégien
7 avril 1953 – 18 septembre 1961	Dag Hammarskjöld	Suédois
3 novembre 1961 – 31 décembre 1971	Sithu U Thant	Birman
1er janvier 1972 – 31 décembre 1981	Kurt Waldheim	Autrichien
1er janvier 1982 – 31 décembre 1991	Javier Pérez de Cuellar	Péruvien
1er janvier 1992 – 31 décembre 1996	Boutros Boutros-Ghali	Égyptien
1er janvier 1997 – 31 décembre 2006	Kofi Annan	Ghanéen
1er janvier 2007 – 31 décembre 2016	Ban Ki-moon	Sud-Coréen
Depuis le 1er janvier 2017	Antonio Guterres	Portugais

253 Le secrétaire général est assisté de collaborateurs, notamment un ou une vice-secrétaire général(e), des secrétaires généraux adjoints ou sous-secrétaires généraux, respectivement chargés des affaires politiques, des opérations de maintien de la paix, de l'appui aux missions, de la coordination des secours d'urgence, des affaires économiques et sociales, de la gestion, du contrôle interne, des affaires juridiques, de la communication et de l'information, ainsi que d'un(e) Haut(e) Représentant(e) pour le désarmement. **Au 31 décembre 2021, l'effectif total du secrétariat était de 35 762 personnes** (en baisse depuis plusieurs années), dont 40,3 % de femmes (taux en hausse).

254 S'il exerce certaines fonctions administratives et techniques, telles que la gestion du personnel, la préparation du budget, l'enregistrement et la publication des traités, le secrétaire général a surtout des responsabilités politiques et diplomatiques. L'article 99 de la Charte lui permet d'**« attirer l'attention du Conseil de sécurité sur toute affaire qui, à son avis, pourrait mettre en danger le maintien de la paix et de la sécurité internationales »**. En pratique, il peut proposer l'inscription de questions à l'ordre du jour de l'Assemblée générale et du Conseil de sécurité.

De même, le secrétaire général peut être chargé de fonctions diplomatiques par un des organes principaux des Nations Unies (art. 98). Son impartialité lui permet de jouer un **rôle important dans le règlement pacifique des différends**, en faisant œuvre de médiateur afin d'aider les parties à rechercher un règlement négocié. Il peut aussi offrir ses bons offices à des parties. Il nomme fréquemment des représentants spéciaux pour encourager le dialogue entre les parties à un conflit (par exemple, dans le cas de la crise syrienne, Kofi Annan, Lakhdar Brahimi, puis Staffan de Mistura).

En matière de **maintien de la paix**, le secrétaire général peut participer à la constitution et à la direction des forces de maintien de la paix, à présent nombreuses (en avril 2020, 12 missions dirigées par le département des opérations de paix).

D) La Cour internationale de justice

255 Organe judiciaire principal des Nations Unies, la Cour internationale de justice (CIJ) (voy. n°s 51 et s.) se compose de quinze membres (magistrats indépendants), élus pour neuf ans à la fois par l'Assemblée générale et le Conseil de sécurité et rééligibles. La Cour est renouvelable par tiers tous les trois ans.

E) Le Conseil économique et social (ECOSOC)

256 Le Conseil économique et social comprend **54 membres élus par l'Assemblée générale** pour des mandats de trois ans. Il est renouvelable par tiers chaque année et ses membres sortants sont immédiatement rééligibles. Les membres de l'ECOSOC sont désignés sur une base géographique dans les proportions suivantes : 14 pour le groupe africain, 13 pour le groupe des États d'Europe occidentale et autres États, 11 pour le groupe des États d'Asie, 10 pour le groupe des États d'Amérique latine et des Caraïbes, 6 pour le groupe des États d'Europe orientale.

Selon les articles 62 et 63 de la Charte des Nations Unies, « le Conseil économique et social peut faire ou provoquer des études et des rapports [...] faire des recommandations [...] préparer des projets de convention [...]

convoquer des conférences internationales [...] coordonner l'activité des institutions spécialisées » « sur des questions internationales dans les domaines économique, social, de la culture intellectuelle et de l'éducation, de la santé publique et autres domaines connexes ». L'ECOSOC dispose donc d'une diversité de procédures pour **animer et coordonner l'action de l'ONU en matière économique, sociale et culturelle**.

Chaque année au mois de juillet, l'ECOSOC tient une « session de fond », alternativement à Genève et à New York, au cours de laquelle sont consultés universitaires et représentants du monde des affaires et des organisations non gouvernementales (ONG). Cette session comporte un « segment de haut niveau », qui adopte une déclaration ministérielle. Les autres séances donnent lieu à l'adoption de résolutions. Les décisions sont prises à la majorité des membres présents et votants, chaque membre disposant d'une voix.

L'article 68 de la Charte prévoit que l'ECOSOC « institue des commissions pour les questions économiques et sociales et le progrès des droits de l'homme ainsi que toutes autres commissions nécessaires à ses fonctions ». L'ECOSOC s'est donc doté de **nombreux organes subsidiaires** : 9 commissions techniques (par exemple sur les statistiques, sur la population, sur la condition de la femme ou sur le développement durable), 5 commissions économiques régionales (Afrique, Amérique latine et Caraïbes, Asie occidentale, Asie-Pacifique, Europe), divers comités temporaires ou permanents composés d'experts gouvernementaux ou siégeant à titre individuel. Il a créé en 1985 un Comité des droits économiques, sociaux et culturels, composé d'experts indépendants, afin de superviser la mise en œuvre des droits reconnus par le Pacte relatif aux droits économiques, sociaux et culturels de 1966 (entré en vigueur en janvier 1976).

Il est à noter qu'en application de l'article 71 de la Charte, l'ECOSOC est le seul organe principal des Nations Unies offrant un cadre formel pour la participation des ONG aux activités de l'Organisation. Le nombre d'ONG bénéficiant d'un statut consultatif à l'ECOSOC a augmenté de manière exponentielle ces dernières années, passant de 41 en 1945 à 700 en 1992, pour atteindre plus de 6 000 actuellement. Grâce à ce statut, les ONG sont habilitées à participer aux travaux du Conseil et de ses organes subsidiaires et à leur présenter des contributions écrites et orales.

F) Le Conseil de tutelle

257 Institué par la Charte en vertu du chapitre XIII, le Conseil de tutelle avait pour fonction d'assurer la surveillance, à l'échelle internationale, des 11 territoires placés sous tutelle de l'administration de 7 États membres et de garantir que soient prises des mesures adaptées pour préparer ces territoires à l'autonomie ou à l'indépendance. Il était composé pour moitié des membres des Nations Unies qui administraient des territoires sous tutelle, dix en 1947, sud-ouest africains non compris (voy. n°s 160 et 161) et pour l'autre moitié de membres qui n'en administraient pas. Les membres permanents du Conseil de sécurité devaient y être représentés.

Avec l'indépendance des Palaos, dernier territoire sous tutelle des Nations Unies, jusque-là administré par les États-Unis, le Conseil de tutelle a suspendu ses activités le 1er novembre 1994. Il n'est plus désormais composé que des membres permanents du Conseil de sécurité et ne tiendrait d'éventuelles réunions qu'en cas de besoin.

§ 2. Les institutions spécialisées de l'ONU

258 Conformément à l'article 57 de la Charte des Nations Unies, les institutions spécialisées de l'ONU sont **des organisations internationales autonomes, créées par des accords intergouvernementaux et pourvues de leur propre statut (ou traité), de leurs propres structures, de leur propre siège et de leurs propres compétences**, dans les domaines économiques, social, de la culture et de l'éducation, de la santé publique et autres domaines connexes. Aux termes de l'article 63 de la Charte, ces institutions spécialisées sont reliées à l'Organisation des Nations Unies par des accords qui sont conclus par le Conseil économique et social, et doivent être approuvés par l'Assemblée générale.

Il existe actuellement quinze institutions spécialisées. Parmi elles figurent notamment le Fonds monétaire international (FMI), la Banque mondiale, l'Organisation pour l'agriculture et l'alimentation (Food and Agriculture Organization ou FAO), l'Organisation de l'aviation civile internationale (OACI), l'Organisation internationale du travail (OIT), l'Organisation météorologique mondiale (OMM), l'Organisation mondiale de la santé (OMS), l'Organisation mondiale de la propriété intellectuelle (OMPI) et l'Organisation des Nations Unies pour l'éducation, la science et la culture (UNESCO).

Généralement, ces institutions comprennent un organe plénier incluant tous les États membres, un organe restreint composé d'un petit nombre d'États et un organe administratif (secrétariat international). L'OIT se caractérise par une représentation tripartite au sein de son organe plénier, puisque des représentants des gouvernements, des salariés et des employeurs y siègent.

L'Agence internationale de l'énergie atomique (AIEA), l'Organisation pour l'interdiction des armes chimiques (OIAC), l'Organisation mondiale du commerce (OMC) ne sont pas des institutions spécialisées de l'ONU au sens de l'article 57 de la Charte, même si elles entretiennent des liens étroits avec elle.

§ 3. Les organes subsidiaires

259 Comme l'indique l'article 22 de la Charte des Nations Unies, « l'Assemblée générale peut créer les organes subsidiaires qu'elle juge nécessaires à l'exercice de ses fonctions ».

La Conférence des Nations Unies pour le commerce et le développement (CNUCED), créée en 1964 par l'Assemblée générale, le Tribunal administratif des Nations Unies, dont le rôle est de régler les litiges entre l'ONU et son personnel, ou le Programme des Nations Unies pour le développement (PNUD) établi en 1972 sont des organes subsidiaires de l'Assemblée générale. Parmi les autres organes subsidiaires de l'Assemblée générale, il convient de mentionner la Commission du droit international et la Commission de consolidation de la paix, respectivement créées en 1947 et en 2005, ainsi que le Conseil des droits de l'homme, créé en 2006.

Le Conseil de sécurité a également créé des organes subsidiaires. Il a ainsi mis en place, respectivement en 2001 et en 2004, un Comité contre le terrorisme et un Comité contre la prolifération des armes nucléaires, chimiques et biologiques et de leurs vecteurs. Les tribunaux pénaux internationaux pour l'ex-Yougoslavie et le Rwanda sont également des organes subsidiaires du Conseil de sécurité, ainsi que les divers comités institués pour contrôler l'application des sanctions qu'il a décidées.

Les commissions et comités de l'ECOSOC mentionnés plus haut sont, par analogie, considérés comme des organes subsidiaires de ce dernier.

SECTION III
L'ONU et les défis du monde contemporain

260 L'article 1er de la Charte les Nations Unies assigne **trois grands objectifs** à l'ONU :

- **maintenir la paix et la sécurité internationales** ;
- **développer entre toutes les nations des relations amicales** fondées sur le respect de l'égalité des droits des peuples et de leur droit à disposer d'eux-mêmes ;
- **réaliser la coopération internationale** en résolvant les problèmes internationaux d'ordre économique, social, intellectuel ou humanitaire, en développant et en encourageant le respect des droits de l'homme et des libertés fondamentales pour tous.

Au vu des finalités qui sont les siennes, l'ONU est une instance irremplaçable pour le maintien de la paix, pour le resserrement des liens de toute nature entre les peuples sur une base d'égalité et pour le développement de la coopération internationale, tout particulièrement en matière économique et environnementale, sans éluder la dimension du respect des droits de l'homme. C'est ce qu'a rappelé Kofi Annan, alors secrétaire général des Nations Unies, dans son rapport du Millénaire à l'Assemblée générale (document NU A/54/2000) : « En son article premier, la Charte énonce les buts de l'Organisation : régler les différends par des moyens pacifiques ; réaliser la coopération internationale pour résoudre les problèmes d'ordre économique, social, intellectuel ou humanitaire ; encourager le respect des principes de la justice et du droit international [...]. En d'autres termes, [...] l'Organisation se propose de transformer les relations entre les États ainsi que la conduite des affaires mondiales ». Et Kofi Annan de préciser : « Il y a plus. Bien que l'ONU soit une organisation d'États, la Charte est écrite au nom des peuples [...]. Proclamant sa foi dans la dignité et la valeur de l'être humain, les droits de l'homme et l'égalité entre les sexes, elle affirme aussi son attachement au progrès social, c'est-à-dire à l'instauration de meilleures conditions de vie, dans une liberté plus grande, à l'abri de la peur et du besoin ».

Lors du discours qu'il a prononcé à l'occasion de sa prestation de serment le 12 décembre 2016, le secrétaire général des Nations Unies Antonio Guterres a réaffirmé les priorités définies par ses prédécesseurs. Il a mis l'accent sur les responsabilités de l'ONU en matière de sécurité internationale face à des conflits « plus complexes et interdépendants que jamais » et face « à une nouvelle menace : le terrorisme mondial ». Il a également déploré la montée des inégalités et la fracture entre les peuples et les élites. D'après lui, pour assumer la tâche, centrale, de prévention des conflits, il convient de s'attaquer « à leurs causes profondes à travers les trois piliers des Nations Unies : la paix et la sécurité, le développement durable et les droits humains ». Ces défis appellent, selon lui, une transformation profonde de l'ONU : « [L]'heure est venue pour l'Organisation des Nations Unies [...] de reconnaître ses lacunes et de changer ses méthodes de travail. L'Organisation est la pierre angulaire du multilatéralisme et elle contribue depuis des décennies à une paix relative. Mais elle n'est plus en mesure de répondre aux défis contemporains. Elle doit être prête à se réformer ».

Les développements ci-après présenteront les actions de l'ONU dans les trois domaines prioritaires que sont la sécurité internationale, les droits humains et le développement durable.

§ 1. L'ONU et la sécurité internationale

261 En rupture avec le système traditionnel des alliances politiques et militaires du XIXe siècle, la Société des Nations a introduit la première la notion de **sécurité collective**, qui pose que la sécurité de chaque État est dépendante de celle des autres États. Toute agression ou menace d'emploi de la force étant susceptible de mettre en danger la sécurité internationale, elle doit entraîner une réaction collective des États pour la faire cesser. C'est cette notion qui a inspiré la création de l'ONU en 1945.

Le nouveau système de sécurité collective ainsi mis en place s'est cependant très rapidement heurté aux réalités de l'antagonisme Est-Ouest. Souvent paralysé par ce clivage, l'ONU a néanmoins pu mettre en place des opérations de maintien de la paix dans le cadre du chapitre VI de la Charte (règlement pacifique des différends), avec pour but non de réprimer l'auteur d'un acte illicite, mais de s'interposer afin de contrôler le respect d'un cessez-le-feu et de favoriser une solution négociée. Ces opérations n'impliquaient en conséquence qu'un recours à la force minimum pour assurer la légitime défense et ne pouvaient être conduites qu'avec l'accord des parties.

Avec la fin de la Guerre froide, le système de sécurité collective a été relancé, le Conseil de sécurité n'étant plus paralysé par l'usage systématique du veto par les membres permanents. Le chapitre VII de la Charte des Nations Unies, qui prévoit le recours à des mesures coercitives, y compris l'emploi de la force, sous l'autorité du Conseil de sécurité, pour le maintien et le rétablissement de la paix, a de nouveau pu être utilisé, en particulier après l'invasion du Koweït par l'Irak en août 1991. Par la suite, les crises en Somalie, en Yougoslavie, au Libéria ou au Rwanda ont conduit les Nations Unies à redéfinir les instruments par lesquels elles contribuent au maintien de la paix et de la sécurité internationales. Depuis les années 2000 néanmoins, les désaccords grandissants entre les membres permanents du Conseil de sécurité (singulièrement entre la Russie et les États-Unis) réduisent de nouveau la capacité du Conseil de sécurité à garantir la sécurité internationale.

A) Les moyens d'action coercitifs du Conseil de sécurité

262 Le chapitre VII de la Charte des Nations Unies donne au Conseil de sécurité tous les moyens nécessaires afin de protéger la sécurité collective. Le Conseil a ainsi la possibilité de qualifier la situation (art. 39), d'adopter des mesures

provisoires (art. 40), de prendre des mesures de coercition non militaires (art. 41) ou militaires (art. 42 à 47). Les résolutions prises dans le cadre du chapitre VII sont obligatoires pour l'ensemble des États (art. 25).

1. La constatation de la menace contre la paix, de la rupture de la paix ou de l'acte d'agression

263 **L'article 39 est la clef de voûte du système de sécurité collective** mis en place par la Charte, car il permet au Conseil de sécurité de qualifier la situation à laquelle il est confronté : menace contre la paix, rupture de la paix ou acte d'agression.

La première application de cet article introductif du chapitre VII remonte à la résolution 54 du 15 juillet 1948 dans laquelle le Conseil « constate que la situation en Palestine constitue une menace contre la paix au sens de l'article 39 de la Charte des Nations Unies ». Par la suite, pendant toute la période de la Guerre froide, le veto d'au moins un membre permanent (souvent l'URSS, mais parfois les États-Unis, le Royaume-Uni et la France) a très souvent empêché le Conseil de sécurité de constater les situations mentionnées à l'article 39. Jusqu'au milieu des années 1980, l'article 39 n'a en définitive pu être utilisé qu'exceptionnellement, par exemple lors de l'affaire ***rhodésienne*** (voy. n°s 266 et 377) en 1966.

À partir de 1985, avec l'arrivée au pouvoir de Mikhaïl Gorbatchev en URSS et son ouverture à l'égard des pays occidentaux, les membres du Conseil de sécurité ont mieux coopéré face aux crises. Lorsque, dans la nuit du 1er au 2 août 1990, par une attaque surprise, les troupes irakiennes ont occupé le Koweït (voy. n°s 267, 271 et 473), le Conseil de sécurité a pu sans grande difficulté, dès le 2 août, se saisir de l'article 39 et exiger, par sa résolution 660, le retrait immédiat et inconditionnel des forces irakiennes du Koweït en visant expressément cet article.

Il convient de souligner que la constatation définie à l'article 39 de la Charte n'est pas limitée dans le temps, la réaction du Conseil pouvant notamment dépendre de considérations politiques. Ainsi, la résolution 660 du 2 août 1990 condamnant l'invasion du Koweït par les forces irakiennes est intervenue le jour même de l'invasion, alors que la résolution 748 du 31 mars 1992 demandant à la Libye de livrer certains de ses ressortissants en raison de leur implication dans la destruction d'un avion de ligne américain au-dessus de la localité écossaise de Lockerbie a été adoptée quatre ans après les faits.

2. L'adoption de mesures provisoires

264 Conformément à l'article 40 de la Charte, « afin d'empêcher la situation de s'aggraver, le Conseil de sécurité [...] peut inviter les parties intéressées à se conformer aux mesures provisoires qu'il juge nécessaires ou souhaitables ». Ainsi, le Conseil de sécurité peut **recommander un cessez-le-feu** entre les belligérants, sans préjuger en rien « des droits, des prétentions ou des positions des parties intéressées ». Il peut aussi **demander le retrait immédiat des forces d'un pays agresseur**.

3. Les mesures de coercition non militaires

265 Après avoir procédé à la constatation d'une atteinte à la paix et à la sécurité internationales (art. 39), le Conseil de sécurité peut adopter à l'encontre d'un État des mesures « n'impliquant pas l'emploi de la force armée » mais revêtant un caractère coercitif, telles l'interruption partielle ou totale des relations économiques (communications ferroviaires, maritimes, aériennes, postales, télégraphiques, radioélectriques et des autres moyens de communication) ou la rupture des relations diplomatiques (art. 41).

Les **mesures de nature économique**, comme celles mentionnées à l'article 41 de la Charte, ont un effet sur l'État visé qui ne peut être apprécié qu'à long terme. Ce qui est certain est qu'elles affectent fréquemment les populations civiles – lesquelles ne sont pas toujours responsables de la politique de leur gouvernement –, ainsi que les États situés dans le voisinage de l'État visé. L'article 50 de la Charte précise que ces derniers peuvent demander au Conseil de sécurité la mise en place de mesures d'assistance.

Il arrive fréquemment que le Conseil de sécurité prenne des mesures de coercition non militaires en visant le chapitre VII en général, sans mentionner un article particulier. Il en a été ainsi pour la création de tribunaux pénaux internationaux (pour l'ex-Yougoslavie et le Rwanda en 1993 et 1994, par exemple) ou hybrides, comme pour le Liban en 2007 (voy. n° 236). Des résolutions visant seulement le chapitre VII ont également pu prévoir des **mesures coercitives dirigées contre des personnes physiques, souvent les dirigeants des pays visés et leurs proches** (gels d'avoirs financiers, interdictions de voyager).

Les **embargos sur les armes** peuvent également être considérés comme des mesures de coercition n'impliquant pas l'emploi de la force armée. Le Conseil de sécurité y a fréquemment recours dans des décisions visant le chapitre VII en général.

On trouvera ci-après quelques exemples de mesures de coercition non militaires.

a) La Rhodésie (1966)

266 C'est en 1966, dans le cadre de sa résolution 232, que le Conseil de sécurité a pris pour la première fois des sanctions économiques en se fondant expressément sur les articles 39 et 41 du chapitre VII de la Charte. Il s'agissait des sanctions prises à l'encontre de la Rhodésie du Sud en raison de sa déclaration d'indépendance et de sa politique de ségrégation raciale. Ces sanctions ont ensuite été accentuées par les résolutions 253 (1968), 277 (1970), 388 (1976) et 409 (1977).

b) L'invasion du Koweït par l'Irak (1990)

267 La résolution 661 du 6 août 1990 prise en application du chapitre VII a invité les États membres et non membres des Nations Unies à mettre en œuvre un embargo général (sur les produits de base, les marchandises…) à l'encontre de l'Irak qui venait d'envahir le Koweït. Cet embargo commercial, militaire et financier a été complété par un blocus naval et aérien (résolutions 665, 669 et 670). Les mesures coercitives non militaires ont constitué une première étape avant le recours à la force.

c) La Libye et l'affaire de Lockerbie (1992)

268 Les résolutions 748 du 31 mars 1992 et 883 du 11 novembre 1993 ont imposé un embargo économique et l'interruption des relations aériennes à l'encontre de la Libye, accusée d'être à l'origine de l'attentat qui, en 1988, a frappé un vol Londres-New-York, au-dessus de Lockerbie (Irlande), tuant les 243 personnes à bord de l'appareil.

d) La guerre en ex-Yougoslavie (1991-1996)

269 Le 25 septembre 1991, dans le contexte de la guerre opposant Serbes et Croates en Croatie, le Conseil de sécurité a adopté, sous le chapitre VII de la Charte, la résolution 713 prévoyant un embargo sur les livraisons d'armement à l'ensemble de la Yougoslavie. Les résolutions 724 du 15 décembre 1991 et 727 du 8 janvier 1992 ont imposé un embargo général et complet sur les armes à destination de la Yougoslavie (Serbie-Monténégro). Puis un autre ensemble de résolutions (757 du 30 mai 1992 et 787 du 16 novembre 1992) a établi un embargo sur les transactions économiques et financières avec la Yougoslavie et les zones sous le contrôle de l'armée yougoslave en Bosnie-Herzégovine. Enfin, un blocus des ports (résolution 820 du 17 avril 1993) a complété ce régime de sanctions. L'ensemble des mesures coercitives non militaires prises à l'encontre des différentes parties au conflit yougoslave, en particulier de la Yougoslavie (Serbie-Monténégro), a été levé après la conclusion de l'accord de paix de Dayton (voy. n° 468) le 21 novembre 1995.

e) Le programme nucléaire iranien

270 La découverte en 2002, confirmée par l'Agence internationale de l'énergie atomique (AIEA), d'éléments d'un programme iranien clandestin d'enrichissement et de retraitement de l'uranium a vivement inquiété les principales puissances, en particulier les puissances occidentales.. Le Conseil de sécurité, saisi début 2006 par le Conseil des gouverneurs de l'AIEA, a adopté le 31 juillet 2006, sur la base de l'article 40 de la Charte (mesures provisoires), la résolution 1696 enjoignant à l'Iran de coopérer pleinement avec l'AIEA et de suspendre ses activités sensibles sous peine de sanctions en application de l'article 41 de la Charte. Puis, devant le refus de l'Iran de se plier à ces injonctions, il a décidé de recourir à des sanctions économiques, comme indiqué par les résolutions 1737 (23 décembre 2006), 1747 (24 mars 2007) et 1803 (3 mars 2008), adoptées en vertu de l'article 41 de la Charte. La poursuite par l'Iran de ses activités d'enrichissement a conduit le Conseil de sécurité à adopter, le 9 juin 2010, la résolution 1929 qui prévoit un quatrième ensemble de sanctions dans un nombre diversifié de domaines, tels que les transports, l'armement, les secteurs bancaire et financier (voy. nos 561 et s.).

À la suite de l'accord sur le programme nucléaire iranien conclu le 14 juillet 2015, le Conseil de sécurité de l'ONU a adopté la résolution 2231 (20 juillet 2015) prévoyant notamment la levée progressive des sanctions. Toutefois, après la dénonciation unilatérale de ce texte, en mai 2018, par l'administration du président Donald Trump aux États-Unis – une décision qui a fortement réduit la portée de cette résolution –, le gouvernement iranien s'est affranchi, à partir de janvier 2020, de suivre certaines dispositions de l'accord, rendant ce dernier quasiment caduc : en novembre 2022, l'Iran a informé l'AIEA qu'il a commencé à produire de l'uranium enrichi à 60 % (voy. nos 561 et s.).

4. Mesures de coercitions militaires

271 **Selon l'article 42 de la Charte, si les mesures coercitives non armées se sont révélées inadéquates, le Conseil de sécurité peut entreprendre « au moyen de forces aériennes, navales ou terrestres, toute action qu'il juge nécessaire au maintien ou au rétablissement de la paix et de la sécurité internationales ».**

À l'origine, il était envisagé que l'ONU dispose de forces armées placées sous le contrôle du Conseil de sécurité. La Charte prévoit ainsi que les États membres mettent des contingents à la disposition du Conseil, en vertu d'accords spéciaux (art. 43), et confie à un Comité d'état-major la mission « de conseiller et d'assister le Conseil » pour l'emploi de ces forces (art. 47). Toutefois, en raison de désaccords entre les membres permanents du Conseil de sécurité, cet état-major n'a jamais vu le jour. Après la fin de la Guerre froide, les États-Unis ont entendu garder le contrôle exclusif de l'emploi de leurs forces, même quand leur intervention se déroulait sous un mandat du Conseil de sécurité. Face à cette situation, Boutros Boutros-Ghali, alors secrétaire général des Nations Unies, a souligné, dans le rapport qu'il a présenté le 3 janvier 1995 à l'occasion du cinquantenaire de l'ONU (document A/50/60-S/1995/1, § 77), que si « l'un des mérites de la Charte des Nations Unies est d'autoriser l'Organisation à prendre des mesures coercitives contre les responsables de menaces à la paix, de rupture de la paix ou d'actes d'agression », dans les faits, ni le Conseil de sécurité, ni le secrétaire général n'ont « pour l'instant la capacité de déployer, diriger, commander et contrôler les opérations menées à cet effet ».

Les seules actions coercitives entreprises dans le cadre du chapitre VII de l'ONU ont été mises en œuvre par une ou des force(s) multinationale(s), indépendamment des articles 42 et 43 de la Charte et en dehors de tout contrôle opérationnel du Conseil de sécurité ou du secrétaire général :

- après l'invasion de la Corée du Sud le 25 juin 1950 par les troupes nord-coréennes (voy. n° 363) le Conseil de sécurité, saisi le même jour par les États-Unis, a adopté, en l'absence du représentant de l'URSS, une première résolution 82 constatant que cette action constituait « une rupture de la paix » et demandant la cessation des hostilités ainsi que le retrait des troupes nord-coréennes sur le 38e parallèle. Dans la résolution 83 adoptée le 27 juin, il a recommandé aux États membres d'apporter à la Corée du Sud « toute l'aide nécessaire pour repousser les assaillants », puis, dans la résolution 84 du 7 juillet, il a invité les États membres à mettre leurs contingents militaires « à la disposition d'un commandement unifié sous l'autorité des États-Unis » et a autorisé ce commandement à utiliser le drapeau des Nations Unies. Du fait de l'absence du représentant de l'URSS, le Conseil de sécurité a ainsi pu autoriser une opération militaire en application du chapitre VII de la Charte, sans toutefois prévoir de contrôle opérationnel ;
- après l'invasion du Koweït par l'Irak (voy. n° 473), le Conseil de sécurité a voté la résolution 678 du 29 novembre 1990 qui « autorise les États membres [...] à user de tous les moyens nécessaires pour faire respecter et appliquer la résolution 660 (1990) [...] et toutes les résolutions pertinentes

adoptées ultérieurement et pour rétablir la paix et la sécurité internationales dans la région ». Cette résolution a habilité les États membres à recourir à la force, sans leur imposer aucun contrôle opérationnel ;

- lors des conflits en ex-Yougoslavie, tout particulièrement au moment de la guerre de Bosnie-Herzégovine (voy. n°s 463 et s.), le Conseil de sécurité, après avoir constaté l'impuissance de la Force de protection des Nations Unies chargée du maintien de la paix (FORPRONU), a demandé aux États agissant notamment dans le cadre d'arrangements régionaux (en l'espèce, l'OTAN) de « prendre des mesures qui soient en rapport avec les circonstances du moment selon qu'il sera nécessaire », c'est-à-dire de recourir à la force pour faire respecter l'embargo (résolution 787 sous chapitre VII du 16 novembre 1992). En application de la résolution 816 du Conseil, sous chapitre VII, adoptée le 31 mars 1993 pour faire respecter par les forces serbes l'interdiction de survol du territoire de la Bosnie-Herzégovine, l'OTAN a engagé l'opération Deny Flight. Puis, les 16 avril et 6 mai 1993, le Conseil de sécurité a créé, par ses résolutions 819 et 824, six zones de sécurité en Bosnie-Herzégovine pour protéger la population civile qui s'y était réfugiée et, en application du chapitre VII, a demandé aux forces serbes de s'en retirer. En août 1995, après avoir commis de nombreuses violations des résolutions du Conseil de sécurité, les forces serbes ont assassiné près de 8 000 hommes et adolescents bosniaques à Srebrenica, ce qui a conduit l'OTAN à lancer l'opération ***Deliberate Force*** contre des objectifs serbes en Bosnie-Herzégovine, ainsi que sur les armes lourdes qui menaçaient Sarajevo. Parallèlement, les Français et les Britanniques ont déployé une force de réaction rapide (FRR) afin de protéger la FORPRONU. On est ainsi passé du maintien de la paix soutenu par une force d'interposition à des mesures coercitives armées d'imposition de la paix. Tout au long du conflit, lorsqu'il a autorisé l'emploi de la force, le Conseil de sécurité a délégué cette mission aux États membres, ceux-ci agissant dans le cadre d'arrangements régionaux (en l'occurrence l'OTAN) (voy. n° 525) ;
- lors du conflit de Côte d'Ivoire, le Conseil de sécurité a demandé le 30 mars 2011 à l'ONUCI, la force des Nations Unies déployée dans le pays, d'utiliser « tous les moyens nécessaires pour mettre en œuvre son mandat de protéger les civils [...] y compris pour prévenir l'usage d'armes lourdes », en faisant référence à la notion de « responsabilité de protéger » (résolution 1975 du 30 mars 2011). Il s'agissait alors de mettre fin aux exactions des forces favorables au président sortant, Laurent Gbagbo, lequel refusait de transférer le pouvoir à son adversaire Alassane Ouattara, bien que la Commission électorale indépendante eût, le 2 décembre 2010, déclaré ce dernier vainqueur lors des élections présidentielles d'octobre-novembre ;
- dans le cadre de sa gestion du conflit libyen en vue de mettre un terme aux violences perpétrées par les forces loyales au colonel Kadhafi pour réprimer les manifestations organisées depuis le 15 février 2011 contre son régime (voy. n° 584), le Conseil de sécurité a mis en place le 17 mars 2011 une zone d'exclusion aérienne et a autorisé les membres de la Ligue arabe et les États membres qui le souhaitaient à prendre les mesures nécessaires pour imposer son respect. Il a également autorisé ces mêmes États à prendre toutes les mesures nécessaires, à l'exception d'une intervention

terrestre, pour protéger les populations et les territoires sous la menace d'une attaque des forces du régime du colonel Kadhafi (résolution 1973 du 17 mars 2011). Dans cette affaire, le Conseil a également fait référence à la « responsabilité de protéger » (voy. n° 183). L'intervention aérienne d'une coalition internationale menée par la France, le Royaume-Uni et les États-Unis et placée, dès le 31 mars 2011, sous le commandement et le contrôle de l'OTAN a conduit à la chute du régime le 23 octobre 2011, au prix sans doute d'un dépassement du cadre strict du mandat donné par le Conseil de sécurité, qui ne prévoyait qu'une protection des civils.

Ces actions coercitives se distinguent des opérations de maintien de la paix, lesquelles, même lorsqu'elles sont placées sous le chapitre VII de la Charte, sont déployées sur la base d'un accord politique dont elles doivent garantir la mise en œuvre avec l'acceptation des parties. Cette distinction est cependant parfois difficile en pratique, comme on l'a vu dans le cas de la Bosnie-Herzégovine, où des opérations de maintien de la paix se sont progressivement transformées en actions coercitives de rétablissement de la paix dirigées contre l'une des parties (en l'occurrence les Serbes de Bosnie-Herzégovine).

B) Le possible contournement du Conseil de sécurité par l'Assemblée générale : l'apport de la « résolution Acheson »

272 Comme indiqué précédemment, les membres permanents du Conseil de sécurité peuvent, par un veto, empêcher l'adoption d'une décision. Il en a été ainsi notamment dans le contexte de la guerre de Corée, en 1950. Au moment de l'invasion de la Corée du Sud par les troupes nord-coréennes, le représentant soviétique ne siégeait pas au Conseil de sécurité afin d'exprimer son opposition à ce que le siège de la Chine soit occupé par Taïwan et non par la République populaire de Chine ; cette absence de l'URSS avait rendu possible l'adoption, par le Conseil, sur proposition américaine, des résolutions 82, 83 et 84 autorisant l'intervention des États-Unis et de leurs alliés au côté des Sud-Coréens. Après cet épisode, l'Union soviétique, mécontente, a repris sa participation aux travaux du Conseil, y exerçant systématiquement son droit de veto pour empêcher l'adoption de nouvelles mesures coercitives.

Afin de contourner le blocage du Conseil de sécurité par l'Union soviétique, les États-Unis ont fait adopter par l'Assemblée générale, le 3 novembre 1950, la résolution 377 (V) intitulée « Union pour le maintien de la paix » ou « résolution Dean Acheson », du nom du secrétaire d'État américain qui en était l'instigateur. Cette résolution transférait à l'Assemblée générale la responsabilité du maintien de la paix dans le cas où le Conseil de sécurité manquerait à s'en acquitter. Au fondement de cette résolution se trouve le raisonnement suivant : au titre de l'article 24 de la Charte, le Conseil de sécurité détient la responsabilité principale, mais pas exclusive, du maintien de la paix ; dès lors, s'il ne remplit pas les fonctions qui lui sont attribuées par la Charte, l'Assemblée générale peut faire une recommandation pour maintenir ou rétablir la paix et la sécurité internationales (interprétation *a contrario* de l'article 12 de la Charte).

E7

La « résolution Acheson » 377 (V) du 3 novembre 1950 : « Union pour le maintien de la paix » *(adoptée par 52 voix pour, 5 contre et 2 abstentions)*

L'Assemblée générale...

1. Décide que, dans tous les cas où paraît exister une menace contre la paix, une rupture de la paix ou un acte d'agression et où, du fait que l'unanimité n'a pas pu se réaliser parmi ses membres permanents, le Conseil de sécurité manque à s'acquitter de sa responsabilité principale dans le maintien de la paix et de la sécurité internationales, l'Assemblée générale examinera immédiatement la question afin de faire aux Membres les recommandations appropriées sur les mesures collectives à prendre, y compris, s'il s'agit d'une rupture de la paix ou d'un acte d'agression, l'emploi de la force armée en cas de besoin, pour maintenir ou rétablir la paix et la sécurité internationales. Si l'Assemblée générale ne siège pas à ce moment, elle pourra se réunir en session extraordinaire d'urgence dans les vingt-quatre heures qui suivront la demande présentée à cet effet. Pareille session extraordinaire d'urgence sera convoquée sur la demande soit du Conseil de sécurité par un vote affirmatif de sept quelconques de ses Membres soit de la majorité des membres de l'Organisation.

Il convient de relever que la recommandation de l'Assemblée générale n'a alors aucune force contraignante et seulement une portée politique. En effet, si l'article 25 fait obligation aux États membres « d'accepter et d'appliquer les décisions du Conseil de sécurité », il n'existe aucune obligation analogue concernant les décisions de l'Assemblée générale. Il semble en outre ressortir de la Charte que le Conseil de sécurité a seul le pouvoir de qualifier une menace contre la paix, une rupture de la paix ou un acte d'agression. Enfin, la Charte précise, dans son article 11, que toute question qui appelle une action doit être renvoyée devant le Conseil de sécurité par l'Assemblée générale.

Malgré tout, depuis l'adoption de cette résolution, l'Assemblée générale fait régulièrement des recommandations concernant la sécurité internationale qui expriment généralement le point de vue d'une large majorité d'États au sujet d'un conflit. Il s'agit ainsi de dénoncer le blocage, par un ou deux membres permanents du Conseil de sécurité, de l'adoption de mesures coercitives. Le 14 janvier 1980, l'Assemblée générale a ainsi adopté la résolution ES-6/2 condamnant l'intervention de l'URSS en Afghanistan et demandant le retrait total, immédiat et inconditionnel des troupes soviétiques de ce pays. Plus récemment, l'Assemblée générale a adopté à de nombreuses reprises depuis décembre 2011 des résolutions condamnant les violations massives des droits de l'homme commises en Syrie par le régime du président Bachar el-Assad, en particulier l'emploi de l'arme chimique contre des populations civiles. Dans une résolution du 15 mai 2013, elle a reconnu la Coalition nationale syrienne comme interlocuteur légitime de la communauté internationale. La résolution 71/248 du 21 décembre 2016 a créé un « [m]écanisme international, impartial et indépendant chargé de faciliter les enquêtes sur les violations les plus graves du droit international commises en République arabe syrienne depuis mars 2011 et d'aider à juger ceux qui en sont responsables ».

S'agissant de l'annexion de la Crimée par la Russie, l'Assemblée générale a demandé le 27 mars 2014 à tous les États, organisations internationales et institutions spécialisées de ne reconnaître aucune modification du statut de ce territoire (résolution 68/262), alors que le Conseil de sécurité ne pouvait pas se prononcer en raison du veto russe.

C) Le cas de la légitime défense (article 51 de la Charte)

273 D'autres cas d'emploi de la force sont également possibles en application de l'article 51 de la Charte (légitime défense individuelle et collective). Le Conseil de sécurité n'a pas à les autoriser formellement mais l'article 51 prévoit qu'il garde alors « le pouvoir et le devoir [...] d'agir à tout moment de la manière qu'il juge nécessaire pour maintenir ou rétablir la paix et la sécurité internationales ».

Les deux cas les plus récents de mise en œuvre de l'article 51 concernent l'Afghanistan et le Mali.

S'agissant de l'Afghanistan (voy. n°s 536 et s.), le Conseil de sécurité a reconnu aux États-Unis, frappés par les attentats du 11 septembre 2001, le droit de légitime défense (résolution 1368 du 12 septembre 2001). Il s'est déclaré « prêt à prendre toutes les mesures nécessaires pour répondre aux attaques terroristes du 11 septembre 2001 et pour combattre le terrorisme sous toutes ses formes ». Les États-Unis ont dès lors été autorisés à intervenir militairement en Afghanistan, où s'était réfugié Oussama Ben Laden, organisateur des attentats.

Le Mali, confronté, au début du mois de janvier 2013, à l'avancée de forces constituées par des mouvements terroristes vers le sud de son territoire (voy. n° 595), a sollicité l'assistance militaire de la France, qui est intervenue le 11 janvier 2013 en prenant le soin d'indiquer au Conseil de sécurité que son intervention s'inscrivait dans la « légalité internationale » et en s'engageant, conformément à la Charte, à le tenir régulièrement informé. Le 25 avril 2013, le Conseil de sécurité a décidé la transformation, au 1er juillet 2013, de la Mission internationale de soutien au Mali (MISMA), constituée de pays africains, en une Mission des Nations Unies de stabilisation au Mali (MINUSMA) dotée d'un mandat robuste (sous-chapitre VII) pour assurer la protection des populations civiles et garantir le respect des droits de l'homme sur l'ensemble du territoire. Dans sa résolution 2100 du 25 avril 2013, il a salué « la célérité avec laquelle les forces françaises sont intervenues ». Néanmoins, la situation au Mali est demeurée instable (multiplication des attaques terroristes et deux coups d'État en 2020 et 2021) (voy. n° 595). Avec l'arrivée d'une junte militaire à la tête du Mali, la France a décidé, en février 2022, de retirer ses forces de la région et, le 1er juillet 2022, la force Takuba, rassemblant quelque 800 soldats européens, a annoncé mettre fin à sa mission. Dans un rapport publié en mars 2023, la MINUSMA, dont le chef de la division des droits de l'homme a été expulsé un mois plus tôt, indique que plus de 1 200 personnes ont été tuées au Mali en 2022 et que près de 400 ont été enlevées ou ont été portées disparues.

D) Les opérations de maintien de la paix

274 Les opérations de maintien de la paix, qui consistent à déployer des militaires et/ou d'autres agents (policiers ou observateurs) en vue de garantir et d'accompagner la fin des hostilités entre deux États ou entre des parties à un conflit interne, sont normalement mises en place sur la base d'un mandat du Conseil de sécurité, tandis que l'Assemblée générale approuve leur budget, détermine les contributions des États membres et contrôle les dépenses correspondantes.

1. Les caractéristiques générales des opérations de maintien de la paix

275 La fonction première des opérations de maintien de la paix est d'assurer une présence des Nations Unies entre des belligérants dans des lieux troublés par des combats. Cette présence se matérialise normalement par le déploiement de Casques bleus, c'est-à-dire de militaires, mais elle peut aussi prendre la forme d'un envoi de forces de police et d'observateurs ou médiateurs civils.

Dans son principe, l'opération de maintien de la paix n'est pas une action coercitive, étant donné que son déploiement intervient après la cessation des hostilités, avec le consentement des parties. Cela suppose que les parties soient parvenues à un accord pour établir un cessez-le-feu, engager un processus politique de règlement du conflit ou, dans le meilleur des cas, fixer les conditions du retour à la paix.

Cette mission doit rester impartiale et ne pas recourir à la force (sauf cas de légitime défense). Cependant, depuis les expériences du Rwanda et de la Bosnie-Herzégovine, il est admis que la force de maintien de la paix puisse aussi, dans certains cas, faire usage des armes pour la défense de son mandat.

Les opérations de maintien de la paix sont donc fondées sur trois principes fondamentaux : le consentement des parties, l'impartialité et le non-recours à la force, sauf en cas de légitime défense ou, éventuellement, de défense du mandat. Ces trois principes sont néanmoins souvent difficiles à respecter dans des contextes complexes et fluides ou en cas d'urgence à agir. En particulier, le principe du consentement des parties n'a pas toujours été strictement respecté, ce qui a pu rendre difficile l'exécution de la mission, par exemple en Somalie (voy. n° 480).

276 Dans la mesure où les missions de maintien de la paix n'impliquent pas de recours à la force, elles ont d'abord été considérées comme relevant du chapitre VI de la Charte (règlement pacifique des différends), bien que ce chapitre n'y fasse pas allusion. Cependant, depuis la fin de la Guerre froide, pour permettre la légitime défense ou la défense du mandat, les résolutions du Conseil de sécurité constituant la mission de maintien de la paix visent à présent souvent le chapitre VII, qui autorise notamment l'emploi des armes en cas de nécessité.

En 1995, Boutros Boutros-Ghali a, dans le supplément à l'*Agenda pour la paix* (document A/50/60-S/1995/1, §§ 34 et 35), souligné les difficultés pouvant naître de ce recours au chapitre VII lors du déploiement de missions de maintien de la paix : d'une part, le Conseil de sécurité pourrait, dans ce cas, être tenté de prendre des libertés avec le principe du consentement des parties, comme en Bosnie-Herzégovine ou en Somalie en 1992, avec pour effet potentiel de donner l'impression d'une partialité des forces de l'ONU ; et, d'autre part, « rien n'est plus dangereux pour une opération de maintien de la paix que de devoir user de la force lorsqu'elle n'est pas en mesure de le faire en raison de sa composition, de son armement, de son soutien logistique et de son déploiement ». **La distinction entre une opération de maintien de la paix et une opération coercitive peut s'affaiblir**. Alors, comme indiqué par Boutros-Ghali, « la viabilité de la mission et la sécurité de son personnel risquent d'en souffrir ».

277 La composition des forces de maintien de la paix est variable suivant le type de mission qui leur est assigné.

Si c'est une mission d'observation et d'information, elle est confiée à un groupe restreint d'observateurs, comme ce fut le cas en juin 1948 pour l'Organisme des Nations Unies chargé de la surveillance de la trêve en Palestine (ONUL), entre juin et décembre 1958 pour le Groupe d'observateurs des Nations Unies au Liban (GONUL), en janvier 1949 pour le Groupe d'observateurs militaires des Nations Unies en Inde et au Pakistan (UNMOGIP) ou, plus récemment, pour la Mission d'observation des Nations Unies en Géorgie (MONUG), d'août 1993 à juillet 2009, ou bien encore pour la Mission d'observation des Nations Unies au Tadjikistan (MONUT), de décembre 1994 à mai 2000.

Si la mission a pour but de s'interposer entre les belligérants pour éviter la reprise des hostilités, elle se compose d'une force armée, à l'instar de l'Opération des Nations Unies au Congo (ONUC) en 1960 ou de la Force d'urgence des Nations Unies chargée de s'interposer dans le Sinaï en 1973 (FUNU II). La MONUSCO, en République démocratique du Congo, est un cas inhabituel puisqu'elle comptait en 2020 presque 17 000 militaires, dont certains appartenaient à une brigade d'intervention chargée de neutraliser les groupes armés.

278 **Bien qu'en principe temporaires, les missions sont souvent prolongées, quelquefois pour une très longue durée, faute d'un règlement du conflit sur le fond.** La Force des Nations Unies à Chypre (UNFICYP) est présente dans ce pays depuis 1974. Il en est de même pour la Force des Nations Unies au Liban (FINUL), déployée dans le Sud libanais depuis l'intervention israélienne dans la région en 1978. On peut également citer le cas de la Force des Nations Unies pour l'organisation d'un référendum au Sahara occidental (MINURSO), déployée en 1991, ou encore celui de l'UNMOGIP, déployée au Cachemire depuis 1949. L'ONUST accomplit toujours diverses missions d'observation du cessez-le-feu entre Israël et ses voisins depuis sa création en juin 1948.

2. Les premières opérations : la double intervention du Conseil de sécurité et de l'Assemblée générale

279 Des forces de maintien de la paix ont été constituées dès les premières années des Nations Unies par le Conseil de sécurité. Deux d'entre elles sont encore en action : l'ONUST, créée en 1948 pour surveiller le cessez-le-feu entre Israël et les pays arabes, et l'UNMOGIP, instituée la même année pour des fonctions similaires à la suite de la première cessation des hostilités entre le Pakistan et l'Inde au Cachemire.

En 1956, face à l'impossibilité, pour le Conseil de sécurité, de condamner l'intervention franco-britannique en Égypte (voy. n° 371) en raison de l'utilisation par Paris et Londres de leur veto, l'Assemblée générale s'est saisie du dossier en application du précédent de la « résolution Acheson », ce qui a abouti à sa condamnation de l'intervention franco-britannique puis au vote, sur la base d'un projet canadien, de la résolution 998 (ES-I) du 4 novembre 1956 créant « une force internationale d'urgence des Nations Unies chargée d'assurer et de surveiller la cessation des hostilités ». Cette force d'urgence, qui a été déployée de novembre 1956 à mai 1957 (le gouvernement égyptien ayant demandé son retrait), a eu pour mission de superviser la cessation des hostilités, y compris le retrait des forces armées françaises, israéliennes et britanniques du territoire égyptien, et, après le retrait, de s'interposer entre les forces égyptiennes et israéliennes.

3. Les opérations de « première génération » sur mandat du Conseil de sécurité

280 Le Conseil de sécurité a, pendant la Guerre froide, fait un usage fréquent de l'instrument des missions de maintien de la paix. Le mandat de ces missions, à présent qualifiées de « première génération », était limité à l'observation, à l'information, voire à l'interposition sans emploi de la force. Les militaires qui les assuraient étaient seulement équipés d'armes légères pour leur autodéfense.

Ces missions n'étant expressément prévues ni par le chapitre VI, ni par le chapitre VII de la Charte, le secrétaire général de l'ONU, Dag Hammarskjöld, a évoqué, en 1956, l'existence *de facto* d'un chapitre VI *bis* ou VI et demi.

Pendant cette période, la mission de l'Organisation des Nations Unies au Congo (ONUC) s'est distinguée par des caractéristiques très particulières : non seulement elle a exceptionnellement reçu l'autorisation de recourir à la force, notamment en vue de rétablir l'intégrité territoriale du Congo nouvellement indépendant, mais en outre, pendant une brève période, elle a reçu son mandat de l'Assemblée générale et non du Conseil de sécurité. Au moment de l'accession de l'ex-Congo belge à l'indépendance en 1960 et à la demande des autorités congolaises, le Conseil de sécurité a adopté la résolution 143 du 14 juillet 1960 à l'origine de l'ONUC : il s'agissait de fournir une assistance militaire au pays après la mutinerie des militaires congolais des forces de sécurité encadrées par des officiers belges. Les troubles qui ont agité le Congo (alors dénommé République du Congo) ont cependant rendu la conduite de l'opération particulièrement difficile, donnant notamment lieu à une opposition temporaire entre le Conseil de sécurité et l'Assemblée générale. Après la proclamation, par Moïse Tshombé, de l'indépendance de la riche province minière du Katanga, le 11 juillet 1960, et l'aggravation des désordres, le Conseil de sécurité a adopté, le 22 juillet, la résolution 145 autorisant le secrétaire général à « prendre toutes les mesures nécessaires » (et donc employer la force) pour réorganiser l'armée nationale et permettre le retrait des troupes belges intervenues pour protéger les Européens, puis, le 9 août 1960, la résolution 146 demandant l'entrée de l'ONUC au Katanga et le retrait des troupes belges encore stationnées dans cette province. Cependant, jugeant l'action de l'ONUC trop timide, le Premier ministre congolais, Patrice Lumumba, s'est tourné vers l'URSS laquelle, en septembre 1960, a alors exercé son droit de veto, empêchant l'adoption d'une nouvelle résolution du Conseil de sécurité. Les États-Unis et leurs alliés ont cependant obtenu à nouveau, en application du précédent de la résolution Acheson, l'adoption, le 20 septembre 1960, d'une résolution de l'Assemblée générale (1474 ES-IV) soutenant l'action du secrétaire général, démarche à laquelle la France du général de Gaulle s'est opposée. Patrice Lumumba a été démis de ses fonctions par le président pro-occidental Joseph Kasavubu, puis assassiné en janvier 1961. Finalement, devant la détérioration continue de la situation, le Conseil de sécurité a retrouvé son unité pour adopter, respectivement en février et en novembre 1961, les résolutions 161 et 169 appuyant l'action de l'ONUC en autorisant expressément cette dernière à recourir à la force « si besoin est, et en dernier ressort » et en autorisant le secrétaire général à « entreprendre une action vigoureuse, y compris, le cas échéant, l'emploi de la force » pour chasser les mercenaires étrangers recrutés par les sécessionnistes. Après la fin de la sécession katangaise, l'opération de l'ONU au Congo a pris fin en juin 1964.

Par la suite, plusieurs opérations de « première génération » ont été engagées à l'initiative du Conseil, notamment la Force des Nations Unies à Chypre (UNFICYP), par la résolution 186 du 4 mars 1974, la Force des Nations Unies pour l'observation du désengagement dans le Golan (FNUOD), par la résolution 350 du 31 mai 1974, la Force intérimaire des Nations Unies au Liban (FINUL), par la résolution 425 du 19 mars 1978, le Groupe d'observateurs des Nations Unies en Amérique Centrale (ONUCA), par la résolution 644 du 7 novembre 1989.

4. L'évolution des missions de maintien de la paix depuis la fin de la Guerre froide

281 Après la disparition du bloc de l'Est, l'ONU a dû faire face à des crises liées le plus souvent à l'effondrement d'États fragilisés par des conflits internes en partie d'origine ethnique ou religieuse. L'échec ou les insuffisances des premières opérations de maintien de la paix conduites dans ce contexte en Somalie, en ex-Yougoslavie et au Rwanda ont suscité d'intenses débats au sein de l'organisation, sans pour autant entraîné de désintérêt à l'égard des opérations de maintien de la paix, même si l'on a constaté une nette tendance au désengagement des pays les plus puissants.

a) La question du recours à la force et les échecs du début des années 1990

282 Au début des années 1990, dans un contexte où les Casques bleus ont été déployés sur des théâtres difficiles, notamment des situations de guerre civile, où les belligérants ne passaient que des accords précaires et où les milices empêchaient tout rétablissement durable de la sécurité, il est apparu nécessaire de **recourir au chapitre VII** pour donner un « mandat robuste » aux forces de l'ONU. Il s'est agi d'autoriser les Casques bleus à « employer tous les moyens nécessaires » pour la défense de leur mandat et pour déjouer les tentatives violentes de sabotage du processus de paix, protéger les populations civiles ou aider les autorités de transition désignées par les accords de sortie de conflit à maintenir l'ordre.

Les premières expériences d'opérations de maintien de la paix placées sous le chapitre VII de la Charte ont cependant été difficiles.

- Face à l'insuffisance du mandat d'interposition de la Force des Nations Unies en ex-Yougoslavie (FORPRONU) inscrit dans la résolution 743 du 21 février 1992 sans référence au chapitre VII, dans un contexte d'aggravation de la crise, notamment en Bosnie-Herzégovine (voy. n°s 465 et s.), le Conseil de sécurité a décidé, par la résolution 819 du 16 avril 1993 adoptée dans le cadre du chapitre VII, d'autoriser la force onusienne à prendre « toutes les mesures nécessaires » pour mener à bien son mandat, qui consistait notamment à protéger les civils de l'enclave musulmane de Srebrenica. Cependant, en raison de l'inadaptation de la chaîne de commandement (règle de la « double clef » OTAN-ONU, qui prévoit une double autorisation des frappes aériennes), de l'irrésolution des pays constituant la FROPRONU et de la faiblesse de l'armement des Casques bleus, ceux-ci n'ont pu empêcher le siège des zones de sécurité puis, en juillet 1995, le massacre d'environ 8 000 musulmans de Srebrenica par l'armée des Serbes de Bosnie. Les forces de l'OTAN sont alors passées, avec l'accord du Conseil de sécurité, à une action coercitive d'imposition de la paix afin de contraindre les Serbes à négocier un arrangement, ce qui a conduit aux accords de Dayton en novembre 1995. L'opération de maintien de la paix a donc été relayée par une opération de pure et simple coercition par des moyens militaires.
- À la suite de l'intervention Restore Hope menée par les États-Unis en Somalie, le Conseil de sécurité a adopté le 26 mars 1993, sous chapitre VII, la résolution 814, en vue de remplacer l'opération ONUSOM I

(voy. n° 480) par une nouvelle, ONUSOM II, composée de 29 000 hommes et chargée de protéger l'aide humanitaire, de reconstruire les institutions du pays et de favoriser la réconciliation nationale. Cependant, après l'assassinat de 23 Casques bleus pakistanais et le refus du général Aïdid, chef des rebelles du congrès de la Somalie unifiée, d'accepter l'intervention de l'ONU, le Conseil de sécurité a voté, le 6 juin 1993, la résolution 837 donnant mandat à l'ONUSOM de capturer le général Aïdid. La mission de maintien de la paix s'est ainsi trouvée transformée en opération de coercition à l'égard de l'une des parties. Cette expérience de recours à la force n'a cependant pas été concluante : l'échec de l'opération a entraîné le retrait des forces des Nations Unies en 1995.

- Les difficultés rencontrées en Somalie ont sans doute pesé dans la décision du Conseil de sécurité de ne pas placer sous le chapitre VII la Mission des Nations Unies pour l'assistance au Rwanda (MINUAR), chargée, par la résolution 872 du 5 octobre 1993, de garantir la mise en œuvre des accords d'Arusha d'août 1993, qui scellaient le partage du pouvoir entre le gouvernement de Kigali, représentant l'ethnie hutue, et le FPR, mouvement insurrectionnel constitué de Rwandais d'ethnie tutsie initialement réfugiés en Ouganda (voy. n° 481). Malgré tout, l'ambiguïté du mandat, puis la décision du Conseil de sécurité, le 21 avril 1994, de retirer la majorité de ses troupes de Kigali ont condamné les Casques bleus à l'impuissance, au moment même où le génocide des Tutsis s'intensifiait.

b) Les tentatives d'amélioration au début des années 2000

283 Les échecs du début des années 1990 ont contraint l'ONU à engager le débat sur les moyens de rendre les opérations de maintien de la paix plus efficaces.

En 1999, Kofi Annan, secrétaire général de l'ONU, a demandé à un groupe d'experts présidé par Lakhdar Brahimi, ancien ministre des Affaires étrangères d'Algérie, d'élaborer, dans la perspective du Sommet du Millénaire, un rapport sur les conditions d'une réforme des opérations de maintien de la paix de l'ONU. Composé de diplomates expérimentés, le groupe d'experts a rendu, en août 2000, ses conclusions dans un document communément appelé « Rapport Brahimi » où sont énoncées les conditions minimales de succès d'une opération de maintien de la paix des Nations Unies : un mandat clair et précis, le consentement des parties au conflit et des moyens militaires adéquats. Le rapport insiste sur la nécessité de mener à temps une action préventive en amont et, une fois l'opération lancée, de consentir en aval tous les efforts nécessaires en vue de la consolidation de la paix. Le rapport préconise également une doctrine « robuste » d'emploi des forces et des mandats réalistes : il importe en effet, selon ses auteurs, que les Casques bleus soient en mesure de se défendre, mais aussi de défendre activement les civils placés sous leur protection. Les mandats des opérations doivent donc en principe être placés sous chapitre VII et autoriser les militaires déployés à recourir à la force pour assurer leur défense et celle de leur mandat. Leurs règles d'engagement doivent être suffisamment fermes et leurs équipements renforcés et modernisés.

À la suite de ce rapport, les effectifs du Département des opérations de maintien de la paix (DOMP) ont été significativement renforcés. La base logistique de l'ONU à Brindisi, en Italie, a été dotée d'équipements nouveaux en vue notamment de fournir à l'organisation une capacité plus efficace de réponse rapide. Elle a été renforcée par un centre de télécommunications basé à Valence, en Espagne. Le 1er août 2007, le DOMP a été restructuré par la résolution 61/279 de l'Assemblée générale adoptée à l'initiative de Ban Ki-moon, alors secrétaire général. À côté du DOMP a été créé un Département de l'appui aux missions (DAM). Le DOMP est à présent chargé de la conduite et de la gestion politique des opérations de paix, ainsi que de la mise en œuvre de la planification intégrée de la mission dans tous ses aspects (notamment politiques, militaires et de police), tandis que le DAM a pour tâche d'assurer le soutien des opérations sur le terrain, notamment en ce qui concerne les ressources humaines, les finances, la logistique ainsi que la déontologie et la discipline.

Il est à présent fréquent que le Conseil de sécurité place les missions de maintien de la paix sous chapitre VII. Parmi les missions actuelles, la MINUSS (Soudan du Sud), la MINUK (Kosovo) la MINUL (Libéria), la MONUSCO (République démocratique du Congo) et l'ONUCI (Côte d'Ivoire) ont été créées par des résolutions faisant expressément référence au chapitre VII. La Mission multidimensionnelle intégrée des Nations Unies pour la stabilisation au Mali (MINUSMA), chargée d'aider les autorités de transition maliennes à stabiliser le pays, relève également du chapitre VII (résolution 2100 du 25 avril 2013). Il en va de même de la Mission multidimensionnelle intégrée des Nations Unies pour la stabilisation en République centrafricaine (MINUSCA), qui a pour missions prioritaires d'assurer la protection des civils, de faciliter l'acheminement de l'aide humanitaire, d'appuyer les opérations de désarmement, démobilisation, réinsertion des combattants et de soutenir le processus de transition politique (résolution 2149 du 10 avril 2014).

c) La pratique actuelle des opérations de maintien de la paix

284 Les forces de maintien de la paix sont placées sous l'autorité opérationnelle des Nations Unies. Le secrétaire général de l'ONU met en œuvre les décisions du Conseil de sécurité avec l'assistance de deux secrétaires généraux adjoints, respectivement en charge du Département des opérations de maintien de la paix (DOMP) et du Département d'appui aux missions (DAM).

Après consultation des membres du Conseil de sécurité, en particulier des membres permanents, des acteurs régionaux, des parties au conflit, des pays potentiellement contributeurs et d'autres États, **le secrétaire général soumet un rapport au Conseil de sécurité proposant des options pour la création d'une force de maintien de la paix**, en précisant les effectifs et les ressources nécessaires. **Le Conseil de sécurité vote ensuite une résolution** déterminant le mandat et le volume de la force.

Tableau 8 **Missions de maintien de la paix en mars 2023**

Nom abrégé	Nom complet	Date de création (résolution du Conseil de sécurité)
FINUL	Force intérimaire des Nations Unies au Liban	Mars 1978 (résolution 425)
FISNUA	Force intérimaire de sécurité des Nations Unies pour Abyei	Juin 2011 (résolution 1990)

FNUOD	Force des Nations Unies chargée d'observer le désengagement des hauteurs du Golan	Mai 1974 (résolution 350)
MINUK	Mission d'administration intérimaire des Nations Unies au Kosovo	Juin 1999 (résolution 1244)
MINURSO	Mission de l'ONU pour l'organisation d'un référendum au Sahara occidental	Avril 1991 (résolution 690)
MINUSCA	Mission multidimensionnelle intégrée des Nations Unies pour la stabilisation en République centrafricaine	Avril 2014 (résolution 2149)
MINUSMA	Mission multidimensionnelle intégrée des Nations Unies pour la stabilisation au Mali	Avril 2013 (résolution 2100)
MINUSS	Mission des Nations Unies en République du Soudan du Sud	Juillet 2011 (résolution 1996)
MONUSCO	Mission de l'Organisation des Nations Unies pour la stabilisation en République démocratique du Congo	Mai 2010 (résolution 1925)
ONUST	Organisme des Nations Unies chargé de la surveillance de la trêve en Palestine	Mai 1948 (résolution 50)
UNFICYP	Force de l'ONU chargée du maintien de la paix à Chypre	Mars 1964 (résolution 186)
UNMOGIP	Groupe d'observateurs militaires des Nations Unies dans l'Inde et le Pakistan	Avril 1948 (résolution 47)

Lorsqu'il prend une résolution créant une opération de maintien de la paix, le Conseil de sécurité ne fait pas toujours référence à un chapitre particulier de la Charte. Néanmoins, lorsqu'il entend souligner le caractère contraignant des obligations des parties ou sa volonté de donner un mandat robuste à l'opération pouvant impliquer le recours à la force pour la protection de ce mandat, il peut viser le chapitre VII, malgré les difficultés mentionnées plus haut et soulignées par Boutros Boutros-Ghali. Cette situation est caractéristique des opérations de maintien de la paix dites « de deuxième génération ».

Les Nations Unies ne disposant d'aucune force permanente en propre, le secrétaire général doit, pour chaque mission, solliciter des pays contributeurs, lesquels n'ont aucune obligation à cet égard.

Les structures de commandement des forces de maintien de la paix sont complexes et souvent peu réactives. Au siège de l'ONU à New York, c'est le secrétaire général adjoint chargé des opérations de maintien de la paix qui prend les décisions relatives à l'emploi de la force. Sur le terrain cependant cohabitent un chef de mission, qui exerce l'autorité opérationnelle sur tous les aspects, civils et militaires, de l'opération, et un commandant militaire de la force.

Les opérations de maintien de la paix de l'ONU sont de plus en plus multidimensionnelles. Au cœur de leur mission, l'assistance au rétablissement de la sécurité consiste notamment à accompagner les processus de désarmement, démobilisation et réinsertion (DDR) des combattants, ainsi que la réforme des secteurs de la sécurité (RSS). Ces opérations ont également pour mission de contribuer au redressement de la situation économique et humanitaire, à la construction de l'État de droit, à la protection des droits de l'homme et au bon déroulement des processus politiques de réconciliation. Elles intègrent donc des composantes civiles et militaires. Ces dernières années, le DOMP a mis en avant le travail des femmes au sein de ses équipes, même si elles représentent moins de 10 % de ses effectifs.

Il appartient au Conseil de sécurité, qui a décidé la mission, d'y mettre fin et de transférer éventuellement certaines de ses tâches à une autre structure des Nations Unies (bureau intégré d'assistance à la reconstruction, par exemple).

On observe dès lors **un continuum entre les opérations de maintien de la paix disposant d'une composante militaire essentielle et les actions de consolidation de la paix,** exclusivement civiles, comme en Sierra Leone et au Burundi. La mission de maintien de la paix de l'ONU en Sierra Leone a pu s'achever en décembre 2005 après avoir notamment permis le désarmement de plus de 72 500 combattants, dont environ 20 000 enfants soldats. Son action a été relayée par celle du Bureau intégré des Nations Unies pour la consolidation de la paix en Sierra Leone, qui accompagne la transition démocratique du pays. De même, au Burundi, déchiré comme le Rwanda par les affrontements entre les ethnies hutue et tutsie, une mission civile a succédé, en décembre 2006, à une mission de maintien de la paix à dominante militaire. Cette mission a achevé son mandat le 31 décembre 2014 sans avoir cependant atteint ses objectifs puisque, dès 2015, une crise a de nouveau éclaté dans le pays à la suite de la décision du président burundais Pierre Nkurunziza d'accomplir un troisième mandat.

d) La problématique de la consolidation de la paix (*peace building*)

285 En septembre 2005, sur proposition de Kofi Annan, le Sommet mondial a décidé d'engager les Nations Unies dans une stratégie durable de redressement des régions ou des pays dévastés par des affrontements armés. Le maintien de la paix cesse ainsi d'être envisagé comme une action ponctuelle de règlement d'un conflit aigu pour s'inscrire dans une action multidimensionnelle de long terme.

Cet engagement en aval des crises implique de nouvelles tâches : les Nations Unies doivent en premier lieu assurer la cohérence d'ensemble de l'action des multiples intervenants de la communauté internationale (institutions des Nations Unies, organisations internationales et régionales, bailleurs de fonds, organisations non gouvernementales). Elles doivent en outre planifier sur un nombre suffisant d'années la sortie de conflit et la transition vers une situation stable et durablement pacifiée.

Pour permettre à l'ONU de s'acquitter de ces responsabilités nouvelles, le Conseil de sécurité et l'Assemblée générale se sont dotés, en 2005, d'un organe subsidiaire consultatif dédié à la mise en œuvre des stratégies post-conflit : la Commission de consolidation de la paix (CCP). Les stratégies que la CCP a pour mission de définir portent sur tous les domaines déterminants pour la sortie de crise : sécurité, bonne gouvernance politique, promotion de l'État de droit, garantie du respect des droits de l'homme, mise en place d'une justice efficace et indépendante, situation humanitaire et développement. Ces stratégies doivent être élaborées et mises en œuvre en concertation avec les autorités locales et l'ensemble des acteurs et bailleurs concernés. Entre 2006 et 2017, la CCP, qui est principalement financée par des pays d'Europe du Nord (notamment la Suède, l'Allemagne et le Royaume-Uni), a attribué plus de 770 millions de dollars américains à 41 pays.

e) La multiplication des opérations de maintien de la paix et la croissance des effectifs des Casques bleus

286 Les effectifs déployés par les Nations Unies dans le cadre des opérations de maintien de la paix sont importants : depuis 1948, plus d'un million de Casques bleus ont participé aux 71 opérations de maintien de la paix mises en place par l'ONU. En mars 2023, plus de 90 000 militaires fournis par des armées nationales du monde entier et plus de 14 000 civils servent dans le cadre des 12 opérations de maintien de la paix conduites par l'ONU. Parmi les 121 pays contributeurs de personnel en uniforme, une dizaine de pays émergents ou en développement assurent l'essentiel des effectifs. Parmi eux, le sous-continent indien (Inde, Pakistan, Bangladesh, Sri Lanka, Népal), qui fournit près du tiers du total des Casques bleus, constitue le premier réservoir de troupes pour les Nations Unies. Les pays africains (Rwanda en particulier) sont également d'importants contributeurs.

Le budget des opérations de maintien de la paix, distinct du budget régulier de l'ONU, est substantiel : 6,45 milliards de dollars étatsuniens pour la période du 1er juillet 2022 au 30 juin 2023. Alors que le Conseil de sécurité décide les opérations, il appartient à l'Assemblée générale d'en répartir la charge financière entre les États membres. Elle établit un barème de contributions fondé, comme celui du budget régulier, sur la capacité de paiement des États membres, avec un principe de majoration appliqué aux cinq membres permanents du Conseil de sécurité du fait de leur responsabilité dans la décision de création des missions de paix. En 1995, le Congrès américain a décidé d'abaisser à 25 % la quote-part des États-Unis au budget des opérations de paix, alors que celle-ci se situait traditionnellement autour de 30 % ; à la suite de l'élection du président Barack Obama, les contributions américaines ont été conformes aux demandes de l'ONU (soit de l'ordre de 27 % du total du budget des opérations de paix), puis, en 2014, des retards de paiement ont été constatés et l'administration du président Donald Trump (2016-2020) a annoncé de sensibles réductions unilatérales de la contribution des États-Unis, de manière à la limiter à 25 % du budget des opérations de paix. Depuis l'arrivée au pouvoir de Joe Biden, la contribution des États-Unis au budget des opérations de paix est remontée au-dessus de 25 %, atteignant 26,94 % en 2021, loin devant celle du deuxième contributeur, la Chine, pourtant en nette augmentation (18,68 %), tandis que la France se situe au 6e rang des pays contributeurs (5,29 %).

Il convient de souligner que, depuis plusieurs années maintenant, la sécurité des opérations de paix s'est dégradée : entre 2013 et 2017, 195 décès sont survenus dans les rangs des Casques bleus et, entre janvier 2018 et février 2019, 116 décès, dont 40 lors d'attaques armées. La sécurité des forces de paix est désormais devenue une priorité de l'action des Nations Unies.

E) Les partenariats régionaux

287 L'article 52 de la Charte (Chapitre VIII) reconnaît l'existence d'accords ou d'organismes régionaux « destinés à régler les affaires qui, touchant au maintien de la paix et de la sécurité internationales, se prêtent à une action de caractère régional », à condition qu'ils soient « compatibles avec les buts et les principes des Nations Unies ». Il prescrit aux États membres de « faire tous leurs efforts pour régler d'une manière pacifique », dans le cadre des

partenariats régionaux, « les différends d'ordre local avant de les soumettre au Conseil de sécurité ». Cet article traduit **la volonté des rédacteurs de la Charte d'organiser un partage des tâches entre les accords ou organismes régionaux et l'ONU** : les partenariats régionaux doivent permettre la résolution, par des moyens pacifiques et au niveau local, des crises mineures, tandis que les crises intéressant les cinq membres permanents du Conseil de sécurité doivent relever du niveau mondial et donc de l'ONU. Cependant, les articles suivants de la Charte établissent la suprématie de l'ONU et de son Conseil de sécurité vis-à-vis des partenariats régionaux. L'article 53 donne ainsi la possibilité au Conseil de sécurité d'utiliser des partenariats régionaux pour l'application des mesures coercitives qu'il aurait décidées, l'organisation régionale étant considérée comme un instrument au service de l'organisation mondiale. L'article 54 précise que « le Conseil de sécurité doit, en tout temps, être pleinement tenu au courant de toute action entreprise ou envisagée » dans le cadre d'un partenariat régional « pour le maintien de la paix et de la sécurité internationales ». La Charte interdit ainsi la préparation ou la mise en œuvre d'actions coercitives sans une autorisation préalable du Conseil.

La notion d'accord ou d'organisme régional n'ayant pas été définie par la Charte, c'est la coutume qui a permis de lui donner un contenu concret. Pour être reconnu explicitement ou implicitement comme accord ou organisme régional au sens de la Charte, il faut que cet accord ou cet organisme ait la capacité juridique et effective d'intervenir dans le domaine du maintien de la paix et de la sécurité internationales. Le Conseil de sécurité a pu faire expressément appel à l'Union africaine, à l'Organisation des États américains (voy. E 8) ou à l'OSCE pour des missions de paix. Lorsqu'il a eu recours à l'aide de l'OTAN, il s'est en revanche borné à donner mandat aux États membres « agissant dans le cadre d'organisations ou d'arrangements régionaux », sans mentionner explicitement l'OTAN (par exemple, résolution 836 du 4 juin 1993 du Conseil de sécurité relative à la Bosnie-Herzégovine, qui a permis à l'OTAN d'appuyer la FORPRONU).

En pratique, les organisations régionales peuvent conduire des opérations de paix conjointement avec l'ONU (à l'instar de la MINUAD, opération hybride Union africaine-Nations Unies au Darfour). Elles peuvent également mener des actions parallèles à celles de l'ONU, mais en coordination avec celle-ci, comme l'OTAN en Bosnie-Herzégovine pour la mise en œuvre des accords de Dayton ou l'OSCE dans divers pays d'Europe du Sud-Est. Comme mentionné plus haut, une organisation régionale militaire telle que l'OTAN a pu mettre en œuvre, en Bosnie-Herzégovine, des actions de coercition décidées par le Conseil de sécurité.

E 8 — L'Union africaine, la Ligue arabe, l'OEA : trois exemples d'organisation régionale

L'Union africaine

De l'OUA (Organisation de l'Unité africaine) à l'UA (Union africaine)

L'OUA, créée en 1963 à Addis-Abeba (Éthiopie), comprenait l'ensemble des États africains (sauf le Maroc à partir de 1984). Son organisation consistait en une Conférence des chefs d'État, un Conseil des ministres des Affaires étrangères, un secrétaire général et des commissions spécialisées.

La Conférence tenue à Syrte (Libye) en septembre 1999 a pris la décision de principe de transformer l'OUA en Union africaine (UA). Puis, en juillet 2020, le sommet de Lomé (Togo) a adopté l'Acte constitutif de l'Union en remplacement de la Charte de l'OUA. Le dernier sommet de l'OUA qui s'est ouvert le 9 juillet 2001 à Lusaka (Zambie) a élaboré le programme de mise en place de l'Union.

L'Union africaine (UA)

L'Union africaine a été lancée en juillet 2002 au sommet de Durban (Afrique du Sud), où s'est tenue la première session de la Conférence des chefs d'État et de gouvernement. L'UA réunit 55 États depuis que le Maroc l'a rejointe en 2017.

La Conférence de l'Union, l'organe suprême réunissant les chefs d'État et de gouvernement, se réunit deux fois par an, sous la présidence d'un État membre. Elle s'appuie sur un Conseil exécutif (réunissant les ministres des Affaires étrangères), des comités techniques et un comité des représentants permanents, constitué des ambassadeurs auprès de l'UA.

L'Union africaine s'est également dotée, en mai 2024, d'un Conseil de paix et de sécurité, composé de 15 membres élus par la Conférence de l'Union et chargé de la prévention et du règlement des conflits en Afrique.

En lieu et place de l'ancien secrétariat général a été instituée la Commission de l'Union africaine (sur le modèle de celle de l'Union européenne). Composée de dix commissaires, dont un président et un vice-président, elle représente l'Union, la défend, soumet des propositions aux organes exécutifs et assiste les États membres dans l'exécution des programmes politiques, économiques, sociaux et culturels. Elle élabore les positions communes et coordonne les actions des États membres dans les négociations internationales.

L'Union africaine s'est dotée, à l'instar de l'Union européenne, d'un Parlement panafricain, où siègent cinq parlementaires, dont au moins une femme, issus de chacun des États membres.

Pour compléter ce dispositif a été créée une Cour africaine de justice, devenue en juillet 2008 la Cour africaine de justice et des droits de l'homme, aux termes d'un accord la fusionnant avec la Cour africaine des droits de l'homme et des peuples. Toutefois, le protocole créant cette cour n'étant pas encore entré en vigueur, le système juridictionnel de l'Union africaine reste inachevé.

Ligue des États arabes (dite Ligue arabe)

La Ligue des États arabes, qui a été créée le 22 mars 1945 par l'Arabie saoudite, l'Égypte, le Liban, la Syrie, le Yémen et la Transjordanie, comprend aujourd'hui 22 États.

Elle a pour mission de coordonner l'action politique des États membres et de défendre leurs intérêts communs, ainsi que de développer leur coopération dans des domaines divers (économie, questions sociales, affaires culturelles, santé, transports, nationalité et visas notamment).

La Ligue des États arabes repose, institutionnellement, sur un Conseil, composé des représentants des États membres (chaque membre disposant d'une voix), un Conseil des ministres des Affaires étrangères, des conférences au sommet des chefs d'État et de gouvernement, des conseils spécialisés et des commissions permanentes.

L'Organisation des États américains (OEA)

L'Organisation des États américains, dont la Charte a été adoptée le 30 avril 1948 à Bogota (Colombie), comprend aujourd'hui 35 États membres (Cuba a été exclue en janvier 1962, mais l'organisation lui a proposé en 2009 d'engager un dialogue politique en vue de son retour) et 71 observateurs permanents, dont l'Union européenne.

Elle a pour objet le développement de la démocratie et des droits de l'homme, la sécurité et la lutte contre le trafic de stupéfiants, la lutte contre la corruption, la modernisation des États, ainsi que le développement économique et la protection de l'environnement.

Institutionnellement, l'OEA repose sur un secrétariat général, une Assemblée générale, un Conseil permanent, une réunion de consultation des ministres des relations extérieures, un Conseil interaméricain pour le développement intégré, un Comité juridique interaméricain et une Commission interaméricaine des droits de l'homme. À ces institutions s'ajoutent des Conférences spécialisées et des organismes spécialisés, comme notamment l'Organisation panaméricaine de la santé, la Commission interaméricaine des femmes et l'Institut interaméricain de coopération pour l'agriculture. Une Cour interaméricaine des droits de l'homme a été établie pour la mise en œuvre de la Convention américaine relative aux droits de l'homme, adoptée à San José (Costa Rica) le 22 novembre 1969. Toutefois, les États-Unis et le Canada n'acceptent pas la juridiction de cette cour.

§ 2. L'ONU et les droits humains

288 L'action des Nations Unies en matière de droits humains est longtemps restée peu opérationnelle, excepté dans le domaine des droits sociaux, grâce à l'Organisation internationale du travail (OIT). Aujourd'hui en revanche, l'ONU peut s'appuyer sur un grand nombre de conventions élaborées sous son égide pour mettre en œuvre une politique active de promotion des droits de l'homme, surtout civils et politiques, dans le cadre de structures dédiées, comme le Conseil des droits de l'homme ou le Haut-Commissariat aux droits de l'homme.

E9

L'OIT, une expérience singulière de promotion internationale des droits sociaux

Créée en 1919, l'OIT est devenue institution spécialisée de l'ONU en 1946. La Déclaration de Philadelphie du 10 mai 1944 précise ses objectifs dans son article II : « Tous les êtres humains, quels que soient leur race, leur croyance ou leur sexe, ont le droit de poursuivre leur progrès matériel et leur développement spirituel dans la liberté et la dignité, dans la sécurité économique et avec des chances égales ; la réalisation des conditions permettant d'aboutir à ce résultat doit constituer le but central de toute politique nationale et internationale ». Dans la pratique, l'OIT a principalement pour missions de promouvoir les droits des salariés dans le cadre de leur activité professionnelle, d'encourager la création d'emplois décents, de développer la protection sociale et de renforcer le dialogue social.

De toutes les institutions spécialisées de l'ONU, l'OIT est la seule à être dotée d'une **structure tripartite associant les gouvernements, les employeurs et les travailleurs**. Les organes principaux de l'OIT sont le conseil d'administration, la Conférence internationale du travail et le Bureau international du travail (BIT). La Conférence internationale, qui réunit chaque année les délégations tripartites des 187 États membres de l'organisation, élit le conseil d'administration, organe exécutif de l'OIT (56 membres, dont 28 représentent les États membres, 14 les travailleurs et 14 les employeurs) qui lui-même élit le directeur général, lequel dirige les travaux du Bureau international du travail.

L'OIT dispose de deux catégories d'instruments : les **conventions**, traités **établissant des normes internationales du travail juridiquement obligatoires pour les États membres qui y ont adhéré**, et les **recommandations non contraignantes**. Les normes internationales du travail font l'objet d'un système de contrôle international (rapport des États membres, enquête sur plainte d'un État membre). Dans le domaine de la liberté syndicale, reconnue comme un droit universel par la Déclaration de Philadelphie, le contrôle s'applique à tous les États membres, même les non-signataires des conventions correspondantes. Au 31 mars 2023, l'OIT a adopté 190 conventions et 206 recommandations. En 2019, à l'occasion de son centième anniversaire, ont été adoptées la Déclaration du centenaire pour l'avenir du travail ainsi que des normes nouvelles pour combattre la violence et le harcèlement au travail.

A) Les droits humains, source de divisions

289 Les débats au sein de l'ONU sur la question des droits humains ont très tôt été marqués par l'opposition entre pays occidentaux et pays communistes. Malgré tout, les Nations Unies sont parvenues à élaborer un ensemble de traités relatifs aux droits de l'homme, tant sociaux que civils et politiques. Les dispositions de ces traités n'ont pas d'effet contraignant mais comportent des mécanismes de suivi politique, dans un contexte où le droit international est traditionnellement indifférent à l'organisation intérieure des États et où les Nations Unies sont fondées sur le principe de non-ingérence.

Alors que, dans le cadre de la décolonisation, beaucoup d'États nouvellement indépendants ont mis en place des régimes autoritaires, on a assisté, à partir des années 1980, à un mouvement général de démocratisation qui a touché tous les continents, sans pour autant conduire à l'établissement de démocraties libérales stables dans l'ensemble des pays concernés. Néanmoins, le nombre de pays qui reconnaissent le pluripartisme, la liberté de la presse et d'association et qui renouvellent leurs dirigeants régulièrement par des élections libres est aujourd'hui plus élevé que dans les premières décennies qui ont suivi la Seconde Guerre mondiale.

Dans ce contexte, les débats de l'ONU sur les droits humains sont à la fois plus fréquents et politiquement plus significatifs. La gouvernance démocratique est en particulier devenue un domaine reconnu des politiques d'aide au développement ou à la reconstruction post-conflit. Les pressions politiques pour la mise en œuvre des traités conclus sous l'égide de l'ONU en vue de reconnaître et garantir les droits civils et politiques se font plus fortes et parfois plus efficaces.

En revanche, l'intensification de la concurrence liée à la mondialisation favorise une tendance à la déréglementation des relations de travail qui peut conduire à un affaiblissement de la garantie internationale des droits sociaux. Pour contrer cette tendance, l'ONU a notamment décidé d'inscrire parmi les Objectifs de développement durable (ODD) la promotion du plein-emploi productif et d'un travail décent pour tous (cibles de l'ODD n° 8).

En outre, certaines tendances autoritaires récentes, notamment en Europe centrale (Hongrie, Pologne) ou encore au Moyen-Orient (Turquie), témoignent d'un affaiblissement du pouvoir d'attraction du modèle démocratique tel qu'il était défendu immédiatement après la disparition des régimes communistes.

B) Les instruments juridiques élaborés par l'ONU en matière de droits humains

290 La **Déclaration universelle des droits de l'homme**, adoptée le 10 décembre 1948 par l'Assemblée générale (avec 43 voix pour, 5 abstentions et en l'absence volontaire au vote de 5 pays, dont l'URSS), a été complétée en 1966 par deux conventions, le **Pacte international relatif aux droits civils et politiques** et le **Pacte international relatif aux droits économiques, sociaux et culturels**, tous deux entrés en vigueur en 1976.

De nombreuses autres conventions ont été élaborées, notamment pour protéger des personnes placées dans des situations particulières de vulnérabilité. On peut citer parmi elles :

- la Convention internationale sur l'élimination de toutes les formes de discrimination raciale (1965) ;
- la Convention sur l'élimination de toutes les formes de discrimination à l'égard des femmes (1979) ;
- la Convention contre la torture et autres peines ou traitements cruels, inhumains ou dégradants (1984) ;
- la Convention relative aux droits de l'enfant (1989) ;
- la Convention internationale sur la protection des droits de tous les travailleurs migrants et des membres de leur famille (1990) ;
- la Convention relative aux droits des personnes handicapées (2006) ;

- la Convention internationale pour la protection de toutes les personnes contre les disparitions forcées (2010).

En complément de ces conventions ont émergé des **instances de contrôle sous la forme d'organes conventionnels** (souvent dénommés comités), auxquels les États parties doivent faire rapport. À titre d'exemple, on peut citer le Comité contre la torture, qui peut être saisi par des particuliers si l'État concerné a reconnu sa compétence. Il en va de même du Comité des disparitions forcées qui peut être, par exemple, saisi par des proches ou des avocats d'une personne disparue. Cependant, dans les faits, la méconnaissance des engagements, souvent très généraux, contenus dans ces conventions n'entraîne que des sanctions de nature politique.

C) Les principales instances de l'ONU chargées de la défense des droits humains

291 L'Assemblée générale des Nations Unies a confié à deux organes la mission de veiller au respect des droits humains : le Conseil des droits de l'homme et le Haut-Commissaire aux droits de l'homme.

1. Le Conseil des droits de l'homme

292 Le Conseil des droits de l'homme a été créé par l'Assemblée générale le 15 mars 2006 pour remplacer la Commission des droits de l'homme, qui avait été vivement critiquée, notamment par les pays occidentaux, en raison de sa politisation et de sa pratique du « deux poids, deux mesures », les positions en son sein des États qui la composaient ayant pu refléter, parfois de manière caricaturale, leurs intérêts géopolitiques ou stratégiques. Dans son rapport au Sommet mondial de 2005, le secrétaire général, Kofi Annan, a donc proposé de remplacer la Commission des droits de l'homme par un **organe permanent** composé de moins de membres mais disposant de plus d'autorité.

Siégeant à Genève, le Conseil des droits de l'homme est composé de **47 États** (alors que la Commission en comptait 53) élus directement et individuellement au scrutin secret et à la majorité des membres de l'Assemblée générale pour un mandat de trois ans deux fois renouvelable. Son autorité est donc supérieure à celle de l'ancienne Commission, qui n'était élue que par l'ECOSOC.

Le Conseil des droits de l'homme a pour mandat de « promouvoir le respect universel et la défense de tous les droits de l'homme et de toutes les libertés fondamentales » et d'examiner leurs violations. À cet effet, il tient au minimum trois sessions par an, au cours desquelles il adopte des résolutions sur le thème des droits de l'homme.

Le Conseil dispose d'une procédure collégiale, **l'examen périodique universel**, qui permet un examen systématique, tous les quatre ans, par l'ensemble des membres du Conseil, de la situation des droits de l'homme dans chacun des États membres de l'ONU. En conclusion de cet examen, le Conseil peut faire des recommandations à l'État concerné et décider de lui apporter une assistance technique, en liaison avec le Haut-Commissaire aux droits de l'homme. Un mécanisme de plaintes permet également à des individus et à des ONG de porter à la connaissance du Conseil des situations de violation des droits de l'homme. Enfin, le Conseil peut mettre en œuvre des **« procédures spéciales »** pour confier à des rapporteurs spéciaux l'examen, notamment par des visites sur place, de la situation spécifique d'un pays ou de questions thématiques.

Le Conseil des droits de l'homme étant composé de représentants d'États, il est, par nature, exposé, comme la Commission qui l'a précédé, à des **tentations de politisation**, voire de partialité. Ainsi, la Chine, qui en est membre malgré son traitement des minorités musulmanes dans la province du Xinjiang, y défend sa propre conception des droits de l'homme. Cependant, par son organisation et ses règles de fonctionnement, le Conseil est amené à aborder les questions de droits humains de manière approfondie et argumentée en fait comme en droit. C'est ainsi qu'il a adopté de nombreuses résolutions condamnant dans les termes les plus sévères les violences commises par le régime syrien contre la population civile depuis 2011, sans toutefois que cela ait beaucoup d'effets concrets. Face à cette situation, l'administration du président américain Donald Trump a exprimé une vive hostilité à l'égard du Conseil des droits de l'homme, qu'elle considérait comme partial et politisé et auquel elle reprochait de compter parmi ses membres des pays gouvernés par des autocrates (Chine et Cuba notamment). Après s'être retirés de cette instance en 2018, les États-Unis l'ont réintégrée, sur l'initiative de l'administration du président Joe Biden, en février 2021.

2. Le Haut-Commissaire des Nations Unies aux droits de l'homme

293 Institué par la résolution 48/141 de l'Assemblée générale du 20 décembre 1993, le Haut-Commissaire est le **représentant officiel des Nations Unies pour les questions relatives aux droits humains**. Nommé sur la base d'une rotation géographique par le secrétaire général, après approbation de l'Assemblée générale, pour un mandat de quatre ans renouvelable une fois, il a le rang de **secrétaire général adjoint** et, à ce titre, se trouve donc sous l'autorité directe du secrétaire général.

La mission du Haut-Commissaire est de promouvoir l'exercice des droits humains en matière politique, culturelle, économique et sociale, et de coordonner les activités menées en ce domaine dans le cadre de l'ONU. Il a également la charge de fournir, à la demande des États, une assistance technique et financière pour l'application des normes internationales relatives aux droits humains. Il assure le secrétariat du Conseil des droits de l'homme et des comités conventionnels établis dans le cadre des différentes conventions de protection des droits de l'homme de l'ONU.

Le Haut-Commissaire s'appuie, pour conduire ses activités, sur le Haut-Commissariat des Nations Unies aux droits de l'homme, qui a son siège à Genève (Suisse) et qui dépend en grande partie, pour son financement, des contributions volontaires des États membres, l'ONU ne lui accordant que 4 % de son budget ordinaire.

§ 3. L'ONU et le développement durable

294 Depuis les années 1990, l'économie mondiale s'est profondément transformée. La mondialisation, que l'on peut définir comme un renforcement qualitatif et quantitatif des liens d'interdépendance économique et financière entre toutes les régions du monde, a produit des effets contrastés : crise financière en 2007-2008 dans le monde développé ; crise des finances publiques en Europe à partir de 2010 ; poursuite, jusqu'au début des années 2020, d'une croissance rapide mais fragile dans les pays dits « émergents » (Chine mais aussi Inde, Indonésie, Afrique du Sud, Brésil, etc.) ; répercussions économiques de la guerre en Ukraine démarrée en février 2022 ; persistance de situations d'extrême pauvreté, notamment en Afrique.

Dans ce contexte, l'ONU qui, depuis les décolonisations, a toujours considéré le développement des pays nouvellement indépendants comme une priorité a mis l'accent, après le Sommet mondial de 2000, sur la nécessité d'un effort coordonné à l'échelle mondiale pour réduire les inégalités les plus criantes. L'organisation s'efforce également de mobiliser les États membres pour la préservation de la planète, dont les ressources et les milieux naturels constituent des « biens publics mondiaux ».

A) Les Objectifs du Millénaire pour le développement (2000-2015) (OMD)

1. Un instrument globalement efficace

295 Dans le rapport qu'il a soumis au Sommet des chefs d'État et de gouvernement réunis en septembre 2000 au siège des Nations Unies, Kofi Annan, alors secrétaire général, a proposé une vaste action solidaire en faveur du développement. De manière originale, cette action a été définie en termes d'objectifs peu nombreux, les Objectifs du Millénaire pour le développement (OMD), censés être réalisés avant la fin de l'année 2015. Ces objectifs, inscrits dans la déclaration adoptée lors du Sommet du Millénaire, le 8 septembre 2000 (résolution 55/2), ont été définis pour répondre aux besoins manifestes des pays les plus pauvres : « éliminer l'extrême pauvreté et la faim », « assurer l'éducation primaire pour tous », « promouvoir l'égalité des sexes et l'autonomisation des femmes », « réduire la mortalité infantile », « améliorer la santé maternelle », « combattre le VIH/SIDA, le paludisme et d'autres maladies », « préserver l'environnement », « mettre en place un partenariat mondial pour le développement ». À chaque objectif correspondaient une ou plusieurs cibles spécifiques (21 au total), ainsi que des indicateurs économiques et sociaux permettant d'assurer le suivi du programme.

L'Assemblée générale des Nations Unies réunie au niveau des chefs d'État et de gouvernement a fait le point, en septembre 2005 et septembre 2010, sur les progrès faits dans la réalisation des OMD. Lors du bilan global effectué pendant le sommet de 2015[17], à l'échéance fixée, il a été constaté que, dans l'ensemble, la méthode avait été efficace : simples, clairs, exprimés en

17. Rapport 2015 sur les Objectifs du Millénaire pour le développement disponible sur le site internet de l'ONU (www.un.org/fr/milleniumgoals).

indicateurs quantitatifs, les OMD « ont relancé l'action des donateurs d'aide publique au développement, mobilisé les États du Sud [...] et mis en place un système de suivi qui permet d'évaluer les progrès réalisés à l'échelle internationale. Ils ont offert aux sociétés civiles de tous les pays un instrument de mesure et de contrôle des politiques publiques »[18].

Grâce aux OMD, des cibles essentielles ont été atteintes, comme celle concernant les personnes vivant dans l'extrême pauvreté (c'est-à-dire sous le seuil de pauvreté absolue, établi à 1,25 dollar/personne/jour), dont la proportion a diminué de moitié entre 1990 et 2015. En 2015, le taux d'extrême pauvreté dans les pays en développement s'établissait à 14 % contre 47 % en 1990, tandis que la proportion de personnes sous-alimentées dans ces pays a été réduite de près de moitié, passant de 23,3 % en 1990-1992 à 12,9 % en 2014-2016. La disparité entre les sexes dans l'enseignement primaire a été pratiquement éliminée (indice de parité à 0,98), le taux net de scolarisation dans cet enseignement atteignant 91 % en 2015, contre 83 % en 2000. Le taux de mortalité des enfants de moins de 5 ans a diminué de plus de moitié dans le monde, passant de 90 à 43 décès pour 1 000 naissances vivantes entre 1990 et 2015, tandis que le taux de mortalité maternelle a diminué de 45 % dans le monde, cette amélioration s'étant principalement fait sentir à partir des années 2000.

La lutte contre le VIH, le paludisme et la tuberculose a permis un recul significatif de ces pandémies. Les nouvelles infections au VIH ont chuté de près de 40 % entre 2000 et 2013, passant, selon les estimations de l'ONU, de 3,5 à 2,1 millions de cas. S'agissant du paludisme, son taux d'incidence dans le monde s'est réduit de 37 % et le taux de mortalité des personnes infectées de 58 %. Pour ce qui est de la tuberculose, son taux de prévalence a diminué de 41 % entre 1990 et 2013 et le taux de mortalité des personnes atteintes de 45 %. En 2015, 91 % de la population mondiale utilisait une source d'eau potable améliorée (c'est-à-dire protégée contre les contaminations extérieures), contre 76 % en 1990.

S'agissant du partenariat pour le développement, les résultats observés en 2015 se sont révélés également encourageants : selon des données publiées par l'OCDE[19], l'aide publique au développement nette (après remboursement des prêts) des pays membres du Comité d'aide au développement de cette organisation (pays donateurs occidentaux) avait augmenté de plus de 80 % en termes réels entre 2000 et 2016, pour atteindre en 2015 131,4 milliards de dollars étatsuniens. Les réseaux de communication se sont par ailleurs considérablement développés à l'échelle mondiale : depuis 2015, 95 % de la population mondiale est couverte par un signal de téléphonie mobile cellulaire, tandis que la pénétration d'Internet est passée de 6 % de la population mondiale en 2000 à 43 % en 2015.

---

18. D. Verger, « 2015 : une année historique pour le développement », *Études*, décembre 2015.
19. Données sur l'aide au développement sur le site Internet de l'OCDE (www.oecd.org/fr/developpement/).

2. Des progrès inégaux

296 Malgré des résultats globalement encourageants, les progrès observés dans la réalisation des OMD restent contrastés selon les domaines, les pays et, en leur sein, les populations. Si l'extrême pauvreté a fortement reculé en termes relatifs, le nombre des personnes connaissant une situation de très grand dénuement reste élevé en valeur absolue : 10 % de la population mondiale vivait en 2016 avec moins de 1,90 $ par jour (en 2011, prix en parité de pouvoir d'achat), soit la limite de l'extrême pauvreté telle que définie par la Banque mondiale. 400 millions de personnes restaient privées d'accès aux services sociaux de base, tandis que près de 820 millions souffraient de la faim. De plus, les inégalités ont eu tendance à s'aggraver, notamment entre zones rurales et zones urbaines, en particulier dans des domaines aussi fondamentaux que l'accès à la santé ou à l'eau potable. En 2017, près de 885 millions de personnes n'avaient pas accès à un service d'eau potable, très largement en zone rurale.

De fortes disparités sont apparues entre les différentes régions du monde. Si une réduction très sensible de l'extrême pauvreté est intervenue en Asie, l'Afrique subsaharienne reste loin des objectifs fixés dans des secteurs essentiels (lutte contre la pauvreté, malnutrition, mortalité maternelle et infantile).

Dans plusieurs domaines, les résultats ne sont pas toujours à la hauteur des ambitions initiales. Ainsi, sur la période 1990-2015, le taux de mortalité des enfants de moins de 5 ans a bien diminué de plus de moitié dans le monde, mais ce résultat est en deçà de la cible fixée, qui visait une réduction des deux tiers. En 2017, 5,4 millions d'enfants sont encore décédés avant l'âge de 5 ans. De même, le taux de mortalité maternelle a baissé de 45 % au lieu des 75 % visés par les OMD.

B) Les Objectifs de développement durable (ODD) et la lutte contre le changement climatique

297 La démarche des OMD n'ayant pas permis de répondre aux enjeux environnementaux majeurs que représentent notamment la progression accélérée des émissions de gaz à effet de serre, la déforestation massive et la dégradation de la biodiversité, de nouveaux objectifs de développement intégrant les préoccupations environnementales ont été définis pour l'après-2015. Parallèlement à l'adoption de ces objectifs par l'Assemblée générale des Nations Unies en septembre 2015, un accord universel a été conclu à Paris, en décembre 2015, pour définir à l'échelle mondiale le cadre de la lutte contre le changement climatique.

1. L'émergence du concept de « développement durable »

298 C'est avec **la conférence de Stockholm de 1972** que l'ONU a commencé à s'affirmer comme l'instance où pouvait se former un consensus mondial pour la défense de l'environnement. Cette conférence proclamait notamment pour la première fois que « l'homme a le devoir solennel de protéger et d'améliorer l'environnement pour les générations présentes et futures ». Elle demandait que « la capacité du globe de produire des ressources renouvelables essentielles » soit « préservée et, partout où cela est possible, rétablie ou améliorée ». À la

suite de cette conférence, l'ONU a créé le **Programme des Nations Unies pour l'environnement (PNUE)** chargé de promouvoir la coopération internationale en matière environnementale.

En juin 1992, le Sommet de Rio de Janeiro, premier Sommet de la terre, a posé les bases de l'action de l'ONU dans le domaine de l'environnement. Il a donné une reconnaissance internationale au concept de « développement durable » (*sustainable development*), qui intègre les dimensions environnementales, économiques et sociales du développement : l'objectif est de répondre aux besoins des générations présentes sans sacrifier ceux des générations futures. Le Sommet de Rio a également établi le principe d'un partenariat mondial pour le développement et la protection de l'environnement. Cela a donné lieu à de nombreuses déclarations de principes et engagements non contraignants, comme l'« **Agenda 21** », ensemble de recommandations pour une croissance respectueuse de l'environnement. Deux conventions de grande portée ont en outre été adoptées : **la Convention sur la diversité biologique** (ou biodiversité), qui fournit le cadre d'une coopération entre le Nord et le Sud pour une gestion mutuellement avantageuse des ressources biologiques de la planète, et **la Convention-cadre des Nations Unies sur les changements climatiques**, qui a pour la première fois reconnu que le système climatique est une ressource partagée dont la stabilité peut être affectée par les émissions industrielles de dioxyde de carbone (CO_2) et d'autres gaz à effet de serre. 195 pays ainsi que l'Union européenne sont aujourd'hui parties à cette Convention, qui a été complétée en 1997 à Kyoto par un protocole dans lequel les pays industrialisés se sont engagés à limiter leurs émissions de gaz à effet de serre entre 1990, année de référence, et 2012. Ratifié par 192 pays (à l'exception notable des États-Unis, qui contestent le principe d'assigner des objectifs différents aux pays développés et aux pays en développement) et entré en vigueur en 2005, le protocole de Kyoto a imposé à 37 pays développés des réductions d'émissions d'une moyenne globale de 5 % (8 % pour l'Union européenne) par rapport au niveau de 1990 sur la période 2008-2012.

2. La définition d'une politique mondiale de développement intégrant la dimension environnementale

299 La Conférence des Nations Unies sur le développement durable dénommée Rio + 20, qui s'est tenue à Rio de Janeiro en juin 2012, est parvenue à un accord sur la nécessité de prolonger les OMD par des **Objectifs de développement durable (ODD)**.

Fixés par le Sommet mondial de septembre 2015 (document A/69/L.85 de l'Assemblée générale des Nations Unies), les ODD sont ambitieux, concrets, significatifs et généralement quantifiés pour permettre un suivi rigoureux. Censés être réalisés en quinze ans, soit à l'échéance de 2030, ils sont au nombre de 17, déclinés en 169 cibles, afin de prendre en compte les aspects économiques, sociaux et environnementaux du développement.

Les ODD se situent d'abord dans la continuité des OMD : ils prolongent l'effort engagé en 2000 et visent pour partie à remédier aux déficiences constatées. Ils doivent aussi permettre à l'ONU de mieux intégrer la problématique du développement durable dans son action économique et sociale.

Universels, les ODD s'appliquent tant aux pays développés qu'aux pays en développement. Les six premiers, qui se situent dans la continuité d'engagements pris dans le cadre des OMD, visent en particulier à rattraper les retards accumulés, tandis que cinq autres ODD portent sur la croissance, l'emploi, les équipements publics et la réduction des inégalités. Le 16e ODD vise à promouvoir l'État de droit dans le cadre d'institutions « efficaces, responsables et ouvertes », tandis que le 17e porte sur la coopération et la solidarité entre pays du Nord et du Sud. Quatre objectifs concernent directement la protection de l'environnement, notamment par l'établissement de modes de production et de consommation durables (objectif 12).

Si cette multiplication d'engagements témoigne d'une prise de conscience, à l'échelle internationale, de la nécessité d'agir, elle fait toutefois l'objet de critiques car elle complique le suivi des réalisations et rend plus difficile la fixation de priorités claires dans les programmes nationaux de mise en œuvre.

E 10 **Les Objectifs de Développement Durable (ODD)**

1. Éliminer la pauvreté sous toutes ses formes et partout dans le monde ;
2. Éliminer la faim, assurer la sécurité alimentaire, améliorer la nutrition et promouvoir l'agriculture durable ;
3. Permettre à tous de vivre en bonne santé et promouvoir le bien-être de tous à tout âge ;
4. Assurer l'accès de tous à une éducation de qualité, sur un pied d'égalité, et promouvoir les possibilités d'apprentissage tout au long de la vie ;
5. Parvenir à l'égalité des sexes et autonomiser toutes les femmes et les filles ;
6. Garantir l'accès de tous à l'eau et à l'assainissement et assurer une gestion durable des ressources en eau ;
7. Garantir l'accès de tous à des services énergétiques fiables, durables et modernes, à un coût abordable ;
8. Promouvoir une croissance économique soutenue, partagée et durable, le plein-emploi productif et un travail décent pour tous ;
9. Bâtir une infrastructure résiliente, promouvoir une industrialisation durable qui profite à tous et encourager l'innovation ;
10. Réduire les inégalités dans les pays et d'un pays à l'autre ;
11. Faire en sorte que les villes et les établissements humains soient ouverts à tous, sûrs, résilients et durables ;
12. Établir des modes de consommation et de production durables ;
13. Prendre d'urgence des mesures pour lutter contre les changements climatiques et leurs répercussions ;
14. Conserver et exploiter de manière durable les océans, les mers et les ressources marines aux fins du développement durable ;
15. Préserver et restaurer les écosystèmes terrestres, en veillant à les exploiter de façon durable, gérer durablement les forêts, lutter contre la désertification, enrayer et inverser le processus de dégradation des sols et mettre fin à l'appauvrissement de la biodiversité ;
16. Promouvoir l'avènement de sociétés pacifiques et ouvertes aux fins du développement durable, assurer l'accès de tous à la justice et mettre en place, à tous les niveaux, des institutions efficaces, responsables et ouvertes ;
17. Renforcer les moyens de mettre en œuvre le Partenariat mondial pour le développement durable et le revitaliser.

---

300 Parallèlement à la fixation des ODD, d'autres mesures ont été prises pour faire avancer la cause de la protection de la planète.

Ainsi, après 2012, les engagements du protocole de Kyoto ont été reconduits pour huit ans par les parties continuant à y adhérer (le Canada, la Russie et le Japon s'en sont notamment désengagés). Ils prévoient des mesures contraignantes pour les seuls pays industrialisés (objectif de réduction des émissions globales de gaz à effet de serre d'au moins 18 % par rapport à 1990 sur la période 2013-2020), alors même que ces pays ne représentaient plus que 36 % des émissions mondiales en 2010.

L'Union européenne n'étant plus responsable que de 11 % des émissions mondiales, ses États membres ont notamment souhaité qu'un nouveau protocole à la Convention de Rio, « contraignant et équitable », soit adopté pour fixer à tous les États, développés comme en développement, des objectifs d'émissions, en vue de contenir à long terme le réchauffement climatique à 2° C. Cela a abouti, lors de la 21e Conférence des parties à la Convention-cadre des Nations Unies sur les changements climatiques (COP 21) qui s'est tenue à Paris fin 2015, à l'adoption, le 12 décembre 2015, de l'accord de Paris.

Les principaux engagements pris dans le cadre de cet accord sont les suivants :

- les parties s'engagent à maintenir l'augmentation de la température mondiale en dessous de 2 °C et à s'efforcer de la limiter à 1,5 °C par rapport aux niveaux préindustriels, chaque pays devant atteindre le point culminant de ses émissions le plus rapidement possible ;
- les parties ont été invitées à soumettre à la COP 21 des contributions nationales concernant leurs émissions de gaz à effet de serre (engagements de réduction pour les pays développés ou d'atténuation pour les pays en développement) ; un bilan collectif, organisé tous les cinq ans (le premier devant se tenir en 2023) doit permettre de réviser ces contributions, en vue, selon le cas, de réductions ou d'atténuations supplémentaires ;
- les pays s'engagent à soumettre des communications sur leur adaptation aux conséquences du changement climatique ;
- les pays développés s'engagent à mobiliser vers les pays en voie de développement, à partir de 2020, au moins 100 milliards de dollars étatsuniens par an en vue de la lutte contre le changement climatique ou de l'adaptation à ses conséquences ;
- un mécanisme de contrôle de la mise en œuvre de l'accord sera institué en vue d'une application dès 2020.

Alors que le président américain, Barack Obama, avait approuvé l'accord de Paris, son successeur Donald Trump s'en est retiré en 2017. Joe Biden, lui, a résigné l'adhésion de son pays à l'accord au lendemain de son entrée à la Maison Blanche en janvier 2021. Il reste à voir, néanmoins, si ce geste symbolique fort sera suivi d'effets.

En outre, le 19 décembre 2022, les 196 États parties à la Convention sur la diversité biologique ont adopté lors de leur 15e Conférence (COP 15) à Montréal (Canada) un plan stratégique guidant l'action internationale jusqu'en 2030, le Cadre mondial pour la biodiversité de Kunming-Montréal.

3. Les insuffisances de la gouvernance mondiale et des mécanismes de financement en matière de développement durable

301 Le Programme des Nations Unies pour l'environnement (PNUE) a pour tâches de surveiller l'état de l'environnement et de préparer des conventions internationales sur l'environnement. Il a, par exemple, créé, conjointement avec

l'Organisation météorologique mondiale (OMM), le Groupe intergouvernemental d'experts sur l'évolution du climat (GIEC) qui évalue les informations disponibles sur les risques liés aux changements climatiques d'origine anthropique (humaine). Le GIEC a publié ces dernières années des rapports de plus en plus alarmants sur l'accélération du changement climatique. Le PNUE a également été à l'origine de diverses conventions internationales relatives à l'environnement, comme la Convention de Vienne et le protocole de Montréal relatifs à la protection de la couche d'ozone (1985 et 1987), la Convention de Bâle sur les déchets dangereux (1989), la Convention sur la biodiversité (1992), ou encore la Convention sur les produits chimiques et organiques persistants (2001).

Cependant, **les moyens du PNUE sont limités** (une soixantaine de millions d'euros). En outre, le PNUE n'a aucune compétence concernant le fonctionnement de plusieurs centaines d'accords multilatéraux en matière d'environnement. Il n'administre pas le Fonds pour l'environnement mondial (FEM), qui a pour mission de financer le surcoût occasionné dans les pays en développement par l'application des accords environnementaux : ce fonds, doté de 4,1 milliards de dollars étatsuniens pour la période 2018-2022 (en baisse par rapport au cycle précédent), est en effet géré par la Banque mondiale.

Se pose en outre **le problème du financement de la réalisation des ODD dans les pays en développement**. Alors que l'accord de Paris sur le changement climatique a formalisé l'engagement pris par les pays développés, en 2009 à Copenhague et en 2010 à Cancún, de mobiliser 100 milliards de dollars par an à l'horizon 2020 pour aider les pays en développement à faire face aux conséquences du changement climatique, la crise sanitaire mondiale et la guerre en Ukraine, en raison de leur impact économique, affectent toutes les promesses d'aide et toutes les perspectives de développement. Une série de mesures temporaires a certes été prise en 2020 pour alléger le poids de la dette africaine, mais son futur reste incertain. Par ailleurs, les différents plans de relance économique se mettent en place à l'échelle nationale, parfois régionale, plutôt que sous l'égide de l'ONU.

Cela étant, les données 2022 mettent en évidence une augmentation de la contribution des pays de l'OCDE : le montant total de l'aide publique au développement (APD) des pays donateurs de l'OCDE a atteint 204 milliards de dollars étatsuniens (contre 186 milliards un an plus tôt). Cela ne représente certes que 0,36 % du revenu national brut cumulé des donneurs, ce qui est loin de l'objectif fixé à 0,7 %, un taux que n'atteignent ou ne dépassent que 5 pays (l'Allemagne, le Danemark, le Luxembourg, la Norvège et la Suède). Toutefois, le bilan reste positif, avec une augmentation sensible, dans 26 des pays donateurs, des dépenses consacrées à l'APD, laquelle couvre aussi le coût des réfugiés qui a sensiblement augmenté depuis le déclenchement de la guerre en Ukraine.

CHAPITRE 3

Les acteurs non gouvernementaux

302 À côté des États et des organisations interétatiques, diverses structures non étatiques interviennent de manière significative dans les relations internationales. On distingue d'une part des structures légales de droit privé (entreprises transnationales et organisations non gouvernementales ou ONG), d'autre part des entités illégales, criminelles, terroristes ainsi que des mouvements politiques insurrectionnels. La mondialisation des idées et des échanges a engendré une expansion remarquable de tous ces acteurs qui pour la plupart travaillent en réseau. **Leurs connexions et leurs capacités à transférer des idées et des ressources d'un côté à l'autre de la planète transforment les échanges et les relations de pouvoir.** La complexité du monde qui en résulte représente un défi tant pour le principe hiérarchique de souveraineté que pour les mécanismes de gouvernance globaux.

SECTION I

Les entreprises transnationales

303 Présentes aujourd'hui sur toute la surface du globe, les sociétés transnationales ou firmes multinationales ne cessent de se développer et d'étendre leur influence dans de nombreux États. Créées à l'origine en Europe, par exemple aux Pays-Bas avec Philips et Unilever, en Allemagne avec AEG et Bayer, au Royaume-Uni avec British Petroleum ou en Suisse avec Nestlé, elles se sont largement développées après 1945 à partir des États-Unis (General Motors, Ford, Exxon, Mobil...) puis du Japon (Toyota, Sony...). Des firmes multinationales ont également émergé dans les pays industrialisés ou émergents d'Asie ou d'Amérique du Sud : Corée du Sud (Samsung, Hyundai...), Chine (Alibaba, ICBC...), Inde (Tata, Hindalco...), Brésil (Vale, Petrobras...) et dans les pays européens sortis de l'économie dirigée tels la Russie (Gazprom, Rusal...).

§ 1. Des acteurs de poids dans les relations internationales

304 L'entreprise transnationale, parfois nommée multinationale, peut être définie comme une entreprise possédant ou contrôlant différentes filiales réparties dans plusieurs pays.

Le lien de ces entreprises avec leur pays d'origine reste fort lorsqu'il s'agit d'entreprises d'État. Selon la Conférence des Nations Unies sur le commerce et le développement (CNUCED), le nombre d'entreprises transnationales possédées par un État (Chine mais aussi France, Italie ou Allemagne) s'élevait à 1 500 en 2017. S'agissant de pays émergents ou en transition comme la Chine ou la Russie, les investissements directs étrangers de ces entreprises sont essentiellement motivés par l'accès à des sources d'énergie (y compris la terre) ou l'acquisition d'actifs stratégiques comme des technologies ou des brevets. Le lien de ces entreprises transnationales avec leur pays d'origine est également fort lorsqu'elles sont contrôlées par un « fonds souverain » qui permet à l'État de constituer une réserve financière pour faire face à d'éventuels retournements de conjoncture. En revanche, il est plus lâche lorsque l'entreprise transnationale est contrôlée par un fonds d'investissement privé. L'indice de transnationalité (la part relative des actifs, ventes et employés étrangers) permet de mesurer le niveau d'internationalisation de chaque entreprise. Dans son rapport sur l'investissement mondial en 2020, la CNUCED a noté que cet indice de transnationalité avait plafonné pendant la décennie 2010-2020 à 65 %[20].

A) Le développement des entreprises transnationales

305 En jouant sur les coûts, les contraintes fiscales, sociales et environnementales, les entreprises transnationales répartissent leurs activités de recherche, de production, de gestion et de commercialisation dans plusieurs pays. Elles optimisent leur processus de production ou « chaîne de valeur » à l'échelle du monde.

À partir de la fin de la Guerre froide, les entreprises transnationales ont bénéficié d'un environnement favorable qui a stimulé leur développement. L'assouplissement considérable de la réglementation des investissements directs à l'étranger ainsi que la compétition entre pays pour les attirer ont incité ces entreprises à rechercher les sites qui correspondent le mieux aux différents stades de leurs processus de production. La répartition des lieux de production entre différents pays a été en outre facilitée par la libéralisation des échanges et par les progrès rapides réalisés dans le domaine des transports et des communications. Elles ont donc pu se déployer, prendre et équilibrer des risques en diversifiant leurs domaines d'activité. Elles se sont donc restructurées géographiquement (en se rapprochant des lieux de production des matières premières, des marchés de consommateurs, parfois des deux), mais aussi financièrement (en profitant de la libéralisation des services financiers). Les entreprises transnationales ont ainsi réorganisé leur production à l'échelle mondiale en intégrant, dans les différentes chaînes de valeur, pays développés, pays émergents et pays en développement. Lorsqu'un bien entre dans le circuit mondial des échanges, il importe peu qu'il ait été produit dans des conditions sociales ou environnementales désastreuses. En effet, malgré plusieurs débats sur le sujet dans les années 1990, l'Organisation mondiale du commerce (OMC) ne traite pas explicitement des normes du travail. Elle n'autorise que des mesures commerciales portant sur les caractéristiques des produits et non sur les conditions, notamment sociales et environnementales, de leur production.

20. CNUCED, Rapports sur l'investissement mondial de 2016 et 2020.

Aujourd'hui, les entreprises transnationales se déploient dans des domaines très variés allant des matières premières et de l'énergie (extraction minière, pétrole, gaz, nucléaire, agriculture) à l'industrie (automobile, chimie, pharmacie, agroalimentaire, électronique, informatique, textile) et, de façon croissante, aux services (transports, assurance, banque, médias). Elles jouent un rôle considérable dans le secteur des nouvelles technologies de l'information et de la communication où quelques géants (Google, Apple, Microsoft, Tencent, Alibaba, par exemple) diffusent leurs normes techniques et répandent leur culture sur l'ensemble de la planète. Elles organisent les transferts de technologies qui leur conviennent, favorisent la diffusion des savoir-faire et ont longtemps stimulé le commerce international. Depuis quelques années néanmoins, l'expansion a fait place à la restructuration.

B) Quelques données sur les entreprises transnationales

306 Le nombre des entreprises transnationales n'est pas facile à établir en raison de la diversité des systèmes juridiques, des structures d'actionnariat et des montages de participation financière. Il a été néanmoins en croissance au cours des années 2010. Dans son rapport de 2009 sur l'investissement mondial, la CNUCED dénombrait 82 000 sociétés transnationales détenant 810 000 filiales dans d'autres pays que celui de leur siège[21]. En 2012, elle évaluait le nombre total des salariés des filiales étrangères d'entreprises transnationales à 72 millions. Dans son rapport de 2013 sur l'investissement mondial, cette même organisation estimait que les échanges de biens et services au sein des entreprises transnationales pour les besoins de leur production finale étaient à l'origine d'environ 80 % du commerce mondial. En 2017, elle estimait que le nombre d'entreprises multinationales atteignait 150 000 dont 1 500 (1 %) contrôlées par des États. Le nombre de multinationales publiques reste stable en 2019[22].

Cependant, sur fond de tensions géopolitiques, le total des investissements directs à l'étranger des entreprises baisse depuis 2016. Il était estimé en 2016 à 1 746 milliards de dollars des États-Unis, en baisse de 2 % par rapport à 2015. En 2017 puis 2018, ces investissements directs à l'étranger ont continué leur chute, notamment dans les pays développés, reculant même de 13 % en 2018 pour atteindre 1 300 milliards de dollars américains[23]. Toutefois, dans le contexte de reprise à la suite de la pandémie de Covid-19, les flux d'investissements directs étrangers sont remontés en 2021, atteignant 1 580 milliards de dollars.

Les aléas des niveaux d'investissement direct étranger (et leurs variations régionales) s'expliquent par le ralentissement de la croissance dans les économies émergentes et la baisse des cours des produits de base au cours de la première moitié des années 2010. Il est également important de noter qu'une part importante du total de ces investissements directs est constituée de fusions-acquisitions et de réorganisations financières à des fins essentiellement

21. CNUCED, Rapport mondial sur l'investissement 2009.
22. CNUCED, Rapport mondial sur l'investissement 2013 et 2019.
23. CNUCED, Rapport mondial sur l'investissement 2019.

fiscales. En résumé, la contribution des entreprises transnationales au commerce international semble s'être réduite au cours de la décennie qui a suivi la crise de 2008-2009.

D'après l'OCDE, la pandémie a accéléré ces tendances, avec une chute vertigineuse des investissements de 38 % entre 2019 et 2020 (un total de 846 milliards de dollars américains en 2020). Outre son impact sur l'investissement, la pandémie a provoqué des chocs dans les transports et des pénuries de matières premières ou de composants électroniques, désorganisant ainsi les chaînes de production et commercialisation. Dans ce contexte fragile, la guerre en Ukraine a encore renforcé l'instabilité des marchés de matières premières, notamment énergétiques et alimentaires, qui pénalise particulièrement les pays en développement déjà très affectés par la pandémie. L'investissement en 2022, en particulier de nouveaux investissements dans les pays en développement, reste limité. Les perspectives de reprise en 2023 semblent fragiles.

C) L'impact des entreprises transnationales sur la société des pays d'accueil

307 Les investissements des entreprises transnationales peuvent perturber l'équilibre culturel, économique et social de l'État d'accueil, tout particulièrement lorsque cet État est peu développé et peu puissant. En effet, de vastes investissements, notamment dans le secteur de l'énergie ou des matières premières, favorisent la corruption et affectent la souveraineté de l'État hôte. D'après l'ONG Transparency International, des pays comme l'Angola, le Nigeria ou le Gabon, grands exportateurs de pétrole en lien avec de nombreuses multinationales, souffrent de corruption endémique. La richesse produite ne bénéficie pas à la population mais accroît la fortune de quelques intermédiaires, accentue la corruption des élites politiques et creuse les inégalités sociales. Cette corruption des élites, notamment politiques, est une gangrène internationale qui fait régulièrement scandale : en 2015, sous pression populaire, le président guatémaltèque a dû démissionner pour faire face à des charges de corruption ; en 2016, la présidente brésilienne Dilma Rousseff a été écartée du pouvoir par le Parlement pour maquillage de comptes publics. Quelques mois plus tard ce sont des ministres et même son successeur Michel Temer qui ont été mis en cause dans ce scandale de corruption impliquant l'entreprise pétrolière nationale (Petrobras) et des entreprises, y compris multinationales, de travaux publics. En avril 2018, après une longue bataille judiciaire, le très populaire ex-président brésilien Lula da Silva est incarcéré pour corruption (il sera libéré en 2019). 2018 voit également la démission forcée de Jacob Zuma de ses hautes fonctions en Afrique du Sud pour corruption. L'année précédente, en 2017, la présidente sud-coréenne avait de même été contrainte à la démission. En parallèle de ces scandales, l'enquête dite des « Panama Papers » révélait en avril 2016 de nombreuses pratiques de fraude fiscale par l'utilisation de sociétés off-shore. Mis en cause, le Premier ministre islandais a été contraint de démissionner. D'autres coopérations internationales entre systèmes judiciaires, institutions financières et surtout journalistes (*Luxembourg Leaks*, *Paradise Papers*, *Malta Papers*) continuent de secouer les mondes très connectés de la politique et des affaires. Car les facilités accordées à l'investissement étranger

sont aussi des sources d'optimisation fiscale (terme qu'il faut comprendre comme minimisation) ou parfois d'évasion fiscale. La CNUCED estime ainsi qu'en 2012 les flux d'investissement sur des places dites off-shore à fiscalité et formalités réduites (souvent qualifiées de paradis fiscaux) ont représenté près de 80 milliards de dollars des États-Unis. En 2014 la Commission européenne a lancé plusieurs enquêtes sur des entreprises telles que Starbucks et Amazon qui, comme Apple, ont été vivement critiquées pour leur extrême « optimisation fiscale ». En 2017, une étude de l'ONG Oxfam a également révélé que les 20 plus grandes banques européennes investissent 25 % de leurs bénéfices dans des pays à fiscalité réduite alors qu'elles n'y ont pas ou peu d'activités.

Au total, les accords signés entre gouvernants locaux et multinationales ne s'avèrent bénéfiques pour l'économie locale que si des emplois locaux et des infrastructures sont créés, des technologies innovantes transférées, des normes minimales environnementales et sociales respectées, ce qui est rarement le cas. Le projet pétrolier controversé de Total en Ouganda et en Tanzanie (EACOP) en est une illustration récente.

§ 2. Les efforts de régulation des activités des entreprises transnationales

308 Les sociétés transnationales, en répartissant leurs productions entre plusieurs pays, créent leur propre espace économique indépendamment des États d'origine et d'accueil. Leur capacité à circonvenir les règles fiscales, sociales ou environnementales en déplaçant leurs sites de production ou en modifiant le coût des échanges entre filiales représente un défi pour la souveraineté des États.

Plusieurs facteurs font obstacle au contrôle national de la production et permettent aux entreprises transnationales de s'affranchir d'un grand nombre de normes. En premier lieu, nous pouvons souligner l'évolution technologique qui déplace la création de valeur vers l'innovation et le design au détriment de la production. En effet, les produits à haute valeur ajoutée sont souvent immatériels (services financiers, licences et brevets, processus industriels, logiciels, résultats de recherches, etc.). Ils circulent à grande vitesse, tout comme l'information qui les constitue. Les empires émergents constitués par les nouvelles entreprises multinationales développent des industries de l'intelligence, de l'immatériel qui reposent sur la circulation de l'information et ses accélérations (Google, Apple, Facebook, Amazon, Microsoft, Tencent, etc.). Dans un monde de plus en plus financiarisé, les nouvelles technologies de l'information transforment également les activités bancaires de toute nature, y compris la spéculation.

Les nouveaux géants économiques transnationaux développent des activités complexes, fluides, rapidement délocalisables. Les autorités nationales rencontrent des difficultés croissantes lorsqu'elles cherchent à les réguler. Les contrôles financiers sont particulièrement ardus, cela d'autant plus que des monnaies non étatiques ont émergé. Le développement de l'Internet a permis celui des cryptomonnaies (Bitcoin, Ethereum, Cardano, etc.), des monnaies privées. Leur expansion rapide de même que l'ambition de Facebook de frapper monnaie en créant la cryptomonnaie Libra montrent à quel point le monopole étatique en matière financière se fragilise. Dans le même temps, l'instabilité de ces nouveaux objets sur les marchés financiers est perturbante. Pour parvenir à réguler les acteurs économiques et financiers privés, les gouvernements nationaux sont donc contraints de travailler collectivement à de nouvelles régulations internationales.

A) Les mesures unilatérales des États

309 Les États ont fréquemment tenté, par des solutions unilatérales (édiction de réglementations nationales), de limiter les effets indésirables de l'implantation ou de la délocalisation d'une société transnationale. Les gouvernements peuvent aussi être tentés par des mesures simplement protectionnistes : augmentation de la taxation des importations, mise en place de quotas, pénalités sur les délocalisations, voire nationalisations. Début 2018 Donald Trump a annoncé plusieurs mesures unilatérales de tarification douanière des importations d'acier (25 %) et d'aluminium (10 %) aux États-Unis. Compte tenu des réactions internationales, notamment chinoises, en 2019, le Fonds monétaire international (FMI) se montrait déjà inquiet des répercussions mondiales d'une telle guerre commerciale. La crise économique sans précédent depuis 2020 tend à amplifier la compétition entre les grandes puissances quand elles ne parviennent pas à coordonner leurs efforts d'urgence et de relance. D'un autre côté, il est intéressant de constater que, face à la pandémie, les gouvernements des États industriels ont en majorité tenté d'aider leurs entreprises par des mesures de soutien et de baisse ou de suspension des charges fiscales. Les entreprises multinationales, qui avaient choisi de se domicilier dans des paradis fiscaux, n'avaient *a priori* pas accès à ces mesures de soutien.

D'après la CNUCED, en 2016 80 % des pays limitaient déjà la propriété étrangère dans au moins un secteur industriel. Cette résistance aux actions abusives des multinationales se traduit également par des mesures financières, telles l'obligation de réinvestir dans le pays, l'interdiction d'exporter des bénéfices, etc. Sur le plan juridique, les sociétés filiales sont, sauf exceptions dans des zones à statut spécial, soumises au droit local. Les contrats passés entre un État et une société transnationale ou une de ses filiales, par exemple pour l'exploitation de ressources naturelles, sont fondés sur le droit interne de l'État. Cependant, rien ne s'oppose à ce que les deux parties décident que le contrat soit internationalisé et soumis à un tiers impartial (arbitre international). Pour cette raison, les États d'origine de sociétés multinationales font souvent pression sur les États d'accueil afin que le contrat soit internationalisé. Dans ce cas, les sociétés transnationales peuvent saisir le Centre international pour le règlement des différends relatifs aux investissements (CIRDI) créé par la Convention de Washington conclue en 1965 sous les auspices de la Banque internationale pour la reconstruction et le développement (BIRD).

Les États sont dans une situation de grande inégalité face aux politiques de contournement de leur autorité par les sociétés transnationales. Le Sénat des États-Unis peut, par exemple, demander des comptes à Apple sur les techniques utilisées pour déplacer les bénéfices de ses filiales vers les pays où la compagnie sera peu ou ne sera pas imposée et il est probable qu'Apple sera contraint de se plier aux règles que les États-Unis choisiront d'édicter en ce domaine. C'est beaucoup moins vrai pour la plupart des autres pays d'implantation d'Apple. Plus souvent, les États sont tentés d'entrer en compétition les uns avec les autres en abaissant leurs normes sociales ou en créant des zones économiques spéciales. En 2017, la Chine qui avait déjà 4 zones franches sur sa côte est, en a ouvert 7 nouvelles notamment à l'intérieur du pays. En 2019, la CNUCED compte un total de 5 400 zones économiques spéciales dans 147 pays, un chiffre en forte augmentation au cours des cinq années précédentes.

Paradoxalement, la pandémie pourrait être la cause d'un tournant majeur en matière de gouvernance fiscale internationale. Elle a mis en évidence d'une part l'inégalité des États face à la crise et l'évasion fiscale, et d'autre part l'importance de ces mêmes États dans le sauvetage de nombreuses activités économiques. En juin 2021, avec le soutien du FMI, les puissances du G7 se sont accordées sur le principe d'une taxation minimum harmonisée des grandes multinationales à 15 %, dans l'espoir de limiter la course au « moins taxant » et l'optimisation des entreprises vers des paradis fiscaux. Cette décision, confirmée par le G20 de novembre 2021 et appuyée par 136 pays, doit se mettre en place en 2023.

B) L'élaboration de règles et de codes de bonne conduite à l'échelle internationale

310 Au-delà des questions purement fiscales, la faiblesse de nombreux pays face au pouvoir des sociétés transnationales les conduit à se tourner vers les enceintes internationales pour en attendre une régulation ou des codes de conduite de portée mondiale.

Dans le domaine financier, des efforts sont entrepris pour mieux combattre sur le plan mondial d'éventuelles pratiques des sociétés transnationales qui feraient l'objet de sanctions pénales dans le cadre national. Les arrangements conclus en ce domaine peuvent avoir un caractère contraignant. L'OCDE a ainsi élaboré le 21 novembre 1997 une Convention sur la lutte contre la corruption d'agents publics étrangers dans les transactions commerciales internationales. Cette convention, ratifiée par les pays de l'OCDE, est entrée en vigueur le 15 février 1999.

Dans le domaine social, il existe peu de normes internationales à caractère obligatoire pouvant s'imposer aux entreprises transnationales. L'OIT a accompli une tâche considérable d'élaboration de normes internationales du travail. Mais l'état des ratifications et des transpositions de ces textes en droit national n'est guère satisfaisant malgré les instruments de contrôle dont dispose cette organisation. C'est donc la voie des engagements volontaires des entreprises, au nom de leur « responsabilité sociale », qui semble avoir été privilégiée au cours des vingt dernières années.

Au sein de l'ONU, Kofi Annan, secrétaire général, a lancé en juillet 2000 une initiative, dénommée « Pacte mondial » (Global Compact), visant à encourager, sur une base volontaire, les entreprises transnationales à reconnaître et appliquer dix principes fondamentaux relatifs aux droits de l'homme, au droit du travail (respect du droit de négociation collective par exemple), à la protection de l'environnement et à la lutte contre la corruption. Ces objectifs sont aujourd'hui arrimés aux objectifs de développement durable de l'ONU (voy.

n° 297 et E 10). En mai 2022, presque 12 000 entreprises avaient adhéré au Pacte mondial dans plus de 162 pays (ainsi que 3 000 organismes à but non lucratif). Ces entreprises sont tenues de faire régulièrement rapport sur leurs progrès dans l'application des principes fondamentaux du Pacte, sous peine d'être exclues de l'initiative (plusieurs milliers d'entreprises ont été exclues depuis le lancement de l'initiative).

Certaines institutions spécialisées des Nations Unies ont également élaboré des codes de bonne conduite non obligatoires à l'attention des sociétés transnationales. L'OIT a ainsi adopté le 16 novembre 1977 une déclaration tripartite sur les principes concernant les entreprises multinationales et la politique sociale qui demande le respect de la souveraineté de l'État d'accueil, des droits de l'homme et des investissements réels.

Au niveau régional, l'OCDE a adopté en 1976 un code de bonne conduite à l'intention des entreprises multinationales. Il contient en particulier des « principes directeurs », qui sont des recommandations que les gouvernements adressent conjointement aux entreprises transnationales. Leur application fait l'objet d'un suivi périodique qui conduit à leur actualisation régulière. La dernière mise à jour des principes directeurs est intervenue en mai 2011. 48 pays y ont adhéré : les 35 pays membres de l'OCDE ainsi que 13 pays non-membres (l'Argentine, le Brésil, la Colombie, le Costa Rica, l'Égypte, la Jordanie, la Lituanie, le Maroc, le Pérou, la Roumanie, la Tunisie, l'Ukraine et le Kazakhstan).

Les principes directeurs énoncent des normes de bonnes pratiques. Ils n'ont aucun caractère obligatoire. Mais les pays adhérents, qui représentent 85 % de l'investissement direct étranger, se sont engagés à encourager les entreprises opérant sur leur territoire à les respecter.

Ils visent à inciter les entreprises transnationales à :

1) contribuer aux progrès économiques, sociaux et environnementaux ;
2) respecter les droits de l'homme des personnes affectées par leurs activités ;
3) encourager la création de capacités locales ;
4) encourager la formation de la main-d'œuvre ;
5) s'abstenir de rechercher ou d'accepter des exemptions à la réglementation du pays d'accueil relative notamment à l'environnement, la santé, la sécurité, le travail ou la fiscalité ;
6) pratiquer une bonne gouvernance d'entreprise ;
7) favoriser une relation de confiance mutuelle entre les entreprises et les sociétés du pays d'accueil ;
8) informer les salariés ;
9) s'abstenir de sanctionner les salariés dénonçant des pratiques illégales ;
10) encourager leurs partenaires commerciaux à respecter les principes directeurs ;
11) s'abstenir de toute ingérence indue dans les activités politiques locales.

Le contraste est fort néanmoins entre les promesses engagées et la réalité de la vie économique internationale. La mort de plus de 1 100 ouvriers et ouvrières dans l'effondrement d'un immeuble de confection de vêtements à Dacca, au Bangladesh, en avril 2013 a brutalement rappelé la nécessité pour les entreprises transnationales du textile et de l'habillement de veiller à ce que leurs sous-traitants respectent des standards minimaux de sécurité sur les lieux de production. À la suite de ce drame, il a fallu deux ans de mobilisation des sociétés civiles pour que plusieurs entreprises transnationales européennes s'engagent dans le cadre d'un accord avec les syndicats et le gouvernement du Bangladesh conclu sous l'égide de l'OIT, à indemniser les victimes et à exercer des contrôles plus stricts sur les conditions de sécurité des usines textiles qui les approvisionnent. Ce tragique accident a mis en lumière l'insuffisance des garanties apportées par le système des conventions de l'OIT dont l'objet est pourtant d'établir des normes sociales minimales à travers le monde. Il met également en évidence le rôle crucial de lanceur d'alerte rempli aujourd'hui par les ONG et les journalistes. Ces derniers payent un lourd tribut depuis quelques années pour leurs investigations de scandales fiscaux, politiques et sociaux. De même pour les défenseurs des droits sociaux et environnementaux, telle la Hondurienne Bertha Cáceres, qui a été assassinée en 2016. Enfin, plus généralement, les violations sociales et environnementales illustrent certaines tensions fondamentales entre les principes fondateurs de l'économie telles la libre entreprise, la séparation public/privé, l'idée d'un marché international ouvert et transparent et la réalité d'un monde des affaires empreint de culture du secret, de compétition, de lutte pour des positions dominantes, voire de monopoles.

SECTION II
Les organisations non gouvernementales

311 Les organisations non gouvernementales (ONG) sont des groupements ou des associations sans but lucratif, créés par des particuliers afin de promouvoir un objectif relevant du bien commun (droits de l'homme, aide humanitaire, développement, protection de l'environnement, paix, désarmement, etc.). Dans le cadre international, ces organisations non gouvernementales expriment des solidarités transnationales.

Le terme « organisation non gouvernementale » est relativement récent puisque sa première utilisation notable remonte à la Charte des Nations Unies en 1945. On parlait auparavant d'association, voire d'association internationale. L'ONU, tout particulièrement son Conseil économique et social (ECOSOC), ainsi que d'autres organisations interétatiques entretiennent depuis longtemps des liens de collaboration régulière avec les ONG qu'elles accréditent. Il est désormais courant de désigner ces organisations privées sous l'appellation collective de société civile internationale par opposition à la société politique constituée par les États et les organisations interétatiques.

§ 1. Définition et statut juridique

312 Une ONG est une institution indépendante, librement créée par des personnes privées, physiques ou morales pour la poursuite d'objectifs communs d'intérêt général. Elle n'a pas de but lucratif. Adoptée le 25 juillet 1996, la résolution 1996/31 du Conseil économique et social des Nations Unies (ECOSOC)

précise qu'elle ne doit pas avoir été constituée par une entité publique ou par voie d'accord intergouvernemental. Son financement doit provenir essentiellement des cotisations de ses affiliés.

Les partis politiques ne sont généralement pas considérés comme des ONG dans la mesure où ils se fixent comme objectif d'exercer ou de garder le pouvoir politique. Mais la distinction entre ONG et mouvement politique est parfois difficile tant certaines ONG sont proches d'une sensibilité politique déterminée. Un cas extrême est représenté par le mouvement des Frères musulmans dans de nombreux pays musulmans (Égypte en particulier) ou celui du Hamas dans les territoires palestiniens. Ces mouvements (proches puisque le Hamas est issu des Frères musulmans) ont en effet acquis leur popularité politique grâce à un important travail social auprès des populations locales.

Les buts poursuivis par les ONG portent normalement sur un domaine particulier d'intérêt général (défense des droits de l'homme, préservation de l'environnement par exemple). Les ONG peuvent également se constituer pour promouvoir une vision commune, y compris religieuse, du monde. Elles peuvent aussi se fixer pour objet de défendre les intérêts matériels et moraux d'un groupe social. Les associations religieuses et les syndicats sont donc généralement considérés comme des ONG.

Les ONG nationales émanent de personnes privées d'un seul pays et poursuivent des buts à caractère national. Les ONG internationales exercent une activité effective dans plusieurs pays et se fixent des buts à caractère international. Ces organisations cherchent en règle générale à s'appuyer sur l'opinion publique pour déployer leurs activités et travaillent le plus souvent en réseaux avec des organismes locaux. Dans ce contexte néanmoins, les ONG peuvent être perçues comme représentant les intérêts ou les valeurs de leurs pays d'origine. Depuis une dizaine d'années, des pays aussi variés que la Russie, l'Inde, Israël ou encore la Hongrie ont pris diverses mesures législatives et financières pour limiter l'activité de certaines ONG internationales sur leur territoire (notamment dans les domaines des droits de l'homme ou de la protection de l'environnement).

Les organisations non gouvernementales, qu'elles soient nationales ou internationales, sont considérées comme des associations de droit interne. Elles relèvent du droit national de l'État où se trouve localisé leur siège. Il n'existe pas de régime juridique purement international pour les ONG.

Les ONG ont cependant fait l'objet d'une reconnaissance partielle de la part des Nations Unies et de certaines autres organisations internationales interétatiques. Aux termes de l'article 71 de la Charte des Nations Unies, Le Conseil économique et social (ECOSOC) « peut prendre toutes dispositions utiles pour consulter les organisations non gouvernementales qui s'occupent de questions relevant de sa compétence ». Plus de 6 300 ONG ont actuellement un statut consultatif auprès de l'ECOSOC. De nombreuses ONG bénéficient également de ce statut consultatif auprès d'autres organisations internationales interétatiques comme la FAO, l'OMS, l'OMC ou l'UNESCO. Des organisations régionales comme le Conseil de l'Europe ou l'Union européenne coopèrent de même avec un grand nombre d'ONG.

Par ailleurs, une convention du Conseil de l'Europe sur la personnalité juridique des organisations non gouvernementales permet aux ONG poursuivant un but d'utilité internationale de garder leur personnalité juridique lorsqu'elles souhaitent exercer continûment des activités sur le territoire d'un autre État partie à la convention. Elle prévoit que le pays d'accueil reconnaît de plein droit la personnalité et les capacités juridiques acquises dans le pays de leur siège statutaire. Cette convention, adoptée le 24 avril 1986, est entrée en vigueur le 1er mars 2000.

§ 2. Évolution du rôle des ONG

A) Émergence des mouvements associatifs internationaux

313 Les mouvements politiques et les syndicats ont été à l'origine de grandes associations internationales à la fin du XIXe siècle et au début du XXe siècle. On peut mentionner à cet égard l'Association internationale des travailleurs (1864), l'Internationale communiste ou Komintern créée par Lénine en 1919 (dissoute en 1943), l'Internationale socialiste (1951) ou l'Union mondiale démocrate chrétienne (1961). Une Union des associations internationales a été créée dès 1907 et publie un annuaire de ces structures depuis 1910. Les internationales syndicales ont été nombreuses après 1945 : Fédération syndicale mondiale (1945), Confédération internationale des syndicats libres (1947), Confédération mondiale du travail (1968), Confédération européenne des syndicats (1973). Aujourd'hui, les organisations syndicales sont présentes au plan régional, notamment européen mais moins au plan mondial, en raison de la très grande inégalité des conditions de travail dans les pays développés, les pays émergents et les pays en développement. Elles jouent cependant un rôle essentiel au sein de l'OIT, dont elles constituent l'une des trois composantes. Les syndicats sont néanmoins une catégorie très spécifique d'ONG dans la mesure où ils s'attachent à défendre les intérêts de catégories sociales déterminées, souvent en lien avec une orientation politique.

Dans un autre champ, à partir du XIXe siècle, de nombreuses organisations sportives sans but lucratif ont été progressivement créées. Elles ont donné naissance notamment au mouvement olympique, avec la fondation en 1894 du Comité international olympique (CIO) par Pierre de Coubertin.

Les mouvements religieux ont également suscité la création, sous des formes diverses, d'associations internationales. Elles sont traditionnellement présentes dans le domaine social ou éducatif essentiellement au plan national mais aussi parfois à l'échelle internationale, par exemple dans le cadre d'ordres religieux catholiques ou d'organisations caritatives musulmanes. Lorsque les États ont pris en charge ces fonctions sociales, de manière très large à partir du XIXe siècle, ils ont soit substitué leurs propres services à ceux des Églises (en France en particulier), soit placé sous leur contrôle et intégré les institutions d'origine religieuse. Toutefois, les associations de croyants ont su garder une présence active dans l'organisation des solidarités sociales. Elles sont à l'origine de mouvements associatifs qui participent largement à l'action internationale dans le domaine humanitaire (Caritas internationalis, Islamic relief Worldwide), de la défense des droits de l'homme (réseau ACAT d'action contre la torture), du développement (Christian Aid, CCFD-Terre solidaire) ou encore du désarmement et de la paix (Pax Christi, Communauté de Sant'Egidio).

314 Aujourd'hui, les organisations non gouvernementales les plus connues du grand public et les plus influentes politiquement sont les suivantes :

- Sur la question des droits humains, on peut citer la FIDH (Fédération internationale des Ligues des droits de l'homme), première organisation internationale de défense des droits de l'homme, créée en 1922 ; Amnesty international fondée en 1961 et prix Nobel de la Paix en 1977 ; Human Rights Watch créée en 1978 pour soutenir les dissidents des pays de l'Est qui réclamaient l'application des dispositions des accords d'Helsinki relatives aux droits humains.
- Dans le champ de l'humanitaire, la Croix-Rouge internationale créée en 1863 par Henri Dunant reste une référence de l'action humanitaire à l'international. Le Comité international de la Croix-Rouge (CICR), institution privée régie par le droit suisse, a la particularité d'être investi d'un mandat international permanent en application des Conventions de Genève de 1949. Gardien du droit international humanitaire, il a un caractère ***sui generis*** en droit international public. Il a été récompensé plusieurs fois du prix Nobel de la Paix (1917, 1944, 1963). Une Fédération internationale des sociétés nationales de la Croix-Rouge et du Croissant-Rouge a été créée en 1919 pour rassembler les sociétés nationales (aujourd'hui au nombre de 190, soit quasiment une dans chaque pays). Médecins sans frontières et Médecins du monde, organisations fondées respectivement en 1971 et en 1980, présentent quant à elles les caractéristiques habituelles des ONG ; Médecins sans frontière a reçu le prix Nobel de la paix en 1999.
- Parmi les ONG disposant de la plus grande influence en matière de protection de l'environnement, il est possible de citer le WWF (aujourd'hui World Wide Fund for Nature ou Fonds mondial pour la nature), Friends of the Earth et Greenpeace, respectivement créés en 1961, 1969 et 1971. Greenpeace est aussi très active en matière de désarmement, notamment nucléaire, domaine où interviennent également le mouvement Pugwash créé en 1957, la Campaign for nuclear disarmament lancée en 1958 et l'International Campaign to Abolish Nuclear weapons (ICAN), coalition des ONG de désarmement nucléaire formée en 2007 et titulaire du prix Nobel de la paix de 2017.
- De grandes ONG généralistes défendent une conception large du développement, incluant notamment les questions de droit de l'homme ou d'environnement. Il s'agit, par exemple, des organisations Oxfam, Care International, Christian Aid, CCFD-Terre Solidaire, ou du réseau international Caritas internationalis qui regroupe des ONG nationales catholiques (Secours Catholique en France). Certaines ONG sont si importantes qu'elles peuvent dominer un secteur d'activité nationale. Ainsi, l'organisation BRAC (Bangladesh Rural Advancement Committee), fondée en 1972 au Bangladesh, dit avoir soutenu 40 % de la population du Bangladesh en 2021, notamment dans les domaines de la santé et de l'éducation. Au Bangladesh, BRAC est quasiment une institution.

Ces ONG et leurs réseaux sont confrontés à des questions de gouvernance, de compétition et d'influence.

B) Les facteurs de croissance des ONG depuis la fin de la Guerre froide

315 Depuis quarante ans, l'expansion des ONG internationales a été favorisée par plusieurs facteurs. En premier lieu, à partir des années 1980, de nombreux pays se sont engagés dans une transition démocratique. Même incomplète et chaotique, cette évolution a ouvert la possibilité légale de créer diverses structures associatives, un appel d'air pour des populations locales qui entendaient ainsi s'exprimer et se mobiliser. Le nombre d'ONG a donc crû de façon massive partout, devenant même très dense dans les pays émergents. En Inde, pays non seulement démocratique depuis 1947 mais aussi caractérisé par une forte tradition de mobilisation sociale depuis la lutte pour l'indépendance, le nombre d'ONG se situe, selon les estimations, entre 1 et 2 millions.

Un deuxième facteur de croissance des ONG a été la mise en place de politiques d'austérité budgétaire et fiscale imposées sous l'égide du FMI et de la Banque mondiale (« Consensus de Washington »[24]) aux pays rencontrant des difficultés de financement de leurs comptes extérieurs (voy. n°s 529 et 530). À partir des années 1980 et contrairement aux trois décennies précédentes, l'État n'est plus considéré comme le vecteur le plus fiable du développement. Considéré comme trop rigide, trop lent, inefficace, parfois corrompu, on lui demande de concentrer son action sur les affaires régaliennes, l'ordre et la sécurité. Les champs sociaux, culturels, éducatifs sont alors progressivement ouverts à des structures privées perçues comme plus efficaces et plus novatrices. L'État providence s'efface, la société civile prend sa place. Ce changement de paradigme s'est étendu à l'ensemble du monde mais ses conséquences ont été radicales dans de nombreuses sociétés en développement souvent déstabilisées par la conjonction de la libéralisation économique et de l'incapacité des États à protéger le corps social. Une partie croissante de l'aide bilatérale comme multilatérale est redistribuée *via* des ONG internationales en lien avec des acteurs locaux, notamment lors de grandes crises humanitaires. Ces dernières sont donc amenées à coopérer avec des institutions publiques (États, FMI, Banque mondiale, ONU, Union européenne...) et à entrer en compétition les unes avec les autres pour des financements de projets. On doit donc reconnaître que la grande majorité des ONG internationales travaille aujourd'hui sur des financements mixtes publics/privés et qu'elles ont généralement bénéficié de la déconstruction de l'État providence.

Le troisième moteur de croissance des ONG est le développement considérable des échanges et des communications qui caractérise la fin du XXe siècle et le début du XXIe. Ce dernier a permis, non seulement une prise de conscience de la nature globale et interconnectée de certains désastres (guerres, déplacements de populations, famines, catastrophes environnementales) mais aussi une mise en lien des organisations, une circulation des informations et des mobilisations plus rapides. Lors de différentes conférences interétatiques (réunions

24. Le « Consensus de Washington » est un ensemble de mesures considérées comme bénéficiant d'un consensus au sein des institutions financières internationales établies à Washington (Banque mondiale et FMI). Ces mesures, appliquées depuis le début des années 1980, notamment aux États-Unis et au Royaume-Uni, consistent essentiellement en une réduction du rôle de l'État, une ouverture internationale des économies et une libération des mécanismes de la concurrence. Elles ont été infléchies dans un sens plus pragmatique à partir des années 1990.

de l'OMC à Seattle en novembre-décembre 1999, sommet du G8 à Gênes en juillet 2001 par exemple), les ONG ont organisé de larges manifestations pour faire entendre leur voix. Des ONG de développement se sont aussi associées avec des mouvements altermondialistes pour mettre en place le Forum social mondial, dont la première édition s'est tenue au Brésil, à Porto Alegre, en 2001 et les plus récentes au Canada, à Montréal, en 2016, de nouveau au Brésil en juin 2018 (à Salvador de Bahia) et en ligne en 2021. De petite taille, l'édition 2022 au Mexique s'est concentrée sur les défis rencontrés par les sociétés civiles confrontées au délitement des démocraties et des violations croissantes des droits humains.

§ 3. Défis et problèmes actuels pour les ONG

316 Dans la mesure où elles poursuivent des objectifs d'intérêt général, les ONG contribuent à renforcer la coopération transnationale dans des domaines très divers. Elles complètent le travail des organisations internationales en jouant souvent un rôle d'aiguillon. En particulier, elles attirent l'attention sur des enjeux oubliés : par exemple en 1992 sur la famine en Somalie ou en 2016 sur la situation dramatique de la minorité des Rohingyas en Birmanie. En 2017, ce sont également des ONG qui ont attiré l'attention sur la multiplication des agressions contre les défenseurs des droits humains en Colombie malgré l'accord de paix signé entre le gouvernement de Manuel Santos et la guérilla des FARC fin 2016. Plus récemment, ce sont elles qui ont alerté sur l'impact environnemental et social du projet d'oléoduc chauffé construit par Total en Ouganda et en Tanzanie. Ce faisant, ces organismes s'efforcent de mobiliser la société civile pour faire pression sur les choix politiques des autorités étatiques comme des organisations intergouvernementales. La campagne menée par Greenpeace contre les essais nucléaires français dans le Pacifique à l'automne 1995 constitue un exemple de leurs actions de mobilisation de l'opinion publique internationale. Autre exemple : depuis les émeutes de la faim de 2007-2008 (Mexique, Haïti, Maroc, Cameroun, etc.), Oxfam a lancé une large campagne contre les biocarburants au nom de la préservation de la sécurité alimentaire.

317 Structures relativement récentes, les ONG travaillent en réseaux et c'est en formant des coalitions qu'elles influencent le plus les décideurs politiques et économiques. On peut citer à cet égard la campagne de boycott menée contre les politiques de Nestlé dans les pays en développement dès la fin des années 1970 ou encore la campagne « Jubilé 2000 » qui a obligé les pays développés à reconsidérer les questions de dette souveraine des pays en voie de développement dans les années 1990. Plusieurs traités importants ont pu être négociés et signés grâce à un travail de longue haleine de coalitions d'ONG : la Convention contre la torture (1984), la Convention internationale des droits de l'enfant (1989). Il arrive d'ailleurs souvent que des États soutiennent ces coalitions pour promouvoir une initiative internationale débouchant, le cas échéant, sur une convention internationale. Ce fut le cas pour l'élaboration de trois traités de désarmement ou de contrôle des exportations d'armement : le Traité d'interdiction des mines antipersonnel (processus d'Ottawa) en 1997, le Traité d'interdiction des armes à sous-munitions (processus d'Oslo) en 2008 ou encore le Traité sur le commerce des armes conventionnelles en 2013.

Dans ces cas, les ONG ont participé pleinement aux discussions relatives à la rédaction des conventions, le pouvoir décisionnel restant naturellement entre les mains des États. Il convient également d'évoquer la coalition d'ONG (Coalition pour la Cour pénale internationale) qui a demandé et obtenu l'instauration d'une juridiction pénale internationale. C'est avec sa participation qu'a été élaboré le Statut de Rome qui a institué en 1998 la Cour pénale internationale. *A contrario*, lorsque les ONG ne parviennent pas à travailler ensemble, elles ne constituent pas une force de levier auprès des acteurs institutionnels. L'absence d'unité des ONG environnementales a été identifiée comme un des facteurs de l'échec de la Conférence sur le climat (COP 15) de 2009 à Copenhague.

Les ONG sont donc des partenaires actifs et reconnus des organisations internationales. Il est de plus en plus fréquent que des conventions internationales, en particulier relatives aux droits humains, les associent aux dispositifs de contrôle et de suivi qu'elles prévoient. Ainsi, la Convention relative aux droits des personnes handicapées adoptée en 2007 prévoit, dans son article 33, que « la société civile – et en particulier les personnes handicapées et les organisations qui les représentent – est associée et participe pleinement à la fonction de suivi ».

Enfin, les ONG suscitent et soutiennent un grand nombre d'innovations, notamment en matière sociale, éducative et environnementale. La définition précise de leur mandat est facteur d'efficacité. Elle leur permet de concentrer leurs efforts sur un nombre restreint d'objectifs clairement identifiés. Plus souples, plus réactives, plus fonctionnelles que les États ou les organisations interétatiques, disposant souvent d'une expertise de terrain reconnue, elles expérimentent et testent de nouvelles façons de faire face aux questions les plus urgentes du développement ou de l'aide internationale, face à la détresse humaine, aux atteintes grave à l'environnement, aux désastres humanitaires. Oxfam est reconnue pour son expertise sur les questions sanitaires, les Brigades de paix internationales ont inventé le concept d'accompagnement protecteur de défenseurs locaux des droits humains, Techo a développé au Chili un concept d'habitat populaire qui est désormais exporté dans d'autres pays du continent américain. Barefoot College en Inde a repensé le rapport éducatif et utilise des réseaux de grands-mères illettrées pour installer des panneaux solaires. Ces organisations, dont les plus importantes ont des départements de recherche reconnus (Oxfam, Greenpeace), travaillent avec des universitaires, avec des journalistes et avec les acteurs publics qui les financent. Malgré des moyens beaucoup plus limités que ceux des États ou des organisations internationales interétatiques (les ONG les plus importantes telles Oxfam ou BRAC disposent néanmoins d'un budget annuel d'environ 1 milliard de dollars des États Unis), elles disposent parfois d'une liberté d'action plus grande.

318 Développées à l'ère de la mondialisation, les ONG internationales semblent bien manier les outils de communication, le management par projet, la gestion de l'image, des ressources humaines etc. Leur travail est d'autant plus efficace qu'elles se sont beaucoup professionnalisées depuis la fin de la Guerre froide.

Pour autant, leur situation financière est toujours fragile. Par ailleurs, elles n'évitent guère les difficultés de gouvernance et les écueils éthiques liés au contexte de leurs interventions. Lorsqu'il s'agit de soulager la souffrance en temps d'urgence, quand il n'y a plus ou peu d'États de droit, l'improvisation et la compétition caractérisent trop souvent leurs interventions. Ainsi, lors de l'épidémie de choléra survenue à Goma (République du Congo) parmi les réfugiés fuyant l'intervention armée du Front patriotique rwandais à la suite du génocide de 1994, la présence d'une nuée d'ONG humanitaires non-coordonnées, cherchant chacune plus la lumière que l'efficacité, a compliqué l'opération sanitaire. Des scandales divers ont mis en évidence des pratiques douteuses allant de la manipulation médiatique aux trafics humains. En 1995, Greenpeace a fait scandale en surestimant largement la quantité de résidus pétroliers que la plate-forme pétrolière Brent Spar contenait (5 000 au lieu de 50 tonnes). En 2007, l'organisation L'Arche de Zoé a tenté d'enlever d'une centaine d'enfants du Tchad et du Soudan les présentant à l'adoption comme orphelins soudanais. Des problèmes de gouvernance sont récurrents (salaires et dépenses excessifs, abus de biens sociaux, contribution à la corruption et/ou à la prostitution locale, etc.). L'Église catholique, dont le travail dans le monde se décline *via* des milliers de structures associatives (églises nationales, congrégations, associations caritatives et éducatives, etc.) travaillant pour beaucoup en réseaux internationaux, a été secouée par de multiples révélations d'abus sexuels sur mineurs. L'impact de telles révélations est global.

Ces désastres et naufrages, ainsi que le travail de réforme qui s'ensuit participent de la transformation du monde international des ONG depuis vingt ans. De la catastrophe rwandaise est né le projet Sphère pour établir conjointement des standards techniques minima en intervention humanitaire. En 2006 une première charte éthique a été adoptée par les ONG les plus reconnues (INGO Accountability Charter). Depuis, différents codes de bonne conduite se sont développés. Les clés de ces initiatives sont les idées conjointes de redevabilité (*accountability* en anglais) et transparence, c'est-à-dire la reconnaissance que les acteurs de terrain doivent rendre régulièrement des comptes de leur travail non seulement aux bailleurs de fonds mais aussi à leurs partenaires, leurs bénéficiaires et le grand public. La confiance dans ces institutions en dépend. Les Nations Unies ont également élaboré un système plus centralisé d'intervention humanitaire dans lequel l'action des ONG est coordonnée par des organisations spécialisées comme le HCR, l'Unicef (Fonds pour l'enfance), l'OMS (Organisation mondiale de la santé), etc. Ces organisations attribuent l'aide multilatérale recueillie par les appels à don centralisés au niveau de l'OCHA (Office de coordination de l'action humanitaire, créé en 1992). Les ONG sont alors en compétition pour participer aux projets (construire ou gérer des camps de réfugiés, des écoles, effectuer une campagne de vaccination, etc.). Elles doivent rendre des comptes détaillés aux bailleurs de fonds. Les principaux gouvernements donateurs travaillent de même, y compris aujourd'hui le Brésil, la Chine ou encore ECHO, l'Office humanitaire de l'Union européenne qui, avec un budget d'un peu plus d'un milliard d'euros par an (7 milliards pour la période 2014-2020), est un des plus gros bailleurs de fonds humanitaires dans le monde. Entre interventions en coalitions et financements institutionnels avec évaluation constante, l'indépendance des ONG internationales est donc bien relative.

SECTION III

Les entités internationales illégales

319 Si la mondialisation et ses dérégulations ont bénéficié aux entreprises multinationales et aux ONG, elles ont aussi permis l'expansion de nombreuses entreprises criminelles.

Les organisations criminelles de droit commun ou terroristes sont par nature des organisations de fait. Il appartient essentiellement aux États sur le territoire desquels elles commettent leurs méfaits de les combattre, au besoin en s'appuyant sur les organisations interétatiques de coopération judiciaire et policière (en particulier l'Organisation internationale de police criminelle, créée en 1923). Les activités des organisations criminelles et terroristes peuvent cependant avoir une dimension internationale dans deux domaines : elles peuvent entraver les efforts internationaux de reconstruction des États en proie à des conflits internes ; elles peuvent prendre la forme de réseaux internationaux qui ne peuvent être combattus que par une action elle-même internationale.

De façon générale, les organisations criminelles se nourrissent des guerres, des crises et des zones de non-droit. La piraterie s'épanouit dans les eaux difficilement contrôlables du fait de la géographie (Indonésie, détroit de Malacca) ou au large d'États faillis (Somalie, Érythrée mais aussi Nigeria). Le trafic terrestre (armement, drogues, migrants, trafics d'organes, d'espèces protégées, etc.) se déploie sur des territoires dont les autorités sont corrompues, affaiblies, voire inexistantes (nord du Mexique, Guatemala, Libye, République démocratique du Congo, République d'Afrique centrale, aujourd'hui l'Ukraine, etc.). Cependant, elles se nourrissent aussi de l'extraordinaire complexité du système financier international et de son manque de transparence. Les frontières entre opérations financières légales et illégales sont souvent poreuses et les opérations de blanchiment de fonds criminels très nombreuses. Par ailleurs, la cybercriminalité s'est développée depuis une quinzaine d'années sans qu'il soit possible de toujours distinguer les attaques criminelles (de type rançonnage) de celles qui sont plus politiques. Ici encore, les frontières entre le public et le privé, entre le civil et le militaire ne sont pas étanches.

Compte tenu de la nature secrète des transferts et des opérations, il est très difficile d'estimer la valeur et l'évolution des réseaux criminels. Néanmoins un rapport des Nations Unies a estimé la valeur des activités criminelles entre 2 et 5 % du PIB mondial pour 2009, chiffre en cohérence avec d'autres études du FMI[25]. Pour des données à jour et plus précises, il convient de consulter la base de données de l'Office des Nations Unies contre la drogue et le crime (UNODC) qui produit des études régulières par thème (drogues, homicides, traite humaine, fraude financière, etc.) et tente de consolider une base de données par thèmes, pays et région à partir des informations fournies par les États ou dans le cadre de programmes conjoints. Dans ce contexte, les données les plus fiables viennent des saisies (argent, drogue, etc.) et arrestations. Néanmoins, ce que ces données indiquent de la réalité est toujours sujet à interprétation.

25. United Nations Office on Drug and Crime (UNDOC), *Estimating illicit financial flows resulting from Drug Trafficking and other transnational organized crimes, Research Report*, octobre 2011.

Outre le manque de visibilité sur les activités illégales, il est souvent difficile de séparer réseaux criminels, groupes rebelles et parfois même terroristes. En théorie, les mouvements insurrectionnels ne constituent que des phénomènes internes aux États concernés. En pratique le statut des mouvements insurrectionnels est lié à leur reconnaissance par d'autres États. Par ailleurs, des groupes rebelles tels les Hmongs au Laos, les FARC en Colombie, les Talibans en Afghanistan, le MEND au Nigeria ont développé des activités illégales comme la production de drogue ou la contrebande dans leurs zones pour financer des activités politiques et militaires. Les réseaux fournissent les rebelles en armements, ces derniers contrôlent les territoires, offrent espaces de circulation et une certaine légitimité aux criminels. L'argent circule avant d'être blanchi *via* des paradis fiscaux. Tous ces acteurs négocient, échangent, parfois s'affrontent ou se trahissent mais ont pour intérêt commun le maintien de zones de conflit, chaotiques et donc ouvertes à tous les trafics.

320 Pour libérer les États en crise de l'hypothèque de la criminalité organisée, les organisations internationales (l'ONU en particulier mais aussi l'Union européenne) tentent d'intégrer la construction de l'État de droit dans les priorités de leur assistance. Pour coordonner l'action des États dans la lutte contre les réseaux de criminalité organisée, **l'Assemblée générale des Nations Unies a adopté le 15 novembre 2000 (résolution 55/25) une Convention contre la criminalité transnationale organisée, entrée en vigueur le 29 septembre 2003**. Cette convention constitue le principal instrument international dans la lutte contre la criminalité transnationale organisée. Elle engage les États à adopter un programme cohérent de mesures à cet effet. Les pays de l'OCDE ont de leur côté créé en 1989 un Groupe d'action financière (GAFI) pour lutter contre le blanchiment d'argent à des fins criminelles (y compris terroristes). Ainsi, entre 2009 et 2014, la Mission (puis le Bureau) des Nations Unies en Sierra Leone a créé les conditions du rétablissement d'un pouvoir politique légitime, organisé le désarmement des milices et activement participé à la lutte contre la criminalité transnationale organisée (trafics de diamants et de drogue notamment). L'impact de ces efforts semble néanmoins limité : si de petits pays comme la Sierra Leone ou le Libéria ont été stabilisés, une grande partie du territoire de la République démocratique du Congo (RDC) reste une zone violente de non-droit, de même que la Libye ou la République Centrafricaine. En 2021 et 2022, les forces françaises, en retrait au Mali, ont laissé la place, comme en République centrafricaine, à des paramilitaires russes connus, en plus de leur violence, pour leur participation à des trafics divers. Autre source d'inquiétude : on estime que la production d'opium en Birmanie a fortement augmenté avec la démocratisation du pays et son ouverture à l'international depuis 2010. Elle est largement contrôlée par la junte militaire, en guerre contre la population du pays depuis son coup d'État du 1er février 2021. En Afghanistan, selon une étude d'octobre 2016 de l'Office des Nations Unies contre la drogue et le crime, la superficie totale des cultures de pavot dépasserait les 200 000 ha. La prise du pouvoir par les Talibans an août 2021 et le retrait occidental du pays laisse une population très démunie face aux réseaux existants.

Pour ce qui est des organisations désignées comme terroristes, elles sont combattues dans le cadre de plusieurs résolutions du Conseil de sécurité, adoptées à la suite de l'attentat du 11 septembre 2001 et d'une stratégie mondiale antiterroriste adoptée en septembre 2006 par l'Assemblée générale des Nations Unies (résolution 60/288). Plusieurs conventions internationales ont pour objet la lutte contre le terrorisme (par exemple la Convention internationale pour la répression du financement du terrorisme du 10 janvier 2000 ou la Convention internationale pour la répression des actes de terrorisme nucléaire du 14 septembre 2005). Pour suivre l'application de ses résolutions, le Conseil de sécurité a institué un Comité contre le terrorisme.

Conclusion du chapitre

321 En conclusion, la mondialisation a provoqué l'expansion de nouveaux acteurs sur la scène internationale. Deux catégories d'organisations internationales non étatiques (entreprises transnationales et ONG) déploient leurs activités dans un cadre fixé par les États et les organisations internationales interétatiques. Leur capacité juridique internationale est liée aux fins qu'elles poursuivent et au statut qui leur est reconnu. Néanmoins, le poids financier des entreprises multinationales et leur capacité à jouer de l'enchevêtrement des règles nationales et internationales pèsent sur les États et représentent un défi à la souveraineté conçue comme contrôle hiérarchique exclusif sur un territoire. Sur le plan social, différentes formes d'organisations non gouvernementales (ONG) se sont organisées à l'échelle internationale en larges regroupements. Elles sont capables de monter de vastes campagnes et projets, d'être entendues et d'exercer une influence notable dans les enceintes de négociation ou de coopération interétatiques, notamment dans le cadre des Nations Unies. Elles restent néanmoins des acteurs de petite taille financière, dépendantes de leurs bailleurs de fonds (en partie des États, des organisations internationales et des fondations), soumises à des régulations étatiques contraignantes.

Outre ces acteurs d'influence, on ne peut comprendre le monde actuel sans tenir compte aussi des réseaux criminels. Face cachée de la mondialisation, ils se révèlent puissants, structurés et sophistiqués. Leurs activités s'insèrent pleinement dans la finance et le commerce internationaux et menacent le concept même d'État de droit. Territorialement, ces acteurs s'ancrent autant dans des zones en conflit, y compris maritimes, que dans des États dirigés par des autocrates corrompus dont l'hébergement se monnaye. Ils profitent également des traditions de secret bancaire des paradis fiscaux. Leur influence politique et militaire se dessine et se devine notamment grâce aux travaux d'investigation de journalistes et d'ONG et aux progrès de la coopération judiciaire et policière internationale. Des journalistes qui paient souvent leur courage de leur vie.

BIBLIOGRAPHIE

Les organisations interétatiques

Armstrong David, Lloyd Lorna et Redmond John (2004), *International Organisation in World Politics*, 3e éd., Londres, Macmillan Education

David Éric (2016), *Droit des organisations internationales*, Bruxelles, Bruylant

Devin Guillaume (2016), *Les organisations internationales*, 2e éd., Paris, Armand Colin

Zarka Jean-Claude (2011), *Institutions internationales*, 5e éd., Paris, Ellipses

L'Organisation des Nations Unies

Bertrand Maurice et Donini Antonio (2015), *L'ONU*, 7e éd., coll. Repères, Paris, La Découverte

Cot Jean-Pierre, Pellet, Alain et Forteau, Mathias (dir.) (2005), *La Charte des Nations Unies, commentaire article par article*, 3e éd., Paris, Economica

Fasulo Linda (2005), *An Insider's Guide to the UN*, New Haven, Yale University Press

Mestre-Lafay Frédérique (2013), *L'ONU*, Paris, Presses universitaires de France

Weiss Thomas et Daws Sam (2008), *The Oxford Handbook on the United Nations*, Oxford, Oxford University Press

Weiss Thomas (2011), *A Pipe Dream? Reforming the United Nations*, in Harvard International Review, vol. 33, n° 1, print. 2011

Les acteurs non gouvernementaux

Baylis John, Smith Steve et Owens Patricia (dir.) (2016), *The Globalization of World Politics*, Oxford, Oxford University Press

Collier Paul (2008), *The Bottom Billion. Why the Poorest Countries are Failing and What Can Be Done About It*, 7e éd., Oxford, Oxford University Press

Collier Paul (2010), *Wars, Guns and Votes. Democracy in Dangerous Places*, Londres, Vintage

Desai Vandana et Potter Robert (dir.) (2009), *The Companion to Development Studies*, Londres, Hodder Education

Fowler Alan et Malunga Chiku (dir.) (2010), *NGO Management. The Earthscan Companion*, Londres, Earthscan Publishing

Hilhorst Dorothea (2003), *The Real World of NGOs. Discourses, Discovery and Development*, Londres, Zed Books

Ryfman Philippe (2014), *Les ONG*, 3e éd., Paris, La Découverte

Ressources en ligne : merci de consulter le Guide des Ressources en ligne à la fin de l'ouvrage.

PARTIE IV

Les relations internationales de 1945 à nos jours

322 « Un **Rideau de fer** s'est abaissé sur leur front soviétique. Nous ne savons pas ce qui se passe derrière. Il semble peu douteux que l'ensemble des régions à l'est d'une ligne Lubeck-Trieste-Corfou soit bientôt complètement entre leurs mains [...]. Entre-temps, l'attention de nos peuples sera accaparée par le traitement sévère à infliger à l'Allemagne, ruinée et accablée, et il serait en très peu de temps loisible aux Russes d'avancer s'ils le veulent jusqu'aux rives de la mer du Nord et de l'Atlantique [...]. En résumé, la question d'un règlement avec la Russie avant que notre force se soit évanouie, me paraît éclipser toutes les autres ». C'est en ces termes que, dès le 12 mai 1945, le Premier Ministre britannique Winston Churchill s'adresse, dans un télégramme, au président américain Harry Truman pour l'alerter sur les conséquences de la présence massive des forces soviétiques en Europe centrale et orientale. Alors que la Seconde Guerre mondiale prend tout juste fin en Europe, il pressent l'avènement d'un conflit d'un nouveau type.

De fait, dès 1945, **deux blocs, représentant deux idéologies irréductibles**, se mettent progressivement en place : d'un côté, les États-Unis prennent la tête du « monde libre » ; de l'autre, l'Union soviétique est le leader du camp « anti-impérialiste ». À partir de 1947, ces deux blocs s'affrontent idéologiquement, politiquement, économiquement et militairement, sans toutefois franchir le seuil d'un conflit armé direct entre Américains et Soviétiques. C'est le début de la « **Guerre froide** »[26], tout à la fois facteur de stabilité géopolitique globale et source de guerres locales d'une extrême violence.

Ce conflit, qui s'achève entre 1985 et 1990, laisse place, avec la fin de l'hégémonie soviétique sur l'Europe centrale et orientale et l'éclatement de l'URSS, à une **évolution centrifuge de la société internationale**.

Après une brève période, durant laquelle un nouvel ordre international coopératif semble pouvoir être instauré sous l'égide des États-Unis et de l'ONU, les tentatives d'action internationale concertée se révèlent vite décevantes, malgré le développement des coopérations régionales et des progrès sensibles en matière de contrôle des armements. Surtout, à la fin des années 1990, des tensions réapparaissent entre l'Occident et la Russie, tandis que **les attentats du 11 septembre 2001 bouleversent la scène internationale, inaugurant une période de fragmentations et de tensions**. Dans ce contexte où les États-Unis éprouvent les limites de leur supériorité militaire, politique et économique, des puissances non occidentales (Russie et Chine notamment) cherchent progressivement à s'affirmer, à compter des années 2010, au risque d'une confrontation nouvelle avec l'Occident.

L'expansion rapide, fin 2019, d'un virus dangereux, la **Covid-19**, qui conduit au confinement de près de 4 milliards de personnes et paralyse l'économie internationale, met en évidence les risques associés à une mondialisation qui privilégie la compétition et l'exploitation sur la coopération et souligne les limites des approches principalement militaires et politiques de la sécurité qui prévalaient depuis les attentats du 11 septembre 2001. Pour autant, cette pandémie n'a pas entraîné l'avènement, espéré par certains, d'un « monde d'après », plus attentif à l'humain, plus soucieux du respect de la planète,

26. L'expression « Guerre froide » a été imaginée par Bernard Baruch, ancien conseiller du président Franklin Roosevelt, avant d'être reprise en 1947 dans différents articles et ouvrages par le journaliste Walter Lippmann.

plus solidaire et moins violent. La résurgence de tensions en Asie centrale et dans le Pacifique et l'éclatement d'une guerre en Ukraine, déclenchée par une agression armée de la Russie le 24 février 2022, montrent que **l'ère des nationalismes exacerbés n'est pas révolue**. Au printemps 2023, la scène internationale est en proie à de graves tensions qui remettent en cause l'ordre international qui avait émergé à l'issue de la Guerre froide.

CHAPITRE 1

1945-1985 : Une stabilité fondée sur l'équilibre des blocs

323 La Guerre froide peut être définie comme la confrontation, d'abord politique et idéologique, de deux blocs antagonistes, le camp occidental et le monde soviétique, de part et d'autre d'une ligne tracée au cœur du continent européen. Comme l'a formulé Raymond Aron, elle a pris la forme d'une situation inédite de **« paix impossible, guerre improbable »**[27], l'équilibre des forces militaires et la dissuasion nucléaire ayant empêché l'affrontement direct entre les deux grandes puissances d'une part et la division du monde en systèmes politiques et idéologiques inconciliables n'ayant pas permis l'instauration d'une paix authentique d'autre part.

Dès 1947, l'antagonisme Est-Ouest s'articule autour d'intérêts stratégiques, politiques et économiques opposés, tandis que les empires coloniaux se fragmentent, faisant place à de nouveaux États, souvent fragiles. Dans cette configuration nouvelle, les tensions Est-Ouest se déclinent de façon différente selon les espaces géopolitiques. À partir de la seconde moitié des années 1950 s'ouvre une période de « détente », au cours de laquelle les deux superpuissances, bien que toujours en compétition, parviennent à établir des relations plus apaisées. Après une nouvelle exacerbation des tensions au début des années 1980, le monde s'achemine progressivement vers la fin de la Guerre froide.

SECTION I

La formation des blocs et leur affrontement (1945-1956)

324 Au lendemain de la Seconde Guerre mondiale, un face-à-face apparaît entre les deux grands États vainqueurs, les États-Unis et l'URSS. De 1947 à la seconde moitié des années 1950, l'antagonisme Est-Ouest qui naît de cette situation s'articule autour d'intérêts stratégiques, politiques et économiques opposés, tandis que les empires coloniaux se fragmentent, faisant place à de nouveaux États, souvent fragiles.

27. *Le Grand Schisme*, Paris, Gallimard, 1948.

§ 1. L'état du monde après la Seconde Guerre mondiale

325 Dans son ouvrage *De la démocratie en Amérique*, Tocqueville écrit en 1834 : « Il y a aujourd'hui sur la terre deux grands peuples qui, partis de points différents, semblent s'avancer vers le même but ; ce sont les Russes et les Anglo-Américains [...] ils se sont placés tout à coup au premier rang des nations et le monde a appris presque en même temps leur naissance et leur grandeur. [...] L'un a pour principal moyen d'action la liberté ; l'autre, la servitude ». Une situation comparable advient au lendemain de la Seconde Guerre mondiale, avec la domination de deux grandes puissances que tout ou presque oppose les États-Unis et l'URSS, autour desquels se constituent respectivement une zone d'influence occidentale, comprenant l'Europe de l'Ouest, la Turquie, la Grèce, le Moyen-Orient, le Japon, le Pacifique et les empires coloniaux, et une zone d'influence soviétique, regroupant l'Europe centrale et orientale et paraissant devoir s'étendre aux Balkans, aux confins de la Turquie et de l'Iran ainsi qu'à la Chine.

A) La supériorité de deux puissances et leur entente provisoire

326 Au cours de la Seconde Guerre mondiale, les puissances alliées énoncent progressivement les conditions de la paix future. Dans ce contexte, les États-Unis et l'URSS s'affirment face à une Europe ravagée et disloquée.

Conclue le 14 août 1941 par le Premier Ministre britannique Winston Churchill et le président américain Franklin Roosevelt, la **Charte de l'Atlantique** annonce la fin de l'isolationnisme américain peu de temps après le vote, par le Congrès, de la loi « prêt-bail » du 11 mars 1941 accordant une aide militaire au Royaume-Uni sous forme de prêt. Très vite, elle apparaît comme le fondement d'une nouvelle configuration des relations internationales : **le 1er janvier 1942**, quelques jours après le déclenchement des hostilités entre les États-Unis et le Japon en conséquence de l'attaque japonaise de Pearl Harbor (7 décembre 1941) et après que l'Allemagne a elle-même déclaré la guerre aux États-Unis[28] (11 décembre 1941), **vingt-six gouvernements, dont celui de l'URSS**, elle-même aux prises avec l'agression allemande depuis le 22 juin 1941[29], **signent la Déclaration des Nations Unies, s'engageant ainsi à respecter les huit points constitutifs de la Charte de l'Atlantique**, parmi lesquels figure l'objectif de faire advenir, après la destruction définitive de la tyrannie nazie, un ordre international pacifique fondé sur la renonciation au recours à la force.

La **conférence de Téhéran** (Iran), en novembre-décembre 1943, est l'occasion d'une **première rencontre entre les dirigeants britannique, américain et soviétique, Winston Churchill, Franklin Roosevelt et**

28. L'Allemagne et le Japon étaient liés depuis le 25 novembre 1936 par un « Pacte antikomintern » dont l'objectif déclaré était de lutter contre l'Internationale communiste.

29. L'URSS avait signé avec l'Allemagne, le 23 août 1939, un pacte de non-agression accompagné d'un protocole secret prévoyant un partage territorial entre les deux pays. Ce partage attribuait notamment à l'URSS l'est de la Pologne (aujourd'hui devenu biélorusse et ukrainien) et les pays baltes. Pour Hitler, le pacte de non-agression germano-soviétique n'était qu'une manœuvre temporaire. Dès décembre 1940, il ordonnait la préparation d'une invasion de l'Union soviétique.

Joseph Staline. Bien qu'elle soit essentiellement consacrée aux questions militaires, en particulier à l'ouverture d'un front à l'Ouest (un débarquement en Normandie est prévu pour mai 1944) et qu'elle ne se conclut par aucun document définitif, elle n'en préfigure pas moins le système international de l'après-guerre : Roosevelt propose la création d'une organisation mondiale de sécurité et avance l'idée d'y inscrire « quatre gardiens de la paix » (États-Unis, Royaume-Uni, Chine, URSS), chargés de garantir la paix et la sécurité internationales.

E11 **Roosevelt, Truman et Churchill**

FRANKLIN DELANO ROOSEVELT (1882-1945) : élu président des États-Unis (démocrate) en 1932, réélu en 1936, 1940 et 1944. Afin de résoudre la crise économique qui frappait son pays, il a fait adopter en 1933 une série de mesures économiques et sociales (réforme du système bancaire, amélioration de la protection sociale, grands travaux...), regroupées sous le nom de *New Deal*. À sa disparition, le 12 avril 1945, lui succède son vice-président, Harry Truman.

HARRY TRUMAN (1884-1972) : président des États-Unis (démocrate) à partir d'avril 1945, réélu en 1948. En 1947 il élabore un projet de soutien aux régimes démocratiques menacés par l'expansionnisme soviétique. Connu sous le nom de « doctrine Truman », ce projet se matérialise notamment par le « plan Marshall » d'aide économique et financière aux pays d'Europe occidentale.

WINSTON CHURCHILL (1874-1965) : Premier Ministre britannique (conservateur) de mai 1940 à 1945, puis de 1951 à 1955. Il fait preuve de ténacité et de pragmatisme durant la Seconde Guerre mondiale. Après la victoire des travaillistes lors des élections de 1945, il crée en 1947 le Mouvement pour l'Europe unie et œuvre à la création du Conseil de l'Europe en 1949. De retour au pouvoir en 1951, il se prononce en revanche contre les projets d'Europe communautaire. En 1953, il reçoit le prix Nobel de littérature. À la suite de sa démission pour raisons de santé en 1955, il demeure membre du Parlement jusqu'en 1964 et se voit attribuer la citoyenneté américaine par le Congrès en 1963.

La **conférence de Yalta**, qui se tient en Crimée (URSS) du 4 au 11 février 1945, est la deuxième conférence réunissant les dirigeants américain, britannique et soviétique. Les principaux sujets abordés lors de cette conférence sont :

- la défaite de l'Allemagne, son occupation et la question des réparations des dommages de guerre ;
- la déclaration sur l'Europe libérée, qui affirme que les trois puissances doivent aider à la reconstruction des économies des pays libérés et à l'organisation d'élections libres ;
- la question de la Pologne, de ses frontières et de son gouvernement ;
- la création d'une organisation internationale générale pour le maintien de la paix et de la sécurité.

Le général de Gaulle voit dans cette conférence, à laquelle il n'a pas été convié, l'origine de toutes les difficultés de la société internationale, plus particulièrement de sa division : Alfred Grosser écrit ainsi que « Yalta demeurera en France le symbole et la référence d'un système mondial dominé par les deux Super-Grands »[30]. Pourtant, les États-Unis, le Royaume-Uni et l'URSS ont manifesté à Yalta leur unité pour empêcher la résurgence d'une menace

30. *Les Occidentaux, les pays d'Europe et les États-Unis depuis la guerre*, Paris, Fayard, 1978, p. 59.

allemande ; il ne s'est pas agi, pour eux, de procéder à un partage, mais plutôt de penser **une association en vue de gérer en commun l'occupation de l'Allemagne et d'organiser conjointement la paix**.

La **conférence de Potsdam** (Allemagne), qui se tient du 17 juillet au 2 août 1945 et à laquelle la France n'est toujours pas conviée, est consacrée à l'organisation du monde de l'après-guerre. Les États-Unis y sont représentés par le président Harry Truman, Roosevelt étant décédé le 12 avril, et le Royaume-Uni par Clement Attlee, nommé Premier Ministre le 26 juillet à la suite de la victoire électorale du Parti travailliste.

Les premiers désaccords entre Occidentaux et Soviétiques apparaissent au sujet de la négociation des traités avec l'Allemagne et les autres pays de l'Axe.

B) Le nouvel ordre politique mondial établi par les vainqueurs

327 Déterminés à remédier aux faiblesses de la SDN, qui s'est révélée impuissante face à la montée des périls, les vainqueurs de la Seconde Guerre mondiale entendent mettre un **système de sécurité collective** (voy. n°s 168 et 261) **fondé sur la renonciation à l'usage de la force**.

1. La SDN, première expérience d'un système de sécurité collective

328 **En 1814-1815, à l'occasion du congrès de Vienne** (Autriche), les grandes puissances européennes (Royaume-Uni, Autriche, Prusse et Russie) s'entendent pour établir entre elles une forme d'équilibre diplomatique sur la base des rapports de force existants. Se met ainsi en place ce que les historiens ont appelé le **« Concert des puissances ou Concert européen »**. Dans ce système qui a marqué la diplomatie européenne tout au long du XIXe siècle, les principaux États européens devaient user de modération dans la poursuite de leurs intérêts nationaux et soumettre leurs différends à des conférences réunissant leurs représentants. La guerre, qui était tenue pour licite, ne devait constituer qu'un épisode exceptionnel devant conduire à une solution diplomatique. Le Concert européen a globalement été préservé de 1815 à 1914, malgré les évolutions dans l'échelle des puissances entraînées par les unifications italienne et surtout allemande. **Il prend fin avec le déclenchement du premier conflit mondial.**

Lors de la négociation des traités de paix, **les vainqueurs de la Première Guerre mondiale croient pouvoir trouver une alternative au Concert européen dans le Pacte de la Société des Nations** (SDN), entré en vigueur **le 10 janvier 1920.** Pour la première fois, **un système de sécurité collective est alors créé** : l'ensemble des États parties s'engagent à porter assistance à un État victime d'une agression (voy. n° 170).

Cependant, dès sa naissance, la SDN se trouve affaiblie par la non-ratification, par le Sénat américain, du Traité de Versailles prévoyant sa mise en place, de sorte que les États-Unis n'y prennent pas part, alors même que le président Wilson a largement inspiré sa création. De plus, l'Allemagne n'y est admise qu'en 1926 et l'Union soviétique n'y entre qu'en 1934. À partir des années 1930, la SDN connaît d'autres déboires, avec le retrait de plusieurs de ses membres, notamment l'Allemagne (1933), le Japon (1933) et l'Italie (1937), tandis que l'URSS en est exclue en décembre 1939, à la suite de son attaque de la Finlande un mois auparavant.

Si les compétences de la SDN, qui consistent notamment à « développer la coopération entre les nations et garantir la paix et la sûreté », paraissent *a priori* assez larges, dans les faits, l'organisation n'a jamais pu faire face aux problèmes internationaux posés notamment par la mise en œuvre des traités de paix et surtout par les coups de force successifs du Japon (conquête de la Mandchourie en 1931), de l'Allemagne (réarmement en 1935) et de l'Italie (invasion de l'Éthiopie en 1935). Une situation en partie liée à son fonctionnement, lequel, reposant sur un organe exécutif de 9, 11 puis 14 membres, le Conseil – préfiguration du Conseil de sécurité de l'ONU, avec la France, le Royaume-Uni, l'Italie et le Japon, comme membres permanents –, reposait sur un principe d'unanimité (moins les parties au conflit) pour désigner un agresseur. La SDN a été dissoute en 1946, lorsque l'ONU a été mise en place.

E 12 **Woodrow Wilson et ses « 14 points »**

Thomas Woodrow Wilson (1856-1924) : président des États-Unis (démocrate) élu en 1912, réélu en 1916. Au début de son premier mandat, il se distingue par son soutien très clair aux forces démocratiques mexicaines (voy. E 3) et par son positionnement en faveur d'une posture de neutralité par rapport au conflit qui a éclaté en Europe. En 1917, il décide de faire entrer son pays dans la guerre et, dans ce contexte, énonce, le 8 janvier 1918, « 14 points », qui posent les principes sur lesquels ont été élaborés les traités de paix ainsi que la SDN. Il prône ainsi : la disparition de la diplomatie secrète ; la liberté des mers ; la suppression des barrières économiques ; la réduction des armements ; le règlement juste des questions coloniales ; l'évacuation des territoires russes occupés par les Allemands ; la restauration de la Belgique ; la libération des territoires français occupés par les Allemands ; le retour de l'Alsace-Lorraine à la France ; le réajustement des frontières italiennes ; le développement autonome des peuples formant l'Empire austro-hongrois ; l'évacuation par les Allemands des territoires serbes, monténégrins et roumains ; la sécurité pour les nations balkaniques ; l'indépendance de la Pologne ; la création d'une Société des Nations.

---

2. La naissance de l'Organisation des Nations Unies

329 Pendant la Seconde Guerre mondiale, les dirigeants américains et britanniques prennent conscience de la nécessité de créer une nouvelle organisation, plus efficace que la SDN, pour assurer le maintien de la paix et de la sécurité internationales. Ils reçoivent l'appui des Soviétiques et des autres pays en guerre à leur côté. Comme indiqué précédemment (voy. n° 240), les principales étapes du processus d'élaboration de cette organisation ont été les suivantes :

- la **Charte de l'Atlantique, signée le 14 août 1941 par le président des États-Unis et le Premier ministre britannique**, établit les principes de l'ordre international de l'après-guerre ;
- la **Déclaration des Nations Unies signée le 1er janvier 1942 par vingt-six gouvernements, dont celui de l'URSS**, confirme les principes de la Charte de l'Atlantique ;
- la **Déclaration de Moscou signée par les États-Unis, le Royaume-Uni, l'URSS et la Chine le 30 octobre 1943** reconnaît la nécessité d'une organisation internationale générale ;

- la **conférence de Dumbarton Oaks (21 août au 7 octobre 1944)**, à laquelle participent des représentants des États-Unis, du Royaume-Uni, de l'URSS et de la Chine, élabore la structure de cette organisation ;
- la **conférence de Yalta (4 au 11 février 1945)**, qui réunit les États-Unis, le Royaume-Uni et l'URSS, définit le rôle et les modes de décision du Conseil de sécurité ;
- la **conférence de San Francisco (25 avril au 26 juin 1945)** réunit les puissances invitantes désignées à Yalta (États-Unis, Royaume-Uni, URSS, Chine, France), ainsi que tous les autres pays entrés en guerre contre l'Axe[31] avant le 1er mars 1945 ; y est élaborée la Charte des Nations Unies, sur la base des propositions de Dumbarton Oaks et des décisions de Yalta.

Le traité multilatéral constitutif de l'ONU, dénommé « Charte », est adopté le 26 juin et entre en vigueur dès le 24 octobre 1945. Il définit les buts de cette nouvelle organisation universelle dans les termes suivants :

- maintenir la paix et la sécurité internationales, si nécessaire par des mesures coercitives selon une procédure établie ;
- favoriser le développement des relations amicales et la coopération entre les États ;
- privilégier le règlement pacifique des différends.

L'Organisation des Nations Unies est dotée d'une Assemblée générale qui représente l'ensemble des États. La Charte confie la responsabilité première du maintien de la paix à un organe restreint, le Conseil de sécurité, où doivent siéger en qualité de membres permanents les cinq principales puissances victorieuses de la Seconde Guerre mondiale (États-Unis, Royaume-Uni, URSS, France et Chine), chacune dotée d'un droit de veto (voy. nos 248 et s.).

C) La nouvelle organisation de l'économie internationale

330 Alors que le nouvel ordre politique international de l'après-Seconde Guerre mondiale a été édifié d'un commun accord entre les vainqueurs, la reconstruction de l'économie internationale s'est au contraire effectuée à partir de principes définis essentiellement par les États-Unis. Ces derniers sont animés par un double souci : d'une part, asseoir le retour à une économie de paix sur un principe de liberté des échanges et un accès facile au crédit pour les pays en reconstruction ; d'autre part, empêcher le retour des crises monétaires, dont ils pensent qu'elles ont entraîné le protectionnisme et le nationalisme et qu'elles ont favorisé l'arrivée au pouvoir de dirigeants bellicistes dans les pays de l'Axe.

Déjà, la Charte de l'Atlantique de 1941 prévoit un égal accès de toutes les nations au commerce international et aux matières premières. Par la suite, **les États-Unis introduisent, dans l'accord d'aide mutuelle qu'ils concluent avec les Britanniques le 23 février 1942, une clause visant à l'élimination de toutes formes de traitement discriminatoire dans le commerce international et à la réduction des tarifs douaniers et autres barrières aux échanges**.

31. Allemagne, Japon et Italie (jusqu'à l'automne 1943), ainsi que leurs alliés.

Tandis que l'URSS et les autres pays du bloc oriental à économie dirigée organisent leurs relations économiques sur la base d'une coordination de leurs planifications (voy. n° 357), l'ordre économique mis en place par les Occidentaux repose sur trois institutions principales : une institution monétaire, le **Fonds monétaire international** (FMI) ; une institution financière, la **Banque internationale pour la reconstruction et le développement** (BIRD) ; une institution commerciale, l'**Accord général sur les tarifs douaniers et le commerce** (GATT ou *General Agreement on Tariffs and Trade*).

1. Le Fonds monétaire international (FMI) et le système de Bretton Woods

331 Du 1er au 22 juillet 1944 se tient la Conférence internationale de Bretton Woods (États-Unis). Elle accueille 44 pays, mais l'URSS, hostile aux principes de liberté des échanges défendus par les États-Unis et le Royaume-Uni, refuse d'y participer. Elle aboutit à la création du Fonds monétaire international (FMI). Les accords de Bretton Woods, signés le 27 décembre 1945 par 29 pays, définissent les contours d'une nouvelle architecture monétaire internationale.

Le système monétaire de Bretton Woods repose sur **la convertibilité des monnaies et la stabilité des parités monétaires**, c'est-à-dire du taux de change de chaque monnaie, défini par rapport à l'or et dont les fluctuations doivent être maintenues dans une marge de 1 %. Ces parités sont toutefois ajustables en cas de déséquilibre économique fondamental. Les accords reconnaissent par ailleurs le **rôle de la monnaie de réserve internationale du dollar américain, convertible en or**. Ils confient au **Fonds monétaire international (FMI) la mission de stabiliser les changes et d'apporter des ressources aux pays connaissant des déséquilibres temporaires de leurs paiements extérieurs**. En ce cas, il est prévu que l'aide du FMI s'accompagne de recommandations en vue de rééquilibrer les comptes des pays concernés. Des mesures de contrôle des changes sont également autorisées. À l'exception du Royaume-Uni, les pays d'Europe occidentale ne pourront de fait rendre leur monnaie convertible qu'à la fin des années 1950 (1958 en France).

2. La Banque internationale pour la reconstruction et le développement (BIRD) et la Banque mondiale

332 La Banque internationale pour la reconstruction et le développement (BIRD), dont la création a été décidée lors de la conférence de Bretton Woods, a initialement pour fonction de favoriser la reconstruction des pays dévastés par la Seconde Guerre mondiale. Dans cette perspective, elle est appelée à consentir des prêts pour des projets de développement clairement définis par les pays demandeurs.

Une fois ses tâches de reconstruction achevées, la BIRD a orienté ses activités vers l'aide au développement, créant pour cela, en 1956, deux institutions : la Société financière internationale (SFI), chargée de favoriser l'initiative privée dans les pays en voie de développement, et l'Association internationale pour le développement (AID), qui reçoit pour mission de consentir des dons et des prêts sans intérêt aux pays en développement les plus pauvres. Avec ces deux institutions, la BIRD fait aujourd'hui partie du Groupe de la Banque mondiale.

3. Le *General Agreement on Tariffs and Trade* (GATT)

333 Soucieux d'asseoir le nouvel ordre économique mondial sur un principe de libre-échange organisé (suppression continue, progressive et encadrée des obstacles au commerce international), les États-Unis proposent à leurs alliés, en 1945, **un projet de Charte pour une Organisation internationale du commerce**. Dans cette perspective est organisée à La Havane (Cuba), de novembre 1947 à mars 1948, une conférence internationale, qui élabore la charte de La Havane. Si ce traité n'est finalement pas mis en œuvre, du fait de l'opposition du Sénat américain, son chapitre IV est cependant repris par vingt-trois États, qui le transforment en **Accord général sur les tarifs douaniers et le commerce** (*General Agreement on Tariffs and Trade* ou GATT). Ce nouveau texte en forme simplifiée est signé le 30 octobre 1947 et entre **en vigueur le 1er janvier 1948**. D'abord géré par une conférence périodique des États parties, assistée d'un secrétariat, il s'institutionnalise progressivement au point de jouer un rôle essentiel dans l'organisation économique du monde occidental.

Le GATT a pour missions :

- de réglementer le commerce international ;
- de promouvoir la libéralisation des échanges grâce à des cycles ou *rounds* de négociations commerciales multilatérales : Genève (1947), Annecy (1949), Torquay (1951), Genève (1956), Dillon Round (1960-1961), Kennedy Round (1964-1967), Tokyo Round (1973-1979), Uruguay Round (1986-1994) ;
- de régler les litiges dans le cadre d'une procédure de conciliation : en cas de litige, des groupes d'experts ou de panels sont constitués en vue de l'établissement de rapports de conciliation.

Les principales règles de fonctionnement du GATT sont :

- la **clause de la nation la plus favorisée**, selon laquelle tout avantage commercial, accordé par un pays membre du GATT à un autre État, doit obligatoirement être étendu aux autres pays signataires ; cela n'empêche pas la création d'unions douanières (comme le Marché commun), chaque union douanière constituant alors un territoire unique qui doit accorder aux autres parties la clause de la nation la plus favorisée ;
- la **clause du traitement national**, au titre de laquelle les produits importés dans un pays donné sont soumis au même traitement que les produits similaires nationaux ;
- l'**abaissement progressif** des droits de douane sur une base de « réciprocité et d'avantages mutuels ».

Les accords multilatéraux du GATT ont permis un **développement rapide des relations commerciales entre les pays à économie de marché, par contraste avec le protectionnisme et le bilatéralisme de l'entre-deux-guerres**. Cette expansion du commerce international est elle-même **l'une des causes fondamentales de la forte croissance économique des pays occidentaux** dans les trente premières années de l'après-guerre.

De son côté, l'URSS, qui a refusé de devenir membre du GATT, a créé sa propre organisation de coopération économique, le Comecon (voy. n° 357).

§ 2. L'émergence des blocs

334 De 1945 à 1947, la tension entre les États-Unis et l'URSS ne cesse de croître, l'emprise soviétique devenant de plus en plus forte en Europe centrale et orientale.

Se sentant menacés par l'expansion du communisme, les pays européens démocratiques à économie de marché recherchent la protection des États-Unis, lesquels restent engagés en Europe et ne retombent pas dans le neutralisme et l'isolationnisme de l'entre-deux-guerres.

A) L'emprise soviétique sur l'Europe centrale et orientale

335 Le 5 mars 1946, Winston Churchill, qui a déjà pris conscience du fait accompli soviétique, déclare dans un célèbre discours prononcé à Fulton (États-Unis, Missouri) : « De Stettin, sur les bords de la Baltique, à Trieste sur l'Adriatique, un Rideau de fer est descendu à travers le continent européen. Derrière cette ligne, toutes les capitales des anciens États d'Europe centrale et orientale : Varsovie, Berlin, Prague, Vienne, Budapest, Belgrade, Bucarest et Sofia, toutes ces cités célèbres et leurs habitants tout autour sont désormais inclus dans ce que je dois appeler la sphère d'influence soviétique ».

En deux ans, les Soviétiques, s'appuyant sur leur présence militaire et sur l'existence de partis communistes locaux issus de la résistance, **installent des régimes qui leur sont favorables dans tous les pays de l'Europe centrale et orientale.** Cela commence en Roumanie, où un gouvernement prosoviétique est imposé au roi Michel dès mars 1945. En Hongrie, si un parti non communiste, celui des petits propriétaires, remporte les élections de novembre 1945, le ministère de l'Intérieur est attribué à un communiste ; Matyas Rakosi, secrétaire général du parti communiste, applique alors la « tactique du salami », qui consiste à évincer progressivement du pouvoir les forces politiques et les partis non communistes. En Bulgarie, le communiste Georges Dimitrov devient chef du gouvernement en novembre 1946. Le 19 janvier 1947, les communistes remportent une large victoire en Pologne, au cours d'élections marquées par l'intimidation de l'opposition et des fraudes massives.

En Tchécoslovaquie, l'avènement d'un régime communiste prend plus de temps. Ayant obtenu 38 % des voix aux élections de mai 1946, les communistes contrôlent dans un premier temps les ministères clefs (Intérieur, Information, Agriculture, Finances, Défense). Puis, début 1948, ils prennent la tête d'un gouvernement de coalition avec des sociaux-démocrates, minoritaires. Finalement, le 25 février 1948, le président Edvard Benes laisse Klement Gottwald, Premier ministre et président du parti communiste, diriger seul le pays, et finit par démissionner le 7 juin 1948, au bénéfice de Gottwald.

Après ce « coup de Prague », la cassure de l'Europe apparaît au grand jour : « D'un côté les alliés de l'Amérique, de l'autre les satellites de l'URSS et les millions d'hommes et de femmes qui, en deçà du Rideau de fer, considèrent qu'ils n'ont d'autre patrie que celle du socialisme », écrit André Fontaine[32].

Deux zones d'influence s'établissent désormais sur le continent européen puis, progressivement, dans le reste du monde.

---

32. *Un seul lit pour deux rêves*, Fayard, 1981.

L'Europe en 1939

L'Europe de la Guerre froide en 1949

B) Le *leadership* américain sur le « camp occidental »

336 À partir de 1945, les États-Unis décident de rester engagés sur tous les théâtres où l'URSS conteste leur influence. La faiblesse de leurs alliés européens et la conviction que l'URSS poursuit des objectifs politiques inconciliables avec les leurs poussent les Américains à prendre en main la destinée du camp occidental.

1. La doctrine Truman

337 En 1946-1947, les relations entre Moscou et les Occidentaux s'assombrissent. Cela est provoqué non seulement par l'installation de régimes communistes à l'est de l'Europe (voy. ci-avant), mais aussi au refus initial de l'Union soviétique

de retirer ses troupes d'Iran, au début de la guerre civile en Grèce[33], ainsi qu'aux pressions exercées par l'URSS sur la Turquie concernant le régime des Détroits et sa souveraineté sur les régions de Kars et Ardahan, qui avaient appartenu à la Russie avant la Première Guerre mondiale. Au même moment, les destructions de la guerre, la crise économique et la misère qui en résulte risquent de compromettre la stabilité de l'Europe occidentale, notamment en France ou en Italie, où le parti communiste jouit d'un important soutien en raison de son rôle dans la résistance et où l'Union soviétique est populaire en raison de sa contribution à sa victoire alliée.

Ces évolutions inquiètent les États-Unis, dont **le président Harry Truman**, dans un discours prononcé devant le Congrès **le 12 mars 1947**, **définit une nouvelle ligne de politique étrangère**. S'adressant à l'ensemble des gouvernements menacés par l'expansion du communisme et de l'influence soviétique, il établit un lien entre la liberté, la stabilité économique et le soutien financier : « Je crois que nous devons aider les peuples libres à forger leur destin de leurs propres mains. Je crois que notre aide doit consister essentiellement en un soutien économique et financier, indispensable à la stabilité économique et à une vie politique ordonnée », affirme-t-il. Il annonce d'ailleurs à cette occasion une aide financière à la Grèce et à la Turquie.

S'ils renoncent à régler la situation de l'Allemagne du fait des différends qui opposent les vainqueurs de la guerre, ils entendent en revanche rassembler autour d'eux un bloc d'États décidés à faire face aux tentatives d'expansion de l'influence soviétique. Ce souci de freiner l'avancée du communisme prend le pas sur toute autre considération : dans un certain nombre de pays, les États-Unis ne se montrent pas très exigeants en matière de réformes démocratiques, pourvu que les gouvernements soient hostiles à l'URSS. Ainsi, en Turquie, le président kémaliste Ismet Inönü ne s'engage que timidement dans la voie des réformes démocratiques après 1945 ; quand l'opposition (parti démocrate) parvient à accéder au pouvoir en 1950 à la suite d'élections parlementaires, elle accélère le rapprochement avec les États-Unis. En Grèce, après la défaite de l'insurrection procommuniste en octobre 1949, la démocratie reste imparfaite. De son côté, le Portugal peut adhérer à l'OTAN le 4 avril 1949, alors qu'il subit depuis 1932 la dictature d'Antonio de Oliveira Salazar. En 1953, l'Espagne, gouvernée depuis 1939 par Francisco Franco, vainqueur de la guerre civile avec l'aide de l'Allemagne et de l'Italie, est associée au système occidental de défense dans le cadre d'accords bilatéraux passés avec les États-Unis.

2. La politique américaine d'endiguement

338 Dans le cadre de la doctrine Truman, les Américains s'engagent à maintenir la situation de fait qui prédomine alors en Europe. C'est ce que l'on a appelé « la politique de *containment* » ou d'endiguement, qui consiste à mettre un terme à l'extension de l'influence soviétique. Les États-Unis entendent **sauvegarder**

33. Les communistes, qui ont, pendant la guerre, organisé un puissant mouvement de résistance, n'acceptent pas le retour du roi Georges II, rentré en Grèce le 27 septembre 1946 après un référendum. Ils établissent un gouvernement révolutionnaire combattu par les autorités monarchistes, elles-mêmes soutenues par les Britanniques puis les Américains. La guerre civile qui éclate alors dure jusqu'en octobre 1949.

le ***statu quo* territorial en Europe**. Dans un célèbre article de la prestigieuse revue de politique étrangère *Foreign Affairs* signé « M. X »[34], le diplomate, George Kennan, directeur du service de prospective (*policy planning staff*) du département d'État américain, affirme en 1947 que « le principal élément de toute politique des États-Unis à l'égard de l'Union soviétique doit être de **contenir sur le long terme, avec patience mais fermeté et vigilance, les tendances russes à l'expansion** ». S'il considère qu'il faut « regarder l'Union soviétique comme un rival, non un partenaire dans l'arène politique », il est néanmoins conscient que cela peut favoriser des tendances susceptibles de « déboucher soit sur l'éclatement soit sur l'adoucissement (*mellowing*) progressif de la puissance soviétique ». Du point de vue de l'administration Truman, le *containment* doit être appliqué partout dans le monde.

Les républicains, en particulier John Foster Dulles, qui sera secrétaire d'État de 1953 à 1959, contestent cette stratégie et demandent que les États-Unis se fixent comme objectif le *rollback* ou **refoulement** de l'influence soviétique. En pratique cependant, leur politique se distinguera peu de celle du président Truman quand ils arriveront au pouvoir sous la présidence de Dwight Eisenhower (1953-1959).

3. Le plan Marshall

339 Le 5 juin 1947, le secrétaire d'État américain, le général George Marshall, présente dans un discours à l'université de Harvard un plan d'aide économique à l'Europe qui, en se concrétisant, devient ce qu'il est convenu d'appeler « le plan Marshall ».

Les États-Unis sont convaincus que la reconstruction de l'Europe ne peut se réaliser qu'avec leur aide : « La vérité, c'est que les besoins de l'Europe pendant les trois ou quatre prochaines années en vivres et en autres produits essentiels importés de l'étranger, principalement d'Amérique, sont à ce point supérieurs à sa capacité actuelle de paiement qu'elle devra recevoir une aide supplémentaire très importante ou s'exposer à une détérioration très grave de sa situation économique, sociale et politique », affirme ainsi le général Marshall. **Le plan Marshall est plus qu'une simple aide économique et financière ; il a pour but de consolider politiquement l'Europe occidentale face à l'URSS.**

Le discours du général Marshall ne semble exclure aucun pays européen du programme d'aide proposé : « Ce programme devrait être commun et recevoir l'accord d'un grand nombre de nations européennes, sinon de toutes ». Toutefois, en juillet 1947, l'URSS rejette le plan Marshall par crainte de perdre son influence en Europe. La Pologne et la Hongrie, après quelques hésitations et sous la pression soviétique, refusent le plan ; le gouvernement tchécoslovaque retire également son acceptation.

Le 2 avril 1948, en partie par crainte d'une répétition du « coup de Prague » dans d'autres pays, le Congrès américain autorise le plan Marshall. Les seize pays qui acceptent cette aide économique américaine (Autriche, Belgique, Danemark, France, Grèce, Irlande, Islande, Italie, Luxembourg,

34. « The sources of Soviet Conduct » [Les origines du comportement soviétique], *Foreign Affairs*, juillet 1947.

Norvège, Pays-Bas, Portugal, Royaume-Uni, Suède, Suisse et Turquie) signent à Paris, le 16 avril 1948, une convention établissant l'Organisation européenne de coopération économique (OECE), chargée d'assurer la gestion et la redistribution des fonds américains (voy. n° 356). Cette institutionnalisation accentue le partage de l'Europe en deux.

C) L'Allemagne : une nation partagée

340 Occupée par les quatre principaux vainqueurs (États-Unis, Royaume-Uni, France et URSS), l'Allemagne subit directement les conséquences de leur désaccord, ce qui l'empêche de recouvrer son unité.

1. L'Allemagne sous tutelle

341 Si Staline, Roosevelt et Churchill envisagent un démembrement de l'Allemagne dès novembre-décembre 1943 (conférence de Téhéran), c'est lors de la conférence de Yalta de février 1945 qu'il est prévu que le territoire allemand soit soumis à l'autorité de quatre puissances occupantes (États-Unis, Royaume-Uni, URSS et France). En conséquence, après la capitulation allemande le 8 mai 1945, les commandants en chef des forces armées américaines, britanniques, françaises et soviétiques déclarent au nom de leurs gouvernements qu'**il n'existe plus d'autorité centrale en Allemagne**. Ils annoncent exercer dorénavant l'autorité suprême dans le pays, chacun dans sa propre zone d'occupation[35] « et aussi conjointement pour les questions intéressant l'ensemble de l'Allemagne » dans le cadre d'un « Conseil de contrôle »[36]. **L'Allemagne est donc divisée en quatre zones d'occupation. Berlin, située au sein de la zone soviétique, est également divisée en quatre secteurs.**

Le Conseil de contrôle interallié possède désormais le pouvoir de décision ultime sur un État allemand qui n'a pas disparu mais s'est vu confisqué l'ensemble des attributs de sa souveraineté. Une tutelle collective des Alliés s'exerce alors sur l'Allemagne.

Lors de la **conférence de Potsdam** de juillet-août 1945 (voy. n° 326), les États-Unis, le Royaume-Uni et l'URSS précisent la situation territoriale de l'Allemagne vaincue (fixation de la ligne Oder-Neisse comme limite orientale de l'Allemagne « dans l'attente d'un règlement de paix », expulsion ou « transfert » des populations allemandes vivant à l'est de cette ligne et en Tchécoslovaquie). Ils confirment que « l'autorité suprême en Allemagne est exercée, d'après les instructions de leurs gouvernements respectifs, par les commandants en chef des forces armées des États-Unis, du Royaume-Uni, de l'Union des Républiques socialistes soviétiques et de la République française, agissant chacun dans sa propre zone d'occupation ou conjointement, en toute matière affectant l'Allemagne dans son ensemble, en leur qualité de membres du Conseil de contrôle ».

35. Les limites des zones d'occupation ont été définies à la conférence de Londres du 12 septembre 1944 réunissant les États-Unis, le Royaume-Uni et l'URSS. À Yalta, la France reçoit une zone d'occupation prélevée sur les zones américaine et britannique.

36. Quatrième déclaration des commandants en chef alliés au nom de leurs gouvernements, 5 juin 1945.

Après la mise en place de ce système d'administration provisoire, les deux conférences des ministres des Affaires étrangères qui se tiennent à Paris et à New York en 1946 échouent sur la question allemande, faute d'accord sur le montant des réparations et sur le statut juridique futur du pays.

Le système d'administration quadripartite de l'Allemagne prend fin de fait en 1948, en raison de l'antagonisme Est-Ouest qui se durcit et entraîne des blocages. L'unification administrative des zones d'occupation (bizone anglo-américaine en janvier 1947, puis trizone incorporant la zone française en avril 1949) se réalise sous l'influence des États-Unis. **Une monnaie, le « Deutsche Mark », est créée le 18 juin 1948 dans les seules zones occidentales.**

2. Le blocus de Berlin

342 En réaction à la constitution d'une zone occidentale et à l'introduction du Deutsche Mark à Berlin, **les Soviétiques ferment les voies d'accès terrestres entre la zone d'occupation occidentale en Allemagne et les secteurs occidentaux de Berlin le 24 juin 1948**. Le blocus de Berlin commence. Pour les Soviétiques, il s'agit de tester la détermination des Occidentaux. Ceux-ci ne cèdent pas et organisent un pont aérien qui permet de livrer 2,5 millions de tonnes de marchandises à Berlin-Ouest jusqu'au **12 mai 1949**, date à laquelle le blocus prend fin.

Symbole de l'antagonisme Est-Ouest, le blocus de Berlin éloigne encore les perspectives de réunification allemande. À partir de ce moment-là et jusqu'en 1989, l'Allemagne est partagée par la ligne de séparation des influences occidentales et soviétiques.

3. Naissance de deux États

343 Progressivement, une autorité administrative se met en place dans la trizone occidentale. Un « Conseil parlementaire » adopte une **Loi fondamentale ou *Grundgesetz* le 8 mai 1949**. **Une assemblée ou *Bundestag*** est élue au suffrage universel direct le 14 août 1949. Un président fédéral (Theodor Heuss) est élu le 12 septembre. Le *Bundestag* désigne **Konrad Adenauer** comme **chancelier fédéral** à une seule voix de majorité (la sienne), le 15 septembre. **La zone occidentale devient un nouvel État, la République fédérale d'Allemagne (RFA).**

Ce nouvel État n'est cependant pas doté de ministère des Affaires étrangères avant 1951. Si le régime d'occupation de l'Allemagne occidentale est officiellement supprimé en mai 1955, les puissances occidentales se réservent toutefois, aux termes des accords de Paris du 24 octobre 1954, « les droits et les responsabilités antérieurement exercés ou détenus par elles en ce qui concerne Berlin et l'Allemagne dans son ensemble, y compris la réunification de l'Allemagne et un règlement de paix ».

La France s'efforce de favoriser au sein de sa zone d'occupation la constitution de la Sarre en un État indépendant qui lui serait économiquement rattaché. Le Landtag de la Sarre adopte en décembre 1947 une Constitution en ce sens. Toutefois, cette option, soutenue par les États-Unis et le Royaume-Uni mais combattue par l'Union soviétique, se heurte à la ferme opposition du gouvernement fédéral allemand. Après le rejet d'un « statut européen », par les Sarrois, consultés par référendum en octobre 1955, le Land adhère à la RFA le 1er janvier 1957.

L'URSS reproduit dans sa zone les évolutions politiques intervenues à l'Ouest : un « congrès du peuple » élu sur une liste unique approuve en mai 1949 une « Constitution pour une Allemagne démocratique », puis **la République démocratique allemande (RDA) est créée le 7 octobre 1949**.

Deux États antagonistes sont nés sur les ruines de l'Allemagne nazie.

E 13 **Konrad Adenauer, premier chancelier de la RFA**

Konrad Adenauer (1876-1967) : maire de Cologne, sa ville natale, pour le Zentrum (Parti démocratique catholique), de 1917 à 1933, et membre fondateur du Parti chrétien-démocrate (CDU), élu chancelier de la République fédérale d'Allemagne le 15 septembre 1949. Une fois chancelier, il permet l'accession de la RFA à la souveraineté, son adhésion à l'OTAN, sa participation à la construction européenne et la réconciliation avec la France. En matière de politique intérieure, son gouvernement réussit l'insertion des personnes qui, au lendemain de la guerre, avaient été expulsées des anciens territoires allemands de l'Est (Silésie, Poméranie orientale, Brandebourg oriental, Prusse orientale, Dantzig), de Tchécoslovaquie ou de Hongrie conformément aux accords de Potsdam et met en place le modèle économique allemand d'économie sociale de marché. Élu une dernière fois au poste de chancelier à la tête d'une coalition entre la CDU/CSU et les libéraux du FDP en 1961, il est poussé à la démission par ces derniers le 15 octobre 1963, en raison de l'affaiblissement de sa position, dû notamment à ses désaccords avec le président Kennedy, à la construction du mur de Berlin, ainsi qu'à son rapprochement avec la France (Traité de l'Élysée de janvier 1963), jugé préjudiciable à l'alliance américaine par une partie importante de la classe politique.

---

§ 3. L'institutionnalisation des blocs en Europe

344 Des institutions politiques, économiques, militaires encadrent en Europe les États membres des deux blocs idéologiques. À l'Est, au-delà de cette institutionnalisation, la cohésion du bloc oriental est assurée par le monopole du pouvoir que détient dans chaque pays le parti communiste, sous la tutelle étroite du Parti communiste de l'Union soviétique (PCUS).

A) Les premières formes d'antagonisme idéologique : Kominform, mouvement européen et Conseil de l'Europe

345 La lutte des blocs est d'abord une lutte idéologique entre la démocratie représentative occidentale et le système économique et social mis en place en URSS après l'établissement du régime bolchevique en 1917. En Europe, deux phénomènes illustrent cette opposition idéologique : d'une part, l'enrôlement de tous les partis communistes dans une structure anti-occidentale, le Kominform ; d'autre part, l'apparition de mouvements favorables à l'unification des pays d'Europe de l'Ouest sur la base des principes de la démocratie représentative.

1. Le Kominform et l'exclusion de la Yougoslavie du bloc de l'Est

346 Pour rassurer ses alliés occidentaux et favoriser la formation de fronts nationaux de résistance englobant les mouvements communistes, Staline a dissous en mai 1943 l'Internationale communiste (Komintern) créée par Lénine en 1919. Toutefois, après la proclamation de la doctrine Truman et l'annonce du plan Marshall, il décide de mobiliser les partis communistes pour contrer l'influence américaine. C'est ainsi que, du 22 au 27 septembre 1947, neuf partis communistes européens (dont les partis soviétique, polonais, tchécoslovaque, français et italien) se réunissent en Pologne en vue de créer un bureau d'information (Kominform).

Le Kominform, en activité de 1947 à 1956, est un organisme restreint qui vise à **garantir le monolithisme du mouvement communiste en Europe**. Concrètement, il est chargé d'organiser « l'échange des expériences et, en cas de nécessité, la coordination de l'activité des partis communistes ». Lors de sa première assemblée en octobre 1947, Andreï Jdanov, membre du bureau politique du Parti communiste de l'Union soviétique, présente un rapport « sur la situation internationale » qui, au-delà d'être une réponse à la doctrine Truman, systématise l'antagonisme Est-Ouest : « Deux camps se sont formés dans le monde : d'une part, le camp impérialiste et antidémocratique qui a pour but essentiel l'établissement de la domination mondiale [...] et d'autre part, le camp anti-impérialiste et démocratique, dont le but essentiel consiste à saper l'impérialisme, à renforcer la démocratie, à liquider les restes du fascisme ». **Le rapport Jdanov attaque violemment la politique américaine** : « Le but que se pose le nouveau cours expansionniste des États-Unis est l'établissement de la domination mondiale de l'impérialisme américain [...]. Mais sur le chemin de leur aspiration à la domination mondiale, les États-Unis se heurtent à l'URSS avec son influence internationale croissante ».

Le Kominform impose une subordination stricte des partis communistes à Staline et à la direction soviétique. **Le 28 juin 1948, à Bucarest, la Yougoslavie communiste, dirigée depuis le 7 mars 1945 par Josip Broz dit Tito, est violemment condamnée par Jdanov**. Tito, jugé trop indépendant par Staline, est accusé d'être un espion impérialiste. La Yougoslavie subit alors un blocus économique soviétique d'une très grande sévérité. Elle est exclue du Kominform et ne peut plus entretenir de relations avec les autres pays communistes. En 1949, la rupture est consommée et Tito se rapproche de l'Occident : en 1951, les États-Unis acceptent de lui accorder une aide financière et même militaire ; elle conclut un pacte défensif avec la Turquie et la Grèce en 1954, après leur adhésion à l'OTAN. Toutefois, Tito cherche à développer une ligne médiane entre l'Est et l'Ouest : il devient l'un des protagonistes du Mouvement des Non-Alignés (voy. n° 381). La Yougoslavie reste sous l'autorité sans partage de son parti communiste malgré une certaine décentralisation (autogestion). En mai 1955, Khrouchtchev rétablit les relations entre les pays du bloc soviétique et la Yougoslavie.

2. Les mouvements européens et le Conseil de l'Europe

347 L'apparition des mouvements européens et la création du Conseil de l'Europe contrastent avec le Kominform : alors qu'à l'Est, le Kominform se présente comme une structure de mobilisation idéologique au service de la lutte des classes à l'échelle internationale, à l'Ouest domine le modèle de démocratie parlementaire et d'État de droit.

À partir de 1947, sous l'influence du Premier Ministre britannique Winston Churchill, **le Mouvement pour l'Europe unie** (United Europe Movement) vise à ce que les Européens resserrent leurs liens politiques pour défendre un modèle de démocratie libérale dans lequel conservateurs, libéraux et sociaux-démocrates peuvent également faire valoir leurs vues.

En France, **un Conseil français pour l'Europe unie** est fondé par Raoul Dautry (ancien ministre de l'Armement, de la Reconstruction et de l'Urbanisme, puis administrateur général du Commissariat à l'énergie atomique), avec le projet, en particulier, de définir les conditions de démocratie politique et sociale auxquelles devront satisfaire les pays membres d'une future union européenne.

Ces mouvements exercent, avec beaucoup d'autres, une pression sur les gouvernements européens pour qu'ils s'engagent en faveur d'une construction européenne ancrée dans le camp occidental. **Un Comité international de coopération des mouvements européens** se constitue afin de préparer un grand congrès : du 7 au 10 mai 1948, huit cents personnalités de dix-neuf pays se retrouvent à La Haye pour demander la création d'une assemblée parlementaire européenne élue par les peuples. Churchill y demande une union des peuples d'Europe occidentale pour faire face à « toutes les formes de la tyrannie, qu'elles soient anciennes ou modernes, nazies ou communistes ».

Ce Comité international de coopération, transformé en **Mouvement européen**, présente aux cinq États membres du Traité de Bruxelles (voy. n° 351) des propositions visant à institutionnaliser la coopération européenne. Deux conceptions s'affrontent alors :

- la conception britannique, qui envisage une organisation interétatique de coopération, avec une assemblée au rôle purement consultatif, où siégeraient des représentants désignés par leurs gouvernements respectifs ;
- la conception franco-belge, qui suggère que cette assemblée possède un véritable caractère parlementaire et exprime une opinion publique européenne.

Le 5 mai 1949, le Traité de Londres, signé par dix États d'Europe de l'Ouest (Belgique, Danemark, France, Irlande, Italie, Luxembourg, Norvège, Pays-Bas, Royaume-Uni et Suède) et entré en vigueur le 3 août 1949, **crée le Conseil de l'Europe**, dont le but est de « réaliser une union sans cesse plus étroite entre les États membres afin de sauvegarder et de promouvoir les idéaux et les principes qui sont leur patrimoine commun ».

La conception britannique l'a pour l'essentiel emporté : l'Assemblée consultative du Conseil de l'Europe est désignée par les parlements des pays membres mais n'a, comme son nom le souligne, qu'un rôle consultatif ou de proposition ; un Comité des ministres représentant les gouvernements est seul habilité à agir au nom de l'organisation, mais il ne peut formuler (à l'unanimité) que des recommandations à l'attention des pays membres ou leur proposer (à la majorité des deux tiers) des conventions en vue de leur signature et ratification.

Première organisation politique européenne, le Conseil de l'Europe, dont le statut prévoit que tout État membre doit reconnaître « le principe de la prééminence du Droit et le principe en vertu duquel toute personne placée sous sa juridiction doit jouir des droits de l'homme et des libertés fondamentales », ne rassemble à l'origine que pays d'Europe occidentale. Il se présente comme un « club » d'**États démocratiques**, gardien des libertés fondamentales et des droits de l'homme. Sa contribution à la protection des droits de l'homme en Europe est aujourd'hui essentielle puisque c'est en son sein qu'est mise en œuvre **la Convention européenne du 4 novembre 1950 sur la sauvegarde des droits de l'homme et des libertés fondamentales** (voy. n° 231).

B) La constitution d'alliances militaires

348 Face à une politique soviétique qu'ils perçoivent comme une menace immédiate, **les pays d'Europe occidentale jugent que seul un système de défense collective atlantique pourra assurer leur sécurité.** Parallèlement, les Soviétiques institutionnalisent leur coopération militaire avec les pays d'Europe centrale et orientale afin de défendre leur influence dans cette partie du continent européen.

1. Les alliances militaires à l'Ouest

349 Progressivement, les pays occidentaux se lient aux États-Unis par des accords de défense mutuelle. Pendant plus de quarante ans, le « parapluie nucléaire » américain va ainsi protéger l'Europe occidentale d'une éventuelle agression soviétique. Il faut toutefois attendre plusieurs années avant que l'Allemagne, à l'égard de laquelle les méfiances restent vives, soit intégrée dans le système de défense de l'Europe occidentale.

a) Le Traité de Dunkerque du 4 mars 1947

350 Le 4 mars 1947, par crainte d'une résurgence de l'expansionnisme allemand, la France et le Royaume-Uni signent à Dunkerque un traité d'alliance et d'assistance mutuelle.

b) Le Traité de Bruxelles du 17 mars 1948

351 Face à la radicalisation de la Guerre froide, les signataires du Traité de Dunkerque considèrent que la priorité est désormais de faire face à la menace soviétique. En 1948, la France et le Royaume-Uni invitent les pays du Benelux, la coopération transfrontalière formée en 1944 par la Belgique, le Luxembourg et les Pays-Bas, à signer à Bruxelles un pacte de coopération militaire, économique, sociale et culturelle, dénommé « **traité de l'Union occidentale** ». Cet accord, prévu pour cinquante ans, comporte **un engagement mutuel d'assistance militaire automatique en cas d'agression**. Un état-major interallié est créé à Fontainebleau.

c) Le Traité de l'Atlantique nord du 4 avril 1949

352 En 1948, nombre de pays d'Europe occidentale, à l'exception de pays restés neutres pendant la Seconde Guerre mondiale (Irlande, Suède et Suisse) et de la Finlande, qui a dû accepter une certaine influence soviétique, désirent se

placer sous la protection des États-Unis afin de garantir leur sécurité. C'est ainsi qu'avec leur accord, **des soldats américains reviennent en Europe occidentale**, surtout après l'invasion de la Corée du Sud par les forces nord-coréennes (voy. n°s 363 et s.), en juin 1950[37].

Parallèlement, les États-Unis décident **dès le blocus de Berlin (juin 1948-mai 1949)** (voy. n° 342) de renforcer la sécurité de l'Europe occidentale. Le 11 juin 1948, le Sénat américain vote ainsi, à l'initiative du président de sa commission des Affaires étrangères, Arthur Vandenberg, une résolution (couramment appelée **« résolution Vandenberg »**) soutenant le « développement progressif des arrangements collectifs, régionaux ou autres, en vue de la légitime défense individuelle et collective » conformément à la Charte des Nations Unies et préconisant « l'association » des États-Unis à ces arrangements. Washington entreprend alors de négocier un réseau d'accords de défense bilatéraux ainsi qu'un **accord multilatéral de défense collective, le Traité de l'Atlantique nord**.

Le Traité de l'Atlantique nord est **signé à Washington le 4 avril 1949 par douze États** (Belgique, Canada, Danemark, États-Unis, France, Islande, Italie, Luxembourg, Norvège, Pays-Bas, Portugal, Royaume-Uni) et entre en vigueur le 24 août 1949. Il s'ouvre rapidement à d'autres pays : la Grèce et la Turquie (1952), la République fédérale d'Allemagne (1955) et l'Espagne (1982, après la fin du régime franquiste). Avec la **Convention d'Ottawa du 20 septembre 1951**, les signataires du Traité de l'Atlantique nord se dotent d'une organisation disposant de la personnalité morale, l'**Organisation du Traité de l'Atlantique nord (OTAN)**.

Le Traité de l'Atlantique nord est un **pacte de défense régional** dont le champ d'application s'étend à l'Europe et à l'Amérique du Nord, dans la région de l'Atlantique nord, mais aussi de la Méditerranée. Compatible avec la Charte des Nations Unies, à laquelle il se réfère notamment dans son article 5 (droit de légitime défense, individuelle ou collective, reconnu par l'article 51 de la Charte) et son article 7 (qui fait écho à « la responsabilité primordiale du Conseil de sécurité dans le maintien de la paix et de la sécurité internationales »), il repose sur le **principe de la légitime défense collective**. Selon son **article 5**, « les parties contractantes conviennent qu'une attaque armée contre une ou plusieurs d'entre elles, sera considérée comme une attaque contre toutes les parties. Dans l'exercice du droit de légitime défense individuel ou collectif, chacune d'elles assistera les parties attaquées, en prenant toute action qu'elle jugera nécessaire pour rétablir la sécurité ». Toutefois, à la demande des États-Unis, **le Traité de l'Atlantique nord ne prévoit pas d'intervention militaire automatique des autres signataires** dès qu'un des membres est agressé : chaque État décide de la nature de l'assistance qu'il doit apporter à l'État agressé (aide économique, livraisons d'armes ou engagement militaire direct).

Sur le plan institutionnel, **l'OTAN**, dont le siège est à Bruxelles depuis 1967 après avoir été à Londres puis à Paris, **comprend une structure civile et une structure militaire** :

- la structure civile inclut notamment un Conseil qui, présidé par le secrétaire général de l'organisation, se réunit au niveau des ministres des Affaires étrangères, des ministres de la Défense ou des chefs d'État et de gouvernement ;

37. Les forces américaines en Europe passeront de 120 500 hommes en 1950 à 250 600 en 1951 et dépasseront les 390 000 hommes en 1962.

– la structure militaire, établie seulement à partir de décembre 1950, est constituée d'un **Comité militaire**, composé des chefs d'état-major des armées des pays membres et d'un **état-major international** chargé de l'assister.

d) Échec de la CED et accords de Paris du 23 octobre 1954 (UEO)

353 La création d'une Communauté européenne de défense (CED) est liée à la question du réarmement allemand, plus précisément à la volonté des États-Unis de faire participer la République fédérale d'Allemagne à la défense occidentale. Après l'offensive nord-coréenne contre la Corée du Sud en juin 1950 (voir ci-après), le secrétaire d'État américain, Dean Acheson, déclare devant le Sénat américain qu'il faut mobiliser toutes les forces européennes (et donc des forces allemandes) aux côtés de celles des États-Unis. Les États-Unis sont, sur ce point, soutenus par le Royaume-Uni. La France se trouve ainsi, quelques années après la fin de la guerre, confrontée à la nécessité d'accepter le **réarmement allemand**.

René Pleven, président du Conseil, présente devant l'Assemblée nationale française l'esquisse d'une nouvelle organisation de la défense européenne. Il propose que le réarmement allemand ne se réalise pas sous la forme d'une armée allemande autonome, mais qu'il ait lieu dans le cadre d'une armée européenne. Cette armée serait placée sous l'autorité d'un ministre européen, lui-même responsable devant l'assemblée de la Communauté européenne du charbon et de l'acier (CECA) (voy. n° 359). **Le 27 mai 1952, le traité instituant une Communauté européenne de défense est signé** par l'Allemagne, la France, l'Italie et les trois pays du Benelux. Le Royaume-Uni, hostile à toute formule d'intégration, refuse d'y prendre part. Il faudra attendre plus de deux ans pour que Pierre Mendès France, alors président du Conseil, soumette le traité, sans le défendre, à l'Assemblée nationale française, en regrettant de n'avoir pu obtenir aucune modification des partenaires de la France. Toutefois, **le 30 août 1954, l'Assemblée nationale**, en adoptant la « question préalable », **refuse d'entrer dans la discussion du traité** en raison de l'opposition non seulement des communistes et des gaullistes, mais aussi de nombreux socialistes, radicaux et modérés.

Afin de permettre la reconstruction de l'armée allemande dans le giron européen, le Royaume-Uni propose que l'on redonne vie au Traité de Bruxelles du 17 mars 1948 (voy. n° 351) en y intégrant l'Allemagne fédérale et l'Italie. **Le 23 octobre 1954 à Paris, l'Union de l'Europe occidentale (UEO) est créée par la France, le Royaume-Uni, les trois pays du Benelux, la RFA et l'Italie (accords de Paris).** L'activité de l'UEO, à ses débuts, consiste surtout à contrôler le réarmement allemand, alors soumis à de strictes limitations, puisque l'exercice de ses activités militaires est en effet confié à l'OTAN.

2. Le pacte de Varsovie (14 mai 1955)

354 Parallèlement au bloc occidental, **l'URSS organise son propre système de défense collective.** Elle ne réplique pas immédiatement à la création de l'OTAN par la conclusion d'un accord multilatéral avec les pays placés sous son influence. C'est **le 14 mai 1955** seulement, **après le réarmement ouest-allemand et l'entrée de la RFA au sein de l'OTAN et de l'UEO**, qu'est

conclu à Varsovie un traité prévoyant une coopération et une assistance mutuelle entre huit pays du bloc soviétique : l'URSS, l'Albanie, la Bulgarie, la Hongrie, la Pologne, la République démocratique allemande (RDA), la Roumanie et la Tchécoslovaquie. En 1968, l'Albanie s'en retire.

L'article 4 du pacte de Varsovie prévoit qu'il ne s'applique qu'« en cas d'agression armée en Europe ». S'il ne prévoit pas d'automaticité de l'engagement militaire, chaque État signataire peut néanmoins apporter assistance à un autre État « par tous les moyens qui lui sembleront nécessaires, y compris l'emploi de la force armée ».

De manière générale, **le pacte de Varsovie a une importance militaire limitée**. Le dispositif militaire du bloc soviétique repose avant tout sur un réseau de traités bilatéraux très contraignants qui lient chaque pays du bloc à l'URSS et prévoient tous l'automaticité de l'engagement militaire.

C) La constitution d'alliances économiques

355 La solidarité des États d'Europe occidentale s'est d'abord traduite sur le plan économique par la constitution d'organisations chargées de gérer l'aide américaine. Très rapidement, **l'économie de marché, adoptée par les pays occidentaux, s'oppose au système d'économie dirigée du « camp socialiste »**. Ce sont ces deux modèles de développement qui sont alors proposés au reste du monde, de sorte que **la lutte politique et idéologique se traduit par le choix d'un système économique.**

1. L'Organisation européenne de coopération économique (OECE)

356 Lors de son discours prononcé le 5 juin 1947 à l'université Harvard, le général Marshall précise : « Il ne serait ni bon, ni utile que ce gouvernement [américain] entreprenne d'établir de son côté un programme destiné à remettre l'économie de l'Europe sur pied. C'est là l'affaire des Européens. L'initiative, à mon avis, doit venir de l'Europe ». C'est ainsi que les Américains subordonnent l'aide économique qu'ils accordent à l'Europe occidentale dans le cadre du plan Marshall (14 milliards de dollars, à raison de 5/6 sous forme de don et de 1/6 sous forme de prêt) à la création d'une institution chargée de sa gestion collective et à l'élaboration d'un programme européen de reconstruction.

Le 12 juillet 1947, la conférence de Paris détermine les besoins économiques communs de l'ensemble des pays européens devant bénéficier du plan Marshall. La répartition de l'aide (26 % pour le Royaume-Uni, 23 % pour la France et 11 % pour l'Allemagne occidentale) est alors effectuée par des comités spécialisés, sur le modèle des *Combined Boards* qui avaient distribué l'aide des Alliés durant la Seconde Guerre mondiale. **Le 16 avril 1948, seize États bénéficiaires (et les zones d'occupation occidentales en Allemagne) créent l'Organisation économique de coopération européenne (OECE).** Cette nouvelle organisation établit un programme commun de relèvement des économies européennes et assure la reprise des échanges commerciaux entre les États de l'Europe occidentale. L'URSS refuse d'y participer, estimant que cette organisation, chargée de coordonner les politiques économiques entre les États membres, porterait atteinte à sa souveraineté.

L'OECE se transforme en Organisation de coopération et de développement économique (OCDE) le 14 décembre 1960, lorsque le Canada et les États-Unis décident d'y participer.

2. Le Conseil d'assistance économique mutuelle (CAEM ou Comecon)

357 Ayant refusé le plan Marshall, l'URSS crée, le 25 janvier 1949, le Conseil d'assistance économique mutuelle (CAEM). Il s'agit d'une **forme de coopération économique des pays à économie dirigée, qui lie les pays du pacte de Varsovie**. Cette organisation économique peu structurée, sans instance politique, vise à coordonner la planification de l'économie de ses pays membres afin d'aboutir à une planification à l'échelle du bloc soviétique. Elle est dissoute en 1991.

D) La naissance des Communautés européennes

358 Si l'idée d'une Europe unie est ancienne – d'Henri IV à Victor Hugo, divers schémas ont été imaginés au fil des siècles –, elle ne se concrétise véritablement qu'après la Seconde Guerre mondiale : le refus des affrontements guerriers du passé, dans le contexte de la montée de l'antagonisme Est-Ouest, conduit ainsi à la création d'organisations européennes intégrées dans le domaine économique, qui s'inscrivent à la fois dans un idéal européen et un projet d'intégration supranationale à l'échelle régionale.

1. La déclaration Schuman et la création de la CECA

359 Le 9 mai 1950, Robert Schuman, ministre français des Affaires étrangères, propose de « placer l'ensemble de la production franco-allemande de charbon et d'acier sous une haute autorité commune dans une organisation ouverte à la participation des autres pays d'Europe ». Trois objectifs sont poursuivis par cette initiative : l'organisation de la sidérurgie européenne, la réconciliation franco-allemande et, au-delà, l'avènement de la paix.

Le 18 avril 1951, le traité instituant la Communauté européenne du charbon et de l'acier (CECA) est signé à Paris par la France, l'Allemagne fédérale, l'Italie et les trois États du Benelux ; il entre en vigueur le 23 juillet 1952.

Cette première Communauté (CECA) repose sur les institutions suivantes :

- **une Haute Autorité indépendante**, dotée de larges pouvoirs d'initiative et de gestion ;
- **une Assemblée commune**, composée de représentants des parlements nationaux et siégeant à Strasbourg ;
- **un Conseil spécial des ministres**, organe intergouvernemental composé de représentants des gouvernements nationaux ;
- **une Cour de justice** siégeant à Luxembourg.

Cette première unification européenne sectorielle (aciéries et mines de charbon) représente la première étape d'un processus imaginé par Jean Monnet, artisan de la CECA aux côtés de Robert Schuman (voy. E 14) : selon la

« méthode des petits pas » conçue par Jean Monnet, « l'Europe ne se fera pas d'un coup, ni dans une construction d'ensemble, mais par des réalisations concrètes créant d'abord des solidarités de fait », ainsi que l'a déclaré Robert Schuman le 9 mai 1950.

Lorsque le Traité de Paris, conclu pour une durée de cinquante ans, est **arrivé à expiration le 23 juillet 2002**[38], les secteurs du charbon et de l'acier sont passés sous le régime de droit commun de la Communauté européenne.

E 14 **Trois « pères fondateurs » de l'Europe : Schuman, Monnet, Spaak**

ROBERT SCHUMAN (1886-1963) : né de parents lorrains établis à Luxembourg, il suit des études de droit en Allemagne, puis devient avocat. Il commence sa carrière politique en tant que député de la Moselle, de 1919 à 1940 (sous la bannière démocrate populaire à partir de 1924). Arrêté par la Gestapo en 1940, il est mis au secret, mais parvient à s'échapper en août 1942 et entre alors dans la clandestinité. Elu député de la Moselle au titre du Mouvement républicain populaire (MRP) de 1945 à 1962, il entre au gouvernement comme ministre des Finances en janvier 1947, puis est président du Conseil de novembre 1947 à juillet 1948, avant de devenir ministre des Affaires étrangères en 1948, poste qu'il occupe jusqu'en 1952. Brièvement garde des Sceaux en 1955, il préside, au sein de la CECA dont il est le fondateur, l'Assemblée parlementaire européenne de 1958 à 1960.

JEAN MONNET (1888-1979) : né dans une famille de négociants, avec laquelle il travaille dans sa jeunesse, il coordonne les ressources de guerre franco-britanniques durant la Première Guerre mondiale, puis devient secrétaire général adjoint de la Société des Nations (1919-1922). Expert financier influent dans l'entre-deux-guerres, il refuse la capitulation de la France en 1940 et devient conseiller du président américain Franklin Roosevelt. Au sein du Comité français de libération nationale, il organise l'armement des forces françaises libres. Commissaire général au plan en charge de la modernisation et de l'équipement (1946-1952), il élabore le projet de communauté européenne, à l'origine de la CECA, dont il préside la Haute Autorité à partir de 1952. Après l'échec du projet de la CED, il démissionne de la CECA et crée en 1955 le Comité d'action pour les États-Unis d'Europe, qui milite pour une fédération européenne. En 1957, il participe activement aux négociations des Traités de Rome (voy. n° 360).

PAUL-HENRI SPAAK (1899-1972) : né à Bruxelles en 1899, il débute une carrière politique en Belgique en 1932, puis devient membre du gouvernement belge en exil à Londres durant la Seconde Guerre mondiale. Initiateur d'une union douanière entre la Belgique, le Luxembourg et les Pays-Bas, qui prend la forme de Benelux en 1948, il devient le premier président de l'Assemblée générale des Nations Unies en 1946. Chef du gouvernement belge de 1946 à 1949, il adhère en 1948 au Mouvement européen fondé par Churchill, puis préside l'Assemblée consultative du Conseil de l'Europe (1949-1951). Très engagé dans la construction européenne, il est président de l'Assemblée parlementaire de la CECA entre 1952 et 1954 et joue un rôle essentiel dans la négociation des Traités de Rome (1957) (voy. n° 360). Il est secrétaire général de l'OTAN de 1957 à 1961 et contribue à dénouer la crise de la « chaise vide » provoquée par Charles de Gaulle en 1965.

---

2. Les Traités de Rome

360 C'est à Messine, du 1er au 3 juin 1955, lors de la réunion des six ministres des Affaires étrangères de la CECA, que se dessine la poursuite de l'intégration européenne, avec deux objectifs : d'une part, la formation d'une union douanière permettant la libre circulation des biens, des services, des capitaux et des personnes et, d'autre part, la création d'une industrie nucléaire civile européenne.

38. Voy. Ch. Lescot, *Organisations européennes*, Bruxelles, Larcier, 2023.

Un comité d'experts, présidé par Paul-Henri Spaak, est chargé de préparer un rapport sur la création d'un marché commun économique et nucléaire. Sept conférences successives aboutissent à la rédaction de **deux traités signés à Rome le 25 mars 1957 par les six États membres de la CECA** (Allemagne, Belgique, France, Italie, Luxembourg et Pays-Bas) **: un traité créant la Communauté économique européenne (CEE) et un traité créant la Communauté européenne de l'énergie atomique (CEEA ou Euratom)**. Ces deux traités associent la France, l'Italie, l'Allemagne et les trois pays du Benelux.

Chaque Communauté est dotée des institutions suivantes :

- **une Commission**, organe supranational et indépendant, disposant d'un droit d'initiative exclusif ; son rôle est d'élaborer les politiques, de proposer de nouvelles réglementations, de mettre en œuvre la législation communautaire et de veiller à son respect ;
- **un Conseil des ministres**, organe décisionnaire réunissant les ministres compétents pour les dossiers traités (agriculture, commerce extérieur, transports...), sous la présidence tournante (tous les six mois) de chaque pays membre.

Deux institutions sont par ailleurs communes aux deux nouvelles Communautés et à la CECA :

- **l'Assemblée parlementaire**, réunissant alors 142 représentants des parlements nationaux et chargée du contrôle politique des institutions ;
- **la Cour de justice des Communautés européennes**, qui a pour mission de contrôler la légalité des actes communautaires et de veiller à leur application uniforme.

La fusion institutionnelle des trois Communautés se fait par étapes : elle intervient dès 1957 pour la Cour de justice et l'Assemblée (qui comptait alors 142 membres désignés par les parlements nationaux en leur sein), puis en 1965 pour le Conseil et la Commission, après la signature du traité de fusion du 8 avril 1965, entré en vigueur le 1er août 1967.

La Communauté économique européenne repose sur trois piliers :

- **un marché commun**, qui permet la libre circulation des marchandises, des services, des personnes et des capitaux ;
- **une union douanière**, reposant sur un tarif douanier commun pour les échanges avec les États tiers ;
- **l'harmonisation des politiques économiques** et **la coordination des politiques nationales** (dans un premier temps dans le domaine des transports et de l'agriculture).

§ 4. L'extension du conflit Est-Ouest

361 L'antagonisme Est-Ouest, loin de se cantonner à l'Europe, s'étend à l'ensemble du monde. La crise de Corée entraîne les États-Unis et leurs alliés dans une confrontation armée avec la Corée du Nord communiste et la Chine, qui semble s'agréger au bloc soviétique. Le Moyen-Orient devient également une zone de conflit, où les deux superpuissances rivalisent d'influence.

Dans ce contexte, les États-Unis et l'URSS se lancent dans une course aux armements qui revêt vite une dimension nucléaire avec l'établissement d'un« équilibre de la terreur » entre les deux camps.

A) La zone Pacifique (Extrême-Orient, Asie du Sud-Est)

362 La zone du Pacifique est une des régions du monde où l'antagonisme Est-Ouest prend les formes les plus aiguës.

1. La guerre de Corée et ses conséquences en Europe

a) Le déroulement du conflit

363 À partir du mois de juin 1950, la Corée est le théâtre d'un conflit armé entre des pays communistes (Corée du Nord et Chine), soutenus par le bloc soviétique, et les Occidentaux.

Lors de la conférence de Moscou (1er au 30 octobre 1943), les ministres des Affaires étrangères de la Chine, du Royaume-Uni, des États-Unis et de l'URSS avaient prévu qu'une commission mixte soviéto-américaine aiderait à la formation d'un gouvernement provisoire sur l'ensemble du territoire coréen. Finalement, à la conférence de Yalta de février 1945, il est décidé de libérer la Corée de l'occupation japonaise ; il est prévu que les Soviétiques occupent le nord du pays et les Américains le sud. **Lors de la conférence de Potsdam de juillet-août 1945, les chefs d'état-major choisissent le 38e parallèle comme ligne de séparation entre les zones des deux armées d'occupation.**

La commission mixte soviéto-américaine ne parvenant pas à mettre en place des institutions coréennes, les États-Unis saisissent l'Assemblée générale des Nations Unies, qui crée « une commission temporaire des Nations Unies pour la Corée ». Cependant, cette commission ne peut remplir son mandat qu'au sud du 38e parallèle.

Le 10 mai 1948, des élections ont lieu en Corée du Sud. Dans le nord de la péninsule, une « Assemblée populaire suprême » nomme, le 9 septembre 1948, un gouvernement dirigé par Kim Il-sung et soutenu par les Soviétiques : **la République populaire démocratique de Corée voit le jour au-dessus du 38e parallèle.** Soviétiques puis Américains quittent alors progressivement la Corée, laissant face à face deux États dirigés par deux gouvernements antagonistes, l'un sous influence soviétique et l'autre sous influence occidentale. Seule la « commission permanente des Nations Unies pour la Corée » reste saisie de la question de la réunification de la Corée.

Lorsque, **le 25 juin 1950, l'armée nord-coréenne franchit le 38e parallèle**, les États-Unis demandent immédiatement la convocation du Conseil de sécurité, alors boycotté par l'Union soviétique, qui proteste contre le refus d'attribuer le siège de la Chine au gouvernement de Mao Tsé-toung. Le Conseil de sécurité peut donc, en l'absence du représentant soviétique, voter le **7 juillet 1950 la résolution 84 invitant les États membres à placer leurs contingents militaires « à la disposition d'un commandement unifié sous l'autorité des États-Unis »** (voy. nos 271 et 272).

Dès le mois de septembre 1950, les troupes de la coalition américaine commandées par le général Douglas MacArthur sous le drapeau des Nations Unies passent à l'offensive. Le 7 octobre 1950, elles franchissent le 38e parallèle, tandis que les troupes chinoises interviennent aux côtés des Nord-Coréens le 25 octobre. Au cours d'une conférence de presse, **le 30 novembre 1950, le président Truman laisse entendre qu'il n'exclut pas l'emploi de l'arme nucléaire, ce qui suscite une vive émotion à Paris et à Londres.** Le 11 avril

1951 toutefois, il relève de ses fonctions le général MacArthur, ouvertement partisan de l'extension du conflit pour renverser le pouvoir chinois, et le remplace par le général Matthew Bunker Ridgway.

La situation militaire se stabilise alors autour du 38e parallèle. Des négociations engagées le 30 juin 1951 aboutissent à **une convention d'armistice signée le 27 juillet 1953**.

E15 **Le président Eisenhower et la Guerre froide**

DWIGHT EISENHOWER (1890-1969) : commandant en chef des forces alliées en Europe pendant la Seconde Guerre mondiale et commandant suprême des forces de l'OTAN en 1951, il est élu président des États-Unis (républicain) en 1952, puis réélu en 1956. Avec son secrétaire d'État John Foster Dulles, il conduit une politique d'alliances en vue d'empêcher la progression de l'influence soviétique dans le monde, notamment au Moyen-Orient. En janvier 1957, il affirme que les États-Unis sont disposés à accorder leur aide militaire et économique à tout pays menacé par l'Union soviétique. Il annonce des « représailles nucléaires massives » en cas d'agression soviétique mais dans le même temps amorce la politique de détente.
Pour la première fois depuis 1945, un conflit armé a opposé le camp occidental au camp soviétique. L'affrontement est resté local mais il a été d'une grande violence (2 500 000 morts et blessés parmi les seuls combattants). Le conflit se termine cependant par la confirmation du *statu quo*.

---

b) Les conséquences militaires du conflit coréen

364 La guerre de Corée a eu d'importantes conséquences pour la sécurité internationale, en particulier pour la sécurité européenne. Les États-Unis, qui, contrairement aux Soviétiques, avaient fortement réduit leurs dépenses de défense dans l'immédiat après-guerre (de 83 à 9,1 milliards de dollars courants de 1945 à 1948), reprennent leur effort d'armement (les dépenses sont relevées à 23,6 milliards de dollars dès 1951 pour s'établir à 52,8 milliards de dollars, soit 13,4 % du PNB, en 1953)[39].

Alors que l'ensemble du monde occidental craint la répétition en Europe du scénario coréen, les États-Unis demandent à leurs alliés européens de consentir un effort de défense comparable au leur. Ils font adopter des objectifs de force très élevés par le Conseil de l'Atlantique nord réuni à Lisbonne en février 1952 et demandent que l'Allemagne fédérale participe à la défense de l'Europe. Sous la présidence de Dwight Eisenhower (1953-1961), ils développent leur armement nucléaire, jugé moins coûteux que les armes conventionnelles, et décident, à partir de fin 1953, de déployer en Europe des pièces d'artillerie, des missiles balistiques sol-sol et des bombardiers équipés de têtes nucléaires dites « tactiques », c'est-à-dire en vue de l'emploi sur le champ de bataille.

2. La fondation de la République populaire de Chine et ses liens avec l'URSS

365 La situation stratégique de l'Asie est marquée, au début des années 1950, par les relations privilégiées qu'entretiennent les deux plus grandes puissances communistes du monde : l'URSS et la Chine.

---

39. *After the Cold War : Living With Lower Defense Spending, Office of Technology Assessment*, février 1992.

Le 1er octobre 1949, Mao Tsé-toung, vainqueur des nationalistes chinois dirigés par Tchiang Kai-chek, proclame la République populaire de Chine. Les nationalistes chinois se réfugient dans l'île de Taïwan, où ils établissent un gouvernement qui reste reconnu comme celui de la Chine par les Occidentaux.

Après le voyage de Mao Tsé-toung à Moscou en décembre 1949, **les premiers accords sino-soviétiques sont signés le 14 février 1950**. Ils comprennent notamment un traité d'amitié, d'alliance et d'assistance mutuelle d'une durée de trente ans, dont l'article 1er prévoit qu'il s'applique immédiatement en cas d'agression « de la part du Japon ou de tout autre État qui, directement ou indirectement, se joindrait au Japon dans des actes d'agression », tandis que l'article 5 établit une coopération économique et culturelle entre les deux pays.

De 1949 au 12 septembre 1954, date du second accord sino-soviétique signé à Pékin, la Chine ne cesse d'étendre son influence et, dans le même temps, d'accroître son autonomie par rapport à l'URSS.

3. Les alliances de sécurité américaines en Asie et dans le Pacifique

366 Dans le contexte de leur engagement en Corée, les États-Unis resserrent leurs liens de sécurité avec les pays d'Asie et du Pacifique. Le 30 août 1951, ils concluent un traité de sécurité avec leur ancienne colonie des **Philippines**, indépendante depuis le 4 juillet 1946. Le 1er septembre 1951 ils se lient à **l'Australie et la Nouvelle-Zélande** par un traité de sécurité tripartite, dit ANZUS (Australia, New Zealand, United States). Le 8 septembre 1951, ils organisent la fin de leur occupation du **Japon** (traité de paix de San Francisco signé avec 48 pays mais sans l'URSS ni la Chine) et, le même jour, concluent avec ce pays un traité de sécurité qui leur donne notamment le droit d'y maintenir des bases militaires.

Sous la présidence de Dwight Eisenhower, John Foster Dulles, secrétaire d'État, s'efforce de mettre en place un réseau étendu de traités d'alliance militaire pour combattre l'influence soviétique (politique souvent désignée sous le nom de « pactomanie »). Le 1er octobre 1953, les États-Unis concluent ainsi un traité de défense mutuelle avec la **Corée du Sud** puis, le 19 mai 1954, avec le **Pakistan** ; un pacte de défense mutuelle associe ensuite les États-Unis et la **Chine nationaliste (Taïwan)** pour la défense de son territoire le 2 décembre 1954.

Le 8 septembre 1954, le Traité de l'Asie du Sud-Est créant l'Organisation du Traité de l'Asie du Sud-Est (OTASE) est signé à Manille, peu de temps après les accords de Genève du 26 avril 1954 sur l'Indochine (voy. n° 376) qui ont partagé le Vietnam en deux (au nord du 17e parallèle, un Vietnam communiste ; au sud, un Vietnam que les Américains décident de soutenir et de défendre militairement si nécessaire). Ce traité, conclu pour une durée indéterminée par huit États (l'Australie, les États-Unis, la France, la Nouvelle-Zélande, le Pakistan, les Philippines, le Royaume-Uni et la Thaïlande), prévoit à son article 4 qu'en cas d'agression armée contre la zone couverte par le traité (les territoires des États parties et d'autres États désignés par eux de manière unanime, soit le Vietnam du Sud, le Cambodge et le Laos), les États parties réagissent « conformément à leurs règles constitutionnelles ». Dans une déclaration spéciale, les États-Unis s'engagent à intervenir directement dans un conflit en cas d'agression communiste. Le Traité de l'Asie du Sud-Est est devenu caduc en 1977, après la fin de la guerre du Vietnam.

E 16 **La création de la République populaire de Chine**

La défaite de la Chine dans la guerre sino-japonaise (1894-1895) provoque son démembrement par les Occidentaux (présents dans le pays depuis le Traité de Nankin de 1842) et le déclin de la dynastie mandchoue (qui s'était imposée depuis le XVIIe siècle). Après la révolte des Boxers (1900) réprimée par un corps expéditionnaire occidental, le Guomindang nationaliste et républicain de Sun Yat-sen proclame la République chinoise en 1911. À la mort de ce dernier, son successeur, Tchiang Kai-chek, s'empare du pouvoir et rompt en 1925 son alliance avec les communistes, lesquels, après avoir fondé une République soviétique chinoise en 1931, se retirent dans la province du Chen-si (Longue Marche de 1934-1935) sous la direction de Mao Tsé-toung. Après la seconde guerre sino-japonaise (1937-1945), une guerre civile opposant nationalistes et communistes entre 1945 et 1949 aboutit à la victoire des partisans de Mao Tsé-toung, lequel proclame la République populaire de Chine le 1er octobre 1949, tandis que Tchiang Kai-chek se réfugie à Taïwan.

B) Le Moyen-Orient et le conflit israélo-arabe

367 Entre 1950 et 1955, le Moyen-Orient reste une zone où la démarcation entre les deux blocs ne s'est pas encore stabilisée. Sa position stratégique mais surtout ses ressources pétrolières constituent cependant rapidement un enjeu important de l'antagonisme Est-Ouest. Le conflit israélo-arabe, donnée fondamentale de la sécurité de la région, est l'occasion pour les États-Unis comme pour l'URSS d'y développer leur influence.

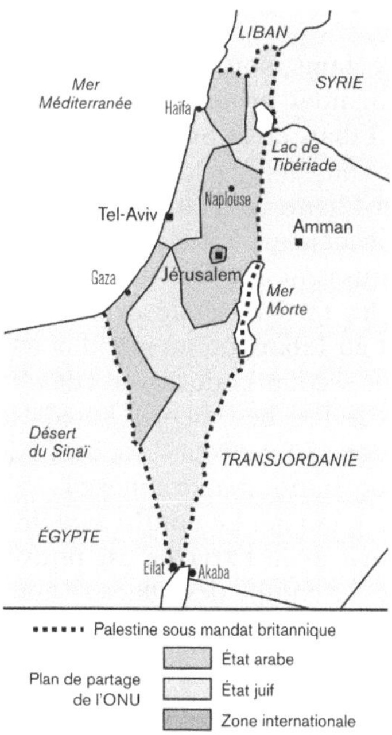

Le partage de la Palestine en 1947

Superficie : 14 400 km²
Population : 650 000 Juifs, 870 000 Arabo-palestiniens.

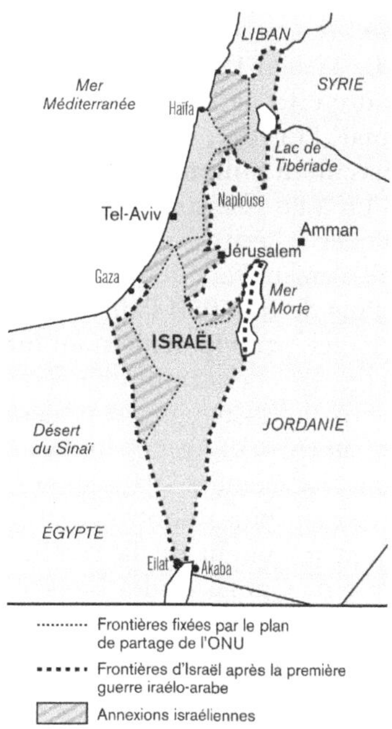

Israël en 1949 après la première guerre israélo-arabe

1. L'idée d'un foyer national juif

368 À la fin du XIXe siècle, face à l'antisémitisme qui sévit en Europe et dans le contexte des revendications des diverses minorités nationales, un mouvement sioniste se constitue à l'initiative de l'Autrichien Theodor Herzl. Il milite pour la « création pour le peuple juif en Palestine d'un foyer garanti par le droit public » (programme du Congrès sioniste de Bâle de 1897). Alors que la Palestine est en possession de l'Empire ottoman, **Lord Balfour,** ministre des Affaires étrangères britannique, **déclare le 2 novembre 1917 que « le gouvernement de sa Majesté envisage favorablement l'établissement en Palestine d'un foyer national pour le peuple juif ».** Lorsqu'un mandat sur la Palestine est confié au Royaume-Uni en 1918 (voy. n° 160), aucune solution n'a été trouvée en ce qui concerne le statut des juifs sionistes, de plus en plus nombreux à s'implanter sur ce territoire.

2. La création de l'État d'Israël et la première guerre israélo-arabe (1948)

369 Après la Seconde Guerre mondiale, le gouvernement britannique soumet la question palestinienne aux Nations Unies. Une commission spéciale, composée de représentants de onze nations, recommande de constituer en Palestine un État juif et un État arabe et de donner un statut international à Jérusalem. **Cette partition de la Palestine est acceptée le 29 novembre 1947 lors de la seconde session de l'Assemblée générale des Nations Unies par 33 voix** (dont celles de la France, des États-Unis et de l'URSS) contre 13 (les États arabes) et une abstention (Royaume-Uni).

Le 14 mai 1948, l'État d'Israël est proclamé, son indépendance devant prendre effet le lendemain, à la fin du mandat britannique. Toutefois, le 14 mai, l'Égypte, l'Irak, la Jordanie, le Liban et la Syrie décident d'une intervention militaire. Après neuf mois de combats, le triomphe des Israéliens conduit à un armistice négocié par l'intermédiaire des Nations Unies et signé à Rhodes (Grèce). Israël obtient 70 % de l'ancienne Palestine et déclare que son Parlement sera désormais installé à Jérusalem.

Plus de 600 000 Palestiniens fuient les territoires désormais occupés par Israël, principalement en Jordanie et au Liban, où un grand nombre est hébergé dans des camps où opère l'Office de secours et de travaux des Nations Unies pour les réfugiés de Palestine dans le Proche-Orient (United Nations Relief and Works Agency for Palestine Refugees in the Near East ou UNRWA).

Le 16 décembre 1948, le roi Abdallah de Transjordanie annexe la Palestine arabe et attribue au nouvel État le nom de Jordanie. **Le conflit israélo-arabe devient un enjeu de la rivalité Est-Ouest avec l'arrivée au pouvoir en Égypte de Gamal Abdel Nasser**, membre du groupe des Officiers libres qui, en 1952, a renversé le roi Farouk. C'est dans ce contexte que les Américains et les Britanniques mettent sur pied un pacte destiné à écarter l'URSS de la région, le pacte de Bagdad.

3. Le pacte de Bagdad

370 Le 24 février 1955, pour contrer l'influence soviétique, un **traité de coopération militaire est signé à Bagdad** entre la Turquie et l'Irak. Initialement conçu comme « un engagement de coopération pour la sécurité et la défense des deux pays », ce pacte, conclu pour une période de cinq ans, est ouvert à d'autres puissances : le Royaume-Uni y adhère le 5 avril 1955 car il y voit un moyen de « renforcer l'extrême aile droite de l'OTAN » (c'est-à-dire le front oriental) face à l'Égypte de Nasser, fervent partisan d'un neutralisme anti-occidental ; le Pakistan et l'Iran rejoignent le pacte les 23 septembre et 3 novembre 1955. Les États-Unis, qui considèrent ce pacte comme un rempart face à l'influence soviétique dans cette région du monde, sont admis au sein de son comité militaire en 1957.

4. La crise du canal de Suez

371 En avril 1955, Nasser participe à la conférence des Non-Alignés à Bandung (Indonésie). Juste après, l'URSS lui propose une vente d'armes sans condition, payable en coton ou en produits textiles.

Le 26 juillet 1956, en représailles au refus des États-Unis de financer un grand barrage à Assouan, Nasser nationalise la compagnie du canal de Suez, alors que la concession de cette compagnie sur le canal devait prendre fin en 1968. La France et le Royaume-Uni, respectivement dirigés par le président du Conseil Guy Mollet et le Premier Ministre Anthony Eden, sont les nations les plus touchées par cette nationalisation. Cela accroît leur ressentiment envers l'Égypte, plus ancien – la France reproche au Caire d'avoir contribué aux succès de la rébellion algérienne, tandis que le Royaume-Uni essaie de protéger les souverains d'Irak et de Jordanie contre le socialisme panarabe de Nasser. Paris et Londres saisissent le Conseil de sécurité des Nations Unies, lequel vote au mois de novembre une résolution de compromis dans laquelle il rappelle le principe de la liberté de transit mais aussi le respect de la souveraineté égyptienne.

Dans la nuit du 29 au 30 octobre 1956, le gouvernement israélien de David Ben Gourion **lance une offensive éclair dans le Sinaï**, selon un scénario concerté avec la France et le Royaume-Uni. **Le 30 octobre**, arguant de la paralysie du Conseil de sécurité des Nations Unies, **la France et l'Angleterre demandent avec une certaine hypocrisie à Israël et à l'Égypte de retirer leurs troupes à plus de treize kilomètres du canal**.

Commencée début novembre avec le bombardement des aérodromes égyptiens, l'opération militaire franco-britannique s'intensifie. Le 5 novembre 1956, alors que les troupes franco-britanniques occupent Port-Saïd depuis une semaine, l'URSS annonce qu'elle est « prête à utiliser toutes les formes modernes d'armes destructrices s'il n'est pas mis fin à l'expédition ». De son côté, le président américain Dwight Eisenhower, alors en pleine campagne électorale, condamne l'intervention franco-britannique, qu'il qualifie de « coup fatal porté aux Nations Unies ». Sous la double pression soviétique et américaine, Français et Britanniques retirent très rapidement leurs troupes.

La crise du canal de Suez démontre que la bipolarisation du monde entre le bloc occidental, dominé par les États-Unis et l'URSS, **ne laisse plus de place pour une intervention autonome des puissances moyennes** (France,

Royaume-Uni...). Elle montre aussi que les deux superpuissances sont capables désormais de s'entendre pour éviter d'être entraînées dans une confrontation contraire à leurs intérêts.

À la suite de cet épisode, **le prestige de l'URSS grandit dans le monde arabe**. La **Syrie** prend une orientation analogue à celle de l'Égypte, qui la conduit à créer avec celle-ci en 1958 une République arabe unie, vite dissoute en 1961. En **Irak**, des militaires nationalistes déclenchent la révolution du 14 juillet 1958 : le roi Fayçal II est assassiné, tandis que **le pacte de Bagdad est dénoncé le 24 mars 1959**. En juillet 1968, la branche irakienne du parti Baas, au pouvoir en Syrie, prend la tête du pays et renforce l'alliance de l'Irak avec l'URSS.

Se constitue ainsi un **camp nationaliste arabe soutenu par l'URSS, face à Israël, qui bénéficie de l'appui occidental**. Les monarchies jordanienne et saoudienne ainsi que, à un moindre degré, le Liban restent fidèles à l'alliance américaine et reçoivent le soutien des États-Unis qui, en application de la doctrine Eisenhower (voy. E 15), envoient au **Liban** à l'appel du président Chamoun, immédiatement après la révolution irakienne de juillet 1958, un contingent de *marines* pour empêcher une prise de pouvoir par les nationalistes arabes. La seule présence de ce contingent permet une résolution pacifique de la crise.

Les différentes crises en Asie et au Moyen-Orient dans les années 1950 sont également signes de l'émergence de pressions nationalistes et indépendantistes puissantes dans de nombreuses parties du monde. Centrifuges, de nombreux mouvements fragmentent puis désintègrent les empires coloniaux.

SECTION II
Fragmentation et disparition des empires coloniaux

372 Processus majeur dans l'histoire des relations internationales du XXe siècle, la décolonisation a bouleversé la carte du monde après la Seconde Guerre mondiale (entre 1945 et 1972). Consistant dans l'accession à l'indépendance et à la pleine souveraineté d'un territoire colonisé, elle se traduit par une **égalité de droits entre l'État colonial** (l'ancienne puissance administrante) **et le nouvel État** (anciennement colonisé), **dont les rapports sont dès lors régis par le droit international.**

§ 1. Les facteurs de la décolonisation

373 Favorisée par l'affaiblissement du prestige des puissances coloniales après les deux guerres mondiales, la décolonisation est principalement le fruit de l'action des peuples colonisés et de leurs élites, mais aussi de facteurs extérieurs.

Si la Charte des Nations Unies ne comporte pas de dispositions expresses en faveur de la décolonisation, hormis son article 1er, paragraphe 2, selon lequel l'un des buts des Nations Unies est de « développer entre les Nations des relations amicales fondées sur le respect du principe de l'égalité des droits des peuples et de leur droit à disposer d'eux-mêmes », néanmoins **l'ONU joue un**

rôle important dans le processus de décolonisation, son Assemblée générale devenant une tribune de l'anticolonialisme, surtout après l'inscription à son ordre du jour en 1960, à la demande des pays socialistes (du bloc soviétique) et afro-asiatiques, d'une question concernant l'accès des peuples coloniaux à l'indépendance. **La résolution 1514 (XV) de l'Assemblée générale des Nations Unies, adoptée le 14 décembre 1960** par 89 voix et 9 abstentions, **intitulée « Déclaration sur l'octroi de l'indépendance aux pays et aux peuples coloniaux »**, souligne que la décolonisation est une obligation internationale et que **« tous les peuples ont un droit inaliénable à la pleine liberté, à l'exercice de leur souveraineté et à l'intégrité de leur territoire national »**. Le problème colonial est ainsi abordé juridiquement pour la première fois par une organisation universelle.

L'URSS et les autres pays du bloc communiste soutiennent avec modération les mouvements d'émancipation coloniale. Alors que Lénine, en 1920, avait affirmé « la nécessité pour les partis communistes d'apporter leur aide aux mouvements de libération démocratiques bourgeois de ces pays », Staline craint que la décolonisation porte au pouvoir des nationalistes modérés, tandis que Khrouchtchev respecte, dans le cadre de la coexistence pacifique, le désir de non-alignement des nouveaux États. **L'URSS ne joue donc pas un rôle majeur dans le processus de décolonisation. Toutefois, son modèle économique** (industrie lourde, planification...) **sert de référence à de nombreux pays nouvellement indépendants dans le cadre de l'affrontement Est-Ouest.**

Si les États-Unis se montrent sensibles au problème colonial pendant la Seconde Guerre mondiale – le président Roosevelt a très souvent manifesté son soutien aux peuples colonisés –, leur position sur le sujet connaît un infléchissement à partir de 1947 : les considérations politiques et économiques mais surtout la radicalisation de l'affrontement Est-Ouest l'emportent parfois sur l'anticolonialisme. C'est ainsi que Washington soutient le Portugal dans sa politique coloniale en Afrique jusqu'à ce que l'administration du président John Fitzgerald Kennedy prenne position en 1961 en faveur de l'émancipation des colonies portugaises.

§ 2. Les étapes de la décolonisation

374 En triplant le nombre d'États dans le monde, la décolonisation, qui commence en 1945 avec l'émancipation des pays d'Asie et du Proche-Orient et se poursuit, à la fin des années 1950 sur le continent africain, modifie profondément les rapports géopolitiques. Au clivage Est-Ouest s'ajoute bientôt une opposition Nord-Sud.

A) La décolonisation de l'Asie

375 À partir de 1945, après la défaite militaire des Japonais, la première vague de décolonisation démarre dans les pays de l'Asie du Sud et du Sud-Est. Cette émancipation des peuples colonisés asiatiques résulte à la fois de sentiments nationalistes et des promesses faites à ces pays, pendant la guerre, par le Royaume-Uni, les États-Unis et les Pays-Bas.

Le 4 juillet 1946, conformément au *Tydings McDuffie Act* du 24 mars 1934, **les Philippines deviennent indépendantes.** Les États-Unis leur accordent alors une aide financière mais conservent sur ce territoire des avantages substantiels : un traité conclu en 1946 permet ainsi aux citoyens américains d'y exploiter les ressources naturelles avec les mêmes droits que les Philippins. De plus, les Philippines concluent un pacte de défense mutuelle avec les États-Unis le 30 août 1951.

L'Inde britannique ne peut accéder unie à l'indépendance. Le 19 avril 1947, le Parti du Congrès (partisan d'une Inde unifiée) dirigé par Jawaharlal Nehru accepte finalement la partition de l'Inde britannique. **L'*Indian Independence Act* de juillet 1947 constitue deux États, l'Inde et le Pakistan, en prévoyant que leurs frontières seraient délimitées dans le délai d'un mois sur la base d'un critère religieux** : le Pakistan doit rassembler les régions à majorité musulmane, l'Inde doit être majoritairement hindoue. Lorsque, le 15 août 1947, cette loi entre en vigueur, de terribles massacres sont perpétrés (faisant sans doute un million de morts) et de vastes déplacements de population ont lieu. Au Cachemire, la situation se révèle complexe : conformément à l'accord passé entre l'Inde et le Pakistan, le maharadjah hindou du **Cachemire**, usant de son droit d'option entre les deux pays, opte en 1947 pour l'Inde, mais la population de sa principauté est majoritairement musulmane. Dès lors, l'Inde et le Pakistan s'affrontent pour le contrôle de ce territoire. Avec l'entrée en vigueur, le 1er janvier 1949, du cessez-le-feu négocié sous l'égide de l'ONU, les armées indienne et pakistanaise se retirent de part et d'autre d'une « ligne de contrôle » qui divise *de facto* le Cachemire en deux zones inégales : les deux tiers de la province reviennent à l'Inde, le Pakistan en administrant le dernier tiers. Le conflit du Cachemire joue un rôle déterminant dans les choix géopolitiques faits par la suite par les deux pays. **Le Pakistan devient dans les années 1950 un allié indéfectible des États-Unis**, ce qui fait de lui le seul pays asiatique à être à la fois membre du pacte de Manille (1954) et du pacte de Bagdad (1955) (voy. nos 366 et 370). Inversement, **les relations des États-Unis avec l'Inde sont difficiles** en raison de la méfiance de John Foster Dulles à l'égard du Mouvement des Non-Alignés dont Nehru est l'un des principaux animateurs. Après deux conflits indo-pakistanais, l'un à propos spécifiquement du Cachemire (août-septembre 1965), l'autre de la sécession du Bangladesh (décembre 1971), la situation du territoire n'est pas modifiée, tandis que des tensions surgissent entre l'Inde et la Chine (guerre de frontières de 1962). De cela découle un **équilibre géopolitique particulier, qui perdure tout au long de la Guerre froide et au-delà : convergence des intérêts stratégiques de la Chine, des États-Unis et du Pakistan d'une part, liens politiques étroits entre l'Inde et l'URSS (aujourd'hui la Russie) d'autre part.**

Le **Sri Lanka** (Ceylan) devient, pour sa part, également indépendant en 1948.

Un traité anglo-birman, signé le 17 octobre 1947, reconnaît l'indépendance de la **Birmanie** (devenue Myanmar en 1989), qui choisit alors de ne plus appartenir au Commonwealth. Le pays accède à l'indépendance le 4 janvier 1948.

L'indépendance de l'Indonésie est plus douloureuse. Le 6 décembre 1942, la reine Wilhelmine des Pays-Bas promet la création d'une confédération (*Rijksverband*) comprenant les Pays-Bas, l'Indonésie, la Guyane néerlandaise et les Antilles néerlandaises. Toutefois, après la Seconde Guerre mondiale, les nationalistes indonésiens rejettent ce plan et revendiquent la création d'une République indonésienne indépendante. Un accord conclu le 15 novembre 1946 prévoit la création d'un État démocratique souverain de type fédéral : les États-Unis d'Indonésie. Cependant, des difficultés dans l'interprétation de ces accords surgissent rapidement ; une politique de force est alors entreprise par le gouvernement néerlandais, immédiatement condamnée par le Royaume-Uni, l'Australie et l'Inde. Il faut finalement attendre la conférence de La Haye du 23 août au 2 novembre 1949 pour qu'une solution soit trouvée. **Le 27 décembre 1949, l'Indonésie devient indépendante.**

De son côté, la **Malaisie** obtient son indépendance du Royaume-Uni en 1957.

B) L'Indochine

376 Dans la seconde moitié du XIXe siècle, la France s'établit en Indochine, où elle détient plusieurs protectorats, ainsi qu'une colonie, la Cochinchine (capitale Saigon), au sud du Vietnam actuel.

En 1946, le gouvernement français est amené à accepter par voie d'accords le statut d'État autonome à ses deux protectorats, le Cambodge et le Laos, au sein de la Fédération indochinoise et dans le cadre de l'Union française.

En revanche, la situation du Tonkin, de l'Annam et de la Cochinchine se révèle plus complexe. À la fin de la guerre, en septembre 1945, l'Indochine est occupée au sud par les Britanniques et au nord par les Chinois, chargés de procéder au désarmement des troupes japonaises. Les Français, sous le commandement du général Leclerc, remplacent les Britanniques en Cochinchine. Au même moment, la Ligue pour l'indépendance du Vietnam ou Vietminh (procommuniste) installe dans le Nord, à Hanoï, un gouvernement présidé par Ho Chi Minh et proclame l'indépendance du Vietnam. Le 6 mars 1946, Paris passe un accord avec le gouvernement d'Ho Chi Minh dans lequel elle reconnaît la République du Vietnam comme un État libre faisant partie de la Fédération indochinoise et de l'Union française. Cependant, l'octroi par la France, en juin 1946, d'un statut de république autonome à la Cochinchine conduit à la rupture : le 19 décembre 1946, une guerre éclate après des incidents à Haiphong et le bombardement de cette ville par la marine française. Progressivement, **cette guerre coloniale menée par la France se transforme en une guerre contre le communisme d'Ho Chi Minh**. La France décide alors de mettre à la tête des nationalistes vietnamiens non communistes l'ancien empereur Bao Dai, avec lequel elle signe, en juin 1948, un protocole prévoyant l'indépendance du Vietnam. **Le 29 janvier 1950, l'Assemblée nationale française ratifie des accords portant sur l'indépendance du Vietnam, du Laos et du Cambodge, qui s'engagent toutefois à rester membres de l'Union française.**

Cependant, la situation s'envenime au début de l'année 1950, lorsque l'URSS et la Chine reconnaissent le gouvernement d'Ho Chi Minh en janvier, tandis que les États-Unis et le Royaume-Uni reconnaissent de leur côté le gouvernement de Bao Dai en février. Dans ce contexte, la France combat le Vietminh jusqu'au 7 mai 1954, date de la chute de **Dien Bien Phu** où s'étaient concentrées d'importantes forces françaises.

La conférence de Genève qui s'ouvre le 26 avril 1954 met fin à la guerre. Pierre Mendès France, nouveau président du Conseil, négocie directement avec le représentant du Vietminh, Pham Van Dong. Le 17e parallèle est choisi comme ligne d'armistice pour séparer le Vietminh du Vietnam non communiste. Quant aux élections qui doivent permettre la réunification du Vietnam, elles sont prévues en juillet 1956. **La France perd définitivement son influence dans une zone qu'elle avait dominée pendant soixante-dix ans. Le conflit vietnamien se poursuit cependant, devenant l'un des théâtres où la Guerre froide prend la forme d'un conflit armé impliquant l'une des deux superpuissances** (voy. n° 398).

C) La décolonisation de l'Afrique anglophone

377 La décolonisation de l'Afrique anglophone se fait au cas par cas,territoire par territoire. Le Colonial Office de Londres est chargé de chaque négociation.

En Afrique occidentale, **la Côte-de-l'Or** est la première colonie d'Afrique noire à accéder à l'indépendance, **le 6 mars 1957** ; elle prend le nom de Ghana. **Le Nigeria** devient indépendant **le 1er octobre 1960** et **la Sierra Leone le 27 avril 1961.**

En Afrique orientale, c'est **le Tanganyika** qui accède le premier à l'indépendance, **le 28 décembre 1961** ; le 22 avril 1964, **une république de Tanganyika et de Zanzibar** est constituée et **prend le nom de Tanzanie le 29 septembre 1964. L'indépendance du Kenya**, accordée **le 12 décembre 1963**, est l'aboutissement d'une longue confrontation violente entre un courant nationaliste dirigé par Jomo Kenyatta et les autorités britanniques. **L'Ouganda** obtient son indépendance **le 9 décembre 1962**.

En Afrique du Sud-Est, les Britanniques détiennent trois territoires – dont deux protectorats –, la Rhodésie du Nord, le Nyassaland et la Rhodésie du Sud. En 1953, ces trois territoires constituent la « Fédération d'Afrique centrale ». Après des élections qui assurent une majorité aux partis africains, **la Rhodésie du Nord** se retire de la Fédération en **1962** et **devient la République de Zambie.** Sous l'influence des nationalistes, **le Nyassaland** quitte à son tour la Fédération en février 1963 et **devient un État indépendant le 1er juillet 1964 sous le nom de Malawi**. En Rhodésie du Sud, où la population blanche est dominante, le Front rhodésien d'extrême droite remporte les élections de 1962 et met en place une politique d'apartheid (ségrégation raciale séparant Blancs et Noirs) ; mise au ban de la communauté internationale, **la Rhodésie du Sud** proclame de manière unilatérale son indépendance en 1965 et la république au début de 1970, puis **devient le Zimbabwe le 18 avril 1980**, après une longue guerre civile qui met fin le pouvoir de la minorité blanche.

L'Union sud-africaine, dominion du Commonwealth dont la Constitution du 31 mai 1910 exclut les populations non blanches de la vie politique (sauf au Cap), organise en mars 1961, au sein de sa population blanche, un référendum qui autorise le retrait du Commonwealth et l'adoption du statut de république. Une fois indépendante, **le 31 mai 1961**, **l'Afrique du Sud** poursuit une politique d'apartheid jusqu'en 1990 (voy. E 17).

E17 L'Afrique du Sud et l'apartheid

Huit ans après la fin de la guerre (1899-1902) contre les Boers ou Afrikaners (descendants des colons néerlandais installés dans la région du Cap puis dans le sud de l'Afrique), les Britanniques remettent officiellement le pouvoir à la minorité blanche (21 % de la population) en 1910. Quatre provinces autonomes forment alors l'Union sud-africaine.

Après la victoire du Parti national afrikaner en 1948, le Premier ministre Daniel Malan met en place une politique d'apartheid dont le principe est le « développement séparé des races ». En 1961, l'Union sud-africaine devient la République d'Afrique du Sud et quitte le Commonwealth. La politique d'apartheid se poursuit sans grand changement jusqu'au début des années 1980.

À partir de 1984, après la proclamation d'une nouvelle Constitution, on assiste à une libéralisation progressive du régime d'apartheid (obtention du droit de vote par les Indiens et les métis, allégement progressif des mesures de ségrégation). Puis, en 1990, le président Frederik De Klerk (Parti national) abolit définitivement les lois de ségrégation, mettant ainsi officiellement fin au régime d'apartheid. Dans le même temps, le leader de l'opposition noire, Nelson Mandela (leader de l'*African National Congress*, le Congrès national africain ou ANC) est libéré après vingt-sept ans de détention. En 1993, l'ANC et le Parti national s'accordent pour gouverner ensemble pendant une période de cinq ans. Lors des premières élections multiraciales démocratiques en 1994, Nelson Mandela est élu président de la République.

D) La décolonisation de l'Afrique subsaharienne francophone

378 Plus vaste et plus riche colonie africaine, **le Congo belge** a été une propriété personnelle du roi belge Léopold II à partir de 1885, avant d'appartenir à la Belgique en 1908. À l'issue de violents incidents suscités en partie, par l'exemple de la décolonisation française en janvier 1959, les Belges reconnaissent la nécessité de conduire rapidement le Congo à l'indépendance. Préalablement, un parlement est élu au suffrage universel et Patrice Lumumba (leader du Mouvement national congolais) forme un gouvernement. **Le 30 juin 1960, à Léopoldville (actuelle Kinshasa), l'indépendance est proclamée.** S'ensuivent de graves émeutes qui conduisent le Katanga (la plus riche province du Congo) à faire sécession, le 11 juillet 1960, sous la direction de Moïse Tshombé, et à proclamer son indépendance. Le 14 juillet, le Conseil de sécurité vote la résolution 143 demandant le départ des forces belges et prévoyant l'envoi des Casques bleus pour fournir au gouvernement congolais « l'assistance militaire dont il a besoin ». En janvier 1961, Patrice Lumumba, qui recherchait l'appui de l'URSS, est assassiné après avoir été démis de ses fonctions. En février 1961 puis en décembre 1962, les forces de l'ONU interviennent (voy. n° 280) pour mettre fin à la sécession du Katanga, un objectif atteint en janvier 1963. Le général Sese Seko Mobutu, commandant en chef des forces congolaises, prend le pouvoir en 1965 avec le soutien des États-Unis. D'abord dénommé « République du Congo » puis, à compter de 1971, Zaïre, le Congo Kinshasa **devient la République démocratique du Congo en 1997**.

379 À la différence du Congo belge, la décolonisation des **pays de l'Afrique noire francophone rattachés à la France** se déroule dans un cadre juridique qui conduit les territoires africains à l'indépendance de manière progressive et ordonnée.

Selon la Constitution française de 1946, les colonies d'Afrique subsaharienne sont des **« territoires d'outre-mer »** (TOM), tandis que les mandats du Cameroun et du Togo deviennent des tutelles (voy. n° 161), sous le contrôle du Conseil des tutelles des Nations Unies.

Face à une aspiration de plus en plus grande des Africains à l'autonomie, le gouvernement français propose **une loi-cadre**, qui est adoptée par le Parlement **le 23 juin 1956**. Tout en affirmant que la République française reste « une et indivisible », cette loi accorde une large autonomie aux TOM. Pour ce qui est des « territoires sous tutelle », la **République du Togo**, créée le 1er septembre 1956, accède à l'indépendance **le 24 avril 1960**, avec la levée par l'ONU de la tutelle internationale, tandis que **le Cameroun** devient république autonome en mai 1957 et proclame son indépendance **le 1er janvier 1960**, s'unissant alors au Cameroun anciennement britannique.

Revenu au pouvoir en juin 1958, le général de Gaulle propose à l'Afrique subsaharienne de choisir par voie de référendum, dès septembre 1958, l'indépendance ou l'appartenance à la Communauté (sorte de Commonwealth à la française) qui venait d'être prévue au titre XIII de la Constitution de la Ve République. Seule **la Guinée**, dirigée par Sékou Touré, **refuse de faire partie de la Communauté et choisit l'indépendance en 1958**. Les États de l'Afrique équatoriale française (AEF) et de l'Afrique occidentale française (AOF), ainsi que Madagascar entrent dans la Communauté, laquelle accorde une large autonomie interne à ses membres. Les Comores, la Nouvelle-Calédonie, la Polynésie et la Côte française des Somalis gardent le statut de territoire d'outre-mer.

L'ensemble des élites et des peuples africains désirent cependant l'indépendance. Le Mali, qui regroupait le Sénégal et l'actuel Mali, est le premier pays à demander, au début de l'année 1960, que la Communauté lui transfère des compétences de souveraineté, ce qui aboutit en fait à l'octroi de l'indépendance. **Dès août 1960, le Sénégal et le Mali** dissolvent leur fédération et **constituent deux États distincts**. Comme le Mali, **Madagascar, puis le Gabon, le Congo, le Tchad et la Républicaine centrafricaine** deviennent **indépendants en 1960**. La Communauté cesse alors de fait d'être une communauté constitutionnelle (celle prévue au titre XIII de la Constitution) pour devenir une communauté simple, contractuelle, à laquelle chacune des anciennes colonies qui le souhaite peut adhérer unilatéralement. **La Côte d'Ivoire, la Mauritanie, la Haute-Volta (aujourd'hui Burkina Faso), le Dahomey (actuel Bénin) et le Niger** accèdent à l'indépendance la même année, sans aucun lien avec la Communauté.

La décolonisation de l'Afrique subsaharienne a ainsi été réalisée de manière pacifique et dans un esprit de coopération, de sorte que la France a maintenu des liens très étroits avec ses anciennes colonies d'Afrique subsaharienne.

E) La décolonisation de l'Afrique du Nord

380 Comparativement à l'Afrique subsaharienne, la décolonisation de l'Afrique du Nord a été très difficile.

En Tunisie, protectorat français depuis 1881, le Néo-Destour, parti nationaliste tunisien fondé en 1934 et dirigé par Habib Bourguiba à compter de 1948, pose à l'ONU la question de son indépendance en 1952 et organise une lutte armée contre la présence française. Le gouvernement présidé par Pierre Mendès France accorde à la Tunisie l'autonomie interne le 31 juillet 1954. De nouvelles négociations aboutissent **le 20 mars 1956** à un accord sur l'indépendance totale du royaume de Tunis. Un an plus tard, le Bey Lamine est déposé et la république est proclamée.

Au Maroc, protectorat français depuis 1912, le principal parti nationaliste, l'Istiqlal, soutenu par le sultan Mohammed V, lance une vague d'attentats contre les intérêts français au Maroc après que la France a déposé le sultan pour le remplacer par Moulay Mohammed Ben Arafa. Le 6 novembre 1955, à l'issue d'une rencontre entre Mohammed V et Antoine Pinay, ministre français des Affaires étrangères, est publiée la Déclaration de la Celle-Saint-Cloud selon laquelle la France propose de « faire accéder le Maroc au statut d'État indépendant uni à la France par les liens permanents d'une interdépendance librement consentie et définie ». **Le 2 mars 1956,** la France reconnaît formellement l'indépendance du Maroc.

Contrairement aux décolonisations tunisienne et marocaine, celle de l'Algérie est un problème intérieur français, l'Algérie, divisée en trois départements, faisant partie intégrante du territoire français et comptant dans sa population environ un million de Français. **Le 1er novembre 1954,** une insurrection armée dirigée contre les intérêts français dans les Aurès (massif montagneux situé à l'est de l'Algérie) est organisée par le Front de libération nationale (FLN). Commence alors une longue **guerre**. La politique d'intégration des musulmans dans la communauté française d'Algérie, menée en 1955 par le gouverneur général Jacques Soustelle, apparaît comme un échec. Le plan Mollet-Lacoste (du nom du chef du gouvernement Guy Mollet et du gouverneur général Robert Lacoste) de mai 1956, qui reconnaît la « personnalité algérienne » mais non l'indépendance, est rejeté par les leaders du FLN. Le conflit algérien se radicalise ; les effectifs militaires français dépassent 400 000 hommes au début de l'année 1957. Le 13 mai 1958, un Comité de salut public dirigé par le général Massu et favorable à l'Algérie française se constitue à Alger. Le président de la République René Coty et le président du Conseil Pierre Pflimlin font alors appel au général de Gaulle pour restaurer l'unité nationale et éviter la guerre civile. Le 1er juin 1958, le général de Gaulle est investi à la tête du gouvernement par l'Assemblée nationale[40]. Conscient que le problème algérien porte préjudice à l'influence de la France et à son prestige dans le monde, il lance le 3 octobre 1958 le plan de Constantine, destiné à moderniser l'économie algérienne. Puis, durant l'été 1959, de Gaulle évoque trois solutions pour l'Algérie : l'indépendance totale, l'association avec la France ou l'assimilation. Le FLN refuse toujours de négocier et entend continuer la lutte jusqu'à l'indépendance complète. Des Français d'Algérie qui viennent de créer le « Front national français » tentent un soulèvement en janvier 1960, la « semaine des barricades », mais c'est un échec. De même, des négociations entreprises avec le gouvernement provisoire de la République algérienne (GPRA), présidé par Ferhat Abbas depuis sa création le 18 septembre 1958, échouent. Finalement, à l'occasion d'un référendum organisé par le général de Gaulle le 8 janvier 1961, 75 % des Français votant en France approuvent l'autodétermination des populations algériennes et 69,5 % de ceux ayant voté en Algérie. Fort de la légitimité que lui donne ce vote, de Gaulle négocie la fin du conflit sans contrainte de politique intérieure. Cependant, en réaction, **des généraux font une tentative de coup d'État à Alger dans la nuit du 21 au 22 avril 1961** : lors de ce *pronunciamiento*, est constitué un directoire de quatre généraux, soutenu par des troupes de parachutistes et de la Légion

40. Ph. Foillard, *Droit constitutionnel et institutions politiques*, Paris, Larcier, 2018.

étrangère. La majorité des forces armées françaises rejette cependant ce putsch, ce qui permet au gouvernement de triompher. Les auteurs du coup d'État manqué entrent alors dans la clandestinité et créent l'Organisation armée secrète (OAS), dont le but est d'entraver par la violence l'action du gouvernement et de pourchasser les partisans de l'Algérie indépendante. Le gouvernement français entame des négociations avec le GPRA à Évian le 18 mai 1961. Après un premier échec, elles reprennent dans le plus grand secret et débouchent sur la signature des **accords d'Évian le 18 mars 1962.** Le cessez-le-feu intervient le 19 mars. La plupart des Français d'Algérie quittent le pays. Lors du référendum du 8 avril 1962 (inscrit dans les accords d'Évian), 90 % des Français se prononcent en faveur d'une Algérie indépendante, mettant ainsi fin à 132 ans de colonisation en Algérie. **Le 5 juillet 1962, l'Algérie accède à l'indépendance**.

§ 3. L'attrait du non-alignement et l'émergence politique du Sud

381 Les États nouveaux nés du processus de décolonisation prennent très rapidement la mesure des possibilités d'influence politique que peut leur apporter leur regroupement dans un mouvement indépendant des deux blocs. Dès 1946, le Premier ministre indien Jawaharlal Nehru affirme : « Nous voulons autant que possible rester à l'écart de la politique des blocs alignés les uns contre les autres et qui peut conduire à de nouveaux désastres sur une échelle encore plus grande. Nous jouerons pleinement notre rôle de nations indépendantes dans les conférences internationales, mais avec notre politique ». **Rejetant l'alternative entre l'Occident ou le communisme, les jeunes États considèrent le non-alignement comme une expression de leur identité politique.** S'affirmant d'abord comme africains, arabes ou asiatiques, ils entendent aussi exprimer les aspirations politiques des pays qui n'ont pas connu, pour des raisons diverses, la révolution industrielle du XIXe siècle.

Après avoir rompu en 1948 avec l'Union soviétique de Staline, le maréchal Tito (Josip Broz, dit « Tito », président du Conseil puis de la République de Yougoslavie) (voy. n° 346) s'engage aux côtés des pays nouvellement indépendants par refus de la politique des blocs et par souci de demeurer libre de choisir son propre système politique et économique, sans ingérence extérieure.

Dans la pratique, certains pays dits « non-alignés » exercent un « neutralisme actif », suivant l'expression du président de la République égyptien, Gamal Abdel Nasser, en faisant pression à la fois sur l'Occident et sur les Soviétiques afin d'obtenir des avantages économiques ou financiers, voire politiques. L'Égypte veut ainsi faire financer le barrage d'Assouan par certains pays occidentaux et par les Soviétiques.

Si le Mouvement des Non-Alignés revendique pour ses membres la liberté de ses choix idéologiques et politiques, il entend aussi offrir au-delà de l'affrontement des blocs une **troisième voie caractérisée par le refus des hégémonies, le désarmement, l'affirmation des identités nationales et l'aspiration à un développement économique autonome**.

A) La conférence de Bandung

382 La conférence afro-asiatique de Bandung (Indonésie), du 18 au 24 avril 1955, rassemble des pays qui, pour la plupart, viennent d'accéder à l'indépendance ou sont sur le point de l'obtenir (29 pays). Bien que conçue comme une réunion afro-asiatique par ses initiateurs (la Birmanie, Ceylan, l'Inde, l'Indonésie et le Pakistan) dans les faits, elle est avant tout asiatique, les pays africains indépendants étant alors encore peu nombreux (Égypte, Éthiopie, Ghana, Libéria, Libye, Soudan). Les 2 figures dominantes en sont Jawaharlal Nehru, le Premier ministre indien, et Chou En-Lai, Premier ministre de la Chine populaire.

La conférence cherche à définir une « doctrine Monroe pour l'Asie », afin de faciliter la coopération entre puissances asiatiques pour lutter contre la politique des blocs militaires. Elle réclame également un accroissement des efforts internationaux d'aide au développement, se prononce en faveur de l'interdiction de l'armement nucléaire et d'une limitation, réduction et réglementation de tous les armements sous contrôle international. Dans son communiqué final, elle affirme que « le colonialisme sous toutes ses formes est un mal auquel il doit être rapidement mis fin » et énonce dix principes des relations internationales (les droits humains fondamentaux, le respect de la souveraineté et de l'intégrité territoriale de toutes les nations, la reconnaissance de leur égalité, la non-ingérence, le refus des blocs, la renonciation du recours à la force contre l'intégrité territoriale ou l'indépendance politique d'un pays, le règlement pacifique de tous les conflits internationaux…).

Si la conférence de Bandung marque l'émergence politique du monde en développement, elle n'aboutit cependant à aucune action commune ou concertée, en raison des divergences profondes entre les pays participants, par exemple sur la politique soviétique en Europe centrale et orientale.

B) La conférence de Belgrade

383 La conférence qui se tient à Belgrade (Yougoslavie) du 1er au 6 septembre 1961 est la première à se référer au « non-alignement ».

Invités par Tito, Nehru et Nasser, vingt-cinq pays d'Afrique, d'Asie, du Moyen-Orient et d'Europe (Yougoslavie et Chypre) y sont représentés comme membres à part entière. De grandes personnalités y participent : Bourguiba, président de la Tunisie, le prince Norodom Sihanouk, Premier ministre du Cambodge, Sékou Touré, président de la Guinée, Sukarno, président de l'Indonésie, le roi Hassan II du Maroc, l'empereur Hailé Sélassié d'Éthiopie et, bien sûr, Nehru, Tito et Nasser. En revanche, la Chine n'y est pas présente.

Cette conférence, dont les travaux portent essentiellement sur les questions de la paix dans le monde, pose cinq conditions pour adhérer au Mouvement des Non-Alignés : conduire une politique indépendante fondée sur la coexistence pacifique, apporter un soutien aux mouvements de libération, n'appartenir à aucun bloc militaire, ne pas conclure d'accord d'aide militaire avec une grande puissance, ne pas abriter de base militaire étrangère. Ces principes généraux permettent de couvrir les divergences de fond des pays membres.

Si, en théorie, le non-alignement exprime la volonté de ne pas s'immiscer dans l'affrontement Est-Ouest, la pratique est en réalité différente, de nombreux États profitant de mannes financières venant de Moscou ou de Washington.

C) La conférence du Caire

384 Deuxième conférence des pays non-alignés, la conférence organisée au Caire (Égypte) du 5 au 10 octobre 1964 réunit 47 États membres et 10 États observateurs. Les conditions d'accès au Mouvement des Non-Alignés ont été assouplies, ce qui a permis l'entrée en grand nombre des pays africains nouvellement indépendants, malgré le fait que certains d'entre eux (en Afrique subsaharienne) conservent des liens militaires étroits avec la France. La déclaration finale de la conférence du Caire dénonce fortement l'impérialisme, le néocolonialisme et l'ingérence des pays développés et affirme l'obligation de respecter les frontières des territoires accédant à l'indépendance dans leur tracé de la période coloniale. Les Non-Alignés conviennent de se concerter avant chaque session de l'Assemblée générale des Nations Unies.

D) La conférence d'Alger

385 La quatrième conférence au sommet des pays non-alignés, qui a lieu à Alger (Algérie) du 5 au 9 septembre 1973, sous la présidence du président algérien Houari Boumédiène, marque **l'apogée du Mouvement des Non-Alignés.** Y participent 75 États en tant que tels, ainsi que de nombreux mouvements de libération nationale, 8 pays observateurs, des représentants de l'ONU, de l'OUA et 3 invités européens (l'Autriche, la Finlande et la Suède, qui présentent la spécificité d'être neutres).

La notion de non-alignement évolue. Les problèmes économiques sont désormais au centre des préoccupations du Mouvement des Non-Alignés, même si des positions politiques telles que la dénonciation du colonialisme portugais, de l'apartheid sud-africain ou de l'occupation des territoires palestiniens occupent toujours une grande place dans les textes adoptés. La référence à l'antagonisme Est-Ouest est supplantée par une **dénonciation des inégalités de développement** selon un axe Nord-Sud qui oppose pays riches et pays pauvres. L'objectif, ultérieurement repris par l'Assemblée générale des Nations Unies, est l'instauration d'un **nouvel ordre économique international** : cela se traduit notamment par l'adoption d'une déclaration et de six résolutions sur les questions économiques relatives, notamment à la création d'un fonds de développement, la lutte contre les effets de la sécheresse, les mesures à prendre en faveur des pays les moins avancés ou l'aide aux pays sans littoral. La notion de souveraineté permanente sur les ressources naturelles nationales apparaît. Il est souligné que les pays non-alignés devront d'abord compter sur leurs propres efforts et développer entre eux des liens de solidarité économique.

Le non-alignement, qui a suscité de multiples concertations diplomatiques multilatérales, **s'est désagrégé progressivement au cours des années 1970 et 1980.** Sans doctrine bien établie ni institutions permanentes, les Non-Alignés n'ont pas su maintenir durablement un mouvement international fort autour de leurs principes d'origine (indépendance à l'égard des blocs, anticolonialisme, anti-impérialisme, développement, opposition à la course aux armements). Leur cohésion a été constamment affaiblie par des querelles de personnes, des divisions idéologiques, des oppositions d'intérêts économiques, ainsi que par les liens étroits que certains d'entre eux continuaient à entretenir avec les États-Unis ou l'URSS. Par la suite, la fin de la Guerre froide a retiré au mouvement une de ses raisons d'être majeures : le refus des blocs.

E 18 **Les Non-Alignés aujourd'hui**

Les représentants des 120 membres du Mouvement des Non-Alignés se sont réunis à Téhéran (Iran) en août 2012, à l'occasion de leur 16e sommet, en présence de Ban Ki-moon, alors secrétaire général des Nations Unies. Cette conférence, qui a donné l'occasion à l'Iran de défendre ses positions, en particulier concernant ses activités nucléaires, a mis en lumière les profondes divergences qui opposent les Non-Alignés, à propos notamment de la crise syrienne. Après une réunion des ministres des Affaires étrangères à Alger (Algérie) en mai 2014, une 17e conférence a eu lieu du 13 au 18 septembre 2016 au Venezuela. L'isolement du gouvernement vénézuélien, confronté à une forte opposition intérieure et à une profonde crise économique, a cependant limité la portée internationale de l'événement, auquel n'ont participé qu'une dizaine de chefs d'État. Le 19e sommet des Non-Alignés s'est tenu en octobre 2021 à Belgrade, là où, soixante ans auparavant, avait eu lieu la première conférence officielle du mouvement.

SECTION III
Coexistence pacifique et concurrence entre les blocs (1956-1985)

386 Après la mort de Staline, le 5 mars 1953, on a assisté à un certain assouplissement de l'attitude soviétique : un armistice a ainsi pu être conclu en Corée le 27 juillet 1953 et un accord a pu être trouvé sur la fin du régime d'occupation de l'Autriche[41], qui a recouvert sa souveraineté dans le cadre du traité d'État du 15 mai 1955 en contrepartie de l'adoption d'une loi constitutionnelle établissant sa « neutralité perpétuelle » (loi du 26 octobre 1955).

C'est cependant seulement à partir de 1956 qu'un nouveau mode de relations commence à s'instaurer entre les blocs. Les années 1956-1962 ouvrent une période de détente ou de « coexistence pacifique » entre les États-Unis et l'URSS. Si la concurrence entre les blocs persiste, notamment dans le domaine des armements et de l'influence dans le monde en développement, en particulier au Moyen-Orient, en revanche, la crainte d'un affrontement militaire généralisé s'estompe après la « crise des missiles » de 1962. L'entente tacite de l'URSS et des États-Unis lors de l'affaire du canal de Suez, la dénonciation partielle des crimes de Staline lors du XXe congrès du Parti communiste de l'Union soviétique en février 1956 et l'issue pacifique de la crise des missiles de 1962 paraissent favoriser une transformation profonde des rapports Est-Ouest.

Parallèlement, la cohésion des blocs s'affaiblit, tandis que les Communautés européennes s'élargissent et se développent. De plus, les évolutions de l'économie internationale au début des années 1970, avec la fin du dollar étalon-or et plusieurs chocs pétroliers, mettent en évidence la mondialisation des échanges.

41. L'Autriche et sa capitale, Vienne, avaient chacune été partagées en zones d'occupation attribuées respectivement aux États-Unis, au Royaume-Uni, à l'URSS et à la France.

Enfin, les efforts de maîtrise des armements dans un contexte d'« équilibre de la terreur » infléchissent le cours des relations internationales sans mettre en cause leur structure fondamentalement bipolaire.

§ 1. La politique de détente

387 La politique de détente caractérise globalement les relations internationales depuis la résolution pacifique de la crise des missiles (1962) jusqu'à l'affaiblissement puis l'effondrement du communisme entre 1985 et 1990. C'est une politique de cogestion des affaires internationales dans la rivalité, qui traduit une relative pacification des rapports entre les deux blocs antagonistes.

A) Plusieurs conceptions de la détente

388 Il ne faut pas confondre la détente avec la paix ou la fin de la compétition Est-Ouest. Si l'URSS et les États-Unis ont, pendant la période de détente, une volonté commune de prévention des conflits armés directs, **les deux grandes puissances continuent de défendre leur propre vision du monde**. Le président des États-Unis Richard Nixon[42] écrit ainsi dans ses mémoires : « L'URSS agira toujours dans son propre intérêt. Et les États-Unis en feront autant. La détente ne peut rien y changer. Tout ce que l'on peut espérer de la détente, c'est qu'elle minimise la confrontation dans les zones marginales et fournisse au moins des alternatives dans les principales. »

Alors que plusieurs conceptions de la détente se font jour du côté occidental, l'URSS ne tolère pas les dissidences dans sa sphère d'influence.

1. La conception soviétique

389 D'après la doctrine soviétique de la détente, désignée sous l'appellation de **« coexistence pacifique »**, alors que le bloc occidental a résisté aux pressions soviétiques en constituant de nombreuses alliances, politiques, économiques et militaires, l'URSS, devenue depuis 1949 une puissance nucléaire, doit tirer les conséquences du ***statu quo*** établi par la dissuasion, tout particulièrement en Europe, et de l'émergence d'une troisième force, neutraliste, composée de nombreux États nouveaux issus de la décolonisation et considérée comme une « alliée naturelle » du « camp socialiste ». Dans ce contexte, Moscou voit dans la coexistence pacifique un moyen d'étendre son influence par des moyens pacifiques.

Le premier promoteur de cette conception est Nikita Khrouchtchev, qui a réussi à s'imposer à la tête de l'URSS après la mort de Staline. Devenu premier secrétaire du Parti communiste de l'Union soviétique (PCUS) dès la fin de 1953, il lance, lors du XXe congrès du PCUS du 14 au 24 février 1956, la **« déstalinisation »** en donnant connaissance aux délégués d'un « rapport secret » qui présente Staline comme un tyran, un dictateur incompétent,

---

42. Richard Nixon (républicain) est élu président des États-Unis en 1968. Il est réélu en 1972 mais doit démissionner en 1974 en raison de sa mise en cause dans le « scandale du Watergate », une affaire d'effraction des bureaux du Parti démocrate dans l'immeuble du Watergate, à Washington, pendant la campagne électorale de 1972.

responsable de la mauvaise situation économique du pays, surtout préoccupé de la glorification de son rôle, le « culte de la personnalité » se substituant à la décision collective.

L'Union soviétique ne renonce pas pour autant à faire advenir la victoire du communisme : **« [L]a coexistence pacifique est la forme supérieure de la lutte des classes », déclare Khrouchtchev.** Cette approche est confirmée par le communiqué final de la conférence de Moscou de décembre 1960 réunissant 81 partis communistes : « La coexistence pacifique d'États ayant des systèmes sociaux différents n'est pas synonyme de réconciliation avec les idéologies bourgeoises et capitalistes. Elle implique, au contraire, une intensification de l'effort des partis communistes pour le triomphe des idées socialistes ». **Pour l'URSS, la coexistence pacifique apparaît donc comme une stratégie visant à pérenniser et développer le système communiste**.

Toutefois, le leader soviétique privilégie **des moyens pacifiques pour étendre le socialisme** : il faut diversifier les voies d'accès au socialisme en veillant à éviter des guerres. Et, dans le discours qu'il prononce le 23 septembre 1960 à l'Assemblée générale des Nations Unies, il affirme : **« [L]a politique de coexistence pacifique suppose la volonté de résoudre tous les litiges sans recourir à la force, par la négociation et des compromis raisonnables »**, précisant que : « [L]es relations entre tous les États devraient se développer de manière pacifique, [...] sans guerre et sans interférence dans les affaires intérieures les uns des autres ».

Dans les faits, l'URSS n'a cependant pas hésité à recourir à la force lorsque des pays du « camp socialiste » ont cherché à développer leur propre ligne politique. Elle est ainsi intervenue militairement en Hongrie en 1956 et en Tchécoslovaquie en 1968, pour imposer au sein de son bloc un gouvernement conforme à ses vues (voy. n°s 403 et 404). Après cela, le 12 novembre **1968**, à l'occasion du 5e congrès du Parti communiste polonais **Leonid Brejnev**, alors premier secrétaire du PCUS, a précisé sa **« doctrine de souveraineté limitée »** : « Lorsque des forces intérieures et extérieures hostiles au socialisme tentent d'orienter l'évolution d'un pays socialiste vers le rétablissement du système capitaliste [...] cela n'est plus seulement un problème pour le peuple de ce pays, mais aussi un problème commun, l'affaire de tous les pays socialistes ».

2. La conception américaine

390 Si la conception américaine de la détente porte la marque de l'idéalisme de Franklin Roosevelt, qui voulait établir avec l'URSS un « dialogue rationnel » favorisant une ouverture progressive du régime soviétique, elle est également le produit d'une longue réflexion doctrinale engagée à partir de 1947, notamment par George Kennan (voy. n° 338), qui préconisait de combiner fermeté et dialogue sans exclure des accords ponctuels, de manière à faire évoluer le comportement soviétique.

Trois faits majeurs incitent les États-Unis à faire évoluer l'antagonisme Est-Ouest vers la détente : la possession par l'URSS de l'arme nucléaire à partir de 1949, puis son acquisition d'une capacité balistique nucléaire lui permettant d'atteindre le territoire américain à partir de 1957 et, enfin, la prise de conscience des limites de leur puissance lors de l'enlisement de leurs forces dans le conflit vietnamien dès le milieu des années 1960. Dans ce contexte, **la politique américaine de détente associe des offres de coopération bilatérale et une volonté de négocier pour éviter la guerre à partir d'une position de force.**

3. Les conceptions française et ouest-allemande

391 À partir de la seconde moitié des années 1960, la France et l'Allemagne, dans des conditions et pour des raisons très différentes, défendent chacune des conceptions particulières de la détente.

Du côté français, Charles de Gaulle énonce dès le début des années 1960 le célèbre triptyque **« détente, entente, coopération »** pour définir les orientations générales de sa politique à l'égard du bloc soviétique : il s'agit de nouer des relations, notamment économiques, entre nations, par-delà leurs appartenances idéologiques, au premier chef entre la France et l'URSS, considérée comme la pleine héritière de la Russie tsariste. Lors de son voyage en URSS de juin-juillet 1966, qui suit de quelques mois le retrait français du commandement militaire intégré de l'OTAN, **le président français appelle l'URSS à accepter un relâchement de la discipline des blocs et affirme la nécessité que les questions européennes ne soient pas traitées par les seules deux superpuissances sans participation des Européens eux-mêmes**, en particulier la question allemande, qui devrait être réglée entre Européens, dans un cadre garantissant les frontières issues de la Seconde Guerre mondiale et excluant l'accès de l'Allemagne à l'arme nucléaire. De plus, **il dessine les contours d'un nouvel ordre sécuritaire en Europe** : selon lui, la Communauté européenne devrait développer, sous la direction de la France, une dimension politique et de défense de manière à établir un équilibre avec l'URSS, tout en coopérant avec cette dernière et avec les pays d'Europe orientale. **Ces conceptions[43], critiquées à l'Ouest en raison de l'affaiblissement des liens transatlantiques qu'elles impliquent, ont été également fraîchement accueillies à Moscou.** Leonid Brejnev, qui a chassé Nikita Khrouchtchev de la direction de l'URSS en octobre 1964, n'entend transiger ni sur la reconnaissance de la République démocratique allemande comme État souverain totalement séparé de la République fédérale, ni sur la tutelle que l'URSS exerce sur les pays de son bloc.

Du côté de la RFA, le chancelier Willy Brandt développe, à partir de 1969, **une « politique à l'Est » ou *Ostpolitik*** sur la base de l'acceptation du *statu quo* territorial. L'objectif fondamental de cette démarche est de favoriser le changement, en particulier le rétablissement des liens entre les deux Allemagnes, par le rapprochement politique et économique (« *Wandel durch Annäherung* »).

---

43. Le général de Gaulle a présenté les grandes orientations de sa politique de détente lors de la conférence de presse qu'il a tenue au Palais de l'Élysée le 4 février 1965.

B) Le *statu quo* territorial en Europe et l'établissement de relations paneuropéennes

392 Le Rideau de fer qui s'est abattu sur l'Europe à partir de 1947 a imposé un partage de fait entre les zones d'influence occidentale et soviétique. La détente, qui consacre ce *statu quo* territorial en l'institutionnalisant, permet de ce fait le développement des relations entre les rivaux de la Guerre froide, de part et d'autre de la frontière interallemande, grâce notamment à l'*Ostpolitik* allemande et, à l'échelle du continent tout entier, dans le cadre du processus de la Conférence sur la sécurité et la coopération en Europe (CSCE).

1. La construction du mur de Berlin

393 En vertu des accords de Potsdam du 2 août 1945, Berlin a été partagée entre quatre zones d'occupation au lendemain de la Seconde Guerre mondiale : trois secteurs occidentaux à l'Ouest (français, britannique et américain) et un secteur soviétique à l'Est. Alors que les Occidentaux ont permis la constitution d'un gouvernement à Berlin-Ouest, zone enclavée au sein du territoire de la RDA mais en pratique rattachée à la RFA, les Soviétiques ont pour leur part permis l'intégration de fait de Berlin-Est à la RDA, en y maintenant cependant certains de leurs droits de puissance occupante.

Le 10 novembre 1958, Khrouchtchev, pour qui la question de Berlin représente une « tumeur cancéreuse », déclare que « l'Union soviétique transférera à la souveraineté de la République démocratique allemande les fonctions qu'exercent encore à Berlin les organes soviétiques ». Il fixe alors un délai de six mois au terme duquel l'URSS signera une paix séparée avec la RDA si une ville libre de Berlin-Ouest n'est pas créée : de la sorte, il entend obliger les Occidentaux à négocier leur accès à Berlin directement avec la RDA, qu'ils ne reconnaissent pas comme État souverain. L'annonce de Khrouchtchev les place dans une position d'autant plus difficile que le développement des activités de Berlin-Ouest ne leur permet plus d'envisager un nouveau pont aérien pour approvisionner la ville.

Après une conférence infructueuse des quatre puissances occupantes à Genève en mai-août 1959 et le départ de Khrouchtchev de celle de Paris en mai 1960 en raison du survol du territoire soviétique par des avions-espions américains U2 (un de ces appareils est abattu à la veille de la conférence), **l'accès entre Berlin-Est et les trois secteurs occidentaux est barré par l'édification d'un mur dans la nuit du 12 au 13 août 1961.** Ce mur, qui concrétise matériellement la séparation de l'Europe en deux, doit mettre un terme au mouvement d'émigration par lequel trois millions d'Allemands de l'Est étaient parvenus à gagner la RFA entre 1949 et 1961 en tirant avantage du statut de Berlin, qui permettait encore le libre passage de l'est vers l'ouest.

2. L'*Ostpolitik*

394 Version allemande de la politique de défense (voy. n° 391), l'*Ostpolitik* ou « politique à l'Est » mise en place par le chancelier Willy Brandt a permis de normaliser les relations politiques, économiques et humaines de la RFA avec le bloc soviétique, tout particulièrement la RDA.

E 19 **Willy Brandt**

WILLY BRANDT (1913-1992) : né à Lübeck le 18 décembre 1913 sous le nom de « Herbert Frahm », social-démocrate à partir de 1930 puis membre d'une organisation dissidente de gauche, il s'exile en Norvège après l'arrivée au pouvoir d'Hitler et prend le nom de Willy Brandt. Après l'invasion allemande de la Norvège, il se réfugie en Suède puis, de retour en Allemagne en 1945, il s'engage en politique dans les rangs du Parti social-démocrate (SPD). Maire de Berlin-Ouest de 1957 à 1966, il sait exprimer l'émotion des Berlinois devant la construction du mur. Après avoir été ministre des Affaires étrangères et vice-chancelier au sein du premier gouvernement de « grande coalition » entre le SPD et la CDU/CSU (1966-1969), il devient chancelier d'un gouvernement de coalition entre le SPD et les libéraux en 1969. Il appelle alors à « oser plus de démocratie » sur le plan intérieur et développe une politique étrangère de rapprochement avec l'Est (*Ostpolitik*). Bien que son agenouillement devant le monument du ghetto de Varsovie ait frappé l'opinion internationale, il est contraint de démissionner en 1974, lorsqu'un de ses proches collaborateurs avoue l'avoir espionné pour le compte de la RDA.

Lorsqu'il devient chancelier en 1969, Willy Brandt se fait l'artisan d'une **détente avec les pays de l'Est**. C'est ainsi que, considérant que « même si deux États existent en Allemagne, ils ne sont pas pour autant étrangers l'un pour l'autre ; leurs relations ne peuvent être que d'une espèce particulière », il entreprend des négociations avec l'URSS, puis avec la RDA et, plus généralement, les autres pays de l'Est.

Willy Brandt pense que cette *Ostpolitik* va profiter à l'Allemagne sur les plans politique, économique et humain et va même permettre à long terme de modifier le *statu quo* territorial en Europe. Considérant que « pour modifier un *statu quo*, il faut d'abord le reconnaître », il **fait adhérer la RFA au Traité sur la non-prolifération nucléaire** (voy. n° 432) **en novembre 1969**, écartant ainsi toute éventualité d'armement nucléaire ouest-allemand, puis conclut à Moscou, le 12 août 1970, un **traité entre la RFA et l'URSS**, aux termes duquel les deux parties, consacrant le ***statu quo* *territorial***, reconnaissent n'avoir de « revendications territoriales d'aucune sorte envers qui que ce soit » et s'engagent à fonder leurs relations sur **la recherche de la paix et de la détente**.

Le 7 décembre 1970, la RFA signe avec la Pologne un traité établissant la ligne Oder-Neisse comme frontière occidentale de ce pays, de sorte qu'elle reconnaît ainsi paradoxalement une frontière de la RDA.

Le 3 septembre 1971, un traité quadripartite sur Berlin, conclu entre les quatre puissances occupantes, garantit la liberté de transit entre la RFA et les secteurs occidentaux de Berlin.

Le 21 décembre 1972 est signé entre les deux gouvernements allemands un « traité fondamental », par lequel la RFA et la RDA, affirmant que « la souveraineté de chacun des deux États se limite à son territoire », s'engagent à entretenir des « relations normales de bon voisinage sur la base de l'égalité des droits ». **La RFA et la RDA sont admises à l'ONU en 1973**.

L'*Ostpolitik* du chancelier Willy Brandt a permis de consolider le *statu quo* au cœur du continent européen, là où l'affrontement Est-Ouest était le plus sensible. En atténuant les tensions entre les deux blocs en Europe, il prépare dans une certaine mesure le changement pacifique qui interviendra à la fin des années 1980.

3. La Conférence sur la sécurité et la coopération en Europe (CSCE) et les accords d'Helsinki

395 À partir du mois de juillet 1973, se tient une Conférence sur la sécurité et la coopération en Europe, réunissant 33 pays européens, les États-Unis et le Canada. Elle aboutit **le 1er août 1975 à la signature des accords d'Helsinki (ou Acte final de la Conférence)**.

C'est en 1954 que, pour la première fois, les Soviétiques proposent, par l'intermédiaire de leur ministre des Affaires étrangères Viatcheslav Molotov, la réunion d'une conférence sur la sécurité européenne. L'idée est alors repoussée par les Occidentaux, qui considèrent qu'elle vise à consolider l'emprise soviétique sur l'Europe centrale et orientale, à neutraliser et désarmer l'Allemagne et à démanteler l'Alliance atlantique.

Une nouvelle initiative est lancée par les ministres des Affaires étrangères des pays du pacte de Varsovie en mars 1969. Elle est acceptée par les Occidentaux, qui posent toutefois plusieurs conditions à la tenue d'une conférence : la conclusion d'un accord sur Berlin, l'inscription à l'ordre du jour du problème des libertés individuelles et de la libre circulation des personnes et des idées, la participation des États-Unis et du Canada, ainsi que l'ouverture de négociations sur la réduction mutuelle des forces de l'Est et de l'Ouest. L'ensemble de ces conditions étant accepté par l'URSS, la Conférence sur la sécurité et la coopération en Europe (CSCE) peut avoir lieu.

La Conférence s'organise autour de quatre « corbeilles » de travail :

- « les questions relatives à la sécurité de l'Europe » ;
- la coopération technique, scientifique et culturelle ;
- les droits de l'homme et les libertés fondamentales ;
- la coopération en Méditerranée.

Si elle ne crée pas d'institution et si les accords qu'elle conclut ne prévoient pas de mécanisme de sanction, la CSCE, dont toutes les conclusions ont été adoptées sans vote, par consensus (voy. n° 223), marque cependant **le début d'un processus de consultations diplomatiques régulières**. Des conférences de suivi se sont ainsi réunies à Belgrade en 1977-1978, à Madrid en 1980-1983 et à Ottawa en 1985.

L'Acte final d'Helsinki affirme dix principes (**décalogue d'Helsinki**) fondateurs des relations entre tous les États participants :

- l'égalité souveraine des États ;
- le refus de la menace ou de l'usage de la force ;
- l'inviolabilité des frontières ;
- le respect de l'intégrité territoriale des États ;
- le règlement pacifique des différends ;
- la non-ingérence dans les affaires intérieures des États ;
- le respect des droits de l'homme et des libertés fondamentales, y compris la liberté de pensée, de conscience, de religion et de croyance ;
- l'égalité et le droit à l'autodétermination des peuples ;
- la coopération des États ;
- le respect de bonne foi des obligations internationales.

L'Acte final encourage en outre le développement de la coopération économique, auquel l'URSS et les pays d'Europe orientale, en proie à des difficultés économiques croissantes, tiennent alors beaucoup.

La signature des accords d'Helsinki est saluée comme une victoire par les pays de l'Est, qui y voient une reconnaissance du ***statu quo*** territorial en Europe, alors même que l'Acte final ne mentionne que l'inviolabilité des frontières et laisse ouverte la possibilité de leur « changement pacifique » (qui interviendra d'ailleurs avec la réunification allemande). De leur côté, les pays de l'Ouest se réjouissent surtout des avancées en matière de droits de l'homme : même si les accords d'Helsinki reconnaissent le principe de non-ingérence, ils permettent à diverses reprises de condamner l'URSS pour non-respect des droits fondamentaux.

Malgré tout, à court terme, les résultats des accords d'Helsinki se révèlent décevants pour les pays occidentaux. Dès mars 1976, Henry Kissinger déclare ainsi que la coopération « exige la réciprocité. Elle ne peut pas survivre à des constantes tentatives de recherche d'avantages unilatéraux ».

C) Les limites de la détente

396 La détente n'empêche pas la poursuite de la rivalité soviéto-américaine. Outre le soutien apporté par les Soviétiques au camp nationaliste arabe face à Israël après la crise de Suez (voy. n° 371), trois épisodes entravent la détente : la crise de Cuba ou la crise des missiles de 1962, la guerre du Vietnam de 1959 à 1975 et la guerre d'Afghanistan, qui débute en 1979 pour s'achever en 1988, au moment où le bloc soviétique se désagrège. Ces événements rappellent alors au monde que les États-Unis et l'URSS gardent comme ligne de conduite à la fois le refus d'une guerre nucléaire et la volonté de préserver et d'étendre leur sphère d'influence respective.

1. La crise de Cuba (1962)

397 Pour la première fois depuis 1945, un conflit oppose les États-Unis et l'URSS au sein même de la zone d'influence américaine.

À partir de la prise du pouvoir par Fidel Castro en 1959, les rapports entre les États-Unis et Cuba se dégradent progressivement, tandis que s'opère un rapprochement, d'abord économique, entre La Havane et Moscou. En janvier 1961, les relations diplomatiques entre les États-Unis et Cuba sont rompues, les Américains n'acceptant pas l'idée que ce pays, si proche de leurs côtes, passe dans le camp communiste.

Le 5 avril 1961, le nouveau président des États-Unis, John Fitzgerald Kennedy, autorise **une opération de soutien à un coup d'État organisé par des exilés cubains**. Cependant, le débarquement de ces exilés à Cuba, **le 17 avril 1961, dans la baie des Cochons**, échoue de manière désastreuse pour les Américains, alors que, la veille, Castro a lancé la « révolution socialiste et démocratique » et qu'il annonce le 1er mai l'adoption d'une Constitution d'inspiration soviétique.

Le président Kennedy décide alors d'isoler Cuba et de tout faire pour empêcher la diffusion du communisme sur le continent américain. Est mis en place, sous le nom d'« **Alliance pour le progrès, un système d'aide financière en direction des pays d'Amérique latine** », où sont ainsi investis 1 milliard de dollars de fonds publics et 1 milliard de dollars de fonds privés, tandis que Cuba est exclue de l'Organisation des États américains (OEA) (voy. E 8) et se trouve progressivement isolée du monde occidental.

Dans ce contexte, en réponse à la demande d'aide de Fidel Castro, qui croit à une agression américaine imminente, **les Soviétiques déploient des missiles nucléaires sur le territoire cubain**. Le 3 octobre 1962, **une résolution conjointe des deux chambres du Congrès américain affirme que les États-Unis sont déterminés à empêcher par tous les moyens nécessaires**, y compris l'emploi des armes, **le régime marxiste-léniniste de Cuba d'étendre par la force ou la menace de la force ses activités** dans quelque partie que ce soit du continent américain. Lorsqu'il apprend, le 15 octobre 1962, à la suite d'une reconnaissance effectuée par un avion-espion U2, le déploiement de missiles soviétiques à Cuba, le président Kennedy ordonne le **blocus maritime de l'île**. Le 23 octobre 1962, le Conseil de l'OEA adopte une résolution recommandant à tous les États membres de cette organisation, conformément au traité interaméricain d'assistance mutuelle qui les lie, de prendre toutes les mesures nécessaires, y compris l'emploi de la force, pour que Cuba ne reçoive plus de matériel soviétique. **Pour la première fois depuis la Seconde Guerre mondiale, une crise semble susceptible de déboucher sur un affrontement nucléaire entre les deux grandes puissances.**

Le 25 octobre 1962, les Soviétiques prennent l'initiative de contacts officieux avec les États-Unis. Moscou propose le retrait des missiles sous contrôle de l'ONU, en contrepartie de l'engagement des États-Unis de ne pas envahir Cuba. Cette démarche est jugée « acceptable » par le président Kennedy. Le 28 octobre, Khrouchtchev annonce publiquement qu'en raison des engagements américains de ne pas envahir Cuba, il n'y a plus lieu d'y stationner des armements. Le 20 novembre, le blocus naval est levé par les États-Unis. Les États-Unis retirent également leurs missiles nucléaires à portée intermédiaire de Turquie et d'Italie (sans consulter ces pays).

La crise de Cuba, qui a mis à l'épreuve la détente, a été l'occasion pour les États-Unis et l'URSS de mettre en pratique le principe de coexistence pacifique. **Placées devant le risque de la guerre nucléaire, les deux grandes puissances ont fait des concessions afin d'éviter un conflit armé direct.**

Pour éviter tout malentendu en cas de crises futures entre l'URSS et les États-Unis, **une ligne de communication directe entre la Maison Blanche et le Kremlin est créée.** Cette ligne, communément appelée « téléphone rouge » bien qu'il s'agisse d'un lien entre téléscripteurs, sera notamment utilisée lors de la crise du Moyen-Orient de 1967 (voy. n° 416 et E 20).

2. L'intervention américaine au Vietnam (1964-1973)

398 Moins de deux ans après la crise de Cuba, en 1964, les États-Unis interviennent militairement au Vietnam afin de venir en aide au gouvernement du Vietnam du Sud dans la lutte qui l'oppose à des insurgés communistes et au gouvernement du Vietnam du Nord, soutenus par l'URSS, les pays du bloc soviétique et, dans une certaine mesure, la Chine.

Les accords de Genève rédigés à la fin de la guerre d'Indochine en avril 1954 partagent le Vietnam en deux États, au sud et au nord du 17e parallèle. Alors que le Vietnam du Nord les signe, le gouvernement du Vietnam du Sud dirigé par le nationaliste catholique Ngo Dinh Diem, considérant qu'ils consacrent l'abandon de la moitié du Vietnam au communiste, refuse, lui, de le faire (voy. n° 376), d'autant qu'il souhaite à plus ou moins long terme faire du Vietnam du Sud, voire de l'ensemble du Vietnam, un pays à économie de marché, anticommuniste et solidement allié des États-Unis, dont il a rapidement reçu un appui militaire croissant. En octobre 1955, Diem proclame la république du Vietnam et en devient Président ; toute communication avec le Nord et tout mouvement de personnes entre le Nord et le Sud sont alors prohibés.

En février 1959 éclate dans le delta du Mékong **une insurrection procommuniste**, encouragée et soutenue par le Vietnam du Nord (qui lui fournit armes et vivres grâce à un réseau de routes et de sentiers camouflés, dit « piste Hô Chi Minh »), ainsi que par une partie de la population sud-vietnamienne, qui remet en cause le caractère autoritaire du régime de Diem. De leur côté, les États-Unis apportent une aide militaire au Sud-Vietnam, qu'ils accroissent à partir du printemps 1961, sans que cela fasse l'objet d'un débat public (de sorte que l'opinion publique américaine est profondément choquée lorsqu'elle apprend l'ampleur de cette aide, révélée en mars 1971 par les *Pentagon Papers*).

Malgré ce soutien des États-Unis, l'armée sud-vietnamienne doit progressivement abandonner le contrôle effectif de la moitié des campagnes, dans un contexte où, par ailleurs, Diem se heurte à l'hostilité des bouddhistes, mécontents des avantages accordés aux catholiques. En novembre 1963, Diem est assassiné par des généraux putschistes soutenus par les États-Unis. À l'**été 1964**, alors que des incidents navals sont survenus au début du mois d'août dans le golfe du Tonkin, **le président américain Lyndon Johnson obtient du Congrès l'autorisation d'employer la force contre les insurgés et le Vietnam du Nord**. Il ordonne alors le bombardement du Nord et envoie au Sud un corps expéditionnaire dont les effectifs approchent les 500 000 hommes fin 1967. À cette date, le nombre des militaires américains tombés au Vietnam dépasse les 15 000. Les insurgés démontrent cependant par leur offensive du Têt (fin janvier 1968) qu'il est devenu impossible aux Américains de stabiliser la situation par des moyens militaires. **Aux États-Unis, un vaste mouvement se développe au sein de la société civile pour protester contre la guerre.**

Le 13 mai 1968, les Américains et les Nord-Vietnamiens engagent des pourparlers à Paris. Puis, **en décembre 1969, sous la présidence de Richard Nixon, les Américains décident de « vietnamiser » la guerre** en réduisant leur corps expéditionnaire et en accroissant leur aide militaire aux Sud-Vietnamiens. Ils étendent parallèlement leurs opérations au Cambodge et au Laos.

En avril 1972, les forces nord-vietnamiennes lancent une offensive jusqu'à 100 km au nord de Saigon. Nixon, tout en reprenant le bombardement du Nord et en minant le port de Haiphong, propose alors un cessez-le-feu sur place, dans la perspective d'une solution politique.

Les accords de Paris conclus le 27 janvier 1973 entre le Vietnam du Nord et les États-Unis mettent un terme à l'intervention américaine. Les forces américaines se retirent dès le 29 mars. Alors que, selon les termes agréés, les forces armées des deux camps devaient rester sur leurs positions au moment de la conclusion des accords et que chaque partie devait administrer sa zone jusqu'à la tenue d'élections « libres et démocratiques sous surveillance internationale », **le Vietnam du Nord décide de recourir à la**

force le 7 janvier 1975. Le 30 avril, Saigon capitule, alors que moins de deux semaines auparavant, le 17 avril, la capitale du Cambodge, Phnom Penh, est tombée aux mains des Khmers rouges.

Pour les Américains, l'expérience vietnamienne est la preuve de l'impossibilité de parvenir à un accord sincère avec l'URSS et ses alliés. En revanche, la Chine, soucieuse d'éviter la victoire totale d'un Vietnam jugé trop inféodé par l'URSS, s'est montrée plus coopérative envers les États-Unis lorsqu'il s'est agi de trouver une solution politique au conflit. S'est ainsi opéré, à la faveur de la guerre du Vietnam, **un rapprochement sino-américain**, ouvert par la visite de Nixon à Pékin en février 1972.

La victoire des communistes nord-vietnamiens a été suivie d'**autres succès de mouvements politiques soutenus par l'URSS (Éthiopie en 1978, Nicaragua en 1979)**, tandis qu'à partir de 1975, **des guerres civiles entre partisans de l'URSS et mouvements pro-occidentaux** ont éclaté dans plusieurs pays **(Angola et Mozambique après 1975)**.

3. La première guerre d'Afghanistan (1979-1988)

399 L'intervention des troupes soviétiques en Afghanistan au mois de décembre 1979 provoque un regain de tension qui semble remettre en cause la politique de détente.

Les Soviétiques s'étaient toujours intéressés à l'Afghanistan, qu'ils considéraient comme faisant partie de leur sphère d'intérêt.

En juillet 1973, le prince Mohammad Daoud, écartant du pouvoir le roi Zaher (1933-1973), prend la tête de l'Afghanistan et proclame la république. Il confie la totalité de l'équipement et de l'entraînement militaires de son pays à Moscou et fait entrer dans son gouvernement des membres du Parsham, la tendance modérée du parti communiste afghan. Puis, à partir de 1975, il réoriente sa politique étrangère et décide de se rapprocher de l'Iran, des États-Unis et de la Chine.

En 1978, après l'arrestation et l'assassinat de nombreux membres du Parti communiste, **un groupe d'officiers pro-soviétiques renverse le prince Daoud et installe au pouvoir le secrétaire général du parti communiste, Nur Mohammad Taraki**, membre du Khalq (tendance dure du parti communiste afghan), tandis que Babrak Karmal, leader du Parsham, plus modéré, devient vice-président. Le nouveau dirigeant entreprend alors une transformation de son pays par des mesures d'inspiration soviétique, sans tenir compte des structures traditionnelles, notamment religieuses. Face à une insurrection qui ne cesse de se renforcer, il s'engage dans une répression brutale : des mosquées sont fermées et des mollahs exécutés. Le 5 décembre 1978, Leonid Brejnev, premier secrétaire du parti soviétique, et Taraki passent un « accord d'amitié et de coopération », mais, de retour d'un voyage à Moscou, Taraki est assassiné en septembre 1979. Amin, vice-président adjoint, également issu de la tendance Khalq, prend alors le pouvoir.

Le 29 décembre 1979, des détachements soviétiques pénètrent en Afghanistan. Les Soviétiques décident de soutenir Karmal et la tendance Parsham contre la tendance Khalq ; Amin est assassiné. **C'est la première fois que l'Union soviétique intervient directement et massivement en dehors de la zone du pacte de Varsovie.**

Les États-Unis réagissent immédiatement à cette intervention par **un embargo sur les ventes de céréales et de matériels de haute technologie à l'URSS** et par le boycott des Jeux olympiques de Moscou de 1980.

Le 14 janvier 1980, par 104 voix contre 18, l'Assemblée générale des Nations Unies condamne l'invasion soviétique et demande « le retrait immédiat, inconditionnel et total » des troupes soviétiques. Cependant, cette résolution est sans effet : en 1981, 120 000 soldats soviétiques sont envoyés en Afghanistan. **Cette guerre oppose l'URSS aux combattants afghans ou « moudjahidin »**, parmi lesquels les nationalistes côtoient les islamistes radicaux, en particulier le réseau d'Oussama Ben Laden. Washington soutient ces forces opposées à Moscou en leur fournissant, notamment par l'intermédiaire du Pakistan, des armes et des ressources financières. Finalement, la livraison de missiles portables sol-air aux moudjahidin décide du sort de la guerre, laquelle ne prend fin qu'avec l'arrivée au pouvoir de Mikhaïl Gorbatchev en URSS. **Un accord sur le retrait des forces soviétiques est signé le 14 avril 1988 à Genève** par l'Afghanistan, les États-Unis, l'URSS et le Pakistan, en présence du secrétaire général de l'ONU Javier Perez de Cuellar. Les dernières troupes soviétiques quittent le territoire afghan, où elles ont perdu quelque 13 000 soldats en sept ans, au début de l'année 1989.

§ 2. Les difficultés du maintien de la cohésion des blocs

400 Tout au long de la Guerre froide, la cohésion des blocs est mise à l'épreuve tant côté soviétique que côté occidental.

A) L'ordre communiste européen et la dissidence chinoise

Le processus de déstalinisation lancé par Nikita Khrouchtchev en février 1956, lors du XXe congrès du PCUS, a des répercussions au sein du bloc communiste européen et en Chine.

1. Les turbulences au sein de l'ordre communiste européen

401 **La mort de Staline le 5 mars 1953 soulève, dans les pays communistes européens, des espoirs de libéralisation**, d'autant qu'elle est suivie en juin 1953 de l'élimination de l'ancien chef de la police, le redouté Lavrenti Beria, qui semblait devoir succéder à Staline.

Dès ce moment, **une révolte éclate en RDA**. Elle est provoquée par la décision, en mai 1953, du gouvernement de Walter Ulbricht installé par l'URSS, d'élever les normes de production de 10 % sans augmentation de salaire. En réaction, le 15 juin, les ouvriers du bâtiment de la Stalinallee, grande avenue de Berlin en reconstruction, manifestent, ce qui déclenche, le 17 juin 1953, un vaste soulèvement populaire qui s'étend à l'ensemble du pays. L'URSS déclare l'état d'urgence : les chars de l'Armée rouge écrasent la révolte, tandis que la répression s'abat sur les manifestants (arrestations, emprisonnements, exécutions sommaires). Toutefois, le gouvernement est-allemand s'engage dans une politique de détente en mettant en œuvre le « nouveau cours », ensemble de concessions faites aux protestants, aux artisans et aux exploitants agricoles privés, tandis que l'URSS renonce aux réparations qu'elle exigeait de la RDA.

Un peu moins de deux ans plus tard, lorsque Nikita Khrouchtchev engage le processus de déstalinisation, il déclenche **des mouvements de protestation** en Pologne et en Hongrie, qui se répètent ensuite en Tchécoslovaquie (1968) et en Pologne (1980).

a) Le « coup d'État » de Gomulka en Pologne (1956)

402 Le 20 mars 1956, Wladyslaw Gomulka, ancien secrétaire général du Parti ouvrier unifié polonais, qui avait été arrêté en 1951, est réhabilité puis réintégré en août au sein du parti. Après qu'en juin 1956 une révolte ouvrière a été violemment réprimée à Poznan, Gomulka, s'appuyant sur l'armée et sur de nombreuses organisations du Parti communiste, est élu premier secrétaire du Comité central du parti les 18 et 19 octobre.

Si le nouveau gouvernement polonais accède à un **degré limité d'autonomie politique**, il doit néanmoins respecter les deux principes dont les Soviétiques n'admettent pas la remise en cause : le « rôle dirigeant » du parti communiste et l'appartenance au pacte de Varsovie.

b) L'intervention soviétique en Hongrie (1956)

403 Refusant de tenir compte du mouvement de déstalinisation inauguré par Khrouchtchev en février 1956, le secrétaire général du Parti des travailleurs hongrois Mátyás Rákosi est poussé à la démission par l'URSS le 18 juillet 1956 et remplacé par Ernö Gerö. Dans ce contexte, 300 000 personnes participent, dans la nuit du 23 au 24 octobre 1956, à une manifestation hostile à l'URSS, qui se transforme en insurrection à l'arrivée des troupes soviétiques. Face à cette situation, **le parti communiste hongrois appelle Imre Nagy, ancien dirigeant communiste exclu du parti en raison de ses orientations réformistes, à la présidence du gouvernement.** Le nouveau dirigeant accepte de nombreuses revendications des manifestants (retrait des troupes soviétiques, démission de Gerö remplacé par János Kádár comme premier secrétaire, abolition du parti unique, promesse d'élections libres, annonce du retrait du pacte de Varsovie), les considérant comme en phase avec la déstalinisation voulue par Khrouchtchev. Toutefois, János Kádár, qui a quitté secrètement Budapest le 2 novembre, forme un nouveau gouvernement en URSS et demande l'aide de l'armée soviétique. **Le 4 novembre 1956, les troupes soviétiques reviennent en Hongrie.** János Kádár prend officiellement le pouvoir et rétablit le régime communiste. Nagy est emprisonné puis exécuté le 16 juin 1958. Une certaine libéralisation n'intervient en Hongrie qu'à la fin des années 1970.

c) Le Printemps de Prague (1968)

404 Premier secrétaire du parti communiste tchécoslovaque et ancien stalinien, Antonin Novotny est pris à partie, en 1967, par des intellectuels qui demandent plus de liberté d'expression et la libéralisation de la société tchécoslovaque. Face à la contestation, le Comité central du parti se divise entre conservateurs et libéraux, ces derniers étant dirigés par le secrétaire général du parti slovaque, Alexander Dubcek. Sous la pression de l'opposition, Novotny démissionne et Dubcek lui succède le 9 janvier 1968. Le nouveau chef du

gouvernement expose alors son programme : fin du parti unique et libéralisation de l'information, parallèlement au maintien de la Tchécoslovaquie dans le pacte de Varsovie. Ces transformations politiques, généralement désignées par l'expression « Printemps de Prague », s'achèvent **dans la nuit du 20 au 21 août 1968**, lorsque **l'armée soviétique et les forces de quatre autres pays membres du pacte de Varsovie (Hongrie, Pologne, Bulgarie, RDA) envahissent le territoire tchécoslovaque**. Des négociations aboutissent aux accords de Moscou du 26 août 1968, qui prévoient que l'équipe libérale reste au pouvoir en contrepartie d'une limitation des réformes. Toutefois, en avril 1969, Dubcek est remplacé par Gustav Husak, plus proche des intérêts de l'Union soviétique. Husak procède alors à **la « normalisation » de la situation politique tchécoslovaque.**

De nombreux partis communistes occidentaux, parmi lesquels le Parti communiste français, n'hésitent pas à condamner cette invasion. **L'image de l'URSS est fortement ternie au sein même du mouvement communiste.**

d) L'été de Gdansk (1980)

405 Lorsque des grèves agitent les chantiers navals de Gdansk en décembre 1970, Edvard Gierek succède à Wladyslaw Gomulka comme premier secrétaire du Parti communiste polonais. Toutefois, il ne parvient pas à concilier les exigences politiques de Moscou et les revendications sociales des ouvriers et du peuple polonais. Sa décision, en juillet 1980, d'augmenter les prix, notamment ceux des produits alimentaires, déclenche une grève générale qui s'étend à toute la Pologne. Le pouvoir, alors contraint de négocier avec l'opposition, accepte, par **les accords de Gdansk du 31 août 1980**, de reconnaître **l'existence d'un syndicat indépendant, Solidarnosc** (Solidarité). Une vague de libéralisation politique déferle sur la Pologne : libération de prisonniers politiques, assouplissement de la censure, autorisation du droit de grève.

Toutefois, face à la persistance de l'agitation, le régime se militarise : **le général Wojciech Jaruzelski**, ministre de la Défense, **devient Premier ministre le 13 février 1981** puis remplace Kania comme premier secrétaire du **parti** communiste le 18 octobre 1981. **Dans la nuit du 12 au 13 décembre 1981**, il crée **un « Conseil militaire de salut national »**, qui **déclare « l'état de guerre » sur tout le territoire**. Ce contrôle de l'armée et de la milice sur l'ensemble de la population polonaise, plus particulièrement sur les partisans de Solidarnosc, dont les dirigeants sont d'emblée arrêtés, dure jusqu'au 22 juillet 1983. Jaruzelski justifie son action par sa volonté d'éviter une intervention militaire soviétique en application de la doctrine Brejnev de « souveraineté limitée » (voy. n° 389).

2. La dissidence chinoise

406 Dès 1956, **Mao Tsé-toung s'oppose à la déstalinisation.** Il dénonce la coexistence pacifique comme une doctrine « révisionniste », contraire au marxisme-léninisme. Après avoir tenté une expérience de libéralisation (la « campagne des Cent Fleurs »), il déclenche en juin 1957 une vaste répression de tous ceux qui avaient émis des opinions critiques à l'égard du régime. Puis, en mai 1958, il lance la Chine dans une entreprise désastreuse d'industrialisation forcée (le

« Grand Bond en avant »). Alors que l'URSS interrompt en juillet 1960 son assistance économique, la production agricole est désorganisée et la famine s'installe, causant entre 20 et 40 millions de morts.

Lorsque, début 1960, le Parti communiste chinois met un terme à cette politique, Mao Tsé-toung est écarté des décisions de politique intérieure et se concentre sur les questions d'idéologie et la critique du révisionnisme soviétique. **La crise cubaine d'octobre 1962 précipite la rupture entre l'URSS et la Chine : le retrait des missiles soviétiques est qualifié par Pékin de capitulation.**

En mars 1963, la Chine conteste les Traités territoriaux d'Aïgoun et de Pékin imposés par la Russie tsariste au XIXe siècle. À la fin des années 1960, de graves incidents de frontière éclatent, notamment au sujet de l'île Damansky sur l'Oussouri.

L'adoption du Traité de Moscou de 1963 (voy. n° 431) sur l'interdiction des essais nucléaires dans l'atmosphère, dans l'espace extra-atmosphérique et sous l'eau contribue à dégrader les rapports sino-soviétiques, la Chine y voyant une mise en cause de ses efforts pour accéder à l'arme nucléaire (le pays n'accède au statut de puissance nucléaire que le 16 octobre 1964. La chute de Khrouchtchev en octobre 1964 et l'arrivée au pouvoir de Leonid Brejnev en URSS n'atténuent pas les désaccords sino-soviétiques.

Le 8 août 1966, Mao Tsé-toung déclenche la « grande Révolution culturelle prolétarienne ». La jeunesse est embrigadée en grand nombre dans des unités de Gardes rouges chargées de combattre l'embourgeoisement des cadres du parti, de rééduquer les intellectuels et de participer à la répression systématique de toutes les personnes soupçonnées de tiédeur révolutionnaire. Il s'agit ainsi pour Mao de **reconquérir le pouvoir au sein du parti communiste** et de **lutter contre l'« hégémonisme » et le « révisionnisme » soviétiques**. En 1968, Mao, qui cherche à faire de la Chine « le centre politique », mais aussi « militaire et technique » de « la révolution mondiale, reconstruit le parti communiste désorganisé par la Révolution culturelle et rétablit l'ordre avec l'aide de l'armée. La Chine, qui a accédé à la bombe H le 17 juin 1967, est alors une puissance nucléaire forte d'une idéologie communiste nationale et capable d'étendre son influence dans le tiers-monde, dont elle affirme être le meilleur porte-parole. Elle cherche à se présenter comme un concurrent potentiel de l'URSS et des États-Unis.

L'accession de la Chine communiste aux Nations Unies en 1971 comme membre permanent du Conseil de sécurité et la visite du président Nixon à Pékin, le 21 février 1972 marquent le début d'une évolution considérable de la politique extérieure chinoise : c'est le **rapprochement sino-américain**, largement fondé dans un premier temps sur une commune méfiance à l'égard de l'Union soviétique. Après la disparition de Mao Tsé-toung, le 9 septembre 1976, Deng Xiaoping complète cette nouvelle entente politique par une politique d'ouverture économique au monde occidental, qui débouchera sur une spectaculaire croissance économique.

B) Les désaccords franco-américains et leurs conséquences

407 Au sein du bloc occidental, où des oppositions de vues s'expriment dès les années 1960, deux hommes symbolisent les désaccords transatlantiques : le président Kennedy et le général de Gaulle.

Le grand dessein du président Kennedy, présenté dans un discours prononcé le 4 juillet 1962, **est de construire un « partenariat atlantique » dans le domaine de la défense, de la diplomatie et de l'économie entre les États-Unis et une Europe « forte et unie »**. Kennedy propose que les États-Unis gardent, dans le cadre de ce partenariat, l'essentiel des moyens nucléaires, alors que le Royaume-Uni et la France intégreraient les leurs dans le dispositif atlantique. Parallèlement, en octobre 1962, le président Kennedy fait voter au Congrès une loi appelée *Trade Expansion Act*, qui prévoit un abaissement des droits de douane de 50 % sur l'ensemble des produits européens, afin de stimuler les relations commerciales entre les deux rives de l'Atlantique.

De son côté, **le président de Gaulle a pour ambition de faire de la France une puissance fédératrice des intérêts européens, afin d'amener l'Europe à affirmer son autonomie stratégique à l'égard des États-Unis.** Cette ambition s'exprime d'abord dans le « Plan Fouchet » visant à créer une union d'États capable de définir et de mettre en œuvre une politique étrangère et de défense commune sous l'égide d'un conseil des chefs d'États et de gouvernement statuant à l'unanimité. Toutefois, ce projet échoue en avril 1962, en raison notamment de l'opposition des Néerlandais et des Belges, qui lui reprochent l'absence de mécanisme supranational et la non-inclusion du Royaume-Uni. Lors d'une conférence de presse du 14 janvier 1963, à l'entrée du Royaume-Uni dans la Communauté économique européenne (CEE), au motif que les Britanniques, économiquement liés à l'Amérique et aux dominions du Commonwealth, n'envisageraient d'adhérer à l'Europe des Six qu'à condition d'en modifier les règles et l'esprit. Il met en revanche l'accent sur l'importance de **l'entente franco-allemande**, qu'il considère comme « la condition et le fondement de la construction de l'Europe » et « l'élément primordial de la sécurité » européenne. Enfin, soucieux que l'Europe soit indépendante à l'égard des États-Unis, **de Gaulle rejette le plan Kennedy d'intégration des forces nucléaires alliées** : « La France a pris acte de l'accord anglo-américain des Bahamas[44]. Tel qu'il est conçu, personne sans doute ne s'étonnera que nous ne puissions y rentrer [...]. [La force nucléaire multilatérale proposée par les États-Unis] ne répond pas au principe [...] qui consiste à disposer en propre de notre force de dissuasion. Verser nos moyens dans une force multilatérale, sous commandement étranger, ce serait contrevenir à ce principe de notre défense et de notre politique ».

Les désaccords entre les États-Unis et la France, qui portent à la fois sur la diplomatie, la défense et l'économie, se cristallisent autour de l'Alliance atlantique et du Marché commun.

---

44. Accords dits « de Nassau » de décembre 1962 sur l'équipement de la force nucléaire britannique avec des missiles balistiques américains Polaris.

1. La crise de l'OTAN

408 **Le 7 mars 1966**, le général de Gaulle écrit au président américain Lyndon Johnson que « **la France se propose de recouvrer sur son territoire l'entier exercice de sa souveraineté**, actuellement entamé par la présence permanente d'éléments militaires alliés ou par l'utilisation qui est faite de son ciel, **de cesser sa participation aux commandements intégrés et de ne plus mettre de forces à la disposition de l'OTAN** ». Cette décision est l'aboutissement d'une politique menée par la France à l'égard de l'Alliance à partir de 1963 : les forces navales françaises de l'Atlantique ont alors repris leur liberté par rapport au commandement intégré de l'OTAN, puis en 1964, les officiers français ont été retirés des états-majors interalliés. Le 9 septembre 1965, le général de Gaulle annonce que le retrait de la France de l'organisation militaire intégrée interviendra avant le vingtième anniversaire du Traité de l'Atlantique nord, en 1969. De fait, l'évacuation des troupes américaines est achevée au mois d'avril 1967.

Par cette décision plus politique que militaire, qui permet au général de Gaulle de négocier sur un plan d'égalité avec les États-Unis et l'URSS, **la France signale sa volonté de mener une politique étrangère autonome à l'égard de Moscou et de Washington et de développer son influence dans le tiers-monde.**

2. La contestation du leadership américain

409 À partir de 1964, la France oriente sa politique étrangère vers un rapprochement avec l'URSS. Lors de son voyage à Moscou du 20 juin au 1er juillet 1966, le général de Gaulle évoque une « nouvelle alliance » entre les deux pays. L'objectif de cette politique est de s'affranchir des États-Unis et d'affirmer une convergence d'intérêts paneuropéenne. À l'issue de sa visite en URSS, de Gaulle, qui considère que l'hégémonie américaine empêche une entente pragmatique avec l'Est, définit ainsi son intention : « [F]aire en sorte que notre ancien continent, uni et non plus divisé, reprenne le rôle capital qui lui revient, pour l'équilibre, le progrès et la paix de l'univers ».

Dans un célèbre discours prononcé en septembre 1966 à Phnom Penh au Cambodge, le général de Gaulle, affirmant qu'il ne peut y avoir de solution militaire au Vietnam (voy. n° 398) et que « seul un accord politique pourrait [...] rétablir la paix » dans ce pays, demande aux États-Unis « de renoncer à une expédition lointaine [...] sans bénéfice et sans justification ». **La France**, qui a par ailleurs condamné en 1965 le débarquement de *marines* à Saint-Domingue, **mène une politique étrangère de plus en plus autonome**, voire en contradiction avec celle des États-Unis.

Cela se manifeste également en juillet 1967 lorsque le président français, à l'occasion d'un voyage au Canada, pays membre de l'OTAN et fidèle allié des États-Unis, s'exclame : « Vive Montréal, vive le Québec, vive le Québec libre, vive le Canada français, vive la France ! » Cette déclaration est qualifiée d'« inacceptable » par le gouvernement fédéral canadien.

Dans le domaine économique, le général de Gaulle prône comme base du système monétaire international le remplacement du dollar par l'étalon-or : « Nous tenons donc pour nécessaire que les échanges internationaux s'établissent [...] sur une base monétaire indiscutable et qui ne porte de marque d'aucun pays particulier ».

Le général de Gaulle entend ainsi manifester **l'indépendance de la France à l'égard des choix américains sur les plans politique, diplomatique et économique**. Souvenir de Yalta et de Potsdam où la France n'avait pas été invitée, conviction que la France peut et doit faire entendre une voix particulière dans les affaires du monde, rejet des hégémonies, vision d'une identité européenne issue de la libre expression des nations, telles sont certaines des clefs de compréhension de cette politique étrangère.

3. La crise du Marché commun

410 Voyant dans le Royaume-Uni un « cheval de Troie » des États-Unis au sein des Communautés européennes, Charles de Gaulle oppose un veto aux demandes d'adhésion britanniques de 1961 et 1967. Cependant, la posture de la France inquiète les autres États membres de la CEE. Lorsque est signé le **traité de coopération franco-allemand du 22 janvier 1963 (Traité de l'Élysée)**, le Bundestag impose au chancelier Adenauer un préambule réaffirmant la nécessité du lien transatlantique.

Au-delà de ces désaccords au sujet des relations avec les États-Unis, un conflit éclate au sein de la CEE au sujet du financement du budget communautaire (dont dépend la mise en œuvre de la politique agricole commune) et du passage au vote majoritaire au Conseil des ministres en principe prévu par les Traités de Rome. Soucieuse de protéger la politique agricole commune et opposée à toute évolution susceptible d'affaiblir le Conseil des ministres et de renforcer la Commission, la France annonce le 1er juillet 1965 qu'elle ne participera plus aux réunions du Conseil de la Communauté. Par cette **politique de la « chaise vide »**, qui dure sept mois, elle espère infléchir la règle majoritaire, afin qu'il soit tenu compte des intérêts nationaux et que soit encadrée l'action de la Commission.

Après la réélection du général de Gaulle en décembre 1965, le gouvernement français accepte de revenir siéger au sein du Conseil au début de l'année 1966. Le **« compromis de Luxembourg »** proposé par le ministre des Affaires étrangères des Pays-Bas prévoit que, dans le cas où « des intérêts très importants d'un ou plusieurs partenaires seront en jeu », « les Membres du Conseil s'efforceront dans un délai raisonnable d'aboutir à des solutions qui pourront être adoptées par tous les Membres du Conseil dans le respect de leurs intérêts et ceux de la Communauté ». De la sorte, la règle de la majorité qualifiée a été, de fait, écartée au profit de l'unanimité à chaque fois qu'un État a estimé qu'un intérêt « très important » le concernant était en jeu (voy. n° 224).

§ 3. L'élargissement et le développement des Communautés européennes

411 La constitution à l'ouest de l'Europe d'un ensemble structuré, établissant entre ses membres des liens privilégiés d'intégration économique et de coopération politique, marque de manière déterminante l'histoire européenne à partir du début des années 1960. Après la fondation des Communautés européennes (voy. n° 360), cet ensemble s'élargit, renforce son intégration économique et développe des mécanismes de concertation régulière en matière de politique étrangère.

A) Les premiers élargissements des Communautés européennes

1. La question de l'adhésion britannique et l'élargissement à l'Irlande et au Danemark

412 Réticent à participer à la construction communautaire à ses débuts, **le Royaume-Uni** cherche à mettre en place une zone de libre-échange en Europe : le 4 janvier 1960, la Convention de Stockholm institue l'**Association européenne de libre-échange** (AELE), qui rassemble, aux côtés du Royaume-Uni, l'Autriche, le Danemark, la Norvège, le Portugal, la Suède et la Suisse. À la différence de la Communauté économique européenne, l'AELE ne doit aboutir ni à la création d'une union douanière (impliquant un tarif extérieur commun), ni à la définition de politiques communes. Reposant sur une institution unique, le Conseil, le fonctionnement de la nouvelle structure est celui d'une organisation intergouvernementale de coopération[45].

Bientôt cependant, Harold Macmillan, Premier Ministre conservateur, constate que la CEE stimule fortement la croissance de ses membres, en particulier de la France et de l'Allemagne. Par ailleurs, il est sensible aux appels du président américain John Kennedy en faveur d'un renforcement de l'unité européenne au sein de l'Alliance atlantique. Il annonce donc, en juillet 1961, la candidature du Royaume-Uni aux Communautés européennes. Cependant, les étroites relations économiques que le Royaume-Uni entretien avec le Commonwealth, son attitude critique à l'égard de la politique agricole commune que souhaite la France et ses liens stratégiques avec les États-Unis, notamment dans le domaine nucléaire, conduisent le général de Gaulle à annoncer le 14 janvier 1963 qu'il s'oppose à l'adhésion britannique. Une nouvelle demande britannique, présentée par le Premier Ministre travailliste Harold Wilson en 1966, est également rejetée par le général de Gaulle en novembre 1967.

C'est seulement après l'accession à la présidence de Georges Pompidou en 1969 que le Royaume-Uni peut devenir membre des Communautés. Le président Pompidou souhaite ainsi sans doute équilibrer, au sein des structures européennes, le poids de l'Allemagne fédérale qui, outre sa puissance économique, acquiert alors, avec son ***Ostpolitik*** ou « politique à l'Est », de nouvelles marges de manœuvre dans ses relations avec l'URSS et ses alliés (voy. n° 394).

Le sommet de La Haye des chefs d'État et de gouvernement réuni à l'initiative de la France les 1er et 2 décembre 1969 se présente comme celui de l'achèvement (mise en place de la politique agricole commune et attribution de ressources propres aux Communautés), de l'approfondissement (coopération monétaire et politique) et de l'élargissement au Royaume-Uni, à l'Irlande, au Danemark et à la Norvège. Les traités d'adhésion des quatre futurs membres sont signés le 22 janvier 1972, mais la Norvège ne peut adhérer en raison du refus de ses électeurs exprimés par référendum le 25 septembre 1972. Le 1er janvier 1973, seuls le Royaume-Uni, l'Irlande et le Danemark deviennent membres des Communautés européennes.

---

45. À la suite des élargissements successifs de l'Union européenne, l'AELE ne comprend plus à présent que l'Islande, le Liechtenstein, la Norvège et la Suisse. Elle est liée à l'Union européenne par un accord de libre-échange.

2. Les élargissements des années 1980

413 Rendue impossible par la « dictature des colonels » de 1967 à 1974, l'adhésion de la Grèce à la CEE a lieu le 1er janvier 1981. Elle est suivie, le 1er janvier 1986, de celle de l'Espagne et du Portugal, qui ont présenté leur candidature en 1977 (le 22 mars pour le Portugal et le 28 juillet pour l'Espagne) après leur retour à la démocratie, respectivement en 1974 et en 1977.

B) L'Acte unique européen

414 À partir des années 1970, naît, sur la base des conclusions du sommet de La Haye de décembre 1969, la **Coopération politique européenne** (CPE), qui vise à harmoniser les politiques étrangères nationales au niveau intergouvernemental.

Les 17 et 28 février 1986 est signé à Luxembourg et à La Haye, sur la base d'un Livre blanc présenté par la Commission en juin 1985, l'**Acte unique**, qui entre en vigueur en 1987. Il s'agit ainsi notamment de répondre aux exigences du Royaume-Uni, qui sont nombreuses. À son arrivée au pouvoir en 1979, la Première ministre conservatrice Margaret Thatcher a cherché à réduire la contribution de son pays au budget communautaire. Une fois qu'elle a obtenu satisfaction au Conseil européen de Fontainebleau (juin 1984), des négociations ont été engagées pour développer le marché intérieur et la coopération politique européenne, deux priorités de la dirigeante britannique, très attachée au renforcement de la concurrence au sein de l'espace européen et à une concertation intergouvernementale souple et non contraignante sur les questions de politique extérieure. Cela a abouti à l'Acte unique, qui fixe pour objectifs la réalisation du marché intérieur au 1er janvier 1993 (titre II, chap. 2), ainsi qu'une coopération en matière de politique étrangère (titre III).

L'Acte unique accélère la **construction économique de l'Europe communautaire,** en renforçant les politiques communes en matière commerciale, agricole et de transports et en étendant l'action communautaire à de nouveaux domaines (science et technologie, environnement...). Il favorise l'**intégration économique européenne** en permettant l'adoption des décisions du Conseil relatives au marché unique (libre circulation des marchandises, des personnes, des capitaux et des services) à la majorité qualifiée en lieu et place de l'unanimité qui était la règle depuis les Traités de Rome. De plus, l'Acte unique **fait obligation aux gouvernements de se consulter avant d'adopter une position définitive sur toute question de politique étrangère ayant un intérêt général européen**. Il les invite à mettre en cohérence leurs politiques étrangères en vue de parvenir à des principes et objectifs communs et à coopérer plus étroitement sur les questions relatives à la sécurité européenne. Il prévoit enfin la création d'un secrétariat politique permanent à Bruxelles, auprès du Conseil des ministres des Affaires étrangères.

§ 4. Le Moyen-Orient : un conflit israélo-arabe contenu par l'équilibre Est-Ouest

415 Le Moyen-Orient est, jusqu'au début des années 1970, l'un des théâtres où s'affrontent, par alliés interposés, les États-Unis et l'URSS, sans que cette rivalité des deux superpuissances ne se traduise par des bouleversements stratégiques majeurs. Après la nationalisation du canal de Suez par l'Égypte de Nasser, réussie malgré l'intervention franco-britannique, on observe des progrès du nationalisme arabe favorable à une alliance avec l'URSS (voy. n° 371). De son côté, Israël réalise des conquêtes territoriales en 1967 mais doit reconnaître, après l'offensive arabe de 1973, qu'il lui faut accepter des concessions pour normaliser ses relations avec ses voisins. L'influence de l'URSS recule alors, sans que l'orientation désormais pro-occidentale de l'Égypte et l'implication des États-Unis ne permettent de régler la question palestinienne.

A) La guerre des Six Jours (1967)

416 À la suite de la deuxième guerre israélo-arabe de 1956 (voy. n° 371), le canal de Suez reste entièrement fermé aux Israéliens. Ces derniers conservent néanmoins un accès à la mer Rouge par le port d'Eilat, situé dans le golfe d'Akaba, grâce aux Casques bleus des Nations Unies qui surveillent les frontières depuis la crise de Suez.

Cependant, après divers incidents armés aux frontières libanaises, syriennes et jordaniennes, provoqués notamment par les premiers groupes de guérilla palestiniens[46], le retrait des Casques bleus, demandé par Nasser le 18 mai 1967 et accepté par le secrétaire général de l'ONU, ainsi que l'interdiction de l'entrée du golfe d'Akaba conduisent les Israéliens à déclencher une guerre préventive le 5 juin 1967. En moins de trois heures, l'aviation israélienne détruit au sol les avions égyptiens. Après la chute de Gaza le 6 juin, les divisions blindées israéliennes traversent le Sinaï et s'emparent de Charm el-Cheikh à l'entrée du golfe d'Akaba. **La totalité de la ville de Jérusalem ainsi que la Cisjordanie administrées par la Jordanie passent sous le contrôle d'Israël**, dont le Parlement vote, à la fin du mois de juin, l'annexion de la partie arabe de la Ville sainte. Le 9 juin, une offensive est lancée sur le Golan syrien, dont Israël prend le contrôle. **En six jours, la victoire d'Israël s'avère totale. La guerre a fortement élargi la superficie du territoire sous contrôle israélien, lequel comprend désormais non seulement la Cisjordanie, la bande de Gaza et le plateau du Golan, mais aussi le Sinaï.** Plus d'un million d'Arabes de Cisjordanie et de la bande de Gaza tombent sous la juridiction des forces israéliennes, ce qui change profondément les données du conflit israélo-arabe : **le conflit n'oppose plus seulement des États ; il a désormais aussi pour enjeu, côté palestinien, la cessation d'une occupation étrangère et l'autodétermination.**

Alors que les Arabes campent sur des positions intransigeantes et que les Israéliens attendent des gains politiques de leur victoire militaire, le Conseil de sécurité approuve à l'unanimité en novembre la résolution 242 présentée par le Royaume-Uni (voy. E 20) ordonnant l'évacuation des territoires occupés

46. L'Organisation de libération de la Palestine (OLP) est fondée en 1964.

par Israël et reconnaissant le droit d'Israël à vivre en paix. Tout en soutenant le nationalisme arabe, l'URSS se dissocie nettement des positions arabes hostiles à l'existence même d'Israël.

E 20 **La résolution 242 du Conseil de sécurité**

Adoptée le 22 novembre 1967, la résolution 242 du Conseil de sécurité « exige l'instauration d'une paix juste et durable au Moyen-Orient qui devrait comprendre l'application des deux principes suivants : le "retrait des forces armées israéliennes des territoires occupés lors du récent conflit" (en anglais, *territories occupied in the recent conflict* sans article, ce qui nourrit l'ambiguïté sur la nature du retrait) ; la "cessation de toutes assertions de belligérance ou d'états de belligérance et reconnaissance de la souveraineté, de l'intégrité territoriale et de l'indépendance politique de chaque État de la région et de leur droit de vivre en paix à l'intérieur de frontières sûres et reconnues à l'abri de menaces ou d'actes de force" ».

B) La guerre du Kippour (1973)

417 Dans les six années qui suivent la guerre des Six Jours, aucune négociation concernant les territoires occupés n'aboutit entre Israël et les pays arabes : Israël demande aux pays arabes la reconnaissance de son existence et un engagement de paix ; les pays arabes exigent le retrait des forces israéliennes.

Une Union des Républiques arabes est proclamée à Benghazi (Libye) le 17 avril 1971 par les présidents égyptien, libyen et syrien. Le rapport de force semble alors favorable aux Arabes, soutenus par l'URSS. Bien que l'armée égyptienne soit fortement équipée en matériel soviétique, Anouar El-Sadate, qui a succédé à Nasser à la tête de l'Égypte en septembre 1970, manifeste son indépendance à l'égard de l'URSS en mettant fin en juillet 1972 à la présence en Égypte des experts militaires de ce pays. Il ne rompt cependant pas les relations avec le partenaire soviétique, dans la perspective d'une reprise des hostilités avec l'aide de la Syrie.

Le 6 octobre 1973, pendant la fête religieuse juive du Yom Kippour, Anouar El-Sadate engage l'Égypte, aux côtés de la Syrie, dans **une offensive de grande ampleur contre Israël**. De puissants contingents égyptiens franchissent le canal de Suez. Dès le 8 octobre, les Israéliens reconquièrent l'ensemble du Golan et arrivent à une trentaine de kilomètres de Damas. Dans la nuit du 14 au 15 octobre, ils atteignent le canal de Suez.

Tandis que **les Soviétiques approvisionnent en armes les pays arabes et les États-Unis Israël**, les pays du Moyen-Orient producteurs de pétrole décident de procéder à une baisse de leurs livraisons et d'imposer un embargo complet contre les États-Unis et certains pays occidentaux considérés comme partisans d'Israël (Pays-Bas notamment) (voy. n° 422).

Compte tenu de la capacité de résistance de l'armée israélienne, l'URSS conseille à l'Égypte de signer un cessez-le-feu afin d'éviter un désastre. Le 22 octobre, le Conseil de sécurité des Nations Unies vote la **résolution 338** qui demande un cessez-le-feu immédiat, l'application de la résolution 242, ainsi que l'ouverture de négociations pour une paix juste et durable. Les Israéliens poursuivant malgré tout les opérations, les Soviétiques menacent d'intervenir et les Américains agitent la menace nucléaire contre l'URSS. Moscou et

Washington sont cependant fondamentalement d'accord pour faire cesser les combats. **Le 25 octobre 1973, le Conseil de sécurité vote la résolution 340**, qui demande un cessez-le-feu (celui-ci est cette fois respecté) et prévoit l'envoi de Casques bleus. Sur le terrain, **l'accord dit « du kilomètre 101 » est signé entre les armées égyptienne et israélienne le 11 novembre 1973**. Les deux armées reviennent à leur position d'avant la guerre du 6 octobre et des Casques bleus sont déployés en interposition.

C) L'accord de Camp David : un espoir de paix ?

418 Après avoir fait la guerre avec les armes soviétiques, Anouar El-Sadate s'éloigne de l'URSS et libéralise l'économie égyptienne. Prenant une position d'allié stratégique des États-Unis, il décide, pour faire la paix, d'avoir recours aux bons offices américains. Commence alors la « diplomatie des petits pas » entre Le Caire et Jérusalem, sous l'égide de Washington et avec l'accord de Moscou.

À partir de 1976, sous les auspices du secrétaire d'État américain Henry Kissinger, les négociations de paix progressent. Le Premier ministre israélien Menahem Begin, qui vient d'arriver au pouvoir à la tête du parti Likoud (droite nationaliste), et le président égyptien Anouar El-Sadate sont décidés à tout mettre en œuvre pour parvenir à la paix. Une déclaration commune américano-soviétique accompagne leurs efforts le 1er octobre 1977. Du 19 au 21 novembre 1977, Sadate se rend à Jérusalem. Tout en reconnaissant pour la première fois l'existence d'Israël, il reprend à son compte toutes les revendications des Arabes, allant jusqu'à prononcer les mots d'« État palestinien » devant les députés israéliens.

Les accords de Camp David signés le 17 septembre 1978 entre l'Égypte, l'Israël et les États-Unis sous la tutelle de Jimmy Carter aboutissent le 26 mars 1979 à un traité de paix entre l'Israël et l'Égypte. Pour la première fois, Israël accepte la notion de « droits légitimes du peuple palestinien », ainsi que l'établissement d'une autorité autonome élue en Cisjordanie et à Gaza. **Le Sinaï est restitué à l'Égypte en 1982.** Les accords de Camp David sont un moment important de l'évolution des relations israélo-arabes. Ils constituent **un gain stratégique américain et un recul sensible de l'influence soviétique.**

D) L'extension du conflit israélo-palestinien au Liban

419 Après la paix israélo-égyptienne, **le conflit se focalise sur le différend israélo-palestinien et s'étend au Liban**.

Depuis la guerre des Six Jours, Israël occupe tous les territoires de la Palestine mandataire. En mai 1967, un million de Palestiniens se trouvent dans les territoires occupés, tandis que plus de 300 000 se réfugient en Jordanie et en Syrie, où ils rejoignent ceux qui avaient quitté le territoire israélien en 1948 (voy. n° 369). D'abord établie en Jordanie, l'Organisation de libération de la Palestine (OLP), qui fédère différents mouvements palestiniens, comme le Fatah, en vue de la libération de la Palestine (voy. E 21), est décimée en 1970 par les forces jordaniennes pendant la répression du « Septembre noir » et s'installe au Liban, où vivent de nombreux réfugiés palestiniens.

E 21 L'Organisation de libération de la Palestine (OLP) jusqu'en 1991

L'Organisation de libération de la Palestine (OLP) voit le jour en mai 1964 sous la tutelle de la Ligue arabe (voy. E 7). Après la guerre israélo-palestinienne de 1967 et la défaite des pays arabes (notamment de l'Égypte), l'OLP devient une fédération de mouvements de lutte pour l'indépendance et renforce son autonomie. Elle est reconnue par la Ligue arabe comme la seule organisation représentant le peuple palestinien, notamment lors des sommets d'Alger (1973) et de Rabat (1974). Confrontée à diverses crises internes et subissant de nombreux revers politiques et militaires (expulsion de Jérusalem et de Jordanie en 1970 et 1971, du Liban en 1982 et 1983), l'OLP établit son quartier général à Tunis.

En 1969, lorsque le Fatah de Yasser Arafat prend son contrôle, l'OLP s'engage dans une confrontation armée avec l'État d'Israël, notamment en organisant des attentats terroristes (massacre de 11 athlètes israéliens par l'organisation palestinienne Septembre noir lors des Jeux olympiques de Munich en septembre 1972, par exemple). L'*intifada* ou « soulèvement » contre l'occupation israélienne (décembre 1987-automne 1991), qui prend notamment la forme d'une guerre de pierres lancées par des Palestiniens sur des militaires israéliens, renforce son rôle international de représentant du peuple palestinien. Après la décision du roi Hussein de Jordanie de rompre les liens administratifs entre son royaume et la Cisjordanie le 31 juillet 1988, l'OLP devient le seul acteur arabe en charge de la question palestinienne.

En novembre 1988, l'OLP accepte la négociation sur la base des résolutions 242 et 338 du Conseil de sécurité (ce qui revient à une reconnaissance implicite de l'existence d'Israël) et proclame la création de l'État palestinien. En décembre 1988, Yasser Arafat renonce au terrorisme devant l'Assemblée générale de l'ONU. En mai 1989, sur les instances du président français François Mitterrand, il déclare caduque la Charte de l'OLP qui fixait pour but à l'organisation la destruction de la « présence sioniste » en Palestine. Il décide toutefois de soutenir Saddam Hussein pendant la guerre du Golfe en 1990, ce qui lui fait perdre temporairement non seulement l'appui financier des monarchies de la péninsule arabique, mais aussi une partie du crédit diplomatique qu'il avait acquis auprès des Occidentaux.

Au Liban, **une guerre civile est déclenchée le 13 avril 1975** par un accrochage meurtrier entre chrétiens et Palestiniens radicaux dans la banlieue de Beyrouth. La guerre oppose, d'une part, **les conservateurs chrétiens (maronites en particulier) et**, d'autre part, **les forces de gauche, majoritairement musulmanes (Mouvement national sous la direction du Druze Kamal Joumblatt), auxquelles se joignent les Palestiniens**. **La Syrie intervient massivement le 1er juin 1976 en soutien aux forces chrétiennes** dans le but de préserver le ***statu quo* et impose un cessez-le-feu**, entériné par des sommets arabes à Ryad et au Caire (octobre 1976) avec le soutien de l'Arabie saoudite et de l'Égypte. Beyrouth est traversé par une ligne de front qui sépare l'Est chrétien de l'Ouest à majorité musulmane.

L'OLP et Israël introduisent alors leur conflit au Liban. En mars 1978, à la suite d'une attaque palestinienne, l'armée israélienne envahit le sud du Liban jusqu'au fleuve Litani. Cette opération est condamnée par le Conseil de sécurité de l'ONU qui crée, par sa résolution 425, une force d'interposition, la Force intérimaire des Nations Unies au Liban (FINUL). L'armée israélienne se retire mais met en place une « ceinture de sécurité », d'environ 10 km de profondeur, du côté libanais de la frontière. Après de nouvelles attaques palestiniennes, le gouvernement israélien dirigé par Menahem Begin (parti du Likoud) lance **le 6 juin 1982 l'opération « Paix en Galilée » d'invasion du Liban, avec deux objectifs : éliminer la résistance palestinienne du Liban et favoriser la victoire des Forces libanaises chrétiennes**. Les États-Unis et l'URSS s'accordent pour voter au Conseil de sécurité deux résolutions

(508 et 509), sans effets concrets, qui exigent le retrait des forces israéliennes. L'armée israélienne repousse les forces syriennes et encercle Beyrouth-Ouest, où se sont repliés les combattants palestiniens et le commandement de l'OLP. Une médiation américaine obtient **l'évacuation de l'OLP** à partir du 21 août, **sous la protection d'une force multinationale** déployée à la demande du gouvernement libanais (en dehors des dispositifs de maintien de la paix de l'ONU) et composée de soldats français, américains et italiens. Du 21 août au 1er septembre 1982, les combattants palestiniens (plus de 11 000 hommes) quittent Beyrouth pour trouver refuge auprès d'autres pays arabes, alors que les forces syriennes se replient à proximité du territoire syrien. **Le 30 août 1982, le chef de l'OLP Yasser Arafat quitte Beyrouth pour rejoindre Tunis sous la protection de la force multinationale.** Il tente un retour à Tripoli dans le nord du Liban fin 1983, mais la pression militaire syrienne l'oblige à revenir à Tunis dès le 20 décembre 1983. Ce nouvel exil place l'OLP dans une situation difficile : il l'éloigne des camps de réfugiés et des territoires occupés.

La force multinationale quitte le Liban le 13 septembre 1982 mais, entre le 16 et le 18 septembre 1982, après l'assassinat de Bachir Gemayel, leader des forces chrétiennes libanaises qui venait d'être élu à la présidence du Liban, **les phalangistes chrétiens pénètrent dans les camps palestiniens de Sabra et Chatila, où ils massacrent plus d'un millier de personnes**. **Une nouvelle force multinationale d'interposition** analogue à la précédente **revient alors au Liban. Fin septembre 1982, les troupes israéliennes doivent se retirer de la capitale libanaise**, mais maintiennent leur présence dans le pays.

Vivement critiquée pour son soutien aux Forces libanaises chrétiennes favorables à Israël, **la force multinationale est victime de deux violents attentats, probablement favorisés par la Syrie et l'Iran[47], le 23 octobre 1983**, l'un contre les Français et l'autre contre les Américains. **Elle évacue le Liban en février 1984, tandis que les troupes israéliennes se retirent en juin 1985 du Liban, à l'exception d'une bande frontalière dans le Sud.**

Les interventions extérieures les plus influentes ont été celles des Occidentaux, au premier chef les Américains. Toutefois, en soutenant la Syrie, dont la présence, notamment militaire, s'accroît à partir de 1987, l'URSS a pu éviter d'être totalement évincée. **La guerre civile libanaise ne s'achève qu'en octobre 1989**, à la veille de la disparition de l'URSS, **avec les accords de Taëf** (voy. n° 476).

§ 5. Le tournant économique des années 1970

420 Le bouleversement du système monétaire international et la majoration des prix du pétrole, conséquence de la volonté des pays producteurs de mieux maîtriser leurs ressources, entraînent une modification profonde des conditions économiques au sein du monde industrialisé au début des années 1970.

47. Le 11 février 1979, la République islamique a été proclamée à Téhéran.

A) La crise du système monétaire international (1971)

421 Lors de l'entrée en vigueur des accords relatifs au Fonds monétaire international (FMI) le 27 décembre 1945, il avait été prévu que toutes les monnaies auraient une valeur d'échange fixe en dollars des États-Unis ou en or, le dollar étant librement convertible en or sur la base de 35 dollars pour une once d'or (environ 28 grammes).

Alors qu'en 1945, les États-Unis détenaient les deux tiers des stocks mondiaux d'or, vingt-cinq ans plus tard, la situation est radicalement différente : les stocks américains d'or ont fondu, le déficit budgétaire américain augmente sans cesse (notamment en raison de la guerre du Vietnam), de même que le déficit de la balance des paiements, tandis que les États-Unis ne sont plus en mesure de garantir la convertibilité du dollar en or. En conséquence, **au mois d'août 1971, le président américain Richard Nixon décide de mettre fin à la convertibilité du dollar-or et à l'étalon de change or**, ouvrant ainsi la porte au **désordre monétaire**. En décembre 1971 puis en 1973, le dollar est dévalué et un régime de change flottant est créé. En 1978, toute référence monétaire à l'or est supprimée. **Un nouvel étalon monétaire est mis en place, le droit de tirage spécial (DTS)**, dont la valeur est calculée selon un panier composé des principales monnaies mondiales (aujourd'hui quatre monnaies : le dollar américain, l'euro, la livre sterling et le yen japonais), avec, pour chaque monnaie, un coefficient correspondant à son poids économique. Ce système permet l'accroissement des liquidités, c'est-à-dire du total de la masse monétaire en circulation, en ne liant plus le système monétaire international aux aléas de la production de l'or. La seule obligation des États est désormais d'éviter les fluctuations erratiques de leur monnaie, sous le contrôle du FMI.

Dans ce contexte, les États membres de la CEE, craignant que les variations monétaires ne perturbent leurs échanges, décident par l'**accord de Bâle du 10 avril 1972** de réduire les marges de fluctuation de leurs monnaies. Ainsi, chaque banque centrale intervient pour maintenir la parité de sa monnaie vis-à-vis de chaque autre monnaie de la Communauté, avec un écart de cours maximum de 2,25 % entre chaque monnaie (**mécanisme dit « du serpent monétaire »**). Cependant, le 12 mars 1973, les six pays de la Communauté cessent de maintenir leurs monnaies dans la marge de fluctuation prévue, les achats massifs de dollars épuisant leurs réserves de change. Lors du Conseil européen de Brême les 6 et 7 juillet 1978, ils décident d'établir entre leurs pays une coopération monétaire plus étroite, ce qui aboutit, sous l'impulsion de l'Allemagne fédérale, à l'établissement, décidé lors du Conseil européen de Bruxelles des **4 et 5 décembre 1978**, du **Système monétaire européen (SME) visant à maintenir une stabilité monétaire européenne**. Le SME, qui entre en vigueur le 13 mars 1979, repose sur un élément de référence, le *European Currency Unit* (ECU), dont la valeur contient un montant fixe de chacune des monnaies participantes, calculé en fonction de la part du pays concerné dans le PIB communautaire et les échanges intracommunautaires. Le mécanisme de change du SME (auquel le Royaume-Uni notamment ne participe pas) prévoit que la parité de chaque monnaie par rapport à l'ECU ne puisse fluctuer par rapport à un cours pivot qu'à l'intérieur de marges étroites ; des mécanismes de prêts communs doivent financer les interventions de marché destinées à maintenir cette stabilité ; des ajustements des cours pivots sont possibles. Le SME souffre de la faiblesse de certaines monnaies, en particulier lorsque, à la fin des années 1980, les contrôles des mouvements de capitaux sont supprimés.

B) La crise pétrolière

422 Le 16 octobre 1973, dans le contexte de la guerre du Kippour (voy. n° 417), les six principaux producteurs de pétrole du Moyen-Orient (Abou Dhabi, Arabie saoudite, Irak, Iran, Koweït et Qatar) décident de faire passer le prix du baril de pétrole brut de 3 à 5 dollars. Le lendemain, onze pays producteurs de pétrole interrompent leurs livraisons aux pays amis d'Israël (Afrique du Sud, États-Unis, Pays-Bas, Portugal). Pour la première fois dans l'histoire, « l'arme du pétrole » est utilisée. Les pays du Moyen-Orient décident en outre la réduction de 5 % de leurs exportations chaque mois, jusqu'à l'évacuation complète des territoires occupés par Israël.

Jugeant ces premières mesures insuffisamment efficaces, l'**Organisation des pays exportateurs de pétrole** (OPEP), créée le 15 septembre 1960 à Bagdad par le Venezuela, l'Arabie saoudite, l'Iran, l'Irak et le Koweït, décide d'augmenter de nouveau le prix du baril (11,651 dollars) lors de la conférence de Téhéran, du 22 au 24 décembre 1973. « Pour la première fois dans l'histoire de la décolonisation, les pays sous-développés se trouvaient en position de force », souligne Jean-Baptiste Duroselle dans son *Histoire diplomatique de 1919 à nos jours*. Pourtant, les pays en développement non-producteurs de pétrole sont appauvris par les conséquences de la décision de l'OPEP.

Ce premier choc pétrolier montre la fragilité et les limites de l'ordre économique international. « La crise du monde industrialisé avait commencé sensiblement auparavant, mais il va de soi que la brusque majoration des prix du brut a joué un rôle déterminant dans le déséquilibre des échanges, le développement de l'inflation et du chômage », remarque André Fontaine dans *Un seul lit pour deux rêves*. Dans les pays industrialisés, l'inflation s'accélère malgré les politiques de maîtrise des dépenses publiques, de modération salariale et de freinage de la création monétaire mises en œuvre en Europe et aux États-Unis. Cette inflation s'accompagne d'une croissance du chômage et d'un ralentissement de l'activité économique : c'est le début d'une **« stagflation »** (augmentation simultanée de l'inflation et du chômage).

Face au cartel des pays producteurs, est créée en 1975, sur l'initiative d'Henry Kissinger, l'**Agence internationale de l'énergie (AIE)**, qui regroupe les principaux consommateurs de pétrole : États-Unis, membres des Communautés européennes (sauf la France), Japon, Turquie, Canada, Suède et Autriche. La création de cette agence ne suffit toutefois pas à équilibrer le nouveau pouvoir de négociation de l'OPEP.

Un second choc pétrolier se produit en 1979 au moment de la révolution iranienne et de l'arrivée au pouvoir de l'ayatollah Khomeiny. Le nouveau gouvernement iranien diminue fortement ses livraisons de pétrole à l'étranger, ce qui déclenche une véritable panique sur le marché libre et entraîne une nouvelle augmentation du prix du baril de pétrole (12,70 dollars). La guerre entre l'Iran et l'Irak (1980-1988) aggrave la situation, le prix du baril passant à 25 dollars, puis à 32 dollars et enfin à 34 dollars en 1981.

Le président des États-Unis Jimmy Carter considère que « cette sujétion intolérable vis-à-vis du pétrole étranger menace notre indépendance économique et la sécurité même de notre nation ». Les économies occidentales s'adaptent à la situation en développant des modes de production moins consommateurs de pétrole et des sources d'énergie alternatives comme l'énergie nucléaire, notamment en France. La hausse des prix du pétrole rend par ailleurs économiquement viable l'exploitation de nouveaux gisements en dehors du territoire des pays de l'OPEP, par exemple en mer du Nord.

§ 6. L'équilibre de la terreur et ses aménagements

423 Le monde bipolaire de la Guerre froide fonde son équilibre sur la possession de l'arme nucléaire par les principales puissances (au premier chef les États-Unis et l'URSS), le fait nucléaire empêchant l'un des camps d'imposer à l'autre sa volonté par la force. Toutefois, au fil des années, l'augmentation du nombre de puissances détentrices de l'arme nucléaire, l'amélioration de la précision et de la portée de son principal vecteur (le missile balistique), l'accumulation des têtes nucléaires et les risques de la prolifération de l'arme au-delà du cercle de ses premiers détenteurs imposent un effort de contrôle des armements, voire de désarmement. Les accords conclus n'enrayent cependant pas la course aux armements tout au long de la Guerre froide.

A) Les doctrines de la dissuasion

424 La dissuasion nucléaire est une stratégie qui vise à empêcher une agression armée en menaçant son auteur potentiel de destructions largement supérieures aux gains qu'il pourrait attendre de son action. Concrètement, elle consiste à agiter la menace d'un recours à l'arme nucléaire en cas de déclenchement d'une attaque de grande ampleur, de quelque nature qu'elle soit, contre les intérêts vitaux de la puissance nucléaire agressée. Elle implique également une capacité de représailles suffisante pour dissuader un agresseur d'employer l'arme nucléaire à titre préventif en vue d'anéantir l'arsenal de l'agressé (capacité dite de « seconde frappe »).

Les doctrines en matière de dissuasion ont évolué en fonction de la croissance des capacités nucléaires permise par les progrès technologiques et industriels.

1. La doctrine des représailles massives

425 Après les bombardements d'Hiroshima et Nagasaki (6 et 9 août 1945) démarre une brève période durant laquelle les Américains pensent pouvoir s'appuyer sur leur monopole de l'arme nucléaire pour faire pression sur l'Union soviétique. Le président Truman déploie ainsi plusieurs bombardiers nucléaires en Europe pendant le blocus soviétique de Berlin en 1948-1949 afin de manifester la détermination américaine. Cependant, malgré leur monopole, les États-Unis ne peuvent écarter la menace que les forces soviétiques font peser sur l'Europe occidentale et ne peuvent pas davantage s'opposer aux progrès du communisme en Europe centrale (Tchécoslovaquie) et en Chine.

Rapidement, l'URSS acquiert la bombe : elle fait exploser un premier engin le 29 août 1949. Les États-Unis et l'URSS se lancent alors dans une course à la supériorité nucléaire (puissance des armes et efficacité des vecteurs). Les Américains développent ainsi une bombe thermonucléaire (bombe H) fonctionnant sur le principe de la fusion de l'atome ; son énergie ne se compte plus en milliers mais en millions de tonnes (mégatonnes) d'explosif chimique. La première bombe H américaine est testée le 1er novembre 1952 ; celle de l'URSS le 12 août 1953.

En janvier 1954, le secrétaire d'État américain John Foster Dulles énonce la doctrine des représailles massives selon laquelle **toute agression, même non nucléaire, sur le continent européen entraînerait l'emploi immédiat par les États-Unis de l'arme nucléaire**. Cela conduit l'administration du président Eisenhower à déployer en Europe des armes nucléaires « tactiques » de tout type (pièces d'artillerie, missiles balistiques sol-sol, bombardiers), destinées à être employées sur le champ de bataille, ainsi que des armes « stratégiques » (bombardiers à long rayon d'action), capables de frapper les concentrations démographiques et industrielles de l'adversaire : en cas d'agression, la riposte nucléaire américaine, « instantanée et massive », ne devait pas seulement arrêter l'invasion avec des armes tactiques mais aussi détruire par des frappes stratégiques les systèmes nucléaires soviétiques (moins de trois cents au milieu des années 1950) et l'infrastructure urbaine et industrielle de l'URSS et de ses alliés.

2. La doctrine MAD et la « riposte graduée »

426 Après 1957, le lancement du premier Spoutnik fait prendre conscience aux Américains que les Soviétiques ont rattrapé leur retard technologique et qu'ils disposent de missiles balistiques à têtes nucléaires pouvant atteindre le territoire des États-Unis. Robert McNamara, secrétaire d'État du président Kennedy entre 1961 et 1963, formule la doctrine de la destruction mutuelle assurée (*Mutual Assured Destruction* ou MAD), selon laquelle les États-Unis doivent conserver une capacité de seconde frappe, capable d'infliger des dégâts considérables aux Soviétiques au cas où ces derniers lanceraient par surprise une attaque nucléaire préventive contre l'arsenal nucléaire américain. C'est l'ère de **« l'équilibre de la terreur »**.

Toutefois, la capacité de représailles soviétiques étant du même ordre que celle des Américains, ces derniers ne pourraient recourir à des représailles massives que dans le cadre d'une attaque directe contre leur pays. Dans l'hypothèse d'une attaque soviétique contre l'Europe occidentale, la riposte serait graduée et proportionnée. McNamara considère en effet que, même dans le cas d'une guerre générale en Europe, l'OTAN ne pourrait en rester à l'alternative de la défaite face à la supériorité conventionnelle des forces du pacte de Varsovie ou de l'emploi massif des armes nucléaires ; il faut donc, selon lui, que l'Alliance se dote des moyens de résister uniquement avec des forces conventionnelles. La nouvelle doctrine américaine exposée aux Alliés à la réunion d'Athènes du Conseil atlantique en mai 1962 prévoit une riposte par étapes : d'abord conventionnelle, puis nucléaire tactique par l'emploi d'armes nucléaires de puissance limitée et, seulement en dernier recours, nucléaire stratégique contre le territoire de l'URSS.

3. La doctrine du « faible au fort »

427 La France du général de Gaulle est vivement opposée à la doctrine de la riposte graduée établie par les États-Unis : elle considère que, dans l'éventualité d'un combat sur le sol européen mené avec des armes conventionnelles puis nucléaires tactiques, l'agression soviétique serait certes stoppée, mais au prix de la destruction de l'Europe. Dans ces conditions, Paris prône une **stratégie destinée à empêcher toute guerre**, même limitée à un affrontement conventionnel ou à quelques échanges de tirs d'armes nucléaires de puissance limitée.

Cette doctrine, développée en particulier par le général Pierre-Marie Gallois, repose sur le concept de « seuil de nucléarisation », à partir duquel le risque de l'emploi de l'arme nucléaire devient crédible, même en riposte à une attaque menée uniquement avec des moyens conventionnels. Dans cette conception, une puissance nucléaire moyenne comme la France a seulement besoin de **se doter d'une capacité de riposte suffisante** pour infliger des dommages intolérables à tout agresseur ; sa détermination à employer l'arme nucléaire dès que ses intérêts vitaux sont mis en cause, sous quelque forme que ce soit, doit dissuader tout agresseur et donc prévenir toute guerre, comme l'exprime Charles de Gaulle lors d'une conférence de presse le 23 juillet 1964 : « La dissuasion existe dès lors qu'on a de quoi blesser à mort son éventuel agresseur, qu'on y est très résolu et que lui-même en est bien convaincu. C'est par là que l'armement moderne de la France, non seulement constitue pour elle la garantie incomparable de sa sécurité mais encore introduit dans un monde dangereux un élément nouveau et puissant de sagesse et de circonspection ». **L'arme nucléaire est pensée comme une arme destinée non à mener une bataille, mais à persuader un agresseur potentiel de la vanité de son entreprise.** Cela étant, pour que la menace d'emploi de l'arme soit crédible, toutes les conditions techniques doivent être réunies pour qu'elle puisse être effectivement utilisée.

B) Maîtrise des armements ou désarmement ? La notion d'*arms control*

428 **À partir de 1957,** date à laquelle les Soviétiques lancent leur premier missile balistique intercontinental, **les États-Unis relancent la course aux armements afin de rétablir leur avance**. Plusieurs programmes sont mis en œuvre : missiles balistiques à moyenne portée (***intermediate-range ballistic missiles*** ou IRBM) basés au Royaume-Uni et en Turquie, puis missiles balistiques à longue portée lancés à partir soit du sol (***intercontinental ballistic missiles*** ou ICBM), soit de sous-marins (***submarine-launched ballistic missiles*** ou SLBM). Les sous-marins lanceurs d'engins sont eux-mêmes propulsés par l'énergie nucléaire, ce qui leur permet d'embarquer des missiles de grande dimension et de réaliser de longues patrouilles sans être détectés. **L'URSS met en œuvre des programmes comparables** et se dote en outre dès 1967 de missiles antibalistiques (***antiballistic missiles*** ou ABM) capables d'intercepter une partie des missiles adverses. Dès lors, les Américains équipent leurs engins de têtes multiples capables d'atteindre des objectifs différents (***multiple independently targetable reentry vehicles*** ou MIRV). Les Soviétiques font de même. Le nombre des armes nucléaires ne cesse ainsi de s'accroître d'année en année. Cependant, **le**

coût des dépenses d'armement et la prise de conscience des conséquences catastrophiques d'une guerre nucléaire conduisent les États-Unis et l'URSS à dialoguer sur la maîtrise des armements.

Si la dissuasion nucléaire a permis d'éviter l'affrontement direct entre l'URSS et les États-Unis, une fois cette stabilité militaire acquise, les deux superpuissances cherchent à gérer le fait nucléaire en s'engageant dans un processus de maîtrise des armements (*arms control*) : il ne s'agit pas de réduire drastiquement et encore moins d'éliminer les armements nucléaires, ce qui risquerait de remettre en cause la dissuasion, mais de **canaliser le développement des armements**. « La maîtrise des armements n'implique pas le désarmement, elle implique une coopération implicite ou explicite entre ennemis, ayant pour but l'établissement d'un rapport de force qui dissuade les duellistes de recourir à la guerre », souligne Raymond Aron.

Malgré l'*arms control*, les deux puissances antagonistes sont parvenues à réunir les moyens de s'anéantir mutuellement et de dévaster la planète : à la fin de la Guerre froide, les États-Unis disposent ainsi encore de plus de 20 000 têtes nucléaires et l'Union soviétique de plus de 40 000 (les têtes les plus puissantes pouvant libérer une énergie de plusieurs centaines de kilotonnes, soit plusieurs dizaines de fois celle de la bombe lancée sur Hiroshima).

C) Les traités et accords internationaux de désarmement et de maîtrise des armements nucléaires

429 Les négociations sur le désarmement et la maîtrise des armements ont d'abord surtout revêtu une forme multilatérale. Puis, après la crise des missiles de Cuba, les deux supergrands se sont engagés dans un processus bilatéral de limitation de la croissance de leurs capacités nucléaires.

1. Les traités multilatéraux

430 La maîtrise des armements nucléaires a fait l'objet de nombreuses négociations multilatérales ou régionales. Certaines de ces négociations ont adopté une **méthode fonctionnelle** (interdiction des essais dans l'atmosphère ou lutte contre la prolifération), d'autres une **méthode géographique** (interdiction des armements nucléaires par zone).

a) Le Traité de Moscou

431 Le Traité de Moscou, **signé le 5 août 1963** par plus de 100 pays après avoir été négocié entre les États-Unis et l'URSS, **interdit les essais nucléaires dans l'atmosphère, l'espace extra-atmosphérique et sous l'eau.** Seuls les essais nucléaires souterrains restent autorisés.

Alors que ce traité est favorable aux États-Unis et à l'URSS, lesquels renoncent à une possibilité technique qui leur est désormais inutile, d'autres puissances, comme la Chine ou la France, refusent d'y adhérer car elles ne sont qu'au début de leur programme nucléaire (la France a accédé au statut de puissance nucléaire en février 1960 et la Chine en octobre 1964, tandis que le Royaume-Uni a fait exploser un premier engin nucléaire en octobre 1952). La France n'a cessé ses expérimentations nucléaires dans l'atmosphère qu'en 1974, la Chine en 1980.

b) Le Traité sur la non-prolifération nucléaire

432 Le Traité sur la non-prolifération des armes nucléaires (TNP) est **signé à Washington le 1er juillet 1968** par les États-Unis, l'URSS et le Royaume-Uni et entre en vigueur le 5 mars 1970 après avoir été ratifié par 43 États, y compris les trois puissances nucléaires signataires. Il a pour but de **s'opposer à une banalisation de l'arme nucléaire** qui risquerait de remettre en cause la sécurité mondiale, ainsi que l'exprime dans la *Tribune de Genève* du 20 mai 1968 un diplomate suisse : « Entre deux puissances nucléaires, il s'agit d'un jeu d'échecs ; entre quatre, de bridge ; entre une dizaine, ce serait l'homme noir, la bataille et tous ces jeux où le hasard est roi ».

Pendant la période de la Guerre froide, il est rejeté par la Chine et la France. « Il ne résout aucun problème, car il se borne à constater l'extrême puissance des États-Unis et de l'Union soviétique », affirme le Conseil des ministres français du 13 juin 1968, peu de temps avant que la France ne fasse exploser sa première bombe H (août 1968). De même, un grand nombre de pays qui espèrent un jour posséder l'arme nucléaire refusent alors de signer le traité (Afrique du Sud, Algérie, Argentine, Brésil, Espagne, Inde, Israël, Pakistan). Finalement, la France et la Chine rejoignent le TNP en 1992, en tant que pays nucléaires.

Depuis 1992, le Traité sur la non-prolifération consacre le monopole de la détention de l'arme nucléaire entre les mains de cinq États (États-Unis, Royaume-Uni, Union soviétique, Chine et France) et interdit son acquisition par les autres États. Son article Ier prévoit que les États dotés de l'arme nucléaire (EDAN) s'engagent à ne pas transférer d'armes nucléaires ou d'autres engins nucléaires explosifs à tout autre État, directement ou indirectement. Selon l'article II, les États non dotés de l'arme nucléaire (ENDAN) doivent renoncer à l'acquisition, à la fabrication et au contrôle des armes nucléaires. Ces pays doivent aussi accepter le contrôle de ces obligations par l'**Agence internationale pour l'énergie atomique** (AIEA), dont les représentants peuvent se rendre sur le territoire de ces États pour vérifier qu'ils ne se livrent à aucune activité nucléaire militaire. En contrepartie, **les États non nucléaires reçoivent la garantie de pouvoir développer les technologies nucléaires à des fins civiles, sous le contrôle de l'AIEA** : l'article IV du traité précise en effet que ses dispositions ne peuvent être interprétées comme « portant atteinte au droit inaliénable de toutes les parties [...] de développer la recherche, la production et l'utilisation de l'énergie nucléaire à des fins pacifiques, sans discrimination ». En outre, l'article VI comporte l'engagement de toutes les parties au traité mais surtout des puissances nucléaires de **promouvoir le désarmement nucléaire** en l'inscrivant dans la perspective d'un « désarmement général et complet sous un contrôle international strict et efficace ». Cette mention du désarmement général et complet ne restreint en rien l'obligation juridique qui incombe aux EDAN de négocier « de bonne foi » « des mesures efficaces relatives à la cessation de la course aux armements nucléaires à une date rapprochée et au désarmement nucléaire ».

Le régime de non-prolifération institué par le TNP repose ainsi sur « trois piliers » : renonciation à l'arme nucléaire pour les États non reconnus comme détenteurs de cette arme, droit général au développement de l'énergie nucléaire à des fins pacifiques et désarmement nucléaire. La reconnaissance du « droit inaliénable » des parties au développement des usages pacifiques de l'énergie nucléaire soulève de grandes difficultés en ce qui concerne la vérification du respect des engagements de non-prolifération, les technologies nucléaires civiles et militaires présentant un large tronc commun. Quant à l'engagement de désarmement, il n'est pas compris de la même façon par les puissances dotées de l'arme nucléaire et celles qui ne le sont pas.

c) Les traités zones

433 Les traités zones se consacrent à la démilitarisation de zones géographiques spécifiques.

En 1959, le Traité de Washington concernant l'Antarctique spécifiait déjà que « seules les activités pacifiques sont autorisées dans l'Antarctique ». Le Traité de Tlatelolco (Mexique) du 14 février 1967 dénucléarise le territoire de l'Amérique du Sud. Le Traité de Rarotonga (îles Cook) du 6 août 1985 prévoit la dénucléarisation du Pacifique Sud. D'autres traités zones concernant l'Asie du Sud-Est, l'Afrique et l'Asie centrale seront signés après la fin de la Guerre froide (voy. n°s 493 et s.).

Le traité sur l'espace du 27 janvier 1967 (voy. n° 90) prohibe la mise sur orbite autour de la Terre ou plus généralement l'installation dans l'espace de tout objet porteur d'arme nucléaire ou d'autre arme de destruction massive. Un accord du 5 décembre 1979 complète ce traité en interdisant de mettre sur orbite autour de la lune toute arme nucléaire ou de destruction massive. Le traité du 11 février 1971 dénucléarise également le fond des mers et des océans (sauf la mer territoriale adjacente aux côtes jusqu'à une distance de 12 milles marins). On observera que ces traités ne limitent pas le recours aux satellites d'observation ou de communication ni aux sous-marins nucléaires, dont le rôle est fondamental pour la dissuasion.

2. Les traités bilatéraux entre les États-Unis et l'URSS : accords SALT et ABM

434 Le dialogue entre les États-Unis et l'URSS amorcé en 1962, après la crise de Cuba, lorsqu'une liaison directe (« téléphone rouge ») a été établie entre les deux pays afin d'éviter le déclenchement d'un conflit nucléaire (voy. n° 397), débouche sur la coopération entre les deux pays en vue d'une forme de cogestion de leur arsenal nucléaire. **L'entente des deux superpuissances dans le cadre de traités bilatéraux leur permet de limiter leur compétition dans le domaine de l'armement nucléaire.**

Dès 1968, le président américain Lyndon Johnson propose à l'URSS l'arrêt de la construction des missiles ABM de défense contre les missiles balistiques (*anti-ballistic missiles*). Deux mois plus tard, Andreï Gromyko, ministre soviétique des Affaires étrangères, répond à son interlocuteur américain en proposant aux États-Unis une négociation sur « la limitation des systèmes de missiles tant offensifs que défensifs ».

S'engagent finalement à Helsinki en novembre 1969 les « conversations sur la limitation des armements stratégiques » (*Strategic Arms Limitations Talks* ou SALT), qui aboutissent le 26 mai 1972 à deux accords par lesquels les États-Unis et l'URSS limitent respectivement leurs systèmes de missiles antibalistiques

(ABM) et leurs armes stratégiques offensives[48] (accord dit « SALT 1 »). Les deux superpuissances s'engagent à ne placer leurs ABM (cent au maximum) que dans deux sites seulement puis, après 1974, dans un seul. Par l'accord SALT 1, conclu pour cinq ans, elles acceptent de geler le nombre des missiles balistiques basés au sol et embarqués sur sous-marins. L'accord SALT 1 est complété, lors du voyage de Leonid Brejnev aux États-Unis le 22 juin 1973, par un accord sur la prévention de la guerre nucléaire.

En novembre 1974, une négociation SALT 2 s'engage en vue d'un accord pour la période 1977-1985, sans empêcher la modernisation accélérée des systèmes des deux puissances. Elle aboutit en juin 1979 à un accord qui ne réduit les armements qu'à la marge : chacune des parties peut détenir jusqu'à 2 400 vecteurs de tout type (missiles balistiques basés au sol, embarqués sur sous-marins ou emportés sur bombardiers) et 2 250 à compter de 1981. Si, en raison notamment de l'invasion de l'Afghanistan par l'URSS, l'accord SALT 2 n'est pas ratifié par le Sénat américain, les deux parties en respectent toutefois les dispositions, peu contraignantes. Les accords SALT ne prévoient en effet pas de vérification sur place : la vérification est assurée par des « moyens techniques nationaux » consistant en particulier en observations satellitaires.

D) La course aux armements des années 1980

435 La course aux armements se poursuit malgré le dialogue continu des deux supergrands en vue de réguler leur compétition dans le domaine nucléaire. **À la fin des années 1970, les dépenses militaires atteignent 110 milliards de dollars aux États-Unis, tandis que l'URSS consacre aux dépenses d'armement une part de son PIB estimée à plus de 15%** (le nombre de ses ogives nucléaires stratégiques fait plus que doubler entre 1976 et 1981). Parallèlement, la situation politique se dégrade entre ces deux pays et la notion d'*arms control* est remise en question par l'affaire des euromissiles et le lancement de la *Strategic Defense Initiative* (Initiative de défense stratégique ou IDS).

1. L'affaire des euromissiles

436 Progressivement, au rythme d'une installation par semaine à partir de 1977, les Soviétiques déploient en Asie et en Europe, en direction de l'Europe occidentale, des missiles de moyenne portée (dits « missiles intermédiaires ») à ogive unique puis à têtes multiples (MIRV), les SS 4, SS 5 et les SS 20, qui n'entrent pas dans le cadre des accords SALT car leur portée ne dépasse pas 5 500 km. L'URSS s'octroie ainsi une supériorité militaire sur le Vieux Continent. Face à cette évolution, le Conseil ministériel de l'OTAN prend, en décembre 1979, la « double décision » de proposer aux Soviétiques une négociation sur le rétablissement de l'équilibre stratégique en Europe et, en cas de refus de leur part, de déployer, dans divers pays d'Europe occidentale, notamment en République fédérale d'Allemagne, des missiles balistiques Pershing II et des missiles de croisière, de manière à équilibrer le rapport de

48. Sont considérés comme armes stratégiques offensives les bombardiers lourds stationnés sur le territoire de l'une ou l'autre partie, les missiles à longue portée pouvant être lancés d'un sous-marin et les missiles balistiques intercontinentaux basés au sol.

force en Europe. Le 30 novembre 1981, lors d'une conférence consacrée aux euromissiles, le nouveau président américain **Ronald Reagan propose « l'option zéro » aux Soviétiques** : les Américains acceptent de ne pas installer de Pershing en Europe à condition que les Soviétiques retirent la totalité de leurs SS 20. Devant le **rejet de cette proposition par l'URSS** (qui avait déjà installé 400 SS 20 en Europe de l'Est), les Américains déploient comme prévu des missiles de croisière et des missiles Pershing, notamment en Allemagne fédérale, à partir de 1984.

2. L'IDS ou la « guerre des étoiles »

437 Les premières années de la présidence de Ronald Reagan sont marquées par la **volonté de rétablir la suprématie militaire américaine**. **De 1981 à 1986, le budget militaire des États-Unis est accru de 50 %.** Alors que son prédécesseur Jimmy Carter avait déjà fait voter un budget de la défense record afin de financer la fabrication de nouvelles armes stratégiques (sous-marin lanceur d'engins Trident, missile balistique intercontinental mobile MX), le nouveau Président lance un plan quinquennal de réarmement de 1 500 milliards de dollars.

Le 23 mars 1983, Reagan propose un programme de recherche « visant, par des mesures défensives, à contrecarrer la terrible menace que les missiles soviétiques font peser sur nous ». Destinée à défendre les États-Unis contre les missiles balistiques soviétiques, cette ***Strategic Defense Initiative* (Initiative de défense stratégique ou IDS)** est censée permettre la destruction des fusées soviétiques après lancement. La *Strategic Defense Initiative Organization* (SDIO) créée en 1984 lance un vaste programme de recherche sur les technologies d'interception des missiles balistiques afin de vérifier leur fiabilité.

L'IDS remet en cause potentiellement le Traité ABM puisqu'elle implique la mise en place à terme, dans l'espace, d'un système de défense antimissile. La France, par la voix du président François Mitterrand, exprime son désaccord avec cette politique : « La seule perspective d'une défense spatiale antibalistique américaine rend plus aléatoire l'éventualité d'une réduction des armements offensifs soviétiques [...] L'IDS, pour un temps indéfini, demeurera un facteur de déstabilisation du système dissuasif fondé sur la vulnérabilité réciproque des territoires et des forces, solennellement garanti par le Traité de limitation des ABM »[49].

---

49. Fr. Mitterrand, *Réflexions sur la politique extérieure de la France*, Paris, Fayard, 1986, pp. 60 et 65.

CHAPITRE 2

1985-2001 : Vers un monde multipolaire

438 Pour la première fois dans l'histoire contemporaine, un ordre politique, social, économique et idéologique mondial s'achève de manière globalement pacifique en quelques années. L'effondrement de l'URSS a des répercussions considérables dans l'ensemble du monde. L'émancipation rapide des pays sous domination soviétique, la réunification de l'Allemagne, la coopération des cinq membres permanents au Conseil de sécurité de l'ONU font alors naître l'espoir d'un nouvel ordre international. Des progrès indéniables sont réalisés, à partir du milieu des années 1980, en matière de désarmement et dans la mise en place d'institutions internationales plus efficaces.

Dans ce contexte, de nombreux conflits régionaux prennent fin : entre l'Iran et l'Irak (avec la signature d'un cessez-le-feu en juillet 1988, après huit années de guerre), en Afghanistan (retrait des troupes soviétiques), en Amérique centrale (Salvador, Nicaragua), en Asie (Cambodge). On peut aussi mentionner l'accession à l'indépendance de la Namibie le 21 mars 1990 et la fin du régime de l'apartheid en Afrique du Sud, avec l'élection de Nelson Mandela à sa présidence en 1994.

Toutefois, **la diffusion de la démocratie et de l'économie de marché ne stabilise pas la nouvelle donne internationale**. Apparaissent constamment des foyers de tension, entretenus par des réformes économiques déstructurantes et par des quêtes d'identité nationale, ethnique ou religieuse. De nombreux conflits se sont ainsi cristallisés : en ex-Yougoslavie, en Tchétchénie, en Géorgie, au Rwanda, au Kosovo, au Libéria, au Moyen-Orient, etc. **Ces conflits intra-étatiques qui prédominent dans le monde de l'après-Guerre froide** constituent une source constante de déstabilisation.

Alors qu'après la disparition de l'URSS on avait pensé que le monde était devenu unipolaire, sous l'influence exclusive des États-Unis, il est rapidement apparu que, malgré leur écrasante supériorité militaire, leur rayonnement culturel et leur statut de première puissance économique, **les États-Unis ne peuvent pas et ne veulent pas résoudre seuls la plupart des crises internationales**. Or la coopération des puissances s'est révélée également insuffisante pour mettre fin à des guerres civiles aux terribles conséquences humanitaires, en Somalie, en Yougoslavie puis, dans des proportions proprement catastrophiques, au Rwanda et en République démocratique du Congo. Après 1996, alors que ce pays-continent s'enfonce dans une guerre terrible et ignorée par la communauté internationale, la fin du millénaire est également marquée par des risques persistants de prolifération nucléaire, de nouvelles tensions au Kosovo et au Moyen-Orient. Enfin, une crise financière en Asie et en Russie souligne la fragilité des économies émergentes.

SECTION I

La fin de l'affrontement des blocs et les transformations géopolitiques en Europe centrale et orientale

439 « La rivalité des deux systèmes [socialiste et capitaliste] ne peut plus être considérée comme la tendance principale de notre époque », déclare en juillet 1988 Édouard Chevardnadze, alors ministre des Affaires étrangères de l'URSS, au cours d'une conférence réunissant les principaux responsables de la politique extérieure soviétique.

§ 1. L'URSS : des tentatives de réforme à l'éclatement

440 Lorsque Mikhaïl Gorbatchev est élu secrétaire général du Parti communiste de l'Union soviétique (PCUS), le 11 mars 1985, son pays est au bord de la faillite politique, idéologique et économique.

La dynamique révolutionnaire du communisme s'est essoufflée. La Chine s'écarte nettement du modèle soviétique en s'engageant progressivement, à partir du retour au pouvoir de Deng Xiaoping en 1977, dans une « économie socialiste de marché ». Après l'intervention soviétique en Tchécoslovaquie le 21 août 1968, qui a soulevé une réprobation générale dans les pays occidentaux, y compris au sein des partis communistes, les démocraties populaires, au premier chef la Pologne, ont de plus en plus de mal à accepter la tutelle soviétique. L'influence de l'URSS s'estompe dans les pays du tiers-monde ; l'invasion de l'Afghanistan, condamnée à une très large majorité par l'Assemblée générale des Nations Unies (voy. n° 399), a considérablement porté préjudice à son image. L'affaire des euromissiles a renforcé la cohésion des pays d'Europe occidentale à l'égard du bloc soviétique (voy. n° 436). La multiplication des atteintes aux libertés fondamentales dans les pays du pacte de Varsovie, en violation de l'Acte final de la conférence d'Helsinki de 1975 (voy. n° 395), fait apparaître l'URSS comme le pays du goulag ou comme « l'empire du mal », selon l'expression du président américain Ronald Reagan.

Sur le plan économique, l'Union soviétique est en état de faillite. Depuis le milieu des années 1970, la croissance ralentit sensiblement. Dans le domaine agricole, la productivité combinée des facteurs de production agricole se situe entre la moitié et les deux tiers de celle observée aux États-Unis dans les zones comparables, de sorte qu'en 1983, l'URSS doit importer l'équivalent de 10 % de sa production agricole et est devenue l'un des plus gros importateurs de blé au monde, alors qu'elle était un pays exportateur. Le secteur industriel soviétique est victime de la planification administrative, qui ne permet pas d'allouer de manière efficiente les facteurs de production et d'assurer l'adéquation de l'offre aux besoins de consommation et d'investissement. L'industrie lourde, comme la métallurgie et l'armement, occupe une place démesurée dans l'activité industrielle. Le **maintien d'une économie de guerre en période de paix** aggrave cette situation économique : la part de l'industrie de défense dans le PNB (de l'ordre de 13 % en roubles courants) représente un effort budgétaire que le pays ne peut plus se permettre.

Dans ses mémoires, Gorbatchev a écrit : « Lorsqu'en avril 1985, j'ai accepté de diriger le Comité central du PCUS [...] le pays, c'était manifeste, était à bout de forces. Les mécanismes économiques fonctionnaient de plus en plus mal. Le rendement de la production baissait. Les acquis de la pensée scientifique étaient annulés par une économie entièrement bureaucratisée »[50]. Face à cette situation, **Gorbatchev tente d'engager l'URSS sur la voie de la modernisation économique**, dans le cadre d'un processus plus démocratique que ceux choisis par ses prédécesseurs.

A) De la *glasnost* aux projets de démocratisation

441 Dès son premier discours de secrétaire général du parti communiste, le 11 mars 1985, Mikhaïl Gorbatchev annonce que les décisions politiques devront désormais respecter un nouveau principe, celui de ***glasnost* ou transparence**. La *glasnost*, qui se présente comme une rupture avec l'ordre passé, favorise **un mouvement de démocratisation** de la société soviétique, en particulier dans les pays baltes, en Russie et en Ukraine.

L'explosion de la centrale nucléaire de Tchernobyl en Ukraine, le 26 avril 1986, donne à Gorbatchev l'occasion de mettre en œuvre cette politique de *glasnost* : pour la première fois dans l'histoire de l'URSS, une catastrophe qui touche un secteur central de l'économie dirigée n'est pas cachée, alors même qu'elle montre les insuffisances et les limites des réalisations industrielles soviétiques.

Parallèlement à la *glasnost*, **Gorbatchev décide dès 1986 d'assouplir l'attitude de l'État en matière de droits de l'homme**. En décembre, Andreï Sakharov, le plus célèbre des dissidents restés en URSS, est libéré de son exil forcé à Gorki (Nijni Novgorod) et réintègre avec les honneurs l'Académie des sciences. De nombreux dissidents sont libérés par la suite. La même année, une commission d'enquête sur les victimes du stalinisme est créée.

La 19e conférence du PCUS qui se tient en juin-juillet 1988 prend acte des réformes engagées par Gorbatchev en adoptant une résolution prévoyant d'inscrire « le droit à l'information dans la Constitution » et une autre appelant à ce qu'un « Congrès des députés du peuple » devienne « l'organe suprême de l'État ».

Mikhaïl Gorbatchev consolide alors sa position. Élu en octobre 1988 président du praesidium du Soviet suprême, il est à l'initiative d'une **réforme de la Constitution** le 1er décembre 1988, qui prévoit que cette assemblée de 542 membres, dotée de pouvoirs législatifs effectifs, soit dès lors élue par le Congrès des députés du peuple, dont les membres (au nombre de 2 250) seront eux-mêmes élus au suffrage universel direct pour cinq ans. Le système de la candidature unique est supprimé. Pour la première fois depuis l'Assemblée constituante de 1917 (qui n'avait siégé qu'un jour), le processus électoral n'est pas directement contrôlé par le pouvoir.

---

50. M. Gorbatchev, *Avant Mémoires*, Paris, Odile Jacob, 1993, p. 9.

Les élections au Congrès du 26 mars 1989 sont les plus libres de toute l'histoire de l'URSS. En mai, Mikhaïl Gorbatchev est élu président du nouveau Soviet suprême. **Début février 1990**, lors d'un plénum de son comité central, **le parti communiste renonce**, sur la recommandation de Mikhaïl Gorbatchev, **au monopole du pouvoir**.

Dans toutes les républiques constituant l'URSS (y compris la Russie), des assemblées sont élues sur la base de la pluralité des candidatures. Le 12 mars 1990, le Congrès instaure un régime présidentiel et le pluralisme politique, puis, le 14, élit Mikhaïl Gorbatchev président de l'Union soviétique. En juillet 1990, le XXVIIIe congrès du PCUS affirme le principe de la séparation des responsabilités dans le parti et dans l'État.

B) La *perestroïka*

442 Entre 1985 et 1991, Gorbatchev entreprend la ***perestroïka* ou « reconstruction »** : il s'agit d'**une réforme radicale du système économique soviétique qui vise à rompre avec l'économie administrée.**

Cependant, si les lois et les décrets se succèdent à un rythme rapide, les réformes (libéralisation et décentralisation) ne permettent pas à l'URSS de passer à une économie de marché fonctionnelle. La *perestroïka* brise les mécanismes de l'économie planifiée mise en place dans les années 1930, mais ne parvient pas à créer les institutions nécessaires au fonctionnement du marché. La propriété privée n'est pas pleinement reconnue ; les entreprises restent soumises à de nombreuses contraintes administratives. L'affaiblissement général d'un État jusqu'alors omniprésent favorise la corruption et la criminalité. La *perestroïka* se heurte à l'incohérence des structures administratives, aux positions acquises, à la résistance des partisans de l'ancien système dirigiste, à des pratiques sociales vieilles de plus de cinquante ans. **Malgré un programme « extraordinaire » d'assainissement de l'économie soviétique lancé en 1989 et l'annonce de l'accélération des réformes en 1990 (le 27 mars 1990 est annoncé le passage « contrôlé » à l'économie de marché), Gorbatchev échoue dans la mise en œuvre de son programme économique.** Les pressions inflationnistes s'intensifient, la production est désorganisée, les pénuries s'aggravent, le rationnement fait son apparition.

De plus, **la montée des aspirations des nationalités met en cause l'existence même de l'URSS**. Début 1990, les parlements des républiques baltes proclament respectivement l'indépendance de leur pays. Le Parlement de Russie lui-même, après avoir élu Boris Eltsine à sa présidence le 29 mai, proclame la souveraineté de la République fédérative russe le 12 juin 1990.

C) Une nouvelle politique étrangère

443 Mikhaïl Gorbatchev entend également modifier profondément la politique étrangère de l'URSS. Pour pouvoir redresser l'économie soviétique, il souhaite une situation internationale prévisible et stable, de manière notamment à pouvoir réduire le poids écrasant des dépenses militaires. En février 1986, lors du XXVIIe congrès du parti communiste, il annonce une « nouvelle pensée » en politique étrangère. « Le message essentiel est **le refus de l'inéluctabilité des conflits avec les États capitalistes et le besoin d'une concertation**

permanente sur les phénomènes potentiellement générateurs de confrontation, en particulier les arsenaux nucléaires »[51]. Mikhaïl Gorbatchev affirme que l'antagonisme bipolaire doit faire place à **un monde plus uni pour affronter les défis communs à l'ensemble de l'humanité**. Il entend donc rompre avec les pratiques de la Guerre froide, qu'il s'agisse du règlement des conflits régionaux, de la coopération paneuropéenne, de la relance de l'ONU ou du désengagement dans le tiers-monde. Il s'engage parallèlement dans d'ambitieuses négociations de désarmement nucléaire et conventionnel (voy. n°s 482 et s.).

1. La référence au droit international

444 Dans un discours prononcé le 7 décembre 1988 devant l'Assemblée générale des Nations Unies, Mikhaïl Gorbatchev plaide pour **une désidéologisation des relations internationales au profit du droit international** et insiste sur l'importance du rôle de l'ONU comme instance où doivent converger les intérêts de l'ensemble des États. Il indique **rejeter le recours à la force ou à la menace de la force** comme instrument de politique étrangère et, pour appuyer son propos, annonce une réduction de 500 000 hommes des forces soviétiques dans les deux ans à venir.

Lors de l'invasion du Koweït par l'Irak en août 1990, un consensus s'établit sans difficulté entre les cinq membres permanents du Conseil de sécurité : l'URSS condamne la politique de son ancien allié, l'Irak, et n'utilise pas son droit de veto pour empêcher le vote d'une résolution autorisant le recours à la force contre ce pays (voy. n° 473).

2. La « maison commune européenne »

445 L'URSS de Gorbatchev souhaite **reprendre sa place au sein des grandes nations, plus particulièrement des nations européennes**. Elle entend créer des liens d'une nature nouvelle avec l'Europe occidentale. Dès octobre 1985, lors de sa première visite officielle en France, Mikhaïl Gorbatchev lance le thème de la « maison commune européenne ». Ses positions évolueront ensuite jusqu'à proposer, à partir de 1988, que l'URSS et ses alliés se rapprochent des structures occidentales. Dans un discours au Conseil de l'Europe, le 6 juillet 1989, Mikhaïl Gorbatchev esquisse un vaste programme de désarmement et de dénucléarisation sur le continent européen, ainsi que la constitution d'un espace économique paneuropéen et la création d'une agence écologique paneuropéenne. Il anticipe alors la disparition du Rideau de fer et s'affirme prêt à construire une Europe allant « de l'Atlantique à l'Oural ». **Ces déclarations semblent annoncer la fin de l'ère des blocs.**

3. Le désengagement des conflits extérieurs

446 Dans le cadre de sa compétition avec les États-Unis, l'URSS avait conclu de nombreuses alliances afin d'étendre son influence dans le tiers-monde. Lors du XXVIe congrès du PCUS, en février 1981, le rapport Brejnev hiérarchisait

51. M. Mendras, « URSS : le procès inachevé d'une politique étrangère », *Politique étrangère*, n° 4, 1988.

la sphère d'influence soviétique : tout d'abord, la « communauté socialiste » (pacte de Varsovie, Cuba, Laos, Vietnam et Mongolie extérieure), ensuite le « système socialiste mondial » (Chine, Corée du Nord, Yougoslavie et les pays précédemment cités) et, enfin, les « pays à orientation socialiste » (Afghanistan, Cambodge, Angola, Mozambique, Éthiopie, Yémen du Sud), pour lesquels Moscou dépensait alors annuellement plus de 15 milliards de dollars.

Avec l'arrivée de Gorbatchev, le soutien aux pays « à orientation socialiste » n'est plus considéré comme une nécessité dictée par la compétition des systèmes économiques et sociaux à l'échelle mondiale, mais comme un handicap. **L'URSS décide alors d'entretenir à l'avenir des relations normales avec les pays du tiers-monde, indépendamment de leur approche idéologique.** Elle entend dès lors s'efforcer de régler les conflits régionaux de manière politique et pacifique, en collaboration avec les États-Unis.

S'agissant de l'**Afghanistan** (voy. n° 399), Mikhaïl Gorbatchev impose au pays un nouveau dirigeant, Mohammed Najibullah, qui s'efforce de se concilier la population, notamment en renouant avec l'Islam. Puis, il déclare le 8 février 1988 que l'URSS retirera toutes ses troupes en dix mois à compter du 15 mai, en cas d'accord quadripartite (Afghanistan, Pakistan, États-Unis et URSS) garantissant la fin des ingérences étrangères armées en Afghanistan. Dès le lendemain de la signature de cet accord à Genève le 14 mai 1988 commence **le retrait des troupes soviétiques**, qui s'achève mi-février 1989.

En **Angola,** alors que trois mouvements nationalistes se disputaient le pouvoir après la fin du régime colonial portugais consécutif au renversement en 1974 de la dictature de Marcelo Caetano, successeur d'Antonio de Oliveira Salazar, l'armée portugaise avait laissé la capitale, Luanda, aux mains du Mouvement populaire de libération de l'Angola (MPLA) lors de son retrait en novembre 1975. Ce mouvement, qui se disait marxiste, bénéficiait du soutien de l'URSS (ce qui lui avait assuré la victoire après l'intervention des troupes cubaines fin 1975), mais continuait de faire face à une lutte armée, au Sud avec l'Union nationale pour l'indépendance totale de l'Angola (UNITA), soutenue par l'Afrique du Sud, et au Nord AVEC le Front national de libération de l'Angola (FNLA). Le 22 décembre 1988 est conclu l'**accord de New York**, sous l'arbitrage des États-Unis, entre l'Afrique du Sud, Cuba et l'Angola : il prévoit le retrait des troupes cubaines et sud-africaines de l'Angola et de la Namibie ; en contrepartie, les Sud-Africains acceptent l'accession à l'indépendance du Sud-Ouest africain le 21 mars 1990, le nouvel État prenant le nom de **Namibie** (voy. n° 161 et E 4). Alors que le FNLA ne représente plus qu'un courant politique marginal, l'UNITA et le MPLA (qui abolit le principe du parti unique) concluent un accord de paix le 31 mai 1991 à Bicesse (Portugal). Les élections organisées en septembre 1992 en application de cet accord sont remportées par le MPLA, mais l'UNITA en conteste les résultats. La guerre civile reprend alors et il faudra attendre 2002 pour que le MPLA contraigne par les armes l'UNITA à signer un accord mettant fin au conflit.

Une évolution comparable intervient au **Mozambique**, autre ancienne colonie portugaise où un mouvement d'inspiration marxiste, le Front de libération du Mozambique (FRELIMO), a pris le pouvoir en 1975 au moment de l'indépendance. L'URSS laisse le FRELIMO libéraliser l'économie et accepter le **pluralisme politique en 1989**. À la disparition de l'URSS, le FRELIMO parvient en octobre 1992, grâce à une médiation africaine (Kenya et Zambie) puis catholique (communauté de Sant'Egidio) et italienne, à un accord avec la Résistance nationale du Mozambique (RENAMO), qui menait contre lui une guérilla pro-occidentale.

L'URSS se désengage de la corne de l'Afrique. En **Éthiopie**, elle soutenait le régime du colonel Hailé Mariam Mengistu (qui s'était rallié en 1982 au « camp socialiste ») face à la **Somalie** de Siyad Barré, dans le conflit qui opposait les deux pays au sujet du vaste plateau désertique de l'Ogaden. Ce conflit cesse en 1988. L'Éthiopie était aussi en guerre depuis trente ans contre les rebelles du Front populaire de libération de l'Érythrée (FPLE). Un cessez-le-feu est signé après le renversement de Mengistu le 21 mai 1991. Dès le 24 mai, le FPLE prend Asmara, capitale de l'Érythrée. **En 1993, l'Érythrée accède à l'indépendance**.

Après vingt-trois ans de guerre, un accord de paix portant sur le Cambodge est conclu à Paris en octobre 1991 sous les auspices des Nations Unies. Après la chute du gouvernement Lon Nol en 1975, une dictature khmère rouge dirigée par Pol Pot s'était livrée à un génocide visant principalement la population urbaine et faisant deux millions de victimes. En 1979, le Vietnam avait chassé Pol Pot du pouvoir et installé à Phnom Penh un gouvernement qui lui était favorable, au sein duquel figuraient d'anciens Khmers rouges. Ce conflit était l'expression de la tension sino-soviétique : la Chine soutenait les forces antivietnamiennes en lutte contre le gouvernement cambodgien (partisans de Pol Pot et de l'ancien roi Norodom Sihanouk qui avait conduit le pays à l'indépendance complète en 1953), alors que l'URSS appuyait le Vietnam. La diplomatie américaine était favorable aux thèses chinoises. Le processus de paix, commencé à Paris en 1991, conduit au retour de Norodom Sihanouk. **Le 28 février 1992, le Conseil de sécurité de l'ONU crée l'Autorité provisoire des Nations Unies au Cambodge (APRONUC) chargée de ramener la paix, d'administrer le pays et d'organiser des élections libres.** Un gouvernement associant les partisans de Sihanouk et de l'ancien gouvernement provietnamien est formé, tandis que les Khmers rouges, qui refusent de participer aux élections, sont écartés du pouvoir. Norodom Sihanouk est proclamé à nouveau roi du Cambodge en septembre 1993. Ce n'est cependant que le 2 janvier 2001 qu'une loi est adoptée pour juger les anciens dirigeants khmers rouges ; une cour pénale hybride – cambodgienne mais à « caractère international » – est alors créée (voy. n° 236). La condamnation des principaux dirigeants khmers rouges n'interviendra qu'une dizaine d'années plus tard.

D) L'implosion de l'URSS

447 « J'ai fait tout ce qui dépendait de moi pour prévenir la menace de désintégration de notre pays multinational constitué au fil des siècles », écrit Gorbatchev dans ses mémoires[52].

52. M. Gorbatchev, *Avant Mémoires*, Paris, Odile Jacob, 1993.

1. Le réveil des nationalismes

448 La *perestroïka* fait resurgir les questions nationales au sein de l'URSS. L'Union soviétique était une fédération de républiques dans laquelle celles-ci disposaient formellement de très grands pouvoirs, un droit à la sécession leur étant même reconnu. À l'intérieur des républiques existaient des entités elles-mêmes formellement très autonomes (qui pouvaient avoir le statut de région, voire de république autonome). L'article 70 de la Loi fondamentale (Constitution) de l'Union des Républiques socialistes soviétiques adoptée le 7 octobre 1977 sous Leonid Brejnev affirmait que l'Union soviétique était le résultat de l'autodétermination des nations et de« l'association volontaire de Républiques socialistes soviétiques ». L'article 72 précisait que chaque république était « libre de faire sécession ». Tant que le pouvoir était dans les faits exercé par un parti communiste très centralisé, ce fédéralisme théorique n'empêchait pas que toutes les décisions essentielles soient prises à Moscou.

Avec la *perestroïka*, le parti communiste ne parvient plus à diriger l'URSS et **les républiques fédérées cherchent à exercer la souveraineté et le pouvoir de sécession qui leur étaient formellement reconnus par les textes**. Dans certaines républiques, les dirigeants communistes, qui depuis la période brejnévienne avaient constitué de véritables fiefs au sein du PCUS, prennent la tête d'un mouvement d'émancipation et accèdent au pouvoir après l'indépendance.

Les prémices de ce réveil des nationalismes apparaissent en 1988, en Transcaucasie, où une guerre civile éclate entre Arméniens et Azéris au sujet d'une enclave arménienne située en Azerbaïdjan, le Haut-Karabakh. L'Arménie occupe alors le Haut-Karabakh et un couloir reliant cette enclave à son territoire. Un climat de tension persiste ensuite entre l'Arménie et l'Azerbaïdjan, pays soutenu par la Turquie, jusqu'à la guerre de 2020 (voy. n° 600).

À partir de 1988, les républiques baltes (Estonie, Lituanie, Lettonie), annexées par l'URSS entre juin et août 1940 à la suite du pacte germano-soviétique, **demandent la restauration de leur indépendance.** La Lituanie se déclare indépendante le 11 mars 1990, le Parlement estonien engage un processus d'autodétermination à compter du 30 mars 1990 et le Parlement letton annonce la restauration des droits souverains de la Lettonie le 4 mai 1990. Un recours limité à la force, notamment en Lituanie en janvier 1991, et des tentatives de boycott ralentissent le mouvement vers l'indépendance sans y mettre un terme.

En **Ukraine**, le développement d'un mouvement indépendantiste conduit le parlement local à annoncer, le **16 juillet 1990**, que ses lois prévaudront désormais sur la loi fédérale. **D'autres républiques proclament alors leur souveraineté** : c'est le cas de **l'Arménie le 23 août 1990**. Des **territoires autonomes** au sein des républiques réclament aussi leur souveraineté, voire leur indépendance : la Tchétchénie en Russie, l'Ossétie et l'Abkhazie en Géorgie, la Transnistrie en Moldavie. Le pouvoir central n'est plus en mesure de faire appliquer ses décisions.

Face à cela, Gorbatchev, qui en 1989 s'était déclaré hostile à toute révision du Traité d'Union de décembre 1922 faisant de l'Union soviétique un État fédéral, préconise en 1990 la constitution d'une confédération, un projet qui apparaît alors comme un anachronisme par rapport aux déclarations de souveraineté d'une grande partie des républiques fédérées. **Le 17 mars 1991**

est organisé un référendum sur l'Union, auquel les trois pays baltes ainsi que la Géorgie, la Moldavie et l'Arménie refusent de participer, à la différence de neuf autres républiques, dont 76 % des électeurs se sont prononcés pour l'Union. La **Géorgie** proclame son indépendance le **9 avril 1991**. Alors qu'un nouveau traité d'Union se négocie (sans les pays baltes), une tentative de coup d'État, en août 1991, met fin à l'ère Gorbatchev et à l'URSS elle-même.

2. Le coup d'État manqué d'août 1991

449 **Le 19 août 1991, un coup d'État est déclenché par des communistes conservateurs**, qui justifient leur action par « l'incapacité du président Gorbatchev de remplir ses fonctions pour raisons de santé ». Un « comité d'État pour l'état d'urgence », composé de huit personnes, prend le pouvoir.

Le putsch ne dure que trois jours. **Boris Eltsine, qui a été élu président de la Fédération de Russie au suffrage universel le 12 juin 1991, prend la tête de la résistance et s'oppose courageusement aux putschistes, lesquels capitulent le 21 août.**

Toutefois, ce putsch n'est pas sans conséquences. **Dès son retour, Gorbatchev démissionne de son poste de secrétaire général du PCUS et provoque la dissolution du Comité central ; ce sont les autorités russes qui désormais exercent seules le pouvoir, y compris militaire, sur le territoire de la République de Russie.**

« L'échec du putsch a permis aux républiques baltes d'obtenir la reconnaissance internationale qu'elles recherchaient depuis deux ans et amené pratiquement toutes les républiques de l'Union, l'Ukraine en tête, à proclamer leur indépendance. L'URSS est morte », relève l'historien André Fontaine[53]. Les différentes républiques proclament toutes leur indépendance, souvent après des référendums. Le Kazakhstan, où les dirigeants communistes restent au pouvoir, est la dernière des républiques soviétiques à proclamer son indépendance le 16 décembre 1991. « L'ancien système s'est écroulé avant que le nouveau ait pu se mettre en place », constate Gorbatchev dans son discours d'adieu le 25 décembre 1991.

3. La dissolution de l'URSS et la création de la Communauté des États indépendants (CEI)

450 Le **8 décembre 1991**, l'**accord de Minsk** signé entre Boris Eltsine, président de la Russie, Stanislas Chouchkevitch, président du Soviet suprême de la République de Biélorussie, et Leonid Kravtchouk, président du nouvel État ukrainien, contraint Gorbatchev à la démission de ses fonctions de président de l'Union soviétique. Ces trois pays, constatant que **l'URSS a cessé d'exister en tant que sujet de droit international**, substituent à l'ancienne Union une communauté à trois, la **Communauté des États indépendants (CEI) « ouverte à tous les États membres de l'ancienne URSS »**. Cette nouvelle entité, qui est une association très souple, fonctionne « selon les modalités déterminées par accord entre les États de la Communauté, qui n'est ni un État, ni une entité supranationale ». Des institutions sont mises en place (un

53. *L'un sans l'autre*, Paris, Fayard, 1991, p. 93.

Conseil des chefs d'État et un Conseil des chefs de gouvernement) afin de coordonner les activités des États membres. La CEI est également dotée d'une assemblée interparlementaire, d'un comité exécutif, d'un comité consultatif de coordination pour les problèmes macroéconomiques et d'une cour de justice qui statue sur les différends économiques.

Le 21 décembre 1991, à Alma-Ata (ancienne capitale du Kazakhstan), des représentants des trois anciennes républiques soviétiques de Russie, de la Biélorussie et d'Ukraine invitent les anciens États fédérés de l'ex-URSS, à l'exception des pays baltes, soit huit républiques, à rejoindre la CEI. Le 25 décembre 1991, Mikhaïl Gorbatchev, qui voit son rêve d'Union disparaître, renonce le 25 décembre à son titre de Président d'un pays qui n'existe plus.

La Russie hérite des attributs de la puissance nucléaire et prend la place de l'URSS dans toutes les organisations internationales : elle dispose en particulier de son siège au Conseil de sécurité des Nations Unies.

Cependant, le coup d'État manqué entraîne en Russie une **violente guerre avec une république sécessionniste, la Tchétchénie**. En effet, après le putsch, Djokhar Doudaev, un général tchétchène, proclame unilatéralement l'indépendance de la République le 1er novembre 1991, mais son pouvoir est contesté : des affrontements violents éclatent entre les partisans de Doudaev et ses opposants. Le 11 décembre 1994, l'armée russe entre en Tchétchénie sur l'ordre du président Boris Eltsine pour y rétablir l'autorité de Moscou. À l'issue de combats d'une grande intensité qui font de nombreuses victimes civiles, les forces russes prennent la capitale Grozny, en mars 1995. Et en 1996, après la mort au combat de Doudaev, un accord conclu entre les Russes et le dirigeant tchétchène Aslan Maskhadov prévoit des élections en Tchétchénie et reconnaît le droit à l'autodétermination de la république. Les forces russes se retirent le 5 janvier 1997 mais, en septembre 1999, une vague d'attentats au Daghestan voisin s'étend à la Tchétchénie, tandis que des attentats commis en Russie sont également attribués à des islamistes tchétchènes. Le président Vladimir Poutine envoie alors un puissant contingent de l'armée russe en Tchétchénie. Ce contingent prend Grozny en décembre 1999, après de nouveaux combats d'une très grande violence. Moscou soutient le pouvoir d'un ancien chef de la rébellion rallié, Akhmad Kadyrov, puis, après sa mort dans un attentat, celui de son fils, Ramzan Kadyrov, lequel parvient, à partir de 2007, à contrôler la république avec des milices et à y imposer un régime très autoritaire et répressif, parfois en contradiction avec les lois russes. C'est à ce prix que la Tchétchénie paraît avoir retrouvé une relative stabilité.

Aujourd'hui, la CEI n'organise qu'une coopération minimale entre ses membres, qui ne sont plus qu'au nombre de dix (Arménie, Azerbaïdjan, Biélorussie, Kazakhstan, Kirghizistan, Moldavie, Ouzbékistan, Russie, Tadjikistan et Turkménistan), la Géorgie l'ayant quittée en 2009 et l'Ukraine ayant remis en cause sa participation en 2014 en raison du conflit qui l'oppose à la Russie. Sa cohésion est en outre remise en cause par d'autres entités régionales. Il en est ainsi de l'**Organisation de coopération économique**, qui, créée en 1985 à l'initiative de l'Iran, de la Turquie et du Pakistan, s'est élargie pour intégrer les anciennes républiques soviétiques d'Asie centrale (Afghanistan, Azerbaïdjan, Kazakhstan, Kirghizistan, Ouzbékistan, Tadjikistan et Turkménistan) ; son rôle est de développer la coopération des pays membres notamment en matière de commerce, d'énergie, de transports, d'agriculture et de lutte contre le trafic

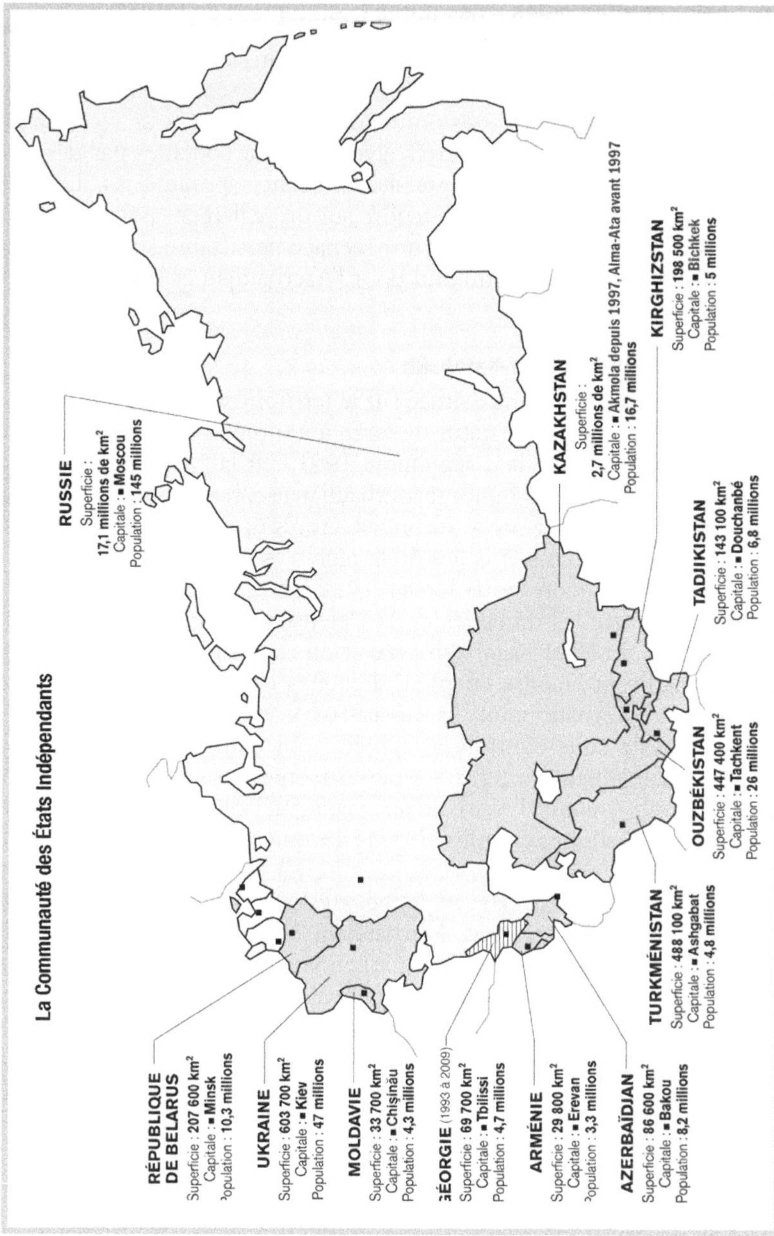

de drogue. Créée le 25 juin 1992 sur une initiative turque, l'**Organisation de coopération économique de la mer Noire** (CEMN), qui regroupe l'Albanie, l'Arménie, l'Azerbaïdjan, la Bulgarie, la Géorgie, la Grèce, la Moldavie, la Roumanie, la Russie, la Serbie, la Turquie et l'Ukraine, vise à intensifier la coopération économique régionale.

4. Les « conflits gelés » nés après l'éclatement de l'URSS

451 Lorsqu'ils accèdent à l'indépendance, l'Azerbaïdjan, la Géorgie et la Moldavie sont immédiatement confrontés à des mouvements sécessionnistes qui, pour des raisons ethniques, religieuses ou linguistiques, refusent de reconnaître les nouvelles autorités. Plusieurs guerres civiles se sont conclues par des cessez-le-feu toujours en vigueur, malgré des incidents sporadiques. Les parties concernées ne parvenant pas à s'entendre sur un règlement politique durable, ces conflits dits « gelés » font peser une menace persistante sur la sécurité des régions concernées (Caucase du Sud pour l'Azerbaïdjan et la Géorgie, Europe du Sud-Est pour la Moldavie).

a) Le conflit du Haut-Karabakh

452 Enclave à majorité arménienne située sur le territoire de l'Azerbaïdjan, au sein duquel elle bénéficiait d'un statut de large autonomie à l'époque soviétique, le Haut-Karabakh déclare le 2 septembre 1991, sur la base des résultats d'un referendum boycotté par la minorité azerbaïdjanaise, son indépendance. Aucun État, y compris l'Arménie, ne le reconnaît. Après un affrontement armé entre les forces azerbaïdjanaises et celles de la région, soutenues par l'Arménie, un accord conclu à Moscou le 18 février 1994, sous l'égide du ministre russe de la Défense, entre les ministres de la Défense d'Arménie, d'Azerbaïdjan et un représentant du Haut-Karabakh prévoit un cessez-le-feu, la séparation des parties au conflit et la mise en place de zones de sécurité avec la présence d'observateurs internationaux. Le cessez-le-feu entre en vigueur le 12 mai et la région reste sous contrôle arménien, tout comme sept districts azerbaïdjanais qui la relient au territoire de l'Arménie, jusqu'à la guerre de 2020 (voy. E 27). Pour soutenir l'Azerbaïdjan avec lequel elle a beaucoup d'affinités, notamment linguistiques et culturelles, la Turquie ferme en 1993 sa frontière avec l'Arménie.

Sous l'égide de l'OSCE (voy. n°s 518 et s.) s'est constitué en 1992 le Groupe de Minsk (Allemagne, Arménie, Azerbaïdjan, Biélorussie, États-Unis, France, Hongrie, Italie, Russie, Suède et Turquie) en vue de la tenue d'une conférence internationale sur la question du Haut-Karabakh avec la participation de toutes les parties au conflit. Depuis 1997, la coprésidence tripartite de ce groupe (France, Russie et États-Unis) assure la médiation entre les parties, ce qui n'empêche pas régulièrement le renouveau des tensions armées.

b) L'Ossétie du Sud et l'Abkhazie

453 Bénéficiant d'un statut de région autonome à l'intérieur de la Géorgie sous le régime soviétique, **l'Ossétie du Sud fait sécession** au début des années 1990. Elle résiste aux tentatives de reconquête des forces géorgiennes et cherche à resserrer ses liens avec l'Ossétie du Nord, en territoire russe. L'accord de cessez-le-feu signé à Sotchi le 24 juin 1992 entre la Géorgie, la Russie et l'Ossétie du Sud prévoit notamment le déploiement d'une force de maintien de la paix placée sous commandement russe et constituée de troupes géorgiennes, russes et nord-ossètes, parmi lesquelles figurent des Sud-Ossètes. L'OSCE participe à la Commission mixte de contrôle. Toutefois, **le conflit russo-géorgien d'août 2008** (voy. n° 603) modifie profondément les données politiques du différend tout en maintenant le *statu quo* territorial.

Autre région sécessionniste de Géorgie, l'Abkhazie proclame son indépendance en août 1992. Après des affrontements armés répétés entre les forces géorgiennes et les forces abkhazes soutenues par la Russie, un accord de cessez-le-feu conclu à Moscou le 14 mai 1994 entre les belligérants, sous l'égide de la Russie et de l'ONU, établit une zone de sécurité entre les forces abkhazes et géorgiennes, sous la surveillance d'une force de maintien de la paix de la CEI dirigée par la Russie et d'une mission d'observation des Nations Unies en Géorgie (MONUG) créée moins de un an auparavant (résolution 858 du Conseil de sécurité du 24 août 1993). Toutefois, Ce dispositif a également été remis en cause par le conflit russo-géorgien d'août 2008 sans modification du *statu quo* territorial.

c) La Transnistrie

454 Étroite bande de terre située, **à l'intérieur des frontières de la Moldavie**, à l'est du Dniestr et à l'ouest de la frontière ukrainienne, **la Transnistrie** a connu à la fin des années 1980 un mouvement hostile à la dislocation de l'URSS. Ce mouvement a débouché **en 1990** sur **la proclamation d'une indépendance** qui n'a **jamais** été **reconnue internationalement**. Après deux années où elles tentent de mettre fin à la sécession par la force, les autorités moldaves acceptent de conclure le 21 juillet 1992 un accord de cessez-le-feu avec la Russie, qui s'était interposée, et des représentants de la Transnistrie. Cet accord prévoit notamment la création d'une zone de sécurité démilitarisée et la constitution entre Russie, Moldavie et Transnistrie d'une force tripartite de maintien de la paix. La Russie dispose également d'un contingent théoriquement chargé de sécuriser des stocks de munitions datant de la période soviétique.

Au Conseil ministériel de l'OSCE à Dublin, le 7 décembre 2012, une déclaration pose les principes d'un futur règlement : intégrité et souveraineté de la Moldavie d'une part et statut spécifique pour la Transnistrie d'autre part. Aucun progrès concret n'est cependant intervenu depuis. Des négociations sont prévues dans un format associant les deux parties, trois médiateurs (OSCE, Russie, Ukraine) et deux observateurs (Union européenne et États-Unis), mais les tensions survenues avec l'invasion russe de l'Ukraine semblent empêcher toute discussion sur le fond.

§ 2. La sortie du communisme en Europe centrale et dans les Balkans

455 Dès 1987, lors de son voyage en Tchécoslovaquie, Mikhaïl Gorbatchev, révoquant la doctrine Brejnev de « souveraineté limitée », reconnaît que chaque pays est libre de déterminer son propre avenir et de résoudre ses problèmes nationaux. Un an plus tard, lors d'un voyage en Yougoslavie, il affirme que différentes voies peuvent conduire au socialisme. Finalement, en juillet 1989, le communiqué final du pacte de Varsovie déclare : « Chaque peuple [...] a le droit de choisir lui-même le système social, politique et économique, la structure d'État qu'il juge adéquats [...] aucun pays n'a le droit de décider du cours des événements dans un autre pays, de s'ériger en juge ou arbitre ». **L'URSS se désengage progressivement de ses pays satellites ; la menace d'une intervention soviétique pour leur imposer un régime politique paraît**

dès lors improbable. Dans ces conditions, les régimes communistes des pays de l'Est laissent rapidement la place à des gouvernements issus d'élections démocratiques.

A) La Pologne

456 **La vague de libéralisation commence en Pologne.** Une « table ronde » entre les principaux dirigeants de Solidarnosc (voy. n° 405) et les autorités communistes, organisée du 6 février au 5 avril 1989, aboutit à un accord prévoyant notamment la légalisation de Solidarnosc, la libéralisation de la presse et l'organisation d'élections semi-démocratiques (conservant un quota de députés communistes à la Diète). Lors des élections de juin 1989 à la Diète et au Sénat, les électeurs donnent une large majorité aux candidats de Solidarnosc : pour la première fois depuis 1948, un non-communiste, Tadeusz Mazowiecki, devient le chef du gouvernement. **Le 9 décembre 1990, Lech Walesa, fondateur de Solidarnosc, est élu président de la République.** Le 27 octobre 1991, les premières élections législatives totalement libres ont lieu. Un accord relatif au retrait des troupes soviétiques est confirmé le 10 décembre 1991, la date limite de leur départ étant fixée au 15 novembre 1992.

B) La Hongrie

457 La Hongrie, à laquelle l'URSS avait déjà accordé une certaine autonomie en matière de politique économique, est **le deuxième pays à s'émanciper de la tutelle soviétique.** En mai 1988, la conférence nationale du parti communiste hongrois évince János Kádár, au pouvoir depuis 1956 et opposé à toute réforme démocratique. Károly Grósz, alors nommé chef du gouvernement et secrétaire général du parti, admet, à partir de 1989, le **principe d'élections libres**. Dès lors, **la Hongrie s'ouvre à l'Occident** : le gouvernement hongrois facilite le passage de la frontière entre la Hongrie et l'Autriche et **démantèle une partie du Rideau de fer**. Imre Nagy, président du Conseil lors de l'insurrection d'octobre 1956 (voy. n° 403), est réhabilité et reçoit des funérailles nationales. Le 7 octobre 1989, le Parti socialiste ouvrier hongrois (parti communiste) se saborde et se transforme en Parti socialiste hongrois, lequel se déclare non communiste. « Nous ne voulons dépendre ni de nos partenaires occidentaux, ni de ceux de l'Est », affirme son président. Un accord sur le retrait des forces soviétiques est conclu entre l'URSS et la Hongrie en janvier 1990. La victoire du Forum démocratique hongrois (MDF) après les premières élections libres en mars-avril 1990 et la nomination de József Antall au poste de Premier ministre après 1990 permettent d'engager le pays dans la voie de l'économie de marché. Au 30 juin 1991, les troupes soviétiques ont fini d'évacuer la Hongrie, conformément à l'accord de janvier 1990.

C) La disparition de la RDA et la réunification de l'Allemagne

458 C'est l'année où la RDA fête le quarantième anniversaire de sa création que son existence prend fin. Dès l'ouverture de la frontière austro-hongroise au printemps 1989, nombre de citoyens est-allemands, profitant de cette brèche, passent à l'ouest. En octobre 1989, lors des cérémonies d'anniversaire de

la fondation de la RDA, Mikhaïl Gorbatchev demande aux autorités est-allemandes de faire leur *perestroïka*. **D'immenses manifestations** ont alors lieu à Berlin, Dresde, Leipzig et dans de nombreuses autres villes d'Allemagne de l'Est (500 000 personnes le 6 novembre 1989), sans que cela suscite l'intervention des Soviétiques, contrairement à ce qui s'était passé en juin 1953. Sous la pression populaire, le secrétaire général du Parti communiste, Erich Honecker, démissionne. Son successeur Egon Krenz décide **le 9 novembre 1989** d'**ouvrir le mur de Berlin** construit en août 1961. Des élections législatives libres et multipartites sont organisées le 18 mars 1990.

Le problème de la réunification de l'Allemagne se pose dès l'ouverture du mur. Le 10 février 1990, Mikhaïl Gorbatchev assure au chancelier fédéral allemand Helmut Kohl, en visite à Moscou, que l'URSS n'empêcherait pas une possible réunification allemande. Lors des élections libres organisées en RDA en mars, les formations favorables à la réunification immédiate triomphent : le chrétien-démocrate Lothar de Maizière, chef du gouvernement de la RDA, se prononce le 12 avril en faveur d'une Allemagne unie au sein de l'OTAN et de la Communauté européenne. Un *holding* public, la *Treuhand Anstalt*, est institué en juin, avec le soutien de l'Allemagne fédérale, pour privatiser et restructurer les entreprises est-allemandes. Le 1er juillet, l'unification monétaire a lieu : le deutsche Mark de la RFA devient la monnaie de la RDA. Sur décision du chancelier d'Allemagne fédérale Helmut Kohl, la population de la RDA bénéficie d'un taux de change très favorable (1 deutsche Mark pour 1 Mark est), tandis qu'un fonds spécial de 115 milliards de deutsche Marks doit financer l'adaptation de l'économie est-allemande. En juillet, lors d'une rencontre avec Helmut Kohl en URSS, Mikhaïl Gorbatchev accepte que la future Allemagne unifiée soit membre de l'OTAN.

Le 31 août 1990, le traité entre la République fédérale d'Allemagne et la République démocratique allemande relatif à l'établissement de l'unité allemande est signé à Berlin. Par ce traité, les deux Républiques décident de « parachever, en disposant librement d'elles-mêmes, l'unité allemande dans la paix et la liberté dans un État fédéral démocratique et social ». **La RDA est dans les faits absorbée par la RFA** : ses *Länder* (États fédérés) préalablement reconstitués adhèrent à la Loi fondamentale (Constitution) de la République fédérale, en application de l'article 23 de ce texte qui prévoyait son extension à « d'autres parties de l'Allemagne ». C'est un succès politique et diplomatique considérable pour le chancelier Helmut Kohl, qui réalise l'unification de l'Allemagne de manière pacifique et démocratique, malgré des réticences, plus ou moins déguisées du Royaume-Uni, de la France et, initialement, des États-Unis, soucieux du maintien d'une Allemagne unifiée dans l'OTAN.

Le statut international définitif de l'Allemagne réunifiée est élaboré de mai à septembre 1990 par la « Deux plus Quatre », réunissant les quatre puissances anciennement occupantes (États-Unis, France, Royaume-Uni, URSS) et les représentants des deux Allemagnes. Les États-Unis, qui posent comme préalable le maintien de l'Allemagne unifiée dans l'OTAN, donnent des assurances de sécurité à l'URSS sur le non-déploiement des dispositifs de l'OTAN en Allemagne de l'Est, sans évoquer clairement en revanche le statut futur des pays d'Europe centrale. À la suite de la demande de la Pologne, soutenue par la France, de la reconnaissance définitive de la ligne Oder-Neisse, est adoptée le 17 juillet 1990 une déclaration sur le caractère définitif des frontières de l'Allemagne. L'Allemagne s'engage à verser une contribution élevée à l'URSS pour financer le retrait des forces soviétiques.

Le 12 septembre 1990, les deux Allemagnes signent, avec les quatre anciennes puissances occupantes, le traité portant règlement définitif concernant l'Allemagne, sur la base juridique des accords de Potsdam qui attribuaient l'autorité suprême en Allemagne aux États-Unis, au Royaume-Uni, à l'URSS et à la France « en toute matière affectant l'Allemagne dans son ensemble » (voy. n° 341). Ce traité précise, à l'article 7, que les quatre puissances occupantes mettent fin à « leurs droits et responsabilités relatifs à Berlin et à l'Allemagne dans son ensemble » et indique que « **l'Allemagne unie jouira, en conséquence, de la pleine souveraineté sur ses affaires intérieures et extérieures** ». L'Allemagne déclare une nouvelle fois qu'elle renonce à la fabrication, à la possession et au contrôle d'armes nucléaires.

Le 3 octobre 1990 est choisi comme date de la réunification. Le 12 octobre, un traité particulier germano-soviétique fixe les conditions de retrait des forces soviétiques (fin 1994 au plus tard) et, le 9 novembre 1990, la RFA et l'URSS concluent un traité de bon voisinage, de partenariat et de coopération, dans lequel elles affirment respecter « réciproquement leur égalité souveraine, leur intégrité territoriale et leur indépendance politique ». Le 14 novembre, l'Allemagne et la Pologne signent un traité reconnaissant leur frontière commune.

La nouvelle puissance qui émerge devra gérer à la fois ses aspirations européennes, son attachement à l'Alliance atlantique et le poids que lui confèrent sa situation géographique, le nombre de ses habitants et la force de son économie.

D) La constitution des États tchèque et slovaque

459 **En Tchécoslovaquie**, la **« Révolution de velours »** conduite par certains membres du « Groupe des 77 » qui s'était constitué après les accords d'Helsinki de 1975 entraîne la chute du communisme.

Le 19 novembre 1989 voit le jour un « Forum civique » rassemblant les opposants les plus divers, dont l'écrivain Vaclav Havel, qui en est le principal porte-parole. Parallèlement émerge en Slovaquie un groupement similaire, « Le public contre la violence ». Sous la pression d'un mouvement continu de manifestations de masse, le Forum civique engage des négociations avec les autorités tchécoslovaques pour la constitution d'un gouvernement d'entente nationale et une transition démocratique. À la demande des manifestants et du Forum civique, l'Assemblée fédérale de Tchécoslovaquie modifie la Constitution le 29 novembre pour abroger à l'unanimité les dispositions établissant le rôle dirigeant du Parti communiste tchécoslovaque. Le 10 décembre, un gouvernement comportant des représentants de l'opposition, en particulier du Forum civique, est formé sous la présidence du communiste slovaque Marian Calfa. Le président Gustav Husak, qui avait restauré le régime communiste après le Printemps de Prague (voy. n° 404), démissionne. **Le 28 décembre 1989, Alexander Dubcek, ancienne figure de proue du Printemps de Prague (1968), est élu président de l'Assemblée fédérale ; le 29 décembre, Vaclav Havel est élu, sans opposition, président de la République** par une

Assemblée fédérale dominée par les communistes (mais épurée de ses membres les plus compromis avec le régime précédent). En février 1990, Vaclav Havel obtient que les troupes soviétiques évacuent le pays avant le 30 juin 1991. **En juin 1990, des élections libres confortent la légitimité de Vaclav Havel, réélu en juillet à la présidence de la Tchécoslovaquie.**

Cependant, **l'État tchécoslovaque** fondé en 1918 sur les ruines de la monarchie austro-hongroise **est bientôt remplacé par deux États indépendants, la République tchèque** (capitale : Prague) **et la République slovaque** (capitale : Bratislava). Les 5 et 6 juin 1992, les élections aux parlements des deux républiques fédérées portent au pouvoir Vaclav Klaus (Parti démocratique civique) en République tchèque et Vladimir Meciar (Mouvement pour une Slovaquie démocratique) en Slovaquie. En raison principalement des exigences slovaques, la constitution d'un gouvernement fédéral tchécoslovaque s'avère impossible. Le 17 juillet, le Parlement slovaque adopte une « déclaration de souveraineté ». Vaclav Havel démissionne alors, sans avoir de successeur. Les Premiers ministres tchèque et slovaque, Vaclav Klaus et Vladimir Meciar, parviennent à un accord de partition, ratifié le 25 novembre 1992 par le Parlement fédéral. La Tchécoslovaquie cesse d'exister le 31 décembre 1992.

E) La Bulgarie

460 En Bulgarie, **le changement de régime est progressif**. Todor Jivkov, au pouvoir depuis 1954, chef de l'État et du Parti communiste, est destitué lors du plénum du Comité central du 10 novembre 1989 (il sera condamné en septembre 1992 à sept ans de prison pour détournement de fonds publics). Il est remplacé comme chef de l'État par son ministre des Affaires étrangères en poste depuis 1971, Petar Mladenov, lequel, sans être réformiste, avait pris ses distances avec la politique d'assimilation de la minorité musulmane qui avait conduit à l'exode de quelque 300 000 Turcs de Bulgarie vers la Turquie durant l'été 1989.

En janvier 1990, une révision de la Constitution abolit le rôle dirigeant du Parti communiste et instaure le pluripartisme. En avril, Petar Mladenov est élu président de la République.

Une opposition démocratique et libérale s'organise alors principalement autour d'un nouveau parti, l'Union des forces démocratiques dirigée par le sociologue Jeliu Jelev. Le pouvoir négocie avec elle les réformes démocratiques dans le cadre d'une table ronde, qui prévoit la **formation d'une Constituante en juin 1990 à la suite d'élections libres, où le Parti communiste, transformé en Parti socialiste bulgare, recueille la majorité.** Après la démission de Petar Mladenov en juillet 1990, l'opposition remporte les élections législatives d'octobre 1991 : le leader de l'Union des forces démocratiques Filip Dimitrov devient Premier ministre et Jeliu Jelev est élu président de la République. Le nouveau gouvernement engage la Bulgarie dans une transition vers l'économie de marché qu'il souhaite rapide. Cependant, dans un pays qui connaît par ailleurs de graves problèmes de gouvernance (corruption notamment), ce processus s'avère long et difficile et provoque de grands désordres économiques (inflation, chute de la production, etc.).

F) La Roumanie

461 **En Roumanie, Nicolae Ceausescu, chef de l'État et du parti communiste, est renversé en décembre 1989.** Après avoir tenté de s'adresser directement à la foule de Bucarest le 21 décembre, il prend la fuite avec son épouse. Un Front de salut national (FSN) prend le pouvoir. Les époux Ceausescu sont arrêtés et font l'objet d'un procès expéditif qui se conclut par leur exécution. Ion Iliescu, un ancien communiste, devient président de l'exécutif provisoire, puis est élu en mai 1990 président de la République au suffrage universel, tandis que le FSN triomphe aux élections législatives. Néanmoins, le Premier ministre de tendance libérale, Petre Roman, doit démissionner en septembre 1991 sous la pression des mineurs en grève, mécontents de la situation économique. Le FSN se scinde alors entre les partisans de Petre Roman et ceux d'Ion Iliescu, plus nationalistes et moins critiques à l'égard du régime communiste. Après avoir fondé le Front démocratique du salut national, devenu par la suite Parti de la démocratie sociale, Ion Iliescu est réélu le 11 octobre 1992. De nouveau élu à la présidence de la Roumanie en 2000, après avoir été battu par le candidat chrétien-démocrate aux élections de 1996, il engage des réformes plus hardies en vue de l'adhésion de la Roumanie à l'Union européenne.

G) L'Albanie

462 Petit État créé en 1913 et devenu protectorat italien en 1939 avant que les communistes y prennent le pouvoir en novembre 1944, l'Albanie, d'orientation prochinoise, fait figure de plus dur et dogmatique des régimes communistes du continent. Si le multipartisme y est instauré le 11 décembre 1990, après des manifestations, des exodes massifs et sous l'effet des pressions étrangères, c'est néanmoins le Parti communiste (qui deviendra bientôt Parti socialiste) qui garde la majorité lors des premières élections multipartites de mars 1991. **En mars 1992, la victoire électorale, même entachée de graves irrégularités, d'un parti demandant l'instauration d'institutions démocratiques et de l'économie de marché (Parti démocratique de Sali Berisha) laisse espérer une transition ordonnée**. Pourtant, **début 1997,** après des élections à nouveau entachées de fraude, qui ont permis en 1996 à Sali Berisha de se maintenir au pouvoir, **une crise soudaine**, provoquée par l'effondrement de pyramides financières (montages financiers promettant des taux d'intérêt allant de 30 à 100 %), **déclenche une révolte populaire d'envergure**, plongeant le pays dans la violence et l'insécurité.

Afin de faire cesser ce drame qui a déjà provoqué l'exode de milliers d'Albanais vers l'Italie, **le Conseil de sécurité des Nations Unies autorise, le 28 mars 1997, le déploiement, en coordination avec l'Union européenne et l'OSCE, d'une « force multinationale de protection à effectifs limités » et à caractère temporaire (résolution 1101)**. La présence de cette force sous commandement italien (opération Alba), qui assure à partir d'avril, conformément à son mandat, la sécurité des ports et l'acheminement de l'aide humanitaire, met fin aux troubles les plus graves, mais la vie politique de l'Albanie reste marquée par de fortes tensions entre le Parti démocratique et le Parti socialiste, qui remporte les élections du 6 juillet 1997.

§ 3. L'éclatement de la Yougoslavie

463 Issue du Royaume des Serbes, des Croates et des Slovènes créé en 1918 et devenu en 1929 Royaume de Yougoslavie, la Yougoslavie est, depuis 1945, un État fédéral composé de six républiques (Bosnie-Herzégovine, Croatie, Macédoine, Monténégro, Serbie, Slovénie). Sous la direction du Croate Josip Broz, dit « Tito », secrétaire général du Parti communiste yougoslave qui rompt avec Staline entre mars et juin 1948 (voy. n° 346), le pays cherche à se tenir à équidistance des deux blocs pendant la Guerre froide et adopte un modèle original de communisme : le parti communiste (qui prend le nom de « Ligue des communistes ») garde le monopole du pouvoir politique, tandis que la gestion économique et sociale est confiée à des unités économiques et administratives dotées d'une certaine autonomie selon la doctrine de l'autogestion. Bien que l'arrivée au pouvoir de Khrouchtchev permette au pouvoir yougoslave de se réconcilier avec l'URSS en mai 1955, la Yougoslavie de Tito fonde avec l'Inde de Jawaharlal Nehru et l'Égypte de Gamal Abdel Nasser le Mouvement des Non-Alignés (voy. n°s 381 et s.).

La Yougoslavie avant son éclatement
La Voïvodine et le Kosovo sont des territoires autonomes au sein de la République de Serbie jusqu'en mars 1989

Après la mort du dictateur le 4 mai 1980, une présidence collégiale prend en charge la destinée du pays, mais le régime titiste ne survit qu'une dizaine d'années à son fondateur. En effet, **avec la fin de la Guerre froide, les conditions géopolitiques qui avaient permis l'expérience yougoslave disparaissent.**

A) L'accession à l'indépendance de la Slovénie, de la Croatie et de la Macédoine

464 En 1991, les grands bouleversements à l'Est affaiblissent la légitimité des institutions politiques yougoslaves marquées par l'idéologie autogestionnaire de type communiste. Parallèlement, la dégradation de la situation économique, les inégalités de développement entre les régions et les ressentiments nationalistes renforcent les tendances centrifuges. La **proclamation par la Serbie, le 25 juin 1991, de son indépendance** entraîne l'intervention de l'armée fédérale, largement composée de Serbes, jusqu'à la négociation, par la Communauté européenne, le 16 juillet 1991, de l'accord de cessez-le-feu de Brioni.

Le 25 juin 1991, la Croatie, dont le président Franco Tudjman estime impossible la coexistence, au sein d'un même État, de la Croatie catholique et européenne et de la Serbie orthodoxe et byzantine, **proclame également son indépendance. Cela entraîne une guerre** sur le territoire européen, les Serbes de Croatie, armés par la Serbie, parvenant à chasser les Croates de Slavonie orientale et de Krajina, deux territoires situés en Croatie. Soucieux de négocier le retour à la paix, les pays de la Communauté européenne tiennent le 27 août 1991 une réunion ministérielle à Bruxelles, à l'issue de laquelle ils annoncent qu'ils ne reconnaîtront pas les changements de frontières par la force, appellent à un cessez-le-feu et à des négociations, décident la convocation d'une **Conférence de paix**, qui réunit à La Haye, en septembre 1991, les parties yougoslaves sous la présidence de la CEE. Ils mettent en place une commission d'arbitrage de cinq membres choisis parmi les présidents de leurs cours constitutionnelles qui, après l'échec de tentatives françaises et britanniques de maintien d'un espace politique yougoslave sous une forme confédérale, rend le 7 décembre 1991 un avis selon lequel la Yougoslavie est « engagée dans un processus de dissolution ». **Le 16 décembre, les 16 pays membres de la Communauté européenne adoptent des lignes directrices pour la reconnaissance des nouveaux États en Europe centrale et en Union soviétique.** Le 23 décembre 1991, sans attendre les avis de la Commission d'arbitrage qui seront rendus le 11 janvier 1992, l'Allemagne reconnaît la Slovénie et la Croatie. Le 15 janvier 1992, la Communauté et l'ensemble de ses États membres engagent, sur la base des avis de la Commission d'arbitrage, le processus de reconnaissance de l'indépendance de la Slovénie et de la Croatie, alors qu'une partie du territoire de cette dernière reste occupée par des forces serbes (voy. n°s 124 et 126).

De mai à août 1995, les forces croates reconquièrent la quasi-totalité du territoire de la Croatie. Après **l'accord de Dayton (novembre 1995)** qui **met fin au conflit de Bosnie-Herzégovine** (voy. n° 468), les Serbes évacuent la partie de ce territoire qu'ils contrôlaient encore.

Quant à **la Macédoine**, elle **proclame son indépendance le 17 novembre 1991**. Bien que la Commission d'arbitrage émette un avis favorable à cette indépendance le 11 janvier 1992, la Grèce, qui craint que le nouvel État ait des visées irrédentistes sur sa propre province de Macédoine, s'oppose donc à ce que le nouvel État se dénomme « Macédoine ». En raison de ce litige, la Macédoine n'est admise à l'ONU que le 8 avril 1993 sous le nom « d'Ancienne République yougoslave de Macédoine (ARYM) ». La Grèce et la Macédoine n'ont pu se mettre d'accord sur le nom de ce pays qu'en juin 2018 : la Macédoine est désormais officiellement désignée sous le nom de Macédoine du Nord (voy. n° 611).

B) La guerre en Bosnie-Herzégovine

465 Le 29 février 1992, la Bosnie-Herzégovine organise, à la demande de la Communauté européenne et conformément à l'avis de la Commission d'arbitrage, un référendum sur son indépendance, auquel les Serbes (32 % de la population) refusent de participer. Au lendemain des résultats, favorables à l'indépendance, les Serbes décident de faire sécession dans les zones où ils sont majoritaires : des milices serbes soutenues par l'ex-armée yougoslave lancent des attaques de grande ampleur contre les villes (Sarajevo en particulier). Des heurts violents se produisent également entre musulmans (44 % de la population) et Croates (17 %) en 1993, ainsi qu'au sein même de la communauté musulmane.

1. L'ONU, contrainte de s'effacer derrière l'OTAN

466 Avant de s'effacer progressivement derrière l'OTAN, l'ONU intervient à deux niveaux distincts en ex-Yougoslavie : sur le plan militaire et humanitaire d'une part et sur le plan diplomatique d'autre part (voy. n° 271).

Sur le plan militaire et humanitaire, le Conseil de sécurité décide d'abord le 25 septembre 1991, sur la base du chapitre VII de la Charte des Nations Unies, **un embargo « général et complet sur toutes les livraisons d'armes et d'équipements militaires à la Yougoslavie »** (résolution 713). Devant l'aggravation de la crise et l'incapacité de la Communauté européenne à la régler, il décide le 21 février 1992, par sa résolution 743, d'envoyer en ex-Yougoslavie **une force de maintien de la paix, la Force de protection des Nations Unies (FORPRONU)**, dont le mandat, qui ne relève pas du chapitre VII de la Charte des Nations Unies, est principalement d'acheminer l'aide humanitaire à Sarajevo, puis dans toute la Bosnie-Herzégovine.

Afin de permettre à la FORPRONU d'accomplir sa mission d'interposition et d'aide humanitaire, l'ONU met en œuvre, en coopération avec l'OTAN, dans le cadre de décisions du Conseil de sécurité prises au titre du chapitre VII, des actions coercitives dont les objectifs sont les suivants :

- instaurer une zone d'interdiction de survol de la Bosnie-Herzégovine (résolution 781 du 9 octobre 1992 prise dans le cadre de la résolution 770 du 13 août) ;
- créer des zones de sécurité dans six enclaves musulmanes de Bosnie-Herzégovine (Sarajevo, Bihac, Gorazde, Srebrenica, Tuzla et Zepa) (résolution 824 du 6 mai 1993) ;

– créer des zones d'exclusion des armes lourdes à Sarajevo et Gorazde (décisions du Conseil de l'Alliance atlantique d'août 1993 et février 1994, le Conseil de sécurité ayant, par ses résolutions 816 du 31 mars 1993, 836 du 4 juin 1993 et 844 du 18 juin 1993, autorisé l'OTAN, en application du chapitre VIII de la Charte, à employer la force pour mettre en œuvre ses décisions en coordination avec le secrétaire général de l'ONU) ;
– apporter un soutien aérien aux Casques bleus en ayant recours aux forces de l'OTAN (à partir d'avril 1994).

Le recours de l'ONU à l'OTAN s'est d'abord fait sur la base d'une coopération et d'un partenariat en application du chapitre VIII de la Charte des Nations Unies (rôle des accords régionaux) : l'emploi des forces de l'OTAN en appui de la FORPRONU a initialement été régi par une règle de « double clef » (accord conjoint du secrétaire général de l'ONU et du commandant de la FORPRONU). Toutefois, la FORPRONU, d'abord principalement créée pour assurer l'acheminement de l'aide humanitaire, n'avait pour mission que de négocier les voies d'accès, la libération des prisonniers et les cessez-le-feu successifs. Or cette limitation de son mandat l'a condamnée à l'impuissance. **Après le massacre de Srebrenica et d'autres exactions serbes commises en juillet 1995, le contrôle du secrétaire général de l'ONU sur les actions de la FORPRONU est apparu comme un facteur de paralysie.** S'est alors imposée l'idée qu'il fallait désormais imposer le respect des zones de sécurité en autorisant une offensive suffisamment puissante des forces de l'OTAN. C'est ainsi que **l'ONU a délégué à l'OTAN la conduite d'une intervention militaire relevant de la pure coercition** (opération *Deliberate Forc* à partir du 30 août 1995). De sorte qu'au cours de la crise yougoslave, **l'OTAN est apparue, avec l'échec de la FORPRONU, comme le seul instrument viable d'imposition de la paix**. Elle a alors acquis un leadership dans le maintien de la paix sur le continent européen. Comme l'a affirmé le secrétaire américain à la Défense de l'époque, William Perry, « c'est la cohérence de l'OTAN, l'avenir de l'OTAN et le rôle des États-Unis en tant que leader de l'OTAN » qui étaient en jeu dans ce conflit.

2. La recherche d'un règlement politique

467 D'un point de vue politique, la France demande, après l'échec de la Conférence de paix de La Haye, la création d'une **conférence internationale permanente sur l'ex-Yougoslavie**, dont la première réunion, coprésidée par Lord Owen (Communauté européenne) et Cyrus Vance (ONU), se tient à Genève le **3 septembre 1992**. Deux plans de paix pour la Bosnie-Herzégovine sont alors présentés :

– le **plan Vance-Owen**, qui, énoncé le 2 janvier 1993, prévoit le découpage de la Bosnie-Herzégovine en dix provinces et la démilitarisation de Sarajevo, est accepté par les Croates et les musulmans, mais refusé par les Serbes lors d'un référendum en mai 1993 ;
– le **plan Owen-Stoltenberg**, qui aurait permis à terme la création d'un État serbe de Bosnie, est rejeté par les musulmans, lesquels exigent un accès à la mer comme condition de viabilité de leur État.

Progressivement, devant l'incapacité de l'ONU à mettre fin au conflit, les principaux États engagés dans sa gestion (France, Russie, Allemagne, États-Unis, Royaume-Uni) constituent, en **avril 1994**, un **groupe de contact**. Ce groupe propose un plan de partage de la Bosnie-Herzégovine qui attribue 51 % de ce territoire à la Fédération croato-musulmane, constituée le 13 mars 1994 à Vienne, sous les auspices des États-Unis. Ce plan est rejeté par les Serbes de Bosnie bien que la Serbie leur demande de l'accepter.

3. Les accords de Dayton

468 La négociation politique, après avoir échappé à l'ONU puis au groupe de contact, est directement conduite par les États-Unis après le succès de l'opération *Deliberate Force* de l'OTAN, qui conduira à un cessez-le-feu général le 5 octobre 1995. Dès le 26 septembre 1995, les ministres des Affaires étrangères bosniaque (musulman), croate (catholique) et serbe (orthodoxe) se réunissent à New York. **Le 1er novembre 1995, les premiers pourparlers s'ouvrent à Dayton (Ohio) entre les présidents serbe (Slobodan Milosevic), croate (Franjo Tudjman) et bosniaque (Alija Izetbegovic), sous la direction de Richard Holbrooke (secrétaire d'État adjoint). Le 21 novembre, les belligérants parviennent à un accord de paix qui est signé à Paris le 14 décembre 1995.**

Les principales dispositions des accords de Dayton prévoient :

- la création de deux entités territoriales reconnues par la communauté internationale : la Fédération croato-musulmane dénommée « Fédération » sur 51 % du territoire de la Bosnie-Herzégovine et la République serbe sur 49 % ;
- le maintien de Sarajevo comme capitale unifiée de la Bosnie-Herzégovine ;
- le déploiement d'une force sous l'autorité de l'OTAN (Implementation Force ou IFOR) pour une durée d'un an, afin de contribuer à l'application des accords (cessation des hostilités, désarmement, redéploiement des forces, libération des prisonniers…). Le 12 décembre 1996, le Conseil de sécurité de l'ONU (résolution 1088) autorise ensuite la création, pour une durée de dix-huit mois, d'une force multinationale de stabilisation (SFOR) chargée d'assurer la sécurité pendant la période de consolidation des aspects civils du plan de paix ;
- l'organisation d'élections libres sous la tutelle et le contrôle de l'OSCE : dans chacune des deux entités (République serbe et Fédération croato-musulmane), les candidats nationalistes l'ont massivement emporté.

Très controversé, ce plan de paix a été acquis, selon certains commentateurs, au prix de l'acceptation des faits accomplis, des conquêtes territoriales et de l'épuration ethnique. Dayton n'apparaît pour ses détracteurs que comme un découpage de zones territoriales ethniques regroupé au sein d'un système fédéral faible. Toutefois, il ne semble pas qu'une autre solution aurait pu, de manière réaliste, être envisagée.

Faillite de l'Europe, des Européens et de leurs institutions, mais aussi faiblesse de l'ONU qui n'a pas pu mettre un terme au conflit, la guerre en ex-Yougoslavie a cependant permis la **création d'un tribunal pénal international** (voy. n° 234) pour juger les personnes responsables de crimes internationaux et de violations massives du droit humanitaire international (résolution 808 du 22 février 1993).

Les 60 000 hommes déployés en 1995 par l'OTAN pour le maintien de la paix sont remplacés à partir de décembre 2004 par une force beaucoup plus légère de l'Union européenne (voy. n° 525).

C) L'accession du Kosovo à l'indépendance : une solution occidentale ?

469 En 1989, le Kosovo, territoire à majorité albanophone musulmane, perd le statut d'autonomie au sein de la République de Serbie qui lui était garanti par la Constitution yougoslave de 1974. En prenant cette décision, le président serbe Slobodan Milosevic entend exploiter le malaise de ses compatriotes orthodoxes pour conforter son pouvoir. Ceux-ci supportent mal en effet d'être très minoritaires sur une terre qu'ils considèrent comme le berceau de leur nation. Les institutions du Kosovo sont alors transformées pour en faire de simples instruments du pouvoir serbe.

À partir de 1991, la décomposition du puzzle yougoslave se met en marche. La reconnaissance internationale de nouveaux États nationaux (Slovénie, Croatie, Macédoine) puis le cessez-le-feu obtenu en Bosnie-Herzégovine grâce aux accords de Dayton de 1995 confirment la fragmentation de l'ancien espace yougoslave.

Dans ce contexte, **l'Armée de libération du Kosovo (UCK) engage en 1996 la lutte armée** contre les autorités d'une Yougoslavie désormais réduite à la Serbie et au Monténégro et dirigée de manière autoritaire par Slobodan Milosevic. L'intervention de l'armée serbe au Kosovo et la radicalisation des combattants albanophones de l'Armée de libération du Kosovo (UCK) alarment les pays occidentaux et, plus largement, la communauté internationale. En vue d'apaiser la tension, le groupe de contact de l'OSCE (Allemagne, États-Unis, France, Italie, Royaume-Uni, Russie) s'efforce, à partir de 1997, de convaincre les autorités yougoslaves d'accorder une autonomie substantielle au Kosovo. L'échec des négociations conduit le Conseil de sécurité à adopter sous chapitre VII, le 31 mars 1998, la résolution 1160, dans laquelle il « exprime son appui à un statut renforcé pour le Kosovo qui comprendrait une autonomie sensiblement accrue et une véritable autonomie administrative ». La poursuite de la répression serbe aggrave cependant la situation humanitaire sur le terrain : plus de 230 000 personnes sont chassées de leur foyer. Le Conseil de sécurité adopte, le 23 septembre 1998, toujours sous chapitre VII, la résolution 1199 dans laquelle il se déclare « alarmé par l'imminence d'une catastrophe humanitaire » et « gravement préoccupé » par les combats en cours, en particulier par « **l'usage excessif et indiscriminé de la force par les unités de sécurité serbes et l'armée yougoslave** » ; considérant que la détérioration de la situation au Kosovo « constitue une menace pour la paix », il demande à nouveau la reprise des négociations et le retrait des unités de sécurité de la République fédérale de Yougoslavie « utilisées pour la répression des civils ». Le 16 octobre 1998, des accords conclus entre le président yougoslave Slobodan Milosevic et l'OSCE prévoient un cessez-le-feu et le retrait des forces utilisées pour la répression des civils. Deux missions de vérification peuvent être déployées, l'une terrestre de l'OSCE, l'autre aérienne de l'OTAN. Le Conseil de sécurité, par sa résolution 1203 prise le 24 octobre sous chapitre VII, approuve ces accords et « exige qu'ils soient appliqués promptement et dans leur intégralité » par la Yougoslavie. Le non-respect des accords et le massacre de civils à Racak imputé aux forces serbes en janvier 1999 conduisent les Occidentaux à s'engager plus fortement encore dans le règlement du conflit.

Des négociations ouvertes à Rambouillet le 6 février 1999 entre les Serbes et une délégation de l'UCK sous l'égide de la France, du Royaume-Uni et des États-Unis se soldent par un échec : les Serbes restent intransigeants et la Russie, comme la Chine, demeurent opposées à l'utilisation de moyens coercitifs militaires à leur égard.

L'OTAN déclenche alors, dans la nuit du 24 mars 1999, **une campagne de bombardement** progressive mais intense contre les forces serbes, puis contre des infrastructures civiles en Serbie. **C'est la première fois que l'OTAN lance une opération militaire contre un pays souverain sans mandat explicite de l'ONU.** Son action s'appuie seulement sur les résolutions du Conseil de sécurité 1199 et 1203, qui, parce que placées sous chapitre VII, évoquent la possibilité d'une action coercitive. Si la Russie et la Chine désapprouvent l'opération de l'OTAN, l'intensification des bombardements de l'OTAN conduit toutefois le président russe Boris Eltsine à prendre une initiative de médiation. Est ainsi élaboré un **plan de paix russo-occidental** pour le Kosovo, qui est **accepté le 3 juin 1999 par le Parlement de la République fédérale yougoslave** (Serbie-Monténégro). Réunis à Cologne au sein du G8, les sept pays les plus industrialisés et la Russie parviennent à un accord sur un projet de résolution sur le Kosovo, soumis au Conseil de sécurité et ouvrant la voie à la paix. Le 10 juin les bombardements cessent.

Le texte du G8 devient le 10 juin 1999 la **résolution 1244 du Conseil de sécurité qui permet la mise en place au Kosovo d'une force internationale**, la KFOR, sous l'égide de l'OTAN. La résolution 1244 ne prévoit cependant pour le Kosovo qu'une « **autonomie substantielle** » au sein de la Serbie, « en attendant un règlement définitif » (voy. n° 526).

SECTION II
L'ONU au cœur de la coopération sécuritaire : espoirs et déceptions

470 À la fin des années 1980, l'atténuation progressive puis la disparition de l'affrontement des blocs laissent espérer qu'un nouvel ordre international organisé autour des Nations Unies peut voir le jour. Le Conseil de sécurité n'est alors plus paralysé par les menaces de veto soviétique ; la prééminence américaine ne suscite plus autant de craintes ou de réticences, les États-Unis se montrant disposés à participer à la résolution collective des conflits. Dans ce contexte, le Conseil de sécurité paraît pouvoir assumer de manière effective « la responsabilité principale du maintien de la paix et de la sécurité internationales », conformément au dessein originel des rédacteurs de la Charte.

La réactivation des Nations Unies permet pendant quelques années à cette organisation d'être au cœur de la gestion des crises qui ont immédiatement suivi la fin de la Guerre froide. Dans les faits, à partir de 1989, le Conseil de sécurité est sollicité de plus en plus fréquemment lorsqu'un conflit armé entre États mais aussi à l'intérieur d'un État menace la sécurité internationale. Alors qu'il avait adopté 21 résolutions en 1985, il en adopte 37 en 1990 et 42 en 1991.

Ce renouveau des Nations Unies se traduit par le **règlement de nombreux conflits régionaux entre 1986 et 1992**. Ainsi par exemple, en Angola, le désengagement de l'URSS entraîne celui de Cuba, dont les troupes soutenaient le régime prosoviétique du MPLA et le mouvement de libération de la Namibie dans la lutte qui les opposait à l'Afrique du Sud et aux guérillas pro-occidentales de l'UNITA et du FNLA ; dès lors, un accord peut être négocié en 1988, sous l'égide des États-Unis, entre l'Angola, Cuba et l'Afrique du Sud pour permettre à la Namibie d'accéder à l'indépendance le 21 mars 1990 (voy. n°s 161 et 446, E 4) en échange du départ des troupes cubaines. La lutte armée entre le MPLA et l'UNITA continuera cependant jusqu'en 2002.

Des réconciliations nationales sont également opérées sous l'égide des Nations Unies dans diverses régions du monde : il en est ainsi en Amérique centrale (au Nicaragua cessez-le-feu de mars 1988 entre la rébellion pro-américaine et le régime sandiniste ; au Salvador accords de paix de 1992 mettant un terme à la lutte entre une guérilla proche de Cuba et un régime proaméricain) ou encore au Cambodge, où le conflit peut trouver une issue après l'acceptation par l'URSS d'un plan d'administration provisoire du pays sous l'autorité directe des Nations Unies, ce qui met fin à la guérilla khmère rouge soutenue par la Chine et les États-Unis (voy. n° 446).

Il apparaît cependant rapidement qu'après des succès initiaux, notamment pour rétablir l'intégrité du Koweït après son invasion par l'Irak, les grandes puissances n'ont ni la capacité ni la volonté de contribuer activement à la solution collective des conflits, même d'une grande violence, lorsque leurs intérêts nationaux directs ne sont pas fondamentalement en cause. L'inertie des États et, par voie de conséquence, l'impuissance de l'ONU apparaissent au grand jour, non seulement lors de la guerre de Bosnie-Herzégovine, mais aussi lors de l'effondrement de la Somalie en 1993 et du génocide du Rwanda en 1994.

§ 1. La guerre du Golfe de 1991

471 La guerre du Golfe de 1991 manifeste l'ampleur des changements entraînés par la fin de l'affrontement soviéto-américain. Elle met aux prises une coalition internationale disposant d'un mandat de l'ONU à un pays, l'Irak, qui croit pouvoir s'affranchir des règles les plus élémentaires du droit international en annexant par la force, purement et simplement, un autre État, le Koweït.

A) L'arrivée au pouvoir de Saddam Hussein et la guerre Iran-Irak (1980-1988)

472 À la fin de la Première Guerre mondiale, la Société des Nations donne au Royaume-Uni mandat sur l'Irak. Les Britanniques installent sur le trône d'Irak l'émir Faisal, fils du chérif Hussein de La Mecque, qui a conduit la révolte arabe contre l'Empire ottoman durant le conflit mondial. Au sein du nouvel État irakien sont regroupées les trois provinces ottomanes de l'ancienne

Mésopotamie : au Nord, la province de Mossoul où habitent les Kurdes ; au centre, celle de Bagdad où prédominent les Arabes sunnites ; au Sud, la province de Bassora où les Arabes chiites sont majoritaires.

Malgré l'indépendance acquise en 1932, les difficultés sociales et politiques, ainsi que les tensions entre les minorités nationales et religieuses créent une instabilité qui favorise, en 1958, le renversement de la monarchie par des officiers nationalistes arabes dirigés par le général Abd al-Karim Kassem. Dans cette nouvelle République d'Irak, le parti laïque Baas dont est issu Saddam Hussein (sunnite) s'impose progressivement. À la suite de l'assassinat du général Kassem en 1963, le Baas prend le pouvoir en 1968 et Saddam Hussein devient le bras droit du président Hassan al-Bakr. Le régime nationalise les grandes entreprises, établit une économie dirigée et parvient à moderniser dans une certaine mesure la société irakienne (éducation notamment). Son caractère dictatorial se renforce (services spéciaux, exécutions sommaires, répression des Kurdes et des chiites).

Le 16 juillet 1979, Saddam Hussein devient président de l'Irak et contrôle tous les centres de décision du régime. Il entend alors tirer parti de l'affaiblissement de l'Iran consécutif à la chute du régime du chah et à la révolution islamique. En Iran en effet, l'ayatollah Ruhollah Khomeini, qui a pris le pouvoir en février 1979, se heurte à de nombreuses oppositions politiques et à de sérieuses difficultés économiques après des mesures radicales (nationalisation des banques, des assurances et des principales industries). Son ambition d'exporter l'idéologie islamiste chiite suscite des craintes dans le monde musulman, contribuant à l'isolement du régime, lequel entretient des relations tendues avec l'URSS et surtout avec les États-Unis, après la prise en otage en novembre 1979 de nombreux membres du personnel de l'ambassade américaine à Téhéran.

Le 22 septembre 1980, après avoir dénoncé les accords d'Alger conclus en 1975 entre l'Irak et l'Iran afin de régler leur contentieux sur le partage du Chatt al-Arab, **Saddam Hussein lance son pays dans une guerre impitoyable contre Téhéran**. Le conflit est caractérisé par sa violence (peut-être 1,2 million de morts), sa durée (huit ans), l'attaque d'objectifs civils par avions et missiles balistiques et **l'emploi par l'Irak d'armes chimiques**. Après une rapide avancée des forces irakiennes, les contre-offensives iraniennes ramènent le front aux frontières internationales fixées par les accords d'Alger. Malgré le soutien des Occidentaux qui l'appuient dans sa lutte contre le régime de Khomeini, Saddam Hussein doit accepter le cessez-le-feu demandé par le Conseil de sécurité en juillet 1987 (résolution 598). Deux ans après l'entrée en vigueur du **cessez-le-feu le 20 août 1988**, Saddam Hussein décide, peut-être pour échapper au poids de la dette contractée auprès des pays du Golfe pour financer la guerre, de prendre le contrôle du Koweït afin de s'emparer de ses richesses pétrolières.

B) L'action de l'ONU face à l'annexion du Koweït

473 Le 2 août 1990, les troupes irakiennes envahissent le Koweït, donnant naissance à l'une des premières grandes crises internationales de l'après-Guerre froide. La réaction du Conseil de sécurité, uni dans son refus du fait accompli, est progressive mais d'une grande fermeté : un seul choix est offert au dirigeant irakien, celui de se retirer ou d'être privé de sa conquête par la force.

Du 2 août 1990, date de la première résolution (résolution 660) qui condamne l'invasion du Koweït par l'Irak, **au 29 novembre 1990**, date à laquelle la résolution 678 autorise les États membres qui coopèrent avec le gouvernement koweïtien à « user de tous les moyens nécessaires [...] pour rétablir la paix et la sécurité internationales dans la région » (voy. n°s 263, 267 et 271), **quatorze résolutions sont adoptées par le Conseil de sécurité**, avec le vote positif de l'URSS, pour exiger l'évacuation du Koweït par l'Irak. **Cette unité des cinq membres permanents du Conseil de sécurité face au coup de force irakien laisse alors penser qu'un nouvel ordre international peut être instauré dans le cadre de l'ONU** (malgré l'abstention de la Chine lors du vote de la résolution 678).

Procédant par étapes, le Conseil de sécurité exerce une contrainte de plus en plus grande sur l'Irak afin qu'il retire ses forces du Koweït. Après avoir énoncé une succession de déclarations et d'injonctions et pris des sanctions économiques (résolutions 661 du 6 août 1990 et 670 du 25 septembre 1990), le Conseil de sécurité gradue son action coercitive pour **autoriser** finalement **une action militaire**. Le 17 janvier 1991 une opération aérienne est lancée. En l'absence de réaction du gouvernement irakien, les forces d'une coalition conduite par les États-Unis lancent une opération terrestre contre l'armée irakienne au Koweït. L'émirat est libéré en quatre jours. Le 28 février, l'Irak accepte les résolutions de Conseil de sécurité.

La résolution 678 du 29 novembre 1990 qui autorise les pays « coopérant avec le gouvernement du Koweït à utiliser tous les moyens nécessaires pour mettre en œuvre la résolution 660 » (demandant l'évacuation du Koweït) n'a toutefois pas été mise en œuvre par les Nations Unies, alors que la fin de la confrontation avec l'URSS aurait pu théoriquement le permettre. Le Conseil de sécurité de l'ONU a délégué à une force multinationale sous la conduite des États-Unis le soin d'user de la force. C'est **« une guerre légale, dans le sens où elle a été autorisée par le Conseil de sécurité »**, affirme le secrétaire général des Nations Unies, Pérez de Cuellar (*Le Monde*, 9 février 1991), mais **« ce n'est pas une guerre des Nations Unies »**. Les États-Unis ont refusé (avec l'accord des autres grandes puissances) que soient appliquées les dispositions de la Charte qui prévoient d'établir un Comité d'état-major des Nations Unies pour assurer la « direction stratégique de toutes forces armées mises à la disposition du Conseil (de sécurité) » (art. 45 à 47 de la Charte). Un an et demi plus tard, Boutros Boutros-Ghali, alors secrétaire général des Nations Unies, propose, dans son Agenda pour la paix de juin 1992, de réactiver ces dispositions, mais il n'est pas entendu.

C) L'Irak sous surveillance

474 Les forces irakiennes ayant évacué le Koweït, la **résolution 687 du 3 avril 1991 fixe un cessez-le-feu définitif** et impose à l'Irak l'arrêt de tous ses programmes d'armes de destruction massive (en particulier nucléaires) et de ses programmes de missiles balistiques d'une portée supérieure à 150 km. Cette résolution crée une commission spéciale des Nations Unies (UNSCOM) pour **contrôler le désarmement irakien** (inspection des sites suspects et contrôle des importations). De vastes programmes illicites irakiens étant découverts par l'UNSCOM en coopération avec l'AIEA, l'ONU décide de maintenir les sanctions contre l'Irak (embargo commercial et pétrolier, blocus aérien et maritime) afin de le contraindre à se plier à ses décisions. L'Irak se voit ainsi imposer un régime d'exception, contraignant et unilatéralement défini avec l'accord de tous les membres permanents du Conseil de sécurité. Une deuxième résolution du Conseil de sécurité (715 du 11 octobre 1991) donne un caractère permanent au contrôle des installations civiles et militaires irakiennes susceptibles de fabriquer des armes de destruction massive.

Sur le plan intérieur, **l'Irak doit faire face à une dissidence kurde dans le Nord et chiite dans le Sud**. Devant la répression menée par le gouvernement de Bagdad contre les populations kurdes, le Conseil de sécurité adopte le 5 avril 1991 la résolution 688, qui demande au régime irakien de mettre fin à la répression et d'accorder « un accès immédiat des organisations humanitaires internationales » aux populations irakiennes. C'est **une des premières applications de l'idée d'ingérence humanitair**e (voy. n° 181). Sur cette base (juridiquement ténue) les États-Unis lancent, avec le soutien d'autres pays, notamment la Turquie, le Royaume-Uni et la France, l'opération *Provide comfort* (« apporter du réconfort »), afin de soustraire les populations kurdes, dont certaines ont trouvé refuge en Turquie, aux représailles de Bagdad ; ils indiquent également une zone d'exclusion aérienne aux autorités irakiennes, au nord du 36e parallèle. Les Kurdes s'organisent, installant une administration *de facto*. Le régime de Saddam Hussein parvient cependant à réprimer l'insurrection chiite malgré la mise en place d'une zone d'interdiction aérienne dans le Sud. Il rétablit progressivement une autorité sans partage sur l'Irak, exception faite de la zone kurde.

Pour alléger les épreuves de la population civile, le Conseil de sécurité adopte le 14 avril 1995 la résolution 986 autorisant Bagdad à procéder à des ventes limitées de pétrole afin d'acheter, par l'intermédiaire des Nations Unies, de la nourriture et des médicaments. La mise en œuvre du dispositif, retardée par les États-Unis, n'intervient qu'en décembre 1996. Une part importante des fonds récoltés finance les travaux de l'UNSCOM, les compensations de guerre dues au Koweït et l'aide humanitaire aux Kurdes d'Irak.

Une épreuve de force se déroule dès la fin de 1991 entre l'Irak d'une part et les États-Unis et le Royaume-Uni d'autre part, à propos du régime d'inspection. L'absence de perspective de levée des sanctions et la fréquence des bombardements américains et britanniques de sites supposés abriter des activités illicites conduisent le régime de Bagdad à interdire certaines inspections aux experts de l'UNSCOM, puis à tenter de rompre toute coopération avec celle-ci, notamment en octobre 1998, ce qui provoque une intense vague de bombardements américains et britanniques en décembre. Le président Bill

Clinton annonce son intention de « poursuivre une stratégie à long terme pour contenir l'Irak et ses armes de destruction massive et travailler jusqu'au jour où l'Irak aura un gouvernement digne de sa population ». Cette déclaration met en lumière une **différence d'approche entre Américains et Britanniques d'une part et les autres membres du Conseil de sécurité d'autre part** : les premiers entendent utiliser le levier des sanctions pour provoquer la chute du régime irakien, alors que les seconds acceptent d'offrir à l'Irak une perspective de levée de ces sanctions dès lors qu'il aurait donné toutes les garanties de désarmement.

Un an plus tard, le 17 décembre 1999, la résolution 1284 du Conseil de sécurité, adoptée avec l'abstention de trois membres permanents du Conseil de sécurité (Russie, Chine et France), prévoit l'**instauration d'un nouveau régime d'inspection des activités irakiennes, notamment en matière nucléaire, en échange d'un allègement des sanctions**. Une nouvelle Commission de contrôle, de vérification et d'inspection des Nations Unies (UNMOVIC) est formée sous la présidence de Hans Blix, ancien ministre suédois des Affaires étrangères et ancien Directeur général de l'AIEA. Dans un premier temps, l'Irak refuse cependant toute coopération avec l'UNMOVIC.

§ 2. Des espoirs de paix au Moyen-Orient

A) La stabilisation du Liban

475 Les tensions entre les différentes composantes de la société libanaise ont longtemps constitué, avec la question palestinienne, l'arrière-fond permanent des crises du Proche-Orient. La fragmentation religieuse de la société libanaise (chrétiens de diverses confessions, musulmans sunnites, chiites ou encore druzes) rend le Liban vulnérable aux ingérences extérieures. En raison d'une situation géographique qui le conduit à accueillir de nombreux réfugiés, il subit directement les effets des conflits à ses frontières. Les pays arabes de la région (Syrie, monarchies du Golfe notamment) interviennent fréquemment dans sa vie politique. Il en va de même de l'Iran, qui soutient les mouvements chiites, en particulier le Hezbollah.

1. Les accords de Taëf

476 Le 22 octobre 1989, réunis à Taëf (Arabie saoudite), à l'initiative du Comité tripartite de la Ligue des États arabes (Algérie, Arabie saoudite, Maroc), pour mettre fin à la guerre civile libanaise (voy. n° 419), 31 députés musulmans et 31 députés chrétiens libanais signent un « document d'entente nationale », connu sous le nom « d'**accords de Taëf** ». Ce document prévoit **un plan de désarmement progressif des milices et une révision de la Constitution de 1943 pour adapter le système politique libanais au poids démographique réel des diverses communautés.** Cette réforme constitutionnelle vise à :

- réduire les pouvoirs du président de la République au profit de ceux du Premier ministre et du président de la Chambre des députés ;
- confier le pouvoir exécutif à un Conseil des ministres où les portefeuilles seraient également répartis entre chrétiens et musulmans ;

– accroître le nombre des députés de 99 à 128, supprimant ainsi la supériorité numérique des chrétiens pour atteindre une parité entre chrétiens et musulmans.

Pour le reste, les postes-clefs de l'État doivent rester répartis entre les différentes confessions comme par le passé, ce qui implique d'attribuer :

– la présidence de la République à un chrétien maronite (catholique de rite oriental) ;
– la présidence du Conseil (Premier ministre) à un musulman sunnite ;
– la présidence de la Chambre des députés à un musulman chiite.

L'accord de Taëf concerne également les relations syro-libanaises. Le Liban s'engage à harmoniser avec la Syrie sa politique extérieure, sa politique économique et sa politique culturelle. **L'armée syrienne est autorisée à rester au Liban pour une durée indéfinie**, son retrait complet étant suspendu à la mise en œuvre des réformes constitutionnelles prévues et à la fin de l'occupation israélienne du Sud-Liban.

2. Le retour à l'unité et la levée de l'hypothèque syrienne

477 Dans le cadre de la mise en œuvre des accords de Taëf, les forces syriennes se redéploient dans la plaine de la Bekaa, frontalière de la Syrie, et l'armée libanaise prend position par étapes dans toutes les régions du pays, à l'exception de la bande de territoire occupée à l'extrême Sud par Israël avec le concours de l'Armée du Liban-Sud. L'armée libanaise achève le désarmement des milices en mai 1991 (à l'exception notable du Hezbollah) et enrôle près de 4 000 ex-miliciens.

Qualifié de provisoire par l'accord de Taëf, le système communautaire sort renforcé de la guerre civile, d'autant qu'au Pacte national de 1943, formule non écrite de coexistence communautaire, Taëf a substitué une formule écrite de « pacte de vie en commun », fondement de la légalité du nouveau pouvoir qui instaure la parité entre chrétiens et musulmans non seulement dans la répartition des sièges parlementaires, mais aussi dans les hauts rangs de l'administration. Naguère discrètes, **les identités confessionnelles sont affichées et revendiquées comme principe central de la participation politique**. Les 128 membres de la Chambre des députés sont toujours élus sur une base communautaire (34 maronites et 14 orthodoxes sur 64 chrétiens et 27 sunnites et 27 chiites sur 64 musulmans, selon la loi du 16 juillet 1992). La révision de Taëf a confirmé le **principe de la majorité des deux tiers pour l'adoption de décisions importantes par la Chambre des députés, en particulier pour l'élection du président de la République**.

Les premières élections législatives tenues depuis 1972, en août et septembre 1992, ont lieu dans une atmosphère de frustration et d'abstention (près de 70 % des inscrits), en particulier de la part des chrétiens du Liban central (près de 90 % d'abstentions).

Rafic Hariri est nommé Premier ministre en octobre 1992. Pendant deux années (octobre 1992-octobre 1994), sa politique de réformes et de grands travaux relance l'économie : la livre libanaise connaît un redressement spectaculaire. Toutefois, la croissance économique est ternie par un endettement croissant et une corruption envahissante. En outre, Hariri se heurte à l'obstruction systématique de ses rivaux prosyriens, en particulier le président chrétien maronite Élias Hraoui et le président chiite du Parlement Nabih Berri. **Le clivage entre pro- et anti-syriens s'approfondit.** La Chambre des députés élit le commandant en chef de l'armée libanaise, Émile Lahoud, pro-syrien, au poste de président de la République (24 novembre 1998). Un mois plus tard, celui-ci évince Rafic Hariri du poste de Premier ministre et nomme Salim Hoss à sa place (4 décembre 1998).

En avril 2000, le Hezbollah[54], parti chiite pro-syrien soutenu par l'Iran, se trouve renforcé par le retrait unilatéral des forces israéliennes du Sud-Liban dont il prend le contrôle.

Malgré l'opposition des pro-syriens, Rafic Hariri peut revenir au pouvoir en octobre 2000 après de nouvelles élections législatives. Une épreuve de force s'engage alors entre les partisans de Rafic Hariri, soutenus par les États-Unis, la France et le Conseil de sécurité de l'ONU, et ceux de l'entente avec la Syrie.

B) Les accords d'Oslo entre Israël et l'Autorité palestinienne

478 La fin de l'affrontement Est-Ouest et l'attitude coopérative de l'URSS ouvrent de nouvelles perspectives de paix au Proche-Orient dans le contexte du soulèvement (en arabe *intifada*) survenu dans les territoires occupés par Israël.

L'*Intifada*, qui prend initialement la forme d'une guerre des pierres livrée en grande partie par de très jeunes Palestiniens, commence en décembre 1987 dans les territoires occupés, où Israël a créé plus de 150 implantations et installé environ 130 000 juifs (Jérusalem-Est comprise). Le 15 novembre 1988, dans le nouveau contexte international de règlement collectif des conflits, l'OLP (voy. E 21) accepte pour la première fois le principe du partage de la Palestine mandataire. Malgré le soutien apporté par Yasser Arafat, président de l'OLP, à Saddam Hussein, les Américains entreprennent de relancer le processus de paix au Proche-Orient après la défaite de l'Irak dans la guerre du Golfe de 1991, durant laquelle Israël s'était montré conciliant en ne ripostant pas aux tirs de missiles Scud dirigés contre lui (mais sans grands dommages) par Saddam Hussein.

Dès le mois de mars 1991, le président George H. Bush fait pression sur Israël (qui se montre intransigeant face au soulèvement arabe), notamment en différant la garantie du gouvernement américain sur un prêt de 10 milliards de dollars qui lui était destiné. **Dans le cadre du nouvel ordre mondial, une conférence de paix pour le Proche-Orient s'ouvre à Madrid le 30 octobre 1991 sous le parrainage des États-Unis et de l'URSS, avec la participation d'Israël, des Palestiniens (représentés par une délégation jordano-palestinienne), de la Jordanie, de l'Égypte, de la Syrie, du Liban et de la Communauté européenne.** Israéliens et Arabes (y compris Palestiniens) se retrouvent à la même table de négociation grâce à la médiation du secrétaire

54. Le Hezbollah chiite est, comme le Hamas sunnite, à la fois parti politique, organisation milicienne et association caritative. Créé en 1982, soutenu par l'Iran et la Syrie, il est responsable de nombreux attentats, notamment contre les Nations Unies, les Américains et les Français. En 1992, il renonce officiellement à l'édification d'un État islamique au Liban. Contrairement à la plupart des autres milices libanaises, il n'a pas été désarmé à la fin de la guerre civile.

d'État américain, James Baker. La conférence, qui porte sur la normalisation des relations entre Israël et ses voisins et sur l'avenir des territoires palestiniens occupés, n'aboutit cependant à **aucun résultat**.

Parallèlement néanmoins, dans le plus grand secret, des négociations bilatérales entre Israël et l'OLP commencent à Oslo en Norvège. Leur déroulement est facilité par l'arrivée au pouvoir en Israël d'un gouvernement travailliste dirigé par Yitzhak Rabin. Elles aboutissent en août 1993 à un accord sur deux points : **la reconnaissance mutuelle de l'OLP et de l'État hébreu et une déclaration de principes sur les arrangements intérimaires d'autonomie.** Cette déclaration de principes, officiellement **signée le 13 septembre 1993 à Washington** (accords dits d'**« Oslo I »**), indique que les négociations israélo-palestiniennes ont « pour objet notamment d'établir une autorité palestinienne autonome » « en vue d'un règlement permanent fondé sur les résolutions 242 et 338 du Conseil de sécurité » (voy. n°s 416 et s.). Dans l'attente de ce règlement permanent, un régime intérimaire doit s'appliquer pour une période maximale de cinq ans. En mai 1994, la police palestinienne, dont l'effectif maximal est fixé à 9 000 hommes, se substitue à l'armée israélienne pour assurer la sécurité de Gaza et de Jéricho (les accords du Caire du 4 mai 1994 précisent les modalités techniques de l'autonomie de cette zone très exiguë qui ne couvre que 280 km^2 sur les 6 170 km^2 des territoires occupés). C'est le point de départ de la période intérimaire prévue par les accords d'Oslo I.

L'accord d'« Oslo II » qui porte sur l'extension de l'autonomie palestinienne est signé à Washington en présence du président Clinton, le 28 septembre 1995. Il prévoit le transfert des pouvoirs à l'Autorité palestinienne et le redéploiement de l'armée israélienne. La Cisjordanie est découpée en zones relevant de trois statuts différents : A sous contrôle palestinien ; B sous autorité palestinienne, Israël conservant la responsabilité de la sécurité ; C sous contrôle exclusif israélien, l'Autorité palestinienne n'ayant dans le domaine civil que des pouvoirs sans lien avec le territoire. Les zones de statut A représentent alors 2,7 % de la Cisjordanie, celles de statut B 25,1 % et celles de statut C les 72,2 % restants. **S'il représente un progrès considérable dans la voie de l'autonomie palestinienne, l'accord ne règle pas de manière définitive le statut des territoires autonomes** et ne se prononce pas sur l'avenir des Israéliens qui y sont installés : enfin, il ne traite que très partiellement de l'aide économique qui devra être apportée aux Palestiniens de Cisjordanie et de Gaza.

En application de cet accord, des élections sont organisées en janvier 1996 à Gaza et en Cisjordanie : Yasser Arafat est élu président de l'Autorité palestinienne et son mouvement (le Fatah) obtient une large majorité au Conseil de l'autonomie palestinienne (ou Conseil législatif). Réuni pour la première fois de son histoire à Gaza, **le Conseil national palestinien décide, en avril 1996** (conformément à l'accord d'Oslo II), **de supprimer de sa Charte les articles en contradiction avec la reconnaissance mutuelle de l'État hébreu et de l'OLP, intervenue en 1993.**

Parallèlement au processus de paix israélo-palestinien, **un traité de paix entre l'État d'Israël et la Jordanie signé le 26 octobre 1994 érige le Jourdain en frontière internationale.**

Les artisans de la paix doivent cependant faire face aux extrémistes des deux bords. En effet, le terrorisme, notamment encouragé par le mouvement islamiste Hamas[55], ne cesse pas, avec une succession d'attentats meurtriers. Une violence extrémiste juive lui fait écho (fusillade d'Hébron en 1994 et assassinat d'Yitzhak Rabin le 4 novembre 1995).

Le double scrutin israélien du 29 mai 1996 (élection à la Knesset – le Parlement israélien – et, pour la première fois, élection directe du Premier ministre israélien) pèse alors lourdement sur le processus de paix. **Benyamin Netanyahou, chef de la droite israélienne** (Likoud), **soutenu par de nombreux partis** (nationalistes) **hostiles au processus de paix, est élu au poste de Premier ministre contre Shimon Peres, chef du parti travailliste et partisan d'une paix négociée.** Clairement opposé à la création d'un État palestinien, favorable au développement des implantations juives, Benyamin Netanyahou paralyse progressivement le processus de paix. Dans un pays creusé par les fractures ethniques, religieuses et économiques, **le nouveau Premier ministre travailliste, Ehud Barak, porté au pouvoir le 17 mai 1999 par une large majorité, promet alors d'œuvrer pour une relance de la négociation.**

§ 3. Somalie, Rwanda : les échecs du maintien de la paix

479 Le projet d'œuvrer au développement de relations internationales plus coopératives en vue de résoudre les conflits sur l'ensemble du globe apparaît peu réaliste. Deux épisodes d'expériences dramatiques, en Somalie et au Rwanda, illustrent l'incapacité de la collectivité des États à résoudre les conflits les plus graves lorsque les intérêts des grandes puissances ne sont pas fondamentalement en cause.

A) Les opérations de Somalie : l'échec d'une intervention humanitaire

480 En Somalie, le régime du général Siyad Barré soutenu depuis 1977 par les États-Unis dans son conflit contre l'Éthiopie, elle-même appuyée par l'URSS, entre en crise lorsque la Guerre froide s'achève. Les autorités centrales perdent peu à peu le contrôle effectif du pays, où des combats éclatent dans la capitale Mogadiscio en janvier 1991. La structure clanique qui organisait traditionnellement la société somalienne se déchire avec une violence extrême. Deux factions principales s'affrontent dans la **guerre civile** qui s'installe durablement en Somalie : celle du président Ali Mahdi Mohamed qui succède à Siyad Barré en 1991 et celle du général Mohamed Farah Aïdid.

Début 1992, l'ONU décrète un embargo sur les armes et crée le 24 avril 1992 (résolution 751) sa première mission en Somalie, l'ONUSOM (Opération des Nations Unies en Somalie). Cette mission doit superviser

55. Le Hamas ou Mouvement de la résistance islamique (sunnite), créé en décembre 1987 comme la branche palestinienne des Frères musulmans, a acquis sa popularité politique grâce à un important travail social auprès des populations locales. Parce que sa charte fondatrice appelait à la destruction d'Israël, le Hamas a été dénoncé comme organisation terroriste par les puissances occidentales.

la mise en place d'un cessez-le-feu et garantir l'acheminement de l'aide humanitaire pour palier la famine catastrophique qui sévit dans le pays. Huit mois plus tard néanmoins, **le 3 décembre 1992**, le Conseil de sécurité prend acte de l'inefficacité de l'ONUSOM et adopte **sous chapitre VII la résolution 794 qui autorise l'emploi de « tous les moyens nécessaires »** (c'est-à-dire la force) « pour instaurer aussitôt que possible des conditions de sécurité pour les opérations de secours humanitaires en Somalie ». Comme en Irak (protection des Kurdes), le Conseil de sécurité décide donc d'une intervention armée à but humanitaire sans que le pays concerné en ait fait la demande (voy. n°s 181 et 282). Douze pays, dont la France, engagent au total plus de 38 000 hommes dans l'opération *Restore Hope* (Rendre l'espoir) sous commandement américain. Le 4 mai 1993, lorsque l'opération s'achève, la situation sécuritaire et alimentaire s'est améliorée. En parallèle, la résolution 814 du 26 mars 1993 crée l'ONUSOM II, également sous chapitre VII, avec pour mission de pérenniser cet acquis en imposant la paix sur l'ensemble du territoire somalien.

Rapidement pourtant la tension s'accroît. Les forces de l'ONUSOM II, plutôt favorables à Ali Mahdi, finissent par combattre le général Aïdid et ses partisans. Le 6 juin, la résolution 837 prévoit l'accroissement des moyens militaires de la mission. En août 1993, les États-Unis tentent de capturer Aïdid et ses lieutenants, mais leur opération se termine par un fiasco le 3 octobre (dix-huit morts, deux hélicoptères de combat *Black Hawk* abattus).

Le 6 octobre 1993, le président Bill Clinton annonce le départ des forces américaines de Somalie dans un délai de six mois (effectif le 25 mars 1994). L'ONUSOM II, dont le format et la mission ont été considérablement réduits à un rôle d'assistance humanitaire et de médiation, est rapidement dissoute.

En mai 1994, le président Clinton adopte une directive relative aux opérations de paix (PDD-25) qui prévoit une approche beaucoup plus sélective de l'engagement militaire des États-Unis à l'extérieur et qui exclut la mise sous commandement de l'ONU de tout détachement américain significatif. De cette nouvelle orientation politique découle l'inertie des Américains face au génocide du Rwanda au printemps 1994.

B) La passivité des États et de l'ONU face au génocide du Rwanda

481 La crise rwandaise offre un exemple de l'incapacité des grandes puissances à rétablir collectivement la paix lorsque, dans le cas d'une guerre civile, il n'y a pas d'accord politique solide entre les belligérants pour sortir du conflit et que l'une des parties choisit de recourir aux formes de violence les plus extrêmes.

Dans ce pays d'Afrique centrale, les colonisateurs allemands puis belges ont systématiquement favorisé, pour s'appuyer sur elle, une élite traditionnelle tutsie qui représentait environ 15 % de la population et dont était issu un roi coutumier, le Mwami, de sorte que les Tutsis ont dominé une majorité hutue (83 % de la population, le groupe des Twa en représentant 2 %). Il ne s'agissait pas d'une division de nature linguistique ou culturelle (l'ensemble de ces groupes parle la même langue, le kinyarwanda), mais d'une organisation sociale traditionnelle (comparable aux systèmes d'ordres ou de castes dans d'autres civilisations). Pour expliquer mais aussi renforcer ce clivage (qui se retrouve au Burundi et dans l'est du Congo voisins), les colonisateurs ont développé une théorie raciste : les Tutsis étaient vus comme les descendants de conquérants venus de l'Éthiopie actuelle pour assujettir la masse hutue. Cette vision instrumentalisée des rapports sociaux rwandais a été une cause première du génocide.

Dans le contexte de l'accession du pays à l'indépendance, de 1959 à 1961, puis jusqu'en 1963, les Hutus renversent la monarchie tutsie et massacrent un grand nombre de Tutsis. Ils s'emparent de leurs richesses et du pouvoir. Alors que plus de la moitié des Tutsis restent au Rwanda, les autres s'enfuient en Ouganda, mais cherchent à retrouver leur patrie perdue ; cependant, **les Hutus** entendent les en empêcher et soumettent les Tutsis de l'intérieur à une discrimination et à des persécutions constantes : l'appartenance ethnique est inscrite à l'état civil et figure sur les cartes d'identité ; des quotas limitent à 9 % la présence des Tutsis dans l'enseignement supérieur et l'administration ; des massacres de Tutsis par des Hutus sont perpétrés à diverses reprises dans les années 1960 et 1970.

Un tournant se produit lorsqu'**en Ouganda**, **les Tutsis exilés** qui, sous la conduite de Paul Kagamé, ont aidé le président Yoweri Museveni à prendre le pouvoir à Kampala, **se dotent d'une organisation politique armée, le Front patriotique rwandais (FPR)** et **lancent en octobre 1990**, avec l'aide de l'Ouganda, **une offensive pour renverser par la force le pouvoir hutu**.

Lorsque le président rwandais Juvénal Habyarimana demande son aide, le président français François Mitterrand estime, comme en 1983 au Tchad face à la Libye, que la France doit défendre un gouvernement lié à elle par des accords de coopération, à moins de décrédibiliser la garantie de stabilité qu'elle apporte aux pays d'Afrique relevant du « champ » de la coopération française. La politique française revêt alors deux aspects indissociables :

- aider, former et équiper les forces armées rwandaises pour les mettre en état de résister à l'offensive du FPR soutenue par l'Ouganda, mais sans engagement militaire direct de la France ;
- parallèlement, obliger le régime hutu à se réformer, dans la ligne du discours de La Baule par lequel, le 20 juin 1990, le président Mitterrand a appelé les pays africains partenaires de la France à s'engager dans une démarche de démocratisation : la France demande ainsi au président rwandais de rétablir le multipartisme et de former un gouvernement de coalition avec l'opposition hutue et tutsie en vue d'un accord politique avec le FPR, pour régler notamment la question du retour des réfugiés tutsis.

Les extrémistes hutus et le FPR, qui ne souhaitent pas partager le pouvoir mais l'accaparer, s'opposent à cette politique. En février 1993, Paul Kagamé chasse de la zone tenue par ses troupes des centaines de milliers de Hutus, qui se réfugient alors aux abords de la capitale, Kigali.

La France impose cependant la négociation et, en dosant son soutien militaire au gouvernement rwandais, parvient à contraindre les deux camps à conclure **le 4 août 1993, les accords d'Arusha** qui **organisent le partage du pouvoir dans les institutions et l'armée**. Cette démarche est endossée par le Conseil de sécurité de l'ONU, qui décide parallèlement de créer par sa résolution 846 du 22 juin 1993 une mission d'observation à la frontière entre le Rwanda et l'Ouganda (MONUOR) de manière à prévenir une ingérence militaire ougandaise. Après la signature des accords d'Arusha, les troupes françaises sont retirées (à l'exception d'une vingtaine de coopérants) et **la surveillance de la mise en œuvre du processus de paix est confiée à une force de maintien de la paix de l'ONU, la Mission pour l'assistance au Rwanda (MINUAR)** créée le 5 octobre 1993 par la résolution 872 du Conseil de sécurité (voy. n° 282). Cependant, en raison des réticences américaines, dues à l'échec du rétablissement de la paix en Somalie, le mandat de la MINUAR est totalement inadapté : **cette force hétérogène, placée sous le chapitre VI de la Charte, ne peut accomplir que des missions d'interposition ou de surveillance du cessez-le-feu**, sans possibilité de faire usage de ses armes dans d'autres cas que la légitime défense. Cette faiblesse de l'implication internationale a directement favorisé le génocide.

Estimant que les élections libres prévues par les accords d'Arusha lui permettraient de conserver un rôle central, le président Habyarimana s'éloigne des extrémistes hutus, lesquels, pour saboter les accords, se sont mis à attiser par tous les moyens la haine raciale et à préparer des massacres de Tutsis à grande échelle. De son côté, le FPR maintient sa pression militaire. Dans cette situation de tension extrême, la destruction, le 6 avril 1994, de l'avion qui transportait les présidents rwandais et burundais anéantit les espoirs de paix. **Dès l'assassinat du président, les Hutus les plus fanatiques déclenchent, sous prétexte de le venger, des tueries ciblées : environ 800 000 personnes sont massacrées, pour la plupart des Tutsis, mais aussi des opposants politiques hutus et des Hutus refusant de collaborer au génocide.**

L'action de la France a fait l'objet de vives critiques. Seule puissance à être intervenue dans la politique rwandaise, elle a accordé aux forces gouvernementales un soutien très affirmé lorsqu'il s'est agi de contrer l'offensive du FPR de février-mars 1993. Puis, lorsque le génocide a démarré en avril 1994, la France a participé tout d'abord à une opération d'évacuation de ressortissants. Comme les autres pays occidentaux, elle n'a pas dénoncé de génocide. Le 21 avril 1994, elle a également voté en faveur de la résolution 912 réduisant le nombre de troupes onusiennes au Rwanda et appelant à la négociation d'un cessez-le-feu. Si elle a maintenu (comme les États-Unis et l'ONU) des contacts avec tous les protagonistes, y compris les responsables du génocide, jusqu'en mai, elle est néanmoins intervenue le 22 juin 1994 en application d'un mandat donné, sous le chapitre VII de la Charte, par la résolution 929 du Conseil de sécurité. Alors que le génocide touche à sa fin, cette intervention tardive, connue sous le nom « d'opération Turquoise », a assuré la protection de la population civile (très majoritairement hutue) fuyant vers le Congo et le sud du Rwanda devant les forces du FPR : elle a également permis le sauvetage d'environ 15 000 Tutsis.

Le génocide est d'abord un crime rwandais, produit d'une organisation autoritaire du pouvoir et d'une propagande raciste structurée, dans un contexte de guerre et de crise économique et humanitaire profonde. Cependant, l'ONU a laissé le génocide se dérouler sans réagir efficacement. L'obstruction américaine a joué un rôle déterminant dans cette paralysie. Les autres États se sont également détournés du drame. Quant au rôle exact de la France, il a fait l'objet d'un rapport, rédigé par Vincent Duclert, et remis au président français le 26 mars 2021. **Le terrible échec de l'ONU et des grandes puissances à empêcher le génocide survenu au Rwanda est à l'origine du principe de « responsabilité de protéger » adopté par le Sommet mondial des 14 au 16 septembre 2005** (voy. n° 183).

SECTION III
Les efforts internationaux de désarmement

482 L'*arms control* ou « maîtrise des armements » (voy. n°s 434 et s.) n'a pu pendant la Guerre froide ralentir la course aux armements alimentée par les progrès rapides de la technologie militaire : selon l'Institut international de recherche sur la paix de Stockholm (SIPRI), les dépenses d'armement atteignaient en 1989 (au niveau mondial) 1 539 milliards de dollars constants (aux prix et taux de change de 2011). Immédiatement après la fin de la Guerre froide, ces dépenses ont été réduites d'un tiers, avant d'être de nouveau orientées à la hausse à partir du début des années 2000.

Parallèlement, on a assisté à une certaine **diffusion de l'arme nucléaire**. Avant la fin de la Guerre froide, s'était formé le « club » des cinq puissances nucléaires, constitué des États-Unis (acquisition de l'arme en juillet-août 1945), de l'URSS (août 1949), du Royaume-Uni (octobre 1952), de la France (février 1960) et enfin de la Chine (octobre 1964). Ces puissances sont reconnues comme seules dotées de l'arme nucléaire par le Traité sur la non-prolifération (TNP). Israël a sans doute également acquis cette arme bien avant la fin de la Guerre froide mais ne l'a jamais officiellement reconnu. À ces puissances s'en ajoutent deux autres devenues détentrices de fait de l'arme nucléaire : l'Inde et le Pakistan. L'Inde, qui avait réalisé en mai 1974 une « expérimentation nucléaire pacifique », a procédé en mai 1998 à une expérimentation nucléaire militaire. Le Pakistan l'a imitée quelques jours après.

Deux questions dominent donc l'agenda du désarmement entre la fin de la Guerre froide et le début des années 2000 : **rompre avec la tendance à l'accumulation des armements, notamment nucléaires**, ce qui a été rendu possible par des accords bilatéraux soviéto- puis russo-américains, **et préserver le régime de non-prolifération**, ce qui implique, conformément au TNP, des progrès dans les accords multilatéraux de désarmement nucléaire. Dans les années 1990, l'attention se porte également sur d'autres types d'armement. À l'initiative de la France, l'arme chimique fait ainsi l'objet d'une convention d'interdiction signée en 1993 et entrée en vigueur en avril 1997. Dans le domaine conventionnel, si l'ambitieux traité qui devait couvrir l'Europe ne peut aboutir, un autre traité à vocation universelle est conclu à Ottawa en 1997, grâce à l'implication de la société civile internationale : la convention pour l'interdiction des mines antipersonnel.

§ 1. Les efforts américains et russes de réduction des arsenaux nucléaires

483 Les 11 et 12 octobre 1986, au sommet de Reykjavik, les présidents Ronald Reagan et Mikhaïl Gorbatchev évoquent pour la première fois la possibilité de l'élimination des armes nucléaires. Gorbatchev demande à Ronald Reagan d'abandonner son Initiative de défense stratégique (IDS) (voy. n° 437) en contrepartie de l'élimination de l'arsenal soviétique. Aucun accord n'est conclu, mais les États-Unis et l'URSS peuvent désormais s'entendre sur des diminutions substantielles de leurs arsenaux.

A) Le traité FNI

484 Les forces nucléaires intermédiaires (FNI) ou euromissiles ont donné lieu, à la fin des années 1980, à une épreuve de force entre les États-Unis et l'URSS sur le continent européen (voy. n° 436). Après plusieurs années de controverses, les négociations aboutissent, **le 8 décembre 1987**, à la **signature du Traité de Washington qui prévoit l'élimination en Europe de tous les missiles terrestres de moyenne portée** (comprise entre 500 et 5 500 km), quelle que soit la nature de leur ogive, nucléaire ou conventionnelle. L'URSS a donc accepté de signer un traité qui la défavorise puisqu'elle compte alors environ trois fois plus de systèmes d'armes de ce type.

Ce traité dit « FNI » est le **premier traité de désarmement nucléaire** : pour la première fois, chaque partie peut contrôler sur place la destruction effective des missiles concernés. En trois ans, tous les systèmes d'armes prohibés par la convention seront détruits.

L'arrivée au pouvoir de Donald Trump dans le contexte d'une rivalité stratégique accrue entre les États-Unis et la Russie conduira cependant à la fin du traité FNI (voy. n° 559).

B) Le traité START 1

485 En 1982, au moment où les discussions commençaient entre l'URSS et les États-Unis sur les missiles de moyenne portée, les deux pays avaient engagé, à la demande du président Ronald Reagan, des négociations en vue non plus de la limitation, mais de la réduction de leurs arsenaux nucléaires stratégiques. Ces négociations sont accélérées par Mikhaïl Gorbatchev pour permettre la **signature du traité START 1** *(Strategic Arms Reduction Treaty)* **le 31 juillet 1991**.

Contrairement aux accords de la période de la Guerre froide, ce traité organise **la réduction des armes existantes (lanceurs et têtes) et** établit **un régime de vérification** comparable à celui du traité FNI. Il vise à limiter les armements américains et soviétiques à 6 000 ogives sur un maximum de 1 600 vecteurs.

Un protocole sur la limitation des armements nucléaires conclu à Lisbonne le 23 mai 1992 entre la Biélorussie, le Kazakhstan, la Russie, l'Ukraine et les États-Unis met en place un régime de transition pour l'application des accords START, en prévoyant l'adhésion rapide de la Biélorussie, du Kazakhstan et de l'Ukraine au TNP en tant qu'États non nucléaires. Les États-Unis en particulier mettent en œuvre, avec la participation de la Russie, des autres États successeurs de l'URSS concernés et de pays d'Europe occidentale comme l'Allemagne, un programme de « **réduction coopérative de la menace** ». Ce programme, auquel ils consacrent annuellement de 400 à 500 millions de dollars pendant vingt ans, a notablement contribué au renforcement de la sécurité nucléaire et au démantèlement de milliers d'armes sur le territoire de l'ancienne URSS.

C) Les traités START 2 et SORT à l'épreuve des projets américains de défense antimissile

486 Le traité START 2 signé par les présidents George H. Bush et Boris Eltsine le 3 janvier 1993 à Moscou renforce le processus amorcé par START 1, avec lequel il partage plusieurs dispositions. Il prévoit **deux phases de réduction des armes nucléaires stratégiques** : à la fin de la phase 1, le nombre de têtes nucléaires déployées ne doit pas dépasser un total compris entre 3 800 et 4 250 ; dans la phase 2, tous les missiles à têtes multiples doivent être éliminés (sauf pour les missiles embarqués sur les sous-marins) et le nombre total de têtes nucléaires ne doit pas dépasser les 3 000-3 500 pour chaque État. START 2 est ratifié par les États-Unis en janvier 1996. En mars 1997 les présidents Clinton et Eltsine s'engagent à ouvrir des négociations sur un traité START 3 destiné à réduire les arsenaux stratégiques de chacun des deux pays à 2000-2500 têtes nucléaires.

Toutefois, des tensions émergent au tournant du millénaire à propos des projets américains de défense antimissile. En 1983, sous la présidence de Ronald Reagan, les États-Unis s'étaient lancés dans un vaste programme de recherche visant à couvrir le territoire américain d'un système d'interception qui rendrait les armes nucléaires « impuissantes et obsolètes » (voy. n° 437). Ce programme est repris en 1998 sous une forme moins ambitieuse : il s'agit alors d'intercepter cinq à vingt ogives simples, lancées par des États perturbateurs ayant accédé à l'arme nucléaire et à la technologie des missiles balistiques. **En décembre 2001, l'annonce par le président George W. Bush du retrait des États-Unis du traité ABM de limitation des systèmes de défense antimissile** (voy. n° 434) **conduit le président russe Vladimir Poutine à déclarer le traité START 2 « caduc »**. La Russie dénonce formellement le traité le 14 juin 2002 deux ans après l'avoir ratifié.

Malgré leurs divergences, les États-Unis et la Russie concluent, en mai 2002, un accord juridiquement moins contraignant que les traités START. Ce traité, dénommé **SORT** *(Strategic Offensive Reductions Treaty)*, fait obligation à chacun des deux pays de **limiter ses têtes nucléaires stratégiques** disponibles pour emploi à un niveau situé entre 1 700 et 2 200 unités. Il n'établit en revanche aucune contrainte pour les têtes nucléaires en réserve et ne prévoit pas de mécanisme de vérification.

D) Les réductions unilatérales d'armes nucléaires

487 Parallèlement aux réductions qu'ils réalisent sur une base bilatérale, les États-Unis et l'URSS, puis la Russie opèrent de larges coupes dans leurs arsenaux tactiques. Le 27 septembre 1991, le président George Bush annonce, dans le cadre de ses « initiatives nucléaires présidentielles », le retrait et la destruction d'environ 90 % des armes tactiques américaines. Mikhaïl Gorbatchev prend, le 5 octobre, des engagements analogues au nom de l'URSS. Ces engagements sont confirmés le 29 janvier 1992 par le président Boris Eltsine au nom de la Russie, qui hérite de la totalité des capacités nucléaires de l'URSS. Les Américains ne détiendraient plus actuellement que 500 têtes nucléaires tactiques (en cours de modernisation) et les Russes 1 950.

De leur côté, la France et le Royaume-Uni procèdent également unilatéralement à des réductions de leurs arsenaux nucléaires : les forces nucléaires britanniques ne consistent plus qu'en quatre sous-marins nucléaires lanceurs d'engins (215 têtes) et celles de la France comprennent, outre quatre sous-marins nucléaires lanceurs d'engins, une composante aéroportée (300 têtes au total).

§ 2. Les défis de la prolifération nucléaire

488 À l'issue de sa première réunion au niveau des chefs d'État et de gouvernement, le 31 janvier 1992, le Conseil de sécurité des Nations Unies affirme pour la première fois, dans le cadre d'une déclaration de son président : « La prolifération de toutes les armes de destruction massive constitue une menace pour la paix et la sécurité internationales ». **La communauté internationale prend conscience du danger que constitue la prolifération des armes de destruction massive, en particulier de l'arme nucléaire.**

A) Le bilan mitigé de la mise en œuvre du Traité sur la non-prolifération (TNP)

489 Le Traité sur la non-prolifération des armes nucléaires (TNP), ouvert à la signature le 1er juillet 1968 (voy. n° 432) et entré en vigueur le 5 mars 1970, est **ratifié par la quasi-totalité des pays dans les années 1990** (la France le ratifie en 1992). Il est en outre **prorogé pour une durée indéfinie lors de la conférence des États parties de 1995**.

Seuls Israël, l'Inde et le Pakistan n'y sont pas parties. Un seul État, la Corée du Nord, s'est retiré du traité en 2003, en invoquant son article X, qui permet le retrait si l'État concerné « décide que des événements extraordinaires », en rapport avec l'objet du traité, « ont compromis » ses « intérêts suprêmes ». Ce retrait n'a pas entraîné de réaction spécifique ni des trois États dépositaires du TNP (États-Unis, Russie, Royaume-Uni), ni du Conseil de sécurité.

1. Les difficultés de mise en œuvre du TNP

490 Le TNP reconnaît aux cinq puissances ayant fait exploser un engin nucléaire avant le 1er janvier 1967 (États-Unis, Russie, Royaume-Uni, France, Chine) le droit, qu'il refuse aux autres États parties, de détenir un armement nucléaire. En contrepartie, il reconnaît à tous les États parties le « droit inaliénable [...] de développer la recherche, la production et l'utilisation de l'énergie nucléaire à des fins pacifiques ». Il soumet aussi les États dotés de l'arme nucléaire à une obligation de « poursuivre de bonne foi des négociations sur des mesures efficaces relatives à la cessation de la course aux armements nucléaires à une date rapprochée et au désarmement nucléaire et sur un traité de désarmement général et complet sous un contrôle international efficace ». Dans son avis consultatif du 8 juillet 1996 (CIJ, *Licéité de la menace ou de l'emploi d'armes nucléaires, avis consultatif, Rec., 1996)* sur la licéité de la menace ou de l'emploi d'armes nucléaires, la Cour internationale de justice a jugé

que, **s'agissant du désarmement, le TNP fait peser sur les États dotés de l'arme nucléaire une obligation de résultat** : « Il existe une obligation de poursuivre de bonne foi et de mener à terme des négociations conduisant au désarmement nucléaire dans tous ses aspects, sous un contrôle international strict et efficace ».

La reconnaissance du droit des parties au développement des usages pacifiques de l'énergie nucléaire (voy. n° 432) soulève de **grandes difficultés en ce qui concerne la vérification du respect des engagements de non-prolifération**. Les technologies nucléaires civiles et militaires présentent en effet un large tronc commun, qui peut permettre aux pays disposant d'infrastructures nucléaires développées de parvenir au « seuil » leur permettant théoriquement de se doter en peu de temps de l'arme nucléaire[56]. De fait, des soupçons d'activités illicites pèsent sur plusieurs pays signataires (Corée du Nord, Iran, Irak, Syrie). Pour écarter ce risque de prolifération, le système de contrôle prévu à l'origine par l'article III du TNP a été progressivement renforcé. Les mécanismes de contrôle développés dans le cadre du TNP ont été en outre complétés par des dispositifs élaborés sur la base d'arrangements *ad hoc*.

2. Le renforcement des vérifications et contrôles à l'exportation

491 Un **système de vérification** sous l'égide de l'Agence internationale de l'Énergie atomique (AIEA) avait été élaboré dès le début des années 1970 en application de l'article III du TNP (accords de garanties de 1971). Mais il ne donnait à l'AIEA que des pouvoirs limités en matière d'inspection. **La découverte des activités nucléaires illicites de l'Irak conduit à un renforcement de ce système à partir de 1993**. Dans ce cadre, les États liés à l'AIEA par un accord de garanties sont encouragés à conclure avec celle-ci un **protocole additionnel** prévoyant notamment la déclaration de toutes leurs activités nucléaires et l'acceptation d'inspections dans tous les lieux où peuvent se trouver des matières nucléaires.

E 22 **L'Agence internationale de l'énergie atomique (AIEA)**

L'Agence internationale de l'énergie atomique est une organisation intergouvernementale indépendante appartenant au système des Nations Unies. Dotée d'une Conférence générale de 136 membres et d'un Conseil de 35 gouverneurs, elle a vu son rôle considérablement élargi par le Traité sur la non-prolifération des armes nucléaires (TNP) depuis sa création en 1957.

Aux termes de son statut, elle doit vérifier que les États non dotés de l'arme nucléaire n'utilisent pas des produits fissiles, des renseignements ou des équipements soumis à son contrôle à des fins militaires. À cet effet, elle applique des accords de garanties qu'elle passe avec les États disposant d'infrastructures nucléaires. Ces accords de garanties peuvent être généralisés, c'est-à-dire s'appliquer à l'ensemble des matières nucléaires utilisées à des fins pacifiques – afin de vérifier qu'elles ne servent pas à la construction de l'arme nucléaire –, ou limités, ne s'appliquant alors qu'aux matières nucléaires, non nucléaires et aux équipements ou installations que spécifie l'accord. Les clauses types d'un **protocole additionnel aux accords de garanties généralisés**, adoptées en mai 1997 par le Conseil des gouverneurs de

---

56. Les pays disposant d'infrastructures nucléaires développées, en particulier d'installations d'enrichissement de l'uranium, sont considérés comme « du seuil ». L'exemple le plus fréquemment cité est celui du Japon, mais on peut également mentionner l'Afrique du Sud, l'Allemagne, l'Argentine, l'Australie, le Brésil, la Corée du Sud, les Pays-Bas...

l'AIEA, prévoient notamment la déclaration de toutes les activités nucléaires de l'État concerné. Elles permettent aux inspecteurs de l'AIEA d'effectuer des contrôles sous très faible préavis, dans tous les lieux où peuvent se trouver des matières nucléaires.
Parallèlement, il existe depuis les années 1970, des **regroupements de pays exportateurs de biens ou technologies nucléaires** destinés à garantir que ces biens ou technologies ne sont pas détournés à des fins militaires. Créé en 1971, un comité des exportateurs nucléaires, ultérieurement désigné sous le nom de « **Comité Zangger** », assure depuis le contrôle des exportations de biens et technologies nucléaires vers les pays non adhérents au TNP.
Après les premières expérimentations indiennes de 1974, un regroupement à vocation plus large a été institué : le **Groupe des fournisseurs nucléaires (GFN),** dont l'objet est de rassembler les pays producteurs et exportateurs de matières, équipements et technologies nucléaires en vue notamment de priver les États suspects, même parties au TNP, des deux principales technologies permettant l'accès au nucléaire militaire, le retraitement et l'enrichissement. Le GFN n'est pas une organisation internationale fondée sur un traité juridiquement contraignant, mais un régime de contrôle des exportations dont la portée est strictement politique. Certains pays détenteurs de technologies nucléaires n'y appartiennent pas (pays non signataires du TNP ou pays signataires comme l'Algérie, Cuba, l'Égypte, l'Indonésie, l'Irak, la Syrie). Il est à noter que le GFN a, en septembre 2008, autorisé les exportations de biens et technologies nucléaires à usage civil vers l'Inde, ce qui constitue une tolérance à l'égard du statut nucléaire de fait de ce pays et une dérogation aux principes fondateurs du groupe. En contrepartie, l'Inde a pris des engagements de non-prolifération tels qu'un moratoire sur les expérimentations nucléaires et la mise en place de contrôles à l'exportation analogues à ceux du GFN.
Le système de contrôle des exportations de biens et technologies nucléaires sensibles a été complété en 1987 par un arrangement analogue dans le domaine des missiles balistiques, le *Missile Technology Control Regime* (MTCR). Le 25 novembre 2002, un Code international de conduite contre la prolifération des missiles balistiques a été adopté à La Haye dans le cadre du MTCR. C'est le premier instrument global de non-prolifération concernant spécifiquement des vecteurs susceptibles d'emporter des armes de destruction massive.
Cependant, cet ensemble complexe de règles internationales ne semble pas avoir mis un terme aux craintes de prolifération, comme le montre l'exemple de l'Iran (voy. n°s 556 et s.). Des réseaux comme celui du scientifique pakistanais Abdul Qadeer Khan illustrent les difficultés de la surveillance et du contrôle des échanges de biens et technologies sensibles.

B) Les débats sur les essais nucléaires et la production de matières fissiles

492 L'interdiction des expérimentations est destinée à entraver la mise au point et le perfectionnement des armes. C'est une idée ancienne, mais qui paraît moins pertinente que **les puissances nucléaires déclarées ont à présent recours à la simulation des expérimentations**, ce qui les affranchit de l'obligation de procéder à des expérimentations en grandeur réelle, au moins pour ce qui concerne le maintien en condition opérationnelle de leur arsenal existant.

Si l'idée de limiter puis d'interdire les essais nucléaires commence à prendre forme avec le traité interdisant les essais d'armes nucléaires dans l'atmosphère, dans l'espace extra-atmosphérique et sous l'eau, entré en vigueur dès le mois d'octobre 1963, il faut attendre les années 1990 pour que l'élaboration d'un dispositif d'interdiction complète soit sérieusement envisagée.

En 1990 entrent en vigueur deux traités bilatéraux que l'URSS et les États-Unis avaient signés pour limiter leurs essais : le premier, signé le 3 juillet 1974 à Moscou, est relatif à la limitation des essais souterrains d'armes nucléaires (interdiction des essais d'une puissance supérieure à 150 kilotonnes) ; le second, signé le 28 mai 1976, restreint les explosions nucléaires pacifiques.

À partir de 1993, les États membres de la Conférence du désarmement (organe intergouvernemental étroitement lié aux Nations Unies) engagent des négociations sur l'interdiction complète des essais nucléaires, qui aboutissent le 24 septembre 1996 à l'ouverture à la signature d'un traité à cet effet. L'entrée en vigueur du **Traité sur l'interdiction complète des essais nucléaires (TICE)** est toutefois subordonnée à sa ratification par 44 États nommément désignés, notamment les cinq puissances nucléaires reconnues par le TNP et les trois États nucléaires de fait (Inde, Israël, Pakistan). Actuellement, trois des 44 États n'ont toujours pas signé le traité (la Corée du Nord, l'Inde, le Pakistan), tandis que cinq ne l'ont pas encore ratifié (Chine, Égypte, États-Unis, Iran et Israël), de sorte que, parmi les puissances nucléaires déclarées, seuls la France, le Royaume-Uni et la Russie l'ont ratifié.

Par ailleurs, la conclusion d'un traité interdisant la production de matières fissiles à fins militaires (uranium hautement enrichi et plutonium de qualité militaire) renforcerait de manière déterminante les dispositifs de non-prolifération. Un tel traité, souvent désigné sous le terme de ***cut-off***, bloquerait l'augmentation quantitative des arsenaux existants. La résolution 48/75 de l'Assemblée générale des Nations Unies, adoptée à l'initiative des États-Unis le 16 décembre 1993, appelle à la négociation d'un traité « non discriminatoire, multilatéral et internationalement et effectivement vérifiable interdisant la production de matières fissiles pour la fabrication d'armes et d'autres dispositifs explosifs nucléaires ». Il faut attendre le 29 mai 2009 pour que la Conférence du désarmement décide d'établir un groupe de travail en vue de négocier ce traité sur la base d'un mandat reprenant les termes de l'Assemblée générale. Le traité aurait vocation à s'appliquer à tous les États, y compris les États non parties au TNP, et porterait en pratique surtout sur les arsenaux des États nucléaires qui n'ont pas institué de moratoire sur leur production de matières fissiles à usage militaire (Chine, Inde, Israël, Pakistan). Il semble que les négociations butent surtout sur l'opposition du Pakistan, peut-être soutenu par la Chine. Il est à noter que, dans le cadre des engagements qu'elle a pris à l'égard du GFN, l'Inde a déclaré « sa détermination à collaborer en vue de la conclusion d'un traité multilatéral d'interdiction de la production de matières fissiles ». La France a pour sa part proposé un traité d'interdiction vérifiée en avril 2015.

C) Le développement des zones dénucléarisées

493 Les zones dénucléarisées sont par nature un élément de la lutte contre la prolifération nucléaire puisque les États qui en font partie s'engagent à ne pas fabriquer ni détenir d'arme nucléaire. Une zone de ce type avait déjà été instituée pendant la Guerre froide : il s'agissait de l'Amérique du Sud, dénucléarisée par le Traité de Tlatelolco de février 1967. Puis on a assisté, à partir de 1985, à un développement de ces zones[57]. La question d'une zone exempte d'armes de destruction massive au Moyen-Orient reste, quant à elle, pendante. Il est possible d'indiquer par ailleurs que la **Mongolie** s'est déclarée État exempt d'armes nucléaires.

57. L'article VII du Traité sur la non-prolifération nucléaire précise qu'aucune clause de ce dernier « ne porte atteinte au droit d'un groupe quelconque d'États de conclure des traités régionaux de façon à assurer l'absence totale d'armes nucléaires sur leurs territoires respectifs ».

1. Le Traité de Rarotonga

494 Le 6 août 1985, à l'initiative de l'Australie, 13 pays membres du Forum du Pacifique sud, comprenant, outre l'Australie, les îles Cook, Fidji, Kiribati, Nauru, les îles Niue, la Nouvelle-Zélande, la Papouasie-Nouvelle Guinée, les îles Salomon, les Samoa occidentales, les îles Tonga, Tuvalu, Vanuatu, concluent le Traité de Rarotonga, qui prévoit la **dénucléarisation du Pacifique sud**. Entré en vigueur le **11 décembre 1986**, ce traité interdit aux États parties de fabriquer, d'acquérir, de contrôler ou de déployer des armes nucléaires sur leur territoire et de procéder à des explosions nucléaires. Il les autorise toutefois à permettre le transit d'armes nucléaires dans leur espace aérien et dans leurs eaux côtières.

Trois protocoles concernant des États extérieurs à la région sont joints au Traité de Rarotonga :

- le protocole I demande aux pays qui possèdent des territoires situés dans le Pacifique sud de respecter les dispositions du traité interdisant les armes nucléaires sur ces territoires ;
- le protocole II engage les puissances nucléaires reconnues par le TNP à ne pas employer ni menacer d'employer d'armes nucléaires contre les États parties ni contre les territoires des États concernés par le protocole I ;
- le protocole III interdit aux puissances nucléaires reconnues par le TNP de procéder à des explosions nucléaires expérimentales dans la zone d'application du traité.

Il faut attendre le 25 mars 1996 et la fin des essais nucléaires français pour que la France (après son dernier essai nucléaire, le 27 janvier 1996, en Polynésie), le Royaume-Uni et les États-Unis ratifient ces protocoles. L'URSS et la Chine les avaient déjà signés en 1986 et 1987.

2. Le Traité de Bangkok

495 Le 15 décembre 1995, les États de l'**Asie du Sud-Est** décident de créer une zone exempte d'armes nucléaires dans un périmètre comprenant le territoire de dix États : Birmanie, Brunei, Cambodge, Indonésie, Laos, Malaisie, Philippines, Singapour, Thaïlande et Vietnam. L'article 5 de ce traité précise que chaque État partie devra conclure avec l'AIEA des accords « en vue de l'application de garanties intégrales pour ses activités nucléaires pacifiques ». Le Traité de Bangkok entre en vigueur le 27 mars 1997.

3. Le Traité de Pelindaba

496 Le 11 avril 1996 au Caire (Égypte), un traité sur une zone exempte d'armes nucléaires en **Afrique** (Traité de Pelindaba et ses trois protocoles concernant les États extérieurs à la région) est signé par plus de 50 pays africains (la France en a signé les protocoles). Les dispositions de ce traité sont analogues à celles du Traité de Rarotonga. Cet événement concrétise l'engagement pris 32 ans auparavant, lors de la conférence des chefs d'État et de gouvernement de l'Organisation de l'Unité africaine (OUA), de déclarer l'Afrique zone dénucléarisée (résolution de juillet 1964). L'adhésion de l'Afrique du Sud au TNP

(qui marque l'arrêt de ses activités nucléaires militaires) a facilité la conclusion de ce traité, que l'Égypte en revanche n'a pas ratifié. Le Traité est entré en vigueur le 15 juillet 2009.

4. Le Traité de Semipalatinsk

497 Le Traité de Semipalatinsk conclu entre le Kazakhstan, le Kirghizistan, l'Ouzbékistan, le Tadjikistan et le Turkménistan établit une zone exempte d'armes nucléaires en **Asie centrale**. Signé le 8 septembre 2006 au polygone nucléaire de Semipalatinsk, un ancien site d'essai nucléaire de l'URSS situé au Kazakhstan, il est entré en vigueur le 21 mars 2009, une fois ratifié par cinq pays de la zone. La France a signé le 6 mai 2014 avec la Chine, les États-Unis, le Royaume-Uni et la Russie le protocole au traité prohibant l'emploi ou la menace d'emploi d'armes nucléaires contre ces cinq pays.

D) Les activités nucléaires de l'Iran et de la Corée du Nord dans les années 1990

498 Les ambitions nucléaires iraniennes remontent au milieu des années 1960, lorsque, sous le régime du Chah Mohammed Reza Pahlavi, l'Iran a acheté aux États-Unis un réacteur de 5 mégawatts pour le Centre de recherche nucléaire de Téhéran. L'Iran affirme alors que ce programme a une finalité exclusivement pacifique. Il signe d'ailleurs le Traité sur la non-prolifération en 1968 et le ratifie en 1970, avant de conclure avec l'AIEA en 1973 un accord de garanties généralisées (englobant l'ensemble des stocks de matières fissiles possédés) et en 1974 les arrangements dits « subsidiaires » d'application.

Dans les années 1970, le Chah décide d'intensifier les efforts de l'Iran dans le domaine de l'énergie nucléaire. Les technologies nucléaires étant largement duales (à la fois civiles et militaires), ces efforts visent sans doute aussi à rapprocher l'Iran du « seuil » à partir duquel il est aisé pour un pays de passer rapidement à la production d'armes nucléaires. Les États-Unis, la France et l'Allemagne fédérale apportent dans cette période une assistance technique substantielle aux programmes nucléaires iraniens à finalité civile.

Ne portant guère d'intérêt à l'énergie nucléaire compte tenu des vastes ressources pétrolières et gazières de l'Iran, le régime issu de la révolution islamique de 1979 interrompt les programmes lancés par le Chah, dans un contexte où beaucoup de scientifiques spécialistes du nucléaire ont fui le pays. En outre, au cours de la guerre avec l'Irak (1980-1988), les installations nucléaires de Bushehr construites en coopération avec l'Allemagne fédérale dans le cadre d'un accord de 1975 ont subi d'intenses bombardements des forces irakiennes.

Après que l'ayatollah Ali Hoseyni Khamenei succède à l'ayatollah Khomeini comme guide suprême en juin 1989, l'Iran décide de relancer des programmes nucléaires. Si, officiellement, leur finalité est exclusivement « pacifique », le pays obtient cependant des informations et des équipements sensibles auprès du réseau pakistanais d'Abdul Qadeer Kahn et, jusqu'en 1992, de la Chine, qui a succédé aux Occidentaux pour la construction du Centre de recherche de Téhéran. La construction de la centrale de Bushehr reprend en 1995 avec l'assistance de la Russie.

De son côté, **la Corée du Nord** ou République populaire démocratique de Corée (RPDC), pourtant signataire du TNP en 1985, ne se soumet que très tard aux contrôles de l'AIEA. En 1993, lorsqu'elle peut procéder à ces contrôles, l'Agence demande à la Corée du Nord des inspections spéciales sur deux sites où elle soupçonne des activités nucléaires militaires. Cependant, le refus de la Corée d'obtempérer engendre une épreuve de force avec les grandes puissances, au premier chef les États-Unis. Washington, après avoir envisagé des sanctions et même le recours à la force, choisit la voie des négociations. À l'issue de ces négociations, un premier accord est conclu le 21 octobre 1994 sur le gel des opérations en cours et le démantèlement de certaines installations. Il prévoit la construction de deux réacteurs nucléaires à eau légère par un consortium constitué par les États-Unis, le Japon et la Corée du Sud. Cet accord est néanmoins remis en question par Washington en 2002, lorsque les États-Unis découvrent non seulement que **les Coréens du Nord poursuivent leurs activités nucléaires militaires**, mais qu'ils entretiennent des relations avec des scientifiques pakistanais spécialistes de ce domaine, en particulier Abdul Qadeer Khan (voy. n° 561).

§ 3. Des dispositifs multilatéraux de désarmement et de protection de la sécurité humaine

A) L'adoption d'un régime d'interdiction contrôlée de l'armement chimique

499 Après l'utilisation à grande échelle d'armes chimiques pendant la Première Guerre mondiale, les États ont entendu prohiber pour l'avenir cette méthode de combat, jugée inhumaine. C'est ainsi qu'un protocole « concernant la prohibition d'emploi à la guerre de gaz asphyxiants, toxiques ou similaires et de moyens bactériologiques » a été signé en 1925 à Genève, ce protocole ne porte guère d'intérêt à l'énergie nucléaire, compte tenu des vastes ressources pétrolières et gazières de l'Iran – les États-Unis ne l'ont ratifié qu'en 1975.

Le **14 janvier 1993** est signée à Paris la **convention sur l'interdiction de la mise au point, de la fabrication, du stockage et de l'emploi des armes chimiques et sur leur destruction**. Tous les pays détenteurs d'armes chimiques doivent, dans un délai de dix ans après l'entrée en vigueur de la convention, détruire l'ensemble de leurs stocks. L'Organisation pour l'interdiction des armes chimiques (OIAC), dont le siège est à La Haye, a pour mission de veiller à la bonne application de l'accord. La convention est entrée **en vigueur le 29 avril 1997**. 193 États l'ont à ce jour ratifiée (y compris les États-Unis le 25 avril 1997 et la Russie le 5 novembre 1997). Toutefois, les **difficultés de sa mise en œuvre** sont apparues lors de l'emploi d'armes chimiques en Syrie en 2013 et 2017 (voy. n° 562).

B) La Convention d'Ottawa interdisant les mines antipersonnel

500 Les années 1990 sont également marquées par l'engagement d'ONG internationales reconnues en faveur du désarmement (Amnesty, Human Rights Watch, Handicap International...). Sous forme de réseaux et en collaboration avec des

gouvernements, ces ONG ont su lancer des processus de négociation qui ont permis d'élaborer une convention sur l'interdiction de l'emploi, du stockage, de la production et du transfert des mines antipersonnel et sur leur destruction. Ce texte a été adopté le 18 septembre 1997 à Oslo et ouvert à la signature le 3 décembre de la même année à Ottawa. **Entrée en vigueur le 1er mars 1999, la Convention d'Ottawa interdit l'utilisation, la production ainsi que l'exportation des mines antipersonnel** (MAP). 164 pays (dont la France) sont parties à cette convention. Cependant, **de nombreuses difficultés** restent à surmonter : les mécanismes de vérification prévus reposent sur la bonne volonté des États impliqués ; une soixantaine de pays ne sont pas signataires de la convention, notamment des États producteurs (Chine, États-Unis, Inde, Iran, Russie...), 25 États parties n'ont pas respecté leurs délais de destruction de stocks, 67 États sont encore minés. Depuis la signature de ce traité, on estime à 10 ou 11 millions le nombre de MAP détruites, soit un peu plus de 10 % des stocks supposés dans le monde.

Malgré ces problèmes de mise en œuvre, la Convention d'Ottawa est considérée comme un succès pour la société civile et préfigure d'autres engagements en faveur de conventions de désarmement dans les années 2000 (voy. nos 568 et s.).

C) Les espoirs déçus du désarmement conventionnel en Europe

501 Pendant la période de la Guerre froide, les deux blocs alignaient l'un face à l'autre un arsenal conventionnel considérable, constitué, par exemple, de milliers de chars de combat (14 000 du côté du pacte de Varsovie contre 7 000 pour l'OTAN dans la zone centre-Europe). La sortie de la Guerre froide est marquée par une réduction considérable de ces arsenaux. Le 9 mars 1989, dans le cadre de la Conférence sur la sécurité et la coopération en Europe (CSCE), les négociations sur la réduction des armes conventionnelles sur le territoire européen s'ouvrent à Vienne ; elles débouchent sur la signature du **Traité sur les Forces conventionnelles en Europe (FCE), conclu le 19 novembre 1990 à Paris** par 22 pays de l'Alliance atlantique et du pacte de Varsovie et **entré en vigueur le 17 juillet 1992**. Le Traité FCE vise à **limiter les forces classiques en diminuant leur nombre** et à supprimer la disparité des armements en faveur de l'URSS, afin d'accroître la stabilité et la sécurité en Europe et d'empêcher toute offensive surprise de grande envergure. Il prévoit aussi des échanges d'informations entre les armées des pays signataires et instaure des inspections internationales et des contrôles du respect des accords sur le terrain.

Ce traité, qui ne fait pas référence aux armements navals mais concerne exclusivement les armes conventionnelles (chars, pièces d'artillerie, véhicules blindés de combat, avions et hélicoptères de combat...), a entraîné la destruction de 100 000 armes sur le sol européen. Cependant, il s'avère dépassé après l'éclatement de l'URSS et la dissolution du pacte de Varsovie, le principe d'équilibre entre les armements des deux blocs sur lequel il repose ayant alors perdu de sa pertinence. Compte tenu de cela, **un accord d'adaptation du Traité FCE** a été **signé en novembre 1999** pour substituer aux limitations des armements par bloc un système de plafonds nationaux et territoriaux. Toutefois, les pays de l'OTAN refusent de le ratifier tant que la Russie ne retire pas ses forces stationnées en Moldavie et en Géorgie, et Moscou s'est temporairement retiré du Traité en 2007. L'impasse se confirme dans les années qui suivent.

SECTION IV

Les efforts d'organisation de l'espace européen

502 Les bouleversements intervenus à l'Est (de 1989 à 1991) et la réunification de l'Allemagne accélèrent le processus d'approfondissement des Communautés européennes. **Achever le processus d'intégration économique, jeter les bases d'une véritable union politique et adapter les institutions au processus d'élargissement, tels sont les principaux objectifs de la construction européenne à partir du début des années quatre-vingt-dix.**

Par ailleurs, d'autres acteurs paneuropéens tels **le Conseil de l'Europe et l'OSCE se restructurent dans le contexte post-Guerre froide**, tandis que **l'OTAN**, privée de sa raison d'être initiale, **doit également se repositionner**.

§ 1. Le développement de l'Union européenne

503 Soucieuse de conforter sa puissance économique et animée par une dynamique d'unification et d'approfondissement, la Communauté européenne devient l'Union européenne le 1er novembre 1993.

Tout au long de ce processus, l'architecture institutionnelle, telle qu'elle avait été conçue dès les débuts de la construction communautaire, est maintenue (voy. n° 360) : un **Conseil des ministres** représentant les gouvernements et à ce titre doté du pouvoir de voter les normes juridiques européennes et le budget des institutions ; une **Commission**, gardienne des traités, disposant du monopole de l'initiative en matière de normes et chargée de leur exécution ; un **Parlement**, élu au suffrage universel direct depuis juin 1979 et représentant les peuples, chargé d'exercer un contrôle politique sur la Commission et doté d'un pouvoir de codécision sur les normes et le budget, à égalité avec le Conseil des ministres ; une **Cour de justice**, qui se prononce sur la légalité des actes communautaires et contrôle leur bonne application dans l'ensemble des États membres.

Deux grandes institutions nouvelles voient le jour, le **Conseil européen** et la **Banque centrale européenne**. Créé à l'initiative de la France par le sommet de Paris du 10 décembre 1974, officialisé en 1986 par l'Acte unique européen, le Conseil européen regroupe l'ensemble des chefs d'État et de gouvernement des États membres. Comme indiqué dans le Traité de Maastricht, son rôle est de définir les orientations politiques générales de l'Union. Réuni en pratique au moins quatre fois par an, il peut aussi exprimer, par des déclarations ou résolutions, la position commune des États membres sur une question déterminée. Créée en juin 1998 en application du Traité de Maastricht, la Banque centrale européenne (BCE) prend les décisions nécessaires à la mise en œuvre de la politique monétaire de la zone euro. Le traité précise qu'elle est indépendante des gouvernements et a pour mission principale d'assurer la stabilité des prix.

A) L'approfondissement de la construction européenne

504 Depuis son origine, la construction communautaire a toujours été liée à l'évolution générale des relations internationales. Les trois communautés (CECA, CEE, CEEA) sont apparues au plus fort de la Guerre froide, à la fois pour donner un sens

et une dynamique à la reconstruction de l'Europe, mais aussi pour rassembler l'Europe occidentale face à la menace soviétique et favoriser la paix. Si la signature de l'Acte unique le 17 février 1986 relance la construction communautaire dans le cadre d'une plus grande intégration économique, **le Traité de Maastricht, signé le 7 février 1992, immédiatement après la fin de la Guerre froide, consacre sa dimension politique en donnant naissance à l'Union européenne.**

1. Le Traité de Maastricht

505 Le Traité de Maastricht, qui est l'aboutissement de deux conférences intergouvernementales consacrées, l'une à l'Union politique, l'autre à l'Union économique et monétaire, définit de grandes ambitions pour l'avenir de l'Europe communautaire. Il « marque une nouvelle étape dans le processus créant une union sans cesse plus étroite entre les peuples de l'Europe » (titre I, art. 1).

a) Extension des compétences communautaires

506 Le titre II du Traité de Maastricht modifie profondément le Traité CEE (Traité de Rome) du 25 mars 1957. Il prévoit un élargissement des compétences communautaires bien au-delà du domaine strictement économique. On ne parle plus de « Communauté économique européenne » mais de « Communauté européenne » (CE). Le Traité de Maastricht confère en conséquence à la CE des attributions nouvelles dans de nombreux domaines tels que l'éducation, la culture, la santé publique, l'environnement ou la protection des travailleurs.

b) Création d'une monnaie unique européenne

507 Le Traité de Maastricht a pour ambition de renforcer l'Union économique et monétaire (UEM) en instituant **une monnaie unique européenne**. Lors du sommet de Madrid, les 15 et 16 décembre 1995, le Conseil européen baptise « euro » la future monnaie et fixe la date de son lancement au 1er janvier 1999.

Visant à faciliter les échanges et à garantir la stabilité monétaire au sein des pays de l'Union, l'**Union économique et monétaire (UEM)** se met en place en trois étapes : la suppression de toutes les restrictions aux mouvements de capitaux entre les États membres à compter du 1er juillet 1990 ; la mise en place de l'Institut monétaire européen, préfiguration de la Banque centrale européenne, à partir du 1er janvier 1994 ; la préparation de la mise en circulation des billets et pièces en euros du 1er janvier 1999 au début de 2002. La monnaie unique est la dernière étape de la construction européenne dans le domaine monétaire, après la création du serpent monétaire en 1972 et du Système monétaire européen en 1979 (voy. n° 421).

Cependant, **les conditions mises à la réalisation de l'Union monétaire** (réduction des déficits publics à 3 % du PIB, dette publique inférieure à 60 % du PIB, un taux d'inflation moyen qui ne doit pas dépasser de plus de 1,5 % celui des trois États membres, au plus, présentant les meilleurs résultats en matière de stabilité des prix) et le refus de certains pays d'y prendre part (Danemark, Royaume-Uni, Suède) **restreignent à 11 le nombre des États qui adoptent l'euro au 1er janvier 1999** (Allemagne, Autriche, Belgique, Espagne, Finlande, France, Irlande, Italie, Luxembourg, Pays-Bas, Portugal). La zone euro se développe toutefois dans les années 2000, avec l'accession de la Grèce au premier semestre 2001 (sur la base de données statistiques aujourd'hui contestées), de la Slovénie le 1er janvier 2007, de Chypre et de Malte le 1er janvier 2008, de la Slovaquie le 1er janvier 2009, de l'Estonie le 1er janvier 2011, de la Lettonie le 1er janvier 2014, de la Lituanie le 1er janvier 2015 et de la Croatie le 1er janvier 2023. **20 pays ont aujourd'hui l'euro pour monnaie.**

c) Institutionnalisation de la coopération politique et création de la PESC

508 En 1986, l'Acte unique européen prévoyait qu'après son entrée en vigueur, le titre III consacré aux « dispositions sur la coopération européenne en matière de politique étrangère » pourrait faire l'objet d'une révision. Les bouleversements du système international de l'après-Guerre froide, plus précisément, les transformations intervenues sur le continent européen, rendent cette révision nécessaire dans le cadre d'un réexamen global de la coopération en matière de politique étrangère et de sécurité commune.

Le titre V du Traité de Maastricht institue une politique étrangère et de sécurité commune (PESC), comprenant une « politique de défense commune, qui pourrait conduire le moment venu, à une défense commune ». Toutefois, par crainte qu'une « communautarisation » de l'action extérieure des États ne remette en cause la souveraineté des États, la PESC repose sur une **coopération intergouvernementale** sans mécanisme de décision supranational.

Le Conseil européen (organe intergouvernemental) « définit les orientations générales de la politique étrangère et de sécurité commune » et « veille à l'unité, à la cohérence et à l'efficacité de l'action de l'Union » (titre V, art. 18, § 2). Cependant, comme il ne peut statuer qu'à l'unanimité, les actions communes extérieures sont difficiles à adopter et à mettre en œuvre, même si la procédure d'abstention constructive a assoupli la procédure (voy. n° 223). Beaucoup plus nettement que les mécanismes antérieurs de coopération politique, le Traité de Maastricht engage les États membres de l'Union européenne à harmoniser leurs politiques nationales, notamment au sein des organisations internationales, en vue de définir une politique extérieure de l'Union.

2. Le Traité d'Amsterdam

509 Conformément aux dispositions du Traité de Maastricht, une conférence intergouvernementale (CIG) se réunit de mars 1996 à juin 1997 pour procéder à des adaptations de ses dispositions qui apparaissent alors nécessaires. Elle élabore un Traité signé à Amsterdam le 2 octobre 1997 et entré en vigueur le 1er mai 1999.

Une des principales avancées de la CIG concerne la politique étrangère et de sécurité commune (PESC), les États membres de l'Union étant soucieux d'améliorer son fonctionnement et de mieux imposer l'UE sur la scène internationale, alors que la guerre en ex-Yougoslavie a mis en évidence la nécessité de prévenir plutôt que de simplement réagir. Un **nouvel instrument de politique étrangère est introduit, la stratégie commune**, dans les domaines où les États membres ont des intérêts communs importants. Une **unité de planification**, constituée de spécialistes, est créée pour évaluer les intérêts de l'Union en matière de politique étrangère et de sécurité commune et pour identifier les crises potentielles. Enfin, la fonction de **Haut Représentant**

pour la PESC est instituée. Elle est d'abord confiée au secrétaire général du Conseil de l'UE, qui doit exercer également la fonction de secrétaire général de l'Union de l'Europe occidentale (UEO) (voy. n° 353), de manière à donner une dimension de défense à la PESC.

De plus, le Traité d'Amsterdam crée à l'intérieur de l'Union **« un espace de liberté, de sécurité et de justice »**, qui introduit une coopération policière et judiciaire en matière pénale en vue de faire advenir, comme le précisent les conclusions du Conseil européen de Tampere (Finlande) d'octobre 1999, une politique commune en matière d'asile et d'immigration, un espace européen de justice, une action commune en matière de lutte contre la criminalité à l'échelle de l'UE et une action extérieure plus forte. Il intègre en outre dans le dispositif juridique de l'Union **la Convention de Schengen signée en 1985**, qui permet la libre circulation des personnes sans contrôle aux frontières (voy. n° 98).

3. Le Traité de Nice et la Charte des droits fondamentaux

510 Dans la perspective de l'élargissement vers l'est de l'Union décidé par le Conseil européen de Copenhague de 1993 (voy. n° 513), il apparaît nécessaire d'engager une réforme institutionnelle permettant à une Union élargie de continuer à fonctionner efficacement avec une légitimité renforcée. Cette question n'ayant pu être intégralement traitée par les négociations du Traité d'Amsterdam, il revient à une nouvelle conférence intergouvernementale (CIG), à partir de février 2000, de traiter les trois « reliquats » d'Amsterdam (taille et composition de la Commission européenne, repondération des voix au Conseil des ministres en fonction de la population, extension de la majorité qualifiée). Le Conseil européen de Nice, en décembre 2000, prend acte des résultats décevants de la CIG, qui aboutissent à la signature, le 26 février 2001, du Traité de Nice, et proclame la Charte des droits fondamentaux élaborée par une « convention » dédiée entre décembre 1999 et octobre 2000.

a) Le Traité de Nice, une réforme institutionnelle limitée

511 Les négociations engagées en 2000, qui visent à rendre les institutions plus efficaces et à préparer l'Union à son prochain grand élargissement, entraînent des évolutions institutionnelles peu ambitieuses, qui traduisent le souci des États membres de défendre leurs intérêts immédiats et l'absence de vision de long terme.

En ce qui concerne la Commission européenne, où les États les plus peuplés (Allemagne, France, Italie et Royaume-Uni) nomment, depuis le Traité de Rome, deux commissaires (contre un pour les autres), le Traité de Nice prévoit qu'à compter de 2005 elle ne compte plus qu'un commissaire par État.

Le système de la pondération des voix, qui détermine le calcul de la majorité qualifiée au Conseil des ministres, évolue peu : s'il prévoit une réduction du poids des États les plus peuplés au fur et à mesure que l'Union s'élargit, le Traité de Nice maintient toutefois l'égalité des voix de ces derniers et conserve le principe de proportionnalité dégressive par rapport à la population (qui favorise les pays les moins peuplés). À la demande de l'Allemagne qui s'estime défavorisée par ce mécanisme de pondération renouvelé, tout État membre peut demander la confirmation que les voix favorables représentent au moins 62 % de la population totale de l'Union ; dans le cas contraire, la décision n'est pas adoptée. Parallèlement, pour contrebalancer la modification de la pondération des voix au Conseil, la composition du Parlement a été modifiée et le nombre maximal de députés européens fixé à 732 (contre 700 d'après le Traité d'Amsterdam).

Le Parlement voit en outre ses pouvoirs élargis avec l'extension du champ d'application de la procédure de codécision. Au Conseil des ministres, la règle de la majorité qualifiée est étendue à de nouveaux domaines, en remplacement de l'unanimité, potentielle source de blocages.

Bien que signé en février 2001, le Traité de Nice tarde à entrer en vigueur (1er février 2003), en raison d'un vote des Irlandais initialement défavorable à sa ratification (référendum du 8 juin 2001, avec 54 % de « non »), à la suite duquel le Conseil européen de Séville (21 juin 2001) a adopté une déclaration garantissant la neutralité irlandaise, ce qui a permis l'approbation du Traité de Nice par les Irlandais lors d'un second référendum le 19 octobre 2001 (62,89 % de « oui »).

En définitive, ni à Maastricht, ni à Amsterdam, ni à Nice, les gouvernements ne sont pleinement parvenus à donner à l'Europe élargie un cadre institutionnel efficace, démocratique et respectueux de l'identité de chacun des peuples.

b) La Charte des droits fondamentaux de l'Union européenne, un texte ambitieux

512 En juin 1999, le Conseil européen de Cologne décide que l'Union européenne doit adopter un texte ambitieux en matière de droits de l'homme, qui soit une référence compréhensible par tous les citoyens de l'UE et qui améliore la protection des droits fondamentaux. Une convention, composée de représentants des États membres, de la Commission européenne, de députés européens et de parlementaires nationaux, sous la direction de l'ancien président allemand Roman Herzog, travaille de décembre 1999 à octobre 2000 à la rédaction de la Charte des droits fondamentaux de l'Union européenne, un document qui, en 54 articles, décline, outre des droits civils et politiques, des droits économiques et sociaux, ainsi que des droits de « nouvelle génération » (notamment en matière de bioéthique).

La Charte est proclamée lors du Conseil européen de Nice, le 7 décembre 2000, mais n'est dotée d'une portée juridique identique à celle des traités que depuis l'entrée en vigueur du Traité de Lisbonne le 1er décembre 2009.

B) L'élargissement de l'Union à partir des années 1990

513 L'adhésion à l'Union européenne (et auparavant aux Communautés européennes) est subordonnée au respect, par les États candidats, des valeurs visées à l'article 2 du Traité sur l'Union européenne : respect de la dignité humaine, liberté, démocratie, égalité, respect des droits de l'homme, y compris des droits des personnes appartenant à des minorités, ainsi que de l'État de droit. Formellement, elle requiert l'unanimité des États membres et, depuis l'Acte unique, l'avis conforme du Parlement européen.

Dès la fin de la Guerre froide, alors que le nombre de candidatures augmente, **le Conseil européen de Copenhague de juin 1993 précise les critères d'adhésion**, en complément des prescriptions des traités :

- **la présence d'institutions stables et le respect des minorités**, ainsi que leur protection ;

- l'existence d'**une économie de marché viable**, ainsi que la capacité de faire face à la pression concurrentielle et aux forces du marché à l'intérieur de l'Union ;
- la capacité du pays candidat à assumer les obligations découlant de l'adhésion, notamment à souscrire aux objectifs de l'Union politique, économique et monétaire et à adopter les règles, normes et politiques communes de l'Union, couramment dénommées « **acquis communautaire** ».

Dans les faits, les réponses de l'Union européenne et la longueur de la procédure d'adhésion varient grandement selon les pays. **Un premier élargissement post-Guerre froide (le quatrième depuis les débuts de l'UE)** concerne l'Autriche, la Finlande, la Norvège et la Suède. Un accord d'adhésion est signé entre l'Union européenne et les quatre États le 26 juin 1994, mais seuls trois États (Autriche, Suède et Finlande) deviennent définitivement membres, après des référendums favorables à l'adhésion, tandis que les Norvégiens rejettent pour la seconde fois, en novembre 1994, l'entrée dans l'Union. Le **1er janvier 1995, l'Autriche, la Finlande et la Suède**, qui ne pouvaient appartenir à l'Europe communautaire pendant la Guerre froide par crainte de la réaction de l'URSS, en deviennent membres à part entière.

Les pays d'Europe centrale et orientale présentent leur candidature d'adhésion dès le milieu des années 1990. La demande turque, elle, date de 1987 et celles de Chypre et de Malte de 1990. Les négociations commencent avec six pays (Chypre, Estonie, Hongrie, Pologne, République tchèque et Slovénie) en 1998, puis avec six autres (Bulgarie, Lettonie, Lituanie, Malte, Roumanie et Slovaquie) en 2000. **L'Union européenne accueille en son sein, le 1er mai 2004, Chypre, l'Estonie, la Hongrie, la Lettonie, la Lituanie, Malte, la Pologne, la République tchèque, la Slovaquie et la Slovénie. L'adhésion des deux autres pays de cette « vague d'élargissement » (Bulgarie et Roumanie) intervient le 1er janvier 2007.**

Le nombre des États membres de l'Union a considérablement augmenté, passant de 12 au sortir de la Guerre froide à 27 en 2007. Cohabitent dès lors dans un même ensemble économique et politique des pays assez hétérogènes dans leur histoire, leur géographie, leur culture politique, économique et sociale, mais aussi dans leur vision de ce que devrait être l'Union.

C) Les débuts des politiques de sécurité et de défense de l'Union européenne

514 Au début des années 1990, la situation géopolitique semble favorable à l'éclosion d'une identité européenne de défense : la rivalité Est-Ouest n'est plus au cœur des relations internationales ; le bloc soviétique, y compris l'URSS elle-même, a disparu et l'Europe semble apte à gérer son nouvel environnement stratégique. La question se pose alors de savoir si l'Europe communautaire est capable de se donner les moyens de sa défense ou si elle est condamnée à rester « un géant économique, un nain politique et une larve militaire », selon les mots qu'aurait prononcés en 1991 le ministre belge (démocrate-chrétien) des Affaires étrangères, Marc Eyskens.

1. La brève réactivation de l'UEO et sa contestation

515 Dans leur **Déclaration de Petersberg** (Allemagne) du 19 juin 1992, les ministres des Affaires étrangères et de la Défense assignent à l'Union de l'Europe occidentale (UEO) un ensemble de tâches : **« missions humanitaires ou d'évacuation de ressortissants, missions de maintien de la paix, missions de forces de combat pour la gestion des crises, y compris des opérations de rétablissement de la paix »**.

En parallèle, le Traité de Maastricht de 1992 prévoit « la définition à terme d'une politique de défense qui pourrait conduire, le moment venu, à une défense commune » (art. 14). Désignée comme « partie intégrante du développement de l'Union européenne » (art. 14, § 2), l'UEO est appelée à être le « bras armé » de l'UE, dont elle doit mettre en œuvre les décisions en matière de défense. Il est ainsi prévu que l'UEO puisse mener, pour le compte de l'UE, des missions de gestion militaire des crises en dehors de la défense collective assurée par l'OTAN. **Un lien organique est créé entre l'Union européenne et l'UEO**, confirmé par le Traité d'Amsterdam, lequel pose les bases d'un rapprochement entre les deux organisations, notamment en plaçant au poste de Haut Représentant pour la politique étrangère et de sécurité commune (PESC) le secrétaire général de l'UEO. Il s'agit ainsi de doter l'UE d'un dispositif politico-militaire permanent, comportant notamment une « unité de planification et d'alerte rapide » placée sous l'autorité du Haut Représentant pour la PESC, ainsi que des forces opérationnelles européennes, que sont l'Eurocorps franco-allemand, auquel s'associent la Belgique, l'Espagne et le Luxembourg, l'Euroforce terrestre réunissant l'Espagne, la France, l'Italie et le Portugal et l'Euromarfor, force maritime européenne regroupant la France, l'Italie, l'Espagne et le Portugal.

S'il a été décidé de recourir à l'UEO, c'est, d'une part, parce qu'elle est alors la seule organisation européenne compétente en matière de défense et, d'autre part, parce que son traité fondateur, le Traité de Bruxelles, contient une clause d'assistance mutuelle militaire contraignante en cas d'agression, établissant ainsi une solidarité militaire forte entre ses États membres. Toutefois, cette relance de l'UEO, qui a lieu en grande partie à l'initiative de la France, ne fait pas l'unanimité. Si de nouveaux pays adhèrent à l'UEO (l'Espagne et le Portugal en 1990, la Grèce en 1995), les Allemands n'oublient pas que cette organisation avait été l'instrument de mesures discriminatoires de limitation des armements à leur encontre et les Britanniques s'inquiètent que le projet ne porte en germe le développement de structures militaires séparées de l'OTAN. De plus, l'UEO n'associant pas tous les membres de l'Union européenne (notamment les pays de tradition neutre que sont alors l'Autriche, la Finlande, l'Irlande, Malte et la Suède), sa légitimité politique reste faible et ses moyens organisationnels et budgétaires modestes. Enfin, le mécanisme qui oblige l'Union européenne à faire appel à l'UEO, organisation extérieure, chaque fois qu'elle entend mener une action militaire paraît enfin inutilement lourd et complexe.

Finalement, en 2010, les pays alors membres de l'UEO (Allemagne, Belgique, Espagne, France, Grèce, Italie, Luxembourg, Pays-Bas, Portugal, Royaume-Uni), estimant que l'Union européenne a repris le rôle de l'UEO dans le cadre de la politique européenne de sécurité et de défense, décident d'un commun accord de la **dissolution de l'UEO**, qui devient effective **en juin 2011**.

2. Les premiers pas vers une politique de défense de l'Union européenne

516 C'est le **sommet franco-britannique de Saint-Malo (4 décembre 1998)** qui lance l'idée d'une politique européenne de sécurité et de défense (PESD) directement mise en œuvre par l'Union européenne sans passer par le truchement de l'UEO. La déclaration publiée à l'issue de ce sommet souligne en particulier que **l'Union européenne doit « avoir une capacité autonome d'action, appuyée sur des forces militaires crédibles, avec les moyens de les utiliser et en étant prête à le faire pour répondre aux crises internationales »**.

Cette décision intervient juste avant que les Européens fassent l'expérience, durant la crise du Kosovo de 1999 (voy. n° 526), de leur difficulté à peser ensemble au sein de l'OTAN sur les choix stratégiques américains. Au moment de la guerre aérienne menée contre la Serbie, ils s'efforcent de jouer un rôle modérateur vis-à-vis des Américains, sur des sujets tels que le type d'armes employées ou encore la localisation et la nature des cibles cherchant en particulier à écarter des cibles telles que les centrales électriques ou les ponts sur le Danube, dont la destruction affecterait de façon durable la population civile serbe. La portée de leurs interventions se révèle extrêmement limitée puisqu'une partie de la planification est décidée par les Américains seuls, hors des canaux normaux de l'OTAN. Les Européens concluent de l'opération du Kosovo que le contrôle politique de l'opération a été insuffisant, tandis que les Américains jugent au contraire excessive l'interférence politique dans la conduite détaillée des opérations.

En conséquence, **l'Union européenne décide, lors du Conseil européen d'Helsinki de décembre 1999, de se doter des mécanismes institutionnels nécessaires à la mise en œuvre d'une politique commune de gestion des crises, y compris par des moyens militaires** : comité politique et de sécurité (COPS) au niveau politique (ambassadeurs), comité militaire de l'Union européenne chargé d'assister le COPS en matière militaire, état-major de l'Union européenne. Lors de ce Conseil, les États membres se fixent également un **objectif de capacités militaires communes très significatif** (une force disponible de 60 000 hommes, 100 bâtiments et 400 avions de combat pouvant être déployée pendant un an sur des théâtres éloignés).

§ 2. Les nouveaux positionnements des acteurs paneuropéens

A) Le Conseil de l'Europe

517 Comme d'autres institutions européennes, le Conseil de l'Europe, organisation internationale visant à créer sur le continent européen un espace juridique commun respectant les droits de l'homme et les libertés fondamentales (voy. n° 347), engage un processus d'élargissement après l'effondrement du bloc soviétique. Aux dix États fondateurs (Belgique, Danemark, France, Irlande, Italie, Luxembourg, Norvège, Pays-Bas, Royaume-Uni, Suède) se joignent ainsi

rapidement la Grèce, la Turquie, l'Allemagne (alors RFA), l'Islande, l'Autriche, Chypre, la Suisse, Malte, puis, après leur retour à la démocratie, le Portugal et l'Espagne.

E 23

Structure du Conseil de l'Europe

Le Conseil de l'Europe comprend :

- un secrétaire général élu par l'Assemblée parlementaire, sur recommandation du Comité des ministres, pour une période de cinq ans, à la tête d'un Secrétariat général composé de quelque 1 800 fonctionnaires issus des 47 États membres ;
- un Comité des ministres, organe de décision de l'Organisation, composé des 47 ministres des Affaires étrangères ou de leurs délégués, ayant rang d'ambassadeurs et siégeant en permanence à Strasbourg ;
- une Assemblée parlementaire, représentant les 47 parlements nationaux et regroupant 636 membres (318 titulaires et 318 suppléants) ;
- une Cour européenne des droits de l'homme, composée de 47 juges (un par État membre) élus par l'Assemblée parlementaire pour un mandat de neuf ans non renouvelable ;
- un Congrès des pouvoirs locaux et régionaux, porte-parole des régions et des municipalités d'Europe.

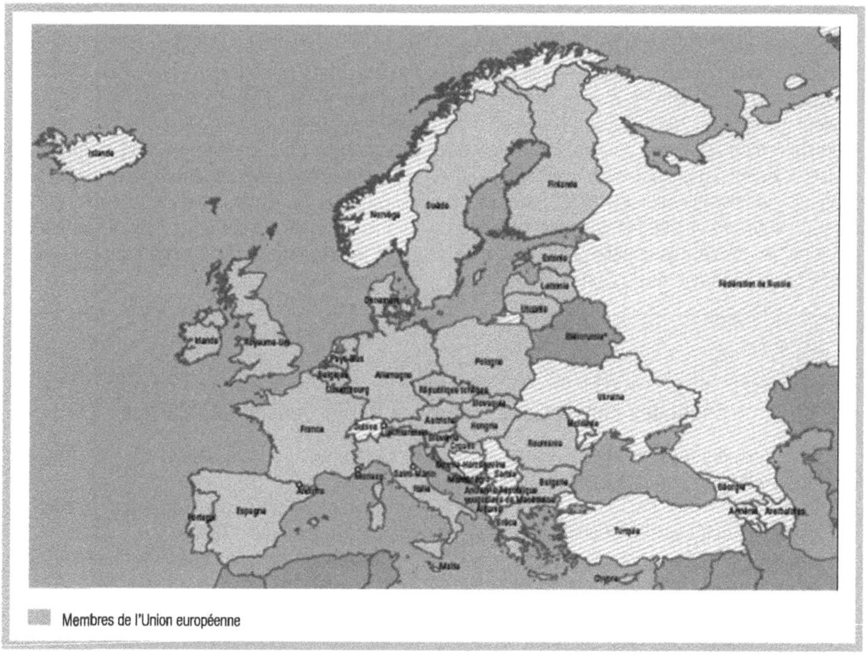

États membres du Conseil de l'Europe en 2016 (Les pays de l'UE sont en gris)

Après la dissolution de l'Union soviétique et de la Yougoslavie, **le Conseil de l'Europe**, qui a accueilli la Finlande en mai 1989, réaffirme, dans la perspective de l'adhésion des pays issus de l'ancien bloc communiste, les principes figurant dans son statut, notamment la prééminence du droit. **Dans une déclaration faite à Vienne en 1993, les chefs d'État et de** gouvernement **du Conseil de l'Europe précisent les critères d'admission à l'organisation** : « [L]'adhésion présuppose que l'État candidat ait mis ses institutions et son ordre juridique en conformité avec les principes de base de l'État démocratique ». Deux autres critères viennent compléter la conditionnalité juridique de l'adhésion de certaines républiques de l'ex-URSS, en particulier de la Russie (qui avait obtenu le statut d'observateur privilégié depuis 1992) : les États du

Conseil de l'Europe doivent être des États pacifiques et respectueux du droit des minorités. Après l'adhésion de la Hongrie en 1990 et de la Pologne en 1991, de la Bulgarie en 1992, des Républiques tchèque et slovaque et de la Roumanie en 1993, l'Albanie est admise en 1995. S'agissant des pays issus de la dissolution de l'URSS, l'Estonie et la Lituanie adhèrent dès 1993. La Lettonie, l'Ukraine et la Moldavie sont admises un peu plus tard en 1995. Parmi les pays du Caucase, la Géorgie devient membre en 1999, l'Arménie et l'Azerbaïdjan en 2001. Quant à la Russie, dont la procédure d'adhésion est suspendue en février 1995 en raison de la guerre en Tchétchénie, elle devient membre du Conseil de l'Europe en février 1996 et le reste jusqu'à ce que la crise ukrainienne (voy. n° 599) conduise l'Assemblée parlementaire à exclure temporairement sa délégation. Des pays issus de l'éclatement de la Yougoslavie, la Slovénie est la première admise, en 1993, suivie de la Macédoine en 1995 (sous le nom d'ex-République yougoslave de Macédoine), puis de la Croatie, en 1996, sous condition du respect des accords de Dayton. Par la suite, la Bosnie-Herzégovine devient membre en 2002, la Serbie en 2003 et le Monténégro en 2007. Par ailleurs, le Conseil de l'Europe a choisi d'accepter les micro-États européens : le Liechtenstein en 1978, Saint-Marin en 1988, Andorre en 1994 et finalement Monaco en 2004. Au début des années 2000, quarante-sept États sont membres du Conseil de l'Europe.

Il est à noter que le Conseil de l'Europe admet la participation à des réunions spécialisées (mais non aux travaux du Comité des ministres ou de l'Assemblée) d'États observateurs : le Saint-Siège depuis 1970, les États-Unis, le Canada et le Japon depuis 1996 et le Mexique depuis 1999. Israël a le statut d'observateur auprès de l'Assemblée.

Le Conseil de l'Europe, qui n'a pas de compétence en matière de sécurité et de défense, a élaboré un grand nombre de conventions destinées à rapprocher les peuples européens. La plus importante est sans doute la Convention de sauvegarde des droits de l'homme et libertés fondamentales (voy. n°s 109 et 231).

Le Conseil de l'Europe offre également un cadre institutionnel d'accueil pour des « **accords partiels** » en vertu duquel certains États membres collaborent, avec le consentement des autres États membres, à une activité spécifique d'intérêt commun entrant dans les compétences de l'Organisation. Ces coopérations à géométrie variable, auxquelles ne participent qu'une partie des États membres mais qui peuvent être ouvertes à des États non membres, ont permis notamment la création de la Commission européenne pour la démocratie et le droit (dite « Commission de Venise » à laquelle participent soixante et un États, dont les États-Unis), du Groupe d'États contre la corruption ou encore de la Banque de développement du Conseil de l'Europe.

E 24 Principales conventions élaborées par le Conseil de l'Europe

- Convention européenne de sauvegarde des droits de l'homme et des libertés fondamentales (1950) ;
- Convention culturelle européenne (1954) ;
- Charte sociale européenne (1961) ;
- Convention européenne pour la répression du terrorisme (1977) ;
- Convention sur la conservation de la vie sauvage et du milieu naturel de l'Europe (1979) ;
- Convention pour la prévention de la torture et des peines ou traitements inhumains ou dégradants (1987) ;
- Convention sur la télévision transfrontière (1989) ;
- Convention-cadre pour la protection des minorités nationales (1995) ;
- Convention sur les droits de l'homme et la biomédecine (1997) ;
- Convention sur la cybercriminalité (2001) ;
- Convention pour la prévention du terrorisme (2005) ;
- Convention sur la lutte contre la traite des êtres humains (2005).

B) L'Organisation pour la sécurité et la coopération en Europe (OSCE)

518 **À partir de 1986,** au cours de leur « réunion de Vienne » (du 4 novembre 1986 au 19 janvier 1989), **les pays de la Conférence sur la coopération et la sécurité en Europe (CSCE),** qui avaient adopté le 1er août 1975 l'Acte final d'Helsinki (voy. n° 395), **jugent que la question de la sécurité européenne ne se pose plus en termes de confrontation ni même de coexistence entre l'Est et l'Ouest, mais en termes de coopération et de solidarité.**

Les chefs d'État et de gouvernement des États participant à la CSCE, considérant alors que « l'Europe se libère de l'héritage du passé », signent, le **21 novembre 1990, la Charte de Paris pour une nouvelle Europe**. Acte de naissance d'une organisation qui sera désormais un instrument de sécurité coopérative et préventive, cette charte **institutionnalise la CSCE** qui, jusqu'à cette date, n'était qu'une conférence diplomatique, en la transformant en Organisation pour la sécurité et la coopération en Europe (OSCE). Il ne s'agit toutefois pas d'un traité mais d'une **déclaration politique**, dont la force juridique reste imprécise (voy. n° 60).

1. Les structures institutionnelles de l'OSCE

519 Lors du sommet de Budapest des 5 et 6 décembre 1994, **l'Organisation pour la sécurité et la coopération en Europe (OSCE) qui succède à la CSCE se dote de nouvelles institutions**. Elle crée notamment un secrétariat (avec à sa tête un secrétaire général élu pour trois ans), un conseil composé des ministres des Affaires étrangères qui se réunit une fois par an et un conseil permanent au niveau des ambassadeurs, une Assemblée parlementaire, un centre de prévention des conflits, un bureau des institutions démocratiques et des droits de l'homme, un Haut-Commissaire aux minorités nationales et un représentant pour la liberté des médias. L'OSCE est présidée pour un an par un des États membres désignés par le Conseil ministériel.

États participants à l'OSCE

Albanie	Bulgarie	France	Liechtenstein	Pays-Bas	Slovénie
Allemagne	Canada	Géorgie	Lituanie	Pologne	Suède
États-Unis	Chypre	Grèce	Luxembourg	Portugal	Suisse
Andorre	Croatie	Hongrie	Malte	République	Tadjikistan
Arménie	Danemark	Irlande	Moldavie	tchèque	Turkménistan
Autriche	Espagne	Islande	Monaco	Roumanie	Turquie
Azerbaïdjan	Estonie	Italie	Mongolie	Royaume-Uni	Ukraine
Belgique	Macédoine	Kazakhstan	Monténégro	Saint-Marin	
Biélorussie	Russie	Kirghizistan	Norvège	Saint-Siège	
Bosnie-	Finlande	Lettonie	Ouzbékistan	Serbie	
Herzégovine				Slovaquie	

2. L'OSCE et la maîtrise des armements

520 L'OSCE met en œuvre deux accords de maîtrise des armements : **le document de Vienne**, signé en 1990, puis révisé en 1999 et décembre 2011, qui **établit un régime d'inspection des activités militaires** et **le traité Ciel ouvert**, entré en vigueur en 2002, qui **permet des observations mutuelles**, grâce à des

vols d'observation (non armés) des territoires des États concernés, au moyen d'avions équipés de capteurs photographiques. Il existe enfin, depuis 1994, un **Code de conduite sur les aspects politico-militaires de la sécurité**, qui vise à assurer le respect des principes de proportionnalité et d'immunité des non-combattants dans l'exercice des missions de sécurité intérieure.

Cependant, dès la fin du millénaire, l'absence de confiance entre la Russie et les Occidentaux et leurs désaccords sur l'application du Traité sur les Forces armées conventionnelles en Europe retirent beaucoup de leur portée pratique à ces activités de l'OSCE (voy. n°s 485 et 554).

3. L'action politique de l'OSCE

521 Plus qu'une institution opérationnelle, l'OSCE émerge dans les années 1990 comme **un forum** où l'ensemble des pays du continent européen traitent avec les États-Unis et le Canada de la sécurité européenne. C'est une enceinte où ces pays peuvent, s'ils en ont la volonté, **dégager des solutions politiques aux crises ou tensions** survenant dans la région et **soutenir le développement des droits fondamentaux et de l'État de droit**. L'organisation se projette comme **facilitatrice de modes pacifiques de résolution des conflits** sur le continent européen. Enfin, **en tant qu'organisation régionale au sens du chapitre VIII de la Charte, elle peut déployer des missions de maintien de la paix des Nations Unies sur mandat du** Conseil de sécurité.

Cependant, l'action de l'OSCE repose sur les dix principes fondamentaux ou décalogue de l'Acte final d'Helsinki (voy. n° 395), qui, adoptés dans un contexte géopolitique particulier, font désormais, pour certains d'entre eux, l'objet d'**interprétations divergentes** de la part des 57 États membres : il en est ainsi notamment du droit à l'autodétermination, de la non-ingérence, du respect des droits de l'homme, du respect de l'intégrité territoriale des États et de l'inviolabilité des frontières. L'OSCE pâtit en outre de **l'absence de confiance** entre des acteurs majeurs, notamment les Occidentaux et la Russie, de **son caractère informel, juridiquement non contraignant**, de la **lourdeur de son fonctionnement** et des **contraintes du consensus**, qui limitent considérablement ses possibilités d'action.

En ex-Yougoslavie, l'exigence de consensus a montré ses limites pour l'adoption de décisions de fond. De même, dans le conflit du Haut-Karabakh (voy. n° 452) opposant l'Arménie et l'Azerbaïdjan, les négociations de paix engagées sous l'égide de l'OSCE ne permettent pas de dégager de solution. Pour ce qui est de la Transnistrie, l'OSCE se borne également à faciliter les négociations entre le gouvernement moldave et les sécessionnistes en exerçant une fonction de médiation conjointement avec l'Ukraine et la Russie, en présence de l'Union européenne et des États-Unis devenus observateurs en 2005.

Au vu de ces expériences, **l'OSCE paraît plus apte à intervenir avant le déclenchement d'un conflit, comme un instrument préventif, que pendant le déroulement du conflit ou lorsque les combats ont simplement cessé sans accord des belligérants sur le fond.**

C) L'OTAN à la recherche d'une nouvelle raison d'être ?

522 Pendant plus de quarante ans, l'Europe a été le terrain possible d'un affrontement entre deux blocs militaires antagonistes, l'Alliance atlantique et le pacte de Varsovie. Cette menace a conduit les pays d'Europe occidentale à rechercher la protection nucléaire américaine, à souhaiter la présence de soldats américains sur leur sol et à accepter le ***leadership*** des États-Unis. L'Organisation du Traité de l'Atlantique Nord (OTAN) a été le cadre essentiel de la coopération entre l'Europe occidentale et les États-Unis en matière de sécurité et de défense.

Si, à la fin des années 1980, avec l'effondrement du bloc soviétique et la dissolution du pacte de Varsovie, l'Alliance atlantique semble perdre beaucoup de sa signification politique et militaire, elle parvient néanmoins à s'imposer comme **une structure de stabilité dans une Europe déstabilisée par la résurgence des nationalismes**, alors que l'Union européenne ne parvient pas à faire face à ces risques par elle-même. **Dès lors, l'OTAN devient une organisation de gestion des crises internationales dans lesquelles des intérêts américains et européens sont en jeu.**

E 25 **Les États membres de l'Alliance atlantique**

À sa création en 1949, le Traité de l'Atlantique-Nord a été signé par douze États fondateurs : Belgique, Canada, Danemark, États-Unis, France, Islande, Italie, Luxembourg, Norvège, Pays-Bas, Portugal et Royaume-Uni. Par la suite, l'OTAN s'est élargie à de nouveaux membres : Grèce et Turquie (1952), Allemagne (1955), Espagne (1982), République tchèque, Hongrie et Pologne (1999), Bulgarie, Estonie, Lettonie, Lituanie, Roumanie, Slovaquie, Slovénie (2004), Albanie et Croatie (2009), Monténégro (2017), Macédoine du Nord (2020). Dans le contexte de la guerre en Ukraine, elle a accueilli la Finlande (4 avril 2023). L'adhésion de la Suède, qui a posé sa candidature en mai 2022 en même temps que sa voisine finlandaise, est suspendue à la ratification de la Hongrie et de la Turquie.

---

1. L'évolution de la doctrine de l'Alliance

a) Les premières transformations de l'Alliance au cours des années 1990

523 Lancée au sommet de Londres en juillet 1990, la transformation de l'OTAN se concrétise au **sommet de Rome, en novembre 1991**, par l'adoption d'un **nouveau concept stratégique**, première modification majeure depuis l'adoption de la stratégie de « riposte graduée » en 1967.

Tirant les conséquences de la nouvelle situation militaire, ce texte approuve des réductions substantielles du volume des forces et de leur niveau de préparation et prévoit une amélioration de leur mobilité, de leur rapidité de réaction, de leur souplesse d'emploi et de leur intégration multinationale. Il s'agit ainsi de favoriser l'engagement de l'OTAN dans la gestion des crises et les opérations de maintien de la paix. Dès lors, l'OTAN réoriente ses missions : son rôle est désormais moins d'assurer la défense du territoire de l'Europe occidentale que d'**organiser des missions de gestion des crises**.

Le concept stratégique de Rome désigne en outre l'Alliance comme une « association transatlantique qui établit le lien permanent entre la sécurité de l'Amérique du Nord et la sécurité de l'Europe ». Dans le domaine militaire, il souligne que **« la présence en Europe de forces conventionnelles nord-américaines et des forces nucléaires des États-Unis reste indispensable à la sécurité de ce continent »**. Il affirme en particulier l'**ancrage nucléaire** de l'Alliance : « La garantie suprême de la sécurité des Alliés est apportée par les forces nucléaires stratégiques de l'Alliance, en particulier celles des États-Unis ; les forces nucléaires stratégiques indépendantes du Royaume-Uni et de la France, qui ont un rôle de dissuasion propre, contribuent à la dissuasion globale et à la sécurité des Alliés ». Toutefois, la quasi-totalité des armes nucléaires tactiques américaines sont retirées d'Europe.

Le concept stratégique adopté à Rome insiste en outre sur la nécessité d'« œuvrer dans le sens d'une amélioration et d'un élargissement de la sécurité pour l'Europe tout entière ». L'OTAN se conçoit dès lors comme une organisation de sécurité **disposée à nouer des liens nouveaux avec les pays européens qui n'en sont pas membres**. Le 20 décembre 1991, une structure de coopération et de dialogue entre les membres de l'OTAN et ceux de l'ex-pacte de Varsovie est créée, le Conseil de coopération nord-atlantique (COCONA).

Tableau 9 **Structures civiles et militaires de l'OTAN**[58]

Structure civile	Structure militaire
Le Conseil de l'Atlantique nord est la plus haute autorité de l'Alliance. Il réunit chaque semaine les représentants permanents, deux fois par an les ministres des Affaires étrangères et, exceptionnellement, les chefs d'État et de gouvernement. Les grandes orientations de l'organisation sont décidées au cours de ces réunions.	Un Comité militaire est placé sous l'autorité du Conseil de l'Atlantique nord. Composé des chefs d'état-major des pays membres, il se réunit deux fois par an.
Le Secrétariat général	L'état-major international est l'organe exécutif du Comité militaire. Son rôle est d'établir des plans et de réaliser des études relatives à la mise en œuvre des forces.
La structure civile internationale comprend plusieurs divisions, notamment la division de la politique et de la planification de défense, ainsi que la division de l'investissement de défense. Au sein de cette dernière, la Conférence des directeurs nationaux d'armement examine les questions d'équipement militaire.	Le commandement allié « Opérations », dont la mission est d'assurer la planification et la conduite d'ensemble des opérations de l'OTAN, a autorité sur deux commandements opérationnels : – Brunssum (Pays-Bas) ; – Naples (Italie). Il a également autorité sur trois commandements de forces respectivement maritimes, aériennes et terrestres, ainsi que sur plusieurs quartiers généraux de forces rapidement déployables.
Le Groupe des plans nucléaires assure la coopération des membres en matière nucléaire (la France n'y participe pas).	Le commandement allié « Transformation » (ACT) supervise la transformation des capacités militaires de l'OTAN pour en améliorer en permanence l'efficacité.

58. Deux nouveaux commandements doivent être installés à Ulm (Allemagne) pour le soutien logistique et à Norfolk (États-Unis) pour la sécurité navale de l'Atlantique afin d'accélérer les déploiements de forces alliées et de garantir l'acheminement de renforts américains en cas de crise à l'est de l'Europe.

b) L'adaptation de l'Alliance aux crises et aux ambitions européennes

524 En 1997, les États membres de l'OTAN décident de réexaminer le concept stratégique de Rome, notamment pour tirer les leçons des crises yougoslaves et tenir compte de l'évolution qui se dessinait alors en faveur d'une identité européenne de sécurité et de défense. Cette **nouvelle version du concept stratégique** de l'Alliance est **adoptée au sommet de Washington en avril 1999**, premier sommet auquel participent trois nouveaux membres, la Hongrie, la Pologne et la République tchèque.

On note parmi ses éléments nouveaux :

- le soutien au développement de l'identité européenne de sécurité et de défense, grâce notamment à des **arrangements permettant à l'Union européenne de recourir aux moyens de planification militaire de l'OTAN pour des opérations dans lesquelles l'Alliance ne serait pas engagée militairement en tant que telle** ;
- un **engagement en faveur de la prévention des conflits et de la gestion des crises**, dans la ligne des actions menées en ex-Yougoslavie.

Le sommet de Washington confirme également que l'Alliance est engagée dans un **processus d'élargissement.** Cependant les limites de ce dernier sont mal définies, ce qui entraînera une détérioration progressive de ses relations avec la Russie à mesure que l'OTAN s'approchera des frontières de cette dernière.

2. L'OTAN et la gestion des crises en Europe

a) L'action de l'OTAN en Bosnie-Herzégovine

525 La première grande opération militaire entreprise par l'Alliance atlantique a lieu dans le cadre du conflit de Bosnie-Herzégovine (voy. n° 466). Restée à l'écart au début du conflit tant qu'il ne s'agissait que de rétablir l'ordre dans le cadre de missions de police, l'OTAN est amenée à s'y impliquer lorsque la question de l'intervention extérieure se pose. **Tandis que l'Union européenne se montre incapable d'organiser collectivement sa défense aux abords de son territoire, l'OTAN se présente comme l'unique structure militaire multinationale crédible en Europe.**

C'est ainsi que des actions coercitives sont conduites par l'OTAN, sous mandat de l'ONU (opération Deny Flight en application de la résolution 781 du 9 octobre 1992 du Conseil de sécurité instaurant une zone d'interdiction de survol de la Bosnie-Herzégovine) : le 28 février 1994, quatre appareils serbes survolant la Bosnie-Herzégovine sont abattus par la défense aérienne de l'OTAN. **C'est la première action militaire de l'Alliance.**

L'intervention de l'OTAN soulève cependant des difficultés nouvelles, en particulier des frictions avec l'ONU, qui partage le commandement des opérations sous le système de la « double clef », long processus de négociations pour mettre à la disposition de l'Alliance des moyens militaires nationaux. Malgré tout, **après le massacre de Srebrenica, l'OTAN reçoit en juillet 1995 l'entière délégation du secrétaire général de l'ONU pour l'emploi de l'arme aérienne** (opération *Deliberate Force*).

S'agissant de la mise à disposition des forces, l'OTAN reste cependant dépendante des États membres. En effet, **l'OTAN ne dispose pas d'armée affectée en permanence**. Sa force réside surtout dans l'alliance politique de ses membres et dans un commandement militaire intégré pyramidal, mais **les États membres maintiennent un contrôle étroit sur les opérations**, toutes les décisions politiquement significatives étant prises selon la règle du consensus.

Après être intervenue militairement en Bosnie-Herzégovine, l'OTAN est amenée à **accompagner la stabilisation du pays**. Les accords de Dayton signés le 14 décembre 1995 (voy. n° 468) prévoient le déploiement sous sa direction d'une force multinationale (Implementation Force ou IFOR) chargée d'aider les parties à mettre en œuvre les dispositions agréées.

b) L'action de l'OTAN dans la crise du Kosovo

526 Devant les exactions commises par l'armée yougoslave à l'encontre des populations civiles et l'aggravation de la crise humanitaire **au Kosovo, l'OTAN décide, après l'échec d'une dernière négociation, de se substituer à l'ONU**, paralysée par le pouvoir de veto russe et chinois (voy. n° 469). **Elle déclenche, le 24 mars 1999, une campagne aérienne intense.** Treize pays membres de l'OTAN sur dix-neuf participent à l'opération Force alliée, laquelle se déroule en trois étapes : acquérir la maîtrise du ciel, paralyser les forces de répression yougoslaves au Kosovo, détruire des objectifs stratégiques, civils et militaires sur le territoire serbe proprement dit. L'opération mobilise plus de 900 appareils de combat et donne lieu à plus de 10 000 sorties offensives.

Après de longues semaines de bombardement, **une médiation russe conduit à l'adoption d'un plan de retrait des forces serbes du Kosovo et de déploiement d'une force internationale sur le territoire**. Le 3 juin, le Parlement yougoslave accepte ce plan. Alors que les bombardements cessent, le Conseil de sécurité adopte, le 10 juin, la résolution 1244 qui place le Kosovo sous l'administration de l'ONU. Une force internationale déployée **sous l'égide de l'OTAN, la Kosovo Force (KFOR)**, compte 50 000 hommes d'une trentaine de pays répartis sur cinq secteurs géographiques attribués au Royaume-Uni, à la France, aux États-Unis, à l'Allemagne et à l'Italie.

Les opérations de l'OTAN lors de la crise du Kosovo ont mis en évidence la **prédominance des États-Unis au sein de l'organisation**. Si les Européens ont contesté, au sein des structures militaires alliées, certains choix américains de cibles lors des bombardements (voy. n° 509), leur opposition n'a cependant pas empêché les États-Unis de conduire directement leurs actions dans un cadre purement national.

3. L'élargissement de l'OTAN aux pays d'Europe centrale et orientale et son rapport à la Russie

527 Après la dissolution du pacte de Varsovie (25 février pour la structure militaire et 1er juillet 1991 pour la structure politique), les pays d'Europe centrale manifestent très tôt leur volonté de rejoindre l'OTAN. Le 6 mai 1992, la Hongrie, la Tchécoslovaquie (à la veille de son éclatement) et la Pologne affirment ainsi que « leur objectif à long terme est une adhésion pleine et entière à l'OTAN ».

En **janvier 1994**, le Conseil de l'Atlantique nord réuni au niveau des chefs d'État et de gouvernement affirme que « l'Alliance, selon les dispositions de l'article 10 du Traité de Washington, reste ouverte à d'autres États européens susceptibles de favoriser le développement des principes du Traité et de contribuer à la sécurité de la région de l'Atlantique Nord ». Il déclare envisager favorablement « un élargissement de l'OTAN aux États démocratiques, à l'Est » « dans le cadre d'un processus évolutif, compte tenu des développements politiques et de sécurité dans l'ensemble de l'Europe ». Plus concrètement, le sommet invite tous les pays d'Europe centrale et orientale ainsi que les États successeurs de l'URSS, Russie comprise, à participer à un programme de coopération pratique avec l'OTAN, le **Partenariat pour la paix**, afin de renforcer la sécurité et la stabilité en Europe et de consolider les relations de sécurité entre les Alliés et les pays non membres de l'Alliance atlantique. Ce partenariat revêt la forme d'un accord-cadre décliné en accords individuels de partenariat, différents selon les pays concernés. L'OTAN demande aux pays partenaires de s'engager à respecter certains principes fondamentaux : démocratie, règlement pacifique des conflits, contrôle civil de l'institution militaire, transparence des budgets de défense, modernisation et interopérabilité des forces. Un des outils du PPP est le COCONA, devenu en **1997** le **Conseil de partenariat euro-atlantique (CPEA)**, qui se présente comme un forum multilatéral de dialogue et de consultation sur des questions politiques et de sécurité entre les États membres et les États partenaires de l'OTAN.

En décembre 1994, le Conseil de l'Atlantique nord annonce entreprendre l'étude des candidatures à l'OTAN. Si le principe de l'élargissement est entériné par le Conseil atlantique de décembre 1996, **sa mise en œuvre se heurte à l'opposition de la Russie, qui craint d'être isolée sur le continent**. Un accord conclu à Paris, en mai 1997, entre les pays de l'OTAN et la Russie sous la forme d'un **Acte fondateur sur les relations, la coopération et la sécurité mutuelle**, affirme que les deux parties ne se considèrent pas comme des adversaires et établit entre elles des mécanismes de consultation et de coopération. **L'OTAN s'engage à ne pas déployer d'armes nucléaires, ni de « forces substantielles de combat » sur le territoire des nouveaux pays membres.** Elle précise qu'elle privilégiera l'intégration et l'interopérabilité des capacités militaires sur le stationnement de forces supplémentaires. La signature de l'Acte fondateur s'accompagne de la création d'un **Conseil conjoint permanent OTAN-Russie**, instance de consultation compétente pour évoquer les questions d'intérêt commun entre les deux parties.

En juillet 1997, lors du 14e sommet de l'OTAN à Madrid (Espagne), les seize membres de l'organisation (Allemagne, Belgique, Canada, Danemark, Espagne, États-Unis, France, Grèce, Islande, Italie, Luxembourg, Norvège, Pays-Bas, Portugal, Royaume-Uni, Turquie) acceptent l'intégration de la **Hongrie**, de la **Pologne** et de la **République tchèque**, dont l'adhésion est effective le 12 mars 1999.

SECTION V
La recherche d'une meilleure régulation économique et financière

528 Le développement des relations d'interdépendance économique (phénomène de **mondialisation** ou, selon le terme anglo-saxon, globalisation) s'accélère dans les années 1990. Si l'intensification des échanges internationaux de biens et services, des mouvements de capitaux et des transferts de technologie est un **facteur de croissance**, elle est aussi pour de nombreux pays une **source de vulnérabilité et d'instabilité**. Chacun craint une dégradation de sa compétitivité, une perte d'attractivité pour les investisseurs étrangers, un exode des capitaux. L'interdépendance financière génère en outre des risques systémiques à l'échelle de la planète, comme le montrent la question récurrente de la dette des pays en voie de développement et les crises financières asiatique et russe de la fin du millénaire.

Cette mondialisation engendre un renouveau des outils de gouvernance économique et financière. Alors que se réaffirment les rôles du Fonds monétaire international (FMI) et de la Banque mondiale, l'Organisation mondiale du commerce (OMC) s'institutionnalise pour une meilleure régulation du commerce international. Au tournant du millénaire, en réponse aux crises financières qui frappent les pays émergents, des structures de discussion et de prise de décision plus informelles sont activées, tels le G7/8 et le G20.

§ 1. Les institutions de Washington : FMI et Banque mondiale

529 Jusqu'au début des années 1970, les États contrôlaient leur monnaie, leur crédit et la circulation des capitaux. Le FMI veillait à la convertibilité des monnaies et octroyait des aides provisoires pour aider les pays en difficulté à assainir leur monnaie, le dollar américain tenant lieu de référence (voy. n°s 331 et 421). À partir de 1973 la flexibilité des taux de change s'est généralisée. Les accords de la Jamaïque signés en janvier 1976 et entrés en vigueur en avril 1978 ont supprimé toute contrainte en matière de parité monétaire. En outre, à partir des années quatre-vingt, dans un très grand nombre de pays, en particulier dans les pays développés, les mouvements de capitaux ont été entièrement libérés.

Face à ces évolutions, **le rôle du FMI se transforme**, s'articulant autour de quatre missions principales :

- la surveillance macroéconomique de chaque pays membre ;
- le soutien financier aux pays membres pour éviter le défaut de paiement ;
- une assistance technique à la conception et la mise en œuvre des politiques économiques ;
- la contribution à la lutte contre la pauvreté par l'octroi de prêts à des conditions favorables (concessionnelles) aux pays à faible revenu.

Se projetant comme un instrument de régulation et de stabilisation de la sphère financière internationale, l'organisation développe **des politiques de soutien et de contrôle des pays confrontés à des crises** de financement du déficit de leur balance des paiements. Au cours des années 1980, ces politiques s'appliquent principalement à des pays en voie de développement, en Amérique latine à la suite de la crise mexicaine de 1982, mais aussi à la Yougoslavie et dans de nombreux pays africains. Les pays asiatiques puis la Russie, qui ont été déstabilisés à la fin des années 1990, doivent également travailler avec le FMI.

Le **mécanisme des prêts** du FMI reste stable : le Fonds dispose de ressources constituées par les « accords généraux d'emprunt et de « quotes-parts » que lui versent les États membres, en contrepartie desquelles il octroie des prêts aux pays qui rencontrent des difficultés financières. Les quotes-parts, exprimées en DTS (droits de tirage spéciaux), unité de compte du FMI dont la valeur est déterminée sur la base d'un panier des principales devises, sont établies en fonction de l'importance relative de chaque économie dans l'économie mondiale et déterminent la capacité du pays à bénéficier des ressources du Fonds en cas de besoin. **Les prêts du FMI sont soumis à des conditionnalités**, c'est-à-dire à des mesures de redressement des comptes extérieurs, de retour à l'équilibre budgétaire et de lutte contre l'inflation. Ces mesures, que l'on regroupe sous le nom de **Plan d'ajustement structurel (PAS)**, incluent généralement des coupes dans les budgets sociaux (santé, éducation, culture, etc.), une libéralisation du droit du travail, la fin du contrôle des prix de denrées de base (pain, pétrole, etc.). L'ouverture du pays à la concurrence internationale est donc fortement encouragée, voire imposée. Cette approche néolibérale de l'économie et des politiques publiques a un impact social et économique dévastateur sur certains pays fragiles en Amérique centrale et latine, mais aussi en Yougoslavie ou en Côte d'Ivoire,deux pays qui s'enfoncent dans le marasme économique et la crise politique à la fin des années 1980. En conséquence, le FMI fait l'objet de critiques virulentes dès les années 1990, de la part de militants du développement et d'universitaires.

La structure décisionnelle de l'organisation ne change pas à la fin de la Guerre froide. Le Conseil des gouverneurs, composé d'un représentant par pays membre (ministre des Finances ou gouverneur de la banque centrale en règle générale), reste l'organe de décision suprême du FMI, dont le siège est à Washington. En pratique, le fonctionnement courant du Fonds est dirigé par un conseil d'administration de 24 membres. Le directeur général, traditionnellement un Européen, désigné par le conseil d'administration, préside ses réunions, exécute ses décisions et dirige les services du Fonds. **Contrairement à la plupart des institutions internationales comme l'ONU ou l'OMC, le FMI n'offre pas de voix égale aux 189 États qui en sont membres** : ce sont les quotes-parts de chacun des pays membres qui déterminent le poids de leur vote. Il faudra attendre 2010 pour que ces dernières soient renégociées afin de prendre en compte le poids croissant des pays émergents (voy. n° 619).

530 La **Banque mondiale**, qui siège également à Washington, est le second pilier des institutions financières internationales. Elle se compose de 2 organismes de développement distincts, la Banque internationale pour la reconstruction et le développement (BIRD) et l'Association internationale de développement (IDA), ainsi que de trois autres institutions, la Société financière internationale (SFI) créée en 1956, le Centre international de règlement des différends relatifs aux investissements créé en 1966 et l'Agence multilatérale de garantie des investissements (MIGA) fondée en 1988. Initialement

composée de 44 pays membres, la Banque mondiale s'est agrandie avec la décolonisation et s'est progressivement concentrée sur les questions de développement. Depuis les années 1990, elle finance également les pays de l'ex-bloc soviétique.

Associée de près aux politiques du FMI, la Banque mondiale traverse une grave crise de légitimité après la fin de la Guerre froide, ce qui ne l'empêche pas de mettre en place, à partir de 1996, un programme d'allégement de la dette des pays les plus pauvres. Puis, elle s'oriente vers une stratégie davantage tournée vers la réduction de la pauvreté (voy. n° 606), notamment dans le cadre des Objectifs du Millénaire pour le développement lancés en 2000 par l'ONU (voy. n° 295).

Fers de lance de ce que l'on nomme encore « le consensus de Washington », FMI et Banque mondiale défendent, depuis les années 1980, une approche du développement fondée sur les capacités d'autorégulation des marchés (de l'emploi, des matières premières, des biens et services, ou encore les marchés financiers). Elles doivent toutefois faire face, surtout à partir des années 1990, à des crises sociales, économiques et financières récurrentes, à l'instar de la grave crise bancaire et financière qui a frappé l'Asie du Sud-Est à la fin de la décennie.

E 26 **Les crises bancaires et financières de la fin des années 1990**

En 1997, une crise éclate en Thaïlande, pays fortement endetté et dont la monnaie s'effondre. Rapidement, elle se propage vers Taïwan, la Corée du Sud, les Philippines, l'Indonésie, etc., conduisant le FMI à promouvoir une politique d'austérité qui aggrave le manque de confiance, alors que les flux financiers qui ont soutenu l'expansion rapide des pays de l'ASEAN les années précédentes se retirent, mettant à nu des sociétés dont le développement accéléré cachait des fragilités structurelles.
Si la Corée du Sud et Taïwan, des nations industrielles éprouvées, rebondissent rapidement, d'autres pays restent très perturbés. En Indonésie, une inflation record et la chute du PNB provoquent des émeutes, puis le renversement du régime politique autoritaire de Suharto en 1998. Dans les années qui suivent, cette crise se propage à d'autres pays émergents, notamment la Russie et l'Argentine.
Ce phénomène montre la très grande volatilité des flux financiers, dont les mouvements semblent parfois découplés des réalités tangibles du développement et du commerce international. C'est pour répondre à ces crises que des structures de décision informelles vont être réactivées (G7/G8) ou créées (G20) (voy. n° 617).

§ 2. L'Organisation mondiale du commerce (OMC)

531 Le 15 avril 1994, les accords signés à Marrakech concluent la négociation lancée en 1986 sous le nom de « Cycle de l'Uruguay » (Uruguay Round). La réforme majeure contenue dans ces accords est la **création de l'Organisation mondiale du commerce (OMC), destinée à remplacer le système commercial du GATT** (voy. n°s 196 et 333). À la différence du GATT, l'OMC, qui a son siège à Genève (Suisse), est une organisation internationale, définie par l'article II de ses statuts comme un « cadre institutionnel commun pour la conduite des relations commerciales entre ses membres » (on ne parle plus de « parties contractantes » mais de membres).

Dans les domaines où le GATT n'a pas été en mesure de faire appliquer des recommandations ou d'imposer des règles de résolution des différends, **l'OMC s'affirme comme une instance mondiale dotée de pouvoirs de règlement des différends et, dans une certaine mesure, de régulation des échanges internationaux**.

A) Structure de l'OMC

532 L'OMC clarifie les structures de fonctionnement du GATT sans leur apporter de grandes modifications. Une **Conférence ministérielle,** composée de représentants de tous les membres, se réunit au moins deux fois par an et remplace la session annuelle du GATT. Un **Conseil général**, formé de représentants de tous les membres, exerce les fonctions de la Conférence ministérielle entre les réunions de celle-ci. Il traite des marchandises, des services et de la propriété intellectuelle et s'acquitte également du règlement des différends et de l'examen des politiques commerciales. Des **comités spécifiques** ont aussi été créés : commerce et développement, budget, finances et administration, etc. À côté de ces différents organes, un Secrétariat est dirigé par un **Directeur général**.

L'accord de Marrakech introduit une réforme profonde dans le domaine du règlement des différends commerciaux. D'un mécanisme souple d'application non obligatoire dans le cadre du GATT, on passe à un mécanisme contraignant qui se veut juridictionnel. L'**Organe de règlement des différends (ORD)**, composé de représentants de tous les membres de l'OMC, se prononce lorsqu'un pays prend une mesure relative aux échanges que d'autres pays considèrent comme une violation des accords de l'OMC. L'ORD s'affirme rapidement comme une structure essentielle (voy. n° 620).

Il convient de souligner que l'OMC ne rassemble pas seulement des États, mais aussi, en raison de leur capacité de décision en matière commerciale, une organisation internationale comme l'Union européenne, une région à statut spécial comme Hong Kong ou une entité ne bénéficiant pas de la reconnaissance d'État comme Taïwan. De plus, en 2001, la Chine devient membre de l'organisation.

B) Les débuts de l'OMC

533 Dans le cadre du GATT puis de l'OMC, les États membres appréhendent leur commerce extérieur dans la perspective d'une croissance et d'un développement durables. Pour réaliser cet objectif, **l'OMC veille à l'élimination progressive des obstacles tarifaires et non tarifaires au commerce des marchandises, à la libération progressive des échanges de services et à l'élimination des traitements discriminatoires**. Dès sa création, l'OMC joue donc **un rôle considérable dans le développement d'un système commercial plus efficace, en favorisant les procédures multilatérales.**

Néanmoins, des tensions se nouent à la fin des années 1990. Après l'échec du cycle de négociations *Millenium Round* (Cycle du Millénaire), à l'automne 1999, l'OMC se doit de démontrer qu'elle est le seul instrument capable de réguler le commerce multilatéral et que ses décisions sont respectées et appliquées par les principales puissances commerciales. Dans cette perspective, les membres de l'OMC conviennent en novembre 2001 de mettre en place un programme global pour les négociations et les travaux futurs : le programme de Doha pour le développement, plus communément appelé **Cycle de Doha**. Ce cycle de négociations multilatérales vise à renforcer et à libéraliser davantage le système commercial multilatéral : l'élimination des obstacles au commerce des marchandises, la suppression des soutiens agricoles, le libre accès au marché, l'accès aux médicaments et le traitement spécial et différencié pour les pays en développement constituent les principaux thèmes à traiter dans le cadre de cette négociation. Cependant, les membres de l'OMC peinent à réaliser les ambitions du Cycle de Doha dans les années 2000 et 2010 marquées par de nouvelles crises économiques et financières.

SECTION VI
Conclusion : au tournant du millénaire

534 Au tournant du millénaire, de nombreuses structures multilatérales se développent (UE, ASEAN), se consolident (OMC) ou sont redéployées (OTAN). Tandis que les efforts de démilitarisation se poursuivent. la démocratie se répand, atteignant des pays aussi divers que l'Indonésie, le Nigeria ou encore la Serbie en 2000 après la chute du régime de Slobodan Milosevic.

Malgré des échecs majeurs (Somalie, Rwanda, absence d'intervention en République démocratique du Congo), les expériences en développement et maintien de la paix se poursuivent. En 2000, une réflexion sur l'intervention et la souveraineté est lancée à l'initiative du secrétaire général des Nations Unies Koffi Annan (voy. n° 183), tandis que les 189 États membres de l'ONU adoptent une déclaration qui énonce les huit Objectifs du Millénaire pour le développement (voy. n° 295).

Pour autant ces tendances à la coopération au sein d'un système ouvert, globalement libéral, cachent des fragilités structurelles et conjoncturelles. On note dès la fin du XXe siècle des tensions démographiques dans de nombreux pays en développement et une dégradation continue de l'environnement malgré les engagements majeurs pris par la communauté internationale lors du Sommet de la Terre à Rio de Janeiro (Brésil) en 1992. On déplore également une croissance importante des inégalités (entre pays et au sein de chaque État), ainsi que des phénomènes de spéculation permis par la libéralisation de la sphère financière et le développement des outils de communication. On remarque enfin la persistance des tensions culturelles qui se manifeste notamment dans des actes de violence intracommunautaires, comme l'illustrent non seulement les drames yougoslaves et rwandais, mais aussi les violences entre hindous et musulmans qui ont endeuillé l'Inde au tournant des années 1990, l'instrumentalisation politique des tensions anti-migrants en Côte d'Ivoire après le décès de Felix Houphouët Boigny, la seconde *intifada* dans les territoires occupés, qui marque l'échec des accords d'Oslo, ou encore le régime des Talibans qui impose une dictature obscurantiste en Afghanistan et détruit, en mars 2001, les Bouddhas de Bâmiyân.

Les attentats terroristes du 11 septembre 2001 cristallisent, en un événement dramatique, tant les tensions culturelles que les instabilités économiques et les fragmentations sociales alors à l'œuvre.

CHAPITRE 3

2001-2023 : Tensions et fragmentations

535 En 1999, Hubert Védrine, ministre français des Affaires étrangères, avait qualifié les États-Unis d'hyperpuissance. Il entendait souligner par ce terme leur position unique dans la hiérarchie des puissances. Aujourd'hui encore les États-Unis restent le seul pays à bénéficier d'une nette supériorité dans la plupart des grands domaines de la vie internationale (militaire, économique, scientifique, culturel…). Selon l'Institut de Stockholm de recherches sur la paix (SIPRI), leurs dépenses militaires s'élevaient en 2021 à 801 milliards de dollars, en dollars courants, soit environ 38 % d'un total mondial de 2 113 milliards de dollars, lui-même en hausse depuis plusieurs années malgré la pandémie. Après les États-Unis, les pays dont les dépenses militaires sont les plus élevées sont la Chine (293 milliards de dollars, en hausse ininterrompue depuis vingt-six ans), l'Inde (76,6 milliards de dollars, en hausse) ou encore la Russie (65,9 milliards de dollars, en hausse). Du point de vue économique, les États-Unis détiennent également la première place dans le monde : selon la Banque mondiale, leur PIB s'établissait en 2021, à environ 24 % du PIB mondial aux taux de change et prix courants (environ 30 % en 2000), contre environ 18 % (environ 0,3 % en 2000) pour la Chine, qui, en vingt ans, s'est hissée spectaculairement au deuxième rang mondial. Les grandes entreprises américaines, très internationalisées, restent leaders dans les nouvelles technologies (informatique et semi-conducteurs, Internet, robotique, biotechnologie…). De plus, les États-Unis ont réduit leurs besoins d'importation en énergie grâce à l'exploitation des gisements d'hydrocarbures « non conventionnels » (pétrole et gaz de schiste) découverts sur leur territoire. La prééminence du dollar est incontestée en tant que monnaie de réserve, de devise de libellé des transactions et de véhicule pour les opérations de change et les émissions de titres. Les États-Unis bénéficient enfin d'une démographie dynamique : selon le Bureau américain du recensement, leur population, estimée à plus de 332 millions d'habitants en 2021, pourrait atteindre 399 millions en 2050 dans l'hypothèse d'une immigration nette constante.

Ces atouts géopolitiques ont amené des responsables américains, voire européens, à penser que les États-Unis, sans rivaux depuis 1991, pourraient être en mesure de garantir à eux seuls l'ordre international, au besoin en se passant de l'autorisation du Conseil de sécurité pour l'emploi de la force dans le cadre de la gestion des crises. De fait, dès la fin de la Guerre froide, ils ont pesé sur le règlement de nombreux conflits en Amérique, en Europe, en

Afrique ou en Asie. Bill Clinton, président des États-Unis de 1993 à 2001, et surtout sa secrétaire d'État Madeleine Albright qualifiaient leur pays de « nation indispensable » pour régler les affaires du monde. L'issue des guerres de l'ex-Yougoslavie n'a été possible que grâce à l'intervention américaine. La crise du Kosovo en particulier a été presque exclusivement gérée par les Occidentaux, sous direction américaine. Le reste du monde (singulièrement la Russie) a été écarté des décisions majeures, dont celle de recourir à la force contre la Serbie.

Cependant, il est vite apparu que, malgré leur puissance, les États-Unis ne pouvaient pas, d'abord pour des raisons de politique intérieure, se lancer de manière répétée dans des entreprises militaires destinées à résoudre les crises graves survenant dans le monde, dès lors que leurs intérêts fondamentaux n'étaient pas en cause. Cette limite des capacités américaines a été constatée dès qu'ont éclaté les crises de Somalie en 1991-1992 et du Rwanda en 1993-1994 (voy. n°s 481 et s.).

En 2001, malgré la solidarité qui s'est exprimée envers les États-Unis à la suite des attentats du 11 septembre, ces derniers, sous la présidence de George W. Bush (2001-2009), décident d'agir seuls. Le président Bush déclare dans son discours sur l'état de l'Union de janvier 2003 : « Le cours politique de notre nation ne dépend pas des décisions prises par d'autres ». Les interventions américaines en Afghanistan en 2001 et en Irak en 2003 sont déclenchées sur cette base. Leurs résultats néanmoins sont loin de répondre aux attentes américaines : l'Afghanistan ne s'est jamais stabilisé et l'Irak n'est pas devenu l'allié démocratique que le renversement de Saddam Hussein devait faire naître. Le président Obama, élu en 2008, en tire alors les conséquences en procédant au retrait de l'essentiel des troupes américaines des deux pays. Il se montre également circonspect en matière d'engagements militaires extérieurs, n'accordant qu'un appui limité aux opérations franco-britanniques contre le régime de Mouammar Kadhafi en Libye et renonçant à lancer une offensive aérienne contre les forces gouvernementales syriennes après l'attaque chimique d'août 2013. Même les offensives du groupe terroriste « Organisation de l'État islamique » ne le conduisent pas à aller au-delà d'une campagne de bombardement dans le cadre d'une coalition *ad hoc*. Son successeur Donald Trump déclare quant à lui dès le début de son mandat vouloir donner la priorité à la lutte contre cette organisation tout en évitant les autres types d'intervention dans les conflits extérieurs.

L'ordre mondial ne pouvant reposer sur un hégémon en retrait, d'autres pôles de pouvoir s'affirment progressivement : la Chine fait avancer ses intérêts de plus en plus agressivement sur les questions de Hong Kong, de Taïwan ou en mer de Chine. Même relativement isolée, la Russie reste une puissance militaire et diplomatique capable d'initiative ou de riposte comme le démontrent les guerres en Géorgie en 2008 et en Ukraine à partir de 2014. D'autres puissances dites « émergentes » font preuve de dynamisme sans manifester, pour autant, d'ambitions dépassant leur environnement régional. Quant à l'Union européenne, bien que présente et disposée à contribuer à la solution des différends internationaux, elle paie le prix de ses rivalités et de son incapacité à s'unir autour d'une vision claire.

Le monde se caractérise donc depuis 20 ans par la coexistence de puissances inégales, capables de coopérer sur certaines questions, se méfiant l'une de l'autre pour d'autres enjeux. Dans cet environnement peut-être plus « apolaire » que multipolaire, le règlement des crises est difficile : les espoirs de paix entre les Israéliens et les Palestiniens s'éloignent, le Liban s'enfonce dans une crise sans précédent et les relations entre la Syrie et la Turquie restent très tendues. Plus généralement, les transformations politiques des pays arabes n'ont pas débouché sur une dynamique démocratique porteuse de progrès économique et social. L'Afrique subsaharienne reste livrée aux troubles, avec parfois des conséquences humanitaires graves, par exemple au Soudan du Sud, en République centrafricaine, en Somalie et, plus récemment, en Éthiopie (Tigré).

En résumé, deux décennies de « guerres contre le terrorisme » et de libéralisme économique débridé ont produit un monde hyper-militarisé, instable et sujet à des catastrophes environnementales ou sanitaires d'ampleur croissante. Ces fragilités se révèlent lors de la crise de Covid-19. Les restrictions d'activité et de mouvement mises en place en urgence et de façon dispersée par les gouvernements pour limiter la pandémie provoquent une contraction historique de l'économie mondiale en 2020. Des conflits militaires sont relancés : au Tigré, entre l'Azerbaïdjan et l'Arménie et surtout en Ukraine en février 2022, une guerre européenne qui bouleverse la géopolitique mondiale. Outre les destructions massives sur le territoire ukrainien, cette guerre de haute intensité relance plus encore l'armement mondial, la hausse du prix des matières premières (énergie et alimentation), la pression sur l'environnement ainsi que sur les journalistes et défenseurs des droits humains de nombreux pays (Russie, Ukraine, Chine, Turquie, Hongrie, etc.). Excepté en Europe, les plans de relance massifs, de politiques vaccinales ou de défense sont élaborés au niveau national. Il reste donc à voir si les leaders politiques, parfois très populistes, et les institutions multilatérales, aujourd'hui très affaiblies, sauront rapidement repenser la coopération pour juguler les tensions géopolitiques, l'insécurité humaine et la destruction de l'environnement.

SECTION I
Vingt ans de « guerre contre la terreur » : une remilitarisation du monde

§ 1. Les attentats terroristes du 11 septembre 2001 et leurs conséquences

536 Le 11 septembre 2001, des terroristes prennent le contrôle de deux avions de ligne, les dirigent contre les Tours jumelles (Twin Towers) du World Trade Center de New York et les détruisent. Un troisième avion, également détourné, frappe le Pentagone à Washington et un quatrième s'écrase à Shanksville à 128 km de Pittsburgh (Pennsylvanie). Au total quelque 3 000 personnes périssent dans ces attentats, première attaque ayant atteint le cœur du territoire américain depuis la guerre de 1812 contre le Royaume-Uni.

Le Saoudien Oussama Ben Laden et son réseau Al-Qaïda revendiquent immédiatement cet attentat. Ce mouvement islamiste radical, partisan du recours à la lutte armée et au terrorisme pour renverser tout régime considéré comme hostile à l'Islam, a pour but d'instaurer un pouvoir islamique (califat) international. Les États-Unis l'avaient utilisé (avec d'autres forces) pour combattre les Soviétiques en Afghanistan. Installé à partir de 1996 en Afghanistan, alors sous le régime des Talibans, Ben Laden avait organisé en août 1998 une série d'attentats contre les ambassades américaines au Kenya et en Tanzanie. Les États-Unis avaient riposté par des tirs de missiles de croisière contre des infrastructures considérées comme terroristes au Soudan (usine chimique) et en Afghanistan (camp d'entraînement). Sur proposition américaine, le Conseil de sécurité avait adopté le 15 octobre 1999, sous le chapitre VII de la Charte, une résolution 1267 qui frappait de sanctions toute personne en lien avec Ben Laden et qui exigeait de l'Afghanistan qu'il cesse de soutenir ce dernier et qu'il l'extrade. Après cet épisode, l'attention des services du renseignement américain s'était cependant relâchée.

Immédiatement après les attentats du 11 septembre 2001, le président George W. Bush entend mobiliser toutes les forces de son pays dans une « guerre contre le terrorisme » qui orientera l'ensemble de sa politique étrangère. Il donne de cette « guerre » une interprétation extensive. Dans son discours sur l'état de l'Union, le 29 janvier 2002, il englobe l'Irak, la Corée du Nord et l'Iran dans un « axe du mal » alors même que ces pays sont totalement étrangers à la création et au développement d'Al-Qaïda. Le 20 septembre 2002, Condoleezza Rice, conseillère du président Bush pour la sécurité nationale, prône une stratégie de guerre préventive en vue de renverser les régimes des « États voyous » qui entretiennent des liens avec le terrorisme. L'administration du président Bush met au premier plan l'action militaire, au détriment d'autres formes de riposte (coopération policière, échanges de renseignement à l'échelle internationale notamment).

Toutefois, lorsque les attentats se produisent, partout dans le monde, les États, mais aussi les opinions publiques se déclarent solidaires des États-Unis. Les pays les plus divers décident de mieux coordonner et d'amplifier leur lutte, parfois ancienne, contre le terrorisme.

A) La coopération internationale dans la lutte contre le terrorisme

1. Le rôle des Nations Unies

537 Les Nations Unies se mobilisent d'emblée dans la lutte internationale contre le terrorisme. Au lendemain des événements du 11 septembre 2001, le Conseil de sécurité se réunit en urgence pour adopter, sous le chapitre VII de la Charte, la résolution 1368 par laquelle il se déclare « prêt à prendre toutes les mesures nécessaires pour répondre aux attaques terroristes » de New York et Washington et « pour combattre le terrorisme sous toutes ses formes ». Cette résolution reconnaît le droit des États à la légitime défense individuelle ou collective en réponse à des actes terroristes. L'ONU paraît ainsi admettre, de manière générale, une réaction militaire, unilatérale ou multilatérale, à de tels actes.

Le Conseil de sécurité se dote progressivement de trois comités pour coordonner la lutte internationale contre le terrorisme : le premier, qui avait été institué en 1999 après les premiers attentats d'Al-Qaïda (résolution 1267 précitée) et visait à frapper spécifiquement ce réseau terroriste, voit son action s'élargir singulièrement après les attaques de 2001 ; le deuxième, créé par la résolution 1373 adoptée dès le 28 septembre 2001 sur la proposition des États-Unis, prescrit à chaque État membre de se doter des moyens juridiques et autres propres à lutter efficacement contre le terrorisme ; la constitution du troisième comité découle de la résolution 1540 prise le 28 avril 2004 pour empêcher tout État d'apporter un appui, quelle qu'en soit la forme, à des acteurs non étatiques qui tenteraient de mettre au point ou de se procurer des armes nucléaires, chimiques ou biologiques ou leurs vecteurs. La mise en place de ces comités va de pair avec l'adoption de 16 conventions et protocoles de portée universelle pour répondre aux menaces terroristes : on peut citer à cet égard les conventions de 1997 pour la répression des attentats terroristes à l'explosif, de 1999 pour la répression du financement du terrorisme et de 2005 pour la répression des actes de terrorisme nucléaire.

Enfin, en septembre 2006, l'Assemblée générale définit une stratégie antiterroriste mondiale qu'elle actualise depuis régulièrement. La lutte contre le terrorisme est ainsi devenue une préoccupation constante des Nations Unies. Le 27 janvier 2014, le Conseil de sécurité a, par exemple, adopté à l'unanimité la résolution 2133 relative à la prise d'otages par des terroristes en vue de rançons.

2. Les autres formes d'action internationale

538 Dès le 12 septembre 2001, les pays européens de l'OTAN déclarent que l'article 5 du Traité de Washington est applicable au cas de l'attaque terroriste subie par les États-Unis. C'est la première fois que cette clause de solidarité est invoquée. Les États-Unis ne souhaitent cependant pas mener leur « guerre contre le terrorisme » dans le cadre contraignant de l'Alliance. C'est bien plus tard, au sommet de l'OTAN tenu à Chicago en mai 2012 sous la présidence de Barack Obama, que les Alliés conviennent collectivement de lignes directrices pour la lutte antiterroriste (meilleure connaissance de la menace, renforcement des capacités, notamment en renseignement et forces spéciales, et coopération avec les pays partenaires, dans le monde arabe par exemple). Entre 2010 et 2016, le gouvernement américain organise également quatre sommets sur la sécurité nucléaire en vue de mieux coordonner les actions visant à protéger les stocks de matières nucléaires contre les tentatives de détournement ou de vol de la part d'acteurs non étatiques (groupes terroristes en particulier).

De son côté, l'Union européenne se dote en mars 2004, au lendemain de graves attentats commis à Madrid, d'un coordinateur des actions antiterroristes européennes. L'Union entend de même améliorer les conditions de la coopération policière et judiciaire entre les États membres en matière de lutte contre le terrorisme.

Après le 11 septembre 2001, l'OCDE active son Groupe d'action financière (GAFI), créé pour lutter contre le blanchiment et dont le mandat est étendu à la lutte contre le financement du terrorisme. Plus largement se crée en 2011 un Forum global du contre-terrorisme (Global Counterterrorism Forum ou

GCTF) rassemblant vingt-neuf pays et l'Union européenne en vue d'identifier les besoins, de mobiliser l'expertise et les ressources nécessaires et de renforcer la coopération internationale en matière de lutte antiterroriste.

B) La seconde guerre d'Afghanistan

539 L'Afghanistan abritant Ben Laden et son réseau, les premières actions des États-Unis dans la « guerre globale contre le terrorisme » se concentrent sur ce pays.

1. Les événements antérieurs à l'intervention internationale

540 En dix ans de guerre contre l'Union soviétique, l'Afghanistan était devenu le centre symbolique de la lutte armée islamiste (voy. n° 399). Le président Mohammad Najibullah mis en place par les Soviétiques se maintient au pouvoir à Kaboul pendant trois ans après le départ des occupants. Il tente de négocier un accord de transition avec le commandant Ahmed Shah Massoud, mais les divisions au sein de son propre camp, en particulier la défection du général ouzbek Rachid Dostom, conduisent à sa chute en 1992. Dès cette année-là, une guerre civile oppose les différentes factions, dirigées par des chefs d'origines ethniques différentes et surarmées. Le commandant Ahmed Shah Massoud, qui s'est emparé des provinces du Nord puis de Kaboul, instaure la République islamique d'Afghanistan. Mais la guerre reprend pour le contrôle de Kaboul. Gulbuddin Hekmatyar, leader du parti islamiste Hezb-é-Islami, bombarde la capitale. Le 7 mars 1993, Massoud démissionne de ses fonctions de ministre de la Défense.

Dès 1994, des « étudiants en théologie » issus de madrasas pakistanaises, appelés aussi « Talibans », prennent le contrôle de la route qui relie Kandahar à la frontière pakistanaise. Ils désarment les *moudjahidin* et promettent de rétablir la paix. Ils entrent victorieusement dans Kaboul le 26 septembre 1996 et exécutent Najibullah, pourtant réfugié dans les locaux des Nations Unies. Leur leader, le mollah Mohammad Omar, s'empare du pouvoir et instaure un régime fondamentaliste. Il est inspiré par l'interprétation wahhabite de l'Islam qui prévaut en Arabie saoudite[59]. À l'intérieur, ce régime sunnite applique strictement la *charia* (ou loi coranique). À l'extérieur, il soutient la propagation de l'islamisme radical. Ce régime taliban n'est reconnu que par le Pakistan, l'Arabie saoudite et les Émirats arabes unis. L'ingérence militaire pakistanaise en Afghanistan est patente. Le commandant Massoud, chef militaire de l'Alliance du Nord à dominante tadjik, continue à résister au régime fondamentaliste, sur un territoire exigu.

Au fil du temps, les États-Unis et l'Union européenne se sont désintéressés d'une situation considérée comme inextricable. L'assassinat du commandant Massoud le 9 septembre 2001 ne suscite pas d'émotion particulière. Il faut attendre les attentats du 11 septembre pour que les États-Unis interviennent en Afghanistan à la tête d'une coalition *ad hoc*.

59. Mohammed ibn Abd al-Wahhad (1703-1792) a prêché dans la péninsule arabique une restauration de l'Islam sunnite dans sa pureté première. Sa doctrine puritaine et rigoriste a été adoptée par la famille des Saoud dont est issu depuis 1932 le roi de la plus grande partie de l'Arabie, désormais qualifiée de saoudite. Conformément à cette doctrine, le Royaume est gouverné par application du Coran et de la *charia* ou loi coranique.

2. Le renversement du régime des Talibans

541 « Tout gouvernement qui parraine des hors-la-loi devient lui-même hors-la-loi », affirme le président américain George W. Bush, le 7 octobre 2001, tenant les autorités afghanes pour coresponsables, avec Al-Qaïda, des attentats du 11 septembre. Les forces américaines et britanniques engagent alors en dehors du cadre institutionnel de l'OTAN, en vertu du droit de légitime défense prévu par l'article 51 de la Charte de l'ONU, l'opération militaire, Liberté immuable (*Enduring Freedom*), contre les forces du régime taliban en Afghanistan.

Après une première phase de frappes aériennes, les États-Unis occupent le pays avec l'aide de l'Alliance du Nord. Le 13 novembre, Kaboul tombe, le 8 décembre les Talibans doivent évacuer leur dernière place forte, Kandahar, dans le sud de l'Afghanistan, mais leurs principaux dirigeants (et Ben Laden) s'échappent. L'opération Liberté immuable se poursuit alors, menée parallèlement à l'opération internationale de stabilisation pendant toute la période d'engagement combattant des forces étrangères.

3. La présence militaire internationale et son évolution

542 Dès 1999, par sa résolution 1267 précitée, le Conseil de sécurité avait exigé des Talibans qu'ils extradent Oussama Ben Laden et créé un comité dédié à la lutte contre Al-Qaïda. Il avait ensuite adopté la résolution 1333 (décembre 2000) pour imposer des sanctions au régime taliban. Depuis les attentats, de nombreuses résolutions sur l'Afghanistan ont été adoptées. Les plus importantes sont listées ci-dessous.

Tableau 10 **Principales résolutions du Conseil de sécurité sur l'Afghanistan depuis les attentats du 11 septembre 2001**

Résolution n°	Objet
1368 12 sept. 2001	Reconnaissance du droit à la légitime défense.
1373 28 sept. 2001	Injonction aux États de prendre toutes mesures pour empêcher les actes de terrorisme.
1378 14 nov. 2001	Établissement d'une nouvelle administration de transition conduisant à la formation d'un gouvernement.
1386 20 déc. 2001	Création de la Force internationale d'assistance à la sécurité (FIAS).
1401 28 mars 2002	Création d'une Mission d'assistance des Nations Unies Afghanistan (MANUA) dont le mandat est réévalué et renouvelé annuellement par le Conseil de sécurité.
1510 13 oct. 2003	Élargissement du mandat de la Force internationale d'assistance à la sécurité (FIAS).
1659 15 fév. 2006	Partenariat entre le gouvernement afghan et la communauté internationale, « Pacte pour l'Afghanistan ».
2189 12 déc. 2014	Approbation du déploiement de la mission de l'OTAN « Soutien résolu ».
2513 10 mar. 2020	Approbation des progrès vers un accord politique entre les Talibans, le gouvernement de l'Afghanistan et les États-Unis.
2596 17 sept. 2021 et 2626 17 mar. 2022	À la suite de la reprise du pouvoir par les Talibans, approbation de la prolongation de la mission d'assistance humanitaire de l'ONU en Afghanistan jusqu'en mars 2023.

a) Les premiers projets de reconstruction politique

543 S'agissant de l'avenir de l'Afghanistan, le Conseil de sécurité appuie, dans sa résolution 1378 du 14 novembre 2001, la création d'une administration de transition multi-ethnique représentative en vue de la formation d'un gouvernement.

La conférence de Bonn, convoquée sous l'égide des Nations Unies, adopte le 5 décembre 2001 l'accord définissant les arrangements provisoires applicables à l'Afghanistan. Cet accord prévoit notamment la création de la Force internationale d'assistance à la sécurité (FIAS), déployée le 2 janvier 2002 pour six mois (résolution 1386), d'abord à Kaboul et dans ses environs, et régulièrement prorogée par la suite, en raison de l'instabilité et de l'insécurité croissantes dans le pays. Afin d'intégrer dans une même mission toutes les activités de l'ONU, c'est-à-dire l'assistance humanitaire, la sécurité et la reconstruction, le Conseil de sécurité approuve également la création d'une Mission d'assistance des Nations Unies en Afghanistan (MANUA) (résolution 1401 du 28 mars 2002). Parallèlement, une autorité intérimaire afghane, dirigée par le chef traditionnel pachtoune Hamid Karzaï, est mise en place dès décembre 2001 avant d'être institutionnalisée par une *loya jirga* (grande assemblée traditionnelle) en juin 2002. Le 9 octobre 2004, Hamid Karzai est élu président de la République au cours d'élections libres. Des élections législatives ont lieu en septembre 2005.

Une feuille de route pour le processus de consolidation de la paix en Afghanistan, le Pacte pour l'Afghanistan, est mise en place pour cinq ans en janvier 2006, quatre ans après le début du processus enclenché à la conférence de Bonn.

b) L'engagement de l'OTAN

544 Le 11 août 2003, l'OTAN prend le commandement de la Force internationale d'assistance à la sécurité (FIAS). Il est à noter que si la FIAS a été autorisée par le Conseil de sécurité (résolution 1386 du 20 décembre 2001), ce n'est pas une force des Nations Unies, mais une coalition de pays volontaires déployée sous l'autorité du Conseil de sécurité. Cette force est, à partir de 2003, pilotée par le Conseil de l'Atlantique nord, principal organe décisionnel de l'OTAN, qui assure la direction et la coordination politique de la mission (voy. n°s 609 et s.).

Les principales tâches militaires de la FIAS consistent à aider le gouvernement afghan à étendre son autorité à l'ensemble du pays, à assurer la stabilité et la sécurité, en coordination avec les forces de sécurité nationales afghanes, et à désarmer les groupes armés illégaux. La FIAS contribue aussi (de façon limitée) à des opérations de lutte contre le trafic de drogue dans un pays où la production d'opium a pris des proportions considérables.

On assiste cependant, à compter de 2006, à une détérioration continue de la situation sécuritaire. Les opérations armées et les attentats des Talibans se multiplient, tout particulièrement dans le sud de l'Afghanistan où les Pachtounes prédominent.

Fin 2009, près de 70 000 soldats originaires d'une quarantaine de pays apportent leur soutien aux autorités afghanes dans l'ensemble de l'Afghanistan. Il s'agit de la première opération terrestre de l'OTAN hors d'Europe. Cette forte présence militaire extérieure n'entraîne cependant pas d'amélioration sensible de la sécurité dans le pays.

c) Les États-Unis à la recherche d'une nouvelle stratégie

545 Faisant de la paix en Afghanistan une de ses priorités, le nouveau président américain Barack Obama annonce dès le 17 février 2009 l'envoi de quelque 17 000 militaires supplémentaires dans ce pays. Le 27 mars 2009, il rend publique une nouvelle stratégie politique concernant à la fois l'Afghanistan et le Pakistan. Cette stratégie définit de la manière suivante les buts poursuivis par les Américains :mettre fin à la menace islamiste radicale (Al-Qaïda) en Afghanistan et au Pakistan ; associer le Pakistan à cette lutte ; intensifier l'aide économique au Pakistan ; en Afghanistan, déplacer l'axe d'effort de l'action militaire directe au soutien à l'Armée nationale afghane et à la police afghane ; accroître fortement dans ce pays les programmes de reconstruction civile ; soutenir un processus politique de réconciliation entre les partisans du gouvernement afghan et les insurgés qui accepteront de négocier ; associer à la stabilisation de l'Afghanistan tous les pays intéressés dans le cadre d'un « Groupe de contact pour l'Afghanistan et le Pakistan » réunissant, aux côtés des alliés de l'OTAN, les pays d'Asie centrale, ceux du Golfe ainsi que l'Iran, l'Inde, la Russie et la Chine.

Le 1er décembre 2009, le président Obama annonce à nouveau le déploiement à court terme de 30 000 militaires américains supplémentaires, mais précise qu'à partir de juillet 2011 le volume global des forces engagées devra décroître. Il insiste auprès du président Hamid Karzaï pour que l'accroissement temporaire de l'effort militaire s'accompagne de réformes administratives et politiques en vue notamment de lutter contre la corruption et le trafic de drogue, ainsi que pour permettre un transfert plus rapide de la responsabilité des opérations à l'armée nationale afghane. Par ailleurs, il annonce un renforcement du partenariat avec le Pakistan dans la lutte contre la guérilla pachtoune des deux côtés de la frontière (le Pakistan soutient en sous-main certains rebelles pachtounes afghans susceptibles d'accroître son influence en Afghanistan). Enfin, le président Obama demande aux pays contribuant aux opérations, en particulier aux alliés de l'OTAN, d'accroître leurs contingents. Il n'est sur ce point guère entendu.

d) Retrait des forces internationales et instabilités structurelles

546 Malgré l'accroissement des effectifs de la coalition occidentale, l'insurrection, initialement circonscrite au sud du pays, ne cesse de s'étendre. La stabilisation des institutions afghanes est difficile. Le président Karzaï est accusé de corruption et de détournement de l'aide étrangère. Le 20 octobre 2009, le premier tour de l'élection présidentielle se déroule dans de mauvaises conditions. Des fraudes massives sont constatées et Abdullah Abdullah, adversaire du président Karzaï, candidat à sa propre succession, annonce qu'il ne participera pas au second tour prévu le 7 novembre. La Commission électorale déclare alors, le 2 novembre 2009, Hamid Karzaï vainqueur.

Conscient de la lassitude des opinions publiques des pays de l'OTAN et constatant les résultats limités l'action militaire américaine et alliée en Afghanistan, le président Obama décide à la fin de 2010 d'accélérer le transfert des responsabilités militaires aux forces afghanes et de fixer une échéance proche pour le retrait complet des forces combattantes internationales. Ces décisions sont entérinées les 19 et 20 novembre 2010 au sommet de Lisbonne de l'OTAN. Les pays de l'Alliance y annoncent le lancement, au premier semestre 2011, du processus de transfert progressif aux forces afghanes du commandement de toutes les opérations de sécurité pour la fin 2014. De son côté, le gouvernement afghan s'engage à combattre le terrorisme, à lutter contre la corruption et le trafic de drogue et à respecter les droits humains, en particulier ceux des femmes.

Au sommet de l'OTAN de Chicago (20 et 21 mai 2012), les Alliés annoncent la fin de leur engagement militaire direct : leurs forces n'auront plus de mission de combat après 2014 et se consacreront à la formation de l'armée afghane. L'OTAN ne maintiendra plus à cet effet qu'un petit contingent, à condition néanmoins que l'Afghanistan accepte de conclure un accord sur le stationnement des forces étrangères garantissant à ces dernières l'immunité contre toute poursuite des juridictions afghanes. La totalité des forces combattantes françaises est retirée d'Afghanistan avant la fin de l'année 2012.

À partir de 2012, les effectifs de l'OTAN restants comptent des unités de formation et d'assistance de l'armée afghane, ainsi qu'une réserve prête à intervenir en cas de détérioration de la situation sécuritaire. Environ 100 000 militaires fin 2013 sont réduits à 45 000 mi-2014, puis progressivement à 14 000 en 2019. Au printemps 2021, à la suite des accords signés en 2020 avec les Talibans, l'OTAN et ses alliés engagent un retrait final du territoire. Ce dernier s'achève de façon chaotique en août 2021, alors que l'armée nationale ne s'oppose plus aux Talibans, lesquels prennent Kaboul et renversent le gouvernement afghan. Vingt ans de guerre se concluent ainsi dramatiquement car l'occupation occidentale a échoué à stabiliser politiquement le pays.

e) La recherche infructueuse d'une solution politique

547 Le président Karzaï s'était engagé très progressivement dans la voie d'une solution politique lors de son second mandat. Il institue en octobre 2010 un Haut Conseil pour la paix, avec à sa tête l'ancien président afghan Burhanuddin Rabbani, dans le but de faciliter les contacts avec la rébellion. Mais l'assassinat de Burhanuddin Rabbani, le 20 septembre 2011, met un coup d'arrêt au processus.

Les années de présence militaire internationale ne permettent pas de défaire les Talibans, notamment en raison du rôle ambigu du Pakistan, qui craint que le retour à la paix soustraie définitivement l'Afghanistan à son influence et le rapproche de son ennemi indien.

Pour stabiliser les institutions afghanes, une importante aide internationale est accordée de façon renouvelée à ce pays. Lors d'une conférence internationale de donateurs tenue à Tokyo (juillet 2012), il est décidé de lui allouer une assistance financière à hauteur de 16 milliards de dollars jusqu'en 2015 et de maintenir ce soutien jusqu'à 2017 à un niveau comparable à celui des dix années précédentes. À Bruxelles, en octobre 2016, le gouvernement afghan reçoit une nouvelle aide de 15,2 milliards de dollars. Il s'engage alors à poursuivre ses réformes en matière de gouvernance politique et économique.

L'élection présidentielle du 14 juin 2014 ne se déroule cependant pas mieux que celle de 2009. Après un dépouillement très contesté, elle conduit à la constitution d'un gouvernement d'union nationale dirigé par les rivaux Ashraf Ghani et Abdullah Abdullah, dans une période marquée par une forte activité insurrectionnelle et par une présence beaucoup plus réduite des troupes étrangères (voy. n° 546). Les élections de septembre 2019 semblent rejouer celles de 2014. Le président sortant Ashraf Ghani est déclaré vainqueur dès le premier tour face à Abdullah Abdullah, lequel conteste ce résultat. Ce dernier se déclare également président, provoquant une crise institutionnelle grave.

En résumé, les réformes en matière de gouvernance, de lutte contre la corruption, de réduction drastique de la production et du trafic d'opium et de développement économique n'aboutissent pas. Les violences, notamment les attentats, persistent malgré la présence continue de troupes occidentales. Si l'exécution au Pakistan d'Oussama Ben Laden par des forces spéciales américaines, en mai 2011, a confirmé l'affaiblissement de la menace représentée par Al-Qaïda, depuis 2015, l'Organisation de l'État islamique (Daech) semble à son tour s'être implantée en Afghanistan.

En 2020, un nouveau rapprochement se dessine avec la signature de plusieurs accords et déclarations entre les Talibans et les États-Unis en vue d'un retrait total de ces derniers. Engagé en 2021, le retrait occidental laisse néanmoins les Talibans en position de force militaire et politique face à un gouvernement afghan marginalisé. Le 15 août 2021, les Talibans prennent le pouvoir militairement et réinstaurent un régime théocratique, particulièrement discriminant envers les femmes.

C) L'intervention américaine en Irak

548 Dans son discours sur l'état de l'Union de janvier 2002, le président George W. Bush désigne l'Irak, avec la Corée du Nord et l'Iran, parmi les pays de « l'axe du mal ». Il prépare ainsi l'opinion à une campagne militaire visant à renverser le régime irakien, accusé de chercher à se doter d'armes nucléaires ou chimiques pour préparer des attaques, terroristes ou non, contre les États-Unis et leurs alliés. En septembre 2002, le président Bush publie une Stratégie de sécurité nationale dans laquelle il est affirmé que « par bon sens et pour sa légitime défense », l'Amérique agira contre les « menaces émergentes avant qu'elles ne soient pleinement constituées ». Une telle approche est une remise en cause de la règle coutumière de droit international selon laquelle la légitime défense ne peut être invoquée qu'en cas d'agression armée précise et clairement identifiée ou de menace imminente d'agression armée, impossible à prévenir autrement que par une action militaire.

Pour George W. Bush, l'Irak de Saddam Hussein reste l'adversaire à écarter prioritairement. La guerre contre le terrorisme donne donc aux États-Unis l'occasion de provoquer en Irak un changement de régime pour mettre fin à une menace ancienne pour leur sécurité.

1. La marche à la guerre

549 Le 12 septembre 2002, devant l'Assemblée générale de l'ONU, un an après les attentats du World Trade Center, George W. Bush déclare que « le régime de Saddam Hussein est un danger grave et grandissant » et met au défi l'ONU d'agir : « Les Nations Unies serviront-elles la cause de leurs fondateurs ou seront-elles inutiles [*irrelevant*] ? »

Sous pression américaine et devant la persistance du refus irakien de coopérer avec l'UNMOVIC (voy. n° 474), le Conseil de sécurité adopte alors, le 8 novembre, sous chapitre VII, la résolution 1441 qui déclare l'Irak « en violation patente de ses obligations » et institue un régime de vérification renforcée sous l'égide de l'UNMOVIC et de l'AIEA. L'Irak cède et les inspections sur le terrain reprennent en novembre 2002. Les inspecteurs constatent que la coopération irakienne est satisfaisante et ne découvrent pas de preuve d'une reprise d'activités illicites (exceptés quelques missiles de plus de 150 km de portée qui sont aussitôt détruits). Après les premiers rapports de l'UNMOVIC, la France, la Russie et l'Allemagne, alors membre non permanent du Conseil de sécurité, adoptent le 10 février 2003 une déclaration commune appelant à « la poursuite des inspections et au renforcement substantiel de leurs capacités humaines et techniques par tous les moyens ».

Le 7 mars 2003, alors que le Conseil de sécurité attend les derniers rapports des inspecteurs de l'ONU, les États-Unis, l'Espagne et le Royaume-Uni soumettent une résolution qui impose à l'Irak la date butoir du 17 mars pour détruire les armes de destruction massive qu'il est supposé détenir. Le 19 mars 2003, la guerre d'Irak commence avec le bombardement de Bagdad.

N'ayant pu obtenir l'autorisation du Conseil de sécurité avant de s'engager dans leur opération contre l'Irak, les États-Unis invoquent d'une part le principe de la légitime défense préventive et soutiennent d'autre part qu'une nouvelle résolution n'est pas nécessaire, la résolution 1441 et les précédentes donnant selon eux une base juridique suffisante à l'intervention armée. Cette interprétation n'est partagée ni par la France, l'Allemagne, la Russie, ni par la majorité des membres du Conseil de sécurité. La longue bataille qui précède le vote de la résolution 1441 a précisément pour objet d'éviter le recours unilatéral à la force des États-Unis. La France a en effet obtenu que ce texte prévoie un dispositif en deux temps : la reprise des inspections en Irak et, en cas d'obstruction de l'Irak, un nouvel examen de la situation des inspecteurs de l'ONU. La résolution 1441 écarte donc toute automaticité du recours à la force.

2. L'absence et la division de l'Union européenne

550 Rarement l'Union européenne n'a été aussi divisée sur une question de politique étrangère que pendant les quelques mois qui ont précédé l'intervention américaine en Irak. La crise irakienne a été le révélateur d'une profonde divergence de vues au sein de la communauté euro-atlantique. Alors que la position de la France et de l'Allemagne plaidant pour une solution pacifique du conflit est approuvée par la majorité des États siégeant au Conseil de sécurité, huit pays membres et futurs membres de l'Union européenne apportent le 30 janvier 2003 leur soutien à Washington (Danemark, Espagne, Hongrie, Italie, Pologne, Portugal, République tchèque et Royaume-Uni). Déjà assimilées à la « vieille Europe » par le secrétaire d'État à la Défense Donald Rumsfeld, la France et l'Allemagne se trouvent isolées au sein de l'Union européenne et de l'OTAN.

3. Les désordres de l'après-guerre et la menace de l'islamisme radical

551 Pour les États-Unis, la guerre d'Irak s'achève le 9 avril 2003 avec l'occupation de Bagdad par les forces de la coalition qu'ils avaient constituée. En mai 2003 le président George W. Bush déclare sur le pont d'un porte-avions que la

mission est « accomplie ». En décembre 2003, Saddam Hussein est capturé, jugé, condamné, puis est exécuté par les nouvelles autorités irakiennes le 30 décembre 2006. Le 22 mai 2003, le Conseil de sécurité entérine, par sa résolution 1483, la prise de contrôle de l'Irak par les États-Unis et leurs partenaires en tant que « puissances occupantes ». Il demande à l'Autorité provisoire mise en place par les occupants de « créer les conditions permettant au peuple irakien de déterminer librement son avenir politique ». Il lève également le régime de sanctions imposé à l'Irak sous Saddam Hussein. Rapidement cependant, la situation sécuritaire se détériore. Les forces américaines sont harcelées par des insurgés principalement sunnites. Les réseaux islamistes sunnites d'Al-Qaïda multiplient les attentats. Les Américains se heurtent aussi fréquemment à des milices chiites.

a) La mise en place du nouveau pouvoir irakien et le départ des troupes américaines

552 L'Autorité d'occupation est dissoute le 28 juin 2004 lors du transfert du pouvoir à un exécutif provisoire irakien, mis en place après la proclamation d'une Constitution provisoire. L'élection de l'Assemblée nationale a lieu le 30 janvier 2005. Boycottée par les sunnites, relégués au second plan depuis l'invasion de la coalition (20 à 25 % de la population irakienne), elle est remportée par les chiites, qui arrivent juste devant les Kurdes. L'assemblée issue de ce premier scrutin multipartite depuis 50 ans élit en avril 2005 le Kurde Jalal Talabani comme président de la République, le chiite Ibrahim al-Jaafari devenant Premier ministre.

Représentant environ 60 % de la population irakienne, les chiites accèdent au pouvoir pour la première fois dans l'histoire de l'Irak. Il s'agit d'un événement historique pour cette branche de l'Islam qui inspire le régime iranien et dont six des douze imams qu'elle vénère sont enterrés en Irak. C'est dans ce contexte difficile qu'un projet de Constitution qui dote le pays d'un régime parlementaire et fédéral est ratifié par référendum à une majorité de près de 80 % des voix.

La fédéralisation du pays inquiète cependant les sunnites, qui craignent d'être isolés dans une région située à l'Ouest, désertique et privée de pétrole. La tension est vive et le pays se trouve au bord de la guerre civile. Un attentat à forte portée symbolique détruit, le 22 février 2006, le sanctuaire de la mosquée dorée de Samarra, l'un des principaux lieux de pèlerinage chiite en Irak. Nouri al-Maliki forme en avril 2006 un gouvernement d'union nationale mais l'insécurité persiste. C'est seulement après un renforcement du contingent américain et une mobilisation des tribus sunnites irakiennes contre le terrorisme que la violence, sans avoir disparu, retombe au niveau de 2004.

Fin novembre 2007, le président américain George W. Bush et le Premier ministre Nouri al-Maliki signent une « déclaration de principes » concernant la présence militaire américaine en Irak. Selon cette déclaration, les forces américaines ne seront plus placées sous un mandat des Nations Unies après 2008 mais seulement maintenues en vertu d'un accord bilatéral entre Washington et Bagdad. Toutes les opérations militaires américaines en Irak devront être approuvées par les autorités irakiennes. Enfin et surtout, la date de 2011 est clairement fixée pour le départ de toutes les troupes américaines d'Irak.

Le président Barack Obama peut s'appuyer sur cet accord lorsqu'il annonce le 27 février 2009 son plan de retrait d'Irak : il déclare alors qu'il n'y aura plus de forces combattantes américaines en Irak au plus tard le 31 août 2010.

b) La menace de l'islamisme radical et l'apparition de Daech

553 Nouri al-Maliki, accusé d'autoritarisme et de captation du pouvoir à des fins personnelles, s'aliène les Kurdes et alimente les frustrations de la communauté sunnite. Lors des élections législatives du 30 avril 2014, sa liste, bien qu'arrivée en première position, n'obtient pas la majorité. Les États-Unis et d'autres pays font pression sur le président et le Parlement irakien pour que Nouri al-Maliki cède la place à une figure plus consensuelle. Haïder al-Abadi constitue un gouvernement plus unitaire en octobre 2014 en accord avec les Kurdes et paraît bénéficier du soutien, à des degrés divers, des voisins de l'Irak. Ce nouveau gouvernement est cependant confronté à un défi redoutable : celui de l'islamisme radical.

Depuis plusieurs mois en effet, un mouvement insurrectionnel se développe dans les régions sunnites du pays. Une organisation terroriste, nommée « État islamique d'Irak et du Levant » (EI ou Daech selon son acronyme arabe), fondée en Irak mais qui s'était considérablement renforcée dans l'est de la Syrie en guerre civile (voy. n° 590), s'empare de Fallujah en janvier 2014 et de Mossoul, deuxième ville du pays, en juin. D'anciens officiers sunnites de l'armée de Saddam Hussein, écartés après la victoire américaine, apportent à l'EI leur savoir-faire militaire. L'armée irakienne, désorganisée et peu motivée, n'oppose qu'une faible résistance à l'offensive. Abou Bakr al-Baghdadi, chef de l'insurrection, proclame un « califat » alors que les troupes de l'EI se livrent à des massacres, destructions de biens culturels et violations massives des droits humains. Ses offensives entraînent une aggravation considérable de la situation humanitaire : début 2015 plus de 5,2 millions d'Irakiens étaient en situation de détresse et plus de 2,1 millions déplacés à l'intérieur du pays.

Alarmé, le Conseil de sécurité adopte, le 15 août 2014, la résolution 2170 sous chapitre VII. Cette dernière fait obligation à tous les États de coopérer dans la lutte contre l'EI ainsi que contre Al-Qaïda et sa branche syrienne, le Front al-Nosra. Plusieurs pays, dont la France, livrent alors des armes et des munitions aux Kurdes qui combattent l'EI dans le nord de l'Irak. Une coalition internationale, dont fait également partie la France, se constitue autour des États-Unis à partir de septembre 2014 pour combattre cette organisation au moyen d'attaques aériennes dans la province d'Anbâr et autour de Mossoul, dans la perspective d'une reprise de cette ville. L'engagement militaire est significatif. Au 15 mars 2016, la coalition avait procédé, selon le ministère de la Défense américain, à 10 962 frappes (7 336 en Irak et 3 626 en Syrie). 22 779 cibles auraient été détruites. Les bombardements de la coalition couvrent en effet les deux pays où l'EI est présent (Irak et Syrie). La France, qui hésitait à intervenir en Syrie pour ne pas favoriser indirectement le régime de Bachar el-Assad, s'y est résolue après les attentats du 13 novembre 2015 à Paris (voy. n° 590).

Néanmoins, le gouvernement irakien reste en position difficile face à l'EI. Constitué en majorité de partis chiites, il peut compter sur un certain soutien de l'Iran. Inversement, ce soutien iranien entretient la méfiance de ses partenaires occidentaux et de la partie sunnite de la population irakienne. L'Arabie saoudite et les autres monarchies sunnites de la péninsule arabique font certes partie de la coalition qui combat l'EI sous direction américaine, mais elles cherchent à doser leur action de manière à ne pas avantager l'Iran. Il en va de même de la Turquie, qui est dirigée par le Parti de la justice et du développement (AKP, islamo-conservateur sunnite) et craint en outre que la consolidation de l'autonomie du Kurdistan irakien n'alimente les revendications de sa propre minorité kurde.

À partir de fin 2016, la coalition remporte néanmoins plusieurs succès notables en Irak. Ses efforts permettent aux forces irakiennes de refouler l'EI d'une grande partie des zones peuplées sous son contrôle et d'entreprendre la reconquête de Mossoul qui s'achève péniblement fin 2017. Sous l'administration de Donald Trump, les États-Unis ont en outre sensiblement renforcé, à la demande de l'Irak, leur soutien aux forces irakiennes, notamment en augmentant les effectifs d'assistants militaires au sol (qui seraient plus de 5 000 sans compter les membres des sociétés privées de sécurité financées par le Pentagone). L'année 2018 marque un net recul de l'EI également en Syrie, même si divers groupes armés continuent de sillonner ces régions dévastées.

Présentée par George W. Bush comme une entreprise de libération du peuple irakien, déclenchée sans autorisation du Conseil de sécurité, la guerre d'Irak a ainsi favorisé l'instabilité et le terrorisme, sur fond de rivalités entre puissances régionales (Iran, Arabie saoudite, Turquie...). L'élimination de l'EI, un objectif majeur de la communauté internationale, est progressivement réalisée, mais à un coût humain très élevé, au prix de nombreuses fragmentations politiques et, enfin, sans assurance que les succès soient durables tant les groupes terroristes sont résilients.

§ 2. Les blocages de la démilitarisation et le réarmement du monde

554 Depuis le début des années 2000, les dépenses d'armement sont de nouveau orientées à la hausse, tant dans les pays occidentaux, qui avaient vu leurs dépenses baisser dans les années 1990, que dans les puissances émergentes. La Chine, la Russie, l'Inde, l'Arabie saoudite, le Brésil, la Corée du Sud notamment s'inscrivent dans un mouvement de hausse rapide sur le long terme. Pour la Chine, l'Arabie saoudite et la Russie, la hausse est respectivement de 132 %, 97 % et 91 % sur la période 2006-2015. Le volume du commerce international des armes s'est logiquement accru. Selon le SIPRI, il était 10 % plus élevé sur la période 2013-2017 que sur la période 2008-2012. Les États-Unis restent, de loin, le plus grand pourvoyeur d'armes, devant la Russie, la France, l'Allemagne et la Chine.

Compte tenu des tensions internationales depuis 2011 et du manque de coopération des grandes puissances, les acquis de l'après-Guerre froide se fragilisent tout au long de la décennie : les accords de réduction des armements sont dans l'impasse ; les tensions sur les dossiers nucléaires iranien et coréen au plus haut ; l'armement chimique, pourtant banni, a été utilisé en Syrie. Enfin, la guerre en Ukraine relance l'armement de toutes les nations européennes. Dans ce contexte délétère et à leur échelle, les acteurs de la société civile se mobilisent pour tenter de limiter l'usage de certains armements et de relancer le contrôle de leur commerce.

A) Les traités de désarmement dans l'impasse

1. Le traité New START

555 Après la dénonciation du traité START 2 par la partie russe en juin 2002, à la suite du retrait américain du traité ABM (voy. n° 487), les États-Unis et la Russie n'étaient plus liés que par deux traités de réduction de leurs armements stratégiques : le traité START 1 de 1991, qui prévoyait des dispositifs de vérification contraignants mais fixait un plafond élevé d'armes déployées (6 000), et le traité SORT de 2002, qui ne contenait pas de dispositif de vérification mais prévoyait des plafonds d'armes déployées beaucoup plus réduits (entre 1 700 et 2 200). Le traité START 1 arrivant à expiration en décembre 2009, se pose le problème de la pérennité des dispositifs de vérification qu'il avait institués.

Dès son accession au pouvoir début 2009, le président américain Barack Obama entend relancer la dynamique du désarmement nucléaire. Dans son discours de Prague du 5 avril 2009, il lance un appel en faveur d'un « monde sans armes nucléaires », qu'il assortit cependant de nombreuses précautions en précisant : « Ce but ne pourra être atteint avant longtemps, sans doute pas de mon vivant. Il faudra de la patience et de l'obstination ».

Cette politique de désarmement connaît un premier succès avec la conclusion d'un nouvel accord START (New START Treaty) de réduction des armements stratégiques entre la Russie et les États-Unis. Symboliquement, cet accord est signé par le président Obama et son homologue russe Dimitri Medvedev à Prague le 8 avril 2010, un an après son discours de 2009 dans cette même ville.

556 En signant un nouvel accord START, la Russie et les États-Unis s'engagent de nouveau à accepter que leurs arsenaux stratégiques soient soumis à un dispositif de vérifications mutuelles.

Aux termes de ce nouveau traité, les deux pays s'engagent, dans les sept ans suivant son entrée en vigueur, à limiter le nombre des têtes nucléaires stratégiques effectivement déployées par chacun d'entre eux à 1 550 unités. Pour la détermination de ce plafond, les têtes nucléaires déployées sur missiles balistiques intercontinentaux basés au sol et sur missiles balistiques embarqués sur sous-marins sont comptées chacune pour une unité. En revanche les têtes nucléaires déployées sur les bombes et missiles embarqués sur bombardiers lourds ne comptent que pour une unité par bombardier. Le traité limite par ailleurs le nombre total des vecteurs stratégiques (missiles balistiques intercontinentaux basés au sol, sous-marins et bombardiers) à 800, dont 700 déployés. Le traité prévoit enfin un dispositif de vérification contraignant, comportant notamment des obligations de notification des déploiements, des inspections sur place et des échanges de données techniques.

557 L'accord ne concerne cependant ni les têtes nucléaires tactiques, ni les têtes gardées en réserve. Or le stock total des têtes, tactiques et stratégiques, déployées et non déployées, qui n'a fait l'objet d'aucune publication officielle du côté russe, s'élèverait début 2016, selon la Federation of American Scientists, à environ 4 670 pour les États-Unis et 4 500 pour la Russie.

Les États-Unis et la Russie maintiennent en outre leurs programmes de modernisation : côté américain, le président Obama avait assuré au Congrès, souvent critique à l'égard du désarmement, surtout sur les bancs républicains, que 100 milliards de dollars seraient consacrés sur dix ans à la modernisation des vecteurs (en particulier au renouvellement de la flotte de sous-marins nucléaires lanceurs d'engins) et 80 milliards de dollars sur la même période au maintien en condition opérationnelle des armes (sans développement de nouvelles têtes). L'Office du budget du Congrès estimait pour sa part le coût des forces nucléaires américaines à 348 milliards de dollars sur la période 2015-2024. Côté russe, des programmes de modernisation sont également en cours, notamment dans le domaine des sous-marins nucléaires lanceurs d'engins et des missiles qui leur sont destinés. Dans le domaine des missiles balistiques intercontinentaux et des bombardiers stratégiques, les anciens systèmes soviétiques sont par ailleurs en cours de remplacement.

Le nouveau traité START est ratifié par les États-Unis le 22 décembre 2010, après son approbation par le Sénat. La Russie, pour sa part, le ratifie le 28 janvier 2011, après son approbation par la Douma d'État. En février 2018, les deux pays annoncent en remplir les obligations. Le traité expirant début 2021, des négociations sont engagées mais se grippent, le président Donald Trump demandant que la Chine y participe, ce à quoi elle se refuse. L'accession au pouvoir du président Joe Biden débloque la situation et les deux pays acceptent, fin janvier 2021, la prolongation du traité pour une durée de 5 ans. Cependant, en février 2023, dans le contexte de la guerre en Ukraine, Vladimir Poutine annonce la suspension de la participation de la Russie à ce traité.

2. Les incertitudes entretenues par le projet américain de défense antimissile

558 Les États-Unis se sont retirés du traité ABM de limitation des systèmes de défense antimissile en décembre 2001 (voy. n° 487). Sous leur pression, l'OTAN décide à son tour, en novembre 2010, de se doter d'un système antimissile destiné à protéger les populations et les territoires contre une attaque balistique limitée. Il s'agit, d'après l'organisation, d'apporter une réponse aux nouvelles menaces dirigées contre les territoires ou les populations de ses États membres : terrorisme, prolifération nucléaire, chimique et bactériologique et cyberattaques.

Ce projet, adopté à Lisbonne le 19 novembre 2010, prévoit que l'OTAN se dotera d'une défense antimissile, les territoires et les populations européennes apparaissant de plus en plus exposés à une menace de tirs de missiles balistiques en provenance du Moyen-Orient, en particulier de l'Iran. Cette capacité de défense antimissile doit être quasi exclusivement fournie par les États-Unis. Les alliés ont pris l'engagement de la mettre en place en coopération avec la Russie, laquelle affirme craindre un affaiblissement de sa dissuasion.

Moscou demande aux États-Unis des garanties juridiques et techniques lui assurant que les nouveaux systèmes n'auront aucun impact sur ses capacités stratégiques, ce qui n'est pas accepté par les Américains. Lors d'un discours prononcé en juin 2013 à Berlin, le président Obama propose une nouvelle réduction d'un tiers de ces armements. La partie russe répond ne pas vouloir entrer dans la négociation tant qu'il n'y aura pas d'entente sur la défense antimissile. Il en va de même des propositions américaines de négociations sur les systèmes tactiques. La Russie reste donc très hostile à ce projet et considère comme très insuffisantes les modalités de coopération que lui propose l'OTAN. La crise ukrainienne de 2014 met d'ailleurs fin à tout dialogue sur ce point entre la Russie et l'OTAN.

Les États-Unis déploient donc progressivement sur leur territoire et en Europe occidentale un système de défense contre des attaques limitées de missiles balistiques. Même après les ajustements à la baisse opérés pendant la présidence Obama sur la partie européenne du dispositif, les Russes craignent que les Américains finissent par acquérir la capacité de neutraliser une partie significative de leurs armements nucléaires offensifs. Par ailleurs, en dépit des réticences de plusieurs États d'Europe occidentale comme l'Allemagne, l'Alliance ne modifie pas sa doctrine nucléaire. Quelque 180 bombes nucléaires américaines restent déployées en Europe pour être embarquées sur des appareils de différents pays non nucléaires de l'Alliance (Allemagne, Belgique, Italie, Pays-Bas, Turquie), leur utilisation étant subordonnée à l'autorisation des États-Unis. La question du maintien de ces armes (dont la modernisation est prévue par les États-Unis) est restée politiquement sensible dans les pays européens concernés, notamment en Allemagne et aux Pays-Bas, et ce jusqu'à l'invasion russe de l'Ukraine en février 2022. En résumé, depuis dix ans, les craintes russes d'un déclassement stratégique nourrissent la rhétorique agressive du gouvernement russe sur « l'extension de l'OTAN » en Ukraine dans le reste de l'Europe de l'Est et dans les pays de la Baltique. En 2023, l'adhésion de la Finlande à l'OTAN d'un côté, la suspension du traité New START de l'autre contribuent à la spirale de la méfiance.

3. Des traités à bout de souffle (FNI, FCE, Ciel ouvert)

559 Le traité FNI a été essentiel pour limiter et contrôler les missiles terrestres de moyenne portée en Europe (voy. n° 484). Ces dernières années néanmoins, ce dispositif de désarmement a été l'objet de vives critiques de part et d'autre. Les États-Unis affirment en effet que la Russie a entrepris de déployer un missile de croisière terrestre à capacité nucléaire dont la portée se situerait entre 500 et 5 500 km, ce qui est prohibé par le traité FNI. Pour leur part, les autorités russes se plaignaient du déploiement de nouveaux systèmes de défense antimissile américains en Roumanie. Début 2019, les gouvernements américain, puis russe quittent le traité FNI. La décision américaine de retrait a été prise sans faire appel aux mécanismes de vérification et de conciliation prévus par le traité.

En ce qui concerne le désarmement conventionnel, les pays de l'OTAN s'étaient refusés à ratifier l'accord d'adaptation du Traité sur les Forces conventionnelles en Europe (FCE) signé en 1999, tant que la Russie n'aurait pas retiré les forces qu'elle stationnait en Moldavie et en Géorgie (voy. n° 501). La Russie, pour sa part, suspend à titre temporaire sa participation au Traité en décembre 2007. Dans ce contexte difficile, l'OSCE tente de constituer une nouvelle enceinte de négociations avec la création d'un Forum pour la coopération en matière de sécurité (FCS) chargé d'examiner la dimension militaire des questions de sécurité (maîtrise des armements et mesures de confiance et de sécurité). L'organisation offre ainsi, entre 2010 et 2013, le cadre de négociations sur un régime de maîtrise des armements conventionnels susceptible de remplacer le Traité sur les Forces conventionnelles en Europe (FCE). Ces négociations n'aboutissent pas. Le 12 décembre 2014, dans le contexte des nouvelles tensions entre la Russie et l'OTAN, Sergueï Lavrov, ministre des Affaires étrangères russe, annonce que la Russie n'appliquera plus le Traité FCE.

Enfin, en mai 2020, les États-Unis se retirent également du traité dit « Ciel ouvert » pour cause de violations par la Russie. Cet accord, signé en 1992 et entré en vigueur en 2002, a permis l'ouverture des espaces aériens nationaux à des vols de reconnaissance mutuels. Ce retrait unilatéral laisse les États signataires, principalement européens, dans la difficulté. Abrupte, cette décision illustre aussi la faiblesse politique de l'OSCE, qui est pleinement engagée dans la mise en œuvre de ce traité (voy. n° 520).

B) Les dossiers nucléaires de Corée du Nord et d'Iran

1. Les activités nucléaires de la Corée du Nord

560 Non respecté par la Corée du Nord, l'accord de 1994 est remis en question en 2002 (voy. n° 498). Lors d'une nouvelle épreuve de force avec les États-Unis, la Corée du Nord se retire du Traité sur la non-prolifération nucléaire en janvier 2003. Des négociations à six associant la Chine, les États-Unis, la Russie, le Japon et les deux Corées en vue de faire revenir Pyongyang sur sa décision n'aboutissent pas. Cependant, un essai nucléaire coréen souterrain, le 9 octobre 2006, est condamné le 14 octobre 2006 par la résolution 1718 du Conseil de sécurité, qui prévoit des sanctions économiques sur la base de l'article 41 de la Charte des Nations Unies mais exclut, à la demande de la Chine et de la Russie, tout recours à la force.

Les pourparlers à six débouchent, le 13 février 2007, sur un accord de dénucléarisation de la Corée du Nord signé à Pékin. Aux termes de cet accord, la Corée du Nord s'engage à désactiver ses installations nucléaires militaires en contrepartie d'une aide énergétique et alimentaire et de garanties de sécurité. En avril 2009, la Corée du Nord procède toutefois à un nouvel essai de missile balistique présenté comme une expérience de mise sur orbite d'un satellite. Or, par la résolution 1718, le Conseil de sécurité avait également interdit à la Corée du Nord toute activité dans le domaine des missiles balistiques. Une déclaration de la présidence du Conseil de sécurité condamne en conséquence le pays et prévoit des sanctions à l'encontre des entreprises nord-coréennes soupçonnées d'être impliquées dans des activités nucléaires et balistiques. Pyongyang rompt alors les pourparlers à six et, le 25 mai 2009, annonce avoir procédé à un nouvel essai nucléaire. Parallèlement, la Corée du Nord intensifie ses activités balistiques. Après un troisième essai nucléaire nord-coréen le 12 février 2013, le Conseil de sécurité renforce substantiellement le 7 mars, par sa résolution 2094, le régime de sanctions à l'encontre de la Corée du Nord, notamment dans le domaine financier et dans celui des inspections de cargaisons suspectes. Un quatrième essai, présenté par les autorités nord-coréennes comme thermonucléaire, est réalisé par la Corée du Nord le 6 janvier 2016. Il est suivi le 7 février par un tir de missile balistique. En réponse, le Conseil de sécurité impose le 2 mars 2016, par sa résolution 2270 prise en application de l'article 41 de la Charte (mesures coercitives non militaires), les sanctions supplémentaires suivantes : interdiction de toute fourniture ou prestation pouvant contribuer à des activités nucléaires, balistiques et militaires, interdiction d'échanges de matières premières, inspection des navires ou du fret aérien à destination ou en provenance de la Corée du Nord, renforcement des sanctions financières et des mesures de gel d'avoir pour certaines personnes ou entités responsables des activités nucléaires et balistiques nord-coréennes. Le 9 septembre 2016, la Corée du Nord réalise un cinquième essai en même temps qu'elle poursuit ses activités balistiques. La résolution 2321 du Conseil de sécurité toujours sous chapitre VII aggrave les sanctions qui la frappent (limitation de certaines exportations, interdiction de nouvelles catégories d'importations, gel d'actifs de personnes physiques et morales supplémentaires).

Cependant, ces mesures restent sans effet car la Chine poursuit une politique de soutien limité à l'économie nord-coréenne, par crainte d'un effondrement du pays contraire à ses intérêts stratégiques (risque par exemple de réunification de la Corée sous égide américaine). Elle s'oppose également vivement au déploiement d'un système antimissile américain en Corée du Sud. Elle a néanmoins accepté, le 5 août 2017, le vote par le Conseil de sécurité de la résolution 2371 qui durcit considérablement les sanctions économiques frappant la Corée du Nord.

À la suite d'un sixième essai nucléaire nord-coréen en septembre 2017 et de nouveaux lancements de missiles balistiques par la Corée du Nord, une crise diplomatique s'ouvre avec les États-Unis. Elle donne lieu à une activité diplomatique renouvelée de la Chine et de la Corée du Sud, une rencontre entre les dirigeants coréens pour engager un processus de rapprochement, puis entre Donald Trump et Kim Jong-un en juin 2018. Ce rapprochement, aussi superficiel que spectaculaire, tourne court dès 2019, entravant tant les discussions sur le nucléaire que le rapprochement entre les deux Corées. Depuis, les essais se poursuivent. En parallèle, le gouvernement nord-coréen scelle les frontières du pays, refusant toute aide sanitaire ou humanitaire internationale (excepté chinoise).

2. La question nucléaire iranienne

a) Les premières tentatives de négociations (2003-2006)

561 En 2002, des opposants au régime iranien (Organisation des moudjahidin du peuple d'Iran) font état de l'existence de programmes iraniens non déclarés d'enrichissement et de retraitement de l'uranium. Ces informations, confirmées par l'AIEA, suscitent l'inquiétude des principales puissances, tout particulièrement des pays occidentaux. Le Conseil des gouverneurs de l'AIEA adopte donc plusieurs résolutions à partir de septembre 2003 pour appeler l'Iran à faire preuve de transparence et suspendre les activités en cause.

La France, le Royaume-Uni et l'Allemagne prennent alors l'initiative de négociations avec l'Iran sur son programme nucléaire. Dans le cadre de ces négociations, l'Iran accepte le 26 février 2003 de mieux informer l'AIEA de ses projets de programme et signe en décembre 2003 un protocole additionnel à son accord de garanties avec l'AIEA, permettant des inspections sous faible préavis de toutes ses installations où sont suspectées des activités nucléaires. Enfin, il s'engage en novembre 2004 à suspendre l'enrichissement et le retraitement de l'uranium.

562 Néanmoins, le pays reprend publiquement ses activités nucléaires sensibles (retraitement des combustibles irradiés et enrichissement de l'uranium) dès l'élection à la présidence de la république de Mahmoud Ahmadinejad en juin 2005. Suite à la saisine du Conseil de sécurité des Nations Unies par l'AEIA, l'Iran revient sur ses engagements concernant le protocole additionnel signé avec l'organisme d'inspection.

Réunis à Vienne le 1er juin 2006, les ministres français, britannique et allemand, désormais rejoints par leurs homologues américain, chinois et russe (groupe des Six), décident de proposer à l'Iran un accord destiné à établir de manière incontestable le caractère exclusivement pacifique du programme nucléaire iranien. En échange de l'arrêt de ses activités sensibles, les Six promettent notamment à l'Iran une aide à la construction d'un réacteur à eau légère, un approvisionnement garanti en combustible nucléaire, un dialogue sur les questions de sécurité régionale, l'adhésion à l'OMC et un assouplissement des sanctions commerciales américaines, concernant notamment les pièces de rechange pour avions civils. Pour appuyer la démarche des Six, le Conseil de sécurité des Nations Unies adopte, à la quasi-unanimité, le 31 juillet 2006, la résolution 1696 qui endosse l'offre de Vienne, demande à l'Iran une coopération complète avec l'AIEA et rend obligatoire la suspension de ses activités sensibles. La résolution prévoit également qu'en cas de non-respect par l'Iran de ses obligations, le Conseil de sécurité prendra des sanctions internationales d'une sévérité croissante.

b) Montée des blocages et tensions (2006-2015)

563 Face au refus de l'Iran de suspendre ses activités sensibles, le Conseil de sécurité adopte les résolutions 1737 (décembre 2006), 1747 (mars 2007) et 1803 (mars 2008), en application de l'article 41 de la Charte des Nations Unies (mesures coercitives, notamment économiques, sans recours à la force). Ces résolutions d'une part rappellent à l'Iran son obligation de suspendre ses activités sensibles et de coopérer avec l'AIEA et d'autre part lui infligent d'autre part des sanctions progressives dans de nombreux domaines (voy. n° 270).

D'autres acteurs prennent, en dehors du cadre du Conseil de sécurité, des sanctions additionnelles d'une sévérité croissante, en particulier les États-Unis et l'Union européenne. En 2009, le président Barack Obama se déclare prêt à relancer les négociations. Malgré cela, l'Iran lance, le 9 février 2010, en violation des résolutions du Conseil de sécurité, un processus de production d'uranium enrichi à 20 %[60], sur le site de Natanz. Le Conseil de sécurité adopte alors, le 9 juin 2010, par sa résolution 1929, un quatrième dispositif de sanctions, en s'appuyant de nouveau sur l'article 41 de la Charte. Le Brésil et la Turquie votent cependant contre, pour protester contre la prise en compte, insuffisante à leurs yeux, d'un accord d'échange de combustible nucléaire auquel ils étaient parvenus avec l'Iran à la mi-mai.

Le dialogue entre les Six et l'Iran se poursuit dans ce contexte de tension, alors que les États-Unis et l'Union européenne durcissent considérablement leurs sanctions en dehors du cadre de l'ONU (interdiction des relations bancaires, embargo pétrolier...). Le département américain du Trésor a ainsi méthodiquement isolé les banques iraniennes du système financier international.

60. L'uranium de qualité militaire est enrichi à plus de 90 %.

564 En 2015, l'Iran a déclaré à l'AIEA 16 installations nucléaires et 9 autres établissements utilisant des matières fissiles. Les autorités iraniennes justifient leur programme nucléaire par la nécessité d'accroître les ventes de pétrole sur le marché mondial et d'obtenir des radio-isotopes à usage médical. Ils déclarent également vouloir maîtriser le cycle complet de traitement du combustible pour garantir leur sûreté d'approvisionnement en matières fissiles.

Des soupçons occidentaux pèsent néanmoins sur les ambitions nucléaires de l'Iran et sont aggravés par ses activités balistiques. L'Iran a en effet développé et déployé un missile balistique Shahab-3, qui pourrait transporter une ogive de 700 à 1 000 kg sur une distance de l'ordre de 1 000 km (une portée de 1 500 km serait nécessaire pour atteindre Israël). Côté américain comme côté israélien est agitée la menace du recours à la force en cas d'échec définitif des négociations. La question iranienne recèle donc, en 2015, un fort potentiel de déstabilisation pour la sécurité internationale. La question nucléaire n'est en effet qu'un des aspects des tensions entre l'Iran et les pays occidentaux : le soutien de l'Iran au Hezbollah libanais, au régime de Bachar el-Assad en Syrie, aux rebelles houthis du Yémen, sa rivalité avec l'Arabie saoudite et les monarchies du Golfe, ses positions anti-israéliennes radicales qui l'ont conduit à appuyer le Hamas palestinien nourrissent également la suspicion occidentale à l'égard des intentions iraniennes.

c) Les accords de 2013 et 2015

565 L'élection de Hassan Rohani à la présidence de la République islamique en juin 2013 change l'attitude des négociateurs iraniens. Le consensus national créé par le nouveau président, étroitement associé au guide Ali Khamenei, leur permet des concessions. L'Iran décide de négocier sous la contrainte économique des sanctions, mais aussi par choix politique. Néanmoins, les Iraniens refusent de renoncer au droit à l'exploitation pacifique de l'énergie nucléaire inscrit dans le TNP.

Dès l'élection de Hassan Rohani, les États-Unis cherchent à normaliser leurs relations avec l'Iran en négociant de façon séparée en vue de la signature rapide d'un premier accord intérimaire à la portée plus politique que technique. La France et la Russie se mobilisent également et c'est dans ce contexte qu'est conclu, entre les Six et l'Iran, l'accord intérimaire du 24 novembre 2013. Cet accord prévoit le gel par l'Iran de nombreux éléments de son programme nucléaire en échange d'un allègement, qualifié par le président Obama de « limité, temporaire, ciblé et réversible », des sanctions qui le frappent.

Cet accord intérimaire débouche le 14 juillet sur un accord définitif prévoyant une réduction pendant dix ans des infrastructures d'enrichissement de l'uranium (centrifugeuses, réacteur à l'eau lourde d'Arak), ainsi qu'une réduction des stocks d'uranium faiblement enrichis. Outre ces limites, l'usine d'enrichissement souterraine de Fordow doit être transformée en centre de recherche à des fins médicales et scientifiques. Enfin, un nouveau régime d'inspections renforcées des activités iraniennes sur le long terme est mis en place. En échange, les sanctions frappant l'Iran (tant unilatérales qu'établies par le Conseil de sécurité) sont levées sous réserve de vérification par l'AIEA du respect des engagements pris. Les sanctions seront rétablies en cas de violation par l'Iran de ses engagements.

Le Conseil de sécurité endosse l'accord par sa résolution 2231 du 20 juillet 2015. L'essentiel des sanctions est en conséquence levé, notamment par l'Union européenne, après la constatation par l'AIEA de l'application par l'Iran de ses engagements, le 16 janvier 2016. Ne demeurent alors que des restrictions liées aux biens militaires, aux technologies nucléaires et balistiques et aux biens et services à double usage, ainsi que certaines mesures de gel ou contrôle affectant certains établissements financiers.

Le président Obama a voulu ce règlement non seulement pour renforcer la légitimité du régime de non-prolifération mais aussi pour réintégrer l'Iran dans le jeu diplomatique du Moyen-Orient, en faisant en sorte qu'il puisse contribuer à la stabilisation de la région, notamment en Irak et au Liban, voire en Syrie. On relève par contraste un net mécontentement de l'Arabie saoudite et des autres monarchies du Golfe, dont la France a semblé se faire l'écho.

566 Le président américain Donald Trump avait, pendant sa campagne électorale, qualifié l'accord de juillet 2015 d'« exécrable ». En accord avec le Congrès, il a initialement maintenu l'ensemble des sanctions unilatérales américaines liées aux autres griefs que les États-Unis nourrissent à l'égard de l'Iran, indépendamment de ses activités nucléaires (soutien au terrorisme, activités balistiques, etc.). Or ces sanctions, surtout celles qui portent sur le secteur bancaire et financier, empêchent de fait toutes les banques internationales d'intervenir dans ce pays. De nouvelles sanctions sont prises en 2017 par les États-Unis contre des personnes physiques et morales impliquées dans le programme balistique iranien. Enfin, en mai 2018, malgré les manifestations d'inquiétude de ses alliés, Donald Trump annonce le retrait des États-Unis de l'accord sur le programme nucléaire iranien, aggravant les menaces de déstabilisation du Moyen-Orient. Depuis, Washington renforce ses sanctions en faisant également pression sur l'ensemble des partenaires économiques de ce pays pour qu'ils rompent leurs liens avec le régime iranien, notamment en suspendant leurs importations de pétrole. En réponse, l'Iran s'affranchit progressivement des limites de l'accord. En janvier 2020, l'assassinat par les États-Unis de Qassem Soleimani, général respecté des Gardiens de la révolution iranienne, fragilise plus encore ce qui reste de l'accord malgré les efforts de l'Union européenne pour le sauvegarder. Malgré de nouvelles négociations engagées par l'administration Biden au printemps 2021, la situation reste très tendue.

C) L'emploi de l'arme chimique en Syrie

567 L'importance de la Convention pour l'interdiction des armes chimiques (voy. n° 499) est mise en lumière de manière dramatique à l'occasion d'une attaque chimique commise en Syrie le 21 août 2013 à Ghouta, près de Damas, vraisemblablement par le régime du président Assad, bien qu'aucune preuve définitive n'ait été apportée. L'insurrection qui combat le régime de Damas depuis 2011 se trouve en effet largement présente dans la zone attaquée. Des allégations d'emploi d'armes chimiques par les deux camps ont également été formulées bien avant l'attaque du 21 août 2013. Or, dans une conférence de presse du 20 août 2012, le président Obama avait déclaré que, pour les États-Unis, une « ligne rouge » serait franchie s'il apparaissait qu'une grande quantité (« *a whole bunch* ») d'armes chimiques étaient transportées ou utilisées en Syrie.

Le rapport de la Mission des Nations Unies chargée d'enquêter sur l'attaque du 21 août 2013 est soumis le 16 septembre au Conseil de sécurité. Il confirme l'emploi de l'arme chimique (sarin) et son ampleur (plusieurs centaines de morts dont de nombreux enfants). La recherche des responsabilités n'entre cependant pas dans la mission des enquêteurs des Nations Unies.

Avant même la publication du rapport, les pays occidentaux (États-Unis, Royaume-Uni, France) envisagent une campagne de bombardement des forces gouvernementales syriennes pour dissuader le régime d'employer à nouveau l'arme chimique. Cependant, le 29 août 2013, la Chambre des communes s'oppose, par un vote, à une éventuelle opération militaire britannique. Pour sa part, le président Obama annonce qu'il saisira le Congrès de la question. La Russie propose alors de placer les arsenaux chimiques syriens sous le contrôle de l'Organisation pour l'interdiction des armes chimiques (OIAC) pour ensuite les démanteler. Dans ce cadre, elle invite la Syrie à adhérer à la convention d'interdiction des armes chimiques. Sous pression, Damas souscrit à cette proposition. Après avoir exprimé leur accord de principe avec l'initiative russe et écarté l'idée d'une intervention militaire, les États-Unis parviennent le 14 septembre 2013 à un accord avec la Russie pour exiger de la Syrie qu'elle fournisse un inventaire de ses armes chimiques dans un délai d'une semaine et assure leur destruction sous le contrôle de l'OIAC avant la mi-2014. La Syrie dépose alors immédiatement son instrument d'adhésion à la convention.

Le 27 septembre 2013, le Conseil de sécurité adopte à l'unanimité la résolution 2118 qui assimile l'emploi de l'arme chimique à une menace contre la paix et la sécurité internationale. Il endosse la décision de l'OIAC de mettre en œuvre des « procédures spéciales » « pour la destruction rapide du programme d'armes chimiques » de la Syrie « sous vérification rigoureuse » et « demande qu'elle soit intégralement appliquée, de la manière la plus rapide et la plus sûre qui soit ». La résolution prévoit également qu'en cas de non-respect de ses dispositions, y compris de transfert non autorisé d'armes chimiques ou d'emploi de ces armes par quiconque en Syrie, le Conseil de sécurité aura recours à des mesures coercitives sous chapitre VII.

Au total, cet épisode dramatique met en évidence les dangers de l'arme chimique, souvent considérée comme l'arme de destruction massive du pauvre (utilisée par l'Irak contre l'Iran à partir de 1983 et contre les indépendantistes kurdes en 1988). Le Traité de Paris de 1993 devient quasi universel : un État l'a signé mais non ratifié (Israël), trois ne l'ont ni signé ni ratifié (Corée du Nord, Égypte, Soudan du Sud).

Cependant, par la suite, le régime syrien et l'opposition islamiste ont été accusés d'utiliser à des fins militaires des gaz toxiques autorisés pour un usage industriel (chlore). Des doutes subsistent également quant au maintien de stocks de gaz toxiques prohibés dans les arsenaux de l'armée syrienne. De plus, les espoirs mis dans l'efficacité de la Convention d'interdiction des armes chimiques sont déçus lors d'une nouvelle attaque au sarin en zone rebelle, probablement commise par les forces aériennes gouvernementales syriennes le 4 avril 2017. Cette attaque fait 87 morts dont 31 enfants. Le Conseil de sécurité est saisi par les puissances occidentales mais ne peut prendre de décision en raison des vetos russe et chinois. Les mécanismes de vérification de la convention ne semblent pas avoir été utilisés, faute de volonté politique des États parties. En revanche des représailles militaires sont alors exercées, sans autorisation du Conseil de sécurité, par les États-Unis (bombardement le 7 avril d'une base aérienne syrienne). Ces représailles n'ont pas l'effet escompté sur la poursuite des actions offensives du régime, ni sur l'usage de gaz toxique. Une nouvelle attaque chimique se produit en avril 2018, suivie également de quelques bombardements ciblés des États Unis et de leurs alliés français et britanniques.

Le 27 juin 2018, l'Assemblée des États parties à la Convention d'interdiction des armes chimiques adopte, à la majorité des deux tiers des membres présents et votants prévue par la convention, une décision donnant au secrétariat de l'OIAC mandat pour identifier les auteurs des attaques au gaz toxique notamment perpétrées en Syrie. Jusqu'alors le secrétariat de l'OIAC n'avait pour mission que de vérifier la réalité et la nature des attaques chimiques sans désigner leurs auteurs. **Deux rapports remis en avril 2020 et avril 2021 concluent à la responsabilité du gouvernement syrien dans les attaques de Latamné (2017) et de Saraqib (2018).**

D) Des mobilisations multilatérales et civiles continues en faveur du désarmement

1. La Convention d'Oslo interdisant les armes à sous-munitions

568 La Convention sur les armes à sous-munitions est adoptée à Dublin le 30 mai 2008 et ouverte à la signature à Oslo le 3 décembre de la même année. Elle entre en vigueur le 1er août 2010. En avril 2023, 111 États l'ont ratifiée (dont la France). Cette convention interdit l'utilisation, le stockage, la production, l'acquisition ou le transfert des armes à sous-munitions, aussi appelées bombes à fragmentation. Elle prévoit également l'obligation pour les États de détruire leurs propres stocks et d'aider les pays touchés à détruire les armes dangereuses non explosées laissées sur le terrain. Les victimes ont également droit à une aide en vertu de la convention. Il est à noter que cette convention n'a pas été signée par plusieurs États (123), dont certains prévoient le recours aux armes à sous-munitions dans leur doctrine d'emploi.

2. Le Traité sur le commerce des armes (TCA)

569 Un Traité sur le commerce des armes (TCA) est adopté le 2 avril 2013 par l'Assemblée générale des Nations Unies. Ce n'est pas un traité de désarmement, mais il met en place, pour la première fois, des mesures de contrôle pour les transferts internationaux d'armes conventionnelles et de munitions. Il fait obligation aux États parties qui n'en disposent pas de se doter d'un mécanisme de contrôle des transferts d'armement et de répression du commerce illicite des armes. Il interdit tout transfert dans certaines situations, notamment lorsqu'un État a connaissance que les armes exportées pourraient servir à des fins de génocide, de crime contre l'humanité ou de crime de guerre. Excepté ces cas d'interdiction, le traité prescrit à l'État exportateur de procéder à une évaluation objective, non discriminatoire, mais la plus complète possible, de l'emploi des armes exportées afin d'empêcher que cet emploi ne permette notamment des

violations du droit international humanitaire. Le mécanisme de vérification des engagements pris repose sur une obligation de rapport annuel adressé à l'ensemble des États parties.

Ce Traité entre en vigueur le 24 décembre 2014. En mars 2022, il compte 130 États signataires et 111 États parties. Cependant, des pays ayant une activité importante d'exportation (États-Unis, Russie) ou d'importation (Inde) n'y sont pas parties. Des doutes subsistent par ailleurs sur l'efficacité du contrôle de la mise en œuvre de ce traité en ce qui concerne la destination des exportations d'armes (question de la livraison d'armes à l'Arabie saoudite accusée de violations du droit international humanitaire au Yémen depuis mars 2015).

3. La lutte pour préserver un consensus en faveur de la non-prolifération

570 Le régime de non-prolifération repose sur un consensus international, notamment porté par des pays ayant renoncé à l'arme nucléaire, en particulier les pays de la « New Agenda Coalition » (Afrique du Sud, Brésil, Égypte, Irlande, Mexique, Nouvelle-Zélande, Suède).

Or ces pays considèrent que le désarmement nucléaire et la non-prolifération sont des processus intrinsèquement liés et qui se renforcent mutuellement. Ils estiment que les États dotés de l'arme nucléaire n'ont pas rempli leurs obligations en ne progressant pas suffisamment dans le domaine du désarmement nucléaire. Ils peuvent, à cet égard, s'appuyer sur l'avis consultatif rendu le 8 juillet 1998 par la Cour internationale de justice.

Un examen par l'ensemble des États parties au TNP du fonctionnement du régime de non-prolifération a lieu tous les cinq ans, conformément à l'article VIII du traité. La conférence d'examen de 2010 peut adopter par consensus un document dans lequel tous les États parties réaffirment leur soutien au régime de non-prolifération. Les États non nucléaires obtiennent à cette occasion que ce document rappelle l'obligation de désarmement qui incombe aux États nucléaires. Le document prévoit enfin l'organisation d'une conférence en vue de la création d'une zone libre d'armes de destruction massive au Moyen-Orient. Cette conférence, qui devait se tenir à Helsinki, n'a pas pu avoir lieu en raison, essentiellement, du refus d'Israël d'y participer. Cette question bloque également la production d'un document final lors de la conférence d'examen de mai 2015.

Un nombre élevé de pays non nucléaires (132), mécontents de la non-application par les pays nucléaires de leurs obligations de désarmement, entreprennent, à partir de mars 2017, avec le soutien de nombreuses ONG, de négocier, au sein de l'Assemblée générale des Nations Unies, un traité d'interdiction des armes nucléaires. Les puissances nucléaires et la plupart des pays appartenant à des alliances nucléaires (OTAN notamment) refusent de s'associer à cet exercice, ce qui lui retire beaucoup de sa portée pratique. Le traité est néanmoins adopté le 7 juillet 2017 et la coalition d'ONG à l'origine de l'initiative (ICAN-International Campaign to Abolish Nuclear weapons) reçoit le prix Nobel de la paix cette même année. Il entre en vigueur en janvier 2021. Malgré l'opposition forte des pays détenteurs de l'arme nucléaire à ce traité, son adoption et la reconnaissance internationale associée au prix Nobel contribuent à réouvrir un débat sur les dangers de la détention de l'arme nucléaire. Ce débat s'amplifie depuis la relance de la guerre en Ukraine.

SECTION II

Des conflits endémiques réactivés

§ 1. Israël, Palestine, Liban : une région fortement déstabilisée

571 Peut-être parce qu'ils concentraient leurs efforts sur la lutte contre le terrorisme, les États-Unis n'ont pas su accorder une importance suffisante à la résolution du conflit israélo-palestinien qui est pourtant un facteur permanent d'insécurité au Moyen-Orient. Il nourrit l'hostilité arabe envers l'Occident et contribue pour partie à l'écho des discours islamistes radicaux. Il est susceptible d'inciter les pays musulmans qui le peuvent à chercher à acquérir l'arme nucléaire face à l'armement nucléaire d'Israël. Enfin, le conflit israélo-palestinien complique encore l'équation politique libanaise.

A) Israël et Palestine : l'impasse

1. La seconde *intifada* et ses conséquences

572 La période d'autonomie palestinienne, prévue dans la déclaration de principes de 1993 et censée aboutir à la proclamation de l'État palestinien, touche à sa fin le 4 mai 1999 (voy. n° 478). L'OLP accepte le report de cette échéance. Le 28 septembre 2000 toutefois, la visite d'Ariel Sharon (leader de la droite israélienne) sur l'Esplanade des mosquées – le mont du Temple pour les juifs – met le feu aux poudres, provoquant une seconde *intifada*. Malgré les efforts de Bill Clinton qui réunit, le 17 octobre 2000 à Charm el-Cheikh en Égypte, les protagonistes de la crise israélo-palestinienne, le processus de paix est interrompu.

Dans ce contexte, le 10 décembre 2000, le Premier ministre israélien Ehud Barak, qui fait l'objet de nombreuses critiques pour sa politique jugée trop conciliatrice (en mars 2000, il avait permis à l'Autorité palestinienne d'exercer un contrôle total sur 17,2 % de la Cisjordanie), démissionne. Ariel Sharon lui succède à la suite des élections du 6 février 2001.

Avec l'arrivée au pouvoir d'Ariel Sharon, la seconde *intifada* débouche sur une véritable situation de guerre (interventions de l'armée israélienne dans les territoires palestiniens avec des armements lourds, multiplication des attentats-suicides palestiniens souvent très meurtriers). Pour empêcher l'infiltration de terroristes, le Premier ministre décide dès 2002 d'ériger sur plusieurs centaines de kilomètres un mur qu'il dénomme « barrière de sécurité » pour protéger non seulement Israël mais aussi certaines implantations juives en territoire palestinien. Cette construction, qui empiète sur le territoire palestinien, permet de diminuer très notablement les incursions et les attentats en Israël mais elle apparaît à une large partie de l'opinion internationale comme injuste et discriminatoire à l'égard des Palestiniens.

Plusieurs initiatives locales et internationales sont alors lancées pour apporter une solution politique au blocage du processus de paix. En février 2002, convaincu « qu'il faut offrir aux Palestiniens un horizon politique »,

Shimon Peres, alors ministre des Affaires étrangères, propose, conjointement avec Ahmed Qoreï, le président du Conseil législatif palestinien, de faire de la reconnaissance d'un État palestinien le préalable à la conclusion d'un accord sur le statut définitif des territoires palestiniens autonomes ou occupés. Cette proclamation serait suivie de négociations sur les contours définitifs de l'État palestinien. Côté arabe, une initiative de paix lancée en février 2002 par le prince Abdallah d'Arabie saoudite est adoptée par la Ligue arabe en mars. Elle propose une normalisation des relations avec Israël en échange d'un retrait des territoires occupés, de la création d'un État palestinien avec Jérusalem-Est comme capitale et d'une solution au problème des réfugiés palestiniens. Elle se heurte au refus d'Ariel Sharon.

Le Conseil de sécurité adopte pour sa part, le 18 mars 2002, la résolution 1397 dans laquelle, tout en rappelant ses résolutions 242 de 1967 et 338 de 1973 (voy. n°s 416 et s.), il exprime pour la première fois son attachement à la « vision d'une région dans laquelle deux États, Israël et la Palestine, vivent côte à côte, à l'intérieur de frontières reconnues et sûres ».

2. L'espoir de la « feuille de route »

573 Désigné le 29 avril 2003 au poste de Premier ministre palestinien, Mahmoud Abbas devient l'interlocuteur privilégié de Tel-Aviv et de Washington. En établissant le 4 juin 2003 une « feuille de route », le Quatuor ou « Quartet » composé des États-Unis, de l'Union européenne, de la Russie et de l'ONU propose alors un calendrier conduisant à « la création d'un État palestinien indépendant, démocratique et viable côte à côte avec Israël et ses autres voisins dans la paix et la sécurité ». Jamais dans le passé un plan de paix n'a suscité une communauté de vues aussi large parmi les grandes puissances et plusieurs États arabes comme l'Égypte et la Jordanie. La feuille de route ne s'est cependant pas imposée face aux exactions commises par les deux camps. Jugeant qu'Arafat ne lui laissait pas assez de pouvoir, notamment en matière de sécurité, Mahmoud Abbas démissionne en septembre 2003. Ahmed Qoreï lui succède mais ne parvient pas à arrêter les campagnes d'attentats contre Israël car il ne dispose d'aucune autorité sur les services de sécurité contrôlés par Arafat.

3. La condamnation du mur de séparation par la CIJ

574 Parallèlement, les institutions internationales accentuent leur pression sur Israël. Le 8 décembre 2003, l'Assemblée générale des Nations Unies décide de demander à la Cour internationale de justice (CIJ) de rendre d'urgence un avis consultatif sur la question suivante : « Quelles sont en droit les conséquences de l'édification du mur qu'Israël, puissance occupante, est en train de construire dans le territoire palestinien occupé, y compris à l'intérieur et sur le pourtour de Jérusalem-Est ? ».

Le 9 juillet 2004, la CIJ condamne sans ambiguïté le tracé du mur présenté par les autorités israéliennes comme une clôture de sécurité destinée à empêcher les infiltrations d'auteurs d'attentats-suicides. Si l'avis n'est pas contraignant, sa portée politique est d'autant plus forte que les attendus sont sévères : « La construction par Israël, puissance occupante, du mur en territoire palestinien occupé, notamment dans et autour de Jérusalem-Est, est contraire à la loi internationale », affirme la CIJ, considérant qu'« Israël ne saurait se prévaloir du droit de légitime défense ou de l'état de nécessité comme excluant l'illicéité de cette construction ». Elle assure aussi n'être « pas convaincue que le tracé spécifique choisi par Israël pour le mur [soit] nécessaire pour atteindre ses objectifs en matière de sécurité » (CIJ, avis consultatif, Conséquences juridiques de l'édification d'un mur dans le territoire palestinien occupé, *Rec.*, 2004).

Le 20 juillet, l'Assemblée générale des Nations Unies adopte, à une majorité écrasante (150 pour, 6 contre et 10 abstentions), une résolution exigeant qu'Israël se conforme à cet avis et détruise les parties du mur ou barrière de sécurité édifiées en Cisjordanie.

4. 2005-2009 : la scission politique des territoires palestiniens

575 Yasser Arafat, dirigeant historique de l'OLP et du Fatah, président de l'Autorité palestinienne, incarne aux yeux des Palestiniens leur combat pour la reconnaissance internationale et l'indépendance. Il reste cependant ignoré du Premier ministre israélien Ariel Sharon et du président George W. Bush et considéré par ces derniers comme un obstacle à la paix. Sa mort, le 11 novembre 2004, laisse espérer une relance des négociations de paix entre Israël et une Autorité palestinienne démocratisée, sous l'égide d'une administration américaine désormais impliquée un peu plus activement dans la résolution du conflit.

Le 9 janvier 2005, soit moins de deux mois après la disparition d'Arafat, Mahmoud Abbas, candidat unique du Fatah dont il a pris la direction, est élu à la tête de l'Autorité palestinienne avec plus de 62 % des suffrages exprimés. Il articule alors son programme politique autour de trois objectifs : la fin de la violence armée, notamment par un contrôle étroit et une réorganisation des services de sécurité, l'amélioration du niveau de vie des Palestiniens et la réforme des institutions de manière à mettre fin aux pratiques de clientélisme et de corruption qui discréditent l'autonomie palestinienne. Mahmoud Abbas considère que l'*intifada* armée nuit aux Palestiniens et que la lutte pour la création de l'État palestinien doit être menée pacifiquement en s'appuyant sur la mobilisation populaire. Il ne parvient cependant que très imparfaitement à améliorer la gouvernance de l'Autorité palestinienne.

De son côté, Israël se retire unilatéralement de la bande de Gaza en août 2005 mais ne procède qu'à des allègements modestes de son dispositif militaire sur la rive occidentale du Jourdain. Bientôt, le mécontentement de la population à l'égard de l'inefficacité et de l'opacité des pratiques de gouvernement de l'Autorité palestinienne, ainsi que le poids de la présence militaire israélienne favorisent le mouvement islamiste d'opposition Hamas. Lorsqu'il participe pour la première fois aux élections municipales de janvier 2005, le Hamas réussit une percée électorale. Ce succès est confirmé par sa large victoire aux élections législatives du 25 janvier 2006. Le Hamas, qui a obtenu 74 des 132 sièges au sein du nouveau Conseil législatif palestinien, désigne alors Ismaël Haniyeh à la tête du gouvernement de l'Autorité palestinienne le 19 février 2006.

Le nouveau gouvernement se heurte à des difficultés majeures. Le Quartet subordonne le maintien de l'aide financière internationale à l'acceptation par le Hamas de trois principes : la renonciation à la violence, la reconnaissance du droit à l'existence d'Israël et l'adhésion à tous les accords conclus entre Israël et l'OLP.

Pour sa part, Ehud Olmert, qui succède en mars 2006 à Ariel Sharon, accuse le Hamas de liens avec Al-Qaïda et l'Iran. Il ordonne aux forces israéliennes de mener des opérations armées d'envergure contre ses militants et soumet les territoires palestiniens à un quasi-blocus commercial et financier, aggravé par la multiplication des barrages militaires en Cisjordanie. De nombreux membres du Conseil législatif palestinien sont arrêtés.

Au sein de l'Autorité palestinienne, le Hamas se trouve dans l'incapacité de former une coalition avec le Fatah. Cette crise politique, aggravée par des affrontements entre partisans du Hamas et du Fatah, pousse le président Mahmoud Abbas à tenter de dissoudre le Conseil législatif et d'organiser de nouvelles élections législatives. Les affrontements entre les militants du Hamas et du Fatah à partir de mai 2007 détériorent fortement la situation sécuritaire à Gaza, déjà rendue précaire par la poursuite de tirs de roquettes dirigés contre Israël et les raids aériens menés en représailles par l'armée israélienne. Le Hamas décide alors de prendre le contrôle de la bande de Gaza le 14 juin 2007, ce qui divise de fait les territoires palestiniens en deux zones. Ismaël Haniyeh, s'appuyant sur la Loi fondamentale, affirme que son gouvernement désormais réduit aux ministres du Hamas reste légal. Le président Mahmoud Abbas, après avoir proclamé l'état d'urgence, limoge le gouvernement d'union nationale et constitue le 17 juin 2007 un nouveau gouvernement dirigé par Salam Fayyad.

Le lendemain, l'Union européenne, suivie par les États-Unis, décide de rétablir son aide financière directe à l'Autorité palestinienne et de normaliser avec elle ses relations, suspendues en mars 2006 après la victoire électorale du Hamas. Mahmoud Abbas, dont l'autorité a été affaiblie par le coup de force du Hamas à Gaza, reçoit le soutien du sommet israélo-arabe de Charm el-Cheikh (le 25 juin 2007) qui réunit, sur l'invitation du président égyptien Hosni Moubarak, Ehoud Olmert, Mahmoud Abbas ainsi que le roi Abdallah II de Jordanie. Ehoud Olmert annonce l'intention du gouvernement israélien de revenir sur sa politique de bouclage territorial de la Cisjordanie et de transférer à l'Autorité palestinienne les 600 millions de dollars de taxes douanières et impôts collectés et bloqués depuis la formation du gouvernement du Hamas.

La conférence d'Annapolis, organisée à l'initiative des États-Unis les 26-28 novembre 2007, en vue de mettre en œuvre la première phase de la feuille de route, représente un autre succès diplomatique pour Mahmoud Abbas en raison de la participation de nombreux pays arabes, dont la Syrie, aux côtés notamment des membres permanents du Conseil de sécurité. Mahmoud Abbas et Ehoud Olmert s'y engagent à respecter les engagements de la première phase de la feuille de route (principalement le gel des implantations juives en Cisjordanie et l'amélioration de la situation sécuritaire) et à conclure avant la fin de 2008 un accord de paix portant sur les questions centrales des frontières d'un État palestinien, du sort des réfugiés palestiniens et du statut de Jérusalem. Sans surprise, cette échéance irréaliste n'est pas tenue. En outre, les affrontements se poursuivent : attaques terroristes, attentats et tirs de roquettes du côté palestinien, incursions israéliennes meurtrières à Gaza et en Cisjordanie, persistance d'une situation humanitaire critique dans la bande de Gaza, maintien des barrages routiers de l'armée israélienne, poursuite de la colonisation israélienne.

À l'automne 2007, la situation se dégrade encore dans la bande de Gaza. En représailles aux tirs de roquettes et obus de mortiers du Hamas, un blocus est imposé par le gouvernement israélien. S'y ajoute, quelques mois plus tard, une offensive militaire baptisée « hiver chaud ». Une trêve entre les autorités israéliennes et le Hamas ne maintient qu'un calme relatif dans les mois qui suivent.

576 Le 27 décembre 2008, quelques jours après la fin de la trêve, Israël relance une offensive aérienne et terrestre contre la bande de Gaza. L'objectif proclamé de cette opération est de mettre définitivement fin aux tirs de roquettes contre Israël. Les forces israéliennes conduisent une intense campagne aérienne contre une grande diversité d'objectifs, en particulier les tunnels creusés entre la bande de Gaza et le territoire égyptien qui permettent le passage d'armes ainsi que le contournement du blocus israélien. Au bout de trois semaines de combats, l'État hébreu proclame le 17 janvier 2009 un cessez-le-feu unilatéral. Le lendemain, le Hamas annonce également un cessez-le-feu. Desserrant l'étau établi autour de Gaza, Israël achève le retrait de ses troupes le 21. Le bilan humain de la guerre, les méthodes de combat adoptées par Israël, les dommages infligés à des infrastructures civiles essentielles sont largement désapprouvés, y compris dans les pays traditionnellement favorables à Israël.

Lors des élections législatives israéliennes du 10 février 2009, quelques semaines après la crise, aucun des partis en lice ne sort nettement victorieux. Benyamin Netanyahou, qui refuse d'accepter explicitement la création d'un État palestinien, parvient à composer une majorité allant de l'extrême droite à la gauche.

5. L'enlisement du processus de paix

577 L'élection de Barack Obama à la présidence des États-Unis ne permet pas de relancer une dynamique de paix. Lors d'un important discours prononcé le 4 juin 2009 au Caire, le président américain annonce son souhait d'un « nouveau commencement » dans les relations des États-Unis avec le monde arabo-musulman. Il y souligne que le conflit israélo-arabe est une des principales sources des tensions qui portent préjudice à ces relations. Il y décrit les paramètres qui permettraient la solution de ce conflit : création d'un État palestinien ; intégration du Hamas dans le processus de paix à condition qu'il renonce à la violence, accepte les accords passés et reconnaisse le droit à l'existence d'Israël ; arrêt de la construction par Israël de nouvelles implantations juives en Cisjordanie et à Jérusalem-Est ; amélioration des conditions de vie des Palestiniens de la bande de Gaza et de Cisjordanie par la suppression des mesures israéliennes de blocus ou autres. Côté israélien, si, dans un discours du 14 juin 2009, le Premier ministre Benyamin Netanyahou admet la possibilité de la création d'un État palestinien, il subordonne cette création à des conditions peu acceptables par les Palestiniens (poursuite des implantations ou maintien du contrôle israélien sur l'espace aérien palestinien, par exemple).

Les élections législatives de janvier 2013 permettent à Benyamin Netanyahou de rester au pouvoir. Le secrétaire d'État américain, John Kerry, tente de relancer des négociations directes entre Israéliens et Palestiniens en juillet 2013. Mais les pourparlers achoppent car Israël refuse tout gel des implantations de colonies dans les territoires occupés et n'accepte pas que les frontières de 1967 soient mentionnées comme base d'un accord territorial. Israël demande en outre que les Palestiniens le reconnaissent comme État juif, ce que ces derniers, avec le soutien de la Ligue arabe, refusent.

En parallèle de ces négociations, l'Autorité palestinienne poursuit une stratégie de reconnaissance internationale. Le 29 novembre 2012, elle obtient à l'ONU la reconnaissance de la Palestine comme « État non-membre observateur ». Elle avait déjà obtenu son admission à l'UNESCO en octobre 2011 et poursuit cette démarche en demandant son adhésion à d'autres organisations du système des Nations Unies. Elle est membre de la Cour pénale internationale depuis janvier 2015. Des tractations ont aussi lieu entre Palestiniens. L'annonce, le 23 avril 2014, d'une réconciliation entre le Hamas et l'OLP conduit Israël à suspendre les négociations.

6. Crises violentes à répétition

578 Depuis 2015, la voie diplomatique semble bloquée. Des élections israéliennes en 2015 permettent à Benyamin Netanyahou de constituer des gouvernements dominés par l'extrême droite nationaliste et religieuse. L'arrivée de Donald Trump à la présidence des États-Unis et son soutien aux politiques de colonisation et de blocus du gouvernement israélien réduisent plus drastiquement encore tout espoir d'issue négociée. Le déménagement de l'ambassade des États-Unis à Jérusalem en mai 2018 provoque des réactions violentes des Palestiniens et un gel des contacts diplomatiques entre l'Autorité palestinienne et Washington. Le 28 janvier 2020, le président Donald Trump dévoile un « plan de paix » jugé inacceptable par les Palestiniens. La création d'un État palestinien y est envisagée mais avec une souveraineté limitée et sur un territoire amputé des « blocs de colonies » et de la vallée du Jourdain qui seraient annexés par Israël. Le statut de Jérusalem comme capitale indivisible d'Israël y est confirmé et le futur État palestinien se voit seulement reconnaître la possibilité d'établir sa capitale dans un faubourg de la ville. Aucune mesure significative n'est prévue en faveur des réfugiés. Le président de l'Autorité palestinienne, Mahmoud Abbas, exprime sa ferme opposition à ce plan dès le 11 février 2020 devant le Conseil de sécurité de l'ONU.

Ces échanges diplomatiques se jouent sur fond de dissensions au sein de la droite israélienne qui, en 2019, provoquent la dissolution de la Knesset à peine élue. Malgré de nouvelles élections, la gouvernance d'Israël reste bloquée jusqu'en mai 2020. Dans le contexte de la crise sanitaire de Covid-19, un gouvernement de coalition est mis en place. Au printemps 2021, après de nouvelles élections législatives et de nombreuses négociations, un gouvernement de coalition, excluant Benjamin Netanyahou, est instauré.

Enfin, cette période est ponctuée d'évictions et de mouvements de protestation en Cisjordanie, de tirs de roquettes et de confrontations militaires à Gaza. En juillet 2014 une crise éclate à Gaza. Après l'assassinat de trois jeunes Israéliens, des violences s'accompagnent d'une multiplication des tirs de roquettes depuis Gaza vers Israël. L'armée israélienne lance alors une nouvelle opération terrestre massive contre Gaza du 8 juillet au 26 août, date de l'acceptation par les parties d'une proposition égyptienne de cessez-le-feu. La situation de Gaza reste inchangée, à l'exception des destructions considérables causées par l'intervention israélienne. En mai 2021, un nouvel épisode d'extrême violence frappe Gaza à la suite de protestations contre des évictions de familles palestiniennes en Cisjordanie et de l'irruption de l'armée israélienne dans le périmètre de la mosquée al-Aqsa. Aux nombreux tirs de roquette du Hamas, le gouvernement israélien riposte par des bombardements massifs sur la bande de Gaza, y compris ses hôpitaux et écoles soupçonnés par Israël d'abriter des terroristes. Meurtrier des deux côtés, le bilan est néanmoins très inégal, Israël étant parvenu à se protéger en partie des tirs de roquettes grâce à son bouclier antimissiles, le « Dôme de fer ».

Alors que les relations israélo-palestiniennes restent très tendues, on observe un rapprochement entre Israël et certains pays arabes. Après les accords de Camp-David signés en 1978 avec l'Égypte et le traité de paix conclu avec la Jordanie en 1994, Israël a normalisé ses relations avec Bahreïn et les Émirats arabes unis par les accords d'Abraham du 15 septembre 2020, ainsi qu'avec le Maroc, *via* un accord de coopération sécuritaire entériné le 24 novembre 2021. Le pays reste cependant politiquement divisé et l'instabilité chronique des gouvernements de coalition s'ajoute à celle de la région. À l'automne 2022, le retour de Benjamin Netanyahou au pouvoir dans une alliance avec l'extrême droite israélienne et ses efforts pour contrôler le système judiciaire israélien semblent de sombre augure pour la paix dans la région.

B) Liban : une stabilité précaire

1. L'influence de la Syrie remise en question

579 Au tournant du millénaire, le Liban est en proie à des tensions entre groupes pro- et anti-syriens (voy. n°s 475 et s.). À l'initiative de Paris et de Washington, le Conseil de sécurité adopte alors la résolution 1559 qui demande que soient strictement respectées « la souveraineté, l'intégrité territoriale, l'unité et l'indépendance politique du Liban », que « toutes les forces étrangères qui y sont encore » s'en retirent et que « toutes les milices libanaises et non libanaises soient dissoutes et désarmées ». Cela revient à inviter la Syrie à retirer ses forces du Liban et le Hezbollah à remettre ses armes (2 septembre 2004).

Toutefois, la Syrie parvient à imposer le maintien à la présidence de la République du pro-syrien Émile Lahoud. Peu de temps après sa démission du poste de Premier ministre (20 octobre 2004), Rafic Hariri est victime d'un attentat à la voiture piégée (14 février 2005). Un mois après l'assassinat, plus d'un million de Libanais descendent dans la rue pour réclamer la fin de la tutelle syrienne, à l'appel notamment des groupes de l'opposition chrétienne, du Parti socialiste progressiste (druze) de Walid Joumblatt et de personnalités sunnites proches de la famille Hariri (rassemblement du 14 mars précédé d'une manifestation pro-syrienne, moins nombreuse, le 8 mars). Le Conseil de sécurité vote alors la création d'une commission d'enquête internationale sur le meurtre de Rafic Hariri (résolution 1595 du 7 avril 2005).

Sous la pression internationale, la Syrie est contrainte de retirer ses troupes. La Syrie et l'ONU parviennent le 3 avril 2005 à un accord sur le retrait, avant le 30 avril, de toutes les forces syriennes déployées au Liban.

Lors des élections législatives, la coalition anti-syrienne menée par Saad Hariri, le fils de l'ancien Premier ministre, remporte 72 des 128 sièges (29 mai-19 juin 2005). La coalition s'efforce néanmoins de constituer un gouvernement d'union nationale. Le 19 juillet 2005, Fouad Siniora, un ancien allié de Rafic Hariri, forme un nouveau gouvernement comprenant pour la première fois le Hezbollah, qui dispose de deux ministères (Énergie et Travail).

2. Le conflit de juillet 2006 entre Israël et le Hezbollah

580 Le 12 juillet 2006, l'enlèvement par le Hezbollah de deux soldats israéliens provoque une guerre de 34 jours entre l'organisation libanaise chiite et l'armée israélienne. Désastre humanitaire et économique, ce conflit ne résout rien du point de vue israélien. Si Israël semble avoir mis fin provisoirement à la menace des combattants du Hezbollah au Sud-Liban, c'est au prix de nombreuses victimes civiles, d'un échec militaire et d'une crise politique. Au Liban, le Hezbollah n'est pas désarmé et peut se présenter comme vainqueur de son conflit avec Israël, ce qui accroît fortement sa popularité, au-delà même de la population chiite.

Le bilan humain est catastrophique. Environ 975 000 personnes, soit à peu près le quart de la population libanaise, ont été déplacées au cours des hostilités. 30 000 habitations ont été détruites, en particulier dans le sud du Liban et dans les banlieues de Beyrouth.

En raison du blocus militaire des frontières et des ports du Liban imposé par Israël et du bombardement des routes et de l'aéroport de Beyrouth, aucune aide humanitaire n'a pu être apportée aux Libanais. Le bombardement des centrales électriques et des points d'eau a également entraîné des coupures de courant et des pénuries d'eau qui ont aggravé l'insécurité alimentaire et détérioré la situation sanitaire.

À la suite de ce conflit, l'ONU décide de renforcer la FINUL qui avait été instaurée en 1978 par le Conseil de sécurité pour confirmer le retrait des troupes israéliennes du sud du Liban et aider le gouvernement libanais à rétablir son autorité effective dans la région. La résolution 1701 prévoit que la FINUL élargie pourra être composée « au maximum de 15 000 hommes ». On note une participation européenne importante aux composantes terrestre et navale de la FINUL (Français, Italiens, Espagnols et même Allemands pour la composante navale qui permet la levée du blocus israélien et la surveillance de l'embargo sur les armes).

3. La persistance des tensions communautaires à l'ombre de la guerre civile syrienne

581 Après l'épisode guerrier contre Israël de juillet-août 2006, le Hezbollah voit sa position renforcée. Il passe dans l'opposition en novembre 2006 après le refus de la majorité parlementaire d'accorder aux partis chiites (Hezbollah et Amal) une minorité de blocage.

Le 30 mai 2007, le Conseil de sécurité souhaite donner suite aux dispositions prises après l'assassinat de Rafic Hariri en créant par sa résolution 1757 un tribunal spécial pour le Liban (voy. n° 239) chargé de juger les responsables de cet assassinat.

En novembre 2007, un blocage institutionnel conduit à la paralysie du pouvoir. Le président Émile Lahoud démissionne après que la Chambre des députés a de nouveau échoué à élire son successeur, en raison de ses divisions entre pro- et anti-syriens (coalitions dites du 8 mars et du 14 mars).

En mai 2008, des affrontements sont provoqués par le Hezbollah en réponse à des mesures gouvernementales destinées à réduire son influence. Des représentants des deux camps négocient alors à Doha au Qatar un accord qui met fin à la crise le 21 mai 2008. Il prévoit l'élection de Michel Sleimane, commandant en chef de l'armée libanaise, à la présidence de la République et la constitution d'un gouvernement d'union nationale dans lequel l'opposition dispose d'une minorité de blocage (16 ministres de la majorité, 11 de l'opposition, 3 désignés par le président de la République).

Des élections législatives ont lieu le 7 juin 2009 sur la base des résultats de l'accord de Doha. À l'issue du scrutin, l'Alliance du 14 mars, soutenue par les pays arabes modérés et les Occidentaux et menée par le Courant du futur de Saad Hariri, fils de Rafic Hariri, est reconduite. Le 27 juin 2009, Saad Hariri est nommé Premier ministre par le président de la République Michel Sleimane. Après cinq mois de négociations, il parvient à former, le 9 novembre 2009, conformément à l'accord de Doha, un gouvernement d'union nationale.

La question du Tribunal spécial pour le Liban entraîne bientôt la démission du gouvernement Hariri. Le tribunal avait débuté ses travaux à La Haye le 1er mars 2009. Mais lorsque, le 17 janvier 2011, son procureur entreprend de le saisir d'actes d'accusation, le Hezbollah se juge visé. Il exige alors que le gouvernement libanais cesse toute relation avec le tribunal dont il dénonce la « politisation ». Devant le refus de la majorité, les ministres de l'opposition se retirent du gouvernement le 12 janvier, provoquant sa chute.

Dans ce climat marqué par la crainte d'un retour aux violences, Najib Mikati est désigné comme nouveau Premier ministre le 25 janvier 2011, avec les voix de l'Alliance du 8 mars et de plusieurs députés qui jusque-là soutenaient l'Alliance du 14 mars. Les suspects identifiés par le Tribunal spécial pour le Liban (tous du Hezbollah) ne sont pas arrêtés.

À partir de mars 2011, la guerre civile syrienne menace de déstabiliser à nouveau le Liban. Les autorités libanaises, au premier rang desquelles le président Sleimane, adoptent une « politique de dissociation » vis-à-vis de la crise syrienne. Toutes les formations politiques ont, à l'initiative du président Sleimane, souscrit le 11 juin 2012 à la Déclaration de Baabda, qui exprime leur attachement à l'unité nationale et leur soutien à l'armée. L'afflux de réfugiés en provenance de Syrie est toutefois considérable (plus d'1,5 million de personnes pour une population libanaise d'environ 4 millions) et les incidents armés entre partisans de Bachar el-Assad (Hezbollah en particulier) et sunnites favorables à la rébellion syrienne se multiplient. En Syrie, le Hezbollah participe directement à la guerre aux côtés des forces du régime de Bachar el-Assad. L'État islamique menace de s'implanter au Liban parmi des sunnites extrémistes. Il en va de même d'autres groupes islamistes syriens comme le Front al-Nosra.

Najib Mikati doit à son tour démissionner le 22 mars 2013, en raison de désaccords avec le Hezbollah. Tammam Salam, membre modéré de la coalition des partisans de Saad Hariri, lui succède le 15 février 2014 à la tête d'un gouvernement d'union nationale où les participations des alliances du 8 mars et du 14 mars sont strictement équilibrées. Le 31 octobre 2014, Michel Aoun, chrétien maronite désormais allié du Hezbollah, est élu au poste de président de la République, vacant depuis le 25 mai 2014. Il nomme Premier ministre Saad Hariri, principale personnalité sunnite. Mécontente du pouvoir de blocage et plus généralement de l'influence du Hezbollah et de l'Iran, l'Arabie saoudite tente de faire pression sur le Liban pour l'obliger à se rapprocher du camp sunnite. Le 19 février 2016, le pays annonce l'arrêt de son aide de 3 milliards de dollars à l'armée et d'un milliard de dollars aux services de sécurité intérieure. Elle gardera pour ses propres forces armées les armements achetés à la France. En novembre 2017, la tension est à son comble alors que le Premier ministre libanais Saad Hariri semble retenu en Arabie saoudite d'où il annonce sa démission pour se rétracter le mois suivant, une fois revenu au Liban. Le pays semble alors la proie d'une guerre d'influence renouvelée entre l'Iran, soutien du Hezbollah, et l'Arabie saoudite. Les élections législatives du 6 mai 2018, tenues sur la base d'une nouvelle loi électorale caractérisée à la fois par un système de représentation proportionnelle et la préservation des équilibres confessionnels, sont remportées par le Hezbollah, qui confirme ainsi son influence sur la vie politique libanaise. Saad Hariri, nommé Premier ministre, se trouve confronté à de larges mouvements de protestation qui semblent transcender les divisions confessionnelles. Une personnalité présentée comme indépendante mais soutenue par le Hezbollah, Hassan Diab, lui succède et peut constituer un gouvernement en février 2020 sans parvenir cependant à maîtriser une crise économique, financière et monétaire d'une gravité exceptionnelle. Aux conséquences du conflit syrien et des sanctions américaines sur l'Iran et la Syrie s'ajoutent, en 2020, l'impact économique de la pandémie de Covid-19, puis les explosions accidentelles du port de Beyrouth le 4 août. L'incurie, la corruption et le clientélisme politique des élites libanaises se révèlent, une fois de plus, destructeurs. Pour obtenir l'aide financière internationale à la reconstruction, il est demandé aux forces politiques du pays de remédier aux faiblesses structurelles de leur gouvernance, mais l'immobilisme gouvernemental continue de prévaloir alors que la population, largement appauvrie, fait face à des pénuries de produits de première nécessité.

§ 2. Les transformations politiques arabes

582 Les soulèvements populaires qui se succèdent, à partir de 2011, au Moyen-Orient et en Afrique du Nord produisent une vive impression sur l'opinion publique internationale. Des régimes autoritaires apparemment solides tombent en Tunisie, en Égypte, en Libye et au Yémen, tandis que les gouvernements d'autres pays arabes – Maroc, Algérie, Jordanie, Arabie saoudite, Koweït, Bahreïn et Oman – sont, à des degrés divers, contraints d'accepter des réformes politiques, certaines sans grande portée réelle et d'autres plus substantielles. Beaucoup d'observateurs nourrissent alors l'espoir d'une transformation en profondeur des sociétés arabes qui permettrait de lever les principaux obstacles

à leur développement (corruption, autoritarisme des régimes, incapacité des États à soutenir l'innovation et la création de richesses). En effet, ces mouvements de révolte principalement urbains ne sont pas initiés par des formations d'opposition classiques mais, s'appuyant sur les nouvelles technologies (réseaux sociaux), sont largement le fait d'une jeunesse souvent diplômée qui ne parvient pas à s'insérer dans des sociétés rigides socialement et bloquées économiquement.

A) Tunisie : une démocratisation compromise

583 En Tunisie, le régime autoritaire et corrompu du président Zine el-Abidine Ben Ali s'effondre en moins d'un mois, après qu'un jeune chômeur, vendeur ambulant, Mohammed Bouazizi s'est immolé par le feu le 17 décembre 2010, dans un geste spectaculaire et désespéré de protestation. Dès le 14 janvier 2011, le président Ben Ali est contraint au départ par de vastes manifestations qui donnent lieu à des heurts violents avec la police. L'État policier à parti unique dirigé par le président Ben Ali était pourtant jugé relativement solide. Il semblait offrir de bonnes perspectives de croissance et des services publics satisfaisants, notamment dans les domaines de l'éducation et de la santé. L'économie tunisienne avait cependant souffert de la récession intervenue en 2008 en Europe occidentale. Elle se caractérisait en outre par un taux élevé de chômage des jeunes, en particulier diplômés. Ce sont ces facteurs, combinés avec le ressentiment à l'égard d'une répression policière souvent arbitraire, qui expliquent la chute du régime qu'aucune force sociale n'a véritablement soutenu.

Lors des premières élections démocratiques, en octobre 2011 pour désigner les membres d'une Assemblée constituante, c'est le parti islamiste Ennahda qui l'emporte avec plus de 40 % des sièges. Ennahda forme une coalition avec deux partis laïques de centre-gauche. Malgré des tensions fréquentes entre partisans de l'Islam politique et tenants de la laïcité, la Constituante parvient, le 26 janvier 2014, à adopter une Constitution garantissant les libertés fondamentales. L'Islam y est proclamé religion de l'État mais la nature civile de l'État est affirmée et la liberté de croyance et de conscience est reconnue.

Confronté, au cours de l'année 2013, à une forte contestation politique et populaire consécutive notamment à l'assassinat, attribué à des islamistes radicaux, de deux dirigeants d'opposition, Ennahda accepte, en janvier 2014, de quitter le pouvoir au profit d'un gouvernement d'experts indépendants. Les élections législatives d'octobre 2014 sont gagnées par une nouvelle formation laïque Nidaa Tounès, représentant des sensibilités de droite et de gauche et comptant dans ses rangs d'anciens membres du parti du président Ben Ali. Le chef de cette formation, Béji Caïd Essebsi, est élu en décembre à la présidence de la République. Un gouvernement est formé par Habib Essid sur la base d'une large coalition, dominée par le parti Nidaa Tounes mais incluant aussi Ennahda. La participation d'Ennahda est faible par rapport à son poids parlementaire, mais la formation islamiste a pu obtenir que les ministères régaliens de l'Intérieur, de la Défense et de la Justice soient confiés à des indépendants. En octobre 2019, Ennahda remporte les élections législatives, avec néanmoins uniquement 52 sièges sur 217. Ce n'est donc pas son candidat mais Elyes Fakhfakh qui est nommé, en février 2020, Premier ministre à la tête d'une coalition rassemblant toutes les forces politiques dans un Parlement fractionné et divisé. Après des mois de blocage, il est remplacé par Najla Bouden. Cependant, progressivement, le président Kaïs Saïed s'arroge les pleins pouvoirs. Il fait adopter, en juillet 2022, *via* un référendum largement boycotté, un projet de Constitution qui tend à une hyper-présidentialisation du régime.

Par ailleurs, de nombreuses difficultés demeurent : le clivage entre islamistes et laïcs reste profond ; le pays est divisé entre un Nord plus riche, en grande partie acquis à Nidaa Tounès, et un Sud déshérité favorable au parti islamiste Ennahda. Le terrorisme reste une menace, comme en témoignent les attentats commis le 18 mars 2015 contre le musée du Bardo à Tunis et le 26 juin 2015 dans une station balnéaire voisine de Sousse. Des groupes djihadistes profitent des désordres qui agitent la Libye voisine pour lancer des attaques contre les forces armées tunisiennes.

La Tunisie doit impérativement redresser son économie, marquée par un taux de chômage élevé, même parmi les diplômés de l'enseignement supérieur. Le retour des investisseurs étrangers et une reprise des activités touristiques semblent essentiels. Or l'économie tunisienne reste gravement fragilisée depuis la crise liée à l'épidémie de Covid-19 qui a paralysé l'industrie mondiale du tourisme. De plus, comme tous les pays de la région, la Tunisie souffre de l'inflation et de la crise alimentaire provoquée par le blocage des exportations de blé ukrainien au printemps 2022. Enfin, outre le nécessaire renforcement de l'économie et de la sécurité alimentaire, la situation tunisienne dépend de la capacité de la communauté internationale à stabiliser la situation libyenne.

B) Libye : un désordre persistant

584 Dès janvier-février 2011, la révolte gronde en Libye contre le pouvoir de Mouammar Kadhafi, lequel répond à des manifestations en faveur des libertés publiques par une répression violente. La défection de hauts responsables du gouvernement et de l'armée permet néanmoins aux rebelles de s'emparer de villes importantes dans l'est du pays, en particulier à Benghazi, où un Conseil national de transition (CNT) est institué sous la direction de l'ancien ministre Mustafa Abdul Jalil.

De nombreux pays occidentaux, dont la France, ainsi que les pays arabes reconnaissent alors le Conseil national de transition comme le représentant légitime du peuple libyen (voy. n° 186). Le 26 février 2011, le Conseil de sécurité adopte la résolution 1970 qui impose notamment un embargo sur les armes à destination de la Libye et frappe d'interdiction de visas et de gel d'avoirs financiers Mouammar Kadhafi et son entourage. Cette résolution fait référence à la responsabilité de protéger les populations civiles (voy. n° 134). Le 17 mars 2011, le Conseil de sécurité adopte la résolution 1973 par 10 voix pour, dont celles de l'Afrique du Sud, des États-Unis, de la France, du Liban et du Royaume-Uni, et 5 abstentions (Allemagne, Brésil, Chine, Inde et Russie). Cette résolution met notamment en place une zone d'exclusion aérienne au-dessus de la Libye et autorise les pays qui le souhaitent (membres de la Ligue arabe et Occidentaux) à recourir à la force pour la faire respecter et protéger les populations et les territoires (en particulier Benghazi) sous la menace d'une attaque des forces du régime libyen. La résolution exclut tout déploiement au sol de forces étrangères.

Sur cette base, la France et le Royaume-Uni conduisent des opérations de bombardement aérien contre l'armée de Mouammar Kadhafi. Les forces américaines procèdent également à des bombardements aériens et à des tirs de missiles de croisière pour détruire les défenses anti-aériennes et les unités terrestres du régime libyen. Le 31 mars, les opérations militaires passent sous le commandement de l'OTAN. La mission prend fin le 31 octobre 2011 lorsque le CNT déclare la Libye libérée, peu après la capture et l'exécution de Mouammar Kadhafi .

Cette victoire de l'insurrection ouvre cependant une période de transition chaotique. Un Congrès général national, assemblée législative et constituante, est élu démocratiquement le 7 juillet 2012, ce qui conduit à la dissolution du CNT. Le nouveau gouvernement, dirigé par Ali Zeidan, se révèle toutefois incapable de rétablir la sécurité publique et d'asseoir son autorité sur la totalité du territoire. Des milices se substituent aux forces de sécurité nationales, trop faibles. Le pays reste en outre fragilisé par ses profondes divisions ethniques, claniques ou régionales (en particulier entre Tripolitaine (Tripoli) à l'Ouest et Cyrénaïque (Benghazi) à l'Est).

En juin 2014, une Chambre des représentants, libérale, est élue pour succéder au Conseil général national, à prédominance islamiste. Le 4 août 2014, une fraction de la Chambre des représentants refuse, comme la majorité l'avait décidé, de siéger à Tobrouk plutôt qu'à Tripoli. Le Conseil général national affirme alors qu'il reste le Parlement légitime. Dès lors, la Libye compte deux gouvernements et deux parlements, siégeant l'un à Tripoli et l'autre à Tobrouk, la Chambre des représentants de Tobrouk, qui comprend notamment d'anciens partisans du régime de Mouammar Kadhafi, bénéficiant seule de la reconnaissance internationale. Ces deux pouvoirs se livrent un combat acharné, ce qui permet à des groupes terroristes, en particulier à l'EI (Daech), de s'implanter provisoirement sur le territoire libyen, notamment à Syrte, et d'y commettre des crimes qui ont indigné l'opinion internationale (comme la décapitation de 21 coptes égyptiens en février 2015).

Cette situation alarme le Conseil de sécurité qui, par sa résolution 2213 du 27 mars 2015, exige des deux gouvernements libyens un cessez-le-feu immédiat et sans condition en vue de la constitution d'un gouvernement d'unité nationale. Le Conseil maintient également l'embargo sur les armes à destination de la Libye. Sa résolution 2214, adoptée le même jour, enjoint à tous les États membres de coopérer pour lutter contre les mouvements terroristes présents en Libye.

Les belligérants libyens sont parallèlement invités à recourir à la médiation de la mission d'appui des Nations Unies en Libye (MANUL). Le dialogue politique alors engagé permet la formation d'un troisième gouvernement dit d'« entente nationale » dirigé par Fayez al-Sarraj sur la base d'un accord politique conclu le 17 décembre 2015 à Skhirat (Maroc). Ce gouvernement devient alors le seul reconnu par l'ONU (résolution 2259 du Conseil de sécurité du 23 décembre 2015). Il s'installe à Tripoli le 30 mars 2016 mais il peine à imposer son autorité. Les forces placées sous son égide réussissent néanmoins à chasser l'EI de Syrte avec l'appui américain, en décembre 2016.

Dans l'est du pays (y compris à Benghazi), le général Khalifa Haftar, qui refuse de reconnaître le gouvernement d'entente nationale, consolide sa position avec le soutien de l'Égypte, des Émirats arabes unis et de la Russie, malgré l'échec de sa tentative de conquérir Tripoli. De son côté, le gouvernement de Fayez al-Sarraj est fortement soutenu par la Turquie. L'embargo sur les armes n'est pratiquement pas respecté malgré les efforts de l'Union européenne.

Les efforts de médiation internationale ont cependant abouti à un cessez-le-feu signé le 23 octobre 2020, suivi de l'ouverture, en novembre, d'un Forum politique libyen à Tunis. Néanmoins, les élections générales prévues pour décembre 2021 n'ont pu être tenues et l'avenir politique du pays divisé reste très incertain.

L'exemple libyen illustre les risques d'une intervention internationale à but humanitaire dont les conséquences sont difficiles à maîtriser. La Libye est aujourd'hui la plaque tournante des trafics d'armes et des migrations illégales, principalement en provenance d'Afrique subsaharienne. Par ailleurs, l'usage ambigu de la notion de responsabilité de protéger, mobilisée pour changer le régime politique libyen, a soulevé de nombreux doutes et interrogations qui ont empêché d'y avoir recours dans d'autres situations, notamment en Syrie.

C) Égypte : le retour à l'ordre militaire

585 Au terme de 17 jours de soulèvement populaire, le vice-président égyptien, Omar Suleiman, annonce le 11 février 2011 à la télévision publique la démission du président Hosni Moubarak et son remplacement par le Conseil suprême des forces armées (CSFA) dirigé par le maréchal et ministre de la Défense, Mohamed Hussein Tantawi. En assumant la direction du pays, le CSFA annonce des élections en vue de désigner un gouvernement auquel il transférera ses pouvoirs.

Le Parti de la justice et de la liberté, expression du mouvement des Frères musulmans[61], domine alors la scène politique. Les Frères musulmans remportent les élections législatives de janvier 2012 et présidentielle de mai-juin. Leur candidat Mohammed Morsi est proclamé élu le 24 juin 2012 avec 51,7 % des voix, dans un scrutin marqué par une forte abstention (50 %). Il mène alors une politique de nomination dans le secteur public qui favorise les Frères musulmans. Il tente d'imposer en décembre, dans le cadre d'un référendum convoqué dans l'urgence, un projet de Constitution qui, selon l'opposition, porte atteinte aux libertés fondamentales et ouvre la voie à un contrôle de la conformité de la législation à la jurisprudence musulmane sunnite (charia). Le texte ne parvient cependant pas à surmonter les résistances de la justice qui s'oppose à l'application de cette Constitution.

D'autres pans de la société protestent également. La minorité chrétienne copte (autour de 10 % de la population) craint une islamisation de l'État. Elle se plaint de l'accroissement des violences et des discriminations dont

61. L'Association des Frères musulmans est née à Ismaïlia, en Égypte, en 1928. Son fondateur, Hasan al-Banna, prônait une renaissance islamique à dimension politique. Les Frères musulmans entendent en effet promouvoir une politique directement inspirée du Coran. C'est une des tendances principales de l'Islam politique. Elle a inspiré des mouvements aussi divers que Ennahda en Tunisie ou le Hamas dans les territoires palestiniens.

elle était déjà victime sous le régime du président Moubarak. Par ailleurs, un nombre grandissant d'Égyptiens proteste contre l'inefficacité de l'action, tout particulièrement économique, des Frères musulmans. Le 30 juin 2013 des millions d'Égyptiens participent à d'immenses manifestations demandant le départ du Président. Les forces armées lui adressent le 1er juillet un ultimatum lui enjoignant de restaurer la stabilité dans les 48 heures. Le 3 juillet, le général Abdel Fattah al-Sissi, ministre de la Défense, suspend la Constitution et destitue le président Morsi. Les militaires soumettent au référendum, les 14 et 15 janvier 2014, un nouveau projet de Constitution qui est adopté par 98,1 % des voix avec un taux de participation de 38,6 %. Lors de l'élection présidentielle des 26-28 mai 2014, le général, devenu maréchal, al-Sissi, est élu président de la République avec 96,9 % des suffrages. Des élections législatives ont lieu fin 2015.

Comme d'autres dirigeants du mouvement des Frères musulmans, l'ancien président Morsi a été arrêté en juillet 2013 et formellement accusé de divers crimes (espionnage notamment). Les Frères musulmans, qui rejetaient le processus de transition engagé par les forces armées et exigeaient le rétablissement de Mohammed Morsi, ont été déclarés organisation terroriste en décembre 2013. En mai 2015, Mohammed Morsi est condamné en première instance à la peine capitale, avec de nombreux co-accusés. Il décède en juin 2019 en cours d'audience.

Alors que la situation sécuritaire au Sinaï reste préoccupante, le régime égyptien use de l'argument de la « lutte contre le terrorisme » pour restreindre massivement les libertés civiles (restriction du droit de manifester, inculpations de journalistes, torture, etc.).

Le mouvement de protestation égyptien a ainsi, dans un premier temps, conduit à une expérience de gouvernement islamiste jugée désastreuse par de nombreux Égyptiens. Cependant, le retour à un gouvernement autoritaire et très violent ne facilite guère la réconciliation nationale.

D) Yémen : l'enlisement saoudien au prix d'une crise humanitaire ?

586 Déclenchée en janvier 2011, dans le contexte des événements tunisiens et égyptiens, la crise yéménite est d'abord due au rejet du président Ali Abdallah Saleh et de son régime (33 ans de présidence, corruption, violations graves et systématiques des libertés publiques, répression de l'opposition, puissance des services de sécurité).

Sous la pression interne et internationale, Ali Saleh accepte de signer, le 23 novembre 2011, à Riyad, un plan de transition politique élaboré par le Conseil de coopération des États arabes du Golfe[62] (CCEAG). Les partis au pouvoir et ceux de l'opposition engagent ensuite la mise en œuvre de ce plan qui prévoit en premier lieu le transfert immédiat des principales prérogatives constitutionnelles du Président au vice-président, Mansour Hadi. Cette phase s'achève avec la tenue en février 2012 d'élections présidentielles qui permettent l'élection du président Hadi, pour une durée de deux ans.

62. Le CCEAG comprend l'Arabie saoudite, Bahreïn, les Émirats arabes unis, le Koweït, Oman et le Qatar.

Après les résultats peu concluants de la Conférence du dialogue national, le mouvement dit houthiste (ou Ansar Allah – Partisans de Dieu) déclenche une insurrection qui prend le contrôle de la capitale Sanaa en septembre 2014, malgré une tentative de médiation de l'ONU, et menace Aden en mars 2015, provoquant la fuite en Arabie saoudite du président Hadi. Ce mouvement (dont l'appellation fait référence à son fondateur, Hussein al-Houthi tué en 2004 par l'armée yéménite) est largement constitué d'habitants du nord du Yémen, de confession chiite zaidite[63]. Il refuse le projet de fédéralisation du Yémen sur la base de six régions, craignant une marginalisation du Nord. Le mouvement houthiste bénéficie du ralliement d'une partie des forces armées et de certains partisans d'Ali Saleh.

Invoquant des liens entre la rébellion houthiste et l'Iran, l'Arabie saoudite intervient alors militairement à la demande du président Hadi mais sans autorisation préalable du Conseil de sécurité. Soutenue par les États-Unis, elle met en place une coalition comprenant, outre la plupart des pays du CCEAG (sauf Oman), l'Égypte, la Jordanie, le Maroc et le Pakistan. Officiellement engagées le 26 mars 2015, les opérations de la coalition prennent principalement la forme de bombardements aériens (dont certains frappent des objectifs civils, des hôpitaux et des monuments historiques). Elles permettent la reprise d'Aden où le président Hadi a pu se réinstaller.

La résolution 2216 du Conseil de sécurité du 14 avril 2015 légitime l'action saoudienne et impose un embargo sur les armes à destination de la rébellion. Néanmoins, l'entreprise saoudienne est un désastre politique et humanitaire. Plusieurs cessez-le-feu entre le mouvement houthiste et les forces favorables au président Hadi sont décidés et des pourparlers entre les belligérants sont engagés sous l'égide de l'ONU mais sans résultat tangible. La guerre civile permet en revanche aux forces islamistes radicales (Al-Qaïda dans la péninsule arabique) de se renforcer sensiblement, notamment dans la province de l'Hadramaout, ce qui contraint la coalition saoudienne à engager une lutte difficile contre ces forces, et ce toujours avec l'appui des États-Unis. Par ailleurs, un mouvement séparatiste réapparaît dans le Sud, où il proclame l'autonomie de la région, notamment à Aden.

Le conflit entraîne une dégradation considérable de la situation humanitaire. Le nombre des déplacés dépasse vite les 2,5 millions. Le blocus imposé par la coalition provoque en outre des pénuries de vivres, de carburant et de médicaments et un effondrement des services de base. Une grave épidémie de choléra se déclenche en mai 2017 dans la capitale Sanaa, tenue par le mouvement houthiste, et touche plus d'1 million de personnes en un an. En avril 2022, le bureau de la coordination humanitaire de l'ONU (OCHA) estimait à plus de 23 millions le nombre de personnes dans le besoin, dont plus de 13 millions en situation de très grande vulnérabilité. Pourtant, le sort des Yéménites reste largement ignoré par la communauté internationale, notamment par les pays occidentaux qui, pour la plupart, soutiennent l'intervention armée de l'Arabie saoudite.

63. Issus d'une branche du chiisme éloignée du chiisme duodécimain pratiqué en Iran, les zaïdites ne vénèrent par exemple que les quatre premiers imams sur les 12 reconnus par les chiites duodécimains. Les zaïdites représentent un tiers de la population yéménite.

E) Syrie : répression, islamisme radical et retour de la Russie sur la scène moyen-orientale

587 C'est à partir de mars 2011 que le régime syrien de Bachar el-Assad se trouve confronté à des manifestations pacifiques qui réclament des réformes démocratiques. Il répond par une répression sans cesse plus sanglante. L'opposition se transforme progressivement en une résistance armée qui recrute ses membres principalement parmi la majorité sunnite alors que le régime s'appuie sur la communauté alaouite[64], les autres minorités, notamment chrétiennes, et une partie des musulmans aisés des grandes villes. Au Conseil de sécurité des Nations Unies, la Russie et la Chine opposent leur veto à tout projet de résolution condamnant cette répression et les violations des droits de l'homme par les autorités syriennes.

1. L'échec de la première conférence de paix (Genève I)

588 En novembre 2011, Bachar el-Assad accepte un plan préparé par la Ligue arabe qui prévoit le retrait des soldats des villes, la libération des prisonniers politiques et l'ouverture de discussions avec l'opposition. Mais ce plan n'est pas appliqué. En février 2012, l'ancien secrétaire général des Nations Unies Kofi Annan est nommé émissaire de la Ligue arabe et de l'ONU en Syrie. Il négocie un plan de paix et un cessez-le-feu qui échouent. Il parvient cependant à réunir à Genève un groupe de pays (Chine, États-Unis, France, Irak, Koweït, Qatar, Royaume-Uni, Russie et Turquie) ainsi que la Haute Représentante de l'Union européenne pour la politique étrangère et de sécurité. Ce Groupe d'action sur la Syrie s'accorde en juin 2012 sur les principes d'une transition politique dirigée par les Syriens mais ne parvient pas à s'entendre sur le rôle du président el-Assad dans ce processus. Kofi Annan démissionne en août. Il est remplacé par le diplomate algérien Lakhdar Brahimi.

Malgré les conséquences humanitaires catastrophiques de la crise et son potentiel de déstabilisation (exode de centaines de milliers de Syriens dans les pays voisins, notamment au Liban et en Jordanie, renforcement des mouvements islamistes radicaux au sein de la rébellion), la communauté internationale reste profondément divisée. Deux camps irréconciliables se sont en effet constitués : d'un côté le Hezbollah libanais et l'Iran soutiennent le régime syrien, y compris militairement, mais aussi la Russie et la Chine qui refusent de faire du départ de Bachar el-Assad un préalable à la constitution d'une autorité gouvernementale de transition ; de l'autre les puissances du Golfe (Arabie saoudite et Qatar) ainsi que la Turquie, les États-Unis, la France et le Royaume-Uni considèrent qu'il ne peut y avoir de solution politique avec la participation de Bachar el-Assad et reconnaissent comme représentante du peuple syrien la Coalition nationale syrienne qui rassemble les courants de l'opposition armée démocratique en Syrie. Pour faire pression sur Bachar el-Assad, les Occidentaux, en particulier la France et le Royaume-Uni, fournissent des armes à l'opposition démocratique, de même que les pays du Golfe et la

64. Les Alaouites (autour de 10 % de la population syrienne) professent une religion ésotérique née au IXe siècle en marge de l'Islam chiite. Méprisés et discriminés par la majorité sunnite, ils ont bénéficié d'une ascension sociale et politique sous le mandat français, puis ont su acquérir une influence prédominante au sein des forces armées et du parti Baas.

Turquie, à plus grande échelle. Toutefois, la présence croissante dans les rangs de la rébellion d'islamistes radicaux, parfois provenant d'Europe, joue contre la poursuite de ce projet. Elle ne semble néanmoins pas en détourner les pays du Golfe et la Turquie qui considèrent la chute d'el-Assad comme une priorité.

2. L'attaque chimique d'août 2013 et l'échec de Genève II

589 Après l'attaque chimique d'août 2013 (voy. n° 567), les Occidentaux (États-Unis, France, Royaume-Uni) se déclarent disposés à recourir à la force pour contraindre le régime de Bachar el-Assad à renoncer à l'arme chimique et à négocier son départ avec l'opposition. Cette pression occidentale conduit à l'adhésion de la Syrie à la Convention d'interdiction des armes chimiques mais elle donne aussi lieu à une première résolution politiquement significative du Conseil de sécurité sur la crise syrienne (résolution 2118). Dans cette résolution, le Conseil endosse, en les explicitant, les principes dégagés par la conférence de Genève de juin 2012 : mise en place en Syrie d'une autorité dotée des pleins pouvoirs exécutifs, qui pourrait comprendre des membres du gouvernement de Bachar el-Assad, de l'opposition ou d'autres groupes et devra être formée sur la base du consentement mutuel. Le Conseil de sécurité a également appelé à la convocation d'une nouvelle conférence de Genève en vue de déterminer les moyens de mettre en œuvre les principes de juin 2012. Cette conférence (Genève II) se tient en janvier 2014 sans résultats.

En effet, le régime de Bachar el-Assad, jugeant ses forces en progrès sur le terrain, subordonne toute négociation politique à un accord préalable sur le cessez-le-feu. Bachar el-Assad se fait en outre réélire pour un nouveau mandat en juin 2014 lors d'élections présidentielles organisées dans les zones qu'il contrôle, ce qui était incompatible avec la constitution de l'autorité de transition prévue à Genève.

Le Conseil de sécurité s'efforce alors d'atténuer les conséquences humanitaires du conflit. Il adopte ainsi en février 2014 la résolution 2139 demandant à toutes les parties de « lever immédiatement le siège des zones peuplées » dans le pays, dont la vieille ville de Homs, et d'autoriser « immédiatement un accès humanitaire rapide, sûr et sans entrave aux organismes humanitaires des Nations Unies et à leurs partenaires ».

Devant l'échec des tentatives de résolution politique du conflit, Lakhdar Brahimi démissionne en mai 2014, considérant que la tenue d'élections présidentielles et la réélection attendue de Bachar el-Assad rendaient impossible la poursuite de sa mission. Il est remplacé par Staffan de Mistura qui s'efforce d'abord de négocier des cessez-le-feu localisés dans la perspective d'un début de dialogue entre les belligérants. Cette démarche est initialement mal accueillie par l'opposition.

3. La riposte de la coalition américaine aux attaques de l'EI (Daech)

590 Comme sur d'autres théâtres d'opérations, les combats créent en Syrie des conditions propices au renforcement de l'islamisme radical, en particulier de l'EI (Daech). En mai 2015 l'EI prend le contrôle de Palmyre. Par ailleurs, l'affaiblissement de l'opposition démocratique conduit les pays du Golfe et la

Turquie à soutenir une coalition de groupes islamistes, parmi lesquels figure le Front al-Nosra affilié à Al-Qaïda, dans leur offensive contre les forces gouvernementales au nord du pays.

Dans ce contexte d'usure des forces du régime et de renforcement de l'islamisme radical, une action militaire occidentale et une intervention russe changent, au moins temporairement, le cours de la guerre.

S'agissant des États-Unis, on a vu à propos de la crise irakienne (voy. n° 548) qu'ils avaient, à compter de septembre 2014, réuni une coalition internationale pour mener essentiellement des actions aériennes contre l'EI partout où cette organisation est active, non seulement en Irak mais aussi en Syrie. La France y participe à partir de septembre 2014. Elle limite d'abord ses frappes à l'Irak puis, après les attentats de Paris du 13 novembre 2015 (en partie préparés en Syrie), étend son action à ce dernier pays. L'axe d'effort de la coalition se porte alors sur la ville de Raqqa, centre de commandement de l'EI, qui en a finalement été délogé par les forces démocratiques syriennes (soutenus par des raids de la coalition internationale) en octobre 2017, après six mois de combat très meurtriers pour la population civile prise au piège. Par la suite, les avancées de l'armée syrienne conduisent nombre de civils à se réfugier dans la région d'Idlib, dans le nord-ouest de la Syrie. Depuis début 2019, cette dernière poche de résistance au régime de Bachar el-Assad, dominée par des forces islamiques radicales, reste une zone de combat malgré un accord de cessez-le-feu dont la Russie et la Turquie sont parties prenantes.

4. L'intervention russe

591 S'agissant de la Russie, elle déploie, avec l'accord du gouvernement syrien, une force aérienne en Syrie à partir du 30 septembre 2015. Selon le président Vladimir Poutine, les forces aériennes russes auraient, au 10 mai 2016, effectué 10 000 sorties. La Russie met en œuvre, outre des appareils d'attaque au sol, des missiles de croisière navals et des bombardiers intercontinentaux. L'un des résultats les plus spectaculaires de l'intervention russe est la prise de Palmyre par les forces gouvernementales syriennes. Ce site archéologique repris ensuite par l'EI puis reconquis par les forces gouvernementales a beaucoup souffert. De nombreux monuments antiques ont été détruits par l'EI lors de son occupation du site.

La lutte contre l'EI conduit Russes et Américains à se coordonner pour éviter des collisions ou des « tirs amis » dans le ciel. Il est souvent reproché aux Russes de frapper l'ensemble de l'opposition, sans distinction, pour sauver le régime syrien mais, dans les faits, une part importante de leurs attaques a été dirigée soit contre l'EI, soit contre le Front al-Nosra ou des organisations similaires.

5. Les nouveaux efforts de règlement de la crise

592 À la fin de la présidence Obama, les États-Unis et la Russie semblent vouloir parvenir à un règlement politique du conflit. Sous l'effet notamment des attentats de Paris du 13 novembre 2015, un groupe rassemblant les principales puissances concernées fixe, avec une contribution active des Américains et

des Russes, le cadre général d'un retour à la paix lors d'une réunion tenue à Vienne le 14 novembre 2015. Le Conseil de sécurité endosse ses conclusions dans sa résolution 2258 du 22 décembre 2015.

L'accord prévoit essentiellement :

- un cessez-le-feu ;
- une négociation entre gouvernement et opposition menant, dans un délai de six mois, à l'instauration d'une gouvernance crédible, sans exclusive et non confessionnelle, et à un processus de rédaction d'une nouvelle Constitution ;
- l'organisation d'élections libres et équitables sous le contrôle de l'ONU dans un délai de 18 mois en conformité avec la nouvelle Constitution ;
- le fait que le cessez-le-feu ne s'applique ni à l'EI ni au Front al-Nosra ou à toute autre organisation désignée d'un commun accord comme terroriste.

Pour améliorer sa position dans le processus de négociation, le régime lance fin 2016 une opération, appuyée par des bombardements russes massifs, contre les quartiers est d'Alep, contrôlés par la rébellion. Après cette victoire, acquise à un coût humain très élevé, la Russie, la Turquie et l'Iran tentent, à partir du 30 décembre 2016, de mettre sur pied un processus de « désescalade » et d'élaboration d'une solution politique entre le gouvernement de Bachar el-Assad et quelques mouvements d'opposition. Bien que les principales forces de la rébellion refusent d'y participer, quelques zones de cessez-le-feu sont alors agréées.

Des attaques chimiques perpétrées en avril 2017 et 2018 contre la rébellion donnent lieu à des frappes de représailles menées par les États-Unis, la France et le Royaume-Uni (voy. n° 567). Mais l'influence des Occidentaux semble limitée, comme l'a montré leur incapacité à stopper l'assaut violent sur le dernier quartier rebelle syrien de la Ghouta orientale en février 2018. C'est la Russie qui contrôle l'activité diplomatique avec la conclusion des accords d'Astana en mai 2017 entre l'Iran, la Russie et la Turquie, puis la réunion de Sotchi pour mettre en place des zones dites de « désescalade ». Cependant, le gouvernement syrien et les multiples groupes qui composent la rébellion apparaissent très jaloux de leur liberté d'action vis-à-vis de leurs protecteurs étrangers, ce qui rend les négociations de paix d'autant plus difficiles. L'antagonisme entre l'Arabie saoudite, désireuse de mettre fin au régime de Bachar el-Assad, et l'Iran, qui le soutient, constitue également un facteur de prolongation indéfinie des hostilités.

En pratique, alors que le cessez-le-feu semble effectif dans de nombreuses zones, le pays reste encore très fragmenté. Depuis l'été 2018, un drame migratoire et humanitaire se joue dans la province d'Idlib à la frontière avec la Turquie. Des centaines de milliers de civils fuyant le régime, ainsi que des combattants évacués après la reconquête de zones rebelles y sont pris au piège des bombardements car les frontières turques leur sont fermées. Les tensions entre la Turquie et la Russie qui protège le régime syrien sont extrêmement vives. La question du rôle de Bachar el-Assad pendant la période de transition reste un point de blocage sérieux dans les négociations. Cependant, compte tenu de l'affaiblissement de l'opposition démocratique et du souci de désengagement des États-Unis, les forces gouvernementales syriennes prévalent progressivement sur le terrain, conduisant à une simple cessation des combats sur une grande partie du territoire, sans réel règlement de paix. L'adoption par les États-Unis d'une politique de sanctions d'une très grande sévérité à l'égard du régime syrien et de toute entité coopérant avec lui aggrave les difficultés économiques de la Syrie et handicape lourdement sa reconstruction, sans laisser entrevoir de perspectives politiques de règlement du conflit. Le tremblement de terre catastrophique qui a touché la région en février 2023 a mis en exergue la difficulté de circuler dans la zone et les populations les plus vulnérables du secteur d'Idlib sont restées sans aide pendant des semaines.

§ 3. L'Afrique subsaharienne : terre de contrastes ?

593 Riches de ressources et d'une population jeune, les pays africains, tout particulièrement ceux d'Afrique subsaharienne, souffrent de nombreuses fragilités : selon la Banque mondiale, l'extrême pauvreté (personnes vivant avec moins de 1,25 dollar en parité de pouvoir d'achat) affectait encore en 2012 43 % de la population d'Afrique subsaharienne. Cette situation de grande pauvreté d'une part substantielle de la population continue d'exacerber les rivalités, notamment ethniques, pour le contrôle des terres (comme au Rwanda, au Burundi ou au Soudan) ou des ressources minières (comme dans l'est du Congo). Les États d'Afrique subsaharienne rassemblent en effet des peuples généralement hétérogènes du point de vue ethnique ou religieux en raison du tracé arbitraire des frontières légué par la colonisation. Le colonisateur a également créé des inégalités persistantes, en privilégiant par exemple les zones côtières, les terres de plantation ou les populations christianisées. Ces facteurs de division sont en grande partie à l'origine des difficultés rencontrées par les pays d'Afrique subsaharienne pour établir des institutions fortes et légitimes. De nombreux pays de la région connaissent une gouvernance fragile, marquée notamment par le clientélisme et la corruption.

Cette situation a créé un terreau favorable à la multiplication de conflits, internes et transnationaux, ainsi qu'au terrorisme, en partie d'inspiration islamiste, qui représente aujourd'hui une menace majeure pour la sécurité africaine. Il touche les pays du Sahel qui subissent les conséquences de l'effondrement de l'État libyen. L'intervention militaire française de janvier 2013 a permis de stopper la progression de mouvements djihadistes à partir du nord du Mali (voy. n° 595), mais les attaques, notamment les prises d'otages, se poursuivent dans cinq pays de la « bande sahélo-saharienne » (Burkina Faso, Mali, Mauritanie, Niger et Tchad). Le terrorisme atteint également le nord-est du Nigeria, où s'est implanté, surtout depuis 2009, le mouvement couramment appelé Boko Haram (Mouvement du peuple dévoué aux préceptes de l'Islam pour la prédication et le combat). Les violences perpétrées par ce groupe, en particulier contre les enfants scolarisés, ont frappé non seulement le Nigeria mais aussi le Cameroun, le Niger et le Tchad voisins. Elles auraient causé de l'ordre de 20 000 morts. En Somalie, plus de vingt années de guerre civile et d'absence de toute forme d'État ont favorisé le développement du mouvement terroriste Al-Shabaab, affilié à Al-Qaida. Enfin, le nord du Mozambique, zone d'exploitation d'hydrocarbures, est aussi fort déstabilisé. Dans ces diverses situations, un effort de lutte internationale contre le terrorisme est entrepris avec le soutien des gouvernements africains menacés et des puissances occidentales (États-Unis et France en particulier). Mais le coût humain de ces conflits est très élevé et la perspective d'élimination complète de la menace reste lointaine.

Cependant, il faut aussi noter que, si les années 1980 et le début des années 1990 ont pu être considérés comme « perdus » pour la croissance des économies africaines, les performances de ces économies se sont nettement améliorées à partir du milieu des années 1990. Entre 1996 et 2010, le taux de croissance annuel moyen du PIB se situait autour de 5 %. L'augmentation rapide de la population (2 % en moyenne annuelle) a pesé sur l'évolution du revenu par habitant. Néanmoins, en 2010, le revenu par habitant a dépassé de près de 50 % son niveau de 1995.

L'impact de la récession de 2008-2009 et des incertitudes politiques du monde arabe ont contribué à une nouvelle détérioration de la situation, même si les économies africaines semblent avoir relativement bien résisté à l'effondrement des cours internationaux des produits de base grâce à l'augmentation de leur production ou à une certaine diversification de leurs spécialisations. En Afrique cependant, la croissance est plus génératrice d'inégalités que sur d'autres continents (en Europe en particulier). La crise économique et sociale provoquée par la pandémie de la Covid-19 n'a fait qu'exacerber ces inégalités. Par ailleurs, la difficulté des États à garantir la sécurité intérieure hypothèque trop souvent les perspectives de développement.

Les conflits internes constituent en effet un des obstacles majeurs au développement des pays africains. Leur aggravation a conduit dans certains pays à des crises humanitaires de gravité croissante au cours des dernières années. C'est ainsi qu'en avril 2017 l'Agence des Nations Unies pour les réfugiés a « relevé son niveau d'alerte face aux risques de famine » dans de vastes régions d'Afrique : Soudan du Sud, Afrique de l'Est (Somalie en particulier) et nord-est du Nigeria. Depuis fin 2020, la guerre menée par le gouvernement éthiopien contre sa région autonomiste du Tigré a provoqué de nouvelles vagues de déplacement forcé de population et de famine, alors que les écosystèmes sont à la limite de la rupture.

A) Les interventions internationales de sécurité et d'aide humanitaire en Afrique

594 Le grand nombre de crises et conflits survenus en Afrique subsaharienne a conduit le Conseil de sécurité à leur consacrer une partie importante de son ordre du jour. L'ONU déploie aujourd'hui dans la région plus des deux tiers de ses forces de **maintien de la paix**, dans le cadre de huit missions : au Darfour (mission hybride avec l'Union africaine), au Libéria, au Mali, en République démocratique du Congo, en République centrafricaine, au Sahara occidental, au Soudan du Sud et dans la région d'Abiyé, partagée entre le Soudan et le Soudan du Sud. Une mission de l'Union africaine, autorisée par le Conseil de sécurité, est également déployée en Somalie (voy. n°s 279 et 480).

L'ONU s'efforce de soutenir la **transition des pays sortant de conflits**. Elle entretient à cet effet six missions politiques et d'appui pour la consolidation de la paix, en Afrique de l'Ouest, en Afrique centrale, au Burundi, en Guinée Bissau, en Libye et en Somalie.

Le Bureau de la coordination des affaires humanitaires de l'ONU (OCHA selon son acronyme anglais) fait face à des **urgences humanitaires** toujours renouvelées. Au nord-est du Nigeria et plus largement dans la région du lac Tchad, la crise est principalement due aux déplacements de population et à l'insécurité liée aux attaques du mouvement terroriste Boko Haram. En 2019, avant la pandémie, l'ONU comptait déjà près de 17 millions de personnes en besoin d'aide humanitaire dans cette région. L'Organisation internationale des migrations (OIM) pour sa part y enregistrait 4,2 millions de déplacés et réfugiés. Fin 2018, en réponse à un appel onusien, environ 2,5 milliards de dollars d'aide avaient été promis pour la région du lac Tchad par 17 États, l'Union européenne, la Banque mondiale et la Banque africaine de développement. En Somalie, début 2019, l'OCHA estimait à 4-5 millions le nombre de personnes exposées à la famine en raison de la sécheresse et de l'insécurité due aux attaques du mouvement Al-Shabaab. Un tiers de ces personnes vit dans les régions contrôlées par ce mouvement qui exploite politiquement l'aide humanitaire. En 2020, la corne de l'Afrique est également touchée par une attaque sans précédent de criquets pèlerins due à des conditions climatiques inhabituelles. Les risques de famine s'accroissent donc depuis plusieurs années et ont empiré avec la pandémie et les tensions sur les prix des denrées agricoles à cause de la guerre en Ukraine. Dans ces contextes instables, la moindre escalade militaire peut faire basculer une région très rapidement. Ainsi, au printemps 2021, l'ONU estimait à plus de 5 millions le nombre de Tigréens dans le besoin humanitaire.

Quant à l'Union africaine, elle s'efforce, avec la participation de ses organisations sous-régionales, de prendre en charge elle-même la sécurité du continent. Lors de son sommet de mai 2013 elle a relancé le projet d'une force d'intervention rapide. Mais ces ambitions restent sans suite faute de moyens et de soutien. Les conflits présentés ci-après (Mali, République centrafricaine, Soudan et République démocratique du Congo) illustrent la complexité des problématiques africaines de sécurité et leurs enjeux humanitaires.

B) Mali, République centrafricaine : l'échec des efforts français de stabilisation

595 Depuis des décennies, le Mali souffre de la faiblesse de ses institutions, de l'inefficacité de son administration, de pratiques de corruptions répandues et d'une très grande pauvreté (222e sur 228 dans le classement des pays selon leur indice de développement humain par le PNUD en 2022). De plus, les communautés du nord du pays ont le sentiment d'être négligées, marginalisées et traitées injustement par le pouvoir central.

À la mi-janvier 2012, un mouvement touareg dénommé Mouvement national pour la libération de l'Azaouad (MNLA), agissant avec des groupes armés islamistes radicaux, dont Ansar Eddine, Al-Qaïda au Maghreb islamique (AQMI) et le Mouvement pour l'unicité et le jihad en Afrique de l'Ouest (MUJAO), lance une série d'attaques contre les forces gouvernementales dans le nord du pays. La rébellion touarègue est enhardie par la présence de combattants bien équipés revenant de Libye après la chute du régime de Kadhafi. Le 22 mars, une mutinerie de soldats mécontents appartenant à des unités battues par les groupes armés dans le Nord dégénère en coup d'État. Une junte militaire s'empare du pouvoir. Ce coup d'État accélère l'effondrement de l'État dans le Nord, permettant au MNLA de proclamer la sécession de la région.

Les chefs d'État et de gouvernement de la Communauté des États de l'Afrique de l'Ouest (CEDEAO) engagent alors un processus de médiation qui permet la désignation de Dioncounda Traoré comme président de la République par intérim. Les autorités transitoires maliennes demandent l'aide des Nations Unies pour la reconstruction du pays et des secours humanitaires. Dans sa résolution 2085 du 30 décembre 2012, le Conseil de sécurité autorise le déploiement d'une Mission interafricaine de soutien au Mali (MISMA) pour assister le Mali dans la reconstitution de ses capacités militaires et dans le rétablissement de son intégrité territoriale.

Toutefois, en janvier 2013, l'avancée de groupes djihadistes du Nord en direction de la capitale Bamako conduit les autorités maliennes à demander à la France son appui pour arrêter l'offensive. Une opération militaire française est immédiatement lancée pour écarter cette menace.

Le déploiement de la MISMA s'accélère à la suite de l'intervention française et la situation sécuritaire s'améliore. À la fin janvier, le contrôle de l'État malien est rétabli dans la plupart des grandes villes du Nord. La plupart des forces terroristes et associées sont détruites ou dispersées. Néanmoins, des menaces persistent (attentats terroristes, prolifération des armes, contrebande de drogues et autres activités criminelles) et le rétablissement de l'unité du Mali reste difficile. Un accord de paix avec les groupes armés du Nord est conclu en mai et juin 2015 à l'issue de négociations menées par l'Algérie. Il n'accorde cependant pas à ces groupes le régime d'autonomie qu'ils souhaitaient, ce qui rend son application incertaine.

La MISMA devient, le 1er juillet 2013, la Mission de stabilisation des Nations Unies (MINUSMA) en application de la résolution 2100 du Conseil de sécurité du 25 avril 2013. Déployée sous chapitre VII, elle a essentiellement pour mandat d'assister les autorités maliennes dans leurs efforts de stabilisation des principales agglomérations et de rétablissement de l'unité nationale. L'Union européenne, dont plusieurs pays (Allemagne notamment) participent à la MINUSMA, décide le 18 février 2013 de lancer une mission de formation militaire au profit des forces maliennes dans le cadre de l'aide internationale au Mali.

L'élection d'Ibrahim Boubacar Keïta à la présidence de la République, le 11 août 2013, et la tenue des élections législatives le 24 novembre et le 15 décembre 2013 posent initialement les bases de la stabilisation politique du pays. Un programme international d'aide au développement économique accompagne ce processus.

Les groupes terroristes continuent cependant de menacer chaque jour les forces internationales déployées au nord du pays. Ils enracinent leur présence aux frontières du Niger et du Burkina Faso. Des tensions interethniques (entre Peuls et Dogons notamment) aggravent la situation. En réponse, cinq pays de la bande sahélo-saharienne (Burkina Faso, Mali, Mauritanie, Niger et Tchad) tentent de renforcer leur coopération en matière de sécurité avec le soutien notamment de la France (opération Barkhane), de l'Union européenne et des États-Unis. Sans succès. Le 20 avril 2021, le président tchadien Idriss Deby décède même de blessures survenues dans des combats au nord-est du pays.

En parallèle, au Mali, la stagnation de la sécurité et les problèmes de gouvernance entretiennent le mécontentement de la population, notamment à Bamako. Le 19 août 2020, le président Keïta est renversé par un premier coup d'État militaire. Un second coup d'État renverse le gouvernement de transition le 25 mai 2021. Dans ce contexte, le gouvernement français réagit par l'annonce de la fin de l'opération Barkhane. Les relations diplomatiques entre la France et les nouvelles autorités maliennes se dégradent rapidement fin 2021 et début 2022, alors que les troupes françaises sont remplacées par des mercenaires et des conseillers militaires russes.

L'influence russe s'élargit donc de la République centrafricaine (RCA) vers le Mali.

En RCA en effet, la situation sécuritaire était devenue très préoccupante dès mars 2013 à la suite de la prise de la capitale, Bangui, par les insurgés du mouvement Seleka (« Alliance » en langue locale), principalement musulmans, qui commettent alors des exactions contre la population civile, elle-même majoritairement chrétienne, ce qui donne vite une coloration religieuse aux affrontements. En réaction, un mouvement d'autodéfense, dit « anti-balaka », se livre à son tour à de graves exactions, en particulier contre la population musulmane.

Le 1er août 2013, afin de permettre le retour à la stabilité dans le cadre du mécanisme de transition établi en accord avec les pays voisins, l'Union africaine décide de déployer une Mission internationale de soutien à la Centrafrique sous conduite africaine (MISCA). La situation sécuritaire et humanitaire ne cesse pourtant de se détériorer dans le pays. Le Conseil de sécurité adopte alors le 5 décembre 2013 la résolution 2127 qui autorise la MISCA, appuyée par des forces françaises, à user si nécessaire de la force pour protéger les civils, rétablir la sécurité et l'ordre public, stabiliser le pays et permettre la fourniture de l'aide humanitaire. Le contingent français (Sangaris) joue un rôle-clef dans ce dispositif.

Le 20 janvier 2014, le Conseil national de transition élit Catherine Samba Panza – jusque-là maire de Bangui – à la tête de l'État, dans un contexte d'affrontements entre les ex-Seleka et les anti-balaka. Les conditions sécuritaires et humanitaires se dégradent fortement : en janvier 2014 des milliers de personnes ont déjà été tuées, près d'un million d'autres ont été contraintes de prendre la fuite et 2,2 millions de personnes, soit la moitié de la population du pays, se trouvent en situation de détresse et dépendent de l'aide humanitaire.

Le Conseil de sécurité des Nations Unies adopte le 28 janvier la résolution 2134 qui crée la Mission multidimensionnelle intégrée des Nations Unies pour la stabilisation en RCA (MINUSCA) en remplacement de la MISCA, dont les moyens apparaissent insuffisants. À compter du 15 septembre 2014, date du transfert des responsabilités d'une force de paix à l'autre, la MINUSCA se déploie progressivement jusqu'à atteindre un effectif de 9 500 militaires et 1 800 policiers. Le détachement français Sangaris et une force de l'Union européenne, l'EUFOR RCA, ont accompagné le déploiement de la MINUSCA. L'EUFOR RCA s'est retirée en mars 2015, le relais étant pris par une mission également européenne de conseil et d'assistance à la réforme des forces centrafricaines.

Le mandat de la MINUSCA est large : il consiste à protéger les civils, appuyer la transition démocratique, faciliter l'acheminement de l'aide humanitaire et organiser les processus de désarmement, démobilisation, réintégration et rapatriement (DDR) des ex-combattants.

Ces efforts internationaux permettent d'enregistrer le retour progressif d'une certaine stabilité. Après un référendum constitutionnel tenu le 13 décembre 2015, Faustin Touadéra peut ainsi être élu au second tour président de la République le 14 février 2016 en même temps qu'avait lieu le premier tour des élections législatives, le second tour se tenant le 31 mars. Un gouvernement est constitué en avril. La mission française Sangaris peut prendre fin en octobre 2016, des militaires français restant pour participer à la mission européenne d'entraînement des forces de sécurité ainsi qu'à la MINUSCA. La sécurité reste très précaire : de nouveaux massacres sont perpétrés en 2017 dans le centre est du pays. En 2019 néanmoins, un nouvel accord de paix est signé entre une majorité des groupes rebelles et le gouvernement conseillé et soutenu militairement par des mercenaires russes du groupe Wagner.

Les difficultés auxquelles sont confrontées les autorités centrafricaines restent considérables : l'état de guerre civile a amplifié des difficultés économiques majeures. Les bandes et groupes armés restent actifs sur une grande partie du territoire et l'ONU souligne des exactions croissantes des mercenaires contre les civils, notamment des exécutions sommaires. La contrebande du diamant qui, avec le bois, constitue l'une des deux principales recettes d'exportation s'est intensifiée, ce qui a conduit à la suspension de la RCA du processus de Kimberley de contrôle du commerce diamantaire. Quant à la production de bois, elle a fortement chuté. La paralysie des transports résultant de l'insécurité a aggravé les conséquences de l'enclavement du pays.

C) Les conflits du Soudan

596 Des conflits multiples ont ravagé et ravagent encore le Soudan, récemment divisé en deux États avec la sécession du Soudan du Sud. Les uns concernent le sud du pays, les autres l'ouest.

1. La création du Soudan du Sud : un désordre qui persiste

597 La première guerre du Soudan (1955-1972) entre le pouvoir central musulman et le Sud animiste et chrétien avait éclaté dès la période de transition vers l'indépendance, proclamée le 1er janvier 1956 (le Soudan était auparavant placé sous un condominium anglo-égyptien). Le 27 mars 1972, l'accord d'Addis-Abeba met fin à ce conflit en accordant au Sud-Soudan une certaine autonomie.

En 1983, la rébellion de l'Armée de libération des peuples du Soudan (SPLA), fondée par le colonel John Garang, déclenche une deuxième guerre civile à la suite de mesures prises par le président Djafar al-Nimeiry pour réduire le statut d'autonomie du Sud. Le différend porte notamment sur le partage des ressources pétrolières et l'application de la *charia* dans le Sud. Ce conflit fait plus de deux millions de morts, quatre millions de déplacés et plus de 600 000 réfugiés.

Face à ce désastre, les Nations Unies soutiennent le processus de paix engagé dès 1993 sous l'égide de l'Intergovernmental Authority on Development (IGAD), organisation régionale de la corne de l'Afrique. Un accord n'a toutefois été possible qu'après que les forces gouvernementales eurent subi de lourds échecs militaires face au Mouvement/Armée de libération des peuples du Soudan (SPLM/A). Le 20 juillet 2002, le pouvoir central et le SPLM/A concluent au Kenya un premier accord sur la non-application de la *charia* au Sud-Soudan et le droit du Sud-Soudan à l'autodétermination par référendum après une période intérimaire de six ans. Le 9 janvier 2005 un « accord de paix global » (*comprehensive peace agreement*) est signé à Nairobi. Il prévoit la constitution d'un gouvernement d'union nationale et l'accession du Sud à un régime d'autonomie. Le partage du pouvoir est complété par un partage des richesses ainsi que par des modalités de sortie de crise pour trois zones contestées (Abiyé, Monts Noubas, Nil bleu). La Mission des Nations Unies au Soudan (MINUS), créée par la résolution 1590 du Conseil de sécurité du 24 mars 2005, est chargée d'appuyer la mise en œuvre de l'accord.

Le 30 décembre 2009, le Parlement soudanais adopte une loi prévoyant un référendum d'autodétermination au Sud-Soudan. L'indépendance du Sud-Soudan sera reconnue si le « oui » obtient la majorité simple et à condition que le taux de participation atteigne les 60 %. Par ailleurs, le 22 juillet 2009, la Cour permanente d'arbitrage de La Haye, saisie par les deux parties, délimite les territoires respectifs du Nord-Soudan et du Sud-Soudan dans la région d'Abiyé, riche en réserves de pétrole et en pâturages. Les deux parties acceptent la décision.

Le référendum d'autodétermination du Soudan du Sud s'est déroulé dans de bonnes conditions du 9 au 15 janvier 2011. L'indépendance a été approuvée par près de 99 % des votants. Le 9 juillet 2011, la République du Soudan du Sud accède à l'indépendance. Le Soudan la reconnaît aussitôt et établit des relations diplomatiques avec elle. Le 14 juillet 2011, le Soudan du Sud est admis aux Nations Unies, dont il devient le 193e État membre. Il adhère le 15 août à l'Union africaine et le 25 novembre à l'IGAD.

Après le référendum, de nombreuses questions liées à la séparation des deux États restent cependant à régler (partage de la dette, tracé des frontières, transit du pétrole, citoyenneté notamment). Des négociations, menées à Addis-Abeba sous les auspices d'un panel de haut niveau de l'Union africaine, dirigé par l'ancien président sud-africain Thabo Mbeki, permettent aux deux États de parvenir, le 27 septembre 2012, à un accord sur une grande partie de leur litige, en particulier sur le partage du pétrole. Les tensions persistent néanmoins.

Après son accès à l'indépendance, le Soudan du Sud ne parvient cependant pas à se doter d'institutions stables, malgré la présence de la Mission des Nations Unies au Soudan du Sud (MINUSS), établie le 8 juillet 2011 par la résolution 1996 du Conseil de sécurité. Un conflit sanglant oppose le président Salva Kiir et son opposant politique Riek Machar soutenus par leurs communautés ethniques respectives, les Dinkas et les Nuers. Le mandat de la MINUSS, dotée d'un effectif de près de 12 000 militaires, est réorienté en mars 2014 vers la protection des civils et de l'aide humanitaire. Une médiation de l'IGAD, engagée dès décembre 2013, permet la conclusion d'un accord de paix en août 2015. Les combats intermittents reprennent néanmoins en septembre 2016 jusqu'à un cessez-le-feu signé à l'automne 2018.

Les violences de ces dernières années ont conduit au déplacement de 4,2 millions de personnes d'après l'ONU. La grande majorité de la population reste en situation d'insécurité alimentaire chronique en raison de la perturbation des transports et de la destruction des troupeaux et cultures dans un contexte de mauvaises conditions climatiques, notamment des inondations. Ces facteurs contribuent à une situation sanitaire inquiétante (risque élevé de choléra et de typhoïde en raison de la consommation d'eau contaminée).

2. La crise humanitaire du Darfour

598 Les succès rencontrés par le SPLM/A au Sud-Soudan au début des années 2000 semblent avoir encouragé les populations du Darfour, constituées essentiellement de sédentaires non arabisés, à tenter elles aussi d'imposer par la voie des armes un règlement des différends qui les opposent au pouvoir central. La crise éclate en 2003 avec les premières actions de deux groupes, le Mouvement/Armée de Libération du Soudan (SLM/A) et le Mouvement pour la justice et l'égalité (JEM). Les autorités soudanaises répondent à ces attaques par une répression généralisée faisant, d'après l'ONU, des centaines de milliers de morts parmi les civils et provoquant le déplacement 2,6 millions de personnes. Les exactions sont souvent commises par des milices de nomades arabisés, les Janjawids, armés par le gouvernement soudanais.

Sous la pression internationale, un cessez-le-feu est signé à N'Djamena (Tchad) dès le 8 avril 2004. Toutefois, les violences continuent, malgré le déploiement d'une mission militaire de l'Union africaine chargée de surveiller la mise en œuvre du cessez-le-feu.

Le 30 juillet 2004, le Conseil de sécurité adopte la résolution 1556 qui menace le gouvernement soudanais de sanctions s'il n'est pas mis un terme aux exactions des milices janjawids dans un délai de 30 jours. Le 18 septembre, le Conseil de sécurité vote en outre la résolution 1564 qui menace le Soudan de sanctions contre son industrie pétrolière s'il ne respecte pas ses engagements de protéger la population du Darfour. La résolution 1564 crée également une commission internationale chargée d'enquêter sur les informations faisant état de violations du droit international humanitaire au Darfour.

Le 31 janvier 2005, la commission d'enquête créée par la résolution 1564 rend son rapport, dans lequel elle établit que les crimes perpétrés à une grande échelle au Darfour peuvent être qualifiés de crimes contre l'humanité et de crimes de guerre et que ces derniers « peuvent ne pas être moins graves et moins odieux que le génocide ». Elle préconise de confier la question des responsabilités à la Cour pénale internationale (CPI), tout en laissant ouvertes d'autres possibilités.

Après l'adoption, le 29 mars, de la résolution 1591 imposant de nouvelles sanctions au gouvernement soudanais et aux rebelles du Darfour, le Conseil de sécurité adopte le 31 mars 2005, par onze voix pour et quatre abstentions (Algérie, Brésil, Chine et États-Unis qui ont renoncé à leur droit de veto), la résolution 1593 dans laquelle il « décide de déférer au Procureur de la Cour pénale internationale la situation au Darfour depuis le 1er juillet 2002 ». La CPI est donc chargée de poursuivre les auteurs de violations graves du droit international humanitaire au Darfour.

Un accord de paix est enfin conclu à Abuja en mai 2006, sans mettre fin à la crise. Pour tenter d'améliorer la situation sur le terrain, le Conseil de sécurité décide alors dans un premier temps l'envoi d'une opération de maintien de la paix sous l'autorité de l'ONU (résolution 1706 du 31 août 2006) en invoquant le principe de « responsabilité de protéger », mais le déploiement de cette force se heurte à un refus du Soudan. Un compromis est finalement trouvé sous la forme d'une opération hybride de l'ONU et de l'Union africaine de 26 000 hommes. Cette mission, dénommée MINUAD, créée par la résolution 1769 du 31 juillet 2007, comptait initialement près de 20 000 militaires et 3 800 policiers. Les combats de grande ampleur cessent en septembre 2016 mais des violences subsistent. La MINUAD est donc maintenue avec des effectifs légèrement réduits afin d'assurer la protection des civils.

Par ailleurs, à la suite de la résolution 1593 du Conseil de sécurité déférant à la Cour pénale internationale la situation au Darfour, celle-ci émet, le 4 mars 2009, un mandat d'arrêt international à l'encontre du président soudanais, Omar El-Béchir, pour crimes contre l'humanité et crimes de guerre. Cette décision à forte portée politique (puisqu'elle emporte une reconnaissance juridique des crimes commis au Darfour depuis 2003) n'a cependant pas de conséquences concrètes. Le régime de Khartoum déclare immédiatement qu'il refuse la décision de la CPI. Il est soutenu par la Chine et la Russie, principaux pourvoyeurs d'armes du Soudan, ainsi que par la Ligue arabe et l'Union africaine, sensibles aux déclarations d'Omar el-Béchir se disant victime d'un tribunal « occidental », « néocolonialiste » et « islamophobe ». Sa tournée dans les pays voisins (Égypte et Éthiopie) et sa participation au sommet de la Ligue arabe au Qatar en mars 2009, après que la CPI a rendu public son mandat d'arrêt, s'entendent comme un défi aux États qui ont soutenu la décision de la Cour. En avril 2019 néanmoins, à la suite d'une vague populaire de protestation à Khartoum, Omar el-Béchir est arrêté et déposé par sa propre armée. Il n'est cependant pas transféré à la CPI. Sa chute a ouvert une période d'instabilité politique. Une lutte pour le contrôle du gouvernement oppose leaders de la société civile et autorités militaires soudanaises qui continuent de dominer la politique du pays. Le 15 avril 2023, une guerre civile a éclaté au Soudan, opposant les armées des deux généraux les plus puissants du pays.

D) La difficile recherche de la stabilité dans l'est de la République démocratique du Congo (RDC)

599 Depuis 25 ans, la partie orientale de la République démocratique du Congo (RDC) est en proie à des conflits récurrents qui donnent lieu à des violations graves des droits humains et provoquent des crises humanitaires chroniques. Ces cycles de violence sont entretenus par la présence de groupes armés congolais et étrangers profitant de la vacance du pouvoir et du vide sécuritaire qui caractérisent la région pour se livrer à l'exploitation illégale de ses considérables ressources minières. Ces groupes peuvent jouer sur les rivalités entre les nombreux groupes ethniques de la région. Des pays voisins, comme l'Ouganda ou le Rwanda, les appuient parfois pour profiter également des

ressources minières congolaises. Ces flambées de violence, illustrées par la crise du Nord-Kivu de 2012 (prise de Goma par le groupe armé rebelle dit « M23 » soutenu par le Rwanda), représentent une menace permanente pour la stabilité et le développement de toute la région des Grands Lacs.

Les Nations Unies tentent pourtant d'aider la RDC à mettre un terme à cette situation ces dernières années. Ce travail s'est appuyé sur un accord-cadre pour la paix, la sécurité et la coopération pour la RDC et les Grands Lacs signé à Addis-Abeba (Éthiopie) le 24 février 2013 par les représentants de 11 pays de la région, avec la participation de l'Union africaine, de la Conférence internationale sur la région des Grands Lacs (CIRGL), de la Communauté de développement de l'Afrique australe et du secrétaire général de l'ONU. Les signataires de l'accord-cadre se sont engagés à « ne pas tolérer ni porter assistance ou soutien à aucune forme de groupe armé ».

Le 28 mars 2013, en soutien à cet accord, le Conseil de sécurité crée par sa résolution 2098 une Brigade d'intervention dans le cadre de la Mission de l'ONU pour la stabilisation en République démocratique du Congo (MONUSCO). Cette brigade, comptant 2 700 hommes sur les quelque 20 000 militaires de la Mission, a pour tâche de neutraliser les groupes armés et de réduire leur menace pour l'autorité de l'État et la sécurité des civils dans l'est de la RDC.

Malgré une coopération efficace des forces congolaises et de la Brigade d'intervention dans la lutte contre le groupe M23, les relations de la MONUSCO avec les autorités congolaises se sont dégradées dans la période récente, la mission doutant de la capacité actuelle de Kinshasa à assurer la sécurité des personnes dans toute l'étendue de l'Est congolais. La MONUSCO s'est également inquiétée de violations du droit international humanitaire commises par les forces congolaises.

Le 30 mars 2016, le Conseil de sécurité, dans sa résolution 2277, reconduit la MONUSCO jusqu'au 31 mars 2017 en maintenant ses effectifs. Il lie le retrait de la force, demandé par le gouvernement congolais, aux progrès dans la lutte contre les groupes armés. Il autorise enfin la mission à fournir un soutien logistique pour la tenue des élections présidentielle et législatives de novembre 2016, considérées comme essentielles pour la consolidation de la situation en RDC.

Dans ces années, la situation politique de la RDC s'est également détériorée à cause du refus du président Joseph Kabila de quitter le pouvoir à l'échéance constitutionnelle, à l'expiration de son second mandat. Dans un climat d'incertitude politique, un regain de violence conduit à une dégradation de la situation humanitaire. Le Conseil de sécurité a en conséquence décidé le 31 mars 2017 (résolution 2348) de reconduire la MONUSCO avec des effectifs réduits à 16 000 militaires et près de 400 policiers, en lui donnant mandat de veiller à la protection des civils et d'accompagner le processus électoral sur la base de l'accord du 31 décembre 2016 conclu entre le gouvernement et l'opposition en vue de l'organisation d'élections « crédibles et inclusives ». Ces élections, maintes fois reportées, se sont finalement tenues en décembre 2018 et ont porté Félix Tshisekedi à la tête de l'État dans des conditions cependant controversées.

La MONUSCO est maintenant prolongée jusqu'à décembre 2023, avec un effectif maximum de 13 500 militaires, 660 observateurs militaires et environ 2 000 policiers.

Comme ses voisins, la RDC reste un pays de violence et de souffrance, malgré des ressources incommensurables et une population très jeune. Le rapport du PNUD de 2019 sur l'indice de développement humain (IDH) note que 18 des 20 pays à l'IDH le plus faible sont africains. Les quelques cas décrits ci-dessus illustrent les difficultés qu'ont ces États africains et la communauté internationale à assurer les fondamentaux de la sécurité humaine sur ce continent.

§ 4. Les conflits dégelés de l'est de l'Europe

600 Alors que la fin de la guerre au Kosovo semblait marquer le début d'une période de stabilité en Europe centrale et orientale, ces territoires sont en proie à de nouvelles tensions, exacerbées par le refus de la Russie de voir des pays de ce qu'elle considère encore comme sa sphère d'influence chercher à se rapprocher des structures occidentales.

Au-delà de cela, ce sont, plus largement, les relations entre les Occidentaux et la Russie qui se dégradent. Pourtant, au lendemain de la Guerre froide, la Russie semblait se rapprocher de l'Ouest : en juin 1994, elle avait signé avec l'Union européenne un accord de partenariat et de coopération pour dix ans, entré en vigueur en décembre 1997, et, en 1997, un acte fondateur avec l'OTAN. En 2003,lors de leur sommet de Saint-Pétersbourg, l'Union européenne et la Russie avaient même défini « quatre espaces communs » ou domaines de coopération approfondie : l'économie, les affaires intérieures, la politique de sécurité extérieure et les questions de recherche et d'enseignement.

Cependant, depuis les années 2000, les sources de tensions entre les Occidentaux et la Russie se multiplient, notamment au sujet de l'état des libertés publiques en Russie. Cela empêche en particulier le renouvellement de l'accord de partenariat et de coopération euro-russe, arrivé à échéance en 2007. De plus, les Européens, qui souhaitent réduire leur dépendance à l'égard des livraisons de gaz russe, accusent l'entreprise gazière russe Gazprom d'abus de position dominante sur le marché européen et entendent la contraindre à céder ses infrastructures de transport de gaz, de manière à permettre l'intervention d'autres fournisseurs.

Pour sa part, la Russie a le sentiment que l'Union européenne cherche à la refouler de pays avec lesquels elle entretient des liens historiques, en Europe orientale et dans le Caucase. C'est ainsi en particulier qu'elle perçoit la politique de voisinage oriental par laquelle l'Union européenne offre un partenariat économique approfondi aux anciennes républiques soviétiques du Caucase et d'Europe orientale.

La décision de la Russie, en 2014, d'envahir une partie du territoire ukrainien, la Crimée, met un terme aux efforts de nouveau départ (*reset*) déployés par le président Obama après sa première élection pour améliorer les relations russo-américaines, qui avaient notamment permis la conclusion du nouveau traité START de désarmement nucléaire (voy. n°s 555 et s.).

1. La consolidation imparfaite des institutions de Bosnie-Herzégovine

601 Plus de vingt ans après les accords de Dayton (1995), la Bosnie-Herzégovine reste un pays ethniquement divisé en deux entités, la république serbe et la Fédération croato-musulmane (Fédération de Bosnie et Herzégovine), qui ne sont chapeautées que par de faibles institutions centrales. Cette partition ethnique se reflète dans la forte influence des partis nationalistes serbe, croate et musulman.

Conformément aux dispositions de l'accord de paix, la Bosnie-Herzégovine demeure sous administration internationale. Assisté par un Conseil pour la réalisation de la paix (*Peace Implementation Council* – PIC) où sont représentés les États les plus impliqués dans la stabilisation des Balkans, le Haut Représentant de la communauté internationale est doté de larges pouvoirs qui lui permettent notamment d'imposer des lois. Par ailleurs, en 2004 a succédé aux 60 000 hommes déployés par l'OTAN en 1995, une force beaucoup plus légère de l'Union européenne (EUFOR), soutenue par l'OTAN et composée de quelque 600 personnes issues de 18 pays contributeurs (opération Althéa, conduite en application de la résolution 2 183 du 11 novembre 2014 du Conseil de sécurité sous chapitre VII), visant à garantir la stabilité de la région.

Aujourd'hui, la communauté internationale (ONU, OSCE et Union européenne) souhaite renforcer l'unité institutionnelle de la Bosnie-Herzégovine et passer à une seconde étape qui permettrait de poursuivre la réunification de ce pays, non plus sur des bases ethniques ou religieuses, mais sur un modèle plus démocratique. Toutefois, l'orientation nationaliste des principaux partis du pays rend cette transition difficile et ne permet pas en conséquence de mettre rapidement fin à la tutelle internationale.

En février 2016, la Bosnie-Herzégovine a présenté sa candidature à l'adhésion à l'Union européenne. Bien qu'elle reste encore loin de respecter tous les critères pour atteindre cet objectif (voy. n° 513), l'UE lui a officiellement octroyé le statut de candidat en 2022.

2. L'évolution de la Serbie et les indépendances du Monténégro et du Kosovo

602 Au Kosovo, la résolution 1 244 de 1999 n'avait pas résolu la question de l'indépendance de ce territoire (voy. n° 469). Des négociations sur le statut final de la province commencent en février 2006, à l'initiative de l'envoyé spécial des Nations Unies pour le Kosovo, l'ancien président finlandais Martti Ahtisaari. Ce dernier, s'il conclut que l'indépendance est « la seule option viable pour un Kosovo politiquement stable et économiquement viable », propose cependant que « l'exercice de l'indépendance du Kosovo et la réalisation de ses obligations », notamment en matière de protection des minorités serbes, soient « supervisés et soutenus durant une période initiale par une présence internationale civile et militaire ».

Aucun accord n'étant trouvé avec Belgrade, le Parlement du Kosovo proclame unilatéralement l'indépendance de la province vis-à-vis de la Serbie le 17 février 2008. Quatre mois plus tard, le Kosovo se dote d'une Constitution, qui définit le nouvel État comme une république parlementaire laïque et neutre dont les langues officielles sont l'albanais et le serbe et qui garantit les droits des minorités ainsi qu'un haut degré d'autonomie dans les régions où les Serbes sont majoritaires.

Après la déclaration d'indépendance du Kosovo, l'Alliance atlantique, dont la majorité des membres reconnaissaient le nouvel État, décide de maintenir la KFOR au Kosovo, en vertu de la résolution 1244 du Conseil de sécurité des Nations Unies. L'Union européenne, pour sa part, décide, dans le cadre de sa mission Eulex, de déployer au Kosovo de nombreux policiers, juristes et douaniers afin de remédier aux insuffisances de l'État de droit sur le territoire. Cette mission doit, dans de nombreux domaines, prendre la relève de la mission de l'ONU (MINUK) qui administre le Kosovo depuis 1999. La MINUK est cependant maintenue pour une période indéterminée en raison de l'absence de consensus international sur le statut du Kosovo.

Sollicitée, la Cour internationale de justice rend, le 22 juillet 2010, un avis consultatif sur la conformité de la déclaration unilatérale d'indépendance du Kosovo avec le droit international. Les juges estiment alors que cette déclaration ne constitue pas, en elle-même, une violation du droit international (voy. n° 178) mais ils ne se prononcent pas sur la validité ou les effets juridiques de la reconnaissance du Kosovo comme État indépendant par certains États. Depuis 2016, le Kosovo bénéficie d'un accord de stabilisation et d'association avec l'Union européenne, malgré le fait que 5 pays de l'Union ne le reconnaissent pas.

Sur le territoire de la Serbie, le président Slobodan Milosevic est renversé par un mouvement populaire le 5 octobre 2000, après avoir tenté de faire annuler par la Cour constitutionnelle les élections présidentielles du 24 septembre qui le donnaient battu face à Vojislav Kostunica, leader de l'opposition démocratique. Le nouveau pouvoir accepte, sous pression occidentale, le transfert de Milosevic devant le Tribunal pénal international pour l'ex-Yougoslavie (voy. n° 237), mais Milosevic meurt en prison avant la fin de son procès, le 11 mars 2006.

L'union entre la Serbie et le Monténégro prend fin le 21 mai 2006, après que les électeurs monténégrins ont approuvé la sécession par référendum. Après cette consultation, le Parlement monténégrin proclame le 3 juin 2006 l'indépendance du pays (voy. n° 165). En 2010, soit deux ans après avoir déposé sa candidature à l'Union européenne, il obtient le statut de candidat officiel.

Les différents scrutins organisés depuis la chute de Slobodan Milosevic montrent que la Serbie reste divisée entre les partisans d'une ouverture à l'Union européenne et les nationalistes. Si le pays s'est vu reconnaître officiellement en 2012 le statut de candidat à l'Union européenne, dans le même temps, il reste proche de la Russie. Malgré la persistance de certains litiges, notamment avec la Croatie, il entretient de bonnes relations avec ses voisins. Pour ce qui est du Kosovo, la Serbie n'a pas reconnu son indépendance, mais elle a conclu avec ce dernier, le 19 avril 2013, un accord visant à normaliser leurs relations et à préciser le statut de la minorité serbe du Kosovo. Cet accord n'a cependant eu que peu d'effets à ce jour, notamment en ce qui concerne le fonctionnement de la justice au Kosovo et la création d'une communauté des communes à majorité serbe.

3. La crise géorgienne d'août 2008

603 La crise géorgienne qui éclate en août 2008 met au jour les désaccords qui opposent la Russie et les Occidentaux au sujet des conditions politiques de la sécurité européenne.

Cette crise démarre avec la décision du président géorgien Mikheïl Saakachvili de lancer une opération militaire contre la capitale sud-ossète, Tskhinvali, dans la nuit du 7 au 8 août 2008. L'armée russe réagit violemment, tant en Ossétie du Sud qu'en Abkhazie et dans de larges zones au-delà des limites administratives de ces deux territoires. Les forces russes écrasent celles de la Géorgie, poursuivant les unités qui se retirent, détruisant un maximum d'équipements lourds et ciblant intentionnellement toutes les installations et bases militaires, y compris celles qui ne sont pas impliquées dans le conflit. Cette riposte est immédiatement jugée « disproportionnée » par l'OTAN et l'Union européenne.

Une médiation de la présidence française de l'Union européenne permet d'obtenir une cessation des hostilités et la signature de deux accords entre la Russie et la Géorgie les 12 août et 8 septembre 2008. Les forces russes se retirent en deçà des frontières d'Ossétie du Sud et d'Abkhazie, tout en conservant une présence sur ces deux territoires, dont elle reconnaît l'indépendance le 26 août 2008, en violation de l'intégrité territoriale de la Géorgie.

Entamées dès 2008, des discussions coprésidées par l'ONU, l'OSCE et l'Union européenne entre toutes les parties (y compris des représentants des autorités *de facto* abkhaze et sud-ossète) ne débouchent cependant sur aucun résultat concret tant les positions sont éloignées.

Près de quinze ans après la guerre de 2008, la situation reste compliquée : début 2023, la Géorgie est dirigée par une Présidente pro-européenne, dotée de peu de pouvoirs par la Constitution, et par un Premier ministre proche du Kremlin.

E 27 **La reprise des tensions Arménie-Azerbaïdjan**

À l'automne 2020, l'Azerbaïdjan cherche à reconquérir le Haut-Karabakh, une région peuplée principalement d'Arméniens et sécessionniste depuis la fin de la Guerre froide (voy. n° 452). Soutenue par la Turquie, l'offensive azérie, commencée le 27 septembre 2020, se poursuit jusqu'à la victoire territoriale de l'Azerbaïdjan et le retrait des forces arméniennes. À la fin des hostilités, le 10 novembre 2020, un accord entérinant le départ des troupes arméniennes est conclu sous l'égide de la Russie, pourtant principal pays allié de l'Arménie dans la région. Les tensions reprennent en mai 2021, lorsque des soldats azerbaïdjanais pénètrent en territoire arménien. Les affrontements se poursuivent, puis s'aggravent à partir de décembre 2022, quand l'Azerbaïdjan organise un blocus sur la seule route reliant le Haut-Karabakh à l'Arménie, isolant ainsi le petit territoire sécessionniste. Face à cette situation qui s'envenime, la Russie, semblant se désengager de son rôle traditionnel de garant de la sécurité arménienne, s'est posée en médiatrice entre les deux pays en mars 2023.

---

4. Les origines et les conséquences de la guerre en Ukraine

604 La guerre qui éclate en Ukraine en février 2022 puise ses origines dans une histoire longue et complexe.

Du temps de l'Empire tsariste, la nationalité ukrainienne ne bénéficiait d'aucune forme de reconnaissance et la langue ukrainienne était interdite. Après la Première Guerre mondiale, alors que les Alliés partagent l'Ukraine occidentale austro-hongroise (élargie de certains territoires précédemment russes) entre la Pologne, la Tchécoslovaquie et la Roumanie, les bolcheviques parvenus au pouvoir à Moscou à la faveur de la révolution d'octobre 1917 créent une république socialiste soviétique d'Ukraine, dont ils contraignent les dirigeants à conclure le traité créant l'Union soviétique le 30 décembre 1922. Si les républiques constitutives de ce nouvel État se voient formellement accorder une large autonomie, dans les faits, une stricte centralisation est assurée par le parti communiste. En 1932-1933, la population ukrainienne est frappée par une terrible famine (quatre, peut-être six millions de morts), qui a été planifiée par les autorités soviétiques pour prélever sur les campagnes un surplus destiné à financer l'industrialisation, mais a aussi pour finalité de décimer la paysannerie indépendante, généralement favorable au nationalisme ukrainien. De nombreux Ukrainiens voient dans cet épisode un génocide spécifiquement perpétré contre leur peuple (***holodomor***), quand bien même une politique comparable a été pratiquée dans d'autres régions de l'URSS (sud de la Russie, Kazakhstan par exemple).

En 1939, grâce au pacte qu'elle a conclu avec l'Allemagne, l'URSS parvient à mettre la main sur l'Ukraine occidentale et à y imposer son ordre. En 1941, l'Allemagne nazie et ses alliés, rompant avec ce pacte, envahissent l'Union soviétique, dont l'Ukraine, où une division SS ukrainienne est mise sur pied en 1943, tandis que de nombreux Ukrainiens (surtout à l'est) s'engagent dans les rangs des partisans soviétiques. À la fin de la Seconde Guerre mondiale, l'URSS reprend les territoires gagnés grâce au pacte germano-soviétique, où elle réprime violemment la lutte armée que mène contre elle l'Armée insurrectionnelle ukrainienne (UPA) jusqu'en 1947. Alors qu'une nouvelle famine éclate en Ukraine en 1946-1947, les populations polonaises d'Ukraine occidentale sont transférées dans les territoires allemands donnés à la Pologne. En 1954, Khrouchtchev décide par un décret du rattachement de la Crimée à l'Ukraine.

605 Entre août et décembre 1991, l'Ukraine accède à l'indépendance. Cependant, les conditions de la transition économique sont désastreuses : quelques « oligarques » tirent profit des privatisations et la corruption prend des proportions dramatiques.

Un paysage politique bipolaire se constitue progressivement avec, d'un côté, des partis pro-occidentaux et, de l'autre, un parti représentant les intérêts de l'Est, qui a tendance à se tourner vers la Russie mais sans vouloir se subordonner à elle. À chaque élection libre, les partis enclins à garder des liens avec la Russie et les partisans d'une intégration à l'Ouest enregistrent des résultats à peu près équivalents.

Cette division politique est en partie entretenue par une division linguistique : l'usage de l'ukrainien domine largement à l'Ouest et au centre, tandis qu'à l'Est et au Sud, le russe est la langue maternelle d'une part importante et souvent majoritaire de la population. En Crimée, historiquement russe et transférée à l'Ukraine en 1954, le russe est la langue maternelle de près de 80 % de la population (90 % à Sébastopol).

En novembre 2004, à l'issue de l'élection frauduleuse du candidat prorusse Viktor Ianoukovitch, éclate la « révolution orange », qui conduit à l'arrivée au pouvoir, en janvier 2005, de Viktor Iouchtchenko. Dès lors, les relations entre la Russie et l'Ukraine se détériorent, en raison de désaccords sur la démarcation des frontières, sur la question de l'adhésion de l'Ukraine à l'OTAN, à laquelle la Russie est vigoureusement hostile, sur le stationnement de la flotte russe à Sébastopol en Crimée, sur le statut de la langue russe en Ukraine, mais aussi au sujet du gaz naturel russe, une source d'énergie alors essentielle pour l'Ukraine. Si l'élection, en février 2010, dans des conditions régulières et lors d'un scrutin marqué par une forte participation, de Viktor Ianoukovitch, du Parti des régions, permet le règlement de certains contentieux, concernant notamment l'avenir de la base russe de Sébastopol au sud de la Crimée et la fourniture de gaz à l'Ukraine, l'incertitude demeure quant aux orientations de la politique extérieure ukrainienne.

606 Alors qu'en 2009, l'Union européenne a lancé le Partenariat oriental à destination de six anciennes républiques soviétiques, dont l'Ukraine, un an plus tard, le président russe Vladimir Poutine pousse le dirigeant ukrainien, alors prorusse, à faire adhérer son pays à l'union douanière eurasiatique qui vient de voir le jour autour de la Russie, de la Biélorussie et du Kazakhstan. Plus largement, Moscou multiplie les pressions et offres d'aide financière pour détourner l'Ukraine du partenariat européen.

Le refus du Viktor Ianoukovitch de signer l'accord d'association avec l'Union européenne en novembre 2013 déclenche à Kiev une insurrection, violemment réprimée, des Ukrainiens pro-occidentaux (novembre 2013-février 2014). Toutefois, sous la pression de la rue, le Président, craignant sans doute pour sa sécurité personnelle, prend la fuite.

Avec l'appui de forces spéciales russes sans uniforme, des autorités insurrectionnelles organisent alors en Crimée un référendum pour entériner la sécession de la région et son rattachement à la Russie (16 mars 2014). C'est une violation des engagements pris par la Russie quant au respect des frontières de l'Ukraine (mémorandum de Budapest adopté en 1994 par la Russie, les États-Unis et le Royaume-Uni pour garantir l'intégrité du territoire de l'Ukraine en échange de sa renonciation à l'arme nucléaire ; traité d'amitié et de coopération russo-ukrainien de 1997 dans lequel les deux pays reconnaissent mutuellement leurs frontières). Le 17 mars 2014, le Parlement de Crimée déclare la sécession de la Crimée d'avec l'Ukraine, et le 18 est signé un traité de rattachement de la Crimée et de Sébastopol à la Fédération de Russie en tant que nouvelles entités. Le 20, la Chambre des représentants russe, la Douma, approuve l'annexion.

Des mouvements analogues se produisent dans le bassin du Don ou Donbass, à l'est de l'Ukraine, dans les districts de Donetsk et Lougansk, dont l'autonomie est votée par référendum le 11 mai. Alors que la Russie maintient des forces importantes à sa frontière avec l'Ukraine, les autorités ukrainiennes tentent de reconquérir les régions sécessionnistes, mais n'y parviennent que très partiellement. La Russie, tout en s'en défendant officiellement, renforce son appui aux insurgés, les arme et envoie même des combattants à leurs côtés. S'ensuit une nouvelle guerre sur le sol européen, marquée par des violations du droit international humanitaire. Dans ce contexte tendu, un avion de ligne transportant 293 personnes en majorité néerlandaises, dont de nombreux enfants, est abattu au-dessus du territoire rebelle en juillet 2014. Les séparatistes, voire les Russes, sont généralement mis en cause sans qu'aucune preuve ne soit rendue publique, mais une enquête internationale sous l'égide du gouvernement néerlandais conclut à la destruction de l'appareil par un missile sol-air russe lancé à partir des zones tenues par les insurgés.

Sur le reste du territoire ukrainien, la situation se stabilise. Le 25 mai 2014, l'homme d'affaires Petro Porochenko, qui, après avoir été membre du Parti des régions, a soutenu la révolution orange, est élu Président au premier tour des élections. Le 5 septembre 2014, après le net durcissement, deux mois plus tôt, des sanctions prises en mars par les États-Unis et l'Union européenne en réponse à l'annexion de la Crimée (notamment des restrictions sévères de leurs relations économiques avec la Russie), un accord en 12 points prévoyant un cessez-le-feu est signé à Minsk le 5 septembre 2014 entre le groupe de contact de l'OSCE (Russie, Ukraine, présidence suisse de l'OSCE) et les séparatistes. Un mémorandum signé le 19 septembre 2014 prévoit l'instauration d'une zone tampon démilitarisée, dont la surveillance est confiée à une mission d'observation de l'OSCE, ainsi que des élections anticipées dans les régions contrôlées par les séparatistes.

Constatant que le cessez-le-feu n'est pas respecté et que, en janvier 2015, les violences s'intensifient, le président français François Hollande et la chancelière allemande Angela Merkel décident d'impliquer directement leurs pays dans la recherche d'une solution. Une réunion au sommet à quatre (Allemagne, France, Russie, Ukraine), en format dit « de Normandie » (parce qu'organisé la première fois en Normandie, en juin 2014, lors de l'anniversaire du débarquement allié), se tient à Minsk (Biélorussie) les 11 et 12 février 2015 et débouche sur la signature, par le groupe de contact et les séparatistes, d'un « Paquet de mesures pour la mise en œuvre des accords de Minsk », dits « accords de Minsk II », dont les quatre chefs d'État et de gouvernement se portent garants à travers une déclaration conjointe. Cet accord prévoit un cessez-le-feu complet et le retrait des armes lourdes des lignes de contact sous le contrôle de l'OSCE ; il stipule qu'un régime d'autonomie devra être accordé aux régions insurgées du Donbass, que des relations normales devront être rétablies entre ces régions et le reste de l'Ukraine, qu'une assistance humanitaire leur sera apportée, que toutes les forces étrangères devront quitter leur territoire, que les combattants bénéficieront d'une amnistie et que les autorités ukrainiennes retrouveront le plein contrôle de leurs frontières ; enfin, une réforme constitutionnelle doit doter l'Ukraine d'une structure décentralisée.

Cependant, le bilan humain de ce conflit de l'est de l'Ukraine est désastreux. Les destructions sont considérables. Les populations civiles sont durement frappées : on déplore des milliers de victimes militaires et civiles et de très nombreux blessés ; des centaines de milliers de personnes ont dû fuir vers la Russie. Le gouvernement ukrainien ne paie plus de retraites ni de prestations sociales, par refus d'entretenir le moindre contact avec les autorités locales de fait. Les médicaments manquent. Les communications avec le reste du pays sont coupées et ne sont pas bien meilleures avec la Russie voisine.

À partir de 2015, une guerre de tranchées se met en place dans le Donbass. Des violations régulières du cessez-le-feu sont constatées et les autorités ukrainiennes semblent peu disposées à mettre en œuvre les dispositions relatives à l'autonomie du Donbass, qui conditionnent pourtant, aux termes des accords, le rétablissement de leur contrôle sur la frontière avec la Russie. De leur côté, les États-Unis ne paraissent pas très engagés dans la bonne application des accords de Minsk. Cette situation bloquée, des incidents militaires, en particulier en mer d'Azov, et un bilan économique et social décevant (notamment en ce qui concerne la lutte contre la corruption) conduisent les Ukrainiens à ne pas renouveler Petro Porochenko en avril 2019, mais à élire président un acteur et humoriste, Volodymyr Zelensky.

607 **En février 2022, le gouvernement russe reconnaît l'indépendance des républiques autoproclamées de Lougansk et Donetsk. Le 24 février, après une longue préparation militaire, observée et dénoncée par les services du renseignement anglo-saxons, la Russie lance une invasion de l'Ukraine** sur trois fronts, sud à partir de la Crimée, est à partir des républiques autoproclamées et nord depuis la Biélorussie alliée, sur laquelle sont stationnées ses troupes.

L'armée russe prend le contrôle des airs en grande partie mais se heurte à une résistance courageuse de l'armée ukrainienne, des défenses territoriales et de simples citoyens, y compris dans les zones occupées. Assiégée et défendue pendant près de trois mois, la ville de Marioupol devient de symbole de cette résistance farouche, ainsi que de la brutalité des bombardements destinés à terroriser les civils. Malgré l'effet de surprise et sa supériorité militaire, l'armée russe est tenue en échec au Nord, notamment autour de Kiev et de Kharkiv. Début avril, elle se retire des environs de Kiev, laissant un champ dévasté et des civils traumatisés par de nombreux pillages, exactions et crimes de guerre, notamment des exécutions arbitraires dans la région de Boutcha. L'armée russe se redéploie sur le Donbass et y progresse en bombardant sans répit les villes défendues par l'armée ukrainienne à partir de début mai 2022. Le 5 octobre, à la suite de référendums, le président russe V. Poutine signe la loi de rattachement des régions ukrainiennes de Donetsk, Louhansk, Zaporijjia et Kherson à la Russie, entérinant l'annexion de territoires que l'armée russe ne contrôle que partiellement.

Cette guerre, qui repose, d'une part, sur des moyens cinétiques conventionnels en violation complète des principes fondateurs de l'ONU et du droit international humanitaire, et, d'autre part, sur des attaques informationnelles et cyber, bouleverse profondément la géopolitique européenne et mondiale. En quelques semaines, des millions d'Ukrainiens ont fui les combats et les bombardements, provoquant la plus grande crise de réfugiés en Europe depuis la Seconde Guerre mondiale. Au-delà de l'aide apportée à ses réfugiés, l'Ukraine bénéficie d'un énorme soutien financier, qui se chiffre en dizaines de milliards de dollars, mais aussi d'une aide militaire et humanitaire considérable, en provenance notamment des États-Unis et de plusieurs pays de l'Union européenne, qui lui fournissent quantité d'armes. Si, de son côté, la Russie a pu s'approvisionner en armes notamment auprès de l'Iran et est soutenue par la Biélorussie, la Corée du Nord ou encore la Syrie, son attitude est condamnée par une majeure partie des pays du monde (73 % des 193 États membres de l'ONU ont approuvé, le 23 février 2023, une résolution exigeant qu'elle retire « immédiatement, complètement et sans condition toutes ses forces militaires du territoire ukrainien ») et son président Vladimir Poutine fait l'objet d'un mandat d'arrêt émis par la CPI. Alors qu'une trentaine de pays du Sud, dont notamment la Chine et l'Inde, ne prennent pas position sur le conflit, en choisissant de s'abstenir lors des votes à l'ONU, les pays occidentaux, en particulier le Canada, les États-Unis et l'Union européenne, ont adopté des sanctions contre Moscou. Les pays de l'UE travaillent en outre à réduire leur dépendance énergétique vis-à-vis de la Russie, laquelle cherche à compenser la perte du marché européen en se tournant en particulier vers la Chine (avec laquelle un accord a été conclu en mars 2023 au sujet du gazoduc Force de Sibérie 2) et l'Inde (devenue en 2022 le premier importateur de pétrole russe). Enfin, dans ce contexte de guerre de haute intensité, on assiste à un renforcement des budgets défense de nombreux pays, en particulier en Europe, tandis que l'OTAN, à laquelle la Finlande et la Suède, des pays de tradition neutre, se sont portées candidates (la Finlande en est devenue membre en avril 2023) (voy. n° 611), réémerge comme un acteur de sécurité de premier plan (voy. n° 614).

SECTION III

Les fragmentations de la gouvernance internationale

§ 1. Des organisations de sécurité en tensions

608 Les crises endémiques qui sévissent en Afrique, au Moyen-Orient et en Europe sont des signes de la difficulté à s'accorder en matière de sécurité internationale. L'ONU, organisation universelle par excellence, est fragilisée par ses lenteurs administratives et son manque de réactivité, lié notamment, d'une part, au système de veto au sein d'un Conseil de sécurité peu représentatif (voy. n° 251), et de l'autre aux luttes de pouvoir et aux batailles rhétoriques qui se déroulent à l'Assemblée générale. Cette insuffisance lui vaut d'être souvent critiquée, notamment par les grandes puissances, pour son incapacité à agir, comme cela s'est manifesté notamment lors de la crise de Somalie, du génocide au Rwanda (voy. n°s 278 et s.) ou encore de la guerre du Darfour, mais aussi avec les médiations infructueuses en Syrie, au Yémen ou, plus récemment, à propos de la gestion des pandémies internationales. La polémique lancée par le président américain Donald Trump au printemps 2020 contre l'Organisation mondiale de la santé (OMS), qu'il a accusée de complaisance envers la gestion chinoise de l'épidémie de Covid-19, en est un exemple frappant.

Depuis trois ans, le budget ordinaire de l'ONU stagne à un peu plus de 3 milliards (3,4 milliards pour 2023), alors qu'il était de 5,8 milliards de dollars pour la période 2018-2019. Le budget dévolu aux opérations de maintien de la paix a également baissé ces dernières années, passant de 7,5 milliards en 2017-2018 à un peu plus de 6,3 milliards pour la période 2021-2022.

Plus profondément, c'est l'universalité et le multilatéralisme incarnés par l'ONU qui sont menacés. Les initiatives de Koffi Annan sur la responsabilité de protéger (R2P) en 2001 et 2005 ou sur la prévention des conflits en 2004 et 2005 ont fait long feu (voy. n°s 134 et 282) et même son secrétaire général, Antonio Guterrez, ou ses médiateurs les plus prestigieux comme Lakhdar Brahimi ou Staffan de Mistura peinent à être crédibles. Concernant l'Ukraine, les décisions de l'Organisation paraissent sans effet, qu'il s'agisse du vote de résolutions condamnant fermement l'attitude russe, de l'établissement, à la demande du Conseil des droits de l'homme, d'une commission d'enquête internationale indépendante ou encore de l'exigence faite à la Russie, par la Cour internationale de justice le 16 mars 2022, d'arrêter les combats à titre conservatoire.

Au-delà de l'ONU, les organisations de sécurité régionales telles l'OSCE et l'OTAN paraissent également embourbées par les tensions entre leurs membres.

A) L'OSCE et les impasses du désarmement

609 Plus qu'une institution opérationnelle, l'OSCE est d'abord un forum destiné à renforcer la sécurité en Europe grâce à la coopération entre ses cinquante-sept membres, que sont l'ensemble des États du continent européen, les États-Unis et le Canada. Se présentant comme une entité facilitatrice des modes pacifiques de résolution des conflits sur le continent européen, elle a la capacité, en tant qu'organisation régionale au sens du chapitre VIII de la Charte, de déployer des missions de maintien de la paix des Nations Unies sur mandat du Conseil de sécurité. Cependant, la lourdeur de son fonctionnement et les contraintes du consensus limitent considérablement ses possibilités d'action, en particulier depuis une quinzaine d'années, la Russie entravant régulièrement son travail.

L'absence de confiance entre la Russie et les Occidentaux et leurs désaccords sur l'application du traité sur les Forces armées conventionnelles en Europe retirent beaucoup de leur portée pratique aux activités de l'OSCE (voy. n° 520). Les mécanismes de consultation prévus par le Document de Vienne n'ont en particulier pas pu fonctionner lors des crises ukrainiennes. La restauration de la confiance est donc une priorité de l'OSCE, qui a organisé à cet effet en mai 2017 un dialogue sur les doctrines militaires et les perceptions des menaces.

Son action dans l'ex-Yougoslavie a montré les limites du consensus requis pour toutes ses décisions de fond. Dans le conflit du Haut-Karabakh (voy. n° 452) opposant l'Arménie et l'Azerbaïdjan, les négociations de paix engagées sous son égide n'ont jamais permis de dégager de solution. Dans le conflit de Transnistrie également, l'OSCE s'est bornée à faciliter les négociations entre le gouvernement moldave et les sécessionnistes, en exerçant une fonction de médiation conjointement avec l'Ukraine et la Russie, en présence de l'Union européenne et des États-Unis devenus observateurs en 2005. Enfin, l'OSCE a été impuissante à empêcher le conflit russo-géorgien d'août 2008 autour du statut de l'Abkhazie et de l'Ossétie du Sud (voy. n° 603). Elle n'est désormais plus présente sur le terrain.

L'OSCE paraît également paralysée face à la crise ukrainienne (voy. n°s 604 et s.), malgré les tentatives de médiation entreprises, avec notamment une participation active de l'Allemagne puis de la France. Dès l'annexion de la Crimée, elle a créé une mission d'observation en Ukraine, en particulier dans l'est du pays, qui a été active jusqu'en mars 2022, malgré des conditions d'intervention difficiles, comme en témoignent le décès en mars 2017 d'un observateur tué par une mine dans la région séparatiste de Lougansk et la condamnation de deux de ses employés à plus de dix ans de prison pour haute trahison en lien avec leurs activités. Un groupe trilatéral de contact Ukraine-Russie-OSCE, avec la participation des forces séparatistes, établi en

2014, a fourni un cadre de négociations, notamment au début de la guerre, en février 2022, mais sans donner de résultat. L'OSCE a en outre tenté d'organiser un « dialogue national » ou table ronde pour restaurer la confiance entre les différentes composantes de la société ukrainienne (en particulier de langues ukrainienne et russe), mais là non plus, sans résultats tangibles. Elle a par ailleurs publié en septembre 2022 un rapport sur les pratiques juridiques et administratives de la Russie. Cependant, freinées notamment par la Russie, les actions de l'OSCE ne constituent en définitive que des médiations, qui ne peuvent réussir que si les parties concernées acceptent de parvenir à un accord. Cela étant, l'organisation se distingue de nombreuses autres organisations en cela qu'elle reste **l'un des rares forums européens dont la Russie n'a pas été exclue dans le contexte de la guerre en Ukraine**.

B) L'OTAN : expansion et gestion de crises

610 En 2002, en offrant à la Russie la possibilité d'entrer de plain-pied dans le concert euro-atlantique, les Occidentaux espèrent pouvoir élargir l'OTAN plus facilement à certains pays de l'ancien bloc soviétique (voy. n° 527). Mais l'élargissement progressif apporte aussi son lot de tensions.

1. L'OTAN regarde à l'Est et au Nord

611 Le 29 mars 2004, sept nouveaux pays d'Europe orientale et centrale (Bulgarie, Estonie, Lettonie, Lituanie, Roumanie, Slovaquie, Slovénie) deviennent officiellement membres de l'OTAN. En mars 2008, les ministres des Affaires étrangères de l'Alliance atlantique avalisent également les candidatures de l'Albanie et de la Croatie, qui adhèrent officiellement à l'Alliance lors du sommet atlantique de Strasbourg-Kehl du 4 avril 2009.

Les candidatures de la Macédoine, de la Géorgie et de l'Ukraine soulèvent quant à elles des difficultés de nature diverse. Pour la Macédoine, le veto de la Grèce, en désaccord sur le nom même de Macédoine qui est aussi celui d'une province grecque, bloque la candidature de sa voisine jusqu'à ce que son ministre des Affaires étrangères et son homologue macédonien conviennent, en juin 2018, du nom de « Macédoine du Nord » pour le pays. Cet accord, approuvé par les parlements de deux pays en janvier 2019 et officiellement entré en vigueur en février 2019, permet au pays d'intégrer l'OTAN en 2020.

Le 3 avril 2008, au sommet atlantique de Bucarest, un compromis est trouvé entre les États-Unis, alors très favorables à l'adhésion rapide de l'Ukraine et de la Géorgie, et les pays européens, qui jusque-là partageaient les réticences de l'Allemagne et de la France à l'égard de ces adhésions en raison des risques de tension avec la Russie. Si la perspective d'une adhésion quasi immédiate est écartée, les chefs d'État et de gouvernement affirment néanmoins dans leur déclaration finale qu'ils ont décidé que l'Ukraine et la Géorgie « deviendraient membres de l'OTAN », sans préciser d'échéance. Cette décision n'est pas sans impact sur la crise géorgienne (voy. n° 603). Quand, quelques années plus tard, lors de leur réunion de juin 2014, les ministres des Affaires étrangères de l'OTAN affirment de nouveau l'ouverture de « la porte de l'Alliance [...] à de nouveaux membres », les relations des Occidentaux avec la Russie se détériorent et les divisions à propos de l'Ukraine s'accentuent.

C'est également en application de ce principe de « porte ouverte » que le Monténégro est invité le 2 décembre 2015 à engager un processus d'adhésion à l'Alliance. La candidature de la Bosnie-Herzégovine est également officiellement prise en considération puisque ce pays a été invité, comme la Macédoine et le Monténégro, à participer à un plan d'action pour l'adhésion, malgré l'opposition des Serbes du pays. En application de ce principe de « porte ouverte », le Monténégro adhère à l'Alliance le 5 juin 2017.

L'éclatement de la guerre en Ukraine suscite de nouvelles candidatures en Europe du Nord. La Finlande, qui partage 1 340 km de frontières avec la Russie, ne voit plus dans sa tradition de neutralité, adoptée pendant la Guerre froide et allégée, depuis la fin des années 1990, en posture de non-alliance, une garantie suffisante de sa sécurité et se porte candidate à l'adhésion à l'OTAN en mai 2022, en même temps que sa voisine, la Suède, qui abandonne ainsi sa tradition de neutralité pourtant vieille de deux siècles. Si la Finlande parvient assez aisément à entrer dans l'OTAN, le 4 avril 2023, la Suède fait en revanche face à l'obstruction de la Hongrie et de la Turquie, qui tardent à ratifier son adhésion.

2. La France rejoint les structures militaires intégrées de l'OTAN

612 En mars 1966, sous la présidence du général de Gaulle, la France quitte les structures militaires intégrées de l'OTAN (voy. n° 408). Une coopération opérationnelle étroite est toutefois maintenue entre les forces françaises et alliées, notamment en Allemagne, pour les besoins de la défense collective. Cette coopération se développe dans le cadre de la gestion des crises, tout particulièrement en Bosnie-Herzégovine, où l'OTAN a pris la direction des opérations de coercition. En décembre 1995, sous la présidence de Jacques Chirac, la France se rapproche des structures militaires alliées en reprenant notamment son siège au Comité militaire. Tirant les leçons de l'importante participation de la France aux opérations de gestion des crises et de maintien de la paix de l'OTAN, le président Nicolas Sarkozy, soucieux d'une meilleure représentation de la France dans la planification et le commandement de ces opérations, décide de la réintégration de la France dans les structures militaires de l'Alliance à compter de mars 2009. En pratique, cette décision entraîne l'affectation de plusieurs centaines de militaires français dans les états-majors de la structure militaire de l'OTAN et l'attribution à un officier général français du commandement suprême allié chargé de la transformation de l'OTAN (SACT) basé à Norfolk (États-Unis).

3. L'OTAN s'engage sur des terrains extérieurs

613 L'OTAN, initialement instrument de dissuasion et d'endiguement des forces du bloc soviétique en Europe, se projette, à partir du début des années 2000, comme instrument de puissance à l'échelle du globe.

En août 2003, la Force internationale d'assistance à la sécurité (FIAS) en Afghanistan constituée en 2001 sous mandat de l'ONU est placée sous le commandement de l'OTAN (voy. n°s 539 et s.). Initialement chargée d'assurer la stabilité et la sécurité en coordination avec les forces de sécurité nationales afghanes, elle voit son mandat élargi par l'ONU en octobre 2003, tout en restant distincte de la force de lutte contre le terrorisme « Liberté immuable », constituée par les États-Unis avec l'aide de nombreux partenaires après les attentats du 11 septembre 2001. Cependant, malgré des effectifs très nombreux (jusqu'à 130 000 militaires issus d'une cinquantaine de pays), la FIAS ne parvient pas à restaurer la sécurité sur l'ensemble du territoire afghan : elle peine notamment à refouler les mouvements rebelles hors des zones qu'ils contrôlent, en particulier dans le sud du pays. Les dépenses militaires de la coalition et ses pertes en hommes (plusieurs centaines au total) ne cessent de croître alors que les résultats militaires ne s'améliorent pas.

Lors du sommet de Lisbonne de novembre 2010, l'Alliance décide formellement, à la demande des États-Unis, le retrait de ses forces de combat pour la fin de 2014. Dans l'intervalle, les forces nationales afghanes doivent être formées et renforcées pour assurer par elles-mêmes la sécurité du pays. Après le retrait de la FIAS à l'échéance fixée, fin décembre 2014, une nouvelle mission de soutien et d'entraînement au profit des forces afghanes, ***Resolute Support*** (« Soutien résolu »), lancée à l'invitation du gouvernement afghan, est approuvée par la résolution 2 189 du Conseil de sécurité des Nations Unies. Bien qu'elle implique environ 13 000 militaires (dont une moitié d'Américains), il ne s'agit pas d'une mission de combat : son objet est principalement d'aider les forces et les institutions de sécurité afghanes à être en mesure de défendre leur pays et à protéger leur population sur le long terme. Cependant, malgré l'augmentation de ses effectifs en 2017 (16 000 militaires), la situation sécuritaire de l'Afghanistan reste précaire et les Talibans finissent par reprendre le contrôle du pays, ce qui illustre l'échec des Occidentaux (voy. n°s 546 et s.). En février 2020, les États-Unis et les Talibans, qui ont repris le contrôle pays, signent un accord concernant le retrait des forces internationales d'Afghanistan, lequel se déroule entre mai et début septembre 2021 de manière chaotique.

4. La question de la défense collective dans le contexte de la crise ukrainienne

614 Les tensions entre les Occidentaux et la Russie se sont progressivement aggravées depuis que le président Poutine exerce l'essentiel du pouvoir en Russie (président de décembre 1999 à 2008, Premier ministre de 2008 à 2012, à nouveau président depuis 2012).

La politique autoritaire de Poutine, l'absence de coopération de la Russie au sein du Conseil de sécurité ou encore son positionnement au sujet de la défense antimissile (voy. n° 558) suscitent la méfiance des principaux pays occidentaux. Les différends entre la Russie et les Occidentaux s'aggravent à l'occasion de crises, comme lors de la guerre russo-géorgienne d'août 2008, où la riposte russe à l'offensive géorgienne en Ossétie du Sud a été jugée « disproportionnée » par le Conseil atlantique, qui, en août 2018, a souligné que l'OTAN ne pourrait « pas continuer à agir comme si rien ne s'était passé » (voy. n° 598).

Après l'invasion de la Crimée en février 2014, suivie de référendums en Crimée et à Sébastopol approuvant une demande de rattachement à la Russie présentée par les autorités régionales, le Conseil atlantique déclare, le 1er avril 2014, que les États membres de l'OTAN ne reconnaissent pas « la tentative illégale et illégitime d'annexion de la Crimée par la Russie ». Si, depuis l'éclatement de la guerre le 24 février 2022, l'OTAN refuse tout engagement direct en Ukraine, elle apparaît toutefois comme une enceinte clef de la sécurité ouest – et nord – européenne.

5. Les mesures de « réassurance » et le nouveau concept stratégique

615 Dès septembre 2014, lors de leur sommet de *Newport* (pays de Galles), les chefs d'État et de gouvernement alliés condamnent sévèrement le comportement de la Russie : considérant que « les actions agressives de la Russie à l'encontre de l'Ukraine » ont « fondamentalement mis à mal » le projet d'une « Europe libre, entière et en paix » qui avait été à la base de la politique de l'Alliance depuis la fin de la Guerre froide, ils voient dans l'appui de la Russie aux insurgés de l'est de l'Ukraine une « violation de la souveraineté et de l'intégrité territoriale de l'Ukraine », une « infraction grave au droit international » et un « défi majeur pour la sécurité euro-atlantique ». Ils s'engagent à ne pas reconnaître l'annexion de la Crimée par la Russie.

Par ailleurs, dans leur Déclaration sur le lien transatlantique, également adoptée au sommet de *Newport*, les chefs d'État et de gouvernement soulignent que, pour la première fois depuis la fin de la Guerre froide, leurs pays sont confrontés à des crises qui portent atteinte à la sécurité et à la stabilité à l'est et au sud de la zone couverte par l'Alliance : l'annexion de la Crimée et les « actes agressifs » de la Russie à l'est de l'Ukraine, d'une part, la propagation de la violence et de l'extrémisme en Afrique du Nord et au Moyen-Orient, d'autre part.

Dans ce contexte, les Alliés adoptent le plan d'action « Réactivité », qui prévoit de maintenir, dans la partie orientale du territoire de l'Alliance (notamment dans les pays baltes et en Pologne), une présence et une activité constantes, dans les airs, au sol et en mer, sans toutefois remettre en cause les dispositions de l'Acte fondateur OTAN-Russie qui excluent tout déploiement permanent de « forces substantielles de combat » dans ces pays. Par ailleurs, les Alliés décident de créer au sein de la Force de réaction de l'OTAN une brigade de 5 000 hommes susceptible d'être déployée dans un délai de 48 heures (« Fer de lance ») non seulement à l'Est mais aussi au Sud. Après s'être longtemps concentrée sur la gestion des crises, l'Alliance semble ainsi accorder une priorité nouvelle à la défense collective et à l'assistance mutuelle en cas d'agression (art. 5 de son traité fondateur). Lors de son sommet à Varsovie (Pologne) en juillet 2016, l'Organisation décide de renforcer ces mesures dites « de réassurance » en direction des pays d'Europe centrale : elle annonce ainsi le déploiement de quatre unités multinationales de format limité (environ 1 000 hommes) respectivement en Estonie, Lettonie, Lituanie et Pologne.

Par ailleurs, le rôle de l'arme nucléaire, qui passait au second plan dans les documents de l'OTAN de l'après-Guerre froide jusqu'à la revue de la posture de dissuasion et de défense de 2012, est remis en avant à partir du sommet de *Newport*, qui présente le dispositif militaire allié comme une « combinaison appropriée » de capacités nucléaires, conventionnelles et de défense antimissile.

Parallèlement, l'Alliance demande avec insistance à ses membres d'augmenter leur effort de défense pour le rapprocher de la norme de 2 % du PIB (pensions comprises), 20 % de ces ressources devant être consacrées à l'équipement. Malgré la réticence initiale de l'Allemagne, les pays de l'Union européenne s'efforcent de suivre cette recommandation, en particulier depuis le début de la guerre en Ukraine, qui met en évidence la nécessité de renouveler leur équipement militaire.

Enfin, lors du sommet de Madrid des 29 et 30 juin 2022, l'OTAN adopte un nouveau concept stratégique, qui énonce trois tâches fondamentales (la dissuasion et la défense, la prévention et la gestion de crises, la sécurité coopérative) et désigne la Russie comme la menace la plus importante et la plus directe pesant sur la sécurité des alliés.

§ 2. Des structures de régulation financières et économiques en question

616 Dès la fin des années 1990, la crise financière asiatique (voy. E 26) met en évidence les risques de l'intégration financière mondiale et de contagion lors de crises économiques : la spéculation et l'interdépendance financière créent des risques systémiques à l'échelle de la planète. On l'observe de nouveau en septembre 2008 lors de la faillite de la banque Lehman Brothers, qui déclenche une crise sans précédent depuis 1929.

La mondialisation économique et financière nécessite donc, pour conjurer ces risques, une gouvernance mondiale. Si cette gouvernance peut être informelle, comme les rencontres du G7/G8 ou du G20, elle reste surtout institutionnelle, dans le cadre des grandes organisations commerciales et financières internationales que sont l'Organisation mondiale du commerce (OMC), le Fonds monétaire international (FMI) et la Banque mondiale.

A) Les G7/G8 et G20, des enceintes informelles pour plus de réactivité

617 À partir de 2009, en raison de la crise économique et financière, les rôles des G7/G8 et du G20 se renforcent.

Créé à l'initiative de la France en 1975 pour faire face au premier choc pétrolier, le G7/G8 est un groupe de pays industrialisés qui se réunit une fois par an au niveau des chefs d'État et de gouvernement. Composé de six membres à sa création en 1975 (Allemagne, États-Unis, France, Italie, Japon et Royaume-Uni), puis de sept avec l'entrée du Canada en 1976, le groupe est devenu le G8 avec l'intégration progressive de la Russie à partir de 1998. Cette dernière a cependant été exclue du groupe en 2014, en rétorsion de son comportement à l'égard de l'Ukraine. L'Union européenne (alors la CEE) est associée au Groupe depuis 1977, avec un statut d'observateur.

Le G7/G8 est présidé à tour de rôle pour une année, du 1er janvier au 31 décembre, par chacun des membres dans l'ordre suivant : France, États-Unis, Royaume-Uni, Russie, Allemagne, Japon, Italie et Canada. Pour 2023, la présidence du G7 revient au Japon. Le pays exerçant la présidence accueille le sommet, en amont duquel il organise diverses réunions ministérielles, de hauts fonctionnaires et d'experts.

Dépourvu de la personnalité juridique internationale et ne disposant pas d'un secrétariat permanent, le G7/G8 n'est pas une organisation internationale. Bien qu'il ne prenne pas de mesures à caractère obligatoire, son influence sur les décisions des organisations internationales est toutefois réelle dans la mesure où il permet à des pays qui jouent un rôle majeur au sein de ces organisations de parvenir à des positions communes préalablement à la prise de décision formelle. Les membres du G7/G8 s'efforcent ainsi de dégager des convergences politiques sur les grandes questions touchant à la sécurité internationale, à la régulation de la mondialisation, à la préservation des grands équilibres économiques et à la coopération au développement notamment avec l'Afrique.

Par exemple, lors du sommet de Deauville organisé par la France en avril 2011, les pays du G8 ont lancé un partenariat destiné à apporter un soutien aux transformations politiques et aux réformes économiques dans le monde arabe. Ce partenariat, dit « Partenariat de Deauville », associait les pays du G8 à cinq puissances régionales du Moyen-Orient – Arabie saoudite, Émirats arabes unis, Koweït, Qatar, Turquie – pour accorder une aide financière et technique (70 milliards de dollars en prêts ou aides budgétaires) à 4 pays partenaires arabes – Égypte, Jordanie, Maroc, Tunisie.

Après des années de blocage entre 2018 et 2020, notamment en raison de dissensions profondes entre le président américain Donald Trump et ses alliés tant sur les questions des tarifs douaniers et du libre-échange que sur la position à adopter vis-à-vis de la Russie, exclue depuis 2017, le sommet de 2021, qui se tient en pleine tempête pandémique, permet à Joe Biden de réaffirmer son soutien au multilatéralisme tout en encourageant ses alliés à se montrer fermes avec la Chine.

618 Créé en décembre 1999 en réponse aux crises financières qui frappent alors les pays émergents, le G20 est la réunion annuelle des ministres des Finances et des gouverneurs de banques centrales des pays industrialisés et des pays émergents pour faciliter la concertation internationale en matière économique.

Le G20 comprend l'Afrique du Sud, l'Allemagne, l'Arabie saoudite, l'Argentine, l'Australie, le Brésil, le Canada, la Chine, la Corée du Sud, les États-Unis, la France, l'Inde, l'Indonésie, l'Italie, le Japon, le Mexique, le Royaume-Uni, la Russie, la Turquie et l'Union européenne, des pays qui contribuent globalement pour 85 % au PIB mondial et représentent 2/3 de la population mondiale et 92 % des investissements en recherche et développement. D'autres pays sont invités par la présidence autant que de besoin, l'Espagne bénéficiant d'un statut d'invité permanent.

Comme le G7/G8, le G20 n'est pas une organisation internationale et à ce titre est dépourvu de personnalité juridique internationale et n'a pas de secrétariat permanent. Il est présidé à tour de rôle par un pays membre désigné de manière informelle pour un an. Comme dans le cas du G7/G8, le pays exerçant la présidence du G20 organise et accueille le sommet et tient parallèlement diverses réunions ministérielles, de hauts fonctionnaires et d'experts.

Pour mener à bien ses travaux, le G20 s'appuie sur l'expertise technique de différentes organisations, régulièrement invitées à participer à ses travaux, à l'instar du FMI, de la Banque mondiale, du le Conseil de stabilité financière, de l'OCDE, de l'OIT, de la FAO, de l'OMC et de l'ONU.

Dès le début de la crise économique et financière survenue aux États-Unis à l'été 2007, il apparaît comme un lieu indispensable de concertation, en raison du rôle désormais joué par les pays émergents, en particulier la Chine, dans l'économie mondiale. Aujourd'hui, ses principaux objectifs sont les suivants :

- coordonner les politiques économiques de ses membres en vue de garantir la stabilité économique mondiale et une croissance durable ;

- fournir un cadre de concertation pour l'aide au développement ;
- promouvoir les régulations financières nécessaires pour réduire les risques et prévenir les crises ;
- consolider l'architecture financière internationale.

Si elles n'ont pas de caractère obligatoire, les décisions politiques prises au sein du G20 ont inspiré une grande partie des récentes réformes de la gouvernance économique et financière mondiale, comme l'amélioration de la représentation des pays émergents au sein du FMI ou l'accroissement des ressources de ce dernier pour faire face à la crise de l'endettement public dans plusieurs pays européens. Les récentes mesures internationales de renforcement de la régulation financière et bancaire trouvent également leur origine dans des accords intervenus au sein du G20 : c'est ainsi que le G20 a suscité la création du Conseil de stabilité financière, aujourd'hui association de droit suisse, qui a pour mission de coordonner les standards internationaux de stabilité financière.

B) L'adaptation du FMI et de la Banque mondiale aux évolutions de l'économie mondiale

619 Le FMI, dont les missions, stables depuis vingt ans, consistent à promouvoir la coopération monétaire internationale, à favoriser l'expansion du commerce et de la croissance économique et à décourager les politiques économiques pouvant nuire à la prospérité (voy. n° 529), a procédé à la fin des années 2000 à un réexamen de la répartition des quotes-parts déterminant le poids des votes de ses 189 États membres afin de les ajuster aux évolutions de l'économie mondiale. C'est ainsi qu'en décembre 2010, il est décidé d'augmenter le montant global des quotes-parts et d'en transférer 6 % aux pays émergents et aux pays en développement. Cette réforme, qui réduit la représentation au conseil d'administration des pays d'Europe occidentale de deux sièges, redistribue la hiérarchie des plus grands actionnaires du FMI au profit notamment de la Chine (qui, avec plus de 6 % du capital de l'institution, voit son poids presque doubler), de l'Inde, du Brésil et de la Russie. Depuis 2016, les dix principaux actionnaires du Fonds sont, par ordre d'importance, les États-Unis (17,6 %), le Japon (6,4 %), la Chine (6,3 %), l'Allemagne (5,5 %), la France et le Royaume-Uni (4,5 % chacun), l'Italie (3,1 %), l'Inde (2,74 %), la Russie (2,7 %) et le Brésil (2,3 %). Les États-Unis détiennent un droit de veto sur les décisions les plus importantes, qui doivent être adoptées à une majorité « super-qualifiée » de 85 %.

La Banque mondiale, dont les grandes orientations sont fixées par un Conseil des gouverneurs, composé de représentants des 189 pays membres, et dont la gestion courante incombe à un Conseil des administrateurs de 24 membres (dont cinq sont nommés par les cinq plus grands actionnaires, que sont les États-Unis, le Japon, l'Allemagne, la France et le Royaume-Uni), a mis en place, en 1996, un programme d'allégement de la dette des pays les plus pauvres, puis s'est orientée, à partir de 1999, vers une stratégie davantage tournée vers la réduction de la pauvreté, avec un objectif à l'horizon 2030 que moins de 3 % de la proportion de personnes vivent avec moins de 1,9 dollar par jour. Dans cette perspective, ses efforts s'articulent autour de quatre thèmes stratégiques : cibler les populations pauvres et vulnérables ; renforcer les perspectives de croissance, en particulier dans l'agriculture et les infrastructures ; promouvoir une action collective mondiale en matière de climat, de sécurité alimentaire, d'énergie, d'eau et de santé ; renforcer la gouvernance et la lutte contre la corruption. La Banque mondiale redistribue chaque année ses bénéfices, en particulier aux pays les plus pauvres, dans le cadre de l'aide qu'elle apporte, conjointement avec le FMI, aux Pays pauvres très endettés (PPTE). Pour financer ses projets, la Banque mondiale s'appuie sur des ressources qui proviennent pour l'essentiel d'emprunts sur les marchés financiers et des souscriptions (quotes-parts) de ses 189 États membres, lesquelles déterminent, comme au FMI, leurs droits de vote. Une réforme de la gouvernance a permis d'assurer une représentation plus équitable des pays en développement et en transition, qui se sont vu attribuer 47,19 % des droits de vote à la BIRD.

Au sein de la Banque mondiale, la Banque internationale pour la reconstruction et le développement (BIRD), qui mutualise les ressources des pays membres, emprunte à faible coût – du fait de son assise financière et de la qualité de sa notation – et reporte sur les pays auxquels elle accorde ses prêts les conditions favorables dont elle bénéficie. Elle consent des prêts notamment aux pays à revenu intermédiaire ou aux pays à faible revenu jouissant d'une bonne cote de crédit. Elle fournit également des garanties ainsi que des produits de gestion des risques et de conseil.

Organisme de la Banque mondiale spécialisé dans les financements concessionnels aux pays les plus pauvres, l'Association internationale de développement (IDA), qui est principalement financée par les contributions des pays bailleurs d'aide publique au développement (pays développés et pays à revenu intermédiaire partenaires), a lancé en décembre 2021 un plan de relance post-Covid de 93 milliards de dollars, le plus important depuis sa création.

Une pratique constante veut que le président de la Banque mondiale soit un Américain et le Directeur général du FMI un Européen. Cette pratique, bien que très contestée par beaucoup de pays en développement ou émergents, est toujours en vigueur.

C) L'OMC contestée ?

620 Lancée en 1995, l'OMC, qui compte depuis 2016 164 États membres représentant 98 % du commerce mondial, joue un rôle considérable dans la création d'un système commercial efficace, en favorisant les procédures multilatérales. Depuis plus de vingt ans, elle déploie des politiques d'encouragement au libre-échange et d'arbitrage des différends.

De nouveaux secteurs ont fait l'objet de négociations commerciales dans ce cadre, comme les échanges agricoles, le commerce des services ou la propriété intellectuelle. S'agissant de la propriété intellectuelle, l'OMC s'efforce d'améliorer les conditions de lutte contre la contrefaçon ou l'exploitation irrégulière des brevets pratiquées par certains pays émergents. En ce qui concerne les services, l'OMC renvoie à un accord-cadre qui prévoit notamment la notion de « traitement national », un État devant octroyer au ressortissant d'un autre État « un traitement non moins favorable à celui qu'il accorderait à ses propres services ou fournisseurs de services ». En revanche, après l'échec du Cycle du Millénaire et les projets arrêtés lors du Cycle de Doha, la conférence ministérielle de

Hong Kong (décembre 2005) s'est soldée par un accord minimal sur les subventions agricoles aux exportations. Si l'Union européenne, qui verse 90 % de ce type d'aide, a obtenu que cet accord soit conditionné à un démantèlement progressif des formes de *dumping* (aide alimentaire et crédit à l'exportation) que pratiquent des pays comme les États-Unis, l'Australie ou le Canada, plusieurs grands dossiers n'ont pas été traités (accès aux marchés agricoles, baisse des droits de douane industriels et libéralisation des services). La conférence ministérielle de Bali de décembre 2013 a toutefois abouti à un accord limité sur l'allègement des procédures de passage aux frontières des marchandises et, à Nairobi, en décembre 2015, a été pris l'engagement de supprimer les subventions à l'exportation de produits agricoles. Malgré tout, l'incapacité des membres de l'OMC à parvenir à un accord à la réunion ministérielle de Buenos Aires de décembre 2017, combinée aux orientations protectionnistes de l'administration américaine, depuis Donald Trump, ne laisse plus attendre de progrès à court terme sur ce dossier.

Au contraire, les mesures protectionnistes prises ou annoncées par l'administration de Donald Trump (notamment tarifs douaniers supplémentaires de 25 % et de 10 % sur les importations d'acier et d'aluminium en provenance d'un grand nombre de pays dont ceux de l'Union européenne et tarifs douaniers supplémentaires de 25 % sur plus de 1 300 biens importés de Chine) ont eu pour conséquence de provoquer un enchaînement de contre-mesures de la part des pays visés. De plus, elles ont donné lieu à de multiples procédures. Le mécanisme de règlement des différends, très utile depuis sa création en 1995, a déjà examiné plus de 520 différends (à présent une trentaine par an). La majorité concerne les États-Unis, l'Union européenne, le Canada, le Japon, mais aussi la Chine, l'Argentine ou l'Inde. Or, avec un nombre croissant de plaintes déposées par les États-Unis contre la Chine, par exemple sur la question des droits de propriété intellectuelle, l'accès au marché de certains produits américains ou les restrictions à l'exportation de terres rares et avec les guerres commerciales de ces dernières années, le mécanisme lui-même menace de se gripper. Le risque de paralysie est d'autant plus grand que, depuis plusieurs années, les États-Unis bloquent le renouvellement des sièges de l'organe d'appel de l'OMC, dont la fonction est de statuer en cas de désaccord d'une partie avec les décisions de règlement des différends prises en première instance par les groupes d'experts. C'est donc la légitimité et l'avenir des mécanismes de règlement des différends de l'OMC qui sont en jeu dans cette épreuve de force entre les États-Unis et leurs partenaires commerciaux. Les enjeux financiers sont énormes et il n'est pas sûr que la nouvelle donne géopolitique depuis l'invasion de l'Ukraine ne débloque ces situations, même entre Occidentaux.

D) La multiplication des accords régionaux de libre-échange et leur contestation

621 Dans un contexte de blocage des négociations du Cycle de Doha, nombre de pays jugent nécessaire de poursuivre la libéralisation commerciale avec leurs principaux partenaires dans le cadre d'accords régionaux de libre-échange (ALE). Au 7 avril 2015, plus de 600 accords commerciaux régionaux, dont

plus de 400 en vigueur, avaient été notifiés à l'OMC. Il existe donc un risque de contournement de l'OMC par un réseau d'accords de libre-échange entraînant une régionalisation du commerce mondial.

L'Union européenne a engagé de nombreuses négociations d'ALE avec l'Asie (Corée, Inde, pays de l'ASEAN), l'Amérique du Sud (MERCOSUR, Pérou/Colombie), l'Amérique centrale, le Moyen-Orient (Conseil de coopération du Golfe). Avec les différentes régions d'Afrique, elle s'est engagée dans la négociation d'accords de partenariat économique (APE), qui comportent un volet de libéralisation complété par un volet d'aide au développement et qui peuvent prévoir une asymétrie des concessions en faveur des partenaires africains ainsi que des mécanismes d'assistance technique et d'incitation à l'intégration régionale. Avec les pays de son voisinage sud (pays de la rive sud de la Méditerranée) et est (Ukraine, Moldavie, Caucase), l'UE a engagé un processus de négociations d'ALE de portée plus large encore, puisque l'objectif est à terme une intégration dans un espace économique commun.

L'accord conclu par l'UE avec le Canada en 2016 (*Comprehensive Economic and Trade Agreement* ou CETA) est d'un nouveau type puisqu'il prévoit, au-delà de la seule réduction des droits de douane, une reconnaissance mutuelle des normes et qualifications dans certains domaines, l'ouverture des marchés publics, ainsi qu'un système juridictionnel de protection mutuelle des investissements. L'accord a été approuvé au niveau de l'Union européenne. Il doit encore être ratifié par les États membres où son mécanisme juridictionnel de protection des investissements suscite des critiques : certains opposants européens le jugent en effet attentatoire à la souveraineté des pays destinataires des investissements canadiens, notamment en ce qui concerne la protection de l'environnement ou la santé publique. Dans l'attente de ces ratifications, il a été provisoirement validé par l'Union européenne en septembre 2017 pour ce qui concerne les dispositions qui relèvent de la compétence exclusive de l'Union, ce qui a permis son entrée en vigueur provisoire.

Sous la présidence de Barack Obama, les États-Unis ont accordé une priorité au resserrement de leurs liens commerciaux et financiers avec leurs principaux partenaires économiques et politiques. Dans cette perspective, ils se sont engagés dans la négociation de deux accords de partenariat économique de grande portée, l'un avec des pays de la région Asie-Pacifique, l'autre avec l'Union européenne, et ont conclu en février 2016 avec divers pays des deux rives du Pacifique (Australie, Brunei, Canada, Chili, Japon, Malaisie, Mexique, Nouvelle-Zélande, Pérou, Singapour, Vietnam) un accord de partenariat transpacifique (Trans-Pacific Partnership ou TPP) visant à réduire, voire éliminer les barrières tarifaires et non tarifaires aux échanges entre les signataires. Toutefois, le président Donald Trump, estimant que les politiques commerciales de ses prédécesseurs désavantageaient les États-Unis, a dénoncé cet accord, qui n'a donc pas pu entrer en vigueur. Il a par ailleurs renégocié, de façon bilatérale, divers traités commerciaux, notamment l'Accord de libre-échange nord-américain entre les États-Unis, le Mexique et le Canada (ALENA), remplacé en 2020 par l'Accord États-Unis-Mexique-Canada (AEUMC). Quant au « partenariat transatlantique de commerce et d'investissement » (*Transatlantic Trade and Investment Partnership* ou TTIP, également connu comme *TransAtlantic Free Trade Area* ou TAFTA) négocié à partir de 2013 entre les États-Unis et l'UE en vue d'améliorer l'accès mutuel aux marchés, d'abaisser les barrières au commerce de nature non tarifaire (mesures sanitaires et phytosanitaires, réglementations techniques relatives aux produits), de définir des règles communes dans divers domaines et de mettre en place un mécanisme de résolution des différends entre investisseurs et États, il a suscité de vives résistances tant en Europe que côté américain, de sorte que les négociations ont été suspendues.

En résumé, les acteurs multilatéraux, qu'ils soient universels (l'ONU) ou régionaux (l'OSCE), qu'ils soient acteurs de la sécurité (l'OTAN) ou de l'économie (l'OMC), semblent peiner à s'accorder sur des règles de jeu communes dans un environnement international dégradé peu enclin au multilatéralisme.

SECTION IV
Conclusion : quels pôles de stabilité pour renouveler un ordre international dégradé ?

622 Vingt ans de guerre contre le terrorisme se soldent par des **échecs géostratégiques importants des pays occidentaux**. Leurs troupes ont dû se retirer de pays et de régions très déstabilisées (Afghanistan, Iraq, Mali), où ils ont parfois été **remplacés par des acteurs autoritaires** très influents, tels que la Chine ou la Russie, tandis que **les acteurs terroristes et criminels se redéploient** constamment, élargissant leur emprise. Cela se produit sur fond de libéralisme économique, qui favorise la circulation et la spéculation financières, ainsi que l'explosion des inégalités, qui nourrit la colère de jeunes générations sans espoir de vie décente. Les **institutions de la gouvernance multilatérale, déstructurées** par des années de tensions et de sous-investissement, peinent à réagir, alors que la guerre en Ukraine met en évidence le caractère ouvertement révisionniste du régime et favorise l'émergence de **nouveaux équilibres géopolitiques**.

Les États-Unis ne voulant et pouvant être le seul et ultime garant de l'ordre international, d'autres puissances sont appelées à contribuer davantage à son maintien, notamment les membres permanents du Conseil de sécurité, même si leur capacité d'action réelle ne correspond pas à l'importance du rôle que leur reconnaît formellement la Charte des Nations Unies. La France inscrit son action internationale pour une large part dans l'Union européenne, tout en contribuant activement à l'OTAN, à laquelle, de son côté, le Royaume-Uni, qui s'est recentré sur sa politique intérieure depuis le Brexit, accorde une priorité à l'OTAN, tout en espérant retrouver une forme de « relation spéciale » avec l'allié américain. De son côté, la Chine, qui a axé sa présidence du Conseil de sécurité, en août 2022, sur le maintien de la paix et de la sécurité internationales, a affiché son intention de promouvoir un multilatéralisme à rebours de la « mentalité de la Guerre froide », mais se montre fermée à toute discussion sur le sort de sa minorité ouïgoure ou le statut de Taïwan. Quant à la Russie, bien que reconnue coupable d'avoir violé la Charte de l'ONU en envahissant l'Ukraine, elle a pu, en avril 2023, conformément aux règles de l'institution, assurer la présidence du Conseil de sécurité, où elle conserve un droit de veto.

Dans ce contexte, l'Union européenne peine à s'imposer comme un acteur international. Si elle a été fragilisée par le Brexit et reste traversée par des divisions profondes, notamment du fait des tendances eurosceptiques de certains de ses pays membres, elle révèle malgré tout une capacité à agir collectivement face à des crises majeures, comme l'illustrent le plan de relance européen adopté en juillet 2020 pour faire face au choc économique de la pandémie de Covid-19 ou encore les sanctions prises contre la Russie depuis l'annexion de la Crimée en 2014 et, surtout, le début de la guerre en Ukraine en février 2022.

Le Japon, deuxième contributeur au budget de l'ONU et troisième puissance économique mondiale avec une population d'environ 127 millions d'habitants, cherche à développer ses capacités de défense. Alors que son autonomie stratégique est limitée par sa Constitution (entrée en vigueur en mai 1947), dont l'article 9 contient une renonciation à la guerre « en tant que droit souverain de la nation », elle a décidé en décembre 2022 de réformer en profondeur sa doctrine de défense et d'augmenter considérablement son budget défense (hausse des dépenses militaires de 56 % programmée sur cinq ans, pour atteindre 2 % du PIB en 2027), de manière à pouvoir déployer, outre des « forces d'autodéfense », une force de « contre-attaque ». Cela vient en complément du système de défense antimissile mis en place par les États-Unis avec sa participation dans le cadre du traité de sécurité nippo-américain de septembre 1951 (révisé en janvier 1960), au titre duquel les États-Unis déploient près de 50 000 hommes sur le territoire japonais. Cette révision de la politique de défense japonaise prend place alors que l'environnement de sécurité du pays s'est dégradé, en raison notamment des velléités chinoises dans le Pacifique et d'un sérieux différend territorial avec la Chine concernant la possession des îles Senkaku/Diaoyu en mer de Chine méridionale.

D'autres puissances non européennes, dites « émergentes », sont également appelées à jouer un rôle plus important à l'avenir, comme l'Inde ou le Brésil.

Cette diversification des pôles de puissance s'opère dans un contexte général où l'espace euro-atlantique, englué dans une guerre de haute intensité, semble perdre de son importance stratégique au profit de l'espace pacifique.

§ 1. L'Europe, une intégration grippée depuis les années 2000

623 Malgré une superficie de plus de 4 millions de kilomètres carrés et une population de 447,7 millions d'habitants, l'Union européenne, qui compte 27 États membres depuis le Brexit, n'apparaît pas comme un acteur central des relations internationales. Toutefois, forte d'une monnaie unique, l'euro, adoptée par 20 pays et de politiques communes déterminées, par exemple en matière de protection de la vie privée, elle offre un cadre protecteur à ses citoyens et parvient à jouer un rôle non négligeable à l'échelle régionale.

A) Une intégration politique qui peine à s'approfondir

Dans le contexte de la montée de l'euroscepticisme, l'Union européenne peine à faire avancer l'intégration politique.

1. La Convention sur l'avenir de l'Union européenne et l'échec du projet de traité constitutionnel

624 Si la construction européenne est parvenue à progresser de traité en traité, les mécanismes de décision se sont en revanche considérablement compliqués. Face aux résultats décevants des Traités d'Amsterdam et de Nice, les gouvernements ambitionnent d'établir une Union européenne plus efficace, plus transparente, plus démocratique et donc plus légitime.

Dans cette perspective, le Conseil européen réuni à Laeken (Bruxelles) en décembre 2001 crée une Convention sur l'avenir de l'Union européenne, chargée d'élaborer un nouveau traité, qui approfondisse l'intégration européenne.

a) La Convention sur l'avenir de l'Europe

625 Mise en place le 28 février 2002, la Convention sur l'avenir de l'Union européenne rassemble autour de son président, l'ancien président français Valéry Giscard d'Estaing, des représentants des chefs d'État et de gouvernement des États membres et des pays candidats à l'adhésion, des représentants des parlements nationaux des États membres et des pays candidats, seize représentants du Parlement européen et deux représentants de la Commission européenne. Afin de permettre la plus large participation au débat, la Convention ouvre également un forum aux organisations représentant la société civile.

La mission de cette Convention porte principalement sur les questions suivantes : la délimitation des compétences respectives de l'Union et des États membres, le statut de la Charte des droits fondamentaux proclamée à Nice, la simplification des traités, le rôle des parlements nationaux. Une nouvelle conférence intergouvernementale doit être réunie à l'issue des travaux de la Convention « en vue d'apporter aux traités les changements correspondants ».

Les travaux de la Convention se concluent par l'adoption, le 6 juin 2003, d'un projet de traité destiné à se substituer aux traités existants. D'importantes innovations y sont proposées :

- l'organisation des pouvoirs au sein de l'Union européenne serait régie par un « traité établissant une constitution européenne », dans lequel serait insérée la Charte des droits fondamentaux ;
- le Conseil européen élirait un président pour un mandat de deux ans et demi, renouvelable une fois et son président assurerait la représentation extérieure de l'Union dans le cadre de la PESC ;
- la Commission ne compterait plus que 15 commissaires assistés de commissaires délégués sans droit de vote ;
- la majorité qualifiée au sein du Conseil reposerait désormais sur un principe de double majorité (majorité des États membres réunissant au moins 60 % de la population de l'Union) ;
- un ministre des Affaires étrangères de l'Union européenne, également vice-président de la Commission, serait nommé par le Conseil européen avec l'accord du président de la Commission.
- Cependant, considérant que le « projet de traité constitutionnel » élaboré par la Convention va trop loin dans l'attribution de pouvoirs supranationaux à l'Union européenne, les chefs d'État et de gouvernement décident

qu'il ne constituera qu'une référence pour les travaux d'une conférence intergouvernementale (CIG), convoquée à Rome le 4 octobre 2003 en vue de négocier le nouveau traité.

b) L'abandon du traité établissant une Constitution pour l'Europe

626 Les travaux de la conférence intergouvernementale débouchent le 29 octobre 2004 sur un traité établissant une Constitution pour l'Europe qui reprend, en atténuant la portée, les principales innovations de la Convention. Il doit entrer en vigueur le 1er novembre 2006, à condition d'avoir été ratifié par chaque État membre.

Alors que certains pays choisissent la voie parlementaire pour l'adoption du texte, d'autres optent pour la voie référendaire, à l'instar notamment de la France et des Pays-Bas, où le non l'emporte lors des votes organisés respectivement les 29 mai et 1er juin 2005. Cette situation met un coup d'arrêt brutal au processus de ratification, malgré l'adoption du traité par 18 pays, dont 2 par référendum (l'Espagne et le Luxembourg).

Le rejet, par les Français et les Néerlandais, du traité établissant une Constitution pour l'Europe est essentiellement lié aux griefs que nourrissent alors nombre d'Européens à l'encontre de l'Union européenne : beaucoup d'entre eux ont le sentiment que le passage à l'euro, en 2002, a entraîné une augmentation des prix ; alors que l'Union s'est élargie rapidement aux pays d'Europe centrale et orientale et s'apprête à ouvrir des négociations d'adhésion avec la Turquie, ils se demandent si leur identité ne risque pas de se diluer dans ce grand ensemble, une crainte étayée par les dispositions du traité tendant à renforcer les mécanismes intégrateurs de la construction européenne.

Malgré cet échec, l'Allemagne, qui prend la présidence tournante de l'Union européenne le 1er janvier 2007, souhaite relancer le processus de réforme de l'Union. Il en est de même de la France, dont le président nouvellement élu, Nicolas Sarkozy, est également favorable à l'élaboration d'un nouveau traité reprenant la substance du traité constitutionnel tout en tenant compte des préoccupations exprimées dans les États membres. Ce projet se heurte cependant à de fortes réticences de la part de la Pologne (sur le système de vote à la double majorité) et du Royaume-Uni (sur la Charte des droits fondamentaux et sur les pouvoirs d'un futur chef européen de la diplomatie). Malgré tout, la réforme des traités est relancée au Conseil européen de Bruxelles des 21 et 22 juin 2007. Une nouvelle conférence intergouvernementale est convoquée en juillet 2007, avec pour mission l'élaboration non plus d'un nouveau traité, mais d'un « traité modificatif » des traités existants.

2. Le Traité de Lisbonne

627 Les chefs d'État et de gouvernement de l'Union européenne signent à Lisbonne le 13 décembre 2007 un traité de 7 articles, qui amende (295 amendements) les traités européens existants, le Traité sur l'Union européenne – signé en 1992 à Maastricht, puis modifié par les Traités d'Amsterdam de 1997 et de Nice de 2001 – et le Traité instituant la Communauté européenne – établi par le Traité de Rome de 1957 et modifié par l'Acte unique et les traités suivants –, mais ne les rassemble pas en un texte unique. Le

Traité sur l'Union européenne (TUE), qui comporte 55 articles, conserve sa dénomination, tandis que le traité instituant la Communauté européenne, composé de 358 articles, devient le traité sur le fonctionnement de l'Union européenne (TFUE).

Prenant acte du double non français et néerlandais, les rédacteurs du Traité de Lisbonne ont pris soin de supprimer tout vocabulaire évoquant une démarche constitutionnelle et susceptible d'assimiler l'Union à un État, en renonçant aux termes « loi » ou « ministre », ainsi qu'à la mention des symboles de l'Union (drapeau, devise, hymne...). Toutefois, la personnalité juridique est explicitement reconnue à l'UE, qui peut ainsi conclure des accords internationaux dans tous ses domaines de compétence et adhérer à la Convention européenne de sauvegarde des droits de l'homme du Conseil de l'Europe – ce qu'elle n'a toutefois pas encore réalisé en raison d'obstacles juridiques, après l'avis négatif de la Cour de justice de l'Union le 18 décembre 2014.

Si le Préambule du Traité de Lisbonne fait référence aux « *héritages culturels, religieux et humanistes de l'Europe* », la Charte des droits fondamentaux n'est pas intégrée dans le corps du Traité – qui y fait néanmoins allusion dans l'article 1 –, mais, proclamée le 12 décembre 2007, elle acquiert néanmoins une valeur juridique contraignante pour les États membres – à l'exception de la Pologne et du Royaume-Uni, qui ont obtenu une dérogation (la République tchèque en avait une également mais l'a abandonnée).

Au-delà de cela, le Traité de Lisbonne contribue à renforcer la légitimité et l'efficacité des institutions par :

- l'établissement d'une présidence permanente du Conseil européen, avec l'élection d'un(e) président(e) à la majorité qualifiée renforcée (72 % des membres du Conseil représentant au moins 65 % de la population de l'Union), pour un mandat de deux ans et demi renouvelable une fois ;
- l'élection du président de la Commission par le Parlement européen sur proposition du Conseil européen, afin d'introduire un lien direct entre son profil et le résultat des élections européennes.
- la simplification du processus de décision au Conseil de l'UE ou Conseil des ministres, la majorité qualifiée se définissant comme étant égale à au moins 55 % des membres du Conseil et représentant des États membres réunissant au moins 65 % de la population de l'UE, tandis qu'une minorité de blocage doit inclure au moins quatre membres du Conseil et que le compromis de Ioannina (en référence à une décision de 1994) permet à un groupe d'États proche de cette minorité d'obtenir la poursuite des discussions ;
- la réduction du nombre de commissaires à 2/3 du nombre d'États membres à partir du 1er nombre 2014 ;
- la limitation à 751 du nombre de députés européens (dont le président du Parlement), répartis selon un principe de proportionnalité dégressive par rapport à la population (de 6 à 96 députés par État membre) ;
- le renforcement du rôle des parlements nationaux, à travers un mécanisme de contrôle renforcé du principe de subsidiarité, selon lequel l'Union intervient seulement si les objectifs de l'action envisagée peuvent être mieux atteints au niveau européen ;

- la clarification de la répartition des compétences entre l'Union et les États membres, avec la distinction entre les compétences exclusives de l'Union européenne, les compétences partagées entre l'Union et les États membres, ainsi que les domaines dans lesquels l'Union appuie, coordonne ou complète l'action des États membres ;
- le remplacement de la règle de l'unanimité par celle de la majorité pour la plupart des décisions en matière de coopération judiciaire et policière.

Afin de renforcer la participation citoyenne au sein de l'Union, est créée l'initiative citoyenne, par laquelle des citoyens européens (au moins un million ressortissant d'au minimum un quart des États membres) peuvent inviter la Commission européenne à soumettre une proposition de norme au Parlement européen et au Conseil de l'Union. De plus, en écho aux préoccupations des citoyens, le Traité de Lisbonne fait de la lutte contre le changement climatique l'un des objectifs de sa politique environnementale et prévoit une clause de sortie.

Le Traité de Lisbonne introduit en outre des changements significatifs en matière de politique étrangère et de défense :

- un Haut Représentant de l'Union pour les affaires étrangères et la politique de sécurité, membre du Conseil de l'UE et de la Commission européenne, dont il est l'un des vice-présidents, préside le Conseil des affaires étrangères et conduit la politique étrangère et de sécurité commune de l'UE ;
- un Service européen pour l'action extérieure (SEAE) est chargé de renforcer la cohérence et la visibilité de l'Union européenne sur la scène internationale ;
- une clause de solidarité en cas de catastrophe et une clause de défense mutuelle en cas d'agression armée renforcent la sécurité de l'Union.

Le Traité de Lisbonne contient une clause de sortie, qui confère aux États membres le droit de se retirer de l'Union européenne.

Si le Traité de Lisbonne a de nombreux points communs avec le traité établissant une Constitution pour l'Europe de 2004 (disparition de la structure en piliers, rénovation du cadre institutionnel, reconnaissance explicite de la personnalité juridique de l'UE, nouveaux droits de citoyens), ses rédacteurs ont néanmoins cherché à prendre en compte les critiques formulées vis-à-vis du projet de traité constitutionnel (disparition du vocabulaire équivoque, non-intégration de la Charte des droits fondamentaux, pas de mention de la concurrence libre et non faussée dans les objectifs de l'Union, introduction de la lutte contre le réchauffement climatique). Malgré tout, le Traité de Lisbonne a fait l'objet de nombreuses critiques, notamment en France, où les citoyens ont eu le sentiment qu'on imposait la ratification par voie parlementaire du texte rejeté par voie référendaire.

L'entrée en vigueur du Traité de Lisbonne a été retardée par son rejet lors d'un référendum organisé le 12 juin 2008 en Irlande, seul pays européen à utiliser cette procédure pour la ratification du traité. L'Irlande a, après ce premier référendum, obtenu certaines garanties lors du Conseil européen du 12 décembre 2008 (maintien d'un commissaire irlandais, confirmation du statut de neutralité, assurance que le Traité de Lisbonne ne modifiera pas la politique fiscale de l'Union alors que le pays pratique une fiscalité très favorable aux entreprises pour attirer les investissements étrangers, respect des dispositions de la Constitution irlandaise concernant le droit à la vie, l'éducation et la famille), de sorte que le traité a pu être ratifié à la suite d'un second référendum, le 2 octobre 2009. La décision du président tchèque Vaclav Klaus de conditionner sa signature à l'obtention d'une dérogation à la Charte européenne des droits fondamentaux, de manière à garantir que les populations allemandes de Tchécoslovaquie expulsées en 1945 en vertu des accords de Potsdam (voy. n° 341) ne puissent invoquer un droit à réparation, a également retardé l'entrée en vigueur du traité. Le président tchèque ayant obtenu la dérogation qu'il demandait lors du Conseil européen des 29 et 30 octobre 2009, la dernière ratification a pu intervenir le 3 novembre et le Traité de Lisbonne est entré en vigueur le 1er décembre 2009.

Cependant, le bilan de certaines innovations prévues par le Traité de Lisbonne est parfois décevant. En premier lieu, on constate que les innovations prévues ne sont pas toutes mises en œuvre. Ainsi, à la suite du rejet du traité par les Irlandais lors du référendum de juin 2008, le Conseil européen de décembre 2008 a prévu que le nombre de commissaires reste égal à un par État membre. De la même manière, la désignation du président de la Commission, à l'issue des élections européennes de mai 2019, ne s'est pas faite selon la procédure prévoyant la prise en compte du résultat des élections : bien qu'ayant obtenu le plus grand nombre de sièges, le Parti populaire européen n'a pas pu faire élire son candidat, les chefs d'État et de gouvernement lui ayant préféré une autre chrétienne-démocrate, Ursula von der Leyen, un choix approuvé par le Parlement européen le 16 juillet 2019. La portée de la clause introduisant l'initiative citoyenne européenne paraît en outre limitée : seules neuf initiatives citoyennes sur les 100 présentées entre 2012 et avril 2023 ont rempli l'ensemble des critères fixés par le Traité de Lisbonne et sept d'entre elles ont obtenu une réponse de la Commission, dont des propositions d'actes législatifs concernant trois initiatives.

Cela étant, malgré ces limites, l'Union européenne fonctionne et est parvenue à surmonter le retrait du Royaume-Uni (voy. n° 634). Le Conseil européen est présidé depuis le 1er décembre 2019 par l'ancien Premier ministre belge Charles Michel – dont le mandat a été renouvelé en mars 2022 –, tandis qu'Ursula von der Leyen préside la Commission européenne. Compte tenu du Brexit, le nombre de députés européens a été abaissé à 705 pour 27 États membres. La fonction de Haut Représentant pour les affaires étrangères et la politique de sécurité est exercée depuis décembre 2019 par l'ancien ministre des Affaires étrangères espagnol Josep Borrel, qui s'appuie sur le SEAE, dont plus de la moitié des quelque 4 500 agents sert auprès d'environ 140 délégations dans le monde entier.

B) L'élargissement de l'Union

628 À la suite des élargissements de 2004 et de 2007, qui ont fait l'Union européenne de 15 à 27 États membres (voy. n° 513), des négociations d'adhésion sont entamées avec la Croatie le 3 octobre 2005, après que ce pays s'est engagé à coopérer pleinement avec le Tribunal pénal international pour l'ex-Yougoslavie (voy. n° 237). La Croatie adhère à l'Union le 1er juillet 2013.

Au 30 avril 2023, huit pays sont officiellement reconnus comme candidats à l'adhésion et ont commencé à transposer la législation européenne dans leur droit national : l'Albanie (2014), la Bosnie-Herzégovine (2022), le Monténégro

(2010), la Macédoine du Nord (2005), la Serbie (2012), la Turquie (1999) et, depuis le 23 juin 2022, la Moldavie et l'Ukraine, dont les candidatures, déposées après le début de la guerre en Ukraine, ont été examinées avec une rapidité inédite. Au-delà des candidatures reconnues, les États membres n'ont pris aucune décision quant aux limites géographiques de l'Union.

Les pays candidats à l'adhésion reçoivent une aide de l'Union européenne en vue du développement de leurs politiques agricole et régionale, de l'amélioration de leurs infrastructures, du renforcement de leur sécurité nucléaire, de la réforme de leur système d'administration publique et de la sécurisation de leurs frontières.

Les négociations d'adhésion sont ouvertes avec plusieurs de ces candidats : la Serbie (2014), le Monténégro (juin 2022), l'Albanie et la Macédoine du Nord (juillet 2022). En revanche, les négociations d'adhésion avec la Turquie, qui ont démarré en 2005, sont à l'arrêt depuis 2019, en raison notamment de la question chypriote, de l'évolution autoritaire du régime turc après la répression des auteurs présumés de la tentative de coup d'État de juillet 2016 et de la révision par référendum de la Constitution du pays le 16 avril 2017. Les autres pays candidats sont en attente de la validation, à l'unanimité des États membres, de l'ouverture des négociations d'adhésion les concernant.

La Géorgie et le Kosovo ont déposé leur candidature, mais celles-ci n'ont pas encore été acceptées par les 27 États membres : en juin 2022, les Vingt-Sept ont reconnu à la première la « perspective » de rejoindre un jour l'Union, mais ils attendent d'elle des réformes ; pour ce qui est du second, son indépendance n'est pas reconnue par tous les États membres de l'Union européenne. Au 30 avril 2023, ces deux pays sont donc simplement considérés comme « candidats potentiels ».

Il convient de signaler que l'Islande, qui a été reconnue comme pays candidat par le Conseil européen en juin 2010, a retiré sa candidature le 12 mars 2015.

C) La consolidation de la zone euro

629 La création de la zone euro au début du millénaire consacre des années de négociations et de travail communs (voy. n° 507). Depuis le 1er janvier 2023 et l'entrée de la Croatie, la zone euro compte 20 États (Allemagne, Autriche, Belgique, Croatie, Chypre, Espagne, Estonie, Finlande, France, Grèce, Irlande, Italie, Lettonie, Lituanie, Luxembourg, Malte, Pays-Bas, Portugal, Slovaquie et Slovénie), ce qui représente 346 millions d'habitants sur les 447 millions que compte l'Union européenne au 1er janvier 2021, soit plus que la population des États-Unis et environ 5 % de la population mondiale.

Dans la foulée de la mise en place de la zone euro, l'Union a continué de s'élargir et tenté également d'approfondir la coopération institutionnelle. Cependant, la coopération entre gouvernements s'est progressivement tendue, au fil des défis rencontrés telles les crises de la dette souveraine, des migrants ou celle du Brexit.

Au début des années 2010, les déficits budgétaires se creusent et le niveau de la dette publique s'élève rapidement.

1. La gestion de la crise des dettes souveraines après 2009

630 La crise économique et financière déclenchée aux États-Unis par l'éclatement de la bulle immobilière et la faillite de la banque Lehman Brothers en 2008 a provoqué en Europe une sévère récession qui a fait fortement chuter les recettes fiscales des États. Dans le même temps, les pays européens se sont trouvés contraints d'accorder des aides exceptionnelles à leurs banques menacées de faillite.

C'est dans ce contexte que, le 16 octobre 2009, le gouvernement grec annonce que son déficit budgétaire atteint près de 13 % du PIB. Les agences de notation abaissent alors la note de la dette grecque en dessous du niveau A, ce qui est sans précédent pour un pays de l'Union européenne. En conséquence, la Grèce ne parvient plus à se financer sur les marchés.

Un premier programme d'aide de 110 milliards d'euros accordés en mai 2010 par les pays de la zone euro et le FMI en contrepartie d'un programme d'austérité très rigoureux ne suffit pas à redresser la situation. Les difficultés de financement touchent également l'Irlande, qui a dû sauver son secteur bancaire de la faillite, le Portugal et l'Espagne. L'Italie est fragilisée par son très haut niveau d'endettement public. Des liquidités doivent être impérativement apportées aux pays incapables de se financer sur les marchés, afin d'empêcher leur effondrement économique et leur abandon de l'euro.

Face à ces difficultés, les pays de la zone euro mettent en place, en complément des 250 milliards d'euros de prêts pouvant être sollicités auprès du FMI, deux facilités de prêt pouvant théoriquement mobiliser jusqu'à 500 milliards d'euros. Ils créent le 7 juin 2010, pour une durée de trois ans et à destination en particulier de la Grèce, de l'Irlande et du Portugal, un **Fonds européen de stabilité financière (FESF)**, qui peut lever jusqu'à 440 milliards d'euros sous la forme d'obligations spécifiques garanties, au prorata du poids de leur économie, par les États membres de la zone euro qui en sont actionnaires.

Deux données nouvelles apparaissent alors :

- l'Allemagne, qui devient, en raison de sa stabilité budgétaire et de sa puissance économique, la garante du système, veut avoir la certitude que les pays en difficulté prendront les mesures d'assainissement budgétaire nécessaires pour pouvoir retourner sur les marchés financiers dans des conditions normales ;
- l'Union européenne tend à se diviser entre un noyau de pays utilisant l'euro et en conséquence condamnés à une solidarité forte et une périphérie constituée de pays ayant gardé leur monnaie nationale et donc exclus de fait des décisions relatives à la gestion de la monnaie européenne.

Avec la succession des crises affectant les pays en difficultés financières, il apparaît vite essentiel de ne plus se contenter de porter secours pour une durée limitée aux pays privés de liquidités, mais de se doter des moyens de porter un coup d'arrêt à la contagion de la défiance des marchés qui, de proche en proche, menacent de bouleverser l'ensemble du système bancaire et financier européen et d'entraîner la disparition catastrophique de l'euro.

À cette fin, le Conseil européen des 24 et 25 mars 2011 décide de créer un **Mécanisme européen de stabilité (MES)** chargé de préserver la stabilité financière de la zone euro dans son ensemble et de ses États membres. Ce mécanisme permanent, créé par un traité international conclu par les États membres de la zone euro, est dirigé par un Conseil des gouverneurs composé des ministres des Finances des pays membres de la zone euro et où les droits de vote sont proportionnels à la contribution au capital, ce qui donne à l'Allemagne une influence forte, mais non prépondérante (sa part dans le capital du MES est de 27,15 %). Mis en place en octobre 2012 et prenant le relais du FESF (qui a néanmoins continué à fonctionner jusqu'à l'échéance prévue du 30 juin 2013 pour les programmes d'aide à la Grèce, à l'Irlande et au Portugal), le MES, qui dispose d'une capacité initiale de prêt de 500 milliards d'euros, est autorisé à lever des fonds en émettant des instruments financiers de marché ou en concluant des accords financiers avec ses États membres, des institutions financières et d'autres acteurs.

2. La création d'un dispositif renforcé de discipline budgétaire et d'une union bancaire

631 En contrepartie de la solidarité financière découlant de la création du MES, la chancelière Angela Merkel et son ministre des Finances Wolfgang Schäuble obtiennent la mise en place d'un dispositif juridiquement contraignant de discipline budgétaire afin de minimiser les risques qu'implique cette solidarité, notamment pour l'Allemagne.

Le Royaume-Uni refusant une modification en ce sens du Traité sur l'Union européenne, ce mécanisme prend la forme d'un traité spécifique, **le Traité sur la stabilité, la coordination et la gouvernance (TSCG)**, couramment **appelé « pacte budgétaire européen »**. Signé le 2 mars 2012 par les chefs d'État ou de gouvernement de tous les États membres de l'Union européenne, à l'exception du Royaume-Uni et de la République tchèque, le TSCG entre **en vigueur le 21 décembre 2012**.

Il introduit **une « règle d'or »** qui engage les États parties à maintenir leurs comptes publics en équilibre ou en excédent sur le moyen terme, leur déficit structurel, c'est-à-dire calculé après neutralisation de l'impact de la conjoncture, ne devant pas dépasser 0,5 % du PIB. Cette « règle d'or », qui prévaut sur les lois budgétaires nationales, doit prendre effet dans le droit national des États parties au plus tard un an après l'entrée en vigueur du traité. La transposition de la règle d'équilibre budgétaire peut être vérifiée par la Cour de justice de l'Union européenne, dont l'arrêt sera contraignant et pourra être suivi de sanctions financières allant de 0,2 à 0,5 % du PIB si l'État membre concerné ne s'y conforme pas.

Le traité prévoit également **une coordination et une convergence des politiques économiques** : les États parties sont tenus de communiquer leurs plans nationaux d'émission de dette publique et de s'assurer que les grandes réformes économiques qu'ils envisagent d'entreprendre sont débattues au préalable et, au besoin, coordonnées.

Il apparaît par ailleurs indispensable de protéger les finances des États contre les conséquences d'une menace de faillite d'un de leurs grands établissements bancaires d'importance systémique (c'est-à-dire essentiel pour le fonctionnement du système financier national). En pareil cas en effet, les États se voient contraints de se porter au secours, au moyen de crédits publics, de la banque défaillante. C'est pour briser ce lien entre défaillances bancaires et dette souveraine au sein de la zone euro que le Conseil européen décide, en juin 2012, de créer **une « union bancaire »**, dont les règles sont définitivement adoptées par le Parlement européen le 15 avril 2014. L'union bancaire repose sur trois piliers : supervision du système bancaire, résolution des banques défaillantes et garantie des dépôts. Une supervision unique du secteur bancaire dans la zone euro est assurée par la Banque centrale européenne depuis novembre 2014. Un Conseil de résolution unique est en place depuis janvier 2015 pour gérer la liquidation des banques relevant du mécanisme de supervision. Depuis 2016, il dispose d'un fonds de résolution commun financé par le secteur bancaire sur huit années jusqu'à un montant de 55 milliards d'euros. Tous les acteurs privés concernés doivent cependant être mis à contribution en priorité en cas de crise bancaire. Enfin, un mécanisme de protection des déposants jusqu'à 100 000 euros en cas de faillite bancaire est également prévu.

Par ailleurs, pour ménager les intérêts de la place financière de Londres, un aménagement des règles de vote est décidé, en décembre 2012, au sein de l'Autorité bancaire européenne, institution indépendante de l'Union européenne ayant pour mission de garantir la cohérence de la réglementation bancaire dans l'ensemble des pays membres. Selon cet aménagement, toute décision doit recueillir une double majorité, à la fois parmi les pays de la zone euro et parmi ceux qui n'y participent pas.

3. Les défis de la zone euro depuis 2010

632 En mai 2010 et en novembre 2012, le FMI, la Commission et la Banque centrale européenne mettent en place deux plans d'aide à la Grèce, le premier de 110 milliards d'euros pour trois ans, le second de 130 milliards d'euros jusqu'à fin 2014. Ce second plan comprend une restructuration (allégement) de la dette contractée auprès de créanciers privés. L'Union européenne peut, dans ce cadre, utiliser les ressources du FESF. En contrepartie de l'aide reçue, la Grèce doit mener une politique sévère de réduction des dépenses publiques et de réformes structurelles (en particulier déréglementation du marché du travail, réduction du coût de la main-d'œuvre).

La crise financière et les mesures prises dans le cadre des plans d'aide ont, à court terme, des conséquences graves sur l'économie grecque : entre 2008 et 2014, le PIB a reculé de 25 % et le taux de chômage atteignait en 2015 26 % de la population active. Les réformes engagées ne semblent pas remédier aux faiblesses structurelles de la Grèce (faible capacité d'exportation, administration peu efficace, clientélisme, insuffisance des modes de perception de l'impôt…). Cette situation économique et sociale n'est pas sans impact politique : elle favorise largement l'arrivée au pouvoir du parti de gauche radicale Syriza après les élections législatives du 25 janvier 2015.

En contrepartie d'une extension de la durée du plan d'aide (jusqu'au mois de juin), le nouveau Premier ministre, Alexis Tsipras, s'engage à poursuivre une politique de redressement de l'économie et des finances publiques grecques. Il accepte également que cette politique continue à être conduite en coordination avec la Commission, la Banque centrale européenne et le FMI. Cependant, les autres pays de l'Eurogroupe refusent de prolonger leur aide au-delà du 30 juin, ce qui oblige la Grèce à instaurer un contrôle des mouvements de capitaux. Après le rejet par les Grecs d'un premier plan d'ajustement supplémentaire, lors d'un référendum organisé le 5 juillet par le gouvernement Tsipras, un accord est difficilement trouvé le 13 juillet 2015 sur un train de mesures d'économies, d'allégement du coût du travail et de hausses d'impôts couplé à une troisième aide d'un montant de 86 milliards d'euros. De nouvelles élections législatives donnent en septembre 2015 à Alexis Tsipras la légitimité nécessaire à la mise en œuvre de ce programme de redressement négocié avec la Commission, la BCE et le FMI.

Les finances publiques grecques restent cependant fragilisées par une croissance anémique (0 % en 2016) qui pèse sur les recettes fiscales. Le principe d'un allègement de la dette grecque est finalement accepté par les ministres des Finances de la zone euro en contrepartie d'une nouvelle réduction du montant des retraites (de 9 % en moyenne) et d'une hausse des impôts. Cet allègement ne serait toutefois accordé qu'au moment de la sortie de la Grèce des dispositifs d'aide d'urgence et de son retour sur les marchés des capitaux.

À partir de 2017, la Grèce peut recommencer à émettre des titres de sa dette publique à un taux supportable (autour de 4 %) et, en 2018, elle parvient à sortir des mécanismes d'aide de la zone euro. Diverses mesures d'allègement de sa dette publique (178 % du PIB), notamment par report des échéances de remboursement, ainsi que la mise en place d'un filet de sécurité de 15 milliards d'euros l'aident dans ce parcours.

Le risque de déstabilisation de la zone euro est en outre aggravé par l'arrivée au pouvoir en Italie, en juin 2018, d'un gouvernement associant l'extrême droite (Ligue) et un mouvement antisystème (5 étoiles). Le programme commun de législature de ce gouvernement ne paraît en effet pas compatible avec le respect des engagements budgétaires européens de l'Italie, alors que la dette publique italienne dépasse les 130 % du PIB. Le bras de fer qui s'ensuit entre le gouvernement italien et ses partenaires européens inquiète le monde financier jusqu'à ce qu'au cours de l'été 2019, une crise politique provoque une recomposition du gouvernement. Néanmoins, la dette publique de l'Italie, troisième économie de la zone euro, continue de croître et atteint de nouveaux sommets en 2020.

La récession brutale de 2020 liée à la pandémie de Covid-19 confronte la zone euro à un nouveau défi. Dans l'urgence, les gouvernements décident individuellement de mesures inédites de soutien de leurs entreprises ; les plans de relance qu'ils mettent en place pour éviter l'effondrement de secteurs importants (notamment le tourisme, la restauration et la culture, secteurs contraints à l'inactivité) atteignent les centaines de milliards de dollars dans chaque pays. Dans ce contexte, la Commission européenne présidée par Ursula von der Leyen tente de coordonner une réponse massive impliquant une solidarité financière entre pays de la zone euro. Baptisé « NextgenerationEU », ce plan de 750 milliards d'euros (au prix de 2018), soit plus de 800 milliards en 2021, qui s'ajoute au budget du cadre financier pluriannuel 2021-2027, centre la relance sur les transitions environnementale et numérique. En cela, l'Union européenne et sa banque centrale semblent avoir pris la mesure du danger et appris des limites de la gestion des crises précédentes.

D) Le défi d'un accueil massif de migrants et réfugiés

633 La persistance de situations de conflit et de violence, principalement en Syrie soumise à des bombardements aériens massifs, mais aussi dans des pays tels que l'Afghanistan et l'Érythrée, provoque en 2015 l'arrivée d'un nombre sans précédent de réfugiés et de migrants en Europe occidentale par la route de la Méditerranée orientale et des Balkans. Dans la seule Allemagne, le nombre des demandeurs d'asile s'élève en 2015 à 476 649 et au premier trimestre 2016 à 181 405.

Cependant, cet afflux provoque des tensions politiques dans de nombreux pays et une crise institutionnelle au sein de l'Union européenne, dont les États membres de l'Union ne parviennent pas à trouver une solution fondée sur la solidarité et le partage des responsabilités (répartition des demandeurs d'asile entre les différents pays membres). C'est ainsi que les pays situés sur la route des Balkans (Hongrie, Autriche notamment) réintroduisent progressivement des contrôles à leurs frontières par dérogation aux règles habituelles de l'espace Schengen (voy. n°s 98, 100 et 102).

Par ailleurs, pour éviter que les réfugiés n'affluent en Europe occidentale, un accord controversé, parce que contraire en partie aux règles européennes de l'asile (la convention de 1951 sur les réfugiés notamment), est conclu le 18 mars 2016 entre l'Union européenne et la Turquie. Il prévoit notamment : le renvoi en Turquie des migrants en situation irrégulière se trouvant sur le sol grec ; l'accueil dans l'UE, pour chaque Syrien renvoyé en Turquie, d'un autre Syrien éligible à l'asile ; une aide financière supplémentaire à la Turquie de 3 milliards d'euros jusqu'à fin 2018 ; la mise en œuvre de la libéralisation du régime européen des visas pour les ressortissants turcs. Cet accord, qui renforce le rôle de « filtre » de la Turquie, entraîne, dès les mois qui suivent, une forte réduction du rythme des arrivées en Europe occidentale de migrants et réfugiés, la voie maritime avec ses dangers restant seule praticable pour ces derniers.

Parallèlement, grâce à une entente avec les deux principales forces politiques libyennes (pourtant en lutte l'une contre l'autre), le gouvernement d'entente nationale du président Fayez al-Saraj et le gouvernement de Tobrouk dominé par son homme fort, Khalifa Haftar, l'Union européenne met en œuvre des actions de soutien aux garde-côtes libyens, ce qui permet également de réduire les flux de migrants et réfugiés à travers la Méditerranée centrale.

La maîtrise des flux migratoires prend ainsi le pas sur le respect des droits humains et le droit de la mer (convention internationale de 1979 sur la recherche et le sauvetage maritimes). Le Haut-Commissaire aux droits de l'homme des Nations Unies critique d'ailleurs sévèrement cette politique, en dénonçant les exactions dont se rendraient coupables les garde-côtes libyens, ainsi que les conditions de détention, jugées inhumaines, des migrants en Libye.

Par ailleurs, l'Union européenne accroît progressivement les moyens de l'agence Frontex, créée en 2004 pour coordonner les actions de surveillance nationale des frontières. En juin 2015, elle lance en outre une opération militaire visant à détruire les embarcations et autres moyens utilisés par les passeurs (opération Sophia). Cette mission s'est cependant achevée début 2019 sous la pression du gouvernement italien.

En conséquence de ces diverses actions, européennes et nationales, les arrivées de migrants sur les côtes européennes ont fortement décru : d'un pic de l'ordre d'un million de personnes en 2015, elles sont passées à environ 180 000 en 2017 et 134 000 en 2018. Cette réduction n'a toutefois eu qu'un impact limité sur les réactions de rejet d'un grand nombre d'Européens. Ce thème, qui reste politiquement très sensible, semble avoir favorisé le vote d'extrême droite dans plusieurs pays européens (Autriche, Italie par exemple).

Les désaccords entre Européens restent forts : les pays de premier accueil (Grèce et Italie notamment) réclament un « partage du fardeau » imposé par le règlement de Dublin, lequel leur fait obligation d'instruire les demandes d'asile des arrivants alors que les autres pays, tout particulièrement ceux d'Europe orientale, refusent tout transfert de migrants sur leur territoire. Un Conseil européen en juin 2018 ne permet pas d'apporter de solution à ces désaccords.

L'Union en reste donc à sa politique de blocage des arrivées par entente avec les pays de départ ou de transit. Elle semble avoir, à ce prix, provisoirement sauvegardé l'essentiel du régime de Schengen. Il lui reste cependant à redéfinir, au-delà de l'urgence, une politique d'asile et d'immigration plus durable et surtout plus humaine, plus juste, applicable à toute personne fuyant la guerre ou la persécution. Il s'agit d'assurer le respect du droit international ainsi que des règles communes qu'elle s'est déjà fixées (garanties minimales pour les procédures d'asile en 1995, protection temporaire en cas d'afflux massif de personnes déplacées en 2001, normes minimales pour l'accueil des demandeurs d'asile en 2003, conditions de l'attribution du statut de réfugié ou d'une protection internationale en 2004, normes minimales pour la procédure d'octroi ou de retrait du statut de réfugié en 2005).

E) Le départ du Royaume-Uni de l'Union européenne

634 Le Royaume-Uni, qui avait initialement refusé d'intégrer la Communauté européenne en construction, a rapidement, après son adhésion en 1973, fait entendre une voix discordante, s'illustrant notamment par des exigences spécifiques (voy. n°s 413 et 627). Au milieu des années 2010, le refus grandissant des transferts de souveraineté qu'implique la construction européenne se traduit, sur le plan électoral, par le succès de personnalités politiques critiques à l'égard de l'Union européenne (eurosceptiques) : ainsi, lors des élections générales de mai 2015, un parti constitué d'eurosceptiques, le Parti de l'indépendance du Royaume-Uni (UKIP), obtient 12,6 % des voix (mais un seul siège en raison du système électoral). Parallèlement, les thèses hostiles à la participation du Royaume-Uni à l'Union européenne rencontrent un écho significatif au sein du parti conservateur au pouvoir.

Dans ce contexte, le Premier Ministre conservateur David Cameron promet, le 24 janvier 2013, qu'en cas de réélection, il organisera un référendum sur le maintien du Royaume-Uni dans l'Union européenne avant la fin de 2017, en précisant qu'il recommandera un vote positif si l'Union se réforme dans un sens favorable aux intérêts britanniques. Après sa victoire aux élections de mai 2015, Cameron engage, avec les autres États membres, des négociations, qui débouchent sur un « nouvel arrangement pour le Royaume-Uni dans l'Union européenne », adopté par le Conseil européen le 19 février 2016. Les concessions obtenues par le Royaume-Uni portent principalement sur les points suivants : non-participation de ce pays au processus d'« union sans cesse plus étroite » des peuples européens ; limitation des droits aux prestations sociales britanniques des ressortissants d'autres États membres ; réduction des contraintes réglementaires imposées au secteur privé ; protection de la place financière de Londres et du système financier britannique contre des mesures prises, notamment, dans le cadre de la zone euro. Cet accord permet au gouvernement britannique de prendre position en faveur du maintien du Royaume-Uni dans l'Union européenne lors du référendum organisé le 23 juin 2016.

Cependant, à la surprise de beaucoup d'observateurs, les électeurs britanniques se prononcent, par 52 % des voix, pour la sortie du Royaume-Uni de l'Union européenne. David Cameron en tire les conséquences en démissionnant, laissant à son successeur, Theresa May, la charge de définir les modalités juridiques et politiques de ce retrait.

Le 29 mars 2017, le gouvernement britannique notifie au président du Conseil européen l'intention de son pays de quitter l'Union européenne en application de l'article 50 du Traité sur l'Union européenne. Theresa May exprime le même jour devant la Chambre des communes son souhait que la Grande Bretagne reste « une amie proche et une alliée » pour les pays de l'Union européenne, ainsi qu'un « partenaire engagé ». Elle n'en annonce pas moins son intention d'organiser une sortie du marché unique de manière à pouvoir réglementer sur le territoire britannique la circulation des personnes provenant des pays membres de l'Union européenne.

Le 29 avril 2017, le Conseil européen, réuni sans la participation du Royaume-Uni conformément à la procédure de retrait, définit ses orientations pour la négociation du départ britannique. Les Vingt-Sept, qui souhaitent maintenir leur cohésion face au défi de la sortie du Royaume-Uni, décident de négocier d'abord les conditions du divorce avant de définir les relations futures de l'Union avec le Royaume-Uni. Ils identifient trois questions clefs, indissociables, à résoudre dans le cadre de l'accord de retrait : la préservation des droits des ressortissants des Vingt-Sept installés au Royaume-Uni et des Britanniques installés sur le territoire de l'Union ; le règlement par le Royaume-Uni de ses engagements financiers à l'égard de l'Union (pour un montant d'environ 60 milliards d'euros) ; le statut de la frontière entre l'Ulster et la République d'Irlande. Ils expriment également leur souhait d'établir un « partenariat étroit entre l'Union et le Royaume-Uni après son retrait », tout en soulignant que ce partenariat ne pourrait « pas offrir les mêmes avantages que l'appartenance à l'Union ».

Pour renforcer sa position dans les négociations, Theresa May décide, le 18 avril 2017, de dissoudre la Chambre des communes, dans l'espoir de disposer d'une large majorité dans la nouvelle Chambre, à élire le 8 juin 2017, mais son calcul échoue et elle ne parvient à conserver sa majorité parlementaire qu'avec le soutien du petit parti unioniste nord-irlandais.

Les négociations qui démarrent alors s'avèrent ardues, bien que l'article 50 du Traité sur l'Union européenne prévoie qu'en principe les conditions du retrait doivent être fixées dans les deux ans. Il faut dire que la tâche est considérable, compte tenu des liens économiques étroits entre les deux rives de la Manche et de la nécessité pour le Royaume-Uni de reprendre l'ensemble des relations commerciales extérieures nouées par l'Union européenne au nom de tous les États membres. Une difficulté particulière concerne les activités de la *City* de Londres, dont les établissements financiers gèrent une part très importante des opérations en euros (compensation notamment). Si les établissements financiers britanniques n'obtiennent pas le « passeport » qui leur permet d'offrir leurs services à la clientèle de l'Union, une grande partie des activités de la *City* devra être relocalisée sur le continent.

Finalement, les négociations aboutissent à la conclusion d'un accord entre les Vingt-Sept et le gouvernement britannique à l'automne 2018. Cependant, début 2019, les parlementaires britanniques rejettent cet accord à plusieurs reprises, conduisant le gouvernement de Theresa May à demander *in extremis* un report du Brexit pour éviter un « Brexit dur » (*hard Brexit*). Isolée et sans alternative, la Première Ministre démissionne en mai 2019. Son successeur, Boris Johnson, reprend les négociations à l'automne. Une nouvelle élection parlementaire en décembre 2019 lui donne la majorité et la légitimité nécessaires pour conduire le Royaume-Uni hors de l'Union le 31 janvier 2020. L'année 2020 est alors consacrée à la négociation d'un accord post-Brexit sur les conditions des futures relations, notamment commerciales, entre l'Union européenne et le Royaume-Uni, mais des blocages se font jour, en particulier autour des questions très symboliques de l'accès aux zones de pêche et de l'ouverture de la frontière entre l'Irlande du Nord et la République d'Irlande. L'accord, obtenu *in extremis* en décembre 2020, évite une rupture brutale des pratiques et engagements commerciaux. Il relance cependant les tensions en Irlande du Nord, qui se retrouve, dans les faits, séparée du reste des îles britanniques par de nouveaux contrôles maritimes.

F) L'évolution de la politique européenne de défense et de sécurité

635 Centrée sur ses problèmes économiques et ses tensions internes, l'Union européenne n'a pas su déployer de politique ambitieuse en matière de défense et de sécurité. Malgré l'impulsion donnée par le Conseil européen d'Helsinki de décembre 1999 et l'adoption, par le Conseil, en décembre 2003, d'une « stratégie européenne de sécurité », elle se contente de projets de faible envergure, à l'instar de la décision, prise en 2004, sur la base d'une initiative franco-britannique, de constituer des « groupements tactiques » (les GT-1500), des unités interarmées et multinationales de la taille d'un bataillon de 1 500 hommes.

Par ailleurs, prenant acte des avancées prévues par le Traité de Lisbonne, l'Allemagne, la Belgique, l'Espagne, la France, la Grèce, l'Italie, le Luxembourg, les Pays-Bas, le Portugal et le Royaume-Uni ont décidé d'un commun accord, le 31 mars 2010, de dissoudre l'UEO dont ils étaient membres, une dissolution effective en juin 2011.

C'est donc sur la base du Traité de Lisbonne que se développe la politique européenne de sécurité et de défense à compter de 2009.

1. Les ambitions du Traité de Lisbonne en matière de défense

636 Après les Traités d'Amsterdam (création du Haut Représentant pour la politique étrangère et de sécurité commune) et de Nice (institutionnalisation des structures politico-militaires de gestion des crises), le Traité de Lisbonne devait clairement donner à l'Union européenne les moyens juridiques et organisationnels d'une politique de sécurité et de défense commune (PSDC).

En premier lieu, le Traité de Lisbonne comporte deux clauses susceptibles de donner une base juridique à l'intervention des forces armées des États membres pour porter assistance à un ou plusieurs autres États membres. Il introduit, d'une part, un devoir d'aide et d'assistance mutuelle des États membres en cas d'agression armée subie par un État membre sur son territoire (mais sans préjudice des engagements de défense collective dans le cadre de l'OTAN et de la neutralité de certains États). Il contient, d'autre part, une clause de solidarité envers un État membre qui ferait l'objet d'une attaque terroriste ou serait victime d'une catastrophe naturelle ou d'origine humaine.

La PSDC est un cadre de coopération qui permet à l'Union européenne de mener des missions opérationnelles militaires et civiles dans les pays tiers en vue notamment du maintien de la paix et du renforcement de la sécurité internationale. Il peut s'agir d'abord des missions de Petersberg mentionnées plus haut, mais aussi, depuis le Traité de Lisbonne, d'actions conjointes en matière de désarmement, de missions de conseil et d'assistance en matière militaire et d'opérations de stabilisation à la fin des conflits. L'UE ne possédant pas d'armée, les capacités militaires et civiles qu'elle mobilise sont fournies par les États membres lorsqu'une mission est lancée.

Le Traité de Lisbonne donne enfin aux États membres qui remplissent des critères plus élevés de capacités militaires et qui ont souscrit des engagements plus contraignants la possibilité d'établir une « coopération structurée permanente » dans le cadre de l'Union en vue de renforcer leur défense.

2. Des résultats modestes

637 Depuis le début de la PSDC, l'Union européenne a lancé plus de 30 missions. Au 30 avril 2023, elle est présente sur trois continents, où sont déployées 22 missions civiles ou militaires. Sur les neuf opérations militaires en cours, 6 concernent l'Afrique : missions de formation militaire en Somalie (EUTM Somalia, lancée en 2010), en République centrafricaine (EUTM RCA, lancée en 2016) et au Mozambique (EUTM Mozambique, lancée en novembre 2021), opération navale contre la piraterie au large des côtes somaliennes (NAVFOR Atalanta, 2008), mission en Méditerranée pour faire respecter l'embargo sur les armes imposé à la Libye (EU NAVFOR MED Irini, lancée en 2020), mission de partenariat militaire au Niger en soutien à la lutte contre le terrorisme (EUMPM, lancée en février 2023). En Bosnie-Herzégovine, l'UE conduit la mission de maintien de la paix EUFOR Althea depuis 2004. En novembre 2022, elle a lancé une mission de formation militaire en Ukraine (EUMAM Ukraine). Au titre de la PSDC, l'Union européenne mène parallèlement 13 missions civiles de police et de soutien aux forces de sécurité ou à l'État de droit, de renforcement capacitaire ou d'assistance aux frontières, en Europe (Kosovo, Moldavie, Ukraine, Géorgie, Arménie), au Moyen-Orient (Territoires palestiniens, Irak) et en Afrique (Libye, Mali, Niger, République centrafricaine et Somalie).

Si les forces multinationales européennes existantes en Europe sont significatives (l'EUROFORCE terrestre, l'Eurocorps, l'EUROMARFOR maritime, le Groupe aérien européen associant l'Allemagne, la Belgique, l'Espagne, la France, l'Italie, les Pays-Bas et le Royaume-Uni, le Commandement européen de transport aérien, qui regroupe des moyens allemands, belges, français et néerlandais…), elles ne sont néanmoins pas mobilisées pour la mise en œuvre de la PSDC, laquelle repose sur les moyens mis à sa disposition par les États membres. Il faut dire que l'Union européenne ne dispose pas de capacité de planification opérative et de commandement à Bruxelles : elle doit s'en remettre pour la planification et le commandement de ses opérations soit à l'OTAN, soit à des quartiers généraux nationaux mis à disposition par une « nation cadre ».

S'agissant de la politique d'armement, l'Agence européenne de défense, créée par le Conseil de l'Union européenne en juillet 2004 et institutionnalisée par le Traité de Lisbonne, a pour mission de développer les capacités de défense dans le domaine de la gestion des crises, d'approfondir la coopération européenne en matière d'armement et de favoriser la recherche. Elle doit également contribuer au renforcement de la base industrielle et technologique européenne dans le domaine de la défense et à la création d'un marché européen concurrentiel des équipements de défense. Cependant, avec un effectif d'environ 80 personnes, elle dispose de moyens limités. Et les résultats sont décevants : sur la soixantaine de projets qu'elle gère, qui porte globalement sur moins de 500 millions d'euros, seule la moitié d'entre eux devrait être en mesure de fournir des résultats concrets d'ici 2025 et seulement deux ont atteint une pleine capacité opérationnelle fin 2022 (le commandement médical européen et l'équipe d'intervention cybernétique rapide). D'après le rapport annuel de l'AED publié en novembre 2022, seuls 18 % de l'ensemble des investissements dans les programmes de défense impliquent une coopération entre les États membres de l'UE, ceux-ci ayant tendance à s'appuyer sur des fournisseurs externes. Il faut dire que, malgré les projets de coopération européenne en matière d'armement, en particulier dans le cadre de l'Organisme conjoint de coopération en matière d'armement (OCCAR) qui réunit l'Allemagne, la Belgique, l'Espagne, l'Italie, la France et le Royaume-Uni, les progrès ne peuvent venir que d'accords entre un petit nombre d'États européens (coopérations franco-allemandes pour les hélicoptères de combat, franco-britanniques pour les missiles de croisière…).

En ce qui concerne la mise en œuvre de la clause d'aide et d'assistance mutuelle inscrite dans le Traité de Lisbonne (art. 42.7 TUE), que la France a invoquée après les attentats terroristes de Paris du 13 novembre 2015 (voy. n° 590), elle a donné lieu à des contributions modestes de la part de quelques pays membres seulement (Royaume-Uni, Allemagne, Belgique, Suède).

3. Du Brexit à la guerre en Ukraine : quelles perspectives pour la PSDC ?

638 Au cours du second semestre 2016, dans le contexte du Brexit, les Vingt-Sept décident de renforcer la PSDC en s'appuyant sur la **Stratégie globale de l'Union** élaborée par Federica Mogherini, alors Haute Représentante de l'Union européenne pour les affaires étrangères et la politique de sécurité, et approuvée par le Conseil européen en juin. Cette stratégie globale propose un

approfondissement des capacités européennes de gestion des crises (relèvement des capacités d'ambition de l'Union) et une coopération avec l'OTAN respectant l'autonomie des deux organisations mais reconnaissant la prééminence du rôle de l'Alliance atlantique dans la défense collective européenne.

Pour renforcer l'autonomie stratégique de l'Union européenne, la Commission présente, en **novembre 2016**, un **Plan d'action européen pour la défense**, approuvé par le Conseil européen à sa réunion de décembre. Sa mise en œuvre concerne principalement les domaines suivants : renforcement des capacités civiles et militaires de gestion de crise, notamment par l'établissement d'un état-major européen ; création d'un fonds d'équipement militaire qui pourrait à terme (après 2020) être doté de 5 milliards d'euros pour les investissements et de 500 millions d'euros pour la recherche ; relèvement coordonné de l'effort de défense des pays membres pour le porter progressivement à 2 % du PIB. L'Union entend, en outre, mieux contribuer à la stabilité des pays partenaires.

La **Coopération structurée permanente (CSP ou PESCO selon l'acronyme anglais)** et la **capacité militaire de planification et de conduite (MPCC)** mises en place en **2017** représentent une autre avancée de l'Europe de la défense, de nature à favoriser l'autonomie stratégique européenne. Les pays participant à la CSP (tous hormis Malte)[65] doivent développer conjointement (en partie en coordination avec l'OTAN) des forces de réaction rapide ainsi que de nouveaux moyens, tels que des chars et des drones, et créer des plateformes de logistique et de soutien médical européennes. Une liste de projets communs avec un partage des responsabilités est établie. La France est chargée du soutien des opérations et la Belgique est à la tête d'un projet visant à développer des drones sous-marins détecteurs et destructeurs de mines. Chaque État membre participant doit soumettre un projet de contribution nationale qui sera évalué annuellement.

Par ailleurs, **le 25 juin 2018**, neuf pays de l'Union européenne (Allemagne, Belgique, Danemark, Pays-Bas, Estonie, France, Portugal, Espagne et Royaume-Uni) se sont engagés dans un nouveau mécanisme de coopération renforcée en matière de défense, **l'Initiative européenne d'intervention (IEI)**, portée par la France. L'IEI constitue un « noyau dur » d'États prêts à agir rapidement en cas d'urgence (« catastrophe naturelle, évacuation de ressortissants, lutte contre une attaque terroriste… »). En février 2020, elle a lancé une première opération de sécurité maritime dans le golfe Persique.

Le 1er janvier **2021** a été lancé un **Fonds européen de défense**, qui, doté d'un budget de 7,9 milliards d'euros pour la période 2021-2027, vise à stimuler les projets transnationaux de coopération industrielle en matière de défense.

La **boussole stratégique** adoptée le 25 mars 2022 par les chefs d'États et de gouvernement des Vingt-Sept fixe des objectifs en matière de sécurité et de défense à l'horizon 2030, qui se déclinent en quatre points : agir ; assurer la sécurité ; investir ; travailler en partenariat. Est notamment prévue la création d'une « capacité de déploiement rapide de l'Union européenne », constituée de 5 000 hommes mobilisables sous drapeau européen en cas de

65. Le 1er juin 2022, les Danois ont approuvé par référendum la participation de leur pays à la politique de sécurité et de défense de l'UE, dont ils étaient exempts du fait d'une clause dérogatoire qui avait été négociée en 1992.

besoin. Ce document représente une réelle avancée en cela qu'il incarne une vision commune des priorités assignées à la PSDC par des pays qui ont des cultures stratégiques différentes et ne partagent pas tous nécessairement la même analyse des menaces.

Elle fait écho au Concept stratégique adopté en juillet 2022 par **l'OTAN**, qui **reconnaît l'Union européenne comme un partenaire incontournable et sans équivalent et appelle à un approfondissement du partenariat** entre les deux organisations. Déjà en 2002 a été adoptée une déclaration OTAN-UE sur la politique européenne de sécurité et de défense, aux termes de laquelle l'UE a accès aux capacités de planification de l'OTAN pour ses propres opérations militaires. Depuis la conclusion, en 2003, des arrangements « Berlin plus », l'Alliance atlantique peut soutenir des opérations de l'UE sans que l'OTAN dans son ensemble y soit engagée. En janvier 2023, le secrétaire général de l'OTAN, Jens Stoltenberg, le président du Conseil européen, Charles Michel, et la présidente de la Commission européenne, Ursula von der Leyen, ont signé une nouvelle déclaration OTAN-UE en vue de renforcer et d'élargir le partenariat stratégique entre les deux organisations.

G) L'éclipse de l'Europe sur la scène internationale : le prix de la division

639 Face à la puissance américaine, à l'agression militaire russe en Ukraine et à la montée des puissances nouvelles telles que la Chine, le Brésil ou l'Inde, l'Europe semble condamnée à un certain effacement.

Dans les domaines classiques d'affirmation de leur identité stratégique, les pays européens rencontrent des difficultés nouvelles, en particulier ceux qui sont les plus actifs sur la scène internationale. Ainsi, la situation de l'Afrique subsaharienne impose à la France d'y repenser son implication. Les tensions extrêmes entre les Occidentaux et la Russie compliquent le rôle traditionnel de médiation de l'Allemagne. Quant au Royaume-Uni, son retrait de l'Union européenne le prive d'un vecteur important d'influence internationale et menace tant sa prospérité que sa stabilité politique. Malgré tout, les trois pays entendent développer leur capacité de défense. Ainsi, la France a fait passer son budget défense de 32,7 milliards d'euros en 2017 à 43,9 milliards en 2022 et le président Emmanuel Macron a annoncé une hausse des dépenses de 100 milliards d'euros pour la nouvelle loi de programmation militaire 2024-2030. De son côté, l'Allemagne a prévu de consacrer 50,1 milliards d'euros à la défense en 2023, à quoi s'ajoute un fonds spécial doté de 100 milliards d'euros pour moderniser ses armées. Quant au Royaume-Uni, il prévoit de porter ses dépenses militaires à 2,5 % du PIB d'ici 2030 et, dans cette perspective, a alloué une rallonge budgétaire de 5,7 milliards d'euros sur deux ans au ministère de la Défense.

Par ailleurs, quand bien même l'Union européenne peine à développer une action extérieure ambitieuse en utilisant mieux les moyens collectifs dont elle dispose, elle demeure même après le départ du Royaume-Uni, la première puissance commerciale au monde. Plus de la moitié de l'aide publique au développement dispensée dans le monde provient de son budget et de ceux de ses États membres. La présence diplomatique des pays européens est étendue et diversifiée, chacun d'entre eux ayant, pour des raisons historiques, des liens particuliers avec un ensemble donné de pays, souvent lointains, en raison, notamment, d'un passé colonial. Sur le plan politique, l'UE a pu faire reconnaître son rôle collectif dans certaines circonstances, comme la recherche d'une paix négociée et durable au Proche-Orient ou les négociations sur le programme nucléaire iranien.

Reste à l'Union européenne à se faire reconnaître comme un acteur crédible de la sécurité internationale. Cependant, cela est difficile, en raison notamment des difficultés de la zone euro, qui traverse une période de turbulence dans un contexte inflationniste (taux annuel d'inflation de 6,9 % en mars 2023), mais aussi de l'incapacité de ses États membres à s'entendre pour construire une réelle politique commune de sécurité et de défense. Si la guerre en Ukraine semble avoir rapproché les Européens, qui ont été quasi unanimes sur la question des sanctions envers la Russie et sur le soutien militaire à l'Ukraine, en revanche, les États membres de l'UE restent divisés au sujet du rapport avec les États-Unis : pour certains d'entre eux, l'Union européenne reste un sous-ensemble d'une communauté transatlantique au sein de laquelle les convergences (notamment de valeurs) l'emportent sur les différences ponctuelles de perceptions ou d'intérêts. Dans ce contexte, le renforcement de la capacité d'action collective de l'Union européenne ne dépend pas tant de nouvelles institutions ou dispositions que de l'émergence ou non d'une volonté politique commune d'utiliser celles qui existent. Tel est le défi des cadres dirigeants de l'Union européenne élus ou nommés en 2019 : Ursula von der Leyen, présidente de la Commission ; Charles Michel, président du Conseil européen ; Josep Borrel, Haut Représentant pour les affaires étrangères ; Roberta Metsola, présidente du Parlement européen, élue en janvier 2022, à la suite du décès de David Sassoli ; Christine Lagarde, présidente de la Banque centrale européenne.

§ 2. Le Pacifique, nouveau centre de gravité des relations internationales ?

640 Si la structure des relations internationales évolue, ce n'est pas seulement dans la hiérarchie des puissances, mais également dans la distribution géographique des principaux acteurs. Beaucoup suggèrent ainsi que le centre de gravité de la puissance se déplace de l'Atlantique vers le Pacifique.

A) L'affirmation de la puissance chinoise

641 La spectaculaire croissance chinoise depuis les années 1990 a considérablement accru le poids de la région pacifique, par ailleurs portée par les économies du Japon, de la Corée du Sud et de la façade occidentale des États-Unis. La Chine, pays le plus peuplé du monde (1,425 milliard d'habitants en 2022), est devenue dès 2010 la deuxième puissance économique mondiale, avec, en 2021, un PIB en dollars courants de 17 734 milliards de dollars en incluant Hong Kong, ce qui la place juste derrière les États-Unis (23 315 milliards de dollars) mais largement devant le Japon (4 940 milliards de dollars). Ce pays est aussi le premier exportateur de marchandises et le premier détenteur de réserves de change au monde.

Cette situation, qui a permis à la Chine de connaître une croissance réelle de 9 % par an en moyenne, est le fruit d'un processus d'ouverture et de réformes lancé au début des années 1990 et reposant principalement sur trois volets : accroître le niveau technologique en attirant des investissements en provenance des pays industrialisés ou en acquérant des entreprises étrangères dans des secteurs performants ; s'assurer un approvisionnement aussi sûr que possible en matières premières et en énergie ; accéder à des marchés d'exportation ou inversement obtenir des avantages en échange de l'ouverture de son propre marché.

Toutefois, la crise économique de 2008 comme la crise de Covid-19, qui se sont accompagnées d'un effondrement de la demande extérieure, ont montré les limites du modèle économique chinois : des surcapacités dans l'industrie et la construction, les fragilités de son système bancaire (sous-capitalisation des petites et moyennes banques, inadéquation entre les besoins des acteurs économiques et les financements octroyés par les banques commerciales, hausse des prêts non performants notamment), sa lourde dette intérieure (passée de 150 à 291 % du PIB entre 2007 et fin 2022), la baisse tendancielle de la productivité, la faible consommation des ménages, le vieillissement de la population, les problèmes environnementaux. Par ailleurs, face aux variants très contagieux du virus de la Covid-19 comme le variant « Omicron », la stratégie « zéro Covid » du gouvernement chinois l'a conduit à confiner régulièrement des villes et régions (par exemple, Shanghai au printemps 2022), perturbant grandement tant l'économie interne que le commerce international. La politique économique mise en œuvre pour faire face aux conséquences de la pandémie tend à renforcer certains déséquilibres : le déficit public atteint ainsi en 2022 7,4 % du PIB et la dette publique chinoise 51 % du PIB, contre 38 % en 2019 ; et le chômage, qui touche particulièrement les jeunes, présente un taux record de 19,9 %.

Outre cette fragilisation de l'économie, on assiste depuis la moitié des années 2010 à un durcissement de la politique intérieure chinoise, le gouvernement tendant à réprimer toute revendication d'une différence. Le peuple ouïghour, ethnie turcophone et musulmane résidant principalement dans la région autonome du Xinjiang (incorporée tardivement à l'Empire chinois, en 1884), est l'objet d'une sinisation forcée, d'une surveillance étroite, de la stérilisation des femmes…, les autorités chinoises reprochant aux Ouïghours des velléités indépendantistes et une radicalisation religieuse source de terrorisme. À Hong Kong, presqu'île rendue à la Chine en 1997 après cent ans sous colonisation britannique, le gouvernement de Pékin, en violation de l'engagement qu'il avait pris de respecter jusqu'en 2047 les particularités politiques et les libertés civiles de cette « région administrative spéciale » selon le schéma « un pays, deux systèmes », a imposé en 2014 un gouvernement local pro-chinois. Cela a entraîné un premier mouvement de protestation (« révolution des parapluies »), dont les instigateurs ont été condamnés à de lourdes peines de prison. Cinq ans plus tard, en réaction à la volonté du gouvernement hongkongais dirigé par Carrie Lam de faire passer une législation considérée comme liberticide par les opposants à Pékin (loi autorisant des extraditions vers la Chine continentale), ont éclaté de nouvelles manifestations des habitants de la péninsule, surtout des jeunes, qui ont donné lieu à une sévère répression et à de nombreuses violences. Malgré la victoire des opposants à Pékin aux élections locales de novembre 2019, le gouvernement chinois est parvenu à faire passer au Parlement de Pékin une nouvelle loi nationale sur la sécurité au printemps 2020, à la suite de quoi Pékin a violemment réprimé les nouvelles manifestations, a arrêté des opposants et a progressivement fermé les journaux indépendants. La sombre situation de Hong Kong comme celle de la minorité ouïghoure dans le Xinjiang s'inscrivent dans un contexte de durcissement du régime chinois depuis l'arrivée au pouvoir de Xi Jinping en 2013. Battant en brèche certains principes tels la démocratie, les droits de l'homme ou encore la liberté de la presse, le président chinois est parvenu à faire emprisonner ses principaux opposants et a renforcé la censure. Il a obtenu de l'Assemblée nationale populaire une modification de la Constitution supprimant la limitation à deux mandats, ce qui, en pratique, ouvre la voie à une présidence à vie.

D'un point de vue diplomatique, la Chine, troisième puissance nucléaire (avec 350 têtes nucléaires) dont le budget défense augmente de plus de 7 % chaque année depuis 2021, pour atteindre 225 milliards de dollars en 2023 – ses dépenses militaires représentant ainsi environ 2 % de son PIB – et qui dispose, depuis 2017, d'une base militaire à l'étranger (Djibouti), semble avoir rompu avec le concept d'« émergence pacifique » énoncé en 2004, selon lequel elle entendait devenir une puissance tout en étant rassurante pour ses voisins et ses alliés. Elle a ainsi un contentieux avec plusieurs pays de la région (le Japon, les Philippines et le Vietnam) à propos de la délimitation de son espace maritime, qu'elle a unilatéralement défini sous la forme de « ligne en neuf traits ». En mai 2009, elle a communiqué deux « notes verbales » au secrétaire général des Nations Unies affirmant qu'elle avait « une souveraineté indiscutable sur les îles de la mer de Chine méridionale et les eaux adjacentes ». Cependant, les pays concernés par ces revendications considèrent ces îles (inhabitées) comme faisant partie de leur territoire et rejettent l'approche chinoise, ce qui donne régulièrement lieu à diverses formes d'incidents navals. Un tribunal arbitral international (voy. n° 87) saisi par les Philippines à ce sujet a indiqué, dans sa sentence du 12 juillet 2016, qu'« il n'y a aucun fondement juridique pour que la Chine revendique des droits historiques sur des ressources dans les zones maritimes à l'intérieur de la "ligne en neuf traits" ».

La situation de Taïwan est une autre source de tensions diplomatiques, mais bien au-delà de la région. Le régime de Pékin refuse de reconnaître la souveraineté de cette île, où Tchang Kaï-chek, qui s'était réfugié en 1949 après la proclamation de la République populaire de Chine, avait établi la République de Chine. Considérant que l'île de Formose est une province chinoise qui doit se réunifier avec le reste de son territoire, la Chine populaire maintient une pression importante sur les autres États comme sur les institutions internationales pour ostraciser Taïwan : c'est pour cette raison, par exemple, que Taïwan ne peut être membre de l'Organisation mondiale de la santé, alors même que ce pays, qui a combattu très efficacement la pandémie de Covid-19 en 2020, pourrait y partager ses bonnes pratiques. La situation s'est détériorée au printemps 2023 : en réaction à une rencontre, le 5 avril, entre la présidente de Taïwan, Tsai Ing-Wen, et le président de la Chambre des représentants américaine, Kevin McCarthy, Pékin a organisé un exercice d'« encerclement total » de Taïwan, des avions de chasse et des navires de guerre simulant des bombardements ciblés contre l'île, ce qui a conduit les États-Unis, de leur côté, à mener une opération de « liberté de navigation » dans un secteur de la mer de Chine méridionale revendiquée par Pékin. Au-delà de ces démonstrations de force, qui ne sont pas sans inquiéter les pays voisins de la Chine, la situation de Taïwan cristallise les tensions sino-occidentales.

La Chine, qui assoit sa diplomatie sur une doctrine d'affirmation de puissance, veut apparaître comme un acteur incontournable de la scène internationale. Cela se traduit par des éléments de ***soft power*** (voy. n° 188), à l'instar de l'organisation des Jeux olympiques à Pékin en 2008, de l'accueil de l'Exposition universelle à Shanghai en 2010, mais aussi de la multiplication d'Instituts Confucius dans le monde (525 implantés dans 146 pays). Le pays cherche également à accroître son influence à travers sa participation active à des instances de coopération, comme l'***Asia-Pacific Economic Cooperation*** (APEC) et l'ASEAN+3 (Association des nations de l'Asie du Sud-Est + Chine, Japon et Corée du Sud). De plus, elle est à l'origine de la création, en 2001, de l'Organisation de coopération de Shanghai (OCS), au sein de laquelle elle coordonne avec la Russie, le Kazakhstan, le Kirghizstan, le Tadjikistan et l'Ouzbékistan des stratégies destinées à lutter contre les « trois maux » du séparatisme, de l'extrémisme religieux et du terrorisme ; l'OCS, qui compte en outre six États observateurs (Afghanistan, Biélorussie, Inde, Iran, Mongolie et Pakistan) et six pays partenaires (Arménie, Azerbaïdjan, Cambodge, Népal, Sri Lanka, Turquie), constitue pour la Chine, comme du reste pour la Russie, un vecteur d'influence dans le domaine de la sécurité. Cette volonté d'affirmation de puissance se manifeste également par l'implication de Pékin dans le règlement des crises internationales. Ainsi, la Chine, qui traditionnellement se range à l'ONU du côté de la Russie lorsqu'un différend oppose cette dernière aux Occidentaux, a fait le choix de ne pas prendre parti au sujet de la guerre en Ukraine (elle s'est abstenue lors du vote de résolutions condamnant l'annexion de la Crimée ou l'invasion russe de l'Ukraine), dans laquelle elle tente de se poser en médiateur entre Kiev et Moscou. Par ailleurs, en avril 2023, elle a organisé une rencontre entre des diplomates iraniens et saoudiens, œuvrant ainsi au rapprochement des deux pays rivaux.

Enfin, le régime de Xi Jinping a à cœur d'accroître son assise économique dans le monde. En septembre 2013, la Chine a ainsi lancé un projet de « nouvelles routes de la soie » (***Belt and Road Initiative***, également nommé « une courroie, une route » ou ***one belt, one road***), qui consiste à construire et à prendre le contrôle d'infrastructures terrestres, maritimes et de télécommunications (chemins de fer, ports, aéroports...), reliant son territoire au reste de l'Asie, mais aussi à l'Europe et à l'Afrique, soit autour de 70 pays regroupant 4,4 milliards d'habitants et représentant près de 40 % du PIB mondial. Dans cette perspective, elle rachète les droits de certaines installations et subventionne certains pays pauvres, notamment à travers le Fonds des infrastructures des routes de la soie mis en place en 2014 et la Banque asiatique d'investissement qu'elle a créée en 2015. Parallèlement, elle a lancé en 2014, conjointement avec l'Afrique du Sud, le Brésil, l'Inde et la Russie, la Nouvelle Banque de développement, implantée à Shanghai. Elle investit massivement en Afrique, dont plus de la moitié des pays ont conclu des partenariats économiques et/ou politiques avec elle. Le pays entend ainsi étendre sa présence économique dans le monde, pour accroître ses exportations, écouler sa production et trouver de nouveaux marchés. Cette politique de conquête n'est pas sans susciter d'inquiétude, notamment aux États-Unis mais aussi en Europe car elle génère, pour certains pays, une dépendance économique qui peut se traduire également par une dépendance politique vis-à-vis de la Chine.

B) Le Pacifique, nouvelle priorité géostratégique américaine ?

642 En 2011, l'administration Obama, en réaction à l'essor économique et militaire de la Chine, décide d'une réorientation des priorités stratégiques américaines autour de l'Asie. Cette stratégie dite « du pivot asiatique », qui se traduit par un nouvel équilibre de la diplomatie américaine au détriment du Moyen-Orient mais aussi de l'Europe, consiste pour les États-Unis à chercher à accroître leur présence dans l'Indopacifique et à renforcer leur coopération dans la région, où leur puissance demeure essentielle pour préserver la sécurité de leurs alliés (le Japon en particulier), la stabilité (maintien de l'ambiguïté entourant le statut de Taïwan) et la liberté des échanges. Ces priorités ne sont pas modifiées sous l'administration de Donald Trump, malgré la réticence de ce dernier à approfondir les relations économiques des États-Unis avec les pays du Pacifique entourant la Chine qu'illustre le retrait américain, en 2017, du Partenariat transpacifique (*Trans-Pacific Partnership* ou TPP), traité multilatéral de libre-échange négocié dès 2008 par les États-Unis avec l'Australie, Brunei, le Japon, la Malaisie, Singapour, le Vietnam, ainsi que le Canada, le Chili, le Mexique et le Pérou et signé à Auckland (Nouvelle-Zélande) en 2016.

Dès son arrivée au pouvoir, le président Joe Biden cherche à approfondir l'axe pacifique de la diplomatie américaine. En septembre 2021 est annoncée la conclusion d'un accord militaire tripartite entre les États-Unis, l'Australie et le Royaume-Uni (AUKUS), prévoyant le développement de sous-marins à propulsion nucléaire et armement conventionnel. Parallèlement, l'administration Biden ravive le Dialogue quadrilatéral pour la sécurité (QUAD), groupe de coopération militaire et diplomatique informelle entre les États-Unis, l'Inde, le Japon et l'Australie. En février 2022, les États-Unis définissent une stratégie indopacifique, dans laquelle ils affirment vouloir œuvrer à ce que la région soit « libre et ouverte », « connectée », « prospère », « sécurisée » et « résiliente ». Fin septembre 2022, parallèlement au premier sommet États-Unis-îles du Pacifique, destiné à contrer l'intensification des relations entre la Chine et les micro-États du Pacifique, comme les îles Salomon, Washington a publié la *Pacific Partnership Strategy*. Dans ce document est affirmée la volonté des États-Unis d'augmenter leur présence diplomatique et régionale dans la région et leur soutien au régionalisme océanien, notamment à travers le Forum des îles du Pacifique. À cela s'ajoutent d'autres initiatives, comme le dialogue États-Unis-ASEAN en mai 2022 ou encore le mécanisme de concertation Partenaires du Pacifique bleu (*Partners in the Blue Pacific*) lancé au même moment par le secrétaire d'État Antony Blinken avec ses homologues australien, britannique, japonais et néo-zélandais.

Si la Chine n'est presque pas mentionnée dans la stratégie du partenariat Pacifique, c'est en réalité par rapport à elle qu'est pensée la politique américaine dans la région. Il s'agit pour les États-Unis de contrer l'influence grandissante de ce rival économique et politique. Pour autant, il n'est pas question de rompre les relations avec ce pays, qui joue un rôle majeur dans des dossiers prioritaires, comme les programmes nucléaires et balistiques de la Corée du Nord : Pékin a ainsi préparé la rencontre du 12 juin 2018 entre Donald Trump et Kim Jong-un. La Chine est en outre importante économiquement pour les États-Unis : le pays, qui est le deuxième créancier mondial des États-Unis (elle détient 1 080 milliards de dollars de dette américaine, derrière le Japon, qui en détient 1 340 milliards), représente un centre de production essentiel pour de nombreuses entreprises américaines. Cela n'empêche pas certaines tensions commerciales. Ainsi, lorsque l'administration Trump a décidé d'imposer unilatéralement des barrières tarifaires de 25 % sur un montant de biens chinois totalisant 50 milliards de dollars début 2018, le gouvernement chinois a répondu par l'annonce de nouvelles taxes douanières.

S'interrogeant sur l'avènement d'une « nouvelle Guerre froide » qui opposerait les États-Unis, soucieux de conserver leur ***leadership*** mondial, et la Chine, désireuse de devenir la première grande puissance de la planète, l'historien Pierre Grosser[66] estime peu probable l'éclatement d'une guerre ouverte entre les deux pays, y compris sous la forme de conflits localisés, mais suggère une multiplication des crises sino-américaines, notamment autour du Japon et de Taïwan.

C) L'affirmation de nouvelles puissances régionales : Brésil, Inde, Afrique du Sud

643 Dans un monde moins structuré, de nombreuses puissances intermédiaires, à la faveur de la fin de l'ordre bipolaire, cherchent à développer des politiques étrangères plus indépendantes. C'est en particulier le cas du Brésil, de l'Inde et de l'Afrique du Sud, mais il serait aussi possible d'évoquer celles de pays comme l'Arabie saoudite ou la Turquie au Moyen-Orient.

1. Le Brésil, un géant à l'échelle d'un continent

644 Dixième puissance économique mondiale par son PIB en 2022, le Brésil s'est longtemps fixé pour priorités d'assurer son développement et de réduire des inégalités sociales criantes (les 10 % de Brésiliens les plus riches reçoivent plus de 40 % du revenu national). Si son économie compte de très grandes entreprises dans des secteurs de technologie avancée (aéronautique avec Embraer, pétrole avec Petrobras…), le pays présente cependant de sérieuses insuffisances dans le domaine des infrastructures énergétiques et de transport, comme dans ceux des services publics (éducation notamment) et de la gouvernance politique et administrative (corruption en particulier). Ces insuffisances sont une des causes de la faiblesse de sa croissance à partir de 2010 (2,5 % en 2013, mais 0,1 % en 2014). Le Brésil est également très dépendant des exportations de matières premières et produits de base (environ la moitié du total des exportations), ce qui explique largement la récession de 2015 et 2016 (recul du PIB de 3,8 % en 2015 et de 3,6 % en 2016) à la suite de la chute des cours du pétrole en 2014. L'année 2017 a marqué la reprise timide de la croissance (0,7 %), mais non confirmée dans les années suivantes. Un sérieux problème de diversification des exportations se pose donc.

66. *L'autre Guerre froide ? La confrontation États-Unis – Chine*, Paris, CNRS Éditions, 2023.

La crise politique, marquée par la destitution par le Congrès de la présidente Dilma Rousseff, puis la mise en cause de son successeur Michel Temer dans un scandale de corruption, n'a pas contribué à l'amélioration du climat des affaires brésiliennes. Fatigués, les électeurs brésiliens élisent fin 2018 un militaire conservateur et populiste, Jair Bolsonaro, qui, dès son entrée en fonction en janvier 2019, prend des décisions controversées, notamment en matière sociale ou environnementale, maintenant un climat social tendu. Son désintérêt affirmé pour la protection de la forêt amazonienne, des populations indigènes, des minorités marginalisées et, plus récemment, des victimes de l'épidémie de Covid-19 en fait un Président qui divise. D'ailleurs, en octobre 2022, il perd les élections contre Luiz Inacio Lula da Silva, « Lula », qui en janvier 2023 entame un troisième mandat présidentiel (il avait déjà été Président entre 2003 et 2011) placé sous le signe d'une politique sociale volontariste et d'une politique étrangère ambitieuse.

Fort de son poids économique et démographique (214 millions d'habitants en 2021), le Brésil, dont le budget défense est en baisse depuis 2017 (1,2 % du PIB en 2021), cherche à être le fer de lance d'un ordre international plus égalitaire. Il appelle notamment à une meilleure représentativité du Conseil de sécurité, où il souhaite obtenir un siège de membre permanent. Il propose de mettre l'accent sur la prévention dans l'exercice de la responsabilité de protéger, notion à l'égard de laquelle il exprime d'ailleurs des réticences. Il préconise un accroissement du rôle du G20 dans la régulation économique mondiale et entend jouer un rôle de premier plan dans l'organisation de la protection de l'environnement à l'échelle mondiale.

La coopération Sud-Sud et la recherche d'entente entre les BRICS (Brésil, Russie, Inde, Chine, Afrique du Sud) sont des axes majeurs de son action internationale. Il est par ailleurs fortement présent dans l'Afrique lusophone et se montre actif sur certaines questions internationales de haute visibilité, comme la question palestinienne ou celle du programme nucléaire iranien. Il défend enfin l'idée de l'intégration économique et politique des pays d'Amérique du Sud. Il participe à cet effet à la construction du Marché commun du Cône Sud (Mercosul) avec l'Argentine, le Paraguay, l'Uruguay et le Venezuela (devenu membre en juillet 2012).

Dans son programme présidentiel, Lula a annoncé sa volonté de dialoguer « démocratiquement » avec, dans l'ordre, « les BRICS, les pays africains, l'Union européenne et les États-Unis » et a affirmé faire de l'intégration de l'Amérique du Sud une priorité.

2. L'Inde ou la tentation nationaliste

645 Au début des années 1990, l'Inde s'était lancée dans un programme de réformes économiques qui l'a libérée du carcan bureaucratique imposé dans les premières années de l'indépendance. À partir des années 2000, elle connaît des taux de croissance très élevés. Si la décélération récente ne peut être considérée comme la marque d'une tendance de long terme en raison du fort potentiel de son économie, elle peut cependant avoir un impact sur la gestion politique du pays, où les inégalités sont criantes. Le confinement imposé par le gouvernement indien pour combattre la pandémie de Covid-19 a révélé l'extrême précarité de dizaines de millions de travailleurs journaliers dans les grandes cités indiennes.

Sixième puissance économique mondiale par son PIB, l'Inde, passé devant la Chine en termes démographiques en avril 2023, avec une population de 1,43 milliard d'habitants, détient l'arme nucléaire et maintient un budget défense élevé (2,7 % du PIB). S'il accorde beaucoup d'importance aux relations avec ses voisins que sont le Pakistan, le Bangladesh, mais aussi le Népal et le Bhoutan, ainsi que deux États insulaires de l'océan Indien, le Sri Lanka et les Maldives, le gouvernement du Premier ministre Narendra Modi, du Parti du peuple indien (*Bharatiya Janata Party* ou BJP), a des liens économiques étroits avec la Chine, qui est son premier partenaire commercial, malgré un différend ancien au sujet de la frontière himalayenne, qui n'est toujours pas stabilisée. Après une éclipse dans les années 1990, l'Inde a étroitement renoué avec la Russie, avec laquelle elle a conclu de nombreux accords de coopération en 2021. Elle a d'ailleurs intégré en 2016, sur l'initiative de Pékin et de Moscou, l'Organisation de coopération de Shanghai. Parallèlement, le pays s'est rapproché des États-Unis, notamment à travers une coopération économique et militaire quadrilatérale, le QUAD, mais elle n'entend pas pour autant s'aligner sur la diplomatie américaine ni nouer d'alliance avec Washington.

3. L'Afrique du Sud

646 Si elle fait partie de ce qu'on a un temps appelé les « puissances émergentes », l'Afrique du Sud, qui, avec 59,3 millions d'habitants, se place loin derrière le géant démographique africain qu'est le Nigeria, se distingue, au sein du groupe des BRICS, par une tendance au décrochage de son économie : elle est certes la première économie d'Afrique australe et la deuxième en Afrique subsaharienne, derrière le Nigeria, mais le taux de croissance annuel moyen de son PIB est passé de plus de 3 % dans les années 2000 à moins de 2 %. Cela s'explique en raison de problèmes structurels : à la faiblesse du cours des matières premières s'ajoutent des scandales de corruption qui affaiblissent le pays (cela a notamment conduit à la démission du président Jacob Zuma début 2018).

Seul pays africain membre du G20, l'Afrique du Sud s'efforce d'exercer une influence forte au sein de l'Union africaine. Elle a pour priorité de participer, dans un cadre africain, à la stabilisation des nombreux États en crise du continent, au premier chef ceux de l'Afrique méridionale. Elle défend le principe, repris par l'Union africaine, des « solutions africaines aux problèmes africains » et se trouve parfois, de ce fait, dans une situation de rivalité feutrée avec la France.

* * *

Qu'ils soient puissants ou non, surpeuplés ou pas, émergents ou vieillissants, tous les États du monde sont aujourd'hui confrontés à des problèmes communs, qui touchent à la sécurité, à l'économie et à l'environnement. Dans un contexte rendu de plus en plus incertain par les effets du réchauffement climatique, les pays n'ont de cesse de chercher à assurer la survie de leur population, ce qui se traduit par une quête de puissance et des politiques économiques parfois offensives, qui mettent à mal le multilatéralisme qui s'était développé au sortir de la Guerre froide. Cette situation est mise en exergue par la guerre en Ukraine, qui non seulement est à l'origine de destructions humaines et matérielles massives, mais génère également une inflation galopante, susceptible de déstabiliser de nombreux pays, y compris les régimes démocratiques, où on assiste à une montée des courants populistes. Dans ce contexte fragile et inquiétant, les dirigeants politiques ont la responsabilité de donner la priorité à la sécurité humaine, aujourd'hui gravement menacée, et de repenser les liens entre crises et catastrophes. Plus que jamais, il convient de reconnaître que « tout est lié » (*Laudato Si*, pape François, 2015).

ANNEXE

Charte des Nations Unies

Nous, peuples des Nations Unies, résolus

à préserver les générations futures du fléau de la guerre qui deux fois en l'espace d'une vie humaine a infligé à l'humanité d'indicibles souffrances,

à proclamer à nouveau notre foi dans les droits fondamentaux de l'homme, dans la dignité et la valeur de la personne humaine, dans l'égalité de droits des hommes et des femmes, ainsi que des nations, grandes et petites,

à créer les conditions nécessaires au maintien de la justice et du respect des obligations nées des traités et autres sources du droit international,

à favoriser le progrès social et instaurer de meilleures conditions de vie dans une liberté plus grande,

et à ces fins

à pratiquer la tolérance, à vivre en paix l'un avec l'autre dans un esprit de bon voisinage,

à unir nos forces pour maintenir la paix et la sécurité internationales,

à accepter des principes et instituer des méthodes garantissant qu'il ne sera pas fait usage de la force des armes, sauf dans l'intérêt commun,

à recourir aux institutions internationales pour favoriser le progrès économique et social de tous les peuples,

Avons décidé d'associer nos efforts pour réaliser ces desseins

En conséquence, nos gouvernements respectifs, par l'intermédiaire de leurs représentants, réunis en la ville de San Francisco, et munis de pleins pouvoirs reconnus en bonne et due forme, ont adopté la présente Charte des Nations Unies et établissent par les présentes une organisation internationale qui prendra le nom de Nations Unies.

Chapitre I
Buts et principes

Article 1

Les buts des Nations Unies sont les suivants :

1. Maintenir la paix et la sécurité internationales et à cette fin : prendre des mesures collectives efficaces en vue de prévenir et d'écarter les menaces à la paix et de réprimer tout acte d'agression ou autre rupture de la paix, et réaliser, par des moyens pacifiques, conformément aux principes de la justice et du droit international, l'ajustement ou le règlement de différends ou de situations, de caractère international, susceptibles de mener à une rupture de la paix ;

2. Développer entre les nations des relations amicales fondées sur le respect du principe de l'égalité de droits des peuples et de leur droit à disposer d'eux-mêmes, et prendre toutes autres mesures propres à consolider la paix du monde ;

3. Réaliser la coopération internationale en résolvant les problèmes internationaux d'ordre économique, social, intellectuel ou humanitaire, en développant et en encourageant le respect des droits de l'homme et des libertés fondamentales pour tous, sans distinction de race, de sexe, de langue ou de religion ;

4. Être un centre où s'harmonisent les efforts des nations vers ces fins communes.

Article 2

L'Organisation des Nations Unies et ses Membres, dans la poursuite des buts énoncés à l'Article 1, doivent agir conformément aux principes suivants :

1. L'Organisation est fondée sur le principe de l'égalité souveraine de tous ses Membres.

2. Les Membres de l'Organisation, afin d'assurer à tous la jouissance des droits et avantages résultant, de leur qualité de Membre, doivent remplir de bonne foi les obligations qu'ils ont assumées aux termes de la présente Charte.

3. Les Membres de l'Organisation règlent leurs différends internationaux par des moyens pacifiques, de telle manière que la paix et la sécurité internationales ainsi que la justice ne soient pas mises en danger.

4. Les Membres de l'Organisation s'abstiennent, dans leurs relations internationales, de recourir à la menace ou à l'emploi de la force, soit contre l'intégrité territoriale ou l'indépendance politique de tout État, soit de toute autre manière incompatible avec les buts des Nations Unies.

5. Les Membres de l'Organisation donnent à celle-ci pleine assistance dans toute action entreprise par elle conformément aux dispositions de la présente Charte et s'abstiennent de prêter assistance à un État contre lequel l'Organisation entreprend une action préventive ou coercitive.

6. L'Organisation fait en sorte que les États qui ne sont pas Membres des Nations Unies agissent conformément à ces principes dans la mesure nécessaire au maintien de la paix et de la sécurité internationales.

7. Aucune disposition de la présente Charte n'autorise les Nations Unies à intervenir dans des affaires qui relèvent essentiellement de la compétence nationale d'un État ni n'oblige les Membres à soumettre des affaires de ce genre à une procédure de règlement aux termes de la présente Charte ; toutefois, ce principe ne porte en rien atteinte à l'application des mesures de coercition prévues au Chapitre VII.

Chapitre II
Membres

Article 3

Sont Membres originaires des Nations Unies les États qui, ayant participé à la Conférence des Nations Unies pour l'Organisation internationale à San Francisco ou ayant antérieurement signé la Déclaration des Nations Unies, en date du 1er janvier 1942, signent la présente Charte et la ratifient conformément à l'Article 110.

Article 4

1. Peuvent devenir Membres des Nations Unies tous autres États pacifiques qui acceptent les obligations de la présente Charte et, au jugement de l'Organisation, sont capables de les remplir et disposés à le faire.

2. L'admission comme Membre des Nations Unies de tout État remplissant ces conditions se fait par décision de l'Assemblée générale sur recommandation du Conseil de sécurité.

Article 5

Un Membre de l'Organisation contre lequel une action préventive ou coercitive a été entreprise par le Conseil de sécurité peut être suspendu par l'Assemblée générale, sur recommandation du Conseil de sécurité, de l'exercice des droits et privilèges inhérents à la qualité de Membre. L'exercice de ces droits et privilèges peut être rétabli par le Conseil de sécurité.

Article 6

Si un Membre de l'Organisation enfreint de manière persistante les principes énoncés dans la présente Charte, il peut être exclu de l'Organisation par l'Assemblée générale sur recommandation du Conseil de sécurité.

Chapitre III
Organes

Article 7

1. Il est créé comme organes principaux de l'Organisation des Nations Unies : une Assemblée générale, un Conseil de sécurité, un Conseil économique et social, un Conseil de tutelle, une Cour internationale de justice et un Secrétariat.

2. Les organes subsidiaires qui se révéleraient nécessaires pourront être créés conformément à la présente Charte.

Article 8

Aucune restriction ne sera imposée par l'Organisation à l'accès des hommes et des femmes, dans des conditions égales, à toutes les fonctions, dans ses organes principaux et subsidiaires.

Chapitre IV
Assemblée Générale

Composition

Article 9

1. L'Assemblée générale se compose de tous les Membres des Nations Unies.

2. Chaque Membre a cinq représentants au plus à l'Assemblée générale.

Fonctions et pouvoirs

Article 10

L'Assemblée générale peut discuter toutes questions ou affaires rentrant dans le cadre de la présente Charte ou se rapportant aux pouvoirs et fonctions de l'un quelconque des organes prévus dans la présente Charte, et, sous réserve des dispositions de l'Article 12, formuler sur ces questions ou affaires des recommandations aux Membres de l'Organisation des Nations Unies, au Conseil de sécurité, ou aux Membres de l'Organisation et au Conseil de sécurité.

Article 11

1. L'Assemblée générale peut étudier les principes généraux de coopération pour le maintien de la paix et de la sécurité internationales, y compris les principes régissant le désarmement et la réglementation des armements, et faire, sur ces principes, des recommandations soit aux Membres de l'Organisation, soit au Conseil de sécurité, soit aux Membres de l'Organisation et au Conseil de sécurité.

2. L'Assemblée générale peut discuter toutes questions se rattachant au maintien de la paix et de la sécurité internationales dont elle aura été saisie par l'une quelconque des Nations Unies, ou par le Conseil de sécurité, ou par un État qui n'est pas Membre de l'Organisation conformément aux dispositions du paragraphe 2 de l'Article 35, et, sous réserve de l'Article 12, faire sur toutes questions de ce genre des recommandations soit à l'État ou aux États intéressés, soit au Conseil de sécurité, soit aux États et au Conseil de sécurité. Toute question de ce genre qui appelle une action est renvoyée au Conseil de sécurité par l'Assemblée générale, avant ou après discussion.

3. L'Assemblée générale peut attirer l'attention du Conseil de sécurité sur les situations qui semblent devoir mettre en danger la paix et la sécurité internationales.

4. Les pouvoirs de l'Assemblée générale énumérés dans le présent Article ne limitent pas la portée générale de l'Article 10.

Article 12

1. Tant que le Conseil de sécurité remplit, à l'égard d'un différend ou d'une situation quelconque, les fonctions qui lui sont attribuées par la présente Charte, l'Assemblée générale ne doit faire aucune recommandation sur ce différend ou cette situation, à moins que le Conseil de sécurité ne le lui demande.

2. Le secrétaire général, avec l'assentiment du Conseil de sécurité, porte à la connaissance de l'Assemblée générale, lors de chaque session, les affaires relatives au maintien de la paix et de la sécurité internationales dont s'occupe le Conseil de sécurité ; il avise de même l'Assemblée générale ou, si l'Assemblée générale ne siège pas, les Membres de l'Organisation, dès que le Conseil de sécurité cesse de s'occuper desdites affaires.

Article 13

1. L'Assemblée générale provoque des études et fait des recommandations en vue de :

A. développer la coopération internationale dans le domaine politique et encourager le développement progressif du droit international et sa codification ;
B. développer la coopération internationale dans les domaines économique, social, de la culture intellectuelle et de l'éducation, de la santé publique, et faciliter pour tous, sans distinction de race, de sexe, de langue ou de religion,

la jouissance des droits de l'homme et des libertés fondamentales.

2. Les autres responsabilités, fonctions et pouvoirs de l'Assemblée générale, relativement aux questions mentionnées au paragraphe 1 b ci-dessus, sont énoncés aux Chapitres IX et X.

Article 14

Sous réserve des dispositions de l'Article 12, l'Assemblée générale peut recommander les mesures propres à assurer l'ajustement pacifique de toute situation, quelle qu'en soit l'origine, qui lui semble de nature à nuire au bien général ou à compromettre les relations amicales entre nations, y compris les situations résultant d'une infraction aux dispositions de la présente Charte où sont énoncés les buts et les principes des Nations Unies.

Article 15

1. L'Assemblée générale reçoit et étudie les rapports annuels et les rapports spéciaux du Conseil de sécurité ; ces rapports comprennent un compte rendu des mesures que le Conseil de sécurité a décidées ou prises pour maintenir la paix et la sécurité internationales.

2. L'Assemblée générale reçoit et étudie les rapports des autres organes de l'Organisation.

Article 16

L'Assemblée générale remplit, en ce qui concerne le régime international de tutelle, les fonctions qui lui sont dévolues en vertu des Chapitres XII et XIII ; entre autres, elle approuve les accords de tutelle relatifs aux zones non désignées comme zones stratégiques.

Article 17

1. L'Assemblée générale examine et approuve le budget de l'Organisation.

2. Les dépenses de l'Organisation sont supportées par les Membres selon la répartition fixée par l'Assemblée générale.

3. L'Assemblée générale examine et approuve tous arrangements financiers et budgétaires passés avec les institutions spécialisées visées à l'Article 57 et examine les budgets administratifs desdites institutions en vue de leur adresser des recommandations.

VOTE

Article 18

1. Chaque membre de l'Assemblée générale dispose d'une voix.

2. Les décisions de l'Assemblée générale sur les questions importantes sont prises à la majorité des deux tiers des membres présents et votants. Sont considérées comme questions importantes : les recommandations relatives au maintien de la paix et de la sécurité internationales, l'élection des membres non permanents du Conseil de sécurité, l'élection des membres du Conseil économique et social, l'élection des membres du Conseil de tutelle conformément au paragraphe 1 c de l'Article 86, l'admission de nouveaux Membres dans l'Organisation, la suspension des droits et privilèges de Membres, l'exclusion de Membres, les questions relatives au fonctionnement du régime de tutelle et les questions budgétaires.

3. Les décisions, sur d'autres questions, y compris la détermination de nouvelles catégories de questions à trancher à la majorité des deux tiers, sont prises à la majorité des membres présents et votants.

Article 19

Un Membre des Nations Unies en retard dans le paiement de sa contribution aux dépenses de l'Organisation ne peut participer au vote à l'Assemblée générale si le montant de ses arriérés est égal ou supérieur à la contribution due par lui pour les deux années complètes écoulées. L'Assemblée générale peut néanmoins autoriser ce Membre à participer au vote si elle constate que le manquement est dû à des circonstances indépendantes de sa volonté.

PROCÉDURE

Article 20

L'Assemblée générale tient une session annuelle régulière et, lorsque les circonstances l'exigent, des sessions extraordinaires. Celles-ci sont convoquées par le secrétaire général sur la demande du Conseil de sécurité ou de la majorité des Membres des Nations Unies.

Article 21

L'Assemblée générale établit son règlement intérieur. Elle désigne son Président pour chaque session.

Article 22

L'Assemblée générale peut créer les organes subsidiaires qu'elle juge nécessaires à l'exercice de ses fonctions.

Chapitre V
Conseil de sécurité

COMPOSITION

Article 23

1. Le Conseil de sécurité se compose de quinze Membres de l'Organisation. La

République de Chine, la France, l'Union des Républiques socialistes soviétiques, le Royaume-Uni de Grande-Bretagne et d'Irlande du Nord et les États-Unis d'Amérique sont membres permanents du Conseil de sécurité. Dix autres Membres de l'Organisation sont élus, à titre de membres non permanents du Conseil de sécurité, par l'Assemblée générale qui tient spécialement compte, en premier lieu, de la contribution des Membres de l'Organisation au maintien de la paix et de la sécurité internationales et aux autres fins de l'Organisation, et aussi d'une répartition géographique équitable.

2. Les membres non permanents du Conseil de sécurité sont élus pour une période de deux ans. Lors de la première élection des membres non permanents après que le nombre des membres du Conseil de sécurité aura été porté de onze à quinze, deux des quatre membres supplémentaires seront élus pour une période d'un an. Les membres sortants ne sont pas immédiatement rééligibles.

3. Chaque membre du Conseil de sécurité a un représentant au Conseil.

Fonctions et pouvoirs

Article 24

1. Afin d'assurer l'action rapide et efficace de l'Organisation, ses Membres confèrent au Conseil de sécurité la responsabilité principale du maintien de la paix et de la sécurité internationales et reconnaissent qu'en s'acquittant des devoirs que lui impose cette responsabilité le Conseil de sécurité agit en leur nom.

2. Dans l'accomplissement de ces devoirs, le Conseil de sécurité agit conformément aux buts et principes des Nations Unies. Les pouvoirs spécifiques accordés au Conseil de sécurité pour lui permettre d'accomplir lesdits devoirs sont définis aux Chapitres VI, VII, VIII et XII.

3. Le Conseil de sécurité soumet pour examen des rapports annuels et, le cas échéant, des rapports spéciaux à l'Assemblée générale.

Article 25

Les Membres de l'Organisation conviennent d'accepter et d'appliquer les décisions du Conseil de sécurité conformément à la présente Charte.

Article 26

Afin de favoriser l'établissement et le maintien de la paix et de la sécurité internationales en ne détournant vers les armements que le minimum des ressources humaines et économiques du monde, le Conseil de sécurité est chargé, avec l'assistance du Comité d'état-major prévu à l'Article 47, d'élaborer des plans qui seront soumis aux Membres de l'Organisation en vue d'établir un système de réglementation des armements.

Vote

Article 27

1. Chaque membre du Conseil de sécurité dispose d'une voix.

2. Les décisions du Conseil de sécurité sur des questions de procédure sont prises par un vote affirmatif de neuf membres.

3. Les décisions du Conseil de sécurité sur toutes autres questions sont prises par un vote affirmatif de neuf de ses membres dans lequel sont comprises les voix de tous les membres permanents, étant entendu que, dans les décisions prises aux termes du Chapitre VI et du paragraphe 3 de l'Article 52, une partie à un différend s'abstient de voter.

Procédure

Article 28

1. Le Conseil de sécurité est organisé de manière à pouvoir exercer ses fonctions en permanence. À cet effet, chaque membre du Conseil de sécurité doit avoir en tout temps un représentant au Siège de l'Organisation.

2. Le Conseil de sécurité tient des réunions périodiques auxquelles chacun de ses membres peut, s'il le désire, se faire représenter par un membre de son gouvernement ou par quelque autre représentant spécialement désigné.

3. Le Conseil de sécurité peut tenir des réunions à tous endroits autres que le Siège de l'Organisation qu'il juge les plus propres à faciliter sa tâche.

Article 29

Le Conseil de sécurité peut créer les organes subsidiaires qu'il juge nécessaires à l'exercice de ses fonctions.

Article 30

Le Conseil de sécurité établit son règlement intérieur, dans lequel il fixe le mode de désignation de son Président.

Article 31

Tout Membre de l'Organisation qui n'est pas membre du Conseil de sécurité peut participer, sans droit de vote, à la discussion de toute question soumise au Conseil de sécurité, chaque fois que celui-ci estime que les intérêts de ce Membre sont particulièrement affectés.

Article 32

Tout Membre des Nations Unies qui n'est pas membre du Conseil de sécurité ou tout État qui n'est pas Membre des Nations Unies, s'il est partie à un différend examiné par le Conseil de sécurité, est convié à participer, sans droit de vote, aux discussions relatives à ce différend. Le Conseil de sécurité détermine les conditions qu'il estime juste de mettre à la participation d'un État qui n'est pas Membre de l'Organisation.

Chapitre VI

Règlement pacifique des différends

Article 33

1. Les parties à tout différend dont la prolongation est susceptible de menacer le maintien de la paix et de la sécurité internationales doivent en rechercher la solution, avant tout, par voie de négociation, d'enquête, de médiation, de conciliation, d'arbitrage, de règlement judiciaire, de recours aux organismes ou accords régionaux, ou par d'autres moyens pacifiques de leur choix.

2. Le Conseil de sécurité, s'il le juge nécessaire, invite les parties à régler leur différend par de tels moyens.

Article 34

Le Conseil de sécurité peut enquêter sur tout différend ou toute situation qui pourrait entraîner un désaccord entre nations ou engendrer un différend, afin de déterminer si la prolongation de ce différend ou de cette situation semble devoir menacer le maintien de la paix et de la sécurité internationales.

Article 35

1. Tout Membre de l'Organisation peut attirer l'attention du Conseil de sécurité ou de l'Assemblée générale sur un différend ou une situation de la nature visée dans l'Article 34.

2. Un État qui n'est pas Membre de l'Organisation peut attirer l'attention du Conseil de sécurité ou de l'Assemblée générale sur tout différend auquel il est partie, pourvu qu'il accepte préalablement, aux fins de ce différend, les obligations de règlement pacifique prévues dans la présente Charte.

3. Les actes de l'Assemblée générale relativement aux affaires portées à son attention en vertu du présent Article sont soumis aux dispositions des Articles 11 et 12.

Article 36

1. Le Conseil de sécurité peut, à tout moment de l'évolution d'un différend de la nature mentionnée à l'Article 33 ou d'une situation analogue, recommander les procédures ou méthodes d'ajustement appropriées.

2. Le Conseil de sécurité devra prendre en considération toutes procédures déjà adoptées par les parties pour le règlement de ce différend.

3. En faisant les recommandations prévues au présent Article, le Conseil de sécurité doit aussi tenir compte du fait que, d'une manière générale, les différends d'ordre juridique devraient être soumis par les parties à la Cour internationale de justice conformément aux dispositions du Statut de la Cour.

Article 37

1. Si les parties à un différend de la nature mentionnée à l'Article 33 ne réussissent pas à le régler par les moyens indiqués audit Article, elles le soumettent au Conseil de sécurité.

2. Si le Conseil de sécurité estime que la prolongation du différend semble, en fait, menacer le maintien de la paix et de la sécurité internationales, il décide s'il doit agir en application de l'Article 36 ou recommander tels termes de règlement qu'il juge appropriés.

Article 38

Sans préjudice des dispositions des Articles 33 à 37, le Conseil de sécurité peut, si toutes les parties à un différend le demandent, faire des recommandations à celles-ci en vue d'un règlement pacifique de ce différend.

Chapitre VII

Action en cas de menace contre la paix, de rupture de la paix et d'acte d'agression

Article 39

Le Conseil de sécurité constate l'existence d'une menace contre la paix, d'une rupture de la paix ou d'un acte d'agression et fait des recommandations ou décide quelles mesures seront prises conformément aux Articles 41 et 42 pour maintenir ou rétablir la paix et la sécurité internationales.

Article 40

Afin d'empêcher la situation de s'aggraver, le Conseil de sécurité, avant de faire les recommandations ou de décider des mesures à prendre conformément à l'Article 39, peut inviter les parties intéressées à se conformer aux mesures provisoires qu'il juge nécessaires ou souhaitables. Ces mesures provisoires ne préjugent en rien les droits, les prétentions ou la position des parties intéressées. En cas de non-exécution de ces mesures provisoires, le Conseil de sécurité tient dûment compte de cette défaillance.

Article 41

Le Conseil de sécurité peut décider quelles mesures n'impliquant pas l'emploi de la force armée doivent être prises pour donner effet à ses décisions, et peut inviter les Membres des Nations Unies à appliquer ces mesures. Celles-ci peuvent comprendre l'interruption complète ou partielle des relations économiques et des communications ferroviaires, maritimes, aériennes, postales, télégraphiques, radioélectriques et des autres moyens de communication, ainsi que la rupture des relations diplomatiques.

Article 42

Si le Conseil de sécurité estime que les mesures prévues à l'Article 41 seraient inadéquates ou qu'elles se sont révélées telles, il peut entreprendre, au moyen de forces aériennes, navales ou terrestres, toute action qu'il juge nécessaire au maintien ou au rétablissement de la paix et de la sécurité internationales. Cette action peut comprendre des démonstrations, des mesures de blocus et d'autres opérations exécutées par des forces aériennes, navales ou terrestres de Membres des Nations Unies.

Article 43

1. Tous les Membres des Nations Unies, afin de contribuer au maintien de la paix et de la sécurité internationales, s'engagent à mettre à la disposition du Conseil de sécurité, sur son invitation et conformément à un accord spécial ou à des accords spéciaux, les forces armées, l'assistance et les facilités, y compris le droit de passage, nécessaires au maintien de la paix et de la sécurité internationales.

2. L'accord ou les accords susvisés fixeront les effectifs et la nature de ces forces, leur degré de préparation et leur emplacement général, ainsi que la nature des facilités et de l'assistance à fournir.

3. L'accord ou les accords seront négociés aussitôt que possible, sur l'initiative du Conseil de sécurité. Ils seront conclus entre le Conseil de sécurité et des Membres de l'Organisation, ou entre le Conseil de sécurité et des groupes de Membres de l'Organisation, et devront être ratifiés par les États signataires selon leurs règles constitutionnelles respectives.

Article 44

Lorsque le Conseil de sécurité a décidé de recourir à la force, il doit, avant d'inviter un Membre non représenté au Conseil à fournir des forces armées en exécution des obligations contractées en vertu de l'Article 43, convier ledit Membre, si celui-ci le désire, à participer aux décisions du Conseil de sécurité touchant l'emploi de contingents des forces armées de ce Membre.

Article 45

Afin de permettre à l'Organisation de prendre d'urgence des mesures d'ordre militaire, des Membres des Nations Unies maintiendront des contingents nationaux de forces aériennes immédiatement utilisables en vue de l'exécution combinée d'une action coercitive internationale. Dans les limites prévues par l'accord spécial ou les accords spéciaux mentionnés à l'Article 43, le Conseil de sécurité, avec l'aide du Comité d'état-major, fixe l'importance et le degré de préparation de ces contingents et établit des plans prévoyant leur action combinée.

Article 46

Les plans pour l'emploi de la force armée sont établis par le Conseil de sécurité avec l'aide du Comité d'état-major.

Article 47

1. Il est établi un Comité d'état-major chargé de conseiller et d'assister le Conseil de sécurité pour tout ce qui concerne les moyens d'ordre militaire nécessaires au Conseil pour maintenir la paix et la sécurité internationales, l'emploi et le commandement des forces mises à sa disposition, la réglementation des armements et le désarmement éventuel.

2. Le Comité d'état-major se compose des chefs d'état-major des membres permanents du Conseil de sécurité ou de leurs représentants. Il convie tout Membre des Nations Unies qui n'est pas représenté au Comité d'une façon permanente à s'associer à lui, lorsque la participation de ce Membre à ses travaux lui est nécessaire pour la bonne exécution de sa tâche.

3. Le Comité d'état-major est responsable, sous l'autorité du Conseil de sécurité, de la direction stratégique de toutes forces armées mises à la disposition du Conseil. Les questions relatives au commandement de ces forces seront réglées ultérieurement.

4. Des sous-comités régionaux du Comité d'état-major peuvent être établis par lui avec l'autorisation du Conseil de sécurité et après consultation des organismes régionaux appropriés.

Article 48

1. Les mesures nécessaires à l'exécution des décisions du Conseil de sécurité pour le maintien de la paix et de la sécurité internationales sont prises par tous les Membres des Nations Unies ou certains d'entre eux, selon l'appréciation du Conseil.

2. Ces décisions sont exécutées par les Membres des Nations Unies directement et grâce à leur action dans les organismes internationaux appropriés dont ils font partie.

Article 49

Les Membres des Nations Unies s'associent pour se prêter mutuellement assistance dans l'exécution des mesures arrêtées par le Conseil de sécurité.

Article 50

Si un État est l'objet de mesures préventives ou coercitives prises par le Conseil de sécurité, tout autre État, qu'il soit ou non Membre des Nations Unies, s'il se trouve en présence de difficultés économiques particulières dues à l'exécution desdites mesures, a le droit de consulter le Conseil de sécurité au sujet de la solution de ces difficultés.

Article 51

Aucune disposition de la présente Charte ne porte atteinte au droit naturel de légitime défense, individuelle ou collective, dans le cas où un Membre des Nations Unies est l'objet d'une agression armée, jusqu'à ce que le Conseil de sécurité ait pris les mesures nécessaires pour maintenir la paix et la sécurité internationales. Les mesures prises par des Membres dans l'exercice de ce droit de légitime défense sont immédiatement portées à la connaissance du Conseil de sécurité et n'affectent en rien le pouvoir et le devoir qu'a le Conseil, en vertu de la présente Charte, d'agir à tout moment de la manière qu'il juge nécessaire pour maintenir ou rétablir la paix et la sécurité internationales.

Chapitre VIII

Accords régionaux

Article 52

1. Aucune disposition de la présente Charte ne s'oppose à l'existence d'accords ou d'organismes régionaux destinés à régler les affaires qui, touchant au maintien de la paix et de la sécurité internationales, se prêtent à une action de caractère régional, pourvu que ces accords ou ces organismes et leur activité soient compatibles avec les buts et les principes des Nations Unies.

2. Les Membres des Nations Unies qui concluent ces accords ou constituent ces organismes doivent faire tous leurs efforts pour régler d'une manière pacifique, par le moyen desdits accords ou organismes, les différends d'ordre local, avant de les soumettre au Conseil de sécurité.

3. Le Conseil de sécurité encourage le développement du règlement pacifique des différends d'ordre local par le moyen de ces accords ou de ces organismes régionaux, soit sur l'initiative des États intéressés, soit sur renvoi du Conseil de sécurité.

4. Le présent Article n'affecte en rien l'application des Articles 34 et 35

Article 53

1. Le Conseil de sécurité utilise, s'il y a lieu, les accords ou organismes régionaux pour l'application des mesures coercitives prises sous son autorité. Toutefois, aucune action coercitive ne sera entreprise en vertu d'accords régionaux ou par des organismes régionaux sans l'autorisation du Conseil de sécurité ; sont exceptées les mesures contre tout État ennemi au sens de la définition donnée au paragraphe 2 du présent Article, prévues en application de l'Article 107 ou dans les accords régionaux dirigés contre la reprise, par un tel État, d'une politique d'agression, jusqu'au moment où l'Organisation pourra, à la demande des gouvernements intéressés, être chargée de la tâche de prévenir toute nouvelle agression de la part d'un tel État.

2. Le terme « État ennemi », employé au paragraphe 1 du présent Article, s'applique à tout État qui, au cours de la Seconde Guerre mondiale, a été l'ennemi de l'un quelconque des signataires de la présente Charte.

Article 54

Le Conseil de sécurité doit, en tout temps, être tenu pleinement au courant de toute action entreprise ou envisagée, en vertu d'accords régionaux ou par des organismes régionaux, pour le maintien de la paix et de la sécurité internationales.

Chapitre IX

Coopération économique et sociale internationale

Article 55

En vue de créer les conditions de stabilité et de bien-être nécessaires pour assurer entre les nations des relations pacifiques et amicales fondées sur le respect du principe de l'égalité des droits des peuples et de leur droit à disposer d'eux-mêmes, les Nations Unies favoriseront :

F. le relèvement des niveaux de vie, le plein emploi et des conditions de progrès et de développement dans l'ordre économique et social ;

G. la solution des problèmes internationaux dans les domaines économique, social, de la santé publique et autres problèmes connexes, et la coopération internationale dans les domaines de la culture intellectuelle et de l'éducation ;

H. le respect universel et effectif des droits de l'homme et des libertés fondamentales pour tous, sans distinction de race, de sexe, de langue ou de religion.

Article 56

Les Membres s'engagent, en vue d'atteindre les buts énoncés à l'Article 55, à agir, tant conjointement que séparément, en coopération avec l'Organisation.

Article 57

1. Les diverses institutions spécialisées créées par accords intergouvernementaux et pourvues, aux termes de leurs statuts, d'attributions internationales étendues dans les domaines économique, social, de la culture intellectuelle et de l'éducation, de la santé publique et autres domaines connexes, sont reliées à l'Organisation conformément aux dispositions de l'Article 63.

2. Les institutions ainsi reliées à l'organisation sont désignées ci-après par l'expression « institutions spécialisées ».

Article 58

L'Organisation fait des recommandations en vue de coordonner les programmes et activités des institutions spécialisées.

Article 59

L'Organisation provoque, lorsqu'il y a lieu, des négociations entre les États intéressés en vue de la création de toutes nouvelles institutions spécialisées nécessaires pour atteindre les buts énoncés à l'Article 55.

Article 60

L'Assemblée générale et, sous son autorité, le Conseil économique et social, qui dispose à cet effet des pouvoirs qui lui sont attribués aux termes du Chapitre X, sont chargés de remplir les fonctions de l'Organisation énoncées au présent Chapitre.

Chapitre X

Conseil Economique et Social

COMPOSITION

Article 61

1. Le Conseil économique et social se compose de cinquante-quatre Membres de l'Organisation des Nations Unies, élus par l'Assemblée générale.

2. Sous réserve des dispositions du paragraphe 3, dix-huit membres du Conseil économique et social sont élus chaque année pour une période de trois ans. Les membres sortants sont immédiatement rééligibles.

3. Lors de la première élection qui aura lieu après que le nombre des membres du Conseil économique et social aura été porté de vingt-sept à cinquante-quatre, vingt-sept membres seront élus en plus de ceux qui auront été élus en remplacement des neuf membres dont le mandat viendra à expiration à la fin de l'année. Le mandat de neuf de ces vingt-sept membres supplémentaires expirera au bout d'un an et celui de neuf autres au bout de deux ans, selon les dispositions prises par l'Assemblée générale.

4. Chaque membre du Conseil économique et social a un représentant au Conseil.

FONCTIONS ET POUVOIRS

Article 62

1. Le Conseil économique et social peut faire ou provoquer des études et des rapports sur des questions internationales dans les domaines économique, social, de la culture intellectuelle et de l'éducation, de la santé publique et autres domaines connexes et peut adresser des recommandations sur toutes ces questions à l'Assemblée générale, aux Membres de l'Organisation et aux institutions spécialisées intéressées.

2. Il peut faire des recommandations en vue d'assurer le respect effectif des droits de l'homme et des libertés fondamentales pour tous.

3. Il peut, sur des questions de sa compétence, préparer des projets de convention pour les soumettre à l'Assemblée générale.

4. Il peut convoquer, conformément aux règles fixées par l'Organisation, des conférences internationales sur des questions de sa compétence.

Article 63

1. Le Conseil économique et social peut conclure, avec toute institution visée à l'Article 57, des accords fixant les conditions dans lesquelles cette institution sera reliée à l'Organisation. Ces accords sont soumis à l'approbation de l'Assemblée générale.

2. Il peut coordonner l'activité des institutions spécialisées en se concertant avec elles, en leur adressant des recommandations, ainsi qu'en adressant des recommandations à l'Assemblée générale et avec Membres des Nations Unies.

Article 64

1. Le Conseil économique et social peut prendre toutes mesures utiles pour recevoir des rapports réguliers des institutions spécialisées. Il peut s'entendre avec les Membres de l'Organisation et avec les institutions spécialisées afin de recevoir des rapports sur les mesures prises en exécution de ses propres recommandations et des recommandations

de l'Assemblée générale sur des objets relevant de la compétence du Conseil.

2. Il peut communiquer à l'Assemblée générale ses observations sur ces rapports.

Article 65

Le Conseil économique et social peut fournir des informations au Conseil de sécurité et l'assister si celui-ci le demande.

Article 66

1. Le Conseil économique et social, dans l'exécution des recommandations de l'Assemblée générale, s'acquitte de toutes les fonctions qui entrent dans sa compétence.

2. Il peut, avec l'approbation de l'Assemblée générale, rendre les services qui lui seraient demandés par des Membres de l'Organisation ou par des institutions spécialisées.

3. Il s'acquitte des autres fonctions qui lui sont dévolues dans d'autres parties de la présente Charte ou qui peuvent lui être attribuées par l'Assemblée générale.

Vote

Article 67

1. Chaque membre du Conseil économique et social dispose d'une voix.

2. Les décisions du Conseil économique et social sont prises à la majorité des membres présents et votants.

Procédure

Article 68

Le Conseil économique et social institue des commissions pour les questions économiques et sociales et le progrès des droits de l'homme ainsi que toutes autres commissions nécessaires à l'exercice de ses fonctions.

Article 69

Le Conseil économique et social, lorsqu'il examine une question qui intéresse particulièrement un Membre de l'Organisation, convie celui-ci à participer, sans droit de vote, à ses délibérations.

Article 70

Le Conseil économique et social peut prendre toutes dispositions pour que des représentants des institutions spécialisées participent, sans droit de vote, à ses délibérations et à celles des commissions instituées par lui, et pour que ses propres représentants participent aux délibérations des institutions spécialisées.

Article 71

Le Conseil économique et social peut prendre toutes dispositions utiles pour consulter les organisations non gouvernementales qui s'occupent de questions relevant de sa compétence. Ces dispositions peuvent s'appliquer à des organisations internationales et, s'il y a lieu, à des organisations nationales après consultation du Membre intéressé de l'Organisation.

Article 72

1. Le Conseil économique et social adopte son règlement intérieur, dans lequel il fixe le mode de désignation de son président.

2. Il se réunit selon les besoins, conformément à son règlement ; celui-ci comportera des dispositions prévoyant la convocation du Conseil sur la demande de la majorité de ses membres.

Chapitre XI
Déclaration relative aux territoires non autonomes

Article 73

Les Membres des Nations Unies qui ont ou qui assument la responsabilité d'administrer des territoires dont les populations ne s'administrent pas encore complètement elles-mêmes reconnaissent le principe de la primauté des intérêts des habitants de ces territoires. Ils acceptent comme une mission sacrée l'obligation de favoriser dans toute la mesure du possible leur prospérité, dans le cadre du système de paix et de sécurité internationales établi par la présente Charte et, à cette fin :

A. d'assurer, en respectant la culture des populations en question, leur progrès politique, économique et social, ainsi que le développement de leur instruction, de les traiter avec équité et de les protéger contre les abus ;
B. de développer leur capacité de s'administrer elles-mêmes de tenir compte des aspirations politiques des populations et de les aider dans le développement progressif de leurs libres institutions politiques dans la mesure appropriée aux conditions particulières de chaque territoire et de ses populations et à leurs degrés variables de développement ;
C. d'affermir la paix et la sécurité internationales ;
D. de favoriser des mesures constructives de développement, d'encourager des travaux de recherche, de coopérer entre eux et, quand les circonstances s'y prêteront, avec les organismes internationaux spécialisés, en vue d'atteindre effectivement les buts sociaux,

économiques et scientifiques énoncés au présent Article ;

E. de communiquer régulièrement au secrétaire général, à titre d'information, sous réserve des exigences de la sécurité et de considérations d'ordre constitutionnel, des renseignements statistiques et autres de nature technique relatifs aux conditions économiques, sociales et de l'instruction dans les territoires dont ils sont respectivement responsables, autres que ceux auxquels s'appliquent les Chapitres XII et XIII.

Article 74

Les Membres de l'Organisation reconnaissent aussi que leur politique doit être fondée, autant dans les territoires auxquels s'applique le présent Chapitre que dans leurs territoires métropolitains sur le principe général du bon voisinage dans le domaine social, économique et commercial, compte tenu des intérêts et de la prospérité du reste du monde.

Chapitre XII
Régime international de tutelle

Article 75

L'Organisation des Nations Unies établira, sous son autorité, un régime international de tutelle pour l'administration et la surveillance des territoires qui pourront être placés sous ce régime en vertu d'accords particuliers ultérieurs. Ces territoires sont désignés ci-après par l'expression « territoires sous tutelle ».

Article 76

Conformément aux buts des Nations Unies, énoncés à l'Article 1 de la présente Charte, les fins essentielles du régime de tutelle sont les suivantes :

A. affermir la paix et la sécurité internationales ;

B. favoriser le progrès politique, économique et social des populations des territoires sous tutelle ainsi que le développement de leur instruction ; favoriser également leur évolution progressive vers la capacité à s'administrer eux-mêmes ou l'indépendance, compte tenu des conditions particulières à chaque territoire et à ses populations, des aspirations librement exprimées des populations intéressées et des dispositions qui pourront être prévues dans chaque accord de tutelle ;

C. encourager le respect des droits de l'homme et des libertés fondamentales pour tous, sans distinction de race, de sexe, de langue ou de religion, et développer le sentiment de l'interdépendance des peuples du monde ;

D. assurer l'égalité de traitement dans le domaine social, économique et commercial à tous les Membres de l'Organisation et à leurs ressortissants ; assurer de même à ces derniers l'égalité de traitement dans l'administration de la justice, sans porter préjudice à la réalisation des fins énoncées ci-dessus et sous réserve des dispositions de l'Article 80.

Article 77

1. Le régime de tutelle s'appliquera aux territoires entrant dans les catégories ci-dessous et qui viendraient à être placés sous ce régime en vertu d'accords de tutelle :

A. territoires actuellement sous mandat ;

B. territoires qui peuvent être détachés d'États ennemis par suite de la Seconde Guerre mondiale ;

C. territoires volontairement placés sous ce régime par les États responsables de leur administration.

2. Un accord ultérieur déterminera quels territoires, entrant dans les catégories susmentionnées, seront placés sous le régime de tutelle, et dans quelles conditions.

Article 78

Le régime de tutelle ne s'appliquera pas aux pays devenus Membres des Nations Unies, les relations entre celles-ci devant être fondées sur le respect du principe de l'égalité souveraine.

Article 79

Les termes du régime de tutelle, pour chacun des territoires à placer sous ce régime, de même que les modifications et amendements qui peuvent y être apportés, feront l'objet d'un accord entre les États directement intéressés, y compris la Puissance mandataire dans le cas de territoires sous mandat d'un Membre des Nations Unies, et seront approuvés conformément aux Articles 83 et 85.

Article 80

1. À l'exception de ce qui peut être convenu dans les accords particuliers de tutelle conclus conformément aux Articles 77, 79 et 81 et plaçant chaque territoire sous le régime de tutelle, et jusqu'à ce que ces accords aient été conclus, aucune disposition du présent Chapitre ne sera interprétée comme modifiant directement ou indirectement en aucune manière les droits quelconques d'aucun État ou d'aucun peuple ou les dispositions d'actes internationaux en

vigueur auxquels des Membres de l'Organisation peuvent être parties.

2. Le paragraphe 1 du présent Article ne doit pas être interprété comme motivant un retard ou un ajournement de la négociation et de la conclusion d'accords destinés à placer sous le régime de tutelle des territoires sous mandat ou d'autres territoires ainsi qu'il est prévu à l'Article 77.

Article 81

L'accord de tutelle comprend, dans chaque cas, les conditions dans lesquelles le territoire sous tutelle sera administré et désigne l'autorité qui en assurera l'administration. Cette autorité, désignée ci-après par l'expression « autorité chargée de l'administration », peut être constituée par un ou plusieurs États ou par l'Organisation elle-même.

Article 82

Un accord de tutelle peut désigner une ou plusieurs zones stratégiques pouvant comprendre tout ou partie du territoire sous tutelle auquel l'accord s'applique, sans préjudice de tout accord spécial ou de tous accords spéciaux conclus en application de l'Article 43.

Article 83

1. En ce qui concerne les zones stratégiques, toutes les fonctions dévolues à l'Organisation, y compris l'approbation des termes des accords de tutelle ainsi que de la modification ou de l'amendement éventuels de ceux-ci, sont exercées par le Conseil de sécurité.

2. Les fins essentielles énoncées à l'Article 76 valent pour la population de chacune des zones stratégiques.

3. Le Conseil de sécurité, eu égard aux dispositions des accords de tutelle et sous réserve des exigences de la sécurité, aura recours à l'assistance du Conseil de tutelle dans l'exercice des fonctions assumées par l'Organisation, au titre du régime de tutelle, en matière politique, économique et sociale, et en matière d'instruction, dans les zones stratégiques.

Article 84

L'autorité chargée de l'administration a le devoir de veiller à ce que le territoire sous tutelle apporte sa contribution au maintien de la paix et de la sécurité internationales. À cette fin, elle peut utiliser des contingents de volontaires, les facilités et l'aide du territoire sous tutelle pour remplir les obligations qu'elle a contractées à cet égard envers le Conseil de sécurité, ainsi que pour assurer la défense locale et le maintien de l'ordre à l'intérieur du territoire sous tutelle.

Article 85

1. En ce qui concerne les accords de tutelle relatifs à toutes les zones qui ne sont pas désignées comme zones stratégiques, les fonctions de l'Organisation, y compris l'approbation des termes des accords de tutelle et de leur modification ou amendement, sont exercées par l'Assemblée générale.

2. Le Conseil de tutelle, agissant sous l'autorité de l'Assemblée générale, assiste celle-ci dans l'accomplissement de ces tâches.

Chapitre XIII

Conseil de tutelle

COMPOSITION

Article 86

1. Le Conseil de tutelle se compose des Membres suivants des Nations Unies :

U. les Membres chargés d'administrer des territoires sous tutelle ;

V. ceux des Membres désignés nommément à l'Article 23 qui n'administrent pas de territoires sous tutelle ;

W. autant d'autres Membres élus pour trois ans, par l'Assemblée générale, qu'il sera nécessaire pour que le nombre total des membres du Conseil de tutelle se partage également entre les Membres des Nations Unies qui administrent des territoires sous tutelle et ceux qui n'en administrent pas.

2. Chaque membre du Conseil de tutelle désigne une personne particulièrement qualifiée pour le représenter au Conseil.

FONCTIONS ET POUVOIRS

Article 87

L'Assemblée générale et, sous son autorité, le Conseil de tutelle, dans l'exercice de leurs fonctions peuvent :

A. examiner les rapports soumis par l'autorité chargée de l'administration ;
B. recevoir des pétitions et les examiner en consultation avec ladite autorité ;
C. faire procéder à des visites périodiques dans les territoires administrés par ladite autorité, à des dates convenues avec elle ;
D. prendre ces dispositions et toutes autres conformément aux termes des accords de tutelle.

Article 88

Le Conseil de tutelle établit un questionnaire portant sur les progrès des habitants de chaque territoire sous tutelle dans les domaines politique, économique et social et dans celui de l'instruction ; l'autorité chargée de l'administration de chaque territoire sous tutelle relevant de la compétence de l'Assemblée générale adresse à celle-ci un rapport annuel fondé sur le questionnaire précité.

VOTE

Article 89

1. Chaque membre du Conseil de tutelle dispose d'une voix.

2. Les décisions du Conseil de tutelle sont prises à la majorité des membres présents et votants.

PROCÉDURE

Article 90

1. Le Conseil de tutelle adopte son règlement intérieur, dans lequel il fixe le mode de désignation de son Président.

2. Il se réunit selon les besoins, conformément à son règlement ; celui-ci comprend des dispositions prévoyant la convocation du Conseil à la demande de la majorité de ses membres.

Article 91

Le Conseil de tutelle recourt, quand il y a lieu, à l'assistance du Conseil économique et social et à celle des institutions spécialisées, pour les questions qui relèvent de leurs compétences respectives.

Chapitre XIV
COUR INTERNATIONALE DE JUSTICE

Article 92

La Cour internationale de justice constitue l'organe judiciaire principal des Nations Unies. Elle fonctionne conformément à un Statut établi sur la base du Statut de la Cour permanente de justice internationale et annexé à la présente Charte dont il fait partie intégrante.

Article 93

1. Tous les Membres des Nations Unies sont *ipso facto* parties au Statut de la Cour internationale de justice.

2. Les conditions dans lesquelles les États qui ne sont pas Membres de l'Organisation peuvent devenir parties au Statut de la Cour internationale de justice sont déterminées, dans chaque cas, par l'Assemblée générale sur recommandation du Conseil de sécurité.

Article 94

1. Chaque Membre des Nations Unies s'engage à se conformer à la décision de la Cour internationale de justice dans tout litige auquel il est partie.

2. Si une partie à un litige ne satisfait pas aux obligations qui lui incombent en vertu d'un arrêt rendu par la Cour, l'autre partie peut recourir au Conseil de sécurité et celui-ci, s'il le juge nécessaire, peut faire des recommandations ou décider des mesures à prendre pour faire exécuter l'arrêt.

Article 95

Aucune disposition de la présente Charte n'empêche les Membres de l'Organisation de confier la solution de leurs différends à d'autres tribunaux en vertu d'accords déjà existants ou qui pourront être conclus à l'avenir.

Article 96

1. L'Assemblée générale ou le Conseil de sécurité peut demander à la Cour internationale de justice un avis consultatif sur toute question juridique.

2. Tous autres organes de l'Organisation et institutions spécialisées qui peuvent, à un moment quelconque, recevoir de l'Assemblée générale une autorisation à cet effet ont également le droit de demander à la Cour des avis consultatifs sur des questions juridiques qui se poseraient dans le cadre de leur activité.

Chapitre XV
Secrétariat

Article 97

Le Secrétariat comprend un secrétaire général et le personnel que peut exiger l'Organisation. Le secrétaire général est nommé par l'Assemblée générale sur recommandation du Conseil de sécurité. Il est le plus haut fonctionnaire de l'Organisation.

Article 98

Le secrétaire général agit en cette qualité à toutes les réunions de l'Assemblée générale, du Conseil de sécurité, du Conseil économique et social et du Conseil de tutelle. Il remplit toutes autres fonctions dont il est chargé par ces organes. Il présente à l'Assemblée générale un rapport annuel sur l'activité de l'Organisation.

Article 99

Le secrétaire général peut attirer l'attention du Conseil de sécurité sur toute affaire qui, à son avis, pourrait mettre en danger le maintien de la paix et de la sécurité internationales.

Article 100

1. Dans l'accomplissement de leurs devoirs, le secrétaire général et le personnel ne

solliciteront ni n'accepteront d'instructions d'aucun gouvernement ni d'aucune autorité extérieure à l'Organisation. Ils s'abstiendront de tout acte incompatible avec leur situation de fonctionnaires internationaux et ne sont responsables qu'envers l'Organisation.

2. Chaque Membre de l'Organisation s'engage à respecter le caractère exclusivement international des fonctions du secrétaire général et du personnel et à ne pas chercher à les influencer dans l'exécution de leur tâche.

Article 101

1. Le personnel est nommé par le secrétaire général conformément aux règles fixées par l'Assemblée générale.

2. Un personnel spécial est affecté d'une manière permanente au Conseil économique et social, au Conseil de tutelle et, s'il y a lieu, à d'autres organes de l'Organisation. Ce personnel fait partie du Secrétariat.

3. La considération dominante dans le recrutement et la fixation des conditions d'emploi du personnel doit être la nécessité d'assurer à l'Organisation les services de personnes possédant les plus hautes qualités de travail, de compétence et d'intégrité. Sera dûment prise en considération l'importance d'un recrutement effectué sur une base géographique aussi large que possible.

Chapitre XVI

Dispositions diverses

Article 102

1. Tout traité ou accord international conclu par un Membre des Nations Unies après l'entrée en vigueur de la présente Charte sera, le plus tôt possible, enregistré au Secrétariat et publié par lui.

2. Aucune partie à un traité ou accord international qui n'aura pas été enregistré conformément aux dispositions du paragraphe 1 du présent Article ne pourra invoquer ledit traité ou accord devant un organe de l'Organisation.

Article 103

En cas de conflit entre les obligations des Membres des Nations Unies en vertu de la présente Charte et leurs obligations en vertu de tout autre accord international, les premières prévaudront.

Article 104

L'Organisation jouit, sur le territoire de chacun de ses Membres de la capacité juridique qui lui est nécessaire pour exercer ses fonctions et atteindre ses buts.

Article 105

1. L'Organisation jouit, sur le territoire de chacun de ses Membres, des privilèges et immunités qui lui sont nécessaires pour atteindre ses buts.

2. Les représentants des Membres des Nations Unies et les fonctionnaires de l'Organisation jouissent également des privilèges et immunités qui leur sont nécessaires pour exercer en toute indépendance leurs fonctions en rapport avec l'Organisation.

3. L'Assemblée générale peut faire des recommandations en vue de fixer les détails d'application des paragraphes 1 et 2 du présent Article ou proposer aux Membres des Nations Unies des conventions à cet effet.

Chapitre XVII

Dispositions transitoires de sécurité

Article 106

En attendant l'entrée en vigueur des accords spéciaux mentionnés à l'Article 43, qui, de l'avis du Conseil de sécurité, lui permettront de commencer à assumer les responsabilités lui incombant en application de l'Article 42, les parties à la Déclaration des Quatre Nations signée à Moscou le 30 octobre 1943 et la France se concerteront entre elles et, s'il y a lieu, avec d'autres Membres de l'Organisation, conformément aux dispositions du paragraphe 5 de cette Déclaration, en vue d'entreprendre en commun, au nom des Nations Unies, toute action qui pourrait être nécessaire pour maintenir la paix et la sécurité internationales.

Article 107

Aucune disposition de la présente Charte n'affecte ou n'interdit, vis-à-vis d'un État qui, au cours de la Seconde Guerre mondiale, a été l'ennemi de l'un quelconque des signataires de la présente Charte, une action entreprise ou autorisée, comme suite de cette guerre, par les gouvernements qui ont la responsabilité de cette action.

Chapitre XVIII

Amendements

Article 108

Les amendements à la présente Charte entreront en vigueur pour tous les Membres des Nations Unies quand ils auront été adoptés à la majorité des deux tiers des membres de l'Assemblée générale et ratifiés, conformément à leurs règles constitutionnelles respectives, par les deux tiers des Membres de l'Organisation, y compris tous les membres permanents du Conseil de sécurité.

Article 109

1. Une conférence générale des Membres des Nations Unies, aux fins d'une révision de la présente Charte, pourra être réunie aux lieu et date qui seront fixés par un vote de l'Assemblée générale à la majorité des deux tiers et par un vote de neuf quelconques des membres du Conseil de sécurité. Chaque Membre de l'Organisation disposera d'une voix à la conférence.

2. Toute modification à la présente Charte recommandée par la conférence à la majorité des deux tiers prendra effet lorsqu'elle aura été ratifiée, conformément à leurs règles constitutionnelles respectives, par les deux tiers des Membres des Nations Unies, y compris tous les membres permanents du Conseil de sécurité.

3. Si cette conférence n'a pas été réunie avant la dixième session annuelle de l'Assemblée générale qui suivra l'entrée en vigueur de la présente Charte, une proposition en vue de la convoquer sera inscrite à l'ordre du jour de cette session, et la conférence sera réunie, s'il en est ainsi décidé par un vote de la majorité de l'Assemblée générale et par un vote de sept quelconques des membres du Conseil de sécurité.

Chapitre XIX
Ratification et signature

Article 110

1. La présente Charte sera ratifiée par les États signataires conformément à leurs règles constitutionnelles respectives.

2. Les ratifications seront déposées auprès du Gouvernement des États-Unis d'Amérique, qui notifiera chaque dépôt à tous les États signataires ainsi qu'au secrétaire général de l'Organisation, lorsque celui-ci aura été nommé.

3. La présente Charte entrera en vigueur après le dépôt des ratifications par la République de Chine, la France, l'Union des Républiques socialistes soviétiques, le Royaume-Uni de Grande-Bretagne et d'Irlande du Nord, les États-Unis d'Amérique et par la majorité des autres États signataires. Un procès-verbal de dépôt des ratifications sera ensuite dressé par le Gouvernement des États-Unis d'Amérique qui en communiquera copie à tous les États signataires.

4. Les États signataires de la présente Charte qui la ratifieront après son entrée en vigueur deviendront Membres originaires des Nations Unies à la date du dépôt de leurs ratifications respectives.

Article 111

La présente Charte, dont les textes chinois, français, russe, anglais et espagnol feront également foi, sera déposée dans les archives du Gouvernement des États-Unis d'Amérique. Des copies dûment certifiées conformes en seront remises par lui aux Gouvernements des autres États signataires.

En foi de quoi les représentants des Gouvernements des Nations Unies ont signé la présente Charte.

Fait à San Francisco le vingt-six juin mil neuf cent quarante-cinq.

BIBLIOGRAPHIE GÉNÉRALE ET RESSOURCES EN LIGNE

Manuels et ouvrages francophones

Battistella Dario, Cornut Jérémie, Baranets Elie, *Théories des relations internationales*, Paris, Presses de Sciences Po, 2019 (6e éd. mise à jour)

Charles-Philippe David et Schmitt Olivier, *La guerre et la paix*, Paris, Presses de Sciences Po, 2020 (4e éd.)

Faure Justine, Prost Yannick, *Relations internationales*, Paris, Ellipses, 2020 (3e éd.)

Gounelle Max, Lanfranchi Marie-Pierre, *Relations internationales*, Paris, Dalloz, 2021 (12e éd.)

Guillaume Devin, *Sociologie des relations internationales*, Paris, La Découverte, 2018 (4e éd.)

Hassner Pierre (dir.), *Les relations internationales*, Paris, La Documentation française, 2012 (2de éd.)

Lefebvre Maxime, *Le jeu du droit et de la puissance. Précis de relations internationales*, Paris, Presses universitaires de France, 2018 (5e éd. mise à jour)

Moreau Defarges Philippe, *Nouvelles relations internationales*, Paris, Seuil, 2017

Roche Jean-Jacques, *Relations internationales*, Paris, LGDJ, 2021 (9e éd.)

Sur Serge, *Relations internationales*, Paris, LGDJ, 2021 (7e éd.)

Publications périodiques

Alternatives internationales (trimestriel)

Études internationales (trimestriel)

Foreign affairs (bimestriel)

Hérodote (trimestriel)

Le Monde diplomatique (mensuel)

Politique étrangère, IFRI (trimestriel)

Politique internationale (trimestriel)

Questions internationales, Documentation française (bimensuel)

Relations internationales et stratégiques, IRIS (trimestriel)

Revue de l'OTAN (mensuelle)

Revue Défense nationale (mensuelle)

Revue générale de droit international public, RGDIP (trimestriel)

Annuaires

Annuaire français de droit international, CNRS éditions

L'année stratégique, IRIS, Paris, Armand Collin

RAMSES, IFRI, Paris, Dunod

Strategic Survey, Londres, *Institute of Strategic Studies*

Relations internationales : ressources en ligne

Le présent guide offre une aide pour une recherche rapide des documents sources ainsi que des analyses scientifiques sur l'histoire et l'actualité des relations internationales. Les sources, sites et pages francophones ont été privilégiés. Néanmoins de nombreuses ressources, accessibles uniquement en anglais, sont également référencées.

Pour toute recherche, il est conseillé de recouper en priorité des sources primaires d'information (par exemple les textes de loi émanant de bases de données juridiques ou les archives des organisations internationales) avec des sources secondaires d'information (analyses émanant de revues ou d'ouvrages scientifiques ou accessibles sur des sites de recherche spécialisés).

Archives généralistes et bases de données disciplinaires

Toutes les archives ci-dessous sont consultables via des moteurs de recherche par mots clés.

Cairn https://www.cairn.info/ Site de diffusion de revues et d'articles scientifiques en ligne

Digithèque des matériaux juridiques et politiques www.mjp.univ-perp.fr/ Banque de données de textes juridiques et politiques (traités, discours historiques, etc.).

HAL https://halshs.archives-ouvertes.fr/ Archive ouverte pluridisciplinaire donnant accès à des articles scientifiques publiés ou non. De nombreux articles en relations internationales.

Hérodotote https://www.herodote.net/ Site francophone dédié à l'histoire (dossiers thématiques, cartes, entretiens, podcasts, biographies, frises historiques).

Les Classiques des Sciences sociales http://classiques.uqac.ca/classiques/ Bibliothèque numérique francophone donnant accès à des textes classiques en sciences humaines et sociales, y compris politiques.

Persée http://www.persee.fr/ Site de diffusion de revues et d'articles scientifiques en ligne.

Yale Law School, the Avalon Project http://avalon.law.yale.edu/ Une base documentaire en droit, histoire et diplomatie, notamment la diplomatie américaine : accès intégral à de nombreux traités et accords (Conventions de la Hague, Charte de l'Atlantique, accords de Bretton Woods, Camp David, Dayton etc.), documents diplomatiques bilatéraux, discours et déclarations (Balfour, Eisenhower sur le complexe militaro-industriel, déclarations de guerre etc.), rapports (Procès de Nuremberg), correspondances diplomatiques, documents militaires déclassifiés, etc.

Organisations internationales

Association of South Est Asian Nations (ASEAN) http://asean.org/ fiches d'information, documents stratégiques, statistiques, communiqués de presse et discours.

Banque mondiale http://www.banquemondiale.org/ Rapports annuels, études pays, statistiques, accès aux archives ouvertes du savoir (open knowledge directory), en particulier une nouvelle plate-forme ouverte en 2017 et dédiée au continent africain.

Communauté économique des États d'Afrique de l'ouest (CEDEAO) http://www.ecowas.int/ projets, documents fondateurs et liens à des portails thématiques spécialisés.

Comité International de la Croix Rouge (CICR) https://www.icrc.org/fr accès à tous les documents relatifs au droit international humanitaire et à de nombreux commentaires ; dossiers thématiques, accès à la Revue internationale de la Croix Rouge.

Conseil de l'Europe http://www.coe.int/fr/ accès à des dossiers et ressources thématiques.

Cour européenne des droits de l'homme http://www.echr.coe.int/Pages/home.aspx ?c=fre&p=home convention, histoire de la cour, arrêts et analyses, jurisprudence, archives.

Fonds monétaire international (FMI) http://www.imf.org/external/french/ rapports annuels, notamment sur les finances publiques des États, articles, vidéos, communiqués de presse.

Organisation pour la coopération et le développement économique (OCDE) http://www.oecd.org/ base de données économiques sociales et politiques par pays : présentation claire d'indicateurs économiques et de leur évolution : coefficient de Gini, chômage, PIB, etc.

Organisation internationale pour les Migrations (OIM) https://www.iom.int/fr/ glossaire, résolutions et rapports des Nations Unies, cartes interactives.

Organisation internationale du travail (OIT) http://www.ilo.org/global/lang--fr/index.htm conventions, bibliothèque en ligne : de nombreuses statistiques et publications de recherche, conventions, accès partiel à la Revue internationale du travail et intégral au Magazine Travail.

Organisation Mondiale du Commerce (OMC) https://www.wto.org/indexfr.htm glossaire, publications de recherche statistiques sur le commerce mondial.

Organisation des Nations Unies (ONU) www.un.org

Assemblée Générale www.un.org/fr/ga accès aux résolutions, déclarations, conventions, ordre du jour etc.

Bibliothèque numérique des Nations Unies www.digitallibrary.un.org Système d'information bibliographique des Nations Unies : permet de rechercher par mot clé toute la documentation onusienne.

Bureau des affaires juridiques http://legal.un.org/ola/FR/Default.aspx codification, affaires maritimes, traités etc.

Collection des traités des Nations Unies https://treaties.un.org/ accès à tous les traités

Commission des Nations Unies sur le Commerce et le Développement CNUCED : http://unctad.org/ archives des rapports annuels sur l'évolution du commerce international, sur les investissements, sur la croissance mondiale etc.

Conseil de Sécurité www.un.org/fr/sc accès aux résolutions, déclarations, documents de travail etc. Liens vers les organes subsidiaires du Conseil de sécurité.

Conseil économique et social (ECOSOC) https://www.un.org/ecosoc/fr/ accès aux résolutions, décisions, rapports, ordres du jour etc.

Cour Internationale de Justice http://www.icj-cij.org/ statut de la cour et documents, les archives des cas, descriptifs des affaires en cours etc.

Département des opérations de maintien de la paix (DOMP) http://www.peacekeeping.un.org/fr/ accès à des statistiques, rapports, directives et orientations ainsi qu'à à un centre de ressources sur le maintien de la paix.

FAO Organisation des Nations Unies pour l'alimentation et l'agriculture http://www.fao.org/home/fr/ rapports sur la sécurité alimentaire, les questions environnementales, les migrations, données statistiques, etc.

Global Compact https://www.unglobalcompact.org/ Site internet dédié au suivi de l'appel des Nations Unies aux entreprises pour le respect des principes universels des droits de l'homme, le travail, l'environnement et la lutte contre la corruption. Accès aux rapports annuels sur l'évolution du commerce international.

OMS Organisation Mondiale de la Santé http://www.fao.org/home/fr/ statistiques et rapports ; profil sanitaire de chaque pays.

Secrétariat général http://www.un.org/fr/sections/about-un/secretariat/index.html accès aux différentes directions, aux discours et déclarations du secrétaire général.

UNDP Programme des Nations Unies pour le Développement http://www.undp.org/fr/ nombreux rapports et publications sur le développement et notamment les Objectifs du Millénaire (2000-2015) et les Objectifs du Développement Durable (2015-2030).

UNESCO Organisation des Nations Unies pour l'Éducation, la Science et la Culture http://www.unesco.org/ archives et base de données UNESDOC (publications de l'UNESCO).

UNHCR Haut-Commissariat aux Réfugiés des Nations Unies http://www.unhcr.org/fr/ rapports, statistiques et accès à la base de données Refworld http://www.refworld.org/ Documentation sur les réfugiés, personnes déplacées internes et personnes apatrides ; crises et affaires humanitaires, documentation juridique notamment relative à la convention de 1951 sur les réfugiés.

UNOCHA http://www.unocha.org/ Bureau de coordination des affaires humanitaires : déclarations, rapports thématiques, affaires en cours et accès au site d'information **ReliefWeb** http://reliefweb.int/ affaires humanitaires en cours, cartes, etc.

Organisation du Traité de l'Atlantique nord (OTAN) http://www.nato.int/cps/fr/natohq/index.htm, accès aux documents fondateurs et certains documents officiels, archives, dossiers thématiques, digithèque.

Union africaine (UA) https://au.int/fr Documents constitutifs, traités, protocoles, chartes, décisions et déclarations, lien aux archives de l'Union africaine.

Union européenne (UE) https://europa.eu/european-union/index_fr Histoire de l'Union européenne, politiques, législation etc.

Commission européenne https://ec.europa.eu/commission/priorities/stronger-global-actor_fr communiqués de presse, documents, livres blancs, etc.

Parlement européen http://www.europarl.europa.eu/portal/fr

Cour de justice de l'Union européenne https://curia.europa.eu/jcms/jcms/j_6/fr/ arrêts, jurisprudence, publications.

Centres de recherche (universités, think tanks, centres de recherche reconnus de certaines grandes ONG) :

Brookings Institution, https://www.brookings.edu/ think tank américain spécialisé en politique et relations internationales.

Centre Thucydide, Analyse et recherche en relations internationales (Université de Paris II, Panthéon Sorbonne), http://www.afri-ct.org/, et en particulier son **Annuaire français de relations internationales**, http://www.afri-ct.org/afri/, base de données d'articles d'analyse en relations internationales.

Chatham House, the Royal Institute of International Affairs, https://www.chathamhouse.org/ think tank reconnu pour son expertise en relations internationales, accès à des études et analyses thématiques.

Council on Foreign Relations, http://www.cfr.org/ think tank également reconnu pour son expertise en relations internationales, éditeur de la revue **Foreign Affairs**

Diploweb, www.diploweb.com site d'analyse géopolitique indépendant mais doté d'un conseil scientifique : analyses cartes, podcasts principalement sur des questions d'actualité internationales.

Flow of History, http://flowofhistory.com/, site dédié à la représentation graphique de dynamiques historiques ; approche introductive mais inhabituelle et pédagogique des grands moments historiques et de leurs conséquences.

Fondation Carnegie pour la paix internationale, http://carnegieendowment.org/ Études spécialisées sur la paix et la sécurité.

Fund for Peace, https://www.fundforpeace.org/ Un des plus anciens think tanks américains sur les questions de guerre et paix. Accès à des rapports, des études pays et cartes interactives. Éditeur du **Fragile State Index** une base de données de l'évolution de la fragilité des États depuis 2006 entièrement accessible en ligne.

Institut Français des Relations Internationales (IFRI), www.ifri.org think tank de référence en français dans le domaine des relations internationales. Études et notes de recherche sur des questions d'actualité internationale.

Institut des Relations Internationales et Stratégiques (IRIS), www.iris-france.org think tank en français également reconnu pour son expertise en relations internationales. Études et notes de recherche sur l'actualité internationale.

Internal Displacement Monitoring Center (IDMC), http://www.internal-displacement.org/, base de données, cas d'études thématiques et rapports pays sur les questions de déplacement forcés de populations.

International Crisis group, https://www.crisisgroup.org/

Peace Research Institute Oslo (PRIO), https://www.prio.org/ Fondation indépendante offrant un site de recherche spécialisé reconnu dans les études de paix, éditeur, entre autres, du 'Journal of Peace Research'.

Reality of Aid, http://www.realityofaid.org/ plate-forme de coordination d'ONG spécialisées dans le développement. La plate-forme est dédiée à l'analyse des politiques d'aide internationale et de réduction de la pauvreté. Rapports globaux et régionaux.

Sciences Po Paris, Centre d'Études des Relations Internationales (CERI), https://www.sciencespo.fr/ceri/fr Banques de dossiers et études sur des sujets d'actualité internationale. Banque de podcasts d'événements et de conférences.

Stockholm International Peace Research Institute (SIPRI), https://www.sipri.org/ Centre de recherche spécialisé sur la sécurité et notamment sur le transfert d'armement. Accès à des archives et rapports thématiques et par pays.

Union des associations internationales (UIA), https://www.uia.org/ accès au 'Yearbook of international organizations', archives, statistiques et 'The Encyclopedia of World Problems and Human Potential'.

Université de Californie, Berkeley, Conversation with History, http://conversations.berkeley.edu/ podcasts de longs entretiens avec des acteurs et des analystes majeurs des relations internationales.

Université de Harvard, Center for International Development, https://www.hks.harvard.edu/centers/cid analyses, articles et rapports sur les questions de développement et de commerce international.

Université du Maryland, National Consortium for the Study of Terrorism and Responses to Terrorism (START) maintient une des bases de données les plus réputées sur le terrorisme : Global Terrorism Database : https://www.start.umd.edu/gtd/ archives, cartes interactives etc.

Université de Montréal, Réseau de Recherche sur les Opérations de Paix, http://www.operationspaix.net/ Une référence en matière d'information et d'analyse sur les opérations de paix ; contient une banque de dossiers, de documents officiels et des documents de référence sur les opérations de paix ainsi qu'un lexique et des documents spécifiques au Canada.

Université d'Oxford, Refugee Study Centre, https://www.rsc.ox.ac.uk/ publications, podcasts et lien à la Revue des migrations forcée http://www.fmreview.org/fr.html

Université d'Uppsala, Uppsala Conflict Data Program, http://ucdp.uu.se/ Centre spécialisé dans le suivi de l'évolution des conflits dans le monde. Il contient une banque de données interactive, de nombreux graphiques sur les différentes formes de conflits et le lexique y afférant. Tous les rapports annuels et spécialisés sont accessibles.

Université de Stockholm, Stockholm International Peace Research Institute (SIPRI), https://www.sipri.org/ Institution spécialisée dans la recherche sur les conflits armés et les transferts d'armements. Base de données référence en matière de commercialisation et transferts d'armements.

Urgence, Réhabilitation, Développement (URD), http://urd.org/fr Institut indépendant spécialisé sur les pratiques et les politiques humanitaires et post-crise. Articles et rapports thématiques, une revue spécialisée.

World Association of Non Governmental Organisations (WANGO), http://wango.org/ plate-forme regroupant des milliers d'ONG et spécialisée dans les questions d'éthique des ONG.

INDEX

Les numéros indiqués sont ceux des pages

B

C

D

E

J

K

L

M

P

U

V

W

X

Y

Z

TABLE DES ENCADRÉS

TABLE DES TABLEAUX

TABLE DES MATIÈRES

CHAPITRE 2

Le droit international public : notions générales 39

PARTIE 2

L'ÉTAT

PARTIE 3

Les acteurs transnationaux

PARTIE 4

Les relations internationales de 1945 à nos jours